Entscheidungen

des

Reichsgerichts.

Herausgegeben

von

den Mitgliedern des Gerichtshofes
und der Reichsanwaltschaft.

Entscheidungen in Zivilsachen.

Neue Folge.

Achter Band.

Der ganzen Reihe achtundfünfzigster Band.

Leipzig,
Verlag von Veit & Comp.
1905

Entscheidungen

des

Reichsgerichts

in

Zivilsachen.

Neue Folge.

Achter Band.

Der ganzen Reihe achtundfünfzigster Band.

Leipzig,
Verlag von Veit & Comp.
1905

Druck von Metzger & Wittig in Leipzig.

Inhalt.

I. Reichsrecht.

II. Gemeines Recht.

III. Preußisches Recht.

IV. Rheinisches Recht.

V. Prozeßrecht.

1. 1. Ist bei Pensionierung einer aus dem Heere zur Schutztruppe übergetretenen und bei dieser zum Deckoffizier beförderten deutschen Militärperson die bei der Schutztruppe erreichte Charge maßgebend?

2. Sind bei Pensionierung eines aus dem Heere hervorgegangenen Deckoffiziers der Schutztruppe die Gebührnisse eines Deckoffiziers der Marine in analoger Anwendung zugrunde zu legen?

3. Ist bei Berechnung des Dienstalters die in der Heimat vor dem Eintritt in die Schutztruppe zurückgelegte Dienstzeit zu berücksichtigen?

Gesetz, betr. die Kaiserlichen Schutztruppen, vom 18. Juli 1896 §§ 3. 5. 7.

III. Zivilsenat. Urt. v. 22. Mai 1903 i. S. Landesfiskus von Deutsch-Ostafrika (Bekl.) w. K. (Kl.). Rep. III. 35/03.

I. Landgericht I Berlin.
II. Kammergericht daselbst.

Die vorstehenden Fragen sind bejaht worden aus folgenden, den Sachverhalt ergebenden

Gründen:

... „Der Kläger hat vom 1. April 1883 bis zum 2. Mai 1893 dem Heere angehört und war zuletzt Feldwebel und Zahlmeisteraspirant im 2. Hannoverschen Infanterieregiment Nr. 77. Er wurde darauf zum Zahlmeisteraspiranten in der Schutztruppe für Deutsch-Ostafrika ernannt. Als solcher gehörte er zu der Klasse der Deckoffiziere. Zufolge Verfügung der Kolonialabteilung des Auswärtigen Amtes schied er am 31. März 1897 als dauernd ganzinvalid aus dem Kolonialdienst mit Pension aus. Über die Höhe der Pension herrscht Streit. Die Kolonialabteilung hat in der Entscheidung vom 17. Juni 1900, welche sie als endgültige im Sinne des § 114 des Militärpensionsgesetzes bezeichnet, auf Grund des Gesetzes vom 18. Juli 1896, betreffend die Kaiserlichen Schutztruppen in den Afrikanischen Schutzgebieten und die Wehrpflicht daselbst, (R.G.Bl. S. 653) die Pension einschließlich der Pensionserhöhung auf 936 ℳ festgesetzt; sie geht davon aus, daß nach diesem Gesetz der Kläger hinsichtlich seiner Pensionierung nicht als Deckoffizier, sondern nur als Feldwebel behandelt werden könne, da er diese Charge vor seinem Übertritte zur Schutztruppe innegehabt habe und eine höhere in der Heimat auch nicht erreicht haben würde. Der Kläger beansprucht dagegen die Pension eines Deckoffiziers, und zwar auf Grund der Bestimmungen des Gesetzes vom 18. Juli 1896, eventuell nach dem Gesetz, betreffend die Kaiserliche Schutztruppe für Deutsch-Ostafrika, vom 22. März 1891 (R.G.Bl. S. 53); er berechnet die Pension einschließlich der Pensionserhöhung auf 1827 ℳ. Das Berufungsgericht hat in Abänderung des die Klage abweisenden ersten Urteils den Beklagten zur Zahlung einer jährlichen Pension von 1597 ℳ verurteilt und den weitergehenden Antrag des Klägers zurückgewiesen; es nimmt an, daß das Gesetz vom 18. Juli 1896 nicht zur Anwendung komme, vielmehr das Gesetz vom 22. März 1891, auf Grund dessen der Kläger als Deckoffizier eine Pension von 1597 ℳ zu beanspruchen habe.

Was zunächst die Revision des Beklagten betrifft, so erscheint die Ansicht des Berufungsgerichts, daß das Gesetz vom 22. März 1891 maßgebend sei, nicht gerechtfertigt." (Es wird dies näher ausgeführt, und dann fortgefahren):

„Die Pensionierung des Klägers ist durch Verfügung vom 28. März 1897 zum 31. März 1897 erfolgt, also zu einer Zeit, als das Gesetz vom 18. Juli 1896 schon in Kraft getreten war. Der Kläger kann daher nur nach Maßgabe dieses Gesetzes Pension beanspruchen.

Das Gesetz vom 18. Juli 1896 bestimmt im § 3, daß die den Schutztruppen zugeteilten deutschen Militärpersonen aus dem Heere, und soweit sie der Kaiserlichen Marine angehören, aus dieser völlig ausscheiden, und im § 5, daß in betreff der Versorgungsansprüche der den Schutztruppen zugeteilten Militärpersonen und ihrer Angehörigen, soweit sie dem Heere angehörten, die Bestimmungen, welche für die aus den Etats für die Verwaltung des Reichsheeres besoldeten Militärpersonen gelten, und soweit sie der Kaiserlichen Marine angehörten, die Bestimmungen für die aus dem Marine-Etat besoldeten Militärpersonen mit den nachstehenden Maßgaben Anwendung finden. Der § 7 Abs. 1 lautet:

„Bei Bemessung der Höhe der Pension bleiben die Bezüge in den Schutztruppen außer Betracht. Hinsichtlich der Offiziere, Ingenieure des Soldatenstandes, Deckoffiziere, Sanitätsoffiziere und oberen Beamten werden als pensionsfähiges Diensteinkommen die Gebührnisse zugrunde gelegt, welche ihnen nach ihrem Dienstalter und ihrer Charge, bei Fortsetzung ihres Dienstverhältnisses in der Heimat, zugestanden hätten. Soweit sie in ihrer früheren Stellung ein Diensteinkommen nicht gehabt haben, wird der der Berechnung der Pension zugrunde zu legende Betrag vom Reichskanzler bestimmt."

Das Berufungsgericht ist der Ansicht, daß der Kläger, da er aus dem Heere hervorgegangen und bei seiner Zuteilung zur Schutztruppe Feldwebel und Zahlmeisteraspirant bei einem preußischen Infanterieregiment war, bei Fortsetzung seines Dienstverhältnisses in der Heimat auch in der Rangstufe der Feldwebel verblieben sein würde, in betreff seiner Versorgungsansprüche nach den §§ 5 und 7 des Gesetzes vom 18. Juli 1896 nur als Feldwebel, nicht als Deckoffizier behandelt werden könne. Die Worte des § 7 „nach ihrem Dienstalter und ihrer Charge" vor den Worten „bei Fortsetzung ihres Dienstverhältnisses in der Heimat" seien nicht auf das Dienstalter und die Charge in der Schutztruppe, sondern auf das Dienstalter und die Charge bei Fortsetzung des Dienstverhältnisses in der Heimat zu beziehen.

Diese auf unrichtiger Gesetzesauslegung beruhende Ausführung kann nicht gebilligt werden. Der Sinn des § 7 ist vielmehr der, daß die genannten Militärpersonen und Beamten nach ihrem Dienstalter und ihrer Charge, die sie bei der Schutztruppe erlangt haben, Pension erhalten auf Grund der Gebührnisse, die ihnen bei Fortsetzung ihres Dienstverhältnisses in der Heimat zugestanden hätten.

Hierfür spricht schon der Wortlaut. Das Gesetz spricht nicht von der Charge, welche die Militärpersonen bei Fortsetzung ihres Dienstverhältnisses in der Heimat erlangt hätten, sondern verweist für die Bemessung der Höhe der Pension auf die Gebührnisse, welche ihnen nach ihrem Dienstalter und ihrer Charge, bei Fortsetzung ihres Dienstverhältnisses in der Heimat, zugestanden hätten. Es hängt dies damit zusammen, daß nach der Bestimmung im ersten Satze des § 7 bei Bemessung der Höhe der Pension die Bezüge in den Schutztruppen außer Betracht bleiben sollen. Mit Rücksicht hierauf war eine Vorschrift darüber erforderlich, welche Gebührnisse der Bemessung der Höhe der Pension zugrunde gelegt werden sollen. Dagegen bestimmt der § 7 nicht, daß die Beförderung, welche den Militärpersonen während ihrer Zugehörigkeit zur Schutztruppe zuteil wird, bei der Pensionierung außer Betracht bleiben, und an deren Stelle die Charge zugrunde gelegt werden soll, welche die Militärpersonen bei Fortsetzung ihres Dienstverhältnisses in der Heimat erlangt haben würden. Eine solche Regelung kann auch vom Gesetzgeber nicht beabsichtigt sein, da sie die größte Rechtsunsicherheit zur Folge haben müßte; denn welche Charge der in den Ruhestand Tretende bei Fortsetzung seines Dienstverhältnisses in der Heimat erreicht haben würde, ist ungewiß. Auch dadurch werden die Schwierigkeiten nicht gehoben, daß man auf die Charge verweist, welche die in gleichem Dienstalter Stehenden der Regel nach oder nach dem gewöhnlichen Lauf der Dinge erreichen. In jedem Falle müßten in dem Gesetz Bestimmungen darüber getroffen sein, von wem und in welcher Weise die Feststellung der Charge zu erfolgen hätte. Die Feststellung könnte nur von der vorgesetzten Behörde geschehen, und sie müßte der Beschreitung des Rechtsweges vorhergehen. An solchen Bestimmungen fehlt es aber.

Das Berufungsgericht erwägt: das Wort „Charge“ könne unmöglich auf die bei der Schutztruppe innegehabte Charge gehen, weil es parallel dem Worte „Dienstalter“ gebraucht sei, und es ganz ausgeschlossen erscheinen müsse, daß hier das Dienstalter bei der Schutztruppe gemeint sei, indem dann bestimmt wäre, daß die in der Heimat vor dem Eintritt in die Schutztruppe absolvierte Dienstzeit nicht berücksichtigt werden dürfe. Diese Erwägung geht fehl. Denn der Dienst bei der Schutztruppe soll in betreff der Versorgungsansprüche als Fortsetzung des Dienstes im Heer oder der Kaiserlichen Marine angesehen werden; die Dienstzeit ist also — abgesehen von Ausnahmen — vom Eintritt in das Heer an zu rechnen. Hiermit stimmt der § 3 des Gesetzes überein, wonach den den Schutztruppen zugeteilten deutschen Militärpersonen und Beamten der Rücktritt in das Heer, und soweit sie der Kaiserlichen Marine angehörten, in die Marine bei Wahrung ihres Dienstalters unter der Voraussetzung ihrer Tauglichkeit vorbehalten bleibt.

Zur Unterstützung der bisherigen Ausführungen ist auf die Entstehungsgeschichte des Gesetzes vom 7. Juli 1896 (R.G.Bl. S. 187) und auf die Begründung zu § 7 Abs. 1 hinzuweisen. Der Grundcharakter der früheren Organisation nach dem Gesetz vom 22. März 1891 lag in der Vorschrift der organisatorischen Bestimmungen, daß die Schutztruppe in bezug auf militärische Organisation und Disziplin dem Reichsmarineamt, in betreff der Verwaltung und der Verwendung dem Gouverneur (Landeshauptmann) und weiterhin dem Auswärtigen Amt, Kolonialabteilung, unterstand. Hieraus ergab sich ein Nebeneinanderbestehen zweier Organe sowohl an der Zentralstelle wie in der einzelnen Kolonie. Für die in den Schutzgebieten noch immer vorhandenen und für unabsehbare Zeit zu erwartenden außerordentlichen Verhältnisse bedurfte es aber, wie eine mehrjährige Erfahrung gelehrt hatte, einer anderweitigen Organisation. Man konnte sich der Erkenntnis nicht verschließen, daß die Leitung der militärischen und der Zivilangelegenheiten in der Kolonie eine einheitliche sein müsse. Um dies herbeizuführen, bedurfte es einer Änderung des Gesetzes vom 22. März 1891, betreffend die Kaiserliche Schutztruppe für Deutsch-Ostafrika, und des Gesetzes vom 9. Juni 1895, betreffend die Kaiserlichen Schutztruppen für Südwestafrika und für Kamerun. Die Änderung erfolgte durch das Gesetz vom 7. Juli 1896 (R.G.Bl. S. 187), und die neue Redaktion der Gesetze wurde vom Reichskanzler auf Grund der im Art. VII des Gesetzes vom 7. Juli 1896 enthaltenen Ermächtigung am 18. Juli 1896 bekannt gemacht (R.G.Bl. S. 653). Der charakteristische Unterschied des neuen Gesetzes von dem früheren gesetzlichen Zustand besteht darin, daß, während bisher die deutschen Militärpersonen der Schutztruppen als abkommandierte Angehörige der Marine galten, sie nach dem neuen Gesetz völlig aus dem Heere oder, soweit sie der Kaiserlichen Marine angehörten, aus dieser ausscheiden. In engem Zusammenhang hiermit steht die Begründung zu § 7 des Entwurfes, welche lautet:

„Nach dem bisherigen Gesetz konnte dem Versorgungsanspruch der Betrag der heimischen Charge zugrunde gelegt werden, weil die der Truppe zugeteilten Militärpersonen in ihrer Heimat weiter avancierten. Da sie nunmehr aus dem Heere und der

Marine völlig ausscheiden, so mußten bezüglich der Versorgung anderweitige Grundsätze aufgestellt werden, die aber in ihrer Wirkung den bisher in Geltung gewesenen gleichkommen sollen."

Vgl. Drucksachen des Reichstages 1895/97 Bd. 4 Nr. 359 S. 4 flg. Diese Begründung, welche für die Auslegung des Gesetzes um so mehr von Bedeutung ist, als der § 7 Abs. 1 des Gesetzes mit dem § 7 des Entwurfes wörtlich übereinstimmt, ergibt als natürlichen Gegensatz und vom Gesetzgeber gewollt den Schluß, daß an die Stelle des früher fortdauernden heimischen Avancements nunmehr das Avancement bei der Schutztruppe tritt, und demnach unter „ihrem Dienstalter und ihrer Charge" im § 7 ihr Dienstalter und ihre Charge, die sie bei der Schutztruppe erlangen, zu verstehen sind. Die Höhe der Pension soll dann aber nicht nach den — bedeutend höheren — Bezügen in der Schutztruppe bemessen werden, sondern nach den Gebührnissen, welche ihnen nach ihrem Dienstalter und ihrer Charge, bei Fortsetzung ihres Dienstverhältnisses in der Heimat, zugestanden hätten, das heißt nach einem Dienstalter, welches so zu berechnen ist, als wenn sie ihren Dienst in der Heimat fortgesetzt hätten, und nach derjenigen heimischen Charge, welche der von ihnen bei der Schutztruppe tatsächlich erreichten Charge entspricht.

Nach § 7 Abs. 1 Satz 2 kommt es also auf die bei der Schutztruppe erlangte Charge an. Es steht fest, daß der Kläger zur Zeit seiner Pensionierung Deckoffizier der Schutztruppe war. Das Berufungsgericht ist nun der Ansicht, daß der Kläger nicht als Deckoffizier pensioniert werden könne, weil er aus dem Heer hervorgegangen ist, und bei dem Heer im Gegensatz zur Marine der Dienstgrad eines Deckoffiziers sich nicht findet.

Dieses Bedenken kann für durchgreifend nicht erachtet werden. Zwar bietet das Gesetz vom 18. Juli 1896 keinen Anhalt dafür, die Gebührnisse des Deckoffiziers der Marine der Bemessung der Höhe der Pension des Klägers unmittelbar zugrunde zu legen. Insbesondere ist es nicht möglich, den Kläger als bisherigen Angehörigen der Marine um deswillen anzusehen, weil er vor Erlaß des Gesetzes vom 7. Juli 1896 zur Schutztruppe übergetreten und hierdurch gemäß § 3 Abs. 1 des Gesetzes vom 22. März 1891, betreffend die Kaiserliche Schutztruppe für Deutsch-Ostafrika, aus dem Heere ausgeschieden war und nach § 3 Abs. 2 als außer dem Etat der Marine stehender, zeitweise abkommandierter Angehöriger der Kaiserlichen Marine galt. Dieser Annahme steht der § 5 des Gesetzes vom 18. Juli 1896 entgegen. Hier wird einfach unterschieden zwischen Militärpersonen, welche dem Heere und denen, welche der Marine angehörten, und es soll hierbei, wie aus § 3 sowohl des Gesetzes vom 22. März 1891 wie auch des Gesetzes vom 18. Juli 1896 hervorgeht, auf die Zeit der Zuteilung zur Schutztruppe gesehen werden. Die §§ 3 und 5 des Gesetzes vom 18. Juli 1896 finden daher auch auf diejenigen Militärpersonen Anwendung, welche zur Zeit des Inkrafttretens dieses Gesetzes der Schutztruppe bereits angehörten. Hierfür spricht nicht nur der Wortlaut des Gesetzes, sondern ferner die Erwägung, daß die §§ 3 und 5 zu den durch die neue Organisation notwendig gewordenen veränderten Grundsätzen gehören, und nicht anzunehmen ist, daß für die zur Zeit des Inkrafttretens des Gesetzes vom 7. Juli 1896 der Schutztruppe bereits angehörenden Militärpersonen andere Grundsätze gelten sollten, als für diejenigen, welche erst nach diesem Zeitpunkt zur Schutztruppe übertreten würden.

Können hiernach die Gebührnisse des Deckoffiziers als einer aus dem Marineetat besoldeten Militärperson bei Bemessung der Höhe der Pension des aus dem Heere hervorgegangenen Klägers nicht unmittelbar zugrunde gelegt werden, so ist es doch mit Rücksicht auf den oben dargelegten Inhalt des § 7 des Gesetzes vom 18. Juli 1896 und auf den in der Begründung ausgesprochenen und in dem Gesetze zum Ausdruck gekommenen Willen des Gesetzgebers, daß die neuen Grundsätze bezüglich der Versorgung in ihrer Wirkung den bisher in Geltung gewesenen gleichkommen sollen, gerechtfertigt, jene Gebührnisse in analoger Anwendung zugrunde zu legen. Diese analoge Anwendung führt zu dem vom Gesetze gewollten gleichen Ergebnis, zu welchem man nach dem Gesetz vom 22. März 1891 gelangt sein würde; denn nach den §§ 3 und 7 dieses Gesetzes hätte der Kläger als außer dem Etat stehender Deckoffizier der Kaiserlichen Marine gegolten, und bei Bemessung der Höhe der Pension wären als pensionsfähiges Diensteinkommen die Gebührnisse zugrunde gelegt worden, welche ihm nach seinem Dienstalter und seiner Charge in der

Kaiserlichen Marine zugestanden hätten. Es ist deshalb auch unerheblich, ob etwa die der Marine angehörenden Deckoffiziere eine bessere Vorbildung erhalten, als sie dem Kläger als Heeresangehörigem zuteil geworden ist, so daß insofern die Verhältnisse nicht gleich liegen würden; denn das Gesetz vom 22. März 1891 hat diesen Umstand außer Betracht gelassen.

Das pensionsfähige Diensteinkommen der Deckoffiziere der Marine beträgt nach Angabe des Beklagten und Annahme des Berufungsgerichts 1573 *M*. Das Berufungsgericht hat in Anwendung der §§ 9 und 48 des Militärpensionsgesetzes vom 27. Juni 1871, des Art. 1 § 9 des Abänderungsgesetzes vom 21. April 1886 und der §§ 11 und 9 des Schutztruppengesetzes vom 18. Juli 1896 bei Annahme von 17 Dienstjahren die Pension des Klägers einschließlich der Pensionserhöhung von 1020 *M* auf 1597 *M* berechnet. Hiergegen bestehen keine rechtlichen Bedenken.

Die Revision des Beklagten war hiernach zurückzuweisen." ...

---

2. Ist der Gerichtsstand des Vermögens, soweit Wertpapiere, insbesondere Inhaberpapiere, in Betracht kommen, lediglich bei dem Gerichte des Ortes, wo die Wertpapiere sich befinden, oder auch bei dem Gerichte des Ortes, an dem der Schuldner der verbrieften Forderungen seinen Wohnsitz hat, begründet?

Z.P.O. § 23.

VII. Zivilsenat. Urt. v. 20. November 1903 i. S. v. K. (Bekl.) w. L. (Kl.). Rep. VII. 288/03.

I. Landgericht Posen.
II. Oberlandesgericht daselbst.

Aus den Gründen:

„Es handelt sich darum, ob gegen den im Auslande wohnenden Beklagten der Gerichtsstand des § 23 Z.P.O. begründet ist. In erster Instanz war von dem Kläger neben anderen, durch die Beweisaufnahme widerlegten Anführungen auch die unbestritten gebliebene Behauptung aufgestellt worden, daß der Beklagte eine Aktie (Namensaktie) der Kommanditgesellschaft auf Aktien K., P. & Co. in Posen besitze. Der erste Richter führte hierzu aus, daß die Aktie eine Urkunde sei, bei der die Geltendmachung des verbrieften Rechts an das Papier selbst geknüpft sei, und daß auch nur an dem Orte, wo das Papier sich befinde, sich das durch dasselbe repräsentierte Vermögen des Inhabers des Papieres befinde. Er wies demgemäß die Klage wegen Unzuständigkeit des Gerichts ab, weil nicht nachgewiesen sei, daß der Beklagte zur Zeit der Klagezustellung Vermögen im Bezirke des Landgerichts Posen gehabt habe. Der Berufungsrichter führte hiergegen aus, zwar komme der unstreitige Besitz von Aktien der genannten Gesellschaft nicht in Betracht, weil der Beklagte in dem Aktienbuche der Gesellschaft nicht eingetragen, die Aktienübertragung an ihn auch nicht von der Gesellschaft genehmigt sei, und der Beklagte daher durch den Erwerb der Aktien keinerlei Rechte, jedenfalls keine Rechte gegen die Gesellschaft erworben habe. Dagegen ergebe sich die Zuständigkeit des Landgerichts Posen aus der unstreitigen Tatsache, daß der Beklagte zur Zeit der Klagezustellung Eigentümer von Dividendenscheinen der Gesellschaft gewesen sei. Wenn die Dividendenscheine auch selbständige Inhaberpapiere seien und Sachen im Sinne des Bürgerlichen Gesetzbuchs darstellten, und wenn demgemäß der Gerichtsstand des § 23 Z.P.O. dort begründet sei, wo sich das Inhaberpapier befinde, so sei doch hiermit ihre Rechtsnatur nicht erschöpft. Der Besitz der Papiere verleihe ein Forderungsrecht, dessen Geltendmachung den Bestimmungen des Rechts der Schuldverhältnisse unterstehe. Da nun bei Forderungen als der Ort, wo das Vermögen sich befinde, der Wohnsitz des Schuldners gelte, und Schuldner der in den Dividendenscheinen versprochenen Leistung die genannte Gesellschaft sei, die ihren Sitz in Posen habe, so sei die Zuständigkeit des Landgerichts Posen begründet. Das Gesetz unterscheide im § 23 nicht zwischen solchen Forderungen, die in einer Urkunde verkörpert seien, und anderen Forderungen. Die Zivilprozeßordnnng behandle allerdings im § 821 Wertpapiere als Sachen; das sei hinsichtlich der Zwangsvollstreckung auch zweckentsprechend, da der Rechtserwerb sich nach dem Sachenrechte richten müsse. Aber die Rechtsausübungsbefugnis bleibe immerhin ein Forderungsrecht, und bei Forderungen sei der Gerichtsstand des Vermögens da gegeben, wo der Schuldner seinen Wohnsitz habe.

Der Berufungsrichter verkennt hiernach nicht, daß die Dividendenscheine als Inhaberpapiere und als Sachen im Sinne des Bürgerlichen Gesetzbuchs anzusehen sind. Er nimmt aber an, daß nicht bloß an dem Orte, wo das Inhaberpapier sich befindet, sondern auch an dem etwa davon verschiedenen Wohnsitze des Schuldners der Gerichtsstand des Vermögens (§ 23 Z.P.O.) begründet sei. Die Revision rügt hiergegen mit Recht, daß diese Auffassung auf unzureichender Würdigung des Wesens der Inhaberpapiere beruht. Die Forderung aus dem Inhaberpapier verkörpert sich in der Urkunde derartig, daß sie ohne den Besitz der letzteren nicht geltend gemacht werden kann. Das Recht aus dem Papier ist mit dem Recht an dem Papier untrennbar verbunden und teilt das rechtliche Schicksal desselben. Hierauf beruht unter anderem die Bestimmung des § 1293 B.G.B., daß für das Pfandrecht an einem Inhaberpapier die Vorschriften über das Pfandrecht an beweglichen Sachen gelten. Wenngleich das Pfandrecht an einem Inhaberpapier zu seinem wesentlichen Gegenstande nicht das Papier, sondern das Recht aus dem Papiere hat, so wird es doch wegen der untrennbaren Verbindung dieses Rechts mit dem Rechte am Papiere so behandelt, wie wenn lediglich das Papier selbst seinen Gegenstand bildete (vgl. Planck, Bem. 1 zu § 1293 B.G.B.). Im § 821 Z.P.O. werden Wertpapiere überhaupt bei der Zwangsvollstreckung wie körperliche Sachen behandelt, obgleich den wesentlichen Gegenstand der Zwangsvollstreckung nicht das Papier an sich, sondern das sich aus demselben ergebende Recht bildet. Hiernach ist aber auch anzunehmen, daß der Gerichtsstand des Vermögens im Sinne des § 23 Z.P.O., soweit Inhaberpapiere und überhaupt Wertpapiere in Betracht kommen, lediglich da begründet ist, wo sich die Papiere befinden. Dies entspricht auch der Auffassung des gewöhnlichen Lebens, daß ein in Wertpapieren bestehendes Vermögen sich dort befindet, wo die Papiere untergebracht sind. Für die Annahme eines doppelten Gerichtsstandes — sowohl an dem Orte, wo die Wertpapiere sich befinden, als auch an dem Orte des Wohnsitzes des Schuldners — gewährt § 23 Z.P.O. keinen Anhalt." . . .

3. Kommt für die Aufrechnung im Konkurse ein Entschädigungsanspruch aus der vom Konkursverwalter nach § 15 K.O. a. F. — § 17 K.O. n. F. — abgelehnten Vertragserfüllung als aufschiebend bedingte Forderung in Betracht?

K.O. §§ $\frac{15.\ 21.\ 47.\ 48\ (a.\ F.).}{17.\ 26.\ 54.\ 55\ (n.\ F.).}$

VII. Zivilsenat. Urt. v. 27. November 1903 i. S. P. Konkursverw. (Kl.) w. Akt.-Gesellschaft Westf. Stahlwerke (Bekl.). Rep. VII. 278/03.

I. Landgericht Bochum.
II. Oberlandesgericht Hamm.

Aus den Gründen:

... „Das Aufrechnungsrecht des Konkursgläubigers geht nach der Reichskonkursordnung über die einem Schuldner außerhalb des Konkursverfahrens zustehende Kompensationsbefugnis erheblich hinaus. Nach § 47 K.O. a. F. — § 54 K.O. n. F. — wird die Aufrechnung nicht dadurch ausgeschlossen, daß zur Zeit der Eröffnung des Verfahrens die aufzurechnenden Forderungen oder die eine von ihnen noch betagt oder noch bedingt war, oder die Forderung des Gläubigers nicht auf einen Geldbetrag gerichtet war. Im letzteren Falle ist mit dem für den Konkurs in eine Geldforderung verwandelten Gegenanspruche aufzurechnen. Als aufschiebend bedingte Forderungen im Sinne der Konkursordnung sind nicht nur solche anzusehen, die zufolge rechtsgeschäftlicher Bestimmung von einem Ereignisse abhangen sollen. Wie in den Motiven zum § 60 K.O. (a. F.) hervorgehoben und in der Rechtsprechung anerkannt ist, gehören hierher auch die gesetzlich bedingten Ansprüche, so insbesondere die Regreßansprüche von Bürgen und Mitschuldnern des Kridars, wenn auch die Zahlung durch den Bürgen oder Mitverpflichteten erst nach der Eröffnung des Konkurses über das Vermögen des Hauptschuldners im Laufe des Verfahrens erfolgen sollte. An anderer Stelle, zu § 2, ist in den Motiven bemerkt, daß Forderungen, die vor der Eröffnung begründet sind, berücksichtigt werden können, obschon sie damals noch nicht perfekt waren, wenn nur ihre Perfektion ohne jedes Zutun des Gemeinschuldners eintritt. Hier handelt es sich um eine Entschädigungsforderung, die infolge der Erfüllungsweigerung des Konkursverwalters an die Stelle des vertragsmäßigen Lieferungsanspruchs getreten ist.

Der letztere hat sich infolge jener Weigerung kraft Gesetzes in den Schadensersatzanspruch umgewandelt. Auch dieser beruht auf den zwischen der Beklagten und der Gemeinschuldnerin geschlossenen Verträgen und war schon zur Zeit der Konkurseröffnung für den Fall, daß der Konkursverwalter die Erfüllung der Verträge ablehnte, begründet. Während § 21/26 K.O. nach Wortlaut und Zweck die Aufrechenbarkeit der Entschädigungsforderung nicht ausschließt, führen die Gründe, welche den Gesetzgeber bestimmt haben, auch bedingte Forderungen zur Aufrechnung zuzulassen, und die Auffassung über den Begriff „Bedingung", von welcher hierbei ausgegangen ist, zu der Annahme, daß die im Falle des § 21/26 an die Stelle des Erfüllungsanspruchs tretende Entschädigungsforderung des Gläubigers als eine aufschiebend bedingte im Sinne des § 47/54 und insbesondere nicht als eine erst nach der Eröffnung des Verfahrens erworbene im Sinne des § 48/55 Nr. 2 anzusehen ist.

In dem von dem ersten Richter in Bezug genommmenen Urteile des V. Zivilsenates des Reichsgerichts vom 9. Mai 1900 — Entsch. des R.G.'s in Zivils. Bd. 46 S. 98 — ist allerdings die dem Gläubiger infolge der Nichterfüllungserklärung des Konkursverwalters zustehende Schadensersatzforderung als nach der Eröffnung des Konkursverfahrens erworben bezeichnet. Zur Anrufung einer Entscheidung der vereinigten Zivilsenate lag jedoch keine Veranlassung vor, da jenes Urteil den Fall des § 48 Ziff. 1 K.O. betraf, während es sich hier um § 48 Ziff. 2 K.O. handelt, dasselbe auch nicht auf der erwähnten Annahme beruht, da es für die Entscheidung nicht darauf ankam, ob die Schadensersatzforderung vor, oder nach der Eröffnung des Konkursverfahrens erworben war." ...

---

4. Bedarf es einer vorgängigen Pfändung, wenn der Konkursverwalter die Verwertung eines zur Masse gehörigen beweglichen Gegenstandes, an welchem ein Gläubiger ein Faustpfandrecht oder ein diesem gleichstehendes Recht beansprucht, nach Maßgabe der Vorschriften über die Zwangsvollstreckung betreiben will?

§ 117 Abs. 1 K.O. a. F. (§ 127 Abs. 1 K.O. n. F.).

III. Zivilsenat. Urt. v. 1. Dezember 1903 i. S. A. (Kl. u. Widerbekl.) w. 1. die Firma N., 2. E. (Bekl., zu 1 auch Widerklägerin). Rep. III. 417/03.

I. Landgericht Frankfurt a. M.
II. Oberlandesgericht daselbst.

Die Berliner Zentralbank, eingetragene Genossenschaft mit beschränkter Haftpflicht mit dem Sitz in Berlin, hatte eine Forderung von 42000 *M* an den Kaufmann G., in Firma G., zu Frankfurt a. M. Am 22. Juni 1895 wurde über G.'s Vermögen das Konkursverfahren eröffnet, und der Beklagte zu 2, Rechtsanwalt Dr. E., zum Konkursverwalter ernannt. Die Forderung der Berliner Zentralbank von 42000 *M* wurde zum Konkurs G. angemeldet, von dem Konkursverwalter aber bestritten. Die Beklagte zu 1 — die Firma N. — ließ demnächst wegen ihrer Ansprüche gegen die Berliner Zentralbank in Höhe von mindestens 3000 *M* aus vollstreckbaren Schuldtiteln die Forderung ihrer Schuldnerin aus der Anmeldung zum Konkurs G. durch die Pfändungs- und Überweisungsbeschlüsse des Amtsgerichts zu Berlin vom 15. und 30. November und 19. Dezember 1895, vom 5. Februar und 9. April 1896 pfänden und sich zur Einziehung überweisen. Am 10. Juni 1896 wurde auch über das Vermögen der Berliner Zentralbank das Konkursverfahren eröffnet. Der Kläger behauptete und stellte unter Beweis, daß der in diesem Konkurs bestellte Verwalter F. auf Grund des § 117 K.O. a. F. die von der Beklagten zu 1 gepfändete Forderung der Berliner Zentralbank mit Genehmigung des Konkursgerichts und des Gläubigerausschusses zur öffentlichen Versteigerung gebracht, daß er sie erstanden und den Kaufpreis bar an den Verwalter F. bezahlt habe. Dieser habe die Forderung auch noch unter dem 4. März 1899 notariell an ihn abgetreten. Daß die Forderung von dem Verwalter F. an den Kläger abgetreten sei, hat die Beklagte zugegeben. Im weiteren war unbestritten, daß der Kläger die Feststellung der Forderung gegen die Konkursmasse G. betrieben habe, und der Rechtsstreit mit einem Vergleich endete, in welchem der Beklagte zu 2 als Verwalter im Konkurs G. sich verpflichtete, dem Kläger 2500 *M* zu zahlen, sobald der Konkursmasse G. nachgewiesen sei, daß der Firma N. aus den oben bezeichneten Pfändungsbeschlüssen keine Rechte gegen die Konkursmasse G. zustehen. Der Beklagte zu 2 hat am 26. September 1902 die 2500 *M* bei der Regierungshauptkasse zu Wiesbaden hinterlegt, indem er sich dem Kläger gegenüber darauf berief, daß die Beklagte zu 1 ihm gegenüber noch Rechte aus den Pfändungen geltend mache. Der Kläger ging davon aus, daß durch die Versteigerung das Pfandrecht der Beklagten zu 1 erloschen sei, und hielt beide Beklagte für verpflichtet, in die Auszahlung der hinterlegten Summe an ihn zu willigen und ihm den Zinsverlust zu ersetzen, der durch die widerrechtliche Vorenthaltung der 2500 *M* entstanden sei. Er behauptete, die Beklagte zu 1 habe auf die Aufforderung, zu erklären, daß ihr aus den Pfändungsbeschlüssen keine Rechte gegen die Konkursmasse G. zuständen, keine Antwort gegeben. — Unter den Parteien stand fest, daß das Konkursverfahren in dem Konkurs G. am 9. Oktober 1902 — vor Erhebung der vorliegenden Klage — aufgehoben worden sei.

Der Kläger hat beantragt: die Beklagten zu verurteilen,

a) in die Auszahlung der hinterlegten 2500 *M* nebst den aufgelaufenen Zinsen an ihn zu willigen,
b) als Gesamtschuldner an ihn 5 Prozent Zinsen von 2500 *M* seit dem 9. Oktober 1902 abzüglich der zu a erwähnten Zinsen zu zahlen,
c) als Gesamtschuldner die Kosten des Rechtsstreites zu tragen.

Beide Beklagte haben Abweisung der Klage beantragt. Die Beklagte zu 1 hat ferner Widerklage erhoben mit dem Antrage:

den Kläger in der Widerklage zu verurteilen, einzuwilligen, daß die hinterlegten 2500 *M* nebst den aufgelaufenen Zinsen an sie herausbezahlt werden.

Zur Begründung ihrer Anträge hat sie geltend gemacht, daß der § 117 K.O. a. F. sich nur auf Sachen, nicht auf Forderungen beziehe. Außerdem habe nach dieser gesetzlichen Bestimmung die Verwertung nach Maßgabe der Vorschriften über die Zwangsvollstreckung zu erfolgen. Es sei daher Pfändung und Überweisung und öffentliche Versteigerung der Forderung geboten; alles dies sei aber nicht geschehen; insbesondere werde bestritten, daß die Forderung versteigert worden sei. — Der Beklagte zu 2 hat geltend gemacht, daß er zur Zeit der Erhebung der Klage nicht mehr passiv legitimiert gewesen sei.

Das Gericht erster Instanz hat die Klage abgewiesen, nach dem Antrage der Widerklage erkannt und dem Kläger die Kosten des Rechtsstreites auferlegt. Es nahm an, daß die Wirkung der nach Behauptung des Klägers von dem Konkursverwalter F. vorgenommenen Versteigerung der Forderung nach dem vor dem 1. Januar 1900 in Geltung gewesenen materiellen Recht zu beurteilen sei, und führte aus, daß die Pfändungspfandrechte der Beklagten zu 1 durch die Versteigerung nicht erloschen seien, da der Satz „Hand wahre Hand" dem gemeinen Recht und der Frankfurter Reformation überhaupt fremd sei und nach Art. 306 H.G.B. a. F. und nach dem preußischen Allgemeinen Landrecht für den Erwerb von Forderungen nicht gelte.

Durch das Urteil des Berufungsgerichts ist die Berufung des Klägers zurückgewiesen, und der Kläger zu den Kosten der Berufung verurteilt worden. Die Entscheidung beruhte auf der Erwägung, daß die Klage gegen den Beklagten E. schon wegen dessen mangelnder Passivlegitimation abzuweisen, im übrigen aber die Klage unbegründet, und die Widerklage begründet sei, weil die Verwertung der Forderung nach § 117 K.O. a. F. nur nach vorgängiger Pfändung zulässig gewesen, eine solche aber vom Kläger gar nicht behauptet, hiernach und aus den Gründen des ersten Urteils das Pfändungspfandrecht der Beklagten zu 1 nicht erloschen sei.

Die Revision des Klägers wurde bezüglich des Beklagten zu 2 zurückgewiesen; im übrigen wurde das Urteil aufgehoben, und die Sache an das Berufungsgericht zurückverwiesen.

Aus den Gründen:

„1. Die Revision ist, soweit sie die Klage gegen den Beklagten zu 2 betrifft, unbegründet. . . .

2. Dagegen kann in betreff der Klage gegen die Firma N. die angefochtene Entscheidung nicht für gerechtfertigt erachtet werden.

Nach § 117 K.O. vom 10. Februar 1877 — welche zur Anwendung kommt, da das Konkursverfahren über das Vermögen der Berliner Zentralbank am 10. Juni 1896 eröffnet wurde —,

Art. V des Einführungsgesetzes zum Gesetz vom 17. Mai 1898; Entsch. d. R.G.'s in Zivils. Bd. 53 S. 190 flg.,

ist der Verwalter berechtigt, die Verwertung eines zur Masse gehörigen beweglichen Gegenstandes, an welchem ein Gläubiger ein Faustpfandrecht oder ein diesem gleichstehendes Recht beansprucht, nach Maßgabe der Vorschriften über die Zwangsvollstreckung zu betreiben. Der Gläubiger kann einer solchen Verwertung nicht widersprechen, vielmehr seine Rechte nur auf den Erlös geltend machen.

Daß zu den im § 117 K.O. genannten „beweglichen Gegenständen" auch Forderungen auf Leistung beweglicher Gegenstände gehören, unterliegt keinem Zweifel. Für die Entscheidung des Rechtsstreites kommt es im weiteren auf die Auslegung der Bestimmung an, daß die Verwertung nach Maßgabe der Vorschriften über die Zwangsvollstreckung zu betreiben ist. Der Grund für diese Bestimmung liegt darin, daß die Veräußerung den Gläubigern gegenüber, die ein Faustpfandrecht oder ein diesem gleichstehendes Recht beanspruchen, und denen das Gesetz ein Widerspruchs- oder ein Vorzugsrecht für den Fall einer Zwangsvollstreckung beigelegt hat, wie eine Zwangsvollstreckung wirkt. Diesen Gläubigern soll deshalb Gelegenheit gegeben werden, bei der Verwertung durch den Konkursverwalter ihre Befugnisse geltend zu machen.

Vgl. Entsch. des R.G.'s in Zivils. Bd. 42 S. 89.

Der § 117 K.O. a. F. schließt nicht aus, daß der Verwalter einen freihändigen Verkauf des mit dem Pfandrecht belasteten beweglichen Gegenstandes vornimmt; dann tritt aber die in § 117 angedrohte Wirkung, daß der Gläubiger seine Rechte nur auf den Erlös geltend machen kann, nicht ein; vielmehr kann in solchem Falle der Gegenstand nur mit dem Pfandrecht auf den Ersteher übergehen. Wäre daher im vorliegenden Falle von dem Verwalter F. die Forderung der Konkursmasse der Berliner Zentralbank nur durch die notarielle Zession vom 4. März 1899 an den Kläger abgetreten worden, so würde sie mit dem Pfändungspfandrecht der verklagten Firma N. belastet auf den Kläger übergegangen sein, sofern nicht etwa der Kläger auf Grund seines guten Glaubens die Forderung frei vom Pfandrecht erworben hätte, was vom Berufungsgericht nach dem zugrunde liegenden materiellen Recht ohne Rechtsirrtum verneint wird.

Wenn dagegen die Forderung der Berliner Zentralbank nach Maßgabe der Vorschriften über die Zwangsvollstreckung versteigert und vom Kläger erworben worden ist, dann hat die Firma N. nur Anspruch auf den Erlös, der bei der Versteigerung an den Kläger erzielt und von diesem, wie er behauptet, an den Konkursverwalter F. bezahlt worden ist, nicht aber auf die 2500 ℳ, die der Kläger nach

Erwerb der Forderung von dem Schuldner derselben, der Konkursmasse S., erlangt hat.

Das Berufungsgericht hat die Frage, ob die Versteigerung nach Maßgabe der Vorschriften über die Zwangsvollstreckung stattgefunden habe, verneint. Es führt aus: die Zwangsvollstreckung in Forderungen geschehe nach § 730 Z.P.O. a. F. durch Pfändung und Überweisung. Nun sei zwar eine Überweisung nicht für erforderlich zu halten, da der Konkursverwalter sich schon im Besitze der Forderung befinde; wohl aber sei eine Pfändung notwendig, und zwar nicht nur von dem formellen Gesichtspunkt aus, daß § 117 K.O. ausdrücklich eine Verwertung nach Maßgabe der Zwangsvollstreckung verlange, sondern auch von dem praktischen Gesichtspunkt aus, daß erst durch die Pfändung eine Grundlage des Verfahrens geschaffen, und der Drittschuldner gehindert werde, die Forderung an den Pfandgläubiger auszuzahlen. Daß eine Pfändung vorgenommen sei, habe aber der Kläger gar nicht behauptet.

Die Ansicht, daß es bei einer Verwertung nach § 117 K.O. a. F. (§ 127 K.O. vom 17. Mai 1898) einer Pfändung der beweglichen Gegenstände bedürfe, wird in neuerer Zeit mehrfach vertreten. Es wird geltend gemacht: da sich das Verfahren in den Formen der Zwangsvollstreckung bewege, so könne es nur mit der Pfändung beginnen; denn ohne Pfändung gebe es keine Zwangsvollstreckung, und darum auch keine Verwertung nach Maßgabe der Vorschriften über die Zwangsvollstreckung. Der allgemeine Konkursbeschlag schließe zwar das Bedürfnis nach einem Pfändungspfandrecht aus, erübrige aber keineswegs den speziellen Pfändungsakt; denn ein Rechtsakt sei nicht deshalb unzulässig oder überflüssig, weil eine besondere Wirkung desselben in einem Falle besonderer Art nicht eintrete. Der Pfändungsakt sei nicht überflüssig; nur er setze die Frist des § 810 (717) Z.P.O. in Lauf; nur er ermögliche eine Anschlußpfändung (§ 826 [727] flg. Z.P.O.). Auch bei Verwertung von Forderungen und anderen Vermögensrechten bedürfe es der Pfändung, und ferner der Überweisung zur Einziehung. Der Konkursbeschlag und der offene Arrest könnten hierfür keinen Ersatz bieten. Durch den offenen Arrest werde dem Drittschuldner nur verboten, an den Gemeinschuldner, nicht aber, an den Absonderungsberechtigten zu zahlen.

Vgl. Wolff, Das Absonderungsrecht im Konkurs (1892) S. 193.

194; Wolff, Konkursordnung (1900) Bem. 3 zu § 127 K.O. n. F.; Jäger, Die Konkursordnung (1902) Bem. 9 und 10 zu § 127 K.O. n. F.

Diese Ausführungen sind nicht geeignet, die Notwendigkeit einer Pfändung darzutun. Ein Pfändungspfandrecht zum Zwecke der Verwertung in den Fällen des § 117 K.O. ist nicht nur entbehrlich, sondern nach den Bestimmungen der Konkursordnung ausgeschlossen. Für den die Verwertung betreibenden Verwalter, als das im öffentlichen Interesse zur Verwaltung und Verwertung der Konkursmasse geschaffene Organ (vgl. Entsch. des R.G.'s in Zivils. Bd. 29 S. 36, Bd. 35 S. 81), kann es nicht zur Entstehung kommen, da er nicht Gläubiger ist, und die Konkursgläubiger haben nur Anspruch darauf, daß der bei der Verwertung des beweglichen Gegenstandes sich ergebende Erlös, soweit sich nach Befriedigung des Pfandgläubigers ein Überschuß ergibt, zu ihrer gemeinschaftlichen Befriedigung verwendet wird (§ 117. § 2 K.O. a. F.). Kann also von einem Pfändungspfandrecht nicht die Rede sein, so bedarf es auch keiner Pfändung, da es zu deren Begriff wesentlich ist, daß der Gläubiger ein Pfandrecht an dem gepfändeten Gegenstand erwirbt. Es bleibt nur die Besitzergreifung des beweglichen Gegenstandes zum Zwecke der Verwertung übrig, welche aber keine Pfändung ist und daher nicht in den Formen derselben vorgenommen zu werden braucht. Aus der Bestimmung des § 816 (717) Z.P.O., daß die Versteigerung der gepfändeten Sachen nicht vor Ablauf einer Woche seit dem Tage der Pfändung geschehen darf, kann ein Beweisgrund nicht entnommen werden; denn diese Frist kann von der Besitzergreifung an gerechnet werden, ohne daß letztere einen Pfändungsakt darzustellen brauchte. Unzutreffend ist ferner die Erwägung, daß die Pfändung notwendig sei, weil nur sie eine Anschlußpfändung ermögliche. Die Zivilprozeßordnung gestattet die Pfändung bereits gepfändeter Sachen in den vereinfachten Formen der Anschlußpfändung, läßt aber nicht die Auffassung zu, daß in Fällen, in denen es sonst einer Pfändung nicht bedürfen würde, eine solche erforderlich sei zum Zwecke der Ermöglichung einer Anschlußpfändung.

Es ist aber auch der Ausgangspunkt nicht richtig, daß sich das Verfahren vollständig in den Formen der Zwangsvollstreckung bewege. Nach § 117 K.O. a. F. handelt es sich nur um die Verwertung eines zur Masse gehörigen beweglichen Gegenstandes nach Maßgabe der Vorschriften über die Zwangsvollstreckung. Im § 117 des Entwurfes der Konkursordnung stand „Veräußerung" an Stelle von „Verwertung". Die Änderung erfolgte, um klarzustellen, daß der Ausdruck „Veräußerung", auf Forderungen angewendet, auch deren Beitreibung in sich begreife.

Vgl. Hahn, Die gesamten Materialien zur Konkursordnung S. 18 und 586.

Die Vorschriften über die Zwangsvollstreckung kommen hiernach nur bezüglich der Verwertung, nicht bezüglich des bei Zwangsvollstreckungen dem Verfahren der Verwertung vorausgehenden Verfahrens zur Anwendung. Es folgt also auch hieraus, daß es einer Pfändung nicht bedarf, und es ist unrichtig, daß es ohne Pfändung keine Verwertung nach Maßgabe der Vorschriften über die Zwangsvollstreckung gebe. Der § 117 K.O. berechtigt den Verwalter zu dieser Verwertung ohne vorausgehende Pfändung. Diese Berechtigung des Verwalters entspricht den ihm zustehenden allgemeinen Befugnissen. Mit der Eröffnung des Konkursverfahrens geht das Verwaltungs- und Verfügungsrecht bezüglich des zur Konkursmasse gehörigen Vermögens auf den Konkursverwalter über; er hat dieses Vermögen sofort in Besitz und Verwaltung zu nehmen und dasselbe zu verwerten (§§ 5. 107 K.O. a. F.). Beauftragt der Konkursverwalter den Gerichtsvollzieher, eine zur Konkursmasse gehörige Sache nach den Vorschriften über die Zwangsvollstreckung zu veräußern, und ergreift der Gerichtsvollzieher darauf den Besitz der Sache, so ist dies keine Pfändung, sondern lediglich die Ausübung der dem Konkursverwalter nach §§ 107 und 117 Abs. 1 K.O. a. F. zustehenden Befugnis der Besitzergreifung zum Zwecke der Verwertung.

Bedarf es hiernach zur Verwertnng beweglicher Sachen nach § 117 K.O. einer Pfändung nicht, so gilt das gleiche für die Verwertung von Forderungen. Das Gesetz unterscheidet nicht. Das Berufungsgericht macht geltend, daß erst durch die Pfändung der Drittschuldner gehindert werde, die Forderung an den Pfandgläubiger auszuzahlen. Allein durch die Pfändung einer Forderung gemäß § 829 (730) Z.P.O. wird dem Drittschuldner nur verboten, an den Schuldner zu zahlen, und an den Schuldner das Gebot erlassen, sich jeder Verfügung über die Forderung, insbesondere der Einziehung derselben, zu enthalten. Ein Verbot, an den Pfandgläubiger zu zahlen, ergeht nicht. Der Fall einer Forderungspfändung nach § 829 (730) Z.P.O. liegt aber überhaupt nicht vor. Es handelt sich vielmehr lediglich darum, daß der im Konkurse der Berliner Zentralbank bestellte Verwalter eine dieser Bank als Gläubigerin gegen die Konkursmasse G. als Schuldnerin zustehende Forderung auf Grund des § 117 K.O. a. F. verwertet hat. Der Konkursmasse G., als Schuldnerin, war schon durch den offenen Arrest aufgegeben, nichts an den Gemeinschuldner, die Berliner Zentralbank, zu leisten (§ 108 K.O.), und die letztere war nach § 5 K.O. nicht mehr befugt, über die Forderung zu verfügen. Der Firma N. gegenüber, welche ein Pfändungspfandrecht an der Forderung der Zentralbank erlangt hatte, bedurfte der Konkursverwalter einer Pfändung nicht, weil er nach § 117 Abs. 1 K.O. zur Versteigerung berechtigt war, und der Pfandgläubigerin ein Widerspruchsrecht nicht zustand. Auch eine Überweisung zur Einziehung ist nicht erforderlich. Der Verwalter, welcher die Forderung nach § 117 veräußert, will dieselbe nicht einziehen, sondern auf einen anderen übertragen, damit dieser sie von dem Schuldner einfordere und nötigenfalls gegen ihn einklage.

Von den Vorschriften der Zivilprozeßordnung über die Zwangsvollstreckung, welche nach § 117 Abs. 1 K.O. maßgebend sind, kommen, wie schon oben hervorgehoben wurde, alle diejenigen nicht in Betracht, welche dem Verfahren der Verwertung (Versteigerung) vorausgehen. Die Vorschrift des § 844 (743) Z.P.O., welche in besonderen Fällen dem Gericht gestattet, auf Antrag an Stelle der Überweisung eine andere Art der Verwertung anzuordnen, kommt hiernach nicht zur Anwendung; einer solchen Anordnung bedarf es auch nicht, da der § 117 K.O. a. F. dem Verwalter das Recht zur Versteigerung einräumt. Hierdurch finden alle Ausführungen der Parteien, die sich an die Vorschrift des § 844 (748) Z.P.O. angeknüpft haben, ihre Erledigung.

Die Revision hat noch geltend gemacht: die Widerklägerin — Firma N. — habe nicht behauptet, daß sie ihre Rechte aus den Pfändungsbeschlüssen zu den Konkursakten angemeldet oder auch nur dem Konkursverwalter F. gegenüber geltend gemacht habe. Der Konkursverwalter habe daher die Verwertung der Forderung als eines Aktivums der Masse durch Versteigerung unter Zustimmung des Gläubigerausschusses nach § 121 Ziff. 2 K.O. a. F. ungehindert vornehmen können. Dieser Einwand, welcher dahin geht, daß in solchem Falle auch ein freihändiger Verkauf das Pfändungspfandrecht der Firma N. zur Erlöschung gebracht habe, ist nicht begründet. Diese Wirkung ist nur der nach Maßgabe der Vorschriften über die Zwangsvollstreckung vorgenommenen Versteigerung beigelegt. Die von der Revision in bezug genommenen Entsch. des R.G.'s Bd. 14 S. 4 und Bd. 33 S. 117 betreffen die andere Frage, ob der Konkursverwalter wegen Nichtberücksichtigung des Absonderungsrechts haftbar gemacht werden kann, wenn das Absonderungsrecht vor dem Verkauf nicht geltend gemacht worden ist. Diese Frage wird verneint, und es wird ausgesprochen, daß die Anmeldung des Absonderungsrechts in dem Konkurse nicht erforderlich ist, daß es vielmehr genügt, wenn das Absonderungsrecht dem Konkursverwalter gegenüber überhaupt geltend gemacht worden ist (Entsch. des R.G.'s in Zivils. Bd. 14 S. 3. 4)." . . .

---

5. Was ist im § 25 H.G.B. unter den Worten „im Betriebe des Geschäfts begründeten Verbindlichkeiten" (Abs. 1) und „Geschäftsverbindlichkeiten" (Abs. 3) zu verstehen? Fällt darunter eine Vereinbarung über die Änderung der Firma?

H.G.B. § 25.

I. Zivilsenat. Urt. v. 27. Februar 1904 i. S. der „Itzehoer Netzfabrik, vormals C. K., G. m. b. H." (Bekl.) w. die „Mechanische Netzfabrik und Weberei, A.-G." in Itzehoe (Kl.). Rep. I. 452/03.

I. Landgericht Altona.
II. Oberlandesgericht Kiel.

Die Klägerin betrieb seit etwa 30 Jahren in Itzehoe unter der Firma „Mechanische Netzfabrik und Weberei, A.-G." die Herstellung und den Verkauf von Netzen. Auch der Fabrikant C. K. hatte daselbst seit dem Jahre 1891 unter der Firma „Itzehoer Netzgarn-Zwirnerei und Posamentenfabrik, C. K." ein Handelsgewerbe betrieben. Da bei der Bestellung der Postsendungen die Firmen zuweilen verwechselt wurden, fanden im März und April 1894 zwischen der Klägerin und C. K. briefliche Verhandlungen statt, die damit endeten, daß C. K. die Firma „Baumwoll-Zwirnerei und Posamenten-Fabrik, C. K." annahm und in das Handelsregister eintragen ließ und hierfür von der Klägerin eine Geldentschädigung erhielt. Am 6. November 1900 wurde an Stelle dieser Firma auf Antrag von C. K. die Firma „C. K." eingetragen. Dieses Handelsgeschäft ging vom 1. April 1903 ab mit allen Aktiven und Passiven auf die Beklagte über. Die Beklagte, die ebenfalls Netze herstellte und vertrieb, zeigte im Juni 1903 durch Rundschreiben den Kunden der Firma C. K. die Übernahme dieses Geschäfts an. Sie führte die am 13. Juni 1903 in das Handelsregister eingetragene Firma „Itzehoer Netzfabrik, vormals C. K., G. m. b. H." Die Klägerin behauptete, diese Firma verstoße gegen die im Jahre 1894 mit C. K. getroffene Vereinbarung, an die auch die Beklagte gebunden sei. Sie beantragte, die Beklagte zu verurteilen, sich des Gebrauchs der von ihr in das Handelsregister ... eingetragenen (vorstehend angegebenen) Firma ... zu enthalten und demgemäß diese Eintragung löschen zu lassen.

Auf die Berufung der Klägerin verurteilte das Oberlandesgericht die Beklagte nach dem Klagantrage. Die Revision der Beklagten ist zurückgewiesen worden aus folgenden

Gründen:

„Das Berufungsgericht ist auf Grund bedenkenfreier Auslegung der zwischen der Klägerin und C. K. gewechselten Briefe zu der Feststellung gelangt, daß die zwischen ihnen gegen Entgelt getroffene Vereinbarung dahin gegangen ist, daß C. K. die in seiner Firma den Worten „Zwirnerei und Posamenten-Fabrik" vorgesetzten Worte „Itzehoer Netzgarn" zu beseitigen und durch „Baumwoll" zu ersetzen habe. Dieser Vereinbarung gemäß wurde die Firma geändert. Das Berufungsgericht nimmt weiter an, daß C. K. hierdurch eine im Betriebe seines Handelsgeschäfts begründete Verbindlichkeit der Klägerin gegenüber übernommen habe, die bei der Annahme der Firma „C. K." bestehen geblieben und nach § 25 Abs. 1 oder 3 H.G.B. auf die Beklagte übergegangen sei, als sie das unter dieser Firma betriebene Handelsgeschäft mit Aktiven und Passiven erworben hätte. Die Revision rügt zu Unrecht die Verletzung des § 25, weil eine im Betriebe des Geschäfts begründete Verbindlichkeit durch jene Vereinbarung nicht entstanden sei, jedenfalls aber nur eine höchstpersönliche Verpflichtung des C. K. vorliege. Unter den im § 25 Abs. 1 genannten „im Betriebe des Geschäfts begründeten Verbindlichkeiten" und unter dem gleichbedeutenden Ausdrucke „Geschäftsverbindlichkeiten" im Abs. 3 werden Verpflichtungen verstanden, die mit dem Geschäftsbetriebe in einer solchen engen, inneren Verbindung stehen, daß sie als eine Folge dieses Geschäftsbetriebes erscheinen.

Vgl. Entsch. des R.G.'s in Zivils. Bd. 15 S. 54; Bolze, Praxis Bd. 16 Nr. 315.

Diese Kennzeichnung trifft auf die von C. K. der Klägerin gegenüber übernommene Verbindlichkeit zu. Er übernahm sie, weil der Betrieb seines Handelsgeschäfts unter einer Firma, die der Firma der Klägerin ähnelte, Unzuträglichkeiten für beide Teile hervorgerufen hatte. Die Vereinbarung über die Änderung seiner Firma war daher eine Folge seines Geschäftsbetriebes. Selbstverständlich sollte aber jene Verbindlichkeit nicht C. K. für seine Person allein, sondern auch diejenigen treffen, die der Klägerin gegenüber an seine Stelle treten oder neben ihm in das Schuldverhältnis eintreten würden. Nachdem die Beklagte bei ihrer Gründung das bis dahin von C. K. betriebene Handelsgeschäft erworben hatte, war sie nach § 4 des Gesetzes, betr. die Gesellschaften mit beschränkter Haftung, vom 20. Mai 1898 in Verbindung mit den Vorschriften der §§ 18 und 22 H.G.B. berechtigt, ihre Firma aus dem Gegenstande des Unternehmens zu entlehnen und hiermit unter Zustimmung von C. K. dessen bisherige Firma mit Beifügung eines das Nachfolgeverhältnis andeutenden Zusatzes zu verbinden. Da C. K. jedenfalls seit Juli 1901 die mechanische Netzfabrikation betrieben hatte, und dieser Betrieb von der Beklagten — gleichviel ob in derselben, oder in ausgedehnterer Weise — fortgesetzt wurde, so führte sie zugleich das erworbene Handelsgeschäft fort. Sie haftet daher gemäß § 25 Abs. 1 H.G.B. für jene von C. K. begründete Geschäftsverbindlichkeit der Klägerin unmittelbar. Gegen den Sinn und die Bedeutung dieser Verpflichtung verstößt aber, wie das Berufungsgericht in zutreffender Begründung dargelegt hat, die Annahme der an die Spitze der Firma der Beklagten gestellten Worte „Itzehoer Netzfabrik", obwohl sie mit den Worten „Itzehoer Netzgarn" sich nicht genau decken, und selbst wenn man unterstellt, daß C. K. die mechanische Netzfabrikation erst seit Juli 1901 betrieben hat. Wollte er für den Fall des Übergangs zu diesem Geschäftszweige sich die Zulässigkeit der Annahme einer von ihm entlehnten Firma sichern, so hätte er einen entsprechenden Vorbehalt bei der Vereinbarung mit der Klägerin treffen müssen. Dies ist nicht geschehen. Die Beklagte ist daher zum Gebrauche der Worte „Itzehoer Netzfabrik" in ihrer Firma nicht befugt. Sie verletzt durch den unbefugten Gebrauch das Vertragsrecht der Klägerin (vgl. das in der Jurist. Wochenschr. 1902 S. 27 Nr. 20 zum Teil abgedruckte Urteil des Reichsgerichts vom 26. November 1901) und ist, da jene Worte mit dem übrigen Bestandteile der Firma ein zusammenhangendes Ganzes bilden, zur Unterlassung des Gebrauches, d. h. zur Löschung dieser Firma, verpflichtet.

Vgl. Entsch. des R.G.'s in Zivils. Bd. 44 S. 19.

Selbstverständlich verbleibt ihr die Befugnis, die an sich nicht zu beanstandenden Worte „vormals C. K., G. m. b. H." ihrer neuen Firma einzuverleiben." ...

---

6. Ist die Schadensersatzpflicht desjenigen, welcher auf Grund eines eingetragenen, aber nicht schutzfähigen Gebrauchsmusters einen anderen an der Herstellung des Musters in seinem Gewerbebetriebe verhindert hat, nur im Falle der Kenntnis, oder auch schon im Falle fahrlässiger Unkenntnis von der Schutzlosigkeit des Gebrauchsmusters begründet?

B.G.B. § 823 Abs. 1.

I. Zivilsenat. Urt. v. 27. Februar 1904 i. S. Fr. (Kl.) w. S. & Co. (Bekl.). Rep. I. 418/03.

I. Landgericht Ratibor.
II. Oberlandesgericht Breslau.

Für die verklagte Firma waren in der Gebrauchsmusterrolle drei Gebrauchsmuster eingetragen, 156083 für „Krimmerläufer (Vorlage oder Teppich), bei welchem der Krimmer aus Jutefasern besteht", 156084 für „Plüschdecken und Portieren, bei welchen der Plüsch aus Jutefaser besteht", und 156465 für „Juteplüsch".

Im Laufe des Sommers 1901 untersagte die Beklagte dem Kläger unter Androhung der Entschädigungsklage und der Strafanzeige die Nachbildung ihrer Gebrauchsmuster. Es geschah dies jedenfalls durch ein Schreiben vom 2. September in bezug auf Teppiche, Vorleger und Läufer aus Juteplüsch, und unter dem gleichen Datum erließ die Beklagte in bezug auf die gleiche Ware auch Warnungsschreiben an zwei Webemeister des Klägers. Vom Kläger wurde behauptet, daß die Beklagte ihm die Fabrikation auch schon früher untersagt habe. Infolge davon wollte der Kläger die in seinen Gewerbebetrieb aufgenommene Herstellung von Juteplüsch bereits am 10. Juni 1901 eingestellt haben. Am 15. September 1901 stellte die Beklagte gegen den Kläger Strafantrag wegen Vergehens aus § 10 des Gesetzes vom 1. Juni 1891, worauf gegen den Kläger die Voruntersuchung eingeleitet wurde.

Vor Abschluß der Voruntersuchung klagte der Kläger auf Verurteilung der Beklagten 1. zur Einwilligung in die Löschung der Gebrauchsmuster und 2. zum Ersatze des dem Kläger aus dem Fabrikationsverbot und aus der Strafanzeige erwachsenen Schadens. Der Klaganspruch zu 1. war darauf gestützt, daß die Gebrauchsmuster zur Zeit ihrer Anmeldung bereits allgemein bekannt gewesen seien. Die Beklagte erkannte diesen Anspruch an.

Das Landgericht erkannte der Klage gemäß. Auf die Berufung der Beklagten wurde vom Oberlandesgericht die Verurteilung in betreff des Schadensersatzanspruchs davon abhängig gemacht, daß die Inhaber der verklagten Firma ihre Kenntnis von dem Bekanntsein der Gebrauchsmuster zur Anmeldungszeit nicht eidlich verneinen würden. Auf die Revision ist dieses Urteil in der Revisionsinstanz aufgehoben worden aus folgenden

Gründen:

„Das Berufungsgericht geht davon aus, daß der Kläger infolge des von der Beklagten unter Hinweis auf die Eintragung der Gebrauchsmuster erhobenen Verlangens die Fabrikation der diesen Mustern entsprechenden Artikel eingestellt habe, und daß sich demgegenüber die Beklagte nicht darauf berufen dürfe, der Kläger sei nicht gezwungen gewesen, ihrem Verlangen nachzukommen. Einen bestimmten Zeitpunkt für Verlangen und Einstellung gibt es nicht an, läßt vielmehr unentschieden, ob nicht, entsprechend der klägerischen Behauptung, diese schon vor dem Schreiben der Beklagten vom 2. September 1901 an den Kläger und dessen Webemeister erfolgt seien.

Das Berufungsgericht stellt fest, daß die Gebrauchsmuster der Beklagten, als schutzunfähig, zu Unrecht eingetragen gewesen seien, und daß deshalb die Beklagte aus der Eintragung ihrer Muster keine Berechtigung zur Untersagung des klägerischen Betriebes gehabt hätte. Für den Schaden, der dem Kläger aus der Einstellung der Fabrikation und aus dem Strafantrag erwachsen ist, will es aber die Beklagte nur bei Kenntnis der fehlenden Berechtigung, nicht schon bei fahrlässiger Unkenntnis haften lassen. Den bisher aufgenommenen Beweis würdigt es dahin, daß diese Kenntnis zur kritischen Zeit nicht dargetan sei, und es erkennt daher auf einen zugeschobenen Eid für die verklagten Firmeninhaber. Nach der ursprünglichen Fassung des Eides sollte jeder der beiden Gesellschafter seine Kenntnis von der Vorbekanntschaft der eingetragenen Juteartikel für den Zeitpunkt des 2. September 1901 abschwören. Durch Berichtigungsbeschluß ist die Eidesfassung dahin geändert worden, daß jeder Eidespflichtige schwören soll: „Es ist nicht wahr, daß ich zur Zeit, als der Kläger von unserer Gesellschaft aufgefordert wurde, die Fabrikation der durch unsere Gebrauchsmuster Nr. 156083, 156084 und 156465 geschützten Gegenstände einzustellen, gewußt habe.“ ... Unterstellt man zunächst, daß die rechtliche Auffassung des Berufungsrichters zu billigen sei, so muß doch jedenfalls diese Fassung des Eides zu Bedenken Anlaß geben. Denn es wird danach dem Schwurpflichtigen nicht ein bestimmter Zeitpunkt bezeichnet, für welchen er die Wahrheit der Tatsache seiner Unkenntnis eidlich erhärten soll; vielmehr wird in sein Gewissen auch die Überlegung gestellt, welcher unter möglicherweise mehreren Vorgängen den Zeitpunkt bestimmen soll, für welchen die von ihm beschworene Unkenntnis zu gelten habe. Der Eidessatz erhält dadurch ein bedenkliches Maß von subjektiver Unbestimmtheit. Ob dies allein schon genügen würde, um die Aufhebung des Berufungsurteils zu rechtfertigen, kann dahingestellt bleiben. Es kommt noch folgendes hinzu. Von dem Eide soll auch der Ersatz desjenigen Schadens abhangen, welchen der Kläger durch den Strafantrag erlitten hat. Der Strafantrag datiert nach den beiliegenden Strafakten vom 4. September 1901. Für die Haftung aus dem Strafantrage ist daher dieser Zeitpunkt entscheidend. Die jetzige, unbestimmte Eidesfassung hat ihren Grund darin, daß über die tatsächliche Richtigkeit der bestrittenen klägerischen Behauptung, die Einstellung der Fabrikation infolge der

Aufforderung der Beklagten sei schon am 10. Juni 1901 eingetreten, bisher keine Feststellung getroffen ist. Wird nun der Eid verweigert, und steht dadurch der böse Glaube der verklagten Gesellschafter fest, so hat es freilich kein Interesse, den Zeitpunkt des Eintritts ihrer Kenntnis genauer zu bestimmen. Unterstellt man aber die Leistung des Eides und zugleich, daß die in den Eid aufgenommene Aufforderung vor den 4. September, insbesondere schon auf den 10. Juni, 1901 fiel, so leuchtet ein, daß dieser frühere Zeitpunkt der Unkenntnis für den Ersatzanspruch aus dem Strafantrage ganz unerheblich sein würde. Schon diese Überlegungen müßten zur Aufhebung des angefochtenen Urteils führen.

Die Aufhebung muß aber auch noch aus einem zweiten, umfassenderen Grunde erfolgen. Es ist rechtsirrtümlich, wenn das Berufungsgericht die Anwendbarkeit des § 823 Abs. 1 B.G.B. verneint und deshalb die Haftbarkeit der Beklagten nur für den Fall anerkennen will, daß ihr die Kenntnis von der Schutzlosigkeit ihrer Gebrauchsmuster nachgewiesen sei. Fest steht es, daß der Kläger zu der Zeit, als ihm die Beklagte mit Berufung auf ihr Gebrauchsmusterschutzrecht unter Androhung der Zivilklage und des strafrechtlichen Vorgehens die Herstellung der Jutewaren untersagte, die Fabrikation dieser Waren bereits in seinen Geschäftsbetrieb aufgenommen hatte, wenn auch über den Umfang, in welchem dies geschehen war, bisher noch keine Gewißheit herrscht. Der Beklagten fällt daher zur Last, daß sie auf Grund eines ihr nicht zukommenden Rechts, also objektiv widerrechtlich, in den bestehenden Geschäftsbetrieb des Klägers eingegriffen hat. Der Kläger, der behauptet hat, er habe damals schon 10 Stühle zur Jutefabrikation verwendet und hätte ohne das Verbot die Verwendung auf 50 Stühle ausgedehnt, glaubt, daß in dem Vorgehen der Beklagten auch eine Beeinträchtigung seiner Eigentumsrechte zu finden sei, indem sie ihn an der vollen Ausnutzung der in seinem Eigentume stehenden Fabrikationseinrichtungen rechtswidrig gehindert hätte. Diese Auffassung kann freilich nicht gebilligt werden. Gegen das Eigentum selbst des Klägers, das dabei gar nicht in Frage kam, sollte und wollte die Einwirkung nicht gerichtet sein. Sie war und blieb nach Inhalt und rechtlicher Bedeutung dieselbe, auch wenn der Kläger seine Fabrikation nicht auf eigenen, sondern auf fremden Stühlen betrieb. Zutreffend und erheblich dagegen ist es, wenn die Revision im Anschluß an die Instanzausführungen des Klägers den Gesichtspunkt des gestörten Gewerbebetriebes geltend macht.

Der Abs. 1 des § 823 B.G.B. verpflichtet zum Schadensersatze denjenigen, welcher vorsätzlich oder fahrlässig das Leben, den Körper, die Gesundheit, die Freiheit, das Eigentum oder ein sonstiges Recht eines anderen widerrechtlich verletzt.

Anerkannt ist, daß damit nicht die Haftung für die Beschädigung des Vermögens als solchen, sondern nur für diejenige Vermögensbeschädigung ausgesprochen wird, welche eine Folge der Verletzung der vom Gesetz bezeichneten besonderen Rechtsgüter und Rechte ist. Es kommt daher darauf an, ob die Beklagte ein solches besonderes Rechtsgut oder Recht des Klägers verletzt hat.

Man kann zunächst an die Verletzung der Freiheit denken, insofern der Kläger durch fremde Einwirkung auf seinen Willen zur Einstellung der Juteplüschfabrikation bewogen worden ist. Allein dieser Gesichtspunkt würde nicht zum Ziele führen. Allerdings wird bei dem Streit über die Bedeutung, in welcher das Gesetz von Freiheit spricht, von namhaften Autoren die Ansicht vertreten, daß darunter ganz allgemein die freie Betätigung des Willens zu verstehen sei. Allein auch wenn man dieser weitesten Auslegung folgen wollte, so würde doch zur Begründung des Schadensersatzanspruchs immer gehören, daß eine widerrechtliche Verletzung der freien Willensbetätigung vorliege, und es ist ausgeschlossen, daß das Gesetz die Einwirkung auf den fremden Willen schon aus dem Grunde für widerrechtlich erklären wolle, weil kein besonderes Recht zu dieser Einwirkung besteht. Vielmehr würde die Einwirkung auf die freie Willensbetätigung den Charakter der Widerrechtlichkeit erst durch die Form annehmen, in der sie auftritt, also bei Täuschung, Drohung, Zwang, und zu diesem Tatbestande würde, ebenso wie bei dem vom Berufungsgericht angewendeten § 826, zum mindesten auch das Bewußtsein der Beklagten von der Rechtsunwirksamkeit der Gebrauchsmustereintragungen gehören.
Vgl. Entsch. des R.G.'s in Zivils. Bd. 48 S. 123.

Die Ansicht, daß das Gesetz die von ihm aufgeführten Güter, als Leben, Körper, Gesundheit und Freiheit, selbst zu Gegenständen eines besonderen daran bestehenden Rechts habe erheben und durch die Worte „oder ein sonstiges Recht" seinen Schutz über die ausdrücklich genannten hinaus noch auf andere derartige Lebensgüter habe ausdehnen wollen, hat in der Rechtsprechung des Reichsgerichts keinen Anklang gefunden, und es ist auch bereits ausgesprochen, daß die Theorie, welche hier in noch nicht abgeschlossenem Umfange besondere Persönlichkeits- oder Individualitätsrechte konstruieren will, als Grundlage für die Auslegung des Gesetzes nicht geeignet erscheine. Deshalb ist z. B. verneint worden, daß die freie Erwerbstätigkeit als solche, so wenig wie die Befugnis zu ungehinderter Verwertung der Arbeitskraft, unter den Schutz des § 823 Abs. 1 falle. Auf diese Frage braucht indessen hier nicht weiter eingegangen zu werden. Denn daß, im Gegensatze zu der rechtlichen Möglichkeit, ein beliebiges Gewerbe zu betreiben, wie sie der § 1 Gew.O. allgemein gewährt, an dem bereits eingerichteten und ausgeübten Gewerbebetrieb ein subjektives Recht anzuerkennen sei, das unmittelbar verletzt werden könne, ist schon in mehreren Entscheidungen verschiedener Senate angenommen worden. Es ist nicht nur ausgesprochen worden, daß Eingriffe in diesen Gewerbebetrieb Anlaß zu negatorischer Abwehr bieten könnten,

vgl. Entsch. des R.G.'s in Zivils. Bd. 22 S. 93; Bolze, Praxis Bd. 8 Nr. 147, Bd. 9 Nr. 110, Bd. 11 Nr. 112; Jurist. Wochenschr. 1899 S. 749 Nr. 26,

sondern es ist auch der Anspruch auf Schadensersatz aus Verletzungen des Gewerbebetriebs anerkannt worden. Auf dieser Ansicht beruht zum Teil schon das am 25. Juni 1891, also vor Erlaß des Wettbewerbsgesetzes, ergangene Urteil des erkennenden Senats in den Entsch. des R.G.'s in Zivils. Bd. 28 S. 228 flg. (vgl. insbesondere S. 247. 249). Dafür, daß der Gewerbebetrieb Gegenstand der Rechtsverfolgung nach § 823 Abs. 1 B.G.B. sein kann, hat sich entschieden der IV. Zivilsenat in einem Urteile vom 6. März 1902, Rep. IV. 393/01, und der VI. Zivilsenat ist in einem Urteile vom 29. Mai 1902 (Entsch. des R.G.'s in Zivils. Bd. 51 S. 369, besonders S. 373), sowie in einem demnächst zur Veröffentlichung gelangenden Urteile vom 14. Dezember 1903, Rep. VI. 167/03[1], dieser Auffassung, allerdings mit einigem Vorbehalte, beigetreten. Der erkennende Senat glaubt sich grundsätzlich auf den gleichen Boden stellen zu sollen. Dadurch, daß es sich bei dem bestehenden selbständigen Gewerbebetriebe nicht bloß

[1] Jetzt gedruckt in Bd. 56 dieser Sammlung Nr. 72 S. 271. D. R.

um die freie Willensbetätigung des Gewerbetreibenden handelt, sondern dieser Wille darin bereits seine gegenständliche Verkörperung gefunden hat, ist die feste Grundlage für die Annahme eines subjektiven Rechts an diesem Betriebe gegeben. Störungen und Beeinträchtigungen, welche sich unmittelbar gegen den Gewerbebetrieb richten, dürfen deshalb als eine unter § 823 Abs. 1 fallende Rechtsverletzung angesehen werden. Ein derartiger, gegen den Gewerbebetrieb selbst gerichteter Eingriff ist es offenbar, wenn auf Grund eines angeblich entgegenstehenden gewerblichen Schutzrechts die rechtliche Zulässigkeit dieses Betriebs in bestimmtem Umfange verneint, und deshalb seine Einschränkung verlangt wird. Widerrechtlich aber ist dieser Eingriff, wenn das behauptete Schutzrecht in Wahrheit nicht besteht, weil es sich dann nicht mehr um einen erlaubten Wettbewerb handelt. Das Gesetz stellt den Gewerbetreibenden unter bestimmten Voraussetzungen in der Gestalt des Patent- und Musterschutzes wertvolle Ausschließungsrechte zur Verfügung, vermöge deren sie die Erzeugnisse ihrer Erfindungstätigkeit vor der Benutzung durch die gleichstrebende Konkurrenz sichern und ihrem eigenen Vorteil allein vorbehalten können. Es ist nur ein Korrelat zu dieser bevorzugten Stellung, daß sie auch für den Bestand des Rechts einzustehen haben', das sie zur selbstnützigen Beschränkung des an sich freien Gewerbebetriebs ihrer Gegner geltend machen, und nicht nur die Vorteile genießen, sondern auch die Gefahren tragen müssen, welche mit der Behauptung solcher ausschließlichen Patent- und Musterrechte verbunden sind. Mit dieser Auffassung glaubt der erkennende Senat nicht in Widerspruch zu der Ansicht zu stehen, stehen, welche der VI. Zivilsenat namentlich in dem zweiten seiner oben erwähnten Urteile ausgesprochen hat. Allerdings wird hier ausgeführt, daß der Schutz des Gewerbebetriebs gegen die Schädigung durch illoyale Konkurrenz nach dem positiven Recht in den Bestimmungen des Wettbewerbsgesetzes, des § 823 Abs. 2 B.G.B. in Verbindung mit den strafrechtlichen Normen über Ehrverletzung und Kreditgefährdung, sowie in den §§ 824 und 826 zu suchen und in ausreichendem Maße auch zu finden sei, während der Satz abgelehnt wird, daß jede Störung oder Beeinträchtigung eines anderen in seinem Gewerbebetriebe sich als eine rechtswidrige, unter § 823 Abs. 1 fallende Rechtsverletzung darstelle. Damit ist aber nicht verneint, daß doch unter Umständen schon ein solcher Eingriff als rechtswidrige Verletzung könne angesehen werden. Dem VI. Zivilsenat lag zur Entscheidung nicht, wie jetzt, der besondere Fall vor, daß die Beeinträchtigung des fremden Geschäftsbetriebs auf Grund eines behaupteten, in Wirklichkeit nicht bestehenden gewerblichen Ausschließungsrechts geschieht.

Danach kann das angefochtene Urteil, weil es durch Nichtanwendung des § 823 Abs. 1 B.G.B. gegen das Gesetz verstößt, nicht aufrechterhalten werden. In der Sache selbst aber ist eine Entscheidung noch nicht möglich. Das Berufungsgericht hat bisher nur festgestellt, daß, von dem Ergebnisse der Eidesauflage abgesehen, der Beklagten die Kenntnis von der Rechtsunwirksamkeit ihrer Gebrauchsmuster nicht nachgewiesen sei. Die Frage dagegen, ob ihr diese Unkenntnis als Fahrlässigkeit anzurechnen sei, oder ob sie hinreichend entschuldigt erscheine, ist noch nicht geprüft. Ebenso hat zwar das Berufungsgericht den ursächlichen Zusammenhang zwischen der, freilich nach dem früher Ausgeführten noch einigermaßen unbestimmt gelassenen, Aufforderung der Beklagten und der Einstellung des klägerischen Betriebes bejaht. Es wird aber jetzt noch weiter zu untersuchen sein, ob nicht auch in dem Verhalten des Klägers bei diesem Anlaß ein mitwirkendes Verschulden zu finden sei, das die Anwendung des § 254 B.G.B. zu rechtfertigen geeignet wäre. Worin im besonderen der Rechtsmangel der Gebrauchsmuster der Beklagten bestand, ist noch nicht genügend aufgeklärt. Nach einzelnen Andeutungen scheint es nicht ausgeschlossen, daß der Kläger schon anfangs die Unwirksamkeit der Eintragung wenigstens vermutet und im weiteren Verlaufe bald auch genauer erfahren habe." ...

---

7. Ist eine Rechtsstreitigkeit über die Nichtverpflichtung zur Entrichtung von Schulgeld für eine öffentliche Gemeindeschule nach § 13 des deutschen Gerichtsverfassungsgesetzes dem ordentlichen Rechtswege entzogen? [1]

IV. Zivilsenat. Urt. v. 10. März 1904 i. S. N. u. Gen. (Kl.) w. Stadtgemeinde B. (Bekl.). Rep. IV. 340/03.

[1] Vgl. Bd. 53 S. 183 flg. dieser Sammlung. D. R.

I. Landgericht Brieg.
II. Oberlandesgericht Breslau.

Die Kläger, Lehrer an den städtischen Schulanstalten zu B., verlangen von der verklagten Stadtgemeinde klagend die Anerkennung der Befreiung von Schulgeldzahlung für ihre die städtische Bürger- und Töchterschule besuchenden Kinder und die Erstattung der seit Ostern 1901 von ihnen beigetriebenen Beträge. Sie gründen den geltend gemachten Befreiungsanspruch auf Observanz und auf ein diese bestätigendes Regulativ des Magistrates vom 8. März 1862, und es ist unstreitig, daß sie bis Ostern 1901 mit der fraglichen Last tatsächlich verschont geblieben sind.

Schon vor der Erhebung der jetzigen Klage haben sie ihre Forderung im Verwaltungsstreitverfahren durchzusetzen versucht, sind aber durch Urteil des Bezirksausschusses zu B. vom 7. November 1901 abgewiesen worden, weil ihnen dieserhalb nur der ordentliche Rechtsweg offen stehe.

Das Landgericht hat die Beklagte nach den Klaganträgen verurteilt. Dahingegen hat das Oberlandesgericht unter Abänderung dieser Entscheidung den Rechtsweg für unzulässig erachtet und die Klage abgewiesen.

Die Revision der Kläger ist zurückgewiesen worden aus folgenden

Gründen:

„Das angefochtene Urteil beruht auf der Annahme, daß eine Rechtsstreitigkeit über die Nichtverpflichtung zur Entrichtung von Schulgeld für öffentliche Gemeindeschulen gemäß § 13 des Gerichtsverfassungsgesetzes dem ordentlichen Rechtswege entzogen ist, weil nach dem Kommunalabgabengesetz vom 14. Juli 1893 Schulgelder dieser Art eine „Gebühr“ im Sinne des § 4 daselbst darstellen, rücksichtlich deren dem dazu Herangezogenen der Einspruch bei dem Gemeindevorstand (§ 69 a. a. O.) und demnächst gegen dessen Beschluß die Klage im Verwaltungsstreitverfahren (§ 70) offen steht.

Diese Ansicht erscheint begründet.

Das Kommunalabgabengesetz vom 14. Juli 1893 unterscheidet nach § 1 unter den Lasten, welche die Gemeinde zur Deckung ihrer Ausgaben und Bedürfnisse nach Maßgabe der Bestimmungen dieses Gesetzes ihren Angehörigen auferlegen kann, 1. Gebühren und Beiträge, 2. indirekte und direkte Steuern, und 3. Naturaldienste. Von den Gebühren und Beiträgen handelt der zweite Titel, und nach § 4 Abs. 1, der den Gemeinden das Recht zu deren Erhebung zuspricht, heißen „Gebühren" im Sinne des Gesetzes diejenigen „besonderen Vergütungen", welche „für die Benutzung der von den Gemeinden im öffentlichen Interesse unterhaltenen Veranstaltungen (Anlagen, Anstalten und Einrichtungen)" zu entrichten sind. Die Abss. 2 und 3 des § 4 enthalten Spezialbestimmungen über die Einziehung und Bemessung dieser Gebühren, und der Abs. 4 verordnet sodann einschränkend:

„Auf Unterrichts- und Bildungsanstalten, auf Krankenhäuser, Heil- und Pflegeanstalten, sowie auf vorzugsweise den Bedürfnissen der unbemittelten Volksklassen dienende Veranstaltungen finden vorstehende Bestimmungen (Abss. 2 und 3) keine Anwendung. Jedoch muß für den Besuch der von den Gemeinden unterhaltenen höheren Lehranstalten und Fachschulen ein angemessenes Schulgeld erhoben werden."

„Andere Abweichungen von der in Abs. 2 vorgeschriebenen Bemessung der Gebühren" sind nach Abs. 5 „nur aus besonderen Gründen gestattet."

Im Zusammenhang hiermit erklärt der § 8 in Abs. 1, daß die Festsetzung von Gebühren in den Fällen des § 4 Abss. 3 und 5 (und des § 6) „der Genehmigung bedarf", welche nach § 77 Abs. 1 bei Stadtgemeinden durch den Bezirksausschuß erfolgt, und in Abs. 2, daß „das Erfordernis der Genehmigung des Schulgeldes durch die Schulaufsichtsbehörde" unberührt bleibt. Es ist also in letzterer Beziehung die bereits durch die Regierungsinstruktion vom 23. Oktober 1817 in § 18 Abs. 1 lit. F festgestellte Norm (vgl. Ministerialerlaß vom 25. Juli 1862 U. 13756, Zentralblatt für die gesamte Unterrichtsverwaltung in Preußen 1862 S. 463) aufrecht erhalten.

Das Berufungsgericht folgert aus diesen Bestimmungen mit Recht, daß das hier streitige Schulgeld für die städtische Bürger- und Töchterschule zu B. gleichfalls zu den „Gebühren" im Sinne des § 4 des Kommunalabgabengesetzes gehört.

Hieraus ergibt sich alsdann aber weiter, daß auf die Heranziehung zu dem erwähnten Schulgeld auch die für die Gebührenerhebung geltenden Rechtsmittelvorschriften in § 69 und § 70 a. a. O. Anwendung leiden. Den Klägern, welche ihre Verpflichtung zur Entrichtung von

Schulgeld an die Stadtgemeinde bestreiten, bietet sich daher zur Abwehr gemäß § 69 Abs. 1 nur der Einspruch bei dem Gemeindevorstande (Magistrat) dar. Den Beschluß des letzteren aber können sie nach § 70 Abs. 2 nur im Wege des Verwaltungsstreitverfahrens angreifen, für welches in erster Instanz in dem vorliegenden Falle der Bezirksausschuß, in zweiter und letzter das Oberverwaltungsgericht zuständig ist.

Hieran wird auch nichts dadurch geändert, daß sich die Kläger für das von ihnen behauptete Befreiungsrecht auf Observanz und das Regulativ vom 8. März 1862 berufen.

Die Observanz wirkt innerhalb ihres Geltungsbereiches wie ein Gesetz als objektive Rechtsnorm; ob diese Norm öffentlich-, oder privatrechtlicher Natur ist, richtet sich daher, ganz wie bei dem gesetzlichen Recht, danach, inwieweit das von ihr geregelte Verhältnis dem einen oder anderen dieser beiden Rechtsgebiete angehört.

Vgl. Entsch. des R.G.'s in Zivils. Bd. 17 S. 181; Bolze, Praxis des Reichsgerichts Bd. 3 S. 301 Nr. 1000; Jurist. Wochenschr. 1886 S. 326, 1887 S. 61 und S. 108, 1890 S. 92; Preußisches Justizministerialblatt 1890 S. 141.

Hieraus ergibt sich, daß die für die Befreiung der Kläger von Schulgeld, einer öffentlichrechtlichen Gebühr, behauptete Observanz als ein privater Rechtstitel nicht anzusehen ist. Eben dasselbe muß auch entsprechend von dem Regulativ vom 8. März 1862 gelten, dessen Inhalt die Kläger nur insoweit anrufen, als darin jene Observanz anerkannt sein soll.

Aber selbst wenn hierin wirklich, wie die Revision auszuführen versucht, ein von der öffentlichen Verpflichtung aus § 4 des Kommunalabgabengesetzes unabhängiger Spezialtitel gefunden werden könnte, würden die nach § 70 a. a. O. zuständigen verwaltungsgerichtlichen Instanzen an einer Entscheidung nicht gehindert sein. Wie die ordentlichen Gerichte trotz der Beschränkung ihrer Zuständigkeit auf bürgerliche Rechtsstreitigkeiten befugt sind, ohne präjudizielle Wirkung für die Verwaltungsinstanzen auch eine Vorfrage des öffentlichen Rechtes zum Behufe der Findung ihres Urteils über den streitigen Privatanspruch mit zu entscheiden, ebenso dürfen auch die Verwaltungsgerichte Inzidentpunkte privatrechtlicher Art, von deren Erledigung das Schicksal der öffentlichrechtlichen Streitigkeit abhängt, selbständig, wenn schon nur unter der gleichen entsprechenden Beschränkung, in den Bereich ihrer Beurteilung ziehen. Lediglich um völlig klar zu stellen, daß eine dispositive Kraft ihrer Entscheidung hinsichtlich dieses Teiles nicht beiwohnt, spricht der § 7 Abs. 1 Satz 2 des Landesverwaltungsgesetzes vom 30. Juli 1883 ausdrücklich den Grundsatz aus, daß die Entscheidungen der Verwaltungsgerichte „unbeschadet aller privatrechtlichen Verhältnisse" ergehen.

Die von den Klägern erhobene Klage, mittels deren sie die Feststellung ihrer Nichtverpflichtung zur Zahlung von Schulgeld und die Erstattung der von ihnen bereits beigetriebenen fälligen Beträge verlangen, stellt sich als Widerspruch gegen ihre auf Grund des Kommunalabgabengesetzes erfolgte Heranziehung zu einer öffentlichrechtlichen Gebühr dar. Die hiernach notwendig werdende Entscheidung des Verwaltungsgerichts darüber, ob die Beklagte zu dieser Heranziehung kraft ihrer Autonomie berechtigt war, bedingt in dem vorliegenden Falle zugleich eine Entscheidung über den von den Klägern geltend gemachten Befreiungseinwand, gleichviel worauf derselbe gestützt ist."...

---

8. Findet bei der Ermittelung des Wertes einer durch taxierte Police versicherten Sache der § 286, oder der § 287 Z.P.O. Anwendung?

I. Zivilsenat. Urt. v. 19. März 1904 i. S. Br. (Kl.) w. die J. M. M. Assurance Company Limited (Bekl.). Rep. I. 496/03.

I. Landgericht I Berlin.
II. Kammergericht daselbst.

Laut Police vom 1. Dezember 1900 versicherte der Kläger bei der Beklagten seinen hölzernen Kahn für Fahrten in der Elbe und Oder auf die Zeit vom 15. Dezember 1900 bis zum 15. Dezember 1901. In der Police wurde der Betrag von 15000 ℳ als Versicherungssumme und als Wert des Kahns angegeben, und dabei der Wert des Rumpfes auf 11000 ℳ, der Wert des Inventars auf 4000 ℳ angesetzt. Die Police enthielt die Klausel: „Die Taxen beruhen auf

Grundlage gegenseitiger Vereinbarungen und sind unanfechtbar." Infolge Unfalls sank der Kahn bei Bleckede am 4. April 1901 und ging mit Inventar verloren. Der Kläger hielt die Beklagte zur Zahlung der ganzen Versicherungssumme für verpflichtet. Die Beklagte behauptete, daß der Rumpf des Kahns nicht den in der Police angegebenen Wert von 11000 ℳ, sondern nur einen Wert von 9000 ℳ gehabt habe.

Aus den Gründen:

... „Die Revision rügt ..., daß der Berufungsrichter die Beweisanträge ... nicht gewürdigt und die Ablehnung dieser Beweise nicht begründet habe. Es mag dahingestellt bleiben, ob dieser Angriff zu beachten sein würde, wenn die Anwendung des § 287 Z.P.O., auf den das Oberlandesgericht seine Entscheidung stützt, gebilligt werden müßte. Diese Vorschrift trifft aber hier nicht zu, weil es sich nicht um die Feststellung eines Schadens oder Interesses, sondern um die Ermittelung des Wertes des Kahnrumpfes handelt (vgl. Bolze, Praxis Bd. 7 Nr. 1139), um die Unterlage für die Beantwortung der Fragen zu gewinnen, ob eine Überversicherung vorliege, und ob der durch Vereinbarung der Parteien auf eine bestimmte Summe festgesetzte Versicherungswert bestehen bleiben könne. Hierüber hätte das Berufungsgericht unter Anwendung des § 286 Z.P.O. entscheiden müssen. Es stand daher nicht, wie im Falle des § 287, in seinem Ermessen, ob und inwieweit eine beantragte Beweisaufnahme anzuordnen sei, sondern die von dem Kläger gestellten Beweisanträge waren auf ihre Erheblichkeit hin zu prüfen, und danach die Entscheidung über die Anordnung der Beweisaufnahme zu treffen." ...

---

9. Bedarf die Frau zum rechtswirksamen Abschluß eines Pachtvertrags über ein zu ihrem eingebrachten Gut gehöriges Landgut der Einwilligung des Mannes?

B.G.B. §§ 1395. 1396. 1399.

III. Zivilsenat. Urt. v. 22. März 1904 i. S. 1. D., 2. Frau M. Th., 3. deren Ehemann J. Th. (Bekl.) w. K. (Kl.). Rep. III. 20/04.

I. Landgericht I Berlin.
II. Kammergericht daselbst.

Diese Frage ist verneint worden aus folgenden, den Sachverhalt ergebenden

Gründen:

„Die Mutter des Beklagten zu 1, Frau D., hat durch notariellen Pachtvertrag vom 30. Oktober 1902 das ihr gehörige Rittergut Alt-S. für die Zeit vom 1. Juli 1903 bis zum 1. Juli 1921 an den Kläger verpachtet. Der Pachtzins wurde auf 5500 ℳ, und falls die Verpächterin vor Beendigung der Pacht sterben sollte, von deren Tode an auf 5000 ℳ jährlich festgesetzt. Das verpachtete Rittergut gehörte zum eingebrachten Gut der Verpächterin; ihr Ehemann hat den Pachtvertrag nicht genehmigt. Anfang 1903 ist die Verpächterin gestorben und hat ihren Ehemann Johann D. und ihren Sohn, den Beklagten zu 1, als Erben hinterlassen. Im Februar 1903 ist auch Johann D. gestorben und von den Beklagten zu 1 und 2 beerbt worden. Der Kläger beantragt, die Erben der Verpächterin — die Beklagten zu 1 und 2 — als Gesamtschuldner zur Einräumung des Pachtbesitzes und den Beklagten zu 3 zur Duldung der Zwangsvollstreckung in das Vermögen der Beklagten zu 2, seiner Ehefrau, zu verurteilen. Das Berufungsgericht hat in Abänderung des die Klage abweisenden ersten Urteils auf die Berufung des Klägers nach dem Klagantrag erkannt.

Der Revision der Beklagten war der Erfolg zu versagen.

Der Einwand der Beklagten, daß der Pachtvertrag nach §§ 1395. 1396 B.G.B. ungültig sei, weil der Ehemann der Verpächterin seine Einwilligung nicht erteilt, vielmehr verweigert habe, ist vom Berufungsgericht mit Recht unter der Begründung verworfen worden, daß der Pachtvertrag keine Verfügung über eingebrachtes Gut im Sinne der §§ 1395. 1396 B.G.B. enthält, vielmehr als ein Rechtsgeschäft sich darstellt, durch das sich die Frau zu einer Leistung verpflichtet hat, und dessen Gültigkeit von der Genehmigung des Mannes nicht abhängig ist. Während der § 1395 B.G.B. vorschreibt, daß die Frau zur *Verfügung* über eingebrachtes Gut der Einwilligung des Mannes bedarf, und nach § 1396 Abs. 1 B.G.B. die Wirksamkeit eines Vertrages, durch welchen die Frau ohne Einwilligung des Mannes über eingebrachtes Gut *verfügt*, von der Genehmigung des Mannes abhängt, bestimmt der § 1399 Abs. 1 B.G.B., daß zu Rechtsgeschäften, durch die sich die Frau zu einer Leistung verpflichtet, die Zustimmung des Mannes nicht erforderlich ist. Nach dieser gesetzlichen Bestimmung war die Frau zum Abschluß des Pachtvertrages, durch den sie sich zur Gewährung des Gebrauchs und Fruchtgenusses des Rittergutes für die Dauer der Pachtzeit — also zu einer Leistung — verpflichtete (§§ 581. 241 B.G.B.), ohne Zustimmung des Mannes befugt. Nach dem Recht des Bürgerlichen Gesetzbuchs in den §§ 1395 bis 1399 ist die Frau in ihrer Geschäftsfähigket nicht beschränkt, und zwar weder in ihrer Eigenschaft als Ehefrau unmittelbar infolge der Ehe, noch mittelbar infolge des Güterrechts; dagegen wird zur Sicherung der Rechte des Mannes auf Besitz, Verwaltung und Nutznießung des eingebrachten Gutes (§§ 1363. 1373 flg. B.G.B.) und zur Verhütung einseitiger Rechtshandlungen der Frau, welche eine unmittelbare Rechtswirkung auf das eingebrachte Gut enthalten, die Verfügungsfähigkeit der Frau in betreff des eingebrachten Gutes einer Beschränkung unterworfen. Durch den Abschluß des Pachtvertrages wird aber in die Rechte des Mannes an dem eingebrachten Gut nicht eingegriffen. Es ist nicht richtig, wenn die Revision im Anschluß an das erste Urteil geltend macht, daß durch den Pachtvertrag das Rittergut der Verpächterin und ihrem Manne auf die Dauer der Pachtzeit entzogen werde. Der Abschluß des Pachtvertrages begründete nur ein Schuldverhältnis, vermöge dessen die Verpächterin zur Gewährung des Pachtbesitzes verpflichtet war. Der Pachtbesitz selbst würde erst durch Erfüllung der Verpflichtung auf den Pächter übertragen worden sein. Diese Besitzübertragung brauchte der Mann bei seinen Lebzeiten wegen der an dem eingebrachten Gut ihm zustehenden Rechte nicht zu dulden, und der Kläger hätte auf Grund eines gegen die Frau erwirkten vollstreckbaren Urteils die Überlassung des Rittergutes gegen den Mann nicht erzwingen können, solange er nicht gegen diesen ein Urteil auf Duldung der Zwangsvollstreckung in das eingebrachte Gut (§ 739 Z.P.O.) oder einen vollstreckbaren Schuldtitel nach § 794 Z.P.O. erwirkt hätte. Die Rechte des Mannes an dem eingebrachten Gut sind aber mit seinem Tode erloschen und können dem Anspruche des Klägers nicht entgegengehalten werden.

Vgl. Motive zum I. Entw. Bd. 4 S. 219 bis 230; Protokolle (Guttentag'sche Ausgabe) Bd. 4 S. 180; Entsch. des R.G.'s in Zivils. Bd. 49 S. 416, Bd. 54 S. 46.

Das erste Urteil, auf dessen Begründung die Revision Bezug nimmt, erwägt ferner, daß der Pachtvertrag, selbst wenn er nach § 1399 B.G.B. zu beurteilen wäre, doch nach Abs. 2 des § 1399 in Ansehung des eingebrachten Gutes dem Ehemann gegenüber unwirksam sein würde, und daß diese Unwirksamkeit bei dem Widerspruch des Ehemannes gegen den Pachtvertrag auch nach der Beendigung der Verwaltung und Nutznießung infolge des Todes der Ehefrau bestehen bleibe und auch nicht durch den darauf erfolgten Tod des Ehemannes beseitigt werde. Diese Ausführung ist nicht zutreffend. Die Bestimmungen im Abs. 2 des § 1399 B.G.B. betreffen die Frage, inwiefern ein solches Rechtsgeschäft, das von der Frau allein vorgenommen ist, dem Manne gegenüber in Ansehung des eingebrachten Gutes wirksam ist. Um diese Frage handelt es sich aber nicht. Vielmehr ist die Klage auf Einräumung des Pachtbesitzes begründet, wenn die Frau — und demzufolge ihre Erben — durch den von ihr ohne Zustimmung des Mannes abgeschlossenen Pachtvertrag verpflichtet wurden." ...

---

10. 1. Verhältnis der Vorabentscheidung über den Anspruchsgrund zu späteren Klagerweiterungen.

2. Inwiefern ist der Kommissionär berechtigt, von dem ihm schadensersatzpflichtigen Vertragsgegner auch denjenigen Schaden einzuklagen, welcher nicht ihm, sondern seinem Kommittenten entstanden ist?

I. Zivilsenat. Urt. v. 23. März 1904 i. S. L. und H. (Bekl.) w. R. (Kl.). Rep. I. 498/03.

I. Landgericht Bremen.
II. Oberlandesgericht Hamburg.

Der Kläger hatte im Juni 1895 mit den Beklagten zwei Frachtverträge über die Verschiffung einer größeren Menge verschiedener Güter von Bremerhaven nach Buenos-Aires im Laufe des Jahres 1895 abgeschlossen. Die Beklagten weigerten die Ausführung der Verträge. Darauf versendete der Kläger einen Teil der Waren mit anderen Schiffen zu höheren Frachtsätzen.

Mit den zwei ursprünglich getrennten, dann aber schon in erster Instanz verbundenen Klagen war zunächst nur Ersatz eines Teils des Frachtunterschiedes für die wirklich versendeten Güter gefordert. Der Klaganspruch wurde durch Zwischenurteil des Landgerichts, bestätigt in der Berufungs- und der Revisionsinstanz, für dem Grunde nach gerechtfertigt erklärt. Im Nachverfahren einigten sich dann die Parteien über die Höhe der ganzen Frachtdifferenz, und dieser Betrag wurde ohne weiteren Streit an den Kläger bezahlt. Der Kläger aber erweiterte im Nachverfahren die Klage nach verschiedenen Richtungen. Er machte unter anderem geltend, daß er bei Abschluß der Frachtverträge nur als Kommissionär der Firma H., Kl. & Co. gehandelt habe, und verlangte nunmehr auch in bezug auf diejenigen Güter, welche infolge des Vertragsbruchs der Beklagten gar nicht zur Anschaffung und Versendung gelangt seien, Ersatz für die ihm entgangene eigene Provision und für den Gewinn, welchen seine Kommittentin bei Ausführung des Geschäftes gehabt haben würde. Gegenüber dem Anspruch auf Ersatz des seiner Kommittentin entgangenen Gewinns wurde unter anderem die Legitimation des Klägers von den Beklagten aus dem Grunde bestritten, weil nach der Aussage des als Zeugen vernommenen Mitinhabers H. die Firma H., Kl. & Co. selbst keinen Ersatz habe verlangen wollen noch können.

In der Revisionsinstanz ist der Anspruch auf Ersatz des der Firma H., Kl. & Co. entgangenen Gewinns, entgegen der Ansicht der Vorinstanzen, im wesentlichen abgewiesen worden.

Im übrigen ergibt sich der Sachverhalt aus den

Gründen:

„1. Das Berufungsgericht beginnt die Entscheidungsgründe mit dem Satze: „Auf Grund des rechtskräftig gewordenen Zwischenurteils ... kann der Kläger von den Beklagten Ersatz des ihm aus der Nichterfüllung der Frachtverträge vom Juni 1895 entstandenen Schadens verlangen.“ Es bezieht damit den Ausspruch dieses Zwischenurteils über den Grund des Klaganspruchs ohne weiteres auch auf die Ansprüche, welche zur Entscheidung stehen. Dies ist rechtsirrtümlich. Das Zwischenurteil ist nur ergangen und konnte nur ergehen über den Grund des damals anhängigen Anspruchs; anhängig aber war damals bloß der Anspruch auf Ersatz der für die wirklich verschifften Waren verauslagten höheren Frachtbeträge bis zur Höhe von 3002 M. Dieser Anspruch kommt jetzt gar nicht mehr in Betracht; denn der ganze Betrag dieser Mehrfrachten in dem im Nachverfahren erweiterten und schließlich durch Vereinbarung auf 15053,58 M festgesetzten Umfang ist von den Beklagten bezahlt und bildet nicht mehr einen Gegenstand des angefochtenen Urteils. Dieses betrifft nur Schadensposten, auf welche der Kläger erst nachträglich bei der Verhandlung über die Höhe des Schadens seine Klage ausgedehnt hat. Die Erweiterung war nicht unzulässig; aber die Entscheidung des Zwischenurteils über den Grund des Anspruchs erstreckt sich nicht auf diese erst später erhobenen weiteren Ansprüche.

Vgl. Entsch. des R.G.'s in Zivils. Bd. 28 S. 425; Seuffert, Archiv Bd. 50 Nr. 52.

Daran ändert auch der Umstand nichts, daß in dem in der Berufungsinstanz ergangenen Zwischenurteile vom 26. Februar 1901 die in dem Zwischenurteile des Landgerichts vom 8. Oktober 1900 enthaltene Beschränkung auf eine Höhe des Schadens von 3002 M gestrichen worden ist. Nach der Begründung kann dies nur so verstanden werden, daß das Berufungsgericht mit bezug auf den erhobenen Anspruch, also den Anspruch auf Ersatz der bezahlten Mehrfrachten, der Ansicht war, in die auf den Grund des Anspruchs beschränkte Entscheidung gehöre noch nicht eine Begrenzung des Anspruchsbetrages. Aber auch wenn die Meinung des Berufungsgerichts weiterging und den Grund für jeden möglichen Schadensersatzanspruch aus dem Vertragsbruche der Beklagten bejahen wollte, so würde dieser Ausdehnung doch die zwingende Vorschrift des § 322 Abs. 1 Z.P.O. entgegenstehen.

Das Berufungsgericht durfte sich daher für den Grund des Anspruchs nicht einfach auf das frühere Zwischenurteil berufen, sondern hätte diesen Grund sachlich prüfen und selbständig feststellen müssen. Indessen führt dieser Fehler doch nicht zur Aufhebung des angefochtenen Urteils. Aus den Verhandlungen ist zu entnehmen, daß die Beklagten die Wirksamkeit der vom Agenten A. für sie abgeschlossenen Frachtverträge und ihre Haftung aus dem Bruche dieser Verträge im Nachverfahren gar nicht mehr in Zweifel gezogen, vielmehr selber diese Frage nach der ihnen ungünstigen Entscheidung durch das Zwischenurteil überhaupt für erledigt angesehen haben. Danach kann dieser Punkt nicht mehr als bestritten gelten." ...

(Es werden hierauf verschiedene Revisionsangriffe behandelt, die kein allgemeines Interesse haben.)

„2. Dagegen ist die Revision, wenigstens zum Teil, im Recht, wenn sie die Annahme der Vorinstanzen bekämpft, daß der Kläger auch den nicht ihm persönlich, sondern seiner Kommittentin, der Firma H., Kl. & Co., entstandenen Schaden einklagen könne. Die Revision will nicht allgemein das Recht des Kommissionärs bestreiten, auch das Interesse des Kommittenten geltend zu machen; sie glaubt aber, daß dieses Recht nur in dem Umfange anzuerkennen sei, in welchem der Kommissionär selbst dem Kommittenten haftbar sein würde, und findet vorliegend, auf Grund der Aussage des Zeugen H., es erhelle nicht, weder daß der Kläger für diesen Schaden einstehen müßte, noch daß die Firma den Ersatz von ihm verlange oder von ihm verlange, den Schaden gegen die Beklagten einzuklagen, noch daß die Firma Schadensersatzansprüche, wie sie der Kläger jetzt erhebe, sich selbst überhaupt oder doch über den Betrag von etwa 4600 ℳ hinaus ernstlich beimesse.

Es ist ein in der oberstrichterlichen Judikatur, insbesondere auch der Judikatur des Reichsoberhandelsgerichts und des Reichsgerichts, vielfach ausgesprochener Satz des gemeinen Rechts, daß der Beauftragte, der für fremde Rechnung, aber in eigenem Namen abschließt, beim Bruche des Vertrages durch den Mitkontrahenten von diesem Ersatz des Schadens verlangen kann, nicht nur wie er ihm persönlich, sondern auch weiter wie er seinem Auftraggeber erwachsen ist. Dieser Satz ist auch namentlich, als ein nach Handelsrecht gültiger und unentbehrlicher, auf das handelsrechtliche Kommissionsverhältnis angewendet worden.

Vgl. Seuffert, Archiv Bd. 11 Nr. 36, Bd. 32 Nr. 132, Bd. 33 Nr. 19; Entsch. des R.O.H.G.'s Bd. 11 S. 256, Bd. 14 S. 400, Bd. 17 S. 78, Bd. 22 S. 249; Entsch. des R.G.'s in Zivils. Bd. 27 S. 118, Bd. 40 S. 174. 187.

Wenn auch über die theoretische Begründung dieses Satzes Zweifel bestehen — vgl. die Ausführungen von Tuhrs in Grünhut's Zeitschrift Bd. 25 S. 550. 552. 568 flg. —, so ist doch außer Streit, daß es sich hierbei nicht um eine selbständige Befugnis des Kommissionärs handelt, kraft deren er das ihm materiell fremde Interesse seines Kommittenten zu seinem eigenen Vorteile geltend machen kann. Dies würde auf die reine Bereicherung des Kommissionärs hinauslaufen, für deren Zulassung kein denkbarer Rechtfertigungsgrund besteht. Der Satz muß immer in Verbindung mit dem Kommissionsverhältnis und mit seinem Endzwecke gedacht werden, einen Weg zu geben, um den für den Schaden des Kommittenten geschuldeten, diesem zugute kommenden Ersatz auf den in letzter Linie verantwortlichen Dritten abzuwälzen. Wenn deshalb zwar der Kommissionär zur Begründung des erweiterten Anspruchs nicht darzulegen hat, daß der Kommittent die Entschädigung verlange, wie er auch nicht des Nachweises einer Vertretung des Kommittenten bedarf, so kann ihm doch der Einwand entgegengesetzt werden, daß die weitere Schadensersatzleistung nicht dem Kommittenten zufließen, sondern lediglich eine Bereicherung des klagenden Kommissionärs bilden würde. Der auf das Interesse der Firma H., Kl. & Co. gestützte Ersatzanspruch des Klägers ist daher insoweit nicht begründet, als festgestellt ist, daß der Kläger weder selbst bereits diese Firma schadlos gehalten hat, noch von ihr wegen weiterer Entschädigung in Anspruch genommen werden will und kann. Dies ist aber durch die Aussage des Zeugen H. festgestellt, soweit ein Betrag von mehr als 4600 *M* in Frage steht.

Der Zeuge H. hat ausgesagt, er habe im Namen der Firma H., Kl. & Co. mit dem Kläger ein Abkommen dahin getroffen, daß dieser auf seine Gefahr und Kosten den Schaden der Firma geltend machen und das, was er dabei erstreite, behalten könne, bis auf einen der Kommittentin herauszuzahlenden — und auch tatsächlich bereits bezahlten — Betrag von etwa 4600 *M*. Das Berufungsgericht hat diese Aussage für glaubhaft angesehen, aber für unerheblich erklärt, weil daraus nicht, wie die Beklagten meinten, zu entnehmen sei, daß die Kommittentin einen Schadensersatz gar nicht beanspruche. Vielmehr sei darin nur eine Verfügung über das Ergebnis des Prozesses zugunsten des Klägers zu finden. Dieser Auffassung kann nicht beigestimmt werden. Von einer Abtretung des Schadensersatzanspruchs darf nicht die Rede sein — wie denn auch das Berufungsgericht davon nicht spricht —; denn die Kommittentin, die mit den Beklagten in keinerlei Vertragsverhältnis stand, hatte gegen die Beklagten keinen solchen Anspruch, welchen sie an den Kläger hätte abtreten können. Auch darüber, ob der Prozeß gegen die Beklagten zu erheben sei, hatte nicht die Kommittentin rechtlich zu bestimmen, sowenig wie sie über das Ergebnis des vom Kläger im eigenen Rechte geführten Prozesses zu verfügen hatte. Dasjenige, was das Berufungsgericht als eine Verfügung über das Ergebnis des Prozesses zugunsten des Klägers ansieht, dem dieses Ergebnis, unter Vorbehalt der Verpflichtung zur Herausgabe an die Kommittentin, ohne weiteres zukam, ist daher in Wirklichkeit nichts anderes, als die für die Firma verbindliche Erklärung, daß sie, abgesehen von dem Betrage von 4600 *M*, wegen des ihr entgangenen Gewinns keinen Anspruch gegen den Kläger aus dem Kommissionsverhältnis erheben werde. Der Kläger ist daher vor jeder weiteren Forderung seiner Kommittentin gesichert. Damit entfällt aber seine Berechtigung, das Interesse der Kommittentin zum Inhalte seines eigenen Schadensersatzanspruchs zu machen, allerdings nicht, wie die Revision in erster Linie will, im vollen Umfange, aber doch insoweit, als dies über den Betrag der vom Kläger an seine Kommittentin bezahlten 4600 *M* hinaus geschehen, durch welchen Betrag die Kommittentin aus dem Vermögen des Klägers für den ihr entgangenen Gewinn entschädigt worden ist."...

---

11. Kann die Anfechtung nach §§ 29 flg. K.O. wirksam durch eine Erklärung erfolgen, die außerhalb eines Prozeßverfahrens dem Anfechtungsgegner gegenüber abgegeben wird? Genügt es, daß sie in einem vorbereitenden Schriftsatze erklärt, und dieser dem Anfechtungsgegner zugestellt wird?

VII. Zivilsenat. Urt. v. 29. März 1904 i. S. Bl. Konkursverw. (Kl.) w. H. u. Gen. (Bekl.). Rep. VII. 528/03.

I. Landgericht Görlitz.
II. Oberlandesgericht Breslau.

Aus den Gründen:

„Der Kläger bekämpft ... die Ansicht des Berufungsrichters, daß die Anfechtung des Abkommens, wonach der Gemeinschuldner andere Pferde anstatt der am 30. Januar 1901 verkauften für den Erblasser der Beklagten hat anschaffen sollen, mit Rücksicht darauf, daß der Kläger diese Anfechtung erst in der Verhandlung vom 4. Oktober 1902 erklärt habe, für unzulässig zu erachten sei. Er macht geltend, daß er die Anfechtung bezüglich der nachträglich angeschafften Pferde bereits in dem Schriftsatze vom 19. Juni 1901, der dem Gegner am folgenden Tage zugestellt sei, somit innerhalb Jahresfrist seit der Eröffnung des Konkursverfahrens (§ 41 K.O.), erklärt habe, und daß die Anfechtung hierdurch wirksam erfolgt sei, da dieselbe einen rechtsgeschäftlichen Akt darstelle, der auch mittels vorbereitenden Schriftsatzes vorgenommen werden könne. . . . Die Rüge des Klägers versagt. . . . Dem bisherigen Recht, der Konkursordnung vom 10. Februar 1877 und dem Anfechtungsgesetze vom 21. Juli 1879, war eine Anfechtung, die außerhalb eines Prozeßverfahrens erfolgen könnte, unbekannt. Der Kläger beruft sich darauf, daß die Verjährungsfrist des § 34 K.O. a. F. in dem § 41 in der Fassung des Gesetzes vom 17. Mai 1898 durch eine Ausschlußfrist ersetzt worden ist, und sucht auszuführen, daß dieser Änderung die Auffassung zugrunde liege, die Anfechtung sei ein rechtsgeschäftlicher Akt, das Anfechtungsrecht selbst sei kein Anspruch im Sinne des § 194 B.G.B.; erst die Anfechtung begründe Ansprüche; wie in den Fällen der dinglichen Anfechtung und des Rücktritts (§§ 143. 349 B.G.B.), müsse bei der Gläubigeranfechtung eine außergerichtliche Erklärung genügen. Der Kläger folgert hieraus, daß auch eine im Prozesse nur in einem vorbereitenden, dem Gegner zugestellten Schriftsatze abgegebene Anfechtungserklärung zur Wahrung der Ausschlußfrist ausreiche. Jene Auffassung ist indessen, wenn sie auch bei den gesetzgeberischen Arbeiten, betreffend die Abänderung der Konkursordnung und des Anfechtungsgesetzes vom 21. Juli 1879, von seiten der Regierung und in der Reichstagskommission Vertretung gefunden hat, in den neuen Gesetzen selbst nicht zum Ausdrucke gelangt. Mangels ausdrücklicher gesetzlicher Bestimmung aber verbietet sich die Anwendung der für die Anfechtung auf Grund der §§ 119, 120 und 123 B.G.B. gegebenen Vorschrift des § 143 B.G.B. auf die Gläubigeranfechtung, da jene Anfechtung von dieser in Voraussetzungen und Wirkung völlig verschieden ist. In dem Urteile des V. Zivilsenates des R.G.'s vom 22. Oktober 1902 — Entsch. dess. in Zivils. Bd. 52 S. 334 — ist bereits für die Anfechtung von Rechtshandlungen eines Schuldners außerhalb des Konkursverfahrens ausgesprochen, daß auch nach dem jetzt geltenden Rechte daran festzuhalten sei, daß die Anfechtung außerhalb eines Prozeßverfahrens, also durch bloße Erklärung der Anfechtung gegenüber dem Anfechtungsgegner, vom Gesetze nicht zugelassen worden sei. Es ist dort ausgeführt, das Anfechtungsgesetz enthalte in seiner neuen Fassung nicht bloß keine Vorschrift, aus der sich eine so eingreifende Änderung des bisherigen Rechts entnehmen ließe, es wiederhole vielmehr auch jetzt wieder und in unverändertem Wortlaute die beiden von ihm allein behandelten Fälle, daß die Anfechtung „im Wege der Einrede" oder „im Wege der Klage" erfolgt (§§ 5. 9), und es verlange auch jetzt wieder im § 4 die Zustellung eines Schriftsatzes, wenn der Gläubiger, bevor er einen vollstreckbaren Schuldtitel erlangt habe, oder seine Forderung fällig sei, behufs Erstreckung der Anfechtungsfristen den Anfechtungsgegner von seiner Absicht, die Rechtshandlung anzufechten, in Kenntnis setzen wolle; hätte das Gesetz die Anfechtung selbst durch jede formlose Erklärung zulassen wollen, so wäre es nicht recht verständlich, weshalb es für die bloße Ankündigung der künftigen Anfechtung noch die Zustellung eines Schriftsatzes erfordert haben sollte. Diese Ausführungen sind auch für die Frage, in welcher Art das Anfechtungsrecht im Konkurse durch den Konkursverwalter auszuüben ist, von Bedeutung, da bisher über die Art der Ausübung der Gläubigeranfechtung in und außerhalb des Konkursverfahrens die gleichen Grundsätze galten, und sich nicht annehmen läßt, daß jetzt eine Verschiedenheit Platz greifen soll. Somit ist auch für die konkursrechtliche Anfechtung nicht anzunehmen, daß dieselbe außerhalb eines Prozeßverfahrens, durch bloße Erklärung der Anfechtung gegenüber dem Anfechtungsgegner, wirksam stattfinden könne.

In dem erwähnten Urteile ist nun allerdings weiter ausgeführt, daraus, daß die Anfechtung außerhalb eines Prozeßverfahrens nicht zugelassen sei, folge nicht, daß auch die prozessualen Voraussetzungen erfüllt sein müßten, unter denen eine Einrede, eine Replik oder eine Widerklage als schon erhoben anzusehen seien. Die Anfechtung könne im Prozesse rechtsgeschäftlich wirksam erklärt, also erfolgt sein, ohne daß darum die Anfechtungseinrede in prozessualem Sinne als erhoben gelten müßte. Erhoben werde sie erst, wenn sie in der mündlichen Verhandlung vor dem Gericht vorgebracht werde. Aber wenn die Prozeßvollmacht, wie das Reichsgericht für die rechtsgeschäftliche Erklärung der Anfechtung wegen Irrtums bereits angenommen habe, sowohl zur Abgabe wie zur Entgegennahme dieser Erklärung ermächtige, so bestehe kein Grund, weshalb bei der Anfechtung aus dem

Gesetze vom 21. Juli 1879 die Einrede erst noch in der mündlichen Verhandlung vorgebracht sein müßte, um als „rechtsgeschäftliche" Erklärung wirksam zu sein. Dem Erfordernis, daß die Anfechtung nicht außerhalb eines Prozeßverfahrens geltend gemacht werden dürfe, sei auch dann genügt, wenn sie in einem vorbereitenden Schriftsatz erklärt, und dieser Schriftsatz zugestellt werde. Diesen Ausführungen hat sich der jetzt erkennende Senat nicht anzuschließen vermocht. Dieselben würden nach diesseitigem Erachten nur dann zutreffen, wenn die schon erwähnte Auffassung begründet wäre, daß das Anfechtungsrecht selbst kein Anspruch im Sinne des § 194 B.G.B. sei, und daß erst die Anfechtung Ansprüche begründe. Diese Auffassung kann aber nicht geteilt werden. Durch die Konkursordnung und das Anfechtungsgesetz ist ein obligatorischer Rückgewähranspruch gegeben, der aus der anfechtbaren Handlung selbst, nicht aus der Anfechtung als einer rechtsgeschäftlichen Erklärung entspringt.

Vgl. Urteil des Reichsgerichts vom 20. Oktober 1899, Entsch. desselben in Zivils. Bd. 44 S. 92; Jäger, Kommentar 2. Aufl. Bem. 55 zu § 29 K.O.; Petersen u. Kleinfeller, K.O. 4. Aufl. Bem. 11 zu § 29 K.O.

Wenn § 2 des Anfechtungsgesetzes den Gläubiger unter den dort angegebenen Voraussetzungen zur Anfechtung für „befugt" erklärt, und § 36 K.O. die Ausübung des Anfechtungsrechts dem Konkursverwalter zuweist, wenn ferner in § 13 Abss. 2 und 4 des Anfechtungsgesetzes von der Befugnis des Verwalters zur Ausübung des Anfechtungsrechtes die Rede ist, so nötigt dies nicht zur Annahme einer selbständigen Befugnis. Wie jeder Anspruch, so schließt auch der Anfechtungsanspruch die Befugnis zu seiner Geltendmachung in sich. Anfechtungsrecht (im Sinne der Konkursordnung und des Anfechtungsgesetzes) und Anfechtungsanspruch fallen zusammen (vgl. Langheineken, Anspruch und Einrede S. 118. 119). Auch der Umstand, daß die Anfechtung jetzt unter Ausschlußfristen steht (§ 41 K.O., § 12 des Anfechtungsgesetzes), kann nicht zugunsten jener Auffassung ins Gewicht fallen, da es auch sonst Ansprüche gibt, die an Ausschlußfristen geknüpft sind, wie es z. B. hinsichtlich der Ansprüche aus §§ 861. 862 B.G.B. nach § 864 daselbst der Fall ist (vgl. Jäger, a. a. O.). Nach dem bisherigen Rechtszustande erfolgte die Anfechtung durch gerichtliche Geltendmachung des Anfechtungsanspruchs. Eine Änderung in dieser Hinsicht läßt sich aus den Abänderungen, welche die Konkursordnung und das Anfechtungsgesetz durch die neue Gesetzgebung erfahren haben, nicht herleiten. Hiernach ist mit Jäger, Bem. 56 a. a. O., anzunehmen, daß die zur Fristenwahrung erforderliche Geltendmachung des Anfechtungsrechts nach wie vor eine gerichtliche ist. Es kann daher im vorliegenden Falle die in dem vorbereitenden Schriftsatze vom 19. Juni 1901 enthaltene Anfechtungserklärung als zur Wahrung der Frist des § 41 K.O. geeignet nicht erachtet werden; derselben kann vielmehr mit Rücksicht auf die Natur jenes Schriftsatzes nur die Bedeutung einer Ankündigung, daß die Anfechtung demnächst in der mündlichen Verhandlung geltend gemacht werden solle, beigemessen werden.

Wenn hiernach der jetzt erkennende Senat in der erörterten Frage von der Ansicht des V. Zivilsenats abweicht, so liegt doch keine Veranlassung vor, die Entscheidung der vereinigten Zivilsenate anzurufen, weil es sich hier nicht um Anwendung des Anfechtungsgesetzes, sondern der Konkursordnung handelt."

---

12. Wie ist der Wechselprotest mangels Zahlung aufzunehmen, wenn der Akzeptant gestorben ist?

I. Zivilsenat. Urt. v. 13. April 1904 i. S. v. S. (Kl.) w. B. (Bekl.). Rep. I. 530/03.

I. Landgericht I Berlin, Kammer für Handelssachen.
II. Kammergericht daselbst.

Auf dem am 15. Juli 1903 fälligen Klagewechsel über 4500 *M* war die Bezogene und Akzeptantin bezeichnet als „Witwe Marie B. geb. St. in Berlin Birkenstraße 19". Sie war bereits im Mai 1901, und zwar, wie nicht streitig, in der angegebenen Wohnung, gestorben. Den am Fälligkeitstage aufgenommenen Protest M. Z., dessen hier erheblicher Inhalt sich aus dem Nachstehenden ergibt, hat das Reichsgericht, entgegen den beiden Vorinstanzen, für formgerecht erklärt aus folgenden

Gründen:

„Das Berufungsgericht hat, wie das Landgericht, den Streitstoff im übrigen nicht geprüft und die Klage lediglich aus dem Grunde für unberechtigt erklärt, weil der mangels Zahlung erhobene Protest nicht formrichtig sei. Daß der Regreßanspruch, den der Kläger gegen den Beklagten als Aussteller der Tratte geltend macht, die Vorlegung eines rechtswirksamen Protestes voraussetzt, folgt aus Art. 41 W.O. und ist außer Streit. Die Revision rügt aber, daß der vorgelegte Protest zu Unrecht für fehlerhaft angesehen worden sei. Dieser Revisionsangriff ist begründet. Ob mit der Revision die Formrichtigkeit des Protestes schon deshalb anzuerkennen wäre, weil der protestierende Notar den Nachlaßpfleger für die unbekannten Erben der verstorbenen Akzeptantin aufgesucht hat, ... oder weil er den Verwalter im Konkurse über den Nachlaß der verstorbenen Akzeptantin aufgesucht hat, braucht nicht entschieden zu werden; denn es ergibt sich, daß der Protest in der Richtung gegen die verstorbene Akzeptantin selbst den Anforderungen des Gesetzes entspricht.

Für die Protestierung des Wechsels nach dem Tode des eigentlichen Protestaten läßt es eine in Literatur und Rechtsprechung ziemlich allgemein anerkannte Ansicht genügen, wenn der Protest dem Erben des Protestaten gegenüber aufgenommen wird. Darüber herrscht aber kein Streit, daß dies nur eine zulässige Ersatzform sein soll, und daß daneben auch, und zwar in erster Linie, die Aufnahme des Protestes in rechtswirksamer Weise dem verstorbenen Protestaten selbst gegenüber erfolgen kann. Wollte man den Wechselgläubiger auf die Protestation gegenüber dem Erben beschränken, so würde dies dem Wesen des Wechselrechts, das mit genau bestimmten Faktoren rechnen muß, widersprechen und in häufigen Fällen die Erhebung eines gültigen Protestes unmöglich machen. Für diese Frage vornehmlich ist der vom Reichsoberhandelsgericht in seiner Plenarentscheidung vom 25. Mai 1878 (Entsch. des R.O.H.G.'s Bd. 24 S. 22 flg.) ausgesprochene Grundsatz, daß nur dasjenige, was auf der Wechselurkunde selbst ausgedrückt sei, die Aussteller, Unterzeichner und Inhaber zu wechselmäßigen Handlungen verpflichte, als richtig und entscheidend anzuerkennen.

Wenn es demnach unzweifelhaften Rechts ist, daß der Protest gegenüber dem aus der Wechselurkunde ersichtlichen Protestaten auch nach dessen Tode erhoben werden kann, so fragt es sich doch, in welcher Form diese Protesterhebung erfolgen muß, um rechtsgültig zu sein. Für die in Art. 88 W.O. vorgeschriebenen Formalerfordernisse besteht keine Schwierigkeit. Zweifel können nur darüber entstehen, ob und in welcher Weise die Vorschriften der Wechselordnung über die Lokalität der Protestaufnahme Anwendung zu finden haben. Besondere Vorschriften über diesen Punkt für den Fall, daß der Protestat verstorben ist, enthält die Wechselordnung nicht. Auch die Protokolle der Leipziger Konferenz (Leipziger Ausgabe S. 147 flg. 242) enthalten in dieser Richtung keine Andeutung, sowenig wie die Motive zu dem einschlagenden § 83 des preußischen Entwurfs (das. S. LXXV/LXXVI). Grundsätzlich muß daher auch für diesen Fall von den allgemein und ausnahmslos gehaltenen Bestimmungen in Art. 91 W.O. ausgegangen werden.

Nach Art. 91 muß der Protest, abgesehen von dem Falle beiderseitigen Einverständnisses, in dem Geschäftslokale des Protestaten, und in Ermangelung eines solchen in dessen Wohnung erhoben werden. Ein Platzprotest ist nur zulässig, wenn weder ein Geschäftslokal noch eine Wohnung des Protestaten zu ermitteln ist. Daß aber das Geschäftslokal oder die Wohnung nicht zu ermitteln sei, ist nach Satz 3 des Art. 91 erst alsdann als festgestellt anzunehmen, wenn auch eine dieserhalb bei der Polizeibehörde des Orts geschehene Nachfrage des Notars oder des Gerichtsbeamten fruchtlos geblieben ist, und dies muß im Proteste bemerkt werden.

Der Art. 91 spricht von dem gegenwärtigen Geschäftslokale und der gegenwärtigen Wohnung des Protestaten, die er zur Zeit der Protestaufnahme hat oder doch haben kann. Die Ermittelungen und insbesondere auch die Nachfrage bei der Polizeibehörde sind auf die Feststellung gerichtet, ob der Protestat gegenwärtig in der aus dem Wechsel ersichtlichen Ortschaft ein Geschäftslokal oder eine Wohnung habe. Auf Geschäftslokal oder Wohnung, die der Protestat früher einmal hatte, jetzt aber nicht mehr hat, bezieht sich der Art. 91 nicht. Insofern besteht für den Fall, daß der Protestat gestorben ist, eine Lücke, indem der tote Protestat gegenwärtig kein Geschäftslokal und keine Wohnung mehr hat und auch nicht haben kann. Die unmittelbare Anwendung des Art. 91 ist daher nicht möglich. Aus dem Prinzipe dieses Artikels muß aber doch gefolgert werden, daß es auch in diesem Falle nicht genügt, den Tod des Protestaten und damit die rechtliche Unmöglichkeit einer gegenwärtigen Wohnung zu konstatieren, sondern daß der Protestbeamte die Sterbewohnung, als die letzte mögliche Wohnung des Protestaten aufzusuchen hat, um dort den Protestakt vorzunehmen. Sachlich rechtfertigt sich diese Pflicht, in gleicher Weise wie die Pflicht zur Aufsuchung des Geschäftslokals oder der Wohnung des lebenden Protestaten, weil die von dem Verstorbenen oder von dritten Interessenten etwa getroffenen Vorkehrungen zur Einlösung des Wechsels an diese Lokalitäten gebunden sind. Aus der Eigentümlichkeit dieses Falles, in dem eine wirkliche Wohnung gar nicht mehr gefunden werden kann, darf aber auch geschlossen werden, daß schon das Aufsuchen des Sterbehauses genügt. Wenn aber der Protestbeamte in diesem Sinne die Sterbewohnung gefunden hat, so liegt nicht der Fall des Art. 91 Satzes 3 vor, daß das Geschäftslokal oder die Wohnung nicht zu ermitteln war; vielmehr steht dies dem in Satz 1 behandelten Falle gleich, daß das Geschäftslokal oder die Wohnung des noch lebenden Protestaten ermittelt worden ist. Von einer Pflicht des Protestbeamten zur Nachfrage bei der Polizeibehörde kann dann nicht die Rede sein.

Vgl. Rehbein, Wechselordnung (6. Aufl.) Bem. 6 zu Artt. 41 flg. (S. 85), Bem. 6 zu Artt. 91 flg. (S. 165); Staub, Wechselordnung (3. Aufl.) Anm. 18 zu Art. 88 (S. 229/230); v. Wächter, Das d. Wechselrecht § 83 bei Anm. 16 (S. 366); v. Canstein, Wechselrecht § 22 Anm. 5 (S. 326); Bernstein, Wechselordnung Art. 41 § 2a (S. 190); Borchardt, Wechselordnung (8. Aufl.) Zusatz 898 (S. 504); Walter, Der Wechselprotest § 22 (S. 59); Entsch. des R.O.H.G.'s Bd. 2 S. 218/219, Bd. 22 S. 424; Urt. des Oberlandesgerichts Dresden vom 27. November 1888 in seinen Annalen 1889 S. 41 und in Goldschmidt's Zeitschrift Bd. 38 S. 570; Urt. des Handelsgerichts Stuttgart vom 13. Mai 1866 in Löhr's Zentralorgan Bd. 3 S. 118.

Wenn man von dieser Rechtsauffassung ausgeht, so muß der vorgelegte Protest als formrichtig anerkannt werden. Der Protest, der am 15. Juli 1903, also zweifellos rechtzeitig, in Berlin aufgenommen ist, lautet insoweit:

„Auf den Antrag des (Klägers) ..., der Witwe M. B., geborenen St., zu Berlin Birkenstraße 19 den in Abschrift nachstehenden

Wechsel" (folgt Wechselabschrift) „zur Zahlung vorzulegen und im Weigerungsfalle zu protestieren, habe ich mich zunächst nach dem hierselbst Birkenstraße 19 belegenen Hause verfügt. Eine Wohnung der Bezogenen Frau M. B., geborenen St., war daselbst nicht zu ermitteln. Auf Nachfrage beim Verwalter W. wurde mir durch ein Fräulein G. bestätigt, daß die Bezogene verstorben sei. Ich begab mich daraufhin" usw. Der protestierende Notar beurkundet, daß er weiter den zum Nachlaßpfleger, bzw. zum Pfleger der unbekannten Erben der Bezogenen bestellten Justizrat Dr. H. H. und den Verwalter im Konkurse über den Nachlaß der Bezogenen, Kaufmann Sch., in ihren Geschäftslokalen aufgesucht habe, und schließt den Protest mit der Bemerkung: „Ich habe daher wegen nicht erfolgter Zahlung des vorbeschriebenen Wechsels diesen Protest erhoben".

Es ist zu beachten, daß der Wechsel selbst als Wohnung der Protestatin in Berlin die Nr. 19 der Birkenstraße angab. Dahin hat sich der protestierende Notar zuerst begeben. Im Zusammenhange mit diesem Umstande kann der hierzu gehörige Inhalt des Protestes ohne Willkür nicht wohl anders verstanden werden, als daß diese Wohnung als die Sterbewohnung der Protestatin bezeichnet und bezeugt werden sollte. Es wäre nicht verständlich, wie der Notar sonst sich bei dem Verwalter des Hauses Nr. 19 der Birkenstraße nach dem Tode der Protestatin erkundigen, und daß ihm dort von dem Fräulein G. dieser Tod hätte „bestätigt" werden können. Tatsächlich ist es auch gar nicht streitig, daß die Sterbewohnung der Protestatin Witwe B., die nach der eigenen Angabe des Beklagten bereits im Mai 1902 verstorben, in dem Hause Nr. 19 der Birkenstraße war. Der Protestnotar konstatiert nun allerdings ausdrücklich, daß er in diesem Hause eine Wohnung der Witwe B. nicht habe ermitteln können, und diese Feststellung ist für den Berufungsrichter der entscheidende Grund gewesen, den Protest für ungültig zu erklären, weil nicht zugleich die Nachfrage bei der Polizei und deren Erfolg beurkundet seien. Damit wird aber dieser Bemerkung im Protest eine Bedeutung beigelegt, die ihr in Verbindung mit dem übrigen Kontexte nicht zukommt. In diesem Zusammenhange bedeutet sie nur, was auch ohne jede Beurkundung feststand, daß damals eine gegenwärtige Wohnung der bereits verstorbenen Protestatin in dem angegebenen Hause nicht mehr zu ermitteln war. Die Angaben des Protestes über die Sterbewohnung werden dadurch in keiner Weise berührt oder gar in Zweifel gezogen. Es ist deshalb rechtsirrtümlich, wenn das Berufungsgericht auch noch eine Nachfrage bei der Polizeibehörde für erforderlich angesehen hat. Der Vertreter des Revisionsbeklagten hat denn auch auf diesen Punkt weniger Gewicht gelegt, vielmehr die Ungültigkeit des Protestes gegenüber der Protestatin wesentlich darauf gestützt, daß der Notar zwar das Sterbehaus aufgesucht, aber dort den Wechsel nicht präsentiert und keine Zahlung verlangt hat. Dieser Vorwurf ist indessen nicht begründet. Wenn der Protestbeamte den Tod des Protestaten konstatiert und dessen Sterbewohnung aufgesucht hat, so liegt der Fall nicht anders, als wenn er in der aktuellen Wohnung des lebenden Protestaten niemand antrifft. Es ist dann kein Raum für die Präsentation des Wechsels und für die Zahlungsaufforderung. Es wird dann ein bloßer Wand- und Windprotest aufgenommen, der nur die Tatsache bezeugt, daß der Protestat in seiner Wohnung nicht zu finden gewesen sei. Dies entspricht der Vorschrift des Art. 88 Ziff. 3 W.O., die allerdings nicht ganz glücklich gefaßt ist. Allein es liegt auf der Hand, daß dann, wenn die Person, gegen welche protestiert werden soll, nicht angetroffen wird, auch nicht von einem an sie gestellten Begehren die Rede sein kann, so daß hier die Worte „oder die Bemerkung, daß sie ... nicht anzutreffen gewesen sei", den ganzen Inhalt der unter Nr. 3 erforderten Beurkundung bilden. Zur Begründung der Notwendigkeit, beim Protest gegen einen verstorbenen Protestaten die Sterbewohnung aufzusuchen, ist oben auf die Möglichkeit hingewiesen worden, daß dort vielleicht Vorkehrungen für die Honorierung des Wechsels getroffen seien. Daraus folgt aber nicht, daß der Protestbeamte Nachforschungen in dieser Richtung anzustellen habe. Da für den verstorbenen Protestaten auch kein Vertreter in Frage kommen kann, so tut er vielmehr genug, wenn er den Tod des Protestaten feststellt, und kann es demjenigen, welcher ein Interesse daran hat, überlassen, selbst hervorzutreten und die nötigen Handlungen oder Erklärungen vorzunehmen. Aus diesem Grunde kann im vorliegenden Falle namentlich auch nicht verlangt werden, daß er dem Hausverwalter oder dem dort getroffenen Fräulein G. den Wechsel zur Zahlung hätte präsentieren sollen." ...

13. Welche prozessuale Bedeutung hat das Zugeständnis des Eigentumsrechts?

VII. Zivilsenat. Urt. v. 15. April 1904 i. S. preuß. Fiskus (Provokat) w. Z. (Provokantin). Rep. VII. 555/03.

I. Generalkommission Königsberg i. Pr.
II. Oberlandeskulturgericht.

Aus den Gründen:

... „Zwar ist das Zugeständnis des Eigentums nicht ein reines Geständnis von Tatsachen, sondern es hat ein aus dem objektiven Recht auf Grundlage tatsächlicher Vorgänge sich ergebendes Verhältnis zum Gegenstande, kraft dessen dem Eigentümer rechtliche Macht zusteht, und jedem Dritten ein Eingriff in seine Sphäre untersagt ist; nur wenn bei völliger Zweifellosigkeit der rechtlichen Verhältnisse das Zugeständnis seinen Schwerpunkt ganz nach der tatsächlichen Seite hin findet, mag ihm der Charakter eines Geständnisses im Sinne der Zivilprozeßordnung innewohnen. Auch als Anerkenntnis eines Anspruchs (§ 307 Z.P.O.) stellt das Zugeständnis des Eigentums sich nicht dar. Mit dem einen wie mit dem anderen aber teilt es die Natur eines prozessualen Dispositionsakts; es erscheint als Verfügung über einen Teil des Streitstoffes, über den zu verfügen die Partei berechtigt ist. Demgemäß ist es nicht schlechthin wirkungslos. Seine nächste Wirkung besteht darin, daß der Gegner der Darlegungs- und Beweispflicht überhoben ist. Diese Wirkung kommt auch mit dem Widerruf nicht in Wegfall. Ob der Widerruf überhaupt nur unter der Voraussetzung zu beachten ist, daß Irrtum als Ursache des Geständnisses erwiesen wird, oder ob er auch ohne diese Voraussetzung Bedeutung hat, kann auf sich beruhen bleiben; denn das Zugeständnis behält unter allen Umständen die Wirkung, daß der Gegner nicht, wie wenn überhaupt kein Zugeständnis erfolgt wäre, nunmehr darlegungs- und beweispflichtig wird, sondern es liegt der widerrufenden Partei die Pflicht der Widerlegung ob (vgl. Entsch. des R.G.'s in Zivils. Bd. 35 S. 409. 412); widerlegt aber ist im vorliegenden Falle das Eigentum des Fiskus ... nicht." ...

14. Können in der Zeit zwischen dem Abschlusse des Gesellschaftsvertrages und der Eintragung der Gesellschaft mit beschränkter Haftung in das Handelsregister Beschlüsse der Gesellschaft mit Kraft für die einzutragende Gesellschaft gefaßt werden? Setzt die erneute Aufforderung im Sinne des § 21 des Gesetzes, betr. die Gesellschaften mit beschränkter Haftung, die Eintragung der Gesellschaft in das Handelsregister voraus?

Gesetz, betr. die Gesellschaften mit beschränkter Haftung, vom 20. Mai 1898 §§ 11. 21.

I. Zivilsenat. Urt. v. 20. April 1904 i. S. der Gesellschaft zur Herstellung von feuerfestem ... Material, G. m. b. H., (Kl.) w. N. (Bekl.). Rep. I. 15/04.

I. Landgericht Essen.
II. Oberlandesgericht Hamm.

Aus den Gründen:

„Das Oberlandesgericht hat die Klage abgewiesen, weil der vom Aufsichtsrate gefaßte Beschluß vom 6. November 1900 über die weitere Einzahlung von 20 Prozent der Stammeinlagen nichtig sei, da zu dieser Zeit keine Gesellschaft mit beschränkter Haftung, folgeweise auch kein Organ derselben bestanden habe, insoweit der Beschluß aber als Vereinbarung sämtlicher Gesellschafter sich darstelle, sie, als Abänderung des Gesellschaftsvertrages, der im § 2 des Gesetzes, betr. die Gesellschaften mit beschränkter Haftung, vom 20. Mai 1893 vorgesehenen Form entbehre. Diese Begründung ist rechtsirrtümlich. Der § 11 Abs. 1 dieses Gesetzes bestimmt nur, daß vor der Eintragung in das Handelsregister die Gesellschaft mit beschränkter Haftung als solche nicht besteht. Er bestimmt aber nicht, daß in der Zeit zwischen dem Abschluß des Gesellschaftsvertrages und der Eintragung der Gesellschaft in das Handelsregister eine Gesellschaft überhaupt nicht besteht, und Beschlüsse von den Gesellschaftern mit Kraft für die einzutragende Gesellschaft nicht gefaßt werden können. Das Gesetz erkennt vielmehr an, daß in jener Zwischenzeit für diese Gesellschaft in gewissen Grenzen und mit gewissen Wirkungen gehandelt werden könne und müsse, wenn es in den §§ 6. 7. 8. 78 vorschreibt, daß für die Gesellschaft ein oder mehrere Geschäftsführer bestellt werden müssen, welche sie zur Eintragung in das Handelsregister anzumelden und dabei die im § 8 Abs. 2 vorgesehene Versicherung bezüglich der Leistungen auf die Stammeinlagen abzugeben haben. Es besteht somit vor der Eintragung in das Handelsregister zwar noch keine Gesellschaft mit beschränkter Haftung, wohl aber die Vereinigung derjenigen Personen, die den Gesellschaftsvertrag abgeschlossen haben, also eine Gesellschaft des bürgerlichen Rechts, die durch Eintragung in das Handelsregister eine Gesellschaft mit beschränkter Haftung werden soll. Wie nun jene Vereinigung die Verfassung dieser Gesellschaft in dem Gesellschaftsvertrage ordnet, so kann sie darin, insoweit nicht zwingendes Recht entgegensteht, auch bestimmen, in welcher Weise und durch welche Organe in der Zeit bis zur Eintragung der Gesellschaft in das Handelsregister für die gegründete Gesellschaft gehandelt werden soll. Fehlen solche Bestimmungen, so können die Gesellschafter durch einstimmigen Beschluß die für die Entstehung der Gesellschaft mit beschränkter Haftung notwendigen Anordnungen mit dem ausdrücklichen oder stillschweigenden Vorbehalte treffen, daß die hieraus sich ergebenden Rechte und Pflichten ohne weiteres für die Gesellschaft nach deren Eintragung in das Handelsregister wirksam werden sollen. Dies ist im vorliegenden Falle geschehen. Wie die Beweisaufnahme ergeben hat, waren die durch die Einzahlung der Hälfte der Stammeinlagen gewonnenen Geldmittel am 6. November 1900 nahezu verbraucht, und wurde an diesem Tage, weil im Interesse der Gesellschaft Gelder beschafft werden mußten, einstimmig von den Gesellschaftern beschlossen, weitere 20 Prozent der Stammeinlagen zum 20. November 1900 einzuziehen.

Es handelte sich demnach um eine für die in der Entstehung begriffene Gesellschaft mit beschränkter Haftung notwendige Anordnung, die von der Gesamtheit der Gesellschafter mangels abweichender Bestimmungen des Gesellschaftsvertrages getroffen werden durfte, und deren rechtliche Wirkungen über die Eintragung der Gesellschaft in das Handelsregister hinaus fortdauerten. Die Gesellschaft trat daher mit der Eintragung ohne weiteres in das durch den Beschluß begründete Rechtsverhältnis ein.

Da das gegen den Ehemann der Beklagten wegen verzögerter Einzahlung der Rate der Stammeinlage durchgeführte Kaduzierungsverfahren ... den §§ 21 und 23 des Gesetzes, betreffend die Gesellschaften mit beschränkter Haftung, entsprach, so ist die Klage gerechtfertigt. Derselbe ist nach Ablauf der in dem Beschlusse vom 6. November 1900 gesetzten Frist durch das Schreiben des Geschäftsführers der Klägerin vom 24. November 1900 an die Einzahlung gemahnt worden. Dies konnte vor der Eintragung der Gesellschaft in das Handelsregister geschehen, während die erneute Aufforderung im Sinne des § 21 a. a. O. die Eintragung voraussetzt. Diese letztere erfolgte nach der Eintragung durch das eingeschriebene Schreiben des Geschäfsführers vom 25. Dezember 1900 mit Setzung einer Nachfrist bis zum 28. Januar 1901 und unter Androhung des Ausschlusses mit dem Geschäftsanteil. Nachdem auch diese Frist fruchtlos verstrichen war, wurde der Ausschluß durch den eingeschriebenen Brief des Geschäftsführers vom 15. Februar 1901 ausgesprochen, und demnächst der Geschäftsanteil des Ehemannes der Beklagten öffentlich versteigert. Bei dieser Sachlage hat das Landgericht die Beklagte mit Recht nach dem Klagantrage verurteilt." ...

---

15. 1. Ist die Erlassung eines Teilurteils erforderlich, wenn mit der Klage auf Vorlegung eines Vermögensverzeichnisses und auf Leistung des Offenbarungseides die Klage auf Zahlung der geschuldeten Summe verbunden ist, und die Klage begründet erscheint?

2. Sind die Voraussetzungen der Feststellungsklage erforderlich für eine Verurteilung zur Zahlung unter Vorbehalt der Feststellung des Betrages und für die Feststellung einer nicht ziffermäßig bestimmten Geldforderung?

3. Bedarf es zur Feststellung der nicht ziffermäßig bestimmten Forderung eines Pflichtteilsberechtigten auch der Entscheidung über die Anrechnung von Zuwendungen und über die Aufrechnung von Gegenforderungen?

Z.P.O. §§ 254. 256.
B.G.B. §§ 2303. 2315. 389.

IV. Zivilsenat. Urt. v. 21. April 1904 i. S. R. (Bekl.) w. G. (Kl.). Rep. IV. 25/04.

I. Landgericht II Berlin.
II. Kammergericht daselbst.

Der Kläger erhob als Pflichtteilsberechtigter Klage mit dem Antrage, den Beklagten zu verurteilen,

a) ihm ein Verzeichnis über den Bestand des Nachlasses vorzulegen und auf sein Verlangen den Offenbarungseid dahin zu leisten, daß er nach bestem Wissen den Bestand so vollständig angegeben habe, als er dazu imstande sei,

b) an ihn $^{3}/_{8}$ des Werts des nach a zu bestimmenden Nachlasses auszuzahlen.

Die ziffermäßige Bestimmung des Herausgabeanspruchs behielt sich Kläger bis nach Vorlegung des Verzeichnisses vor.

Der Beklagte legte nach Erhebung der Klage ein Verzeichnis vor. Darauf erklärte der Kläger, sein Anspruch auf Vorlegung des Verzeichnisses sei erledigt; er behauptete aber, das Verzeichnis sei unvollständig.

Das Landgericht erkannte:

„1. Der Beklagte wird verurteilt,

a) auf Verlangen des Klägers den Offenbarungseid zu leisten . . .

b) an den Kläger $^{3}/_{8}$ des Werts des nach dem beschworenen Verzeichnis zu bestimmenden Nachlasses auszuzahlen,

2. Die Kosten des Rechtsstreits werden dem Beklagten auferlegt."

Auf Berufung des Beklagten entschied das Berufungsgericht:

„Die Berufung des Beklagten wird mit der Maßgabe zurückgewiesen, daß zu 1b der Formel des Urteils anstatt der Verurteilung zur Zahlung das Recht des Klägers festgestellt wird, vom reinen Nachlaß der am 28. Oktober 1901 verstorbenen Frau R. $^{3}/_{8}$ als Pflichtteil zu fordern. Die Kosten der Berufungsinstanz fallen dem Beklagten zur Last."

Auf Revision des Beklagten ist das Berufungsurteil aufgehoben worden.

Aus den Gründen:

. . . „Von dem Berufungsgericht ist . . . ausgeführt:

„Das Landgericht hat, indem es den Beklagten außer zur Leistung des Offenbarungseides zugleich verurteilt hat, $^{3}/_{8}$ des Wertes des nach dem zu beschwörenden Inventar zu bestimmenden Nachlasses an den Kläger zu zahlen, unrichtig prozediert. Es hat sich damit auf eine Entscheidung beschränkt, auf Grund deren der Kläger, wenn es dabei verbleibt, erst in einem besonderen Prozesse die Festsetzung des ziffermäßigen Betrages seines Pflichtteils betreiben muß. Das widerspricht der Intention des § 254 Z.P.O. Denn danach soll die Möglichkeit eröffnet werden, die verbundenen Klagen in demselben Verfahren vollständig zu erledigen. Das Landgericht hätte daher zunächst nur durch Teilurteil über die Verpflichtung des Beklagten zur Leistung des Offenbarungseides entscheiden und erst nach erfolgter Ausführung dieses Urteils über den Anspruch auf Auszahlung des nunmehr ziffermäßig zu bestimmenden Pflichtteils verhandeln dürfen."

Dieser Auffassung des Berufungsgerichts ist beizutreten. Die Klage war nach § 254 Z.P.O. erhoben. Mit der Klage waren drei Ansprüche geltend gemacht worden: 1. der Anspruch auf Vorlegung des Verzeichnisses, 2. der Anspruch auf Leistung des Offenbarungseides, 3. der Anspruch auf Herausgabe desjenigen, was der Beklagte aus dem zugrunde liegenden Rechtsverhältnisse schulde. Nachdem der erste Anspruch in Wegfall gekommen war, hätte das Landgericht, wie das Berufungsgericht richtig dargelegt hat, durch Teilurteil auf Leistung des Offenbarungseides erkennen und erst nach Erledigung dieser Verurteilung über den Anspruch auf Zahlung des nunmehr bestimmt zu bezeichnenden Geldbetrags verhandeln sollen.

Vgl. die Begründung zu § 254 Z.P.O., auch Kommissionsprotokoll Bd. 2 S. 792 flg.

Dagegen können die übrigen Ausführungen des Berufungsgerichts keine Billigung finden. Das Berufungsgericht fährt fort:

„Allein der Kläger hat trotz des Hinweises auf diesen Mangel der Entscheidung, welche so wie sie erlassen trotz des Wortlauts nur die Feststellung enthält, daß der Kläger 3/8 des Nachlasses zu beanspruchen habe, ausdrücklich die Aufrechthaltung des landgerichtlichen Urteils begehrt. Er will sich also hinsichtlich seines zweiten Anspruchs in diesem Prozeß mit der Feststellung begnügen, daß sein Pflichtteil 3/8 des reinen Nachlasses beträgt. Und es sieht sich daher das Berufungsgericht im Hinblick auf die §§ 525. 536 Z.P.O. außerstande, dem Mangel abzuhelfen, und es hat nur, um Irrtümer zu vermeiden, der Entscheidung des ersten Richters zu 1b die Form gegeben, die sie unzweideutig als das, was sie sein sollte, erkennen läßt, als Feststellung des Anspruchs des Klägers an dem Nachlasse der Quote nach. Für die vorbezeichnete Feststellung aber erübrigt es, auf den Anrechnungseinwand und den Aufrechnungseinwand des Beklagten einzugehen."

Die Bestimmungen der §§ 525. 536 Z.P.O. hätten das Berufungsgericht nicht gehindert, dem von ihm erkannten Mangel des Verfahrens abzuhelfen. Der Antrag des Klägers lautete allerdings auf Zurückweisung der Berufung, also auf Aufrechthaltung der landgerichtlichen Entscheidung; aber der Antrag des Beklagten ging auf Abweisung der Klage. Innerhalb der durch diese Anträge bestimmten Grenzen hätte sich eine dem Gesetze entsprechende Entscheidung treffen lassen. Schon die Erlassung eines Teilurteils in der Berufungsinstanz wäre geeignet gewesen, eine ordnungsmäßige Behandlung der Sache herbeizuführen.

Das Berufungsgericht hat durch seine Entscheidung gegen die Vorschrift des § 256 Z.P.O. verstoßen; denn es hat auf Feststellung des Bestehens eines Rechtsverhältnisses erkannt, ohne zu prüfen, ob der Kläger ein rechtliches Interesse daran habe, daß das Rechtsverhältnis durch richterliche Entscheidung alsbald festgestellt werde. Diese Prüfung wäre schon für die landgerichtliche Entscheidung unter 1b — Verurteilung zur Zahlung unter Vorbehalt der Feststellung des Betrages — erforderlich gewesen.

Vgl. Beschluß der vereinigten Zivilsenate vom 28. Juni 1888, Entsch. des R.G.'s in Zivils. Bd. 21 S. 384; Urteile vom 11. März und 22. April 1897, Jurist. Wochenschr. S. 286 Nr. 3 und 331 Nr. 28, vom 22. Februar 1901, Jurist. Wochenschr. S. 206 Nr. 3.

Die Prüfung, ob ein Fall nach § 256 Z.P.O. gegeben sei, lag sodann dem Berufungsgericht ob, das die Entscheidung des ersten Richters auch in die Form der Feststellung gebracht hat. Da der Kläger in der ersten Instanz selbst Verurteilung zur Zahlung beantragt hatte, auch in der zweiten Instanz seinen Anspruch auf dem in § 254 Z.P.O. vorgezeichneten Wege verfolgen konnte, ist nicht ohne weiteres ersichtlich, daß er ein rechtliches Interesse daran haben sollte, die Feststellung des seinem Anspruche zugrunde liegenden Rechtsverhältnisses zu betreiben, anstatt Erfüllung zu verlangen. Der Umstand, daß der Kläger ablehnte, den in der Berufungsinstanz gestellten Antrag zu ändern, konnte das Berufungsgericht nicht von der Prüfung der Voraussetzungen einer Feststellungsklage entbinden. Wollte der Kläger den Herausgabeanspruch fallen lassen und nur eine Feststellung begehren, so war, wenn die Voraussetzungen des § 256 Z.P.O. nicht vorlagen, die Feststellungsklage — dem Antrage des Beklagten gemäß — abzuweisen.

Vgl. die Urteile des Reichsgerichts vom 31. Januar 1889, Entsch. des R.G.'s in Zivils. Bd. 23 S. 232, vom 2. Dezember 1899, Jurist. Wochenschr. 1900 S. 49 Nr. 9, vom 21. Mai und 7. Juni 1901, Jurist. Wochenschr. S. 514 Nr. 3 und 537 Nr. 3, vom 29. September 1903, Jurist. Wochenschr. S. 384 Nr. 7.

Zu beanstanden ist ferner die Annahme des Berufungsgerichts, für die Feststellung des Rechts des Klägers, $^3/_8$ des Wertes des Nachlasses zu fordern, erübrige es, auf den Anrechnungseinwand und den Aufrechnungseinwand des Beklagten einzugehen. Der Beklagte hatte geltend gemacht, der Kläger habe sich Zuwendungen der Erblasserin auf den Pflichtteil anrechnen zu lassen, auch habe er, Beklagter, Forderungen an den Kläger, diese Forderungen bringe er zur Aufrechnung. Auf diese Einwände mußte das Berufungsgericht eingehen, bevor es feststellen konnte, daß der Kläger $^3/_8$ des Werts des Nachlasses von dem Beklagten zu fordern habe. Daß dem Kläger diese Forderung zusteht, ist noch nicht gewiß. Wenn die Behauptungen des Beklagten begründet sind, hat der Kläger nicht $^3/_8$ des Werts des Nachlasses zu fordern, ist vielmehr möglicherweise mit der ganzen Forderung abzuweisen.

Vgl. die Urteile des Reichsgerichts vom 1. Mai 1895, Jurist. Wochenschr. S. 294 Nr. 10, vom 14. Juni 1901, Jurist. Wochenschr. S. 579 Nr. 19, vom 13. Juni 1902, Entsch. des R.G.'s in Zivils. Bd. 52 S. 28, vom 20. November 1902, Jurist. Wochenschr. 1903 S. 6 Nr. 11." ...

---

16. Müssen Willenserklärungen, die der Schulvorstand im Namen der von ihm vertretenen Schulgemeinde abgibt, um rechtsgültig zu sein, von allen Mitgliedern des Schulvorstandes abgegeben werden?

V. Zivilsenat. Urt. v. 23. April 1904 i. S. J. (Kl.) w. Schulgemeinde O. (Bekl.). Rep. V. 431/03.

I. Landgericht Bromberg.
II. Oberlandesgericht Posen.

Das Reichsgericht hat die oben aufgeführte Frage bejaht.

Aus den Gründen:

... „Der Berufungsrichter geht richtig davon aus, daß Schulgemeinden Korporationen des öffentlichen Rechts sind (Plenarentsch. des Obertribunals, Entsch. desselben Bd. 25 S. 301 flg.). Wie jede Korporation, so bedarf auch die Schulgemeinde eines Organs, durch welches sie imstande ist, einen rechtsgeschäftlichen Willen in für sie rechtsverbindlicher Weise zu äußern. Dieses Organ wird für jede Korporation durch ihre Verfassung bestimmt, und auf letztere verweist auch hierüber das Allgemeine Landrecht (§ 138 A.L.R. II. 6). Für Schulgemeinden ist der Schulvorstand das sie nach außen vertretende Organ. Er hat insofern die rechtliche Stellung, die sonst nach den §§ 114 flg. A.L.R. II. 6 die Repräsentanten einer Korporation haben.

Vgl. Entsch. des Obertrib. Bd. 68 S. 319; Entsch. des Ob.-Verw.-Ger. Bd. 1 S. 171, Bd. 6 S. 177. 178, Bd. 40 S. 203; Jahrb. der Entsch. des Kammerger. Bd. 11 S. 122.

Ob die Repräsentanten, wenn ihrer mehrere sind, nur in ihrer Gesamtheit, oder ob jeder von ihnen, oder nur eine bestimmte Anzahl, und in bestimmter Zusammensetzung, die Korporation zu vertreten befugt sind, ist nach der dieser gegebenen Verfassung zu beurteilen. In dieser Beziehung hat das Gesetz für gewisse Korporationen Bestimmungen gegeben und damit einen Teil ihrer Verfassung geregelt, so für die Stadtgemeinden der sechs östlichen Provinzen Preußens durch § 56 Nr. 8 der Städte-Ordnung vom 30. Mai 1853 und für die Landgemeinden der sieben östlichen Provinzen Preußens durch § 88 Nr. 7 der Landgemeindeordnung vom 3. Juli 1891; für andere Korporationen des öffentlichen Rechts — darunter auch für Schulgemeinden — fehlt es hierüber an einer besonderen Regelung. In Ermangelung einer solchen muß die Frage, ob mehrere Repräsentanten nur in ihrer Gesamtheit das vom Gesetz berufene Organ der Korporation darstellen, nach allgemeinen Rechtsgrundsätzen entschieden werden. Nach diesen aber ist die Frage zu bejahen. Ebenso wie auf dem Gebiete des Privatrechtes die an mehrere erteilte Vollmacht, wenn sich aus ihr nicht das Gegenteil ergibt, dahin zu verstehen ist, daß die mehreren Bevollmächtigten zusammenwirken müssen, um ihren Machtgeber zu verpflichten, muß das gleiche auch auf dem Gebiete des öffentlichen Rechts gelten. Es muß hier namentlich dann gelten, wenn das vom

Gesetz berufene Organ selbst wieder korporativ gestaltet ist, weil dann das Gesetz wiederum ein gegliedertes Ganzes mit der Vertretung der Korporation betraut, und dieses gegliederte Ganze nicht in die einzelnen zu ihm gehörigen physischen Personen aufgelöst werden kann. Auf dieser das Korporationsrecht beherrschenden Auffassung beruht das in den Vorinstanzen angezogene Urteil des Obertribunals vom 17. Dezember 1872 (Striethorst, Archiv Bd. 87 S. 274; Entsch. des Obertrib. Bd. 68 S. 317), welches auch in der Verwaltungspraxis (z. B. Entsch. des Ob.-Verw.-Ger. Bd. 1 S. 171, Bd. 2 S. 210, Bd. 30 S. 172) Anerkennung gefunden hat.

Nun steht zwar nach der Regierungsinstruktion vom 23. Oktober 1817 (G.S. S. 248) §§ 2. 18 in Verbindung mit der Allerh. Kabinettsorder vom 31. Dezember 1825 (G.S. 1826 S. 6) der Regierung, Abteilung für Kirchen- und Schulwesen, das Aufsichtsrecht über das gesamte Elementarschulwesen und die Vermögensverwaltung der Schulgemeinden zu, woran durch das Zuständigkeitsgesetz vom 1. August 1883 (G.S. S. 237) §§ 45—49 nichts geändert ist. Diesem Aufsichtsrechte unterliegt auch der Schulvorstand, und daraus mag mit Recht abgeleitet werden, daß die Regierung als Aufsichtsbehörde allgemeine Anweisungen für dessen Geschäftsführung erlassen kann. Es würde aber über das Aufsichtsrecht hinausgehen und gegen § 8 Abs. 7 der Regierungsinstruktion verstoßen, wenn die Regierung für die ihrer Aufsicht unterstellten Schulgemeinden eine allgemeine Anordnung dahin erlassen wollte, daß es zu Willenserklärungen, die der Schulvorstand im Namen der von ihm vertretenen Schulgemeinde abzugeben hat, genüge, daß sie — wofern sie nicht von allen Mitgliedern des Vorstandes abgegeben worden sind — von seinem Vorsitzenden und einer bestimmten Anzahl von Mitgliedern abgegeben worden seien. Eine solche Vorschrift würde in die Verfassung der Korporation eingreifen, und diese zu regeln oder auszugestalten ist nicht Sache der Aufsichtsbehörde. Die Befugnis hierzu kann ihr auch von dem Gesichtspunkte aus nicht zuerkannt werden, daß anderenfalls gegen einen ungefügen Vorstand oder einzelne Mitglieder desselben die nötige Handhabe fehlen würde, um sie zur Erfüllung der ihnen obliegenden Verpflichtung, z. B. zur Vollziehung eines ordnungsmäßig zustande gekommenen Gemeindebeschlusses, anzuhalten. Hierzu steht der Aufsichtsbehörde schlimmstenfalls die Ernennung eines Stellvertreters zu Gebote

(Entsch. des Ob.-Verw.-Ger. Bd. 9 S. 139, Bd. 11 S. 193, Bd. 33 S. 235), dessen Aufgabe es dann ist, die verfassungsmäßigen Rechte und Pflichten des Vorstandes oder Vorstandsmitgliedes wahrzunehmen. Der von der Revision vertretene gegenteilige Standpunkt, der für die Aufsichtsbehörde auch die Befugnis in Anspruch nehmen will, durch allgemeine Anordnungen auch die Verfassung der ihrem Aufsichtsrechte unterstellten Korporation auszugestalten, kann als richtig nicht anerkannt werden."...

---

17. Ist die wegen fraudulöser Schenkungen beim Erbvertrage getroffene Bestimmung des § 2287 B.G.B. auch auf korrespektive Testamente anwendbar, bezüglich deren das Widerrufsrecht erloschen ist (§ 2271 B.G.B.)?

IV. Zivilsenat. Urt. v. 25. April 1904 i. S. K. (Bekl.) w. B. Ehel. (Kl.). Rep. IV. 396/03.

I. Landgericht Potsdam.
II. Kammergericht Berlin.

Ferdinand B., gestorben 1900, und seine Ehefrau Karoline B., gestorben 1902, errichteten am 28. April 1900 ein gemeinschaftliches Testament, in dem sie sich gegenseitig zu Erben einsetzten und bestimmten, daß nach dem Tode des Überlebenden der beiderseitige Nachlaß an die Kläger „als Nacherben zu gleichen Anteilen" fallen sollte. Der Überlebende sollte zur freien Verfügung über die Erbschaft berechtigt sein; die Nacherben sollten nur das erhalten, was beim Tode des Überlebenden vom Nachlaß übrig sei. Die Kläger traten den Nachlaß der B.'schen Eheleute an. Sie behaupteten, die Witwe B. habe in der Absicht, sie zu beeinträchtigen, an den Beklagten und seine Ehefrau, sowie an andere Verwandte Schenkungen gemacht, zu deren Herausgabe der Beklagte verpflichtet sei. Sie forderten deshalb Rückzahlung von 5616,66 ℳ, die den Anordnungen der Witwe B. gemäß nach ihrem Tode von einem Bankhause an den Beklagten und seine Ehefrau ausgezahlt worden waren. Der Beklagte wendete ein, daß diese und andere, jetzt nicht mehr interessierende Schenkungen aus dem eigenen beträchtlichen Vermögen der verwitweten B. und, da die beschenkten Frauen die leiblichen Schwestern der B. gewesen seien, auch in Erfüllung einer sittlichen Pflicht gemacht seien.

Beide vordere Instanzen verurteilten nach dem Klagantrage. Die Revision des Beklagten ist zurückgewiesen worden.

Aus den Gründen:

. . . „Die Verurteilung des Beklagten zur Rückzahlung des erhobenen Erlöses der angeblich ihm geschenkten Wertpapiere ist aber auch aus dem zweiten vom Berufungsrichter verwerteten Grunde der Fraudulosität der Schenkung gerechtfertigt. Beide Vorinstanzen legen gemäß § 2269 B.G.B. das Testament der B.'schen Eheleute ohne Rechtsirrtum dahin aus, daß die verwitwete B. nicht Vorerbin, sondern Erbin ihres zuerst verstorbenen Mannes geworden ist, und daß die Kläger nicht als Nacherben des Mannes, sondern als Erben der zuletzt verstorbenen Frau in Betracht kommen. Unter diesen Umständen kommt der von der Revision angezogene § 2112 B.G.B. überhaupt nicht in Frage, und die Vorderrichter konnten mit Recht ununtersucht lassen, aus welches der beiden Ehegatten Vermögen die verschenkten Werte herrührten. Vielmehr ist im Falle des § 2269 B.G.B. darüber kein Zweifel, daß der überlebende Ehegatte das ererbte sowohl, als das eigene, auch das etwa neuerworbene Vermögen als Einheit besitzt, und daß er unter Lebenden hierüber grundsätzlich frei, insbesondere auch frei von den in §§ 2113 Abs. 2. 2136 B.G.B. dem Vorerben auferlegten Beschränkungen, verfügen darf. Wohl aber findet diese Verfügungsfreiheit darin ihre Schranke, daß er im Falle des § 2270 die Verfügungen des gemeinschaftlichen Testaments bei seinen Lebzeiten nicht durch fraudulöse Schenkungen vereiteln darf. Das Gesetz hat die Unwirksamkeit solcher Schenkungen ausdrücklich allerdings nur beim Erbvertrage anerkannt (§ 2287 B.G.B.). Allein erwägt man die überaus enge zwischen dem Erbvertrag und dem korrespektiven Testamente bestehende Verwandtschaft (§§ 2280. 2269 B.G.B.), sowie die völlige Gleichheit der Rechtslage, die zwischen dem durch Erbvertrag gebundenen Erblasser und dem überlebenden Ehegatten besteht, der das ihm Zugewendete nicht ausgeschlagen hat, so ist kein Grund erfindlich, der den Gesetzgeber hätte bestimmen können, gerade in der Frage der Schenkungsfreiheit zwischen beiden einen

Unterschied zu machen. Die gesetzgeberischen Vorarbeiten bezeugen sogar ausdrücklich das Gegenteil.

Vgl. Protokolle der 2. Kommission Bd. 5 S. 458.

Entweder beruht es also auf einem bloßen Übersehen, daß § 2287 B.G.B. nicht, gleich anderen Bestimmungen des Erbvertrags, als entsprechend anwendbar erklärt worden ist auch auf korrespektive Testamente, bezüglich deren das Widerrufsrecht erloschen ist (§ 2271), oder es muß angenommen werden, daß nach der Meinung des Gesetzgebers schon der das Gesetz beherrschende Grundsatz von Treu und Glauben zu demselben Ergebnis nötigt. Denn steht einmal fest, wie im Streitfalle, daß die Verfügungen des einen Ehegatten nicht ohne die Verfügungen des anderen getroffen sein würden, und hat sich der überlebende Gatte durch Nichtausschlagen der Erbschaft an die Erfüllung der Verfügungen des zuerst verstorbenen einmal unwiderruflich gebunden, so handelt er arglistig, wenn er den Willen des Verstorbenen durch Schenkungen vereitelt. Und auch der Beschenkte würde dem Vorwurfe der Arglist ausgesetzt sein, wenn er aus dem Vertrauensbruch des überlebenden Teils bereichert bleiben wollte. Der Senat trägt deshalb kein Bedenken, in Übereinstimmung mit der älteren Rechtsprechung (Entsch. des R.G.'s in Zivils. Bd. 41 S. 168) und dem weit überwiegenden Teile der Literatur die entsprechende Anwendbarkeit des § 2287 auf den vorliegenden Fall zu bejahen." ...

---

18. Kann auf Grund eines in dem Bestätigungsschreiben des Verkäufers über einen mündlich abgeschlossenen Handelskauf beigefügten Vermerks über den beiderseitigen Erfüllungsort in Verbindung mit dem Stillschweigen des Käufers hierauf eine entsprechende Vereinbarung der Vertragschließenden über den Erfüllungsort angenommen werden?

II. Zivilsenat. Urt. v. 26. April 1904 i. S. W. (Bekl.) w. U. (Kl.). Rep. II. 27/04.

I. Landgericht Hamburg.
II. Oberlandesgericht daselbst.

Der in Posen wohnhafte Beklagte kaufte von der zu Hamburg domizilierten Klägerin, welche durch einen Bevollmächtigten bei dem Abschlusse vertreten war, im Februar 1901 20000 Zentner Maiskeim-Melasse. Die Klägerin bestätigte dem Beklagten diesen Abschluß durch ein Schreiben vom 18. Februar 1901, in welchem es unter anderem heißt: „Zahlung per Kasse waggonfrei Inowrazlaw. Lieferung sukzessiv vom 1. Juli cr. bis 30. Juni 1902 ... Ort der Erfüllung des Geschäftes für beide Teile Hamburg". Da der Beklagte die vertragsmäßige Warenmenge innerhalb der Vertragszeit nicht vollständig abnahm, so ließ die Klägerin hiervon 900 Zentner versteigern und erhob darauf bei dem Landgerichte zu Hamburg gegen den Beklagten Klage auf Zahlung des Mindererlöses, indem sie die Zuständigkeit des Landgerichts zu Hamburg aus der den Erfüllungsort bestimmenden Klausel ihres Bestätigungsschreibens, dem der Beklagte nicht widersprochen habe, ableitete.

Der Beklagte erhob die Einrede der Unzuständigkeit des Gerichts, indem er geltend machte: das fragliche Geschäft sei mündlich mit dem Bevollmächtigten der Klägerin ohne die Vereinbarung, daß Hamburg Erfüllungsort sein solle, abgeschlossen worden; er habe keinen Anlaß gehabt, gegen die fragliche Klausel in dem ihm nachträglich übersandten Bestätigungsschreiben der Klägerin zu protestieren.

Diese Einrede wurde in erster und zweiter Instanz verworfen, und die von dem Beklagten gegen das Urteil des Oberlandesgerichts eingelegte Revision zurückgewiesen.

Aus den Gründen:

„Das Berufungsgericht hat seine Entscheidung im wesentlichen folgendermaßen begründet. Die Bestimmung des von der Klägerin dem Beklagten eingesandten Bestätigungsschreibens: „Ort der Erfüllung des Geschäftes für beide Teile Hamburg", sei als verbindlich anzusehen, wenn sie auch bei dem vorausgegangenen mündlichen Abschlusse nicht erwähnt worden sein sollte. Das Bestätigungsschreiben sei von der Klägerin selbst dem Beklagten von Hamburg aus zugesandt worden, nachdem ihr Vertreter im Kontor des letzteren zu Posen die Ware verkauft gehabt habe. Bei derartigen mündlichen Abschlüssen durch einen Vertreter des Verkäufers pflegten nebensächlichere Bestimmungen häufig ausgelassen zu werden, und es entspreche daher einer allgemeinen Gewohnheit des Handelsverkehrs, daß der auswärtige Verkäufer dem

Käufer nachträglich eine schriftliche Bestätigung einsende, in welcher er gemäß seiner Auffassung des ihm von seinem Vertreter mitgeteilten Abschlusses die Einzelbedingungen zusammenfasse. Solche Bestätigungsschreiben hätten den Zweck, den vollständigen Vertragsinhalt urkundlich festzulegen, und es sei Sache des Käufers, ihnen zu widersprechen, soweit er nicht zustimme. Sein Stillschweigen gelte nach der Gepflogenheit des Verkehrs als Genehmigung. Im vorliegenden Falle sei also der den Erfüllungsort betreffende Vermerk des sogleich nach dem mündlichen Abschlusse dem Beklagten eingesandten, von ihm bis zur Einlassung auf die Klage unwidersprochen gelassenen Bestätigungsschreibens als maßgebend anzusehen, und zwar um so mehr, weil auch bei den vorausgegangenen Geschäften immer gleichlautende Bestätigungen gesandt worden seien, und daher der Beklagte sich schon bei dem mündlichen Abschlusse habe sagen müssen, daß mangels entgegenstehender ausdrücklicher Abmachung die Verkäuferin ihr Domizil als beiderseitigen Erfüllungsort angesehen haben wolle. Deshalb sei der über den Erfüllungsort getroffenen Bestimmung Wirksamkeit beizumessen, und also als Ort für die Erfüllung der Verpflichtung des Beklagten zur Zahlung des Kaufpreises Hamburg anzusehen.

Es handelt sich hiernach lediglich um die Frage, ob trotz des vom Berufungsgerichte festgestellten vorgängigen mündlichen Abschlusses des Kaufvertrages auf Grund des Bestätigungsschreibens der Klägerin eine nachträgliche Vereinbarung der Parteien dahin zustande gekommen ist, daß Hamburg für beide Teile Erfüllungsort sein solle; denn nur in diesem Falle würde nicht Posen, als Ort der gewerblichen Niederlassung des Beklagten, sondern Hamburg als Erfüllungsort für die streitige Verpflichtung des Beklagten zur Zahlung des Kaufpreises gemäß § 269 B.G.B. anzusehen, und demgemäß die Zuständigkeit des Landgerichts Hamburg als des Gerichtes des Erfüllungsorts gemäß § 29 Z.P.O. für die erhobene Klage begründet sein. Das Zustandekommen der fraglichen Vereinbarung hat aber das Berufungsgericht durch seine oben wiedergegebenen Ausführungen ohne rechtlichen Verstoß festgestellt. Da Klägerin in ihrem Bestätigungsschreiben ihren Vertragswillen, daß Hamburg für beide Teile Erfüllungsort sein solle, klar ausgesprochen hat, so bedarf nur die Frage noch näherer Erörterung, ob das Berufungsgericht ohne Gesetzesverletzung unter den von ihm festgestellten Umständen in dem Stillschweigen des Beklagten auf dieses Schreiben der Klägerin eine Zustimmung desselben zu dem darin gemeinten beiderseitigen Erfüllungsorte finden durfte. Diese Frage wird zwar von dem Revisionskläger unter Bezugnahme auf die unten zu erörternden Entscheidungen verneint, aber mit Unrecht.

Wie nämlich der erkennende Senat in seinem Urteile vom 24. März 1903 (Entsch. des R.G.'s in Zivils. Bd. 54 S. 176 flg.) näher dargelegt hat, kann auch nach dem neuen Rechte im Handelsverkehre das Stillschweigen eines Kaufmanns auf ein ihm von einem anderen Kaufmanne gemachtes vertragliches Anerbieten — als welches im gegebenen Falle der in dem Bestätigungsschreiben der Klägerin enthaltene Vorschlag, Hamburg als beiderseitigen Erfüllungsort zu bestimmen, anzusehen ist — im Hinblick auf die in dem Handelsverkehre geltenden Gewohnheiten und Gebräuche (§ 346 H.G.B.) unter Umständen als Zustimmung angesehen werden. Das Vorliegen solcher besonderen Umstände, welche für die Annahme einer stillschweigenden Zustimmung des Beklagten zu dem in dem Bestätigungsschreiben der Klägerin enthaltenen Vermerk über den beiderseitigen Erfüllungsort ausreichen, hat aber das Berufungsgericht festgestellt, so namentlich, daß der streitige Kauf mündlich von einem Vertreter der Klägerin abgeschlossen worden ist, daß bei derartigen Geschäftsabschlüssen nebensächlichere Vertragsbestimmungen häufig ausgelassen zu werden pflegen, daß daher in solchen Fällen nach einer allgemeinen Gewohnheit des Handelsverkehrs der auswärtige Verkäufer dem Käufer nachträglich eine schriftliche Bestätigung einsendet, in welche er nach seiner Auffassung des ihm von seinem Vertreter mitgeteilten Abschlusses die Einzelbedingungen des Vertrags zusammenfaßt, und die dazu bestimmt ist, den vollständigen Vertragsinhalt urkundlich festzulegen, und daß endlich ein derartiges Verfahren auch bei dem früheren Geschäftsverkehr der Parteien üblich gewesen ist. Wenn nämlich unter den hervorgehobenen Umständen ein Käufer sich mit dem Vertreter seines Verkäufers auf einen solchen mündlichen Vertragsabschluß einläßt, bezüglich dessen die üblichen, namentlich die nebensächlicheren Vertragsbestimmungen nicht sämtlich bei dem Abschlusse selbst mündlich besprochen, wohl aber in das von beiden Vertragschließenden von Anfang an in Aussicht genommene Bestätigungsschreiben des Verkäufers aufgenommen zu werden pflegen, so entspricht es nicht nur der von dem Berufungsgerichte festgestellten Gewohnheit des Handelsverkehrs (§ 346 H.G.B.), sondern auch den Grundsätzen von Treu und Glauben, daß der Käufer das ihm demnächst von dem Verkäufer selbst übersandte Bestätigungsschreiben daraufhin prüft, ob er mit den darin aufgeführten Vertragsbestimmungen einverstanden ist, und daß er im Falle seines Nichteinverständnisses dieses dem Verkäufer alsbald mitteilt, widrigenfalls aus seinem Stillschweigen eine Genehmigung dieser Vertragsbestimmungen seinerseits zu folgern ist. Dies erscheint um so mehr als zutreffend, als es sich in solchen Fällen nicht um eine der ursprünglichen Vertragsabsicht der Parteien nicht entsprechende Ergänzung oder Abänderung eines in allen Punkten festgestellten Vertrags, sondern um die von den Parteien von Anfang an in Aussicht genommene urkundliche Feststellung des vollständigen Inhalts eines vorher nur in seinen wesentlicheren Bestimmungen mündlich beredeten Vertrags handelt, bezüglich dessen daher auch nicht von Anfang an festgestanden hat, daß die durch die mündliche Verabredung nicht geregelten Punkte lediglich durch die einschlägigen gesetzlichen Vorschriften bestimmt werden sollten. Hierdurch und durch die übrigen oben hervorgehobenen besonderen Tatumstände unterscheidet sich der vorliegende Fall wesentlich von denjenigen Fällen, auf welche die von dem Revisionskläger angeführten reichsgerichtlichen Erkenntnisse sich beziehen.

Vgl. namentlich die Urteile des erkennenden Senates vom 4. Juli 1902, Entsch. des R.G.'s in Zivils. Bd. 52 S. 133 flg., des I. Zivilsenates vom 10. Oktober 1896, bei Bolze, Bd. 23 Nr. 349, und des VI. Zivilsenates vom 30. November 1899, in Holdheims Monatsschrift Bd. 9 S. 78.

Überdies ist in keinem dieser Urteile entschieden, daß in Bestätigungsschreiben enthaltene Vermerke über den Erfüllungsort grundsätzlich ohne rechtliche Bedeutung seien. Diese Urteile bieten daher, soweit sie von anderen Zivilsenaten erlassen sind, — auch abgesehen von der Frage der formellen Verschiedenheit des alten und des neuen Rechts in diesem Punkte (vgl. Entsch. des R.G.'s in Zivils. Bd. 54 S. 180 flg.) — keinen Anlaß, gemäß § 137 G.V.G. vorerst eine Entscheidung der vereinigten Zivilsenate über die für den gegenwärtigen Fall allein maßgebende Frage einzuholen, ob unter den festgestellten tatsächlichen Umständen in dem Schweigen des Beklagten auf das

Bestätigungsschreiben der Klägerin nicht eine Zustimmung desselben zu der darin enthaltenen Festsetzung des beiderseitigen Erfüllungsortes gefunden werden konnte." . . .

---

19. Können öffentliche Pfandleiher im Sinne des § 34 Gew.O. Forderungen aus Darlehnen, welche sie in ihrem Geschäftsbetriebe gegen Faustpfänder gewährt haben, an Dritte, die nicht öffentliche Pfandleiher sind, übertragen?

III. Zivilsenat. Urt. v. 26. April 1904 i. S. F. Konkursm. (Bekl.) w. F. (Kl.). Rep. III. 454/03.

I. Landgericht Bremen.
II. Oberlandesgericht Hamburg.

Laut Vertrags vom 8. März 1902 hat der Kläger dem konzessionierten öffentlichen Pfandleiher Fe. in B. ein Darlehen von 3000 ℳ auf die Dauer von 5 Jahren, ferner auf Grund Nachtragsvertrags vom 28. April 1902 ein solches von 1350 ℳ gegeben. In den Verträgen ist bestimmt:

„Fe. überträgt und zediert von heute ab an pp. Fi. die Forderungen aus Darlehen, wofür in seinem Geschäftsbetriebe Gegenstände zum Pfande übergeben sind, bis zur Höhe von 3000 ℳ. Ein Verzeichnis der Schuldner ergibt sich aus dem Pfandbuche."

Die von den Darlehnsnehmern hinterlegten Faustpfänder blieben unbestrittenermaßen im Gewahrsam des Pfandleihers; auch ist den Schuldnern die Übertragung nicht angezeigt worden; vielmehr hat Fe. die zurückbezahlten Darlehne in Empfang genommen und den Verkauf verfallener Faustpfänder eingeleitet. Hierbei kam es zu Differenzen zwischen dem Kläger und Fe.; ersterer beanspruchte den Pfanderlös, letzterer lehnte dieses Verlangen ab, da er sonst ohne Betriebsmittel wäre, und die Parteien haben für die Zukunft am 22. Juli 1902 den Verträgen die Vereinbarung hinzugefügt:

„daß, während im übrigen die Bestimmungen des Vertrags, insbesondere soweit sie pp. Fi. Sicherheit gewähren, in Kraft bleiben sollen, der Erlös aus den vorzunehmenden Versteigerungen der zedierten Forderungen zu 1/3 Fi. und zu 2/3 Fe. ausgekehrt werden". . . .

Am 6. Oktober 1902 wurde gegen Fe. der Konkurs eröffnet. Der Konkursverwalter nahm die Faustpfänder an sich, verkaufte sie im Laufe des Prozesses und behielt den Erlös in Händen. Kläger hat Klage dahin erhoben, daß ihm wegen seiner Forderung von 4350 ℳ nebst Zinsen ein Aussonderungsrecht an den am 6. Oktober 1902 vorhandenen Ausständen des Pfandgeschäftes, wie sich solche aus dem Pfandbuche ergeben, zustehe. Der Beklagte hat diesen Anspruch bestritten. Er beanstandete die Wirksamkeit der Übertragungsverträge, weil eine Übertragung gar nicht wirklich gewollt und zum Ausdrucke gebracht sei, weil die übertragenen Forderungen nicht hinreichend bestimmt bezeichnet, und weil zukünftige Forderungen überhaupt nicht übertragbar seien; die Abtretung verstoße ferner gegen § 399 B.G.B. und verletze den § 290 St.G.B.; jedenfalls habe Kläger nach dem Nachtrag vom 22. Juli nur ein obligatorisches Recht auf 1/3 des Erlöses aus den verkauften Faustpfändern.

Beide Instanzen haben dem Klagantrage entsprochen. Das Berufungsgericht stellte fest, daß die Abtretung ernstlich gemeint gewesen sei; es bejahte die Gültigkeit derselben, da die Forderungen durch den Eintrag im Pfandbuch hinreichend bestimmt seien, und auch zukünftige Forderungen übertragen werden können; weder § 399 B.G.B. treffe zu, noch sei § 290 St.G.B. verletzt.

Die gegen das Berufungsurteil eingelegte Revision wurde für begründet erachtet aus folgenden

Gründen:

. . . „Zwar kann die Einwendung der Revision nicht für begründet erachtet werden, daß die abgetretenen Forderungen nicht genügend bestimmt seien, und deren Abtretung, soweit sie zur Zeit des Vertragsschlusses noch nicht entstanden waren, ausgeschlossen erscheine (vgl. Entsch. des R.G.'s in Zivils. Bd. 55 S. 334). Allein es bedarf eines Eingehens hierauf nicht. Die Übertragungsverträge vom 8. März und 28. April 1902 erscheinen schon darum als unwirksam, weil sie den Grundsätzen zuwiderlaufen, welche in §§ 34. 38. 53. 148 Nr. 4a Gew.O. vgl. mit §§ 360 Nr. 12. 367 Nr. 16 sowie auch § 290 St.G.B. zum Ausdrucke gebracht sind (§ 134 B.G.B.).

Es ist außer Streit, daß der Übertragende öffentlicher Pfandleiher im Sinne des § 34 Gew.O. war, und die von ihm übertragenen Forderungen aus dem von ihm betriebenen Gewerbe herrührten. Gemäß § 34 bedarf ein Pfandleiher zum Betriebe seines Gewerbes der Erlaubnis, welche ihm für den Fall seiner Unzuverlässigkeit zu versagen ist, ihm auch gemäß § 53 Gew.O. aus demselben Grunde wieder entzogen werden kann. Nach § 38 Gew.O. ist er weiterhin den durch die Landesgesetzgebung und die Zentralbehörden der Einzelstaaten für die Pfandleiher rücksichtlich des „Umfangs ihrer Befugnisse und Verpflichtungen" erlassenen beschränkenden Bestimmungen unterworfen. Eine Übertretung derselben ist in § 360 Nr. 12 und § 367 Nr. 16 St.G.B., § 148 Nr. 4a Gew.O. unter Strafe gestellt, und ihm ist auch in § 290 St.G.B. bei Strafe untersagt, die bei ihm hinterlegten Faustpfänder unbefugt in Gebrauch zu nehmen.

Alle diese Bestimmungen bezwecken, wenn auch nicht ausschließlich, so doch vorwiegend den Schutz der Darlehnsnehmer. Allerdings hatte § 34 in der Fassung vom 21. Juli 1869 wesentlich den Schutz Dritter (Vermeidung der Beförderung von Eigentumsvergehen, der Diebshehlerei) ins Auge gefaßt und deshalb die Erlaubnis zum Betriebe des Pfandleihgewerbes nur davon abhängig gemacht, daß der Pfandleiher nicht wegen Vergehen wider das Eigentum aus Gewinnsucht vorbestraft war. Durch die Novelle vom 22. Juli 1879 ist aber das Schwergewicht auf den Schutz des mit dem Pfandleiher geschäftlich verkehrenden Publikums gelegt. Aus diesem Grunde ist § 34 abgeändert worden, und die Erlaubnis von der „Zuverlässigkeit" des Pfandleihers abhängig gemacht. Es ist in den Motiven (s. Rohrscheidt, Gewerbeordnung S. 181) ausgeführt, daß seit dem Erlasse der Gewerbeordnung von 1869 bei dem Betriebe der Pfandleihgeschäfte, noch mehr bei den bis dahin in den § 34 nicht aufgenommenen Rückkaufgeschäften in erheblichem Maße die Ausbeutung der Not und des Leichtsinns der Darlehnsnehmer in die Erscheinung getreten sei, und dem durch die Abänderung der §§ 34 und 38 entgegengewirkt werden solle. Demgemäß ist auch durch das Gesetz vom 20. Mai 1880 Art. 2 der § 360 Nr. 12 St.G.B. erweitert, und diese Strafbestimmung auch noch in § 148 Nr. 4a Gew.O. durch die Novelle vom 30. Juni 1900 ergänzt. Im Anschlusse an die abgeänderten §§ 34 und 38 Gew.O. haben auch die Einzelstaaten Gesetze und Verordnungen erlassen, welche in Ausführung des gegebenen Grundsatzes weitgehenden Schutz den Darlehnsnehmern gewähren: so das preußische Gesetz vom 17. März 1881 (G.S. S. 265), die bayerische Ministerialbekanntmachung vom 12. August 1879 (Ges.- u. Verordnungsbl. S. 771), das sächsische Gesetz vom 21. April 1882 (Ges.- u. Verordnungsbl. S. 100), die württembergische Ministerialverfügungen vom 15. März und 28. Mai 1882 (Reg.-Bl. S. 83 u. 200), die badische Verordnung vom 20. März 1900 (Gesetze und Verordnungen S. 533) und andere, darunter das bremische Gesetz vom 16. Oktober 1881 (Gesetzbl. S. 129). In allen diesen Gesetzen ist mit Rücksicht auf die Darlehnsnehmer die Vertragsfreiheit der Pfandleiher eingeschränkt, z. B. durchweg hinsichtlich der Höhe der Zinsen und der Buchführung (Pfandbücher), weiterhin rücksichtlich der Kündigungsfrist der Darlehne, so Preußen § 4, Baden § 11, Sachsen § 3 u. a. (sechs Monate), Bremen § 3 (drei Monate), der Nebenspesen (Lagergeld, Pfandscheingebühren), der Prolongation (s. insbesondere Bayern § 9), des Erlöschens der Darlehnsforderung bei Untergang des Faustpfandes oder Mindererlös (Sachsen § 12), sodann hinsichtlich des Verkaufs der Faustpfänder, insbesondere des Orts und der Zeit, Verpflichtung zur Versicherung derselben, Rückgabe und Hinterlegung des Mehrerlöses; es ist auch in der württembergischen Verfügung § 13 ausdrücklich die Nichtübertragbarkeit der Darlehnsforderungen ausgesprochen. Diese gesamte Gesetzgebung der Einzelstaaten ist weiter, auch soweit sie dem Bürgerlichen Gesetzbuche zuwiderläuft, in Art. 94 Einf.-Ges. zum B.G.B. aufrecht erhalten.

Die in allen erwähnten Gesetzesbestimmungen zum Ausdrucke gekommene gesetzgeberische Absicht würde vereitelt werden, wenn den öffentlichen Pfandleihern gestattet wäre, die geschützten Darlehnsforderungen an Dritte abzutreten, die weder die bei ihnen vorausgesetzten moralischen Garantien bieten, noch rechtlich (insbesondere auch strafrechtlich) an die Beschränkungen der Vertragsfreiheit zugunsten der Darlehnsnehmer gebunden sind, und wenn letzteren zugemutet würde, diese Dritten als Gläubiger anzunehmen. Es würde dadurch der Weg zur Umgehung der Gesetzgebung durch Einschiebung verantwortungsfreier Hintermänner und Forderungsinhaber eröffnet werden. Die Abtretung der Darlehnsforderungen widerspricht also dem in §§ 34 und 38 Gew.O. in Verbindung mit der Strafgesetzgebung zum Ausdrucke gebrachten Grundgedanken. Daß ein einzelner Bundesstaat dem

Gedanken auch selbst Ausdruck gegeben hat, rechtfertigt nicht den Schluß, daß derselbe nicht auch schon durch die Reichsgesetzgebung hat ausgedrückt werden sollen.

Das Berufungsgericht führt demgegenüber aus, daß der Erwerber der Forderungen auch seinerseits an die beschränkenden Bestimmungen, wie sie z. B. im bremischen Gesetze zum Ausdruck kommen, gebunden sei. Dies trifft aber zunächst keinenfalls zu rücksichtlich der strafrechtlichen Verantwortlichkeit. Aber auch zivilrechtlich ist dies nur insoweit der Fall, als die Beschränkungen einen Teil des übertragenen Darlehnsvertrags — sei es kraft ausdrücklicher, sei es kraft stillschweigender Vereinbarung — bilden, z. B. allenfalls rücksichtlich der laufenden Zinsen. An die dem Pfandleiher kraft öffentlichen Rechts obliegenden Verpflichtungen, z. B. in betreff der Führung des Pfandbuchs, Aufbewahrung und Verwertung der Pfänder, Verwahrung und Rückgabe, bzw. Hinterlegung des Erlöses, ist der Erwerber, zumal wenn er die Forderung gar nicht von dem Pfandleiher, sondern vom ersten Zessionar gutgläubig erworben hat, nicht gebunden.

An der Unzulässigkeit der Abtretung ändert für den vorliegenden Fall auch die Tatsache nichts, daß der Pfandleiher vorläufig nach außen hin Gläubiger blieb und die Faustpfänder im Gewahrsam behielt. Denn wie die Vorinstanzen ausdrücklich feststellen, wurde hierdurch die Wirkung der Übertragung, der Übergang der Forderung auf den Kläger und damit auch das Recht der Befriedigung aus den Faustpfändern, nicht berührt. Der Pfandleiher war also tatsächlich nur Beauftragter des Klägers, und dieses Rechtsverhältnis konnte unter bestimmten Voraussetzungen jederzeit, nach dem Vertrag jedenfalls nach Eintritt der Fälligkeit der vom Kläger auf fünf Jahre gewährten Darlehnsforderung, sein Ende erreichen.

Da hiernach die Unwirksamkeit der Übertragung sich schon aus den allgemeinen Grundsätzen der §§ 34 und 38 Gew.O. ergibt, so kann unerörtert bleiben, ob sich dieselbe nicht auch aus § 399 B.G.B. ableiten ließe.

Ob und inwieweit §§ 34 und 38 Gew.O. dem Übergang der Forderung im Wege der Universalsukzession oder an Personen, die selbst dem § 34 unterstehen, entgegenstehen, bedarf hier keiner Erörterung, ebensowenig die Frage, ob die Forderungen der Pfandleiher der Pfändung unterworfen sind." ...

20. 1. Erfordert die in § 423 H.G.B. vorgesehene Verlustanzeige die Erklärung des Lagerhalters, die Ware sei bei ihm verloren gegangen, oder genügt es, daß der Einlagerer aus der Erklärung des Lagerhalters in Verbindung mit dem von ihm selbst unterstellten Sachverhalte auf einen solchen Verlust schließen kann?

2. Voraussetzungen der Unterbrechung der Verjährung durch Streitverkündung nach § 209 Abs. 2 Ziff. 4 B.G.B.

I. Zivilsenat. Urt. v. 27. April 1904 i. S. C. (Kl.) w. die Kaiverwaltung in Hamburg (Bekl.). Rep. I. 23/04.

I. Landgericht Hamburg, Kammer für Handelssachen.
II. Oberlandesgericht daselbst.

Die Klägerin war Schiffsmakler und vertrat in Hamburg verschiedene Reeder in bezug auf diesen gehörige Dampfer, mit denen Ende 1900 zahlreiche Partien Nüsse in Hamburg ankamen und auf dem Kai gelöscht wurden. Nach einem in Händen der Firma H. N. befindlichen Konnossement sollten sich darunter auch 100 Sack = 5000 kg Wallnüsse unter der Marke $\frac{EM}{HN}$ befinden. Klägerin machte nun in einem durch rechtskräftiges Urteil des hanseatischen Oberlandesgerichts vom 8. Februar 1902 entschiedenen Vorprozesse gegen N. eine Frachtforderung geltend wegen mehrfacher mit den vorerwähnten Dampfern erfolgter Gütersendungen im Gesamtbetrage von annähernd 2800 ℳ. N. erkannte zwar diese Forderung und die Berechtigung der Klägerin zur Geltendmachung an sich an, erhob aber die Einrede, daß er jene 100 Sack Nüsse nicht ausgeliefert erhalten habe, und daß ihm daher ein Werterſatzanspruch in Höhe von 3016 ℳ zustehe, mit dem er aufrechne. Die Annahme der ihm von der Klägerin angebotenen, anders gemärkten Säcke lehnte er ab. Klägerin wurde daraufhin mit ihrer Frachtforderung abgewiesen, weil angenommen wurde, daß Güter unter der fraglichen Marke tatsächlich für N. verladen und am Kai gelöscht worden, hier aber, vermutlich durch Auslieferung an nicht berechtigte Empfänger infolge Verwechselung, abhanden gekommen seien.

Klägerin hatte der jetzt verklagten Kaiverwaltung in dem Vorprozesse am 25. Mai 1901 den Streit verkündet und beantragte nunmehr mit der am 17. September 1902 erhobenen Klage, die Beklagte zur Erstattung der von N. als Werterſatz geforderten 3016 ℳ nebst Zinsen, sowie der Kosten des Vorprozesses zu verurteilen, indem sie behauptete, wie in dem Vorprozesse festgestellt, seien die fraglichen Nüsse aus dem Dampfer an den Kai gebracht worden. Beklagte in ihrer Eigenschaft als Lagerhalterin hafte daher der Reederei, deren Rechte Klägerin sich habe zedieren lassen, für den Verlust der Ware, bzw. die Nichtablieferung an den berechtigten Empfänger, sowie für die der Klägerin infolge davon erwachsenen Prozeßkosten, letzteres um so mehr als Beklagte in einem an sie gerichteten Schreiben vom 15. Dezember 1900 bestritten habe, daß Waren mit der fraglichen Marke am Kai gelöscht seien, und die Klägerin dadurch veranlaßt habe, ihrerseits den Gegenanspruch des N. zu bestreiten.

Beklagte beantragte Abweisung der Klage und wendete in erster Linie ein, daß die Klage nach § 423 H.G.B. verjährt sei, weil in dem erwähnten Schreiben vom 15. Dezember 1900 eine Verlustanzeige erblickt werden müsse. Klägerin bestritt dies und berief sich außerdem auf die Streitverkündung im Vorprozesse. Das Landgericht verwarf zunächst durch Zwischenurteil die Einrede der Verjährung und erkannte sodann nach Beweiserhebung durch Endurteil nach der Klage. In der Berufungsinstanz wurde die Verhandlung auf die Einrede der Verjährung beschränkt, und auf Grund dieses Einwandes die Klage abgewiesen. Auf Revision der Klägerin erfolgte die Aufhebung dieser Entscheidung aus folgenden

Gründen:

„1. Was die Bedeutung des Schreibens der Beklagten vom 15. Dezember 1900 im Hinblick auf § 423 H.G.B. anlangt, so ist dem Berufungsrichter im Gegensatz zum Landgericht beizutreten. Es ist allerdings nicht ganz zutreffend, daß das Schreiben, wie beide Vorinstanzen annehmen, die Einlagerung der fraglichen Ware bestreitet. Bestritten wird nur, daß eine „Fehlauslieferung" stattgefunden hat, und dies damit begründet, daß man mit der allergrößten Sorgfalt verfahren sei und im Zweifel die Zustimmung der Schiffsbeauftragten eingeholt habe. Daneben wird die Vermutung ausgesprochen, daß das von der Klägerin angenommene Vorhandensein der Ware am Kai auf Verwechselung beruhe. Danach würde außer der Möglichkeit, daß Säcke mit der fraglichen Marke gar nicht an den Kai gelangt sind, auch die bestehen bleiben, daß sie nach Entlöschung am

Kai unter Zustimmung der Vertreter des Schiffes, in erster Linie der Klägerin selbst, ausgeliefert sind. In der Sache begründet dies aber keinen Unterschied, da Klägerin in ihrem Schreiben vom 13. Dezember auch hervorgehoben hatte, daß von ihr eine Auslieferungsorder nicht erteilt sei, und sie nach dem Zusammenhange zweifellos ebenso die Zustimmung anderer Vertreter des Schiffes zur Auslieferung bestreiten wollte. Es bleibt also zutreffend, daß nach den von der Klägerin in diesem Schreiben selbst aufgestellten Behauptungen, deren Richtigkeit vorausgesetzt, in Verbindung mit der erteilten Antwort sich der Verlust der Ware am Kai mit Notwendigkeit ergab. Danach muß aber dem Zwecke des Gesetzes gemäß diese Antwort als eine Verlustanzeige im Sinne des § 423 H.G.B. angesehen werden. Der Gesetzgeber hat dabei selbstverständlich auch solche Fälle im Auge gehabt, wo der Lagerhalter seine Unfähigkeit zur Auslieferung mit der Begründung erklärt, daß er die Ware gar nicht erhalten, oder daß sie nach Anweisung des Einlagerers ausgeliefert sei. In solchen Fällen kann nicht erwartet werden, daß der Lagerhalter sich unbedingt dazu bekennt, daß die Ware bei ihm in Verlust geraten sei. Gerade bei einer solchen Sachlage aber ist eine baldige Erledigung des Streites über die stattgehabte Einlagerung oder über die rechtmäßige Auslieferung dringend erwünscht, und es kann nicht angenommen werden, daß der Gesetzgeber hierfür dem Einlagerer die ordentliche Verjährungsfrist von 30 Jahren hat zugestehen wollen. Von der analogen Anwendung der Vorschriften über die Spedition in § 414 H.G.B., wonach im Falle des Verlustes eine einjährige Verjährung für den Anspruch gegen den Spediteur von dem Zeitpunkte an läuft, wo die Ware hätte abgeliefert werden sollen, ist nur um deswillen abgesehen, weil dieser Zeitpunkt beim Lagervertrag, wegen der ungewissen Dauer desselben, nicht wohl fixiert werden könnte.

Vgl. Denkschrift zum Entwurfe des neuen Handelsgesetzbuchs S. 253. Danach ist jede Anzeige für genügend zu erachten, aus der der Einlagerer in Verbindung mit dem von ihm selbst unterstellten Sachverhalte mit Sicherheit auf den Verlust der Ware beim Lagerhalter schließen kann, und die ihm deswegen Veranlassung bietet, seine darauf sich beziehenden Ansprüche geltend zu machen.

2. Rechtsirrtümlich ist dagegen die Annahme des Vorderrichters, daß eine Unterbrechung der Verjährung durch die Streitverkündung

vom 25. Mai 1901 (auch abgesehen von der Vorschrift des § 215 Abs. 2 B.G.B.) nicht stattgefunden habe.

Nach § 209 Abs. 2 Nr. 4 B.G.B. steht der Erhebung der Klage in bezug auf die dadurch bewirkte Unterbrechung der Verjährung gleich: die Streitverkündung in dem Prozesse, von dessen Ausgange der Anspruch abhängt. Der Vorderrichter legt diese letzten Worte dahin aus, daß die Entscheidung des Vorprozesses für den in der Streitverkündung bezeichneten Anspruch „präjudizierlich", oder daß die tatsächlichen Feststellungen des Vorprozesses für den späteren Prozeß maßgebend sein müßten. Das Bürgerliche Gesetzbuch verlangt aber keine andere Abhängigkeit des später zu erhebenden Anspruches von dem Ausgange des Vorprozesses, als sie in § 72 Z.P.O. mit den Worten gekennzeichnet ist: „eine Partei, welche für den Fall des ihr ungünstigen Ausganges des Rechtsstreits einen Anspruch auf Gewährleistung oder Schadloshaltung gegen einen Dritten erheben zu können glaubt". Die Bestimmung des § 209 Abs. 2 Ziff. 4 befand sich schon übereinstimmend im ersten Entwurfe (§ 170 Ziff. 3). Bei der Begründung (Motive Bd. 1 S. 329) wird ausdrücklich auf die §§ 69—72 Z.P.O. (a. F.) Bezug genommen, und ausgesprochen, daß die hierin der Streitverkündung gegebene Gestaltung an sich vielleicht eine andere Entscheidung erheischen möge, aber Rücksichten der Zweckmäßigkeit, insbesondere die Erwägung, daß bei kurzen Verjährungsfristen der Prozeß, durch welchen die Voraussetzungen der Regreßpflicht ganz oder zum Teil erst festgestellt würden, oft länger als diese Fristen währe, und so die Geltendmachung des Regreßanspruchs ohne jedes Verschulden der Berechtigten erschwert, wenn nicht gefährdet werden könne, dazu geführt hätten, in Übereinstimmung mit Art. 80 Abs. 2 W.O., der Streitverkündung den gleichen Einfluß auf die Verjährung des Regreßanspruchs einzuräumen, wie der bezüglichen Klagerhebung. Der inzwischen (mit Rücksicht auf § 209 Abs. 2 Ziff. 4 B.G.B.) aufgehobene Art. 80 Abs. 2 W.O. besagt aber nur: „Jedoch vertritt in dieser Hinsicht (d. h. bezüglich der Unterbrechung der Verjährung) die von dem Verklagten geschehene Streitverkündung die Stelle der Klage." In Ermangelung einer näheren Erläuterung oder Einschränkung mußte somit im Sinne der Wechselordnung eine den Vorschriften des maßgebenden Zivilprozeßrechts entsprechende „Streitverkündung" als genügend gelten.

Auch bei den Beratungen der zweiten Kommission ist ausdrücklich anerkannt worden, daß das an sich dem Entwurfe zugrunde liegende Prinzip, wonach nur solchen Handlungen der Berechtigten unterbrechende Kraft zukommen solle, welche auf die richterliche Feststellung des Anspruchs abzielen, durch die Zulassung der Unterbrechung der Verjährung mittels Streitverkündung durchbrochen werde; die Forderung, wegen deren der Streit verkündet werde, gelange in dem Prozesse, in welchem die Verkündung erfolge, nicht zum Austrage. Bei der Verjährung handle es sich aber im wesentlichen um Zweckmäßigkeitsfragen.

Hiernach können zur Auslegung des § 209 Abs. 2 Ziff. 4 B.G.B. lediglich die Bestimmungen der Zivilprozeßordnung über die Streitverkündung herangezogen, und es kann für Unterbrechung der Verjährung durch Streitverkündung nicht mehr verlangt werden, als daß eine den Bestimmungen der Zivilprozeßordnung entsprechende Streitverkündung vorgelegen hat. Insbesondere kann für den Begriff der „Abhängigkeit" im Sinne des § 209 Abs. 2 Ziff. 4 B.G.B. nicht der von der Aussetzung des Verfahrens handelnde § 148 Z.P.O. in Betracht kommen.

Daß aber eine der Zivilprozeßordnung entsprechende Streitverkündung hier gegeben ist, kann nicht bezweifelt werden. Klägerin verteidigte sich im Vorprozesse gegen den gegen sie erhobenen Ersatzanspruch damit, daß Säcke mit der Marke $\frac{EM}{HN}$ für den damaligen Beklagten nicht abgeladen, und daß die ihm angebotenen Säcke identisch seien mit den für ihn abgeladenen. Wäre sie mit dieser Verteidigung durchgedrungen, so folgte, daß die Säcke nicht bei der Beklagten verloren gegangen sein konnten, daß somit der gegenwärtig erhobene Anspruch unberechtigt war. Nur „für den ihr ungünstigen Ausgang jenes Rechtsstreits" konnte sie also „einen Anspruch auf Schadloshaltung gegen die Beklagte erheben zu können glauben" (§ 72 Z.P.O.). Ein eigenes Interesse an den Säcken hatte sie nicht; ihr Interesse beruhte darauf, daß sie für die richtige Auslieferung verantwortlich war. Insofern war ihr Regreßanspruch gegen die Beklagte als Lagerhalterin im Sinne des § 209 Abs. 2 Ziff. 4 B.G.B. „von dem Ausgange jenes ‚Prozesses abhängig". Die unterbrechende Kraft der Streitverkündung hängt auch nicht davon ab, daß bestimmte Wirkungen derselben in Gemäßheit von § 74 Abs. 3 und § 68 Z.P.O. nachweisbar sind, so daß es zurzeit einer Erörterung nicht bedarf, ob derartige Wirkungen hier nicht gegeben sind. Noch weniger ist erforderlich, daß die Geltendmachung des gegenwärtigen Anspruchs die Feststellung der Verantwortlichkeit der Klägerin im Vorprozesse zur rechtlichen Voraussetzung hat; denn in diesem Falle hätte es einer Unterbrechung der Verjährung zur Zeit jenes Prozesses überhaupt nicht bedurft.

Die Auslegung, welche der Berufungsrichter dem § 209 Abs. 2 Ziff. 4 B.G.B. gibt, würde zu dem höchst unbefriedigenden Ergebnisse führen, daß die Klägerin ihren gegenwärtigen Anspruch zu einer Zeit mit Klage hätte geltend machen müssen, wo sie die tatsächlichen Voraussetzungen desselben in einem anderen Prozesse selbst bestritt. Das erwähnte Gesetz hat aber gerade den Zweck, solche vielleicht ganz überflüssigen, zunächst gar nicht ernst gemeinten Klagen tulichst auszuschließen." ...

---

21. Unter welchen Voraussetzungen kann von dem berufenen Erben dessen Versäumnng der Ausschlagungsfrist angefochten werden? B.G.B. § 1956.

IV. Zivilsenat. Urt. v. 28. April 1904 i. S. S. Wwe. (Bekl.) w. S. (Kl.). Rep. IV. 16/04.

I. Landgericht Ulm.
II. Oberlandesgericht Stuttgart.

Der Gastwirt S. und dessen Ehefrau in St. errichteten am 25. November 1898 ein gemeinschaftliches Testament, durch das sie sich gegenseitig, sowie die aus ihrer Ehe hervorgegangenen Kinder zu Erben beriefen, und zwar nach der gesetzlichen Ordnung, jedoch mit der Maßgabe, daß dem überlebenden Gatten nicht nur der Nießbrauch, sondern auch die unbeschränkte Verfügung unter Lebenden über den Gesamtnachlaß zustehen, und er weder zur Abteilung mit den Kindern noch zur Errichtung eines Inventars genötigt werden solle. Ferner wurde in dem Testament, sowie in einem Nachtrag vom 16. Juli 1902 bestimmt, daß bei der dereinstigen Teilung von einigen der Kinder näher angegebene vorempfangene Geldbeträge zur Ausgleichung zu bringen seien.

Am 20. Juli 1902 starb der Ehemann S., worauf am 16. September 1902 die vorbenannten letztwilligen Verfügungen eröffnet wurden. Nach Inhalt derselben sollte der älteste Sohn Christian S. (der nachmalige Kläger) sich 15000 ℳ und 3950 ℳ, sowie außerdem, wenn eine Schuld von 2000 ℳ, für die seine Eltern Bürgschaft geleistet hätten, von letzteren bezahlt werden sollte, auch diesen Betrag anrechnen. Kläger war bei der Testamentseröffnung nicht zugegen gewesen, erschien jedoch am 18. September 1902 bei dem Vorsitzenden des Nachlaßgerichtes St. (einem Gerichtsnotar) und wurde von dem Inhalte der letztwilligen Verfügungen in Kenntnis gesetzt, worauf er Abschrift verlangte und bemerkte, daß er das Testament anfechten werde, weil er sich die Höhe des Vorempfangs nicht gefallen lassen könne. Nachdem er sodann am 19. September die erbetene Abschrift erhalten und von einem Rechtsanwalt ein Gutachten eingezogen hatte, erteilte er einem anderen Rechtsanwalt Prozeßvollmacht, und letzterer richtete an das Nachlaßgericht einen dort am 14. November eingegangenen, vom 12. November datierten nicht beglaubigten Antrag, durch den er verlangte, die Witwe S., die den Nachlaß in Besitz genommen hatte, zur Errichtung eines Inventars anzuhalten, und die Erklärung abgab, daß er im Namen des Klägers die letztwilligen Verfügungen nicht anerkenne und dessen Pflichtteil beanspruche. Das Nachlaßgericht machte durch Verfügung vom 18. November unter Hinweis auf §§ 1944. 2306 B.G.B. darauf aufmerksam, daß Kläger die Erbschaft, da sie nicht innerhalb der gesetzlichen Frist von ihm ausgeschlagen sei, angenommen habe. Nunmehr ließ der Bevollmächtigte des Klägers dem Nachlaßgericht eine dort am 9. Dezember 1902 eingegangene, vom 4. Dezember datierte notariell beglaubigte Erklärung zugehen, daß Kläger gemäß § 1956 B.G.B. die Versäumung der in § 2306 daselbst festgesetzten Frist und die hieraus folgende Annahme der Erbschaft anfechte, die väterliche Erbschaft ausschlage und von den Miterben den Pflichtteil beanspruche. Alsdann schritt er zur Klage gegen die Witwe S. und beantragte ihre Verurteilung, anzuerkennen, daß die vom Kläger mittels Schriftsatzes vom 4. Dezember 1902 ausgesprochene Anfechtung gültig sei.

Durch Urteil des Landgerichts wurde Kläger abgewiesen; auf seine Berufung ward dagegen dahin erkannt:

„Es wird festgestellt, daß der Kläger durch die am 9. Dezember 1902 gegenüber dem Königlichen Nachlaßgericht St. abgegebene Erklärung die Versäumung der Frist für die Ausschlagung der ihm als eingesetztem Erben durch letztwillige Verfügung seines Vaters . . . vom 25. November 1898 angefallenen Erbschaft rechtsgültig angefochten hat.“

Die Revision der Beklagten führte zur Wiederherstellung des landgerichtlichen Urteils.

Gründe:

„Die Klage ist von dem Kläger gegen die Witwe des verstorbenen Gastwirts S. allein, nicht gegen sämtliche Miterben erhoben, die Zuerkennung seines Anspruchs aber durch das angefochtene Urteil in einer Form erfolgt, die den Anschein erweckt, als ob die Gültigkeit der von ihm erklärten Anfechtung allen Miterben gegenüber festgestellt sei. Es könnte zweifelhaft sein, ob dies zulässig gewesen sei, oder ob mindestens eine Berichtigung der Urteilsformel erfolgen müsse; auf diese Fragen braucht indes nicht eingegangen zu werden, weil die angefochtene Entscheidung selbst zu beanstanden ist.

Durch § 1956 B.G.B. ist gestattet, auch die Versäumung der Ausschlagungsfrist anzufechten, hierdurch aber ein Rechtsbehelf gegeben, der für die Bestimmung seines Umfangs und seiner Tragweite Schwierigkeiten bietet, weil sich die Versäumung einer Frist der Möglichkeit einer Anfechtung zu entziehen scheint. Bei der Beratung des ersten Entwurfes wurde dies anerkannt, eine entsprechende Bestimmung nicht aufgenommen, und in der Begründung (zu § 2041, Mot. Bd. 5 S. 513) gesagt, gegen den Ablauf der Ausschlagungsfrist könne und wolle der Entwurf einen besonderen Schutz nicht gewähren. Von der zweiten Kommission wurde dagegen (vgl. Protokolle Bd. 5 S. 632) die Anfechtung der Versäumung aus Billigkeitsgründen für angezeigt und rechtlich deshalb für möglich erachtet, weil sie den Charakter einer Wiedereinsetzung in den vorigen Stand habe. Demgemäß wurde eine Bestimmung angenommen, die als § 1956 in dem Bürgerlichen Gesetzbuch Aufnahme fand. Ob hierin (mit Wendt im Archiv für die civilist. Praxis Bd. 92 S. 255 flg.) der Ausdruck eines allgemeinen Grundsatzes zu finden ist, bedarf im vorliegenden Falle einer Untersuchung nicht, und überhaupt ist nur darauf einzugehen, unter welchen Voraussetzungen die Anfechtung auf Grund des § 1956 wegen Irrtums gestattet ist.

Die Versäumung der Ausschlagungsfrist ist, was ihre Anfechtbarkeit anlangt, durch § 1956 dem Rechtsgeschäft gleichgestellt, und dies läßt sich durch die Erwägung rechtfertigen, daß die Versäumung der Frist zufolge § 1943 Satzes 2 als Annahme „gilt“, so daß man das Stillschweigen, d. h. das Verstreichenlassen der Ausschlagungsfrist, eine „fingierte Erklärung“ nennen kann (vgl. Wendt, a. a. O. S. 253). Wird aber die Versäumung dem Rechtsgeschäft gleichgestellt, so versteht es sich von selbst, daß die gegen sie zugelassene Anfechtung den allgemeinen Vorschriften unterliegt, als Anfechtungsgründe also nur die allgemein statthaften: Irrtum, Betrug und Zwang in Betracht kommen, und zwar der Irrtum so, wie er in § 119 und § 1949 zugelassen ist. Es scheidet deshalb der, allerdings für besondere Fälle beachtliche, Irrtum in dem Beweggrunde aus, und es darf, abgesehen von § 1949, nur der Irrtum über den Inhalt einer abgegebenen Willenserklärung (wohin auch der Irrtum über wesentliche Eigenschaften der Person oder Sache gehört) Berücksichtigung finden. Ein solcher Irrtum ist auch bei Versäumung der Ausschlagungsfrist denkbar, und deshalb ist eine Anfechtung aus § 1956 wegen Irrtums möglich. Nach der Begründung in den Protokollen der zweiten Kommission (a. a. O. Bd. 5 S. 632) ist es nicht zweifelsfrei, ob die Kommission hieran gedacht hat, oder ob sie eine Anfechtung dieser Versäumung nur wegen Betrugs und Zwangs für möglich und angezeigt hielt; denn gesprochen wird dort nur von der Anfechtung wegen unzulässiger Willensbeeinflussung. Gewiß ist indes die Möglichkeit einer Anfechtung auch wegen Irrtums anzuerkennen. Gilt die Versäumung als Annahme, so hat sie als Abgabe einer Willenserklärung zu gelten, und man kann deshalb sagen, daß der Versäumende, wenn er die Annahme nicht will, eine Willenserklärung abgibt, „über deren Inhalt er im Irrtum ist“, oder „die er überhaupt nicht abgeben will“. Würde man aber, wie es anscheinend von dem in Seuffert's Archiv Bd. 57 Nr. 105 mitgeteilten Urteil geschieht, hierin schon die Voraussetzungen der Anfechtung aus § 1956 genügend gegeben finden, so müßte man jeder zum Erben berufenen Person, die während der Ausschlagungsfrist keine Erklärung abgab, weil sie die Bestimmung des § 1943 nicht kannte, ohne weiteres die Anfechtung gestatten. Dies würde durch kein Bedürfnis geboten und weder mit der Sicherheit des Verkehrs noch mit der Billigkeit vereinbar sein; denn es könnte jener Rechtsbehelf benutzt werden, um den Folgen einer falschen Berechnung zu entgehen. Um bei der Anwendung des § 1956 zu einem angemessenen Ergebnis zu gelangen, ist deshalb mehr erforderlich, als daß der Erbe, wenn er die Ausschlagungsfrist versäumte, darüber in Unkenntnis war, daß dies als Annahme gelte. Es kann vielmehr eine Anfechtung wegen Irrtums auf Grund des § 1956 zwar dann, aber nur dann stattfinden, wenn die Unterlassung der Ausschlagung wissentlich erfolgt war, die damit kundgegebene Willenserklärung jedoch auf einem Irrtum beruhte. Dann müssen (vgl. Wendt, a. a. O. S. 264) die Fälle ausscheiden, in denen die Versäumung der Erklärung nicht einer darauf gerichteten Willensbetätigung des Erben entsprungen war; vielmehr wird die Anfechtung nur unter der Voraussetzung zugelassen werden können, daß der Erbe von seinem Recht, die Erbschaft auszuschlagen, und überdies von der Bestimmung, wonach hierfür eine Frist gesetzt ist, volle Kenntnis hatte, daß er die Ausschlagung beabsichtigte, und daß er sie infolge eines Irrtums unterließ, der sich nicht als ein Irrtum im Beweggrunde darstellt, sondern die in der Unterlassung sich vollziehende Willensäußerung selbst betrifft. Als geeignetes Beispiel kann der Fall gelten, daß der Erbe, der um die nämliche Zeit zu zwei verschiedenen Erbschaften berufen wird, die Ausschlagung der einen deshalb, und zwar mit Vorbedacht, unterläßt, weil er sie mit der anderen verwechselt. Ein ferneres Beispiel wäre der Fall, daß der Erbe von der Ausschlagung deshalb Abstand nimmt, weil er irrtümlich annimmt, daß die Erbschaft von einer bestimmten Person herrührt, deren letzten Willen er erfüllen zu müssen glaubt, während in Wirklichkeit eine ganz andere Person der Erblasser ist.

In dem vorliegenden Falle ist Kläger selbst der Ansicht gewesen, daß mehr als Unkenntnis der Bestimmung, daß die Versäumung der Ausschlagungsfrist als Annahme gelte, erforderlich sei. Er hat in erster Instanz behauptet, die Versäumung sei durch den Irrtum veranlaßt, er habe durch seine dem Bezirksnotar gegenüber abgegebene Erklärung, daß er das Testament anfechte, das gesetzlich Erforderliche getan und dürfe mit der Anfechtung ein Jahr warten. Dies würde nach vorstehender Ausführung nicht genügen; als weitere Voraussetzung müßte vor allem hinzukommen, daß Kläger die Ausschlagungsfrist gekannt habe. Das Landgericht hat dem Kläger indes seine Behauptung nicht geglaubt, sondern angenommen, daß derselbe während der Frist überall nicht die Absicht gehabt habe, die Erbschaft auszuschlagen. Bei solcher Beweisannahme war die Abweisung der Klage zweifellos geboten.

Von dem Berufungsgericht wird festgestellt, Kläger habe bei Ablauf der Frist noch nicht den Willen, die Erbschaft auszuschlagen, gehabt, aber andererseits auch nicht den Willen, sie anzunehmen; vielmehr sei er noch in der Erwägung darüber begriffen gewesen, was er dem Testament gegenüber tun solle. Das Berufungsgericht hält ferner für erwiesen, Kläger habe bei Ablauf der Frist nichts von der Frist und von den Folgen ihrer Versäumung gewußt. Es folgert hieraus, dem Kläger habe der Wille gefehlt, durch Verstreichenlassen der Frist die Erbschaft anzunehmen; und es kommt zu dem Schluß, Kläger habe nicht bloß, und zwar wegen Unkenntnis des Fristenlaufs, den Willen, die Erbschaft anzunehmen, nicht gehabt, sondern er habe positiv den Willen gehabt, die Erbschaft nicht, d. h. zurzeit nicht, anzunehmen, weil er sich in einem Irrtum befunden, infolgedessen er geglaubt habe, zur Erklärung über die Annahme oder Ausschlagung noch länger Zeit zu haben. Dies erachtet das Berufungsgericht für einen genügenden Irrtum, um daraufhin die Anfechtung aus § 1956 B.G.B. erklären zu dürfen. Es erwägt hierbei, daß die Fristversäumung wegen Betrugs doch nicht nur dann angefochten werden könne, wenn der berufene Erbe sich durch Betrug zur Annahme bestimmen ließ und deshalb — also absichtlich — die Frist versäumte, sondern auch dann, wenn er sie versäumte, weil ihm arglistig vorgespiegelt war, die Frist laufe noch. Letzterem Falle aber setzt es den gleich, daß der berufene Erbe die Frist versäumte, weil er eine unrichtige Rechtsbelehrung erhalten hatte. Und von hier aus gelangt es zu dem Ergebnis, daß eine Anfechtung wegen Irrtums nicht nur dann zulässig sei, wenn der Erbe die Frist verstreichen ließ, um damit eine auf die Annahme gerichtete Willensäußerung kundzugeben, sondern auch in einem Falle, wie er hier vorliege, d. h. wegen eines Irrtums, der in der falschen Annahme bestehe, daß eine Entschließung noch nicht erforderlich sei.

Hierin kann jedoch dem Berufungsgericht nicht zugestimmt werden. Der Betrug macht eine Willenserklärung nicht deshalb anfechtbar, weil sie dem wirklichen Willen nicht entspricht, sondern deshalb, weil sie, obwohl sie dem wirklichen Willen entspricht, durch unzulässige Beeinflussung hervorgerufen worden ist. Der Hinweis auf die Anfechtbarkeit wegen Betrugs kann deshalb die ergangene Entscheidung nicht rechtfertigen; insbesondere darf daraus, daß die Anfechtung statthaft ist, wenn die Entschließung des Erben infolge einer arglistigen Täuschung über die Länge der Frist unterblieb, nicht gefolgert werden, daß dasselbe gelten müsse, wenn der Erbe sich nicht entschloß, weil er eine in gutem Glauben erteilte unrichtige Rechtsbelehrung für zutreffend hielt. Beide Fälle liegen nicht gleich; vielmehr fehlt in dem letzteren die arglistige Beeinflussung der Entschließung, und diese, nicht die Billigkeit allein, gibt in dem ersteren Falle den Grund ab für die Zulässigkeit einer Anfechtung. Namentlich aber ist der Ausgangspunkt, den das Berufungsgericht gewählt hat, nicht der richtige. Das Berufungsgericht hält dafür, daß die Annahmeerklärung und die Fristversäumung vom Gesetz hinsichtlich der Anfechtbarkeit als gleichwertig nebeneinander gestellt würden, und diese grundlegende Ansicht ist nicht zutreffend. Wäre sie es, so würde die oben abgelehnte Folgerung unabweislich sein, daß jeder Erbe, der die gesetzlichen Bestimmungen nicht kennt, ohne sonstige Voraussetzungen jede ihm nachteilige Annahme, sofern er solche nicht ausdrücklich erklärt hat, aus § 1956 B.G.B. anfechten könnte, also wegen Rechtsunkenntnis in den vorigen Stand wieder eingesetzt werden müßte. Eine solche Tragweite kommt jener Bestimmung jedoch nicht zu, und zwar deshalb nicht, weil ihr Sinn ein anderer ist: es ist der Annahmeerklärung die Fristversäumung hinsichtlich der Anfechtbarkeit nicht schlechthin, sondern nur dann gleichgestellt, wenn die Fristversäumung so geartet ist, daß in ihr eine Willenserklärung gefunden werden kann, und das setzt notwendig voraus, daß die Unterlassung in dem Bewußtsein von dem Recht der Ausschlagung und von der hierfür geltenden Frist erfolgt war. Eine solche Unterlassung kann auf seiten des Klägers nach den oben hervorgehobenen tatsächlichen Feststellungen des Berufungsgerichtes nicht stattgefunden haben, da aus ihnen hervorgeht, daß er einen Entschluß darüber, wie er sich dem Testament gegenüber verhalten solle, überhaupt noch nicht gefaßt hatte.

Angesichts dieser Feststellungen sind weitere tatsächliche Ermittelungen nicht erforderlich; vielmehr ist die Sache zur Endentscheidung reif. Unter . . . ist deshalb erkannt, wie geschehen."

---

22. Welchen Umfang hat die Verpflichtung des Miterben, den übrigen Erben auf Verlangen Auskunft über die Zuwendungen zu erteilen, die er nach §§ 2050—2053 B.G.B. zur Ausgleichung zu bringen hat?
B.G.B. § 2057.

IV. Zivilsenat. Urt. v. 28. April 1904 i. S. Eheleute Sch. (Bekl.) w. H. u. Gen. (Kl.). Rep. IV. 169/04.

I. Landgericht Frankenthal.
II. Oberlandesgericht Zweibrücken.

Die Kläger und die mitverklagte Ehefrau Sch. waren Miterben der weiland Witwe Katharina R., welche zu Beginn des Jahres 1902 gestorben war. Die Erblasserin hatte bereits mit ihrem vor ihr verstorbenen Gatten im Hause der Beklagten gelebt, war nach seinem Tode bei denselben geblieben und hatte sich noch, als sie starb, mit den Beklagten, von denen sie auch ihre Beköstigung erhielt, in häuslicher Gemeinschaft befunden. Nach ihrem Tode verlangten die Kläger Auskunft über den Nachlaß und erhielten einige Angaben von den Beklagten, erachteten diese jedoch für ungenügend, schritten zur Klage und beantragten zunächst Verurteilung der Beklagten zur Auskunftserteilung und Leistung des Offenbarungseides nach § 2028 B.G.B., worauf sie während des Verfahrens in erster Instanz auch noch Verurteilung der verklagten Ehefrau Sch. zur Auskunftserteilung und deren Beeidigung in Gemäßheit des § 2057 B.G.B. beantragten. In erster Instanz ward der Klage stattgegeben, und zwar verurteilte das Landgericht beide Beklagten dazu,

Auskunft darüber zu erteilen, welche erbschaftlichen Geschäfte sie geführt haben, und was ihnen über den Verbleib der Erbschaftsgegenstände bekannt sei,

ferner die Ehefrau Sch.,

auch noch darüber Auskunft zu erteilen, welche zur Ausgleichung zu bringenden Zuwendungen sie von der Erblasserin erhalten habe,

und endlich beide Beklagten:

zu schwören, daß sie ihre Angaben nach bestem Wissen so vollständig gemacht haben, als sie dazu imstande seien.

Die Berufung der Beklagten wurde zurückgewiesen; ihre Revision blieb ohne Erfolg.

Aus den Gründen:

„Von seiten der Beklagten wird in der Revisionsinstanz, ebenso wie es vor dem Berufungsgericht und schon in erster Instanz geschehen ist, jede Auskunftspflicht in Abrede gestellt, mithin auch die Erteilung der auf Grund des § 2028 B.G.B. geforderten Auskunft abgelehnt. Es kann jedoch kein Zweifel darüber obwalten, daß die Beklagten hierzu verpflichtet sind. . . .

Von der Revision werden besondere Einwendungen hiergegen auch nicht erhoben; wohl aber wird von ihr Beschwerde geführt, daß die Mitbeklagte Ehefrau Sch. daneben noch auf Grund des § 2057 B.G.B. zur Auskunft darüber verurteilt worden sei, welche zur Ausgleichung zu bringenden Zuwendungen sie von der Erblasserin erhalten habe. Die Revision macht geltend, daß die Frage, welche Zuwendungen zur Ausgleichung gebracht werden müßten, schon nach dem Recht des Bürgerlichen Gesetzbuchs sehr schwierig sei, und im vorliegenden Falle, weil die Ehefrau Sch. vielleicht schon vor dem 1. Januar 1900 etwas von der Erblasserin erhalten habe, möglicherweise auch das frühere Recht in Betracht komme, daß aber im Hinblick hierauf die Verurteilung so, wie geschehen, unzulässig erscheine, weil sie an die Beklagte, die ja nicht einmal Rechtskenntnis besitze, eine von ihr nicht zu erfüllende Anforderung stelle und einen unstatthaften Gewissenszwang gegen sie enthalte.

Einen Erfolg kann diese Rüge nicht haben. Die in § 2057 B.G.B. enthaltene Bestimmung fand sich im ersten Entwurf noch nicht und verdankt ihre Aufnahme in das Gesetz einem Beschluß der zweiten Kommission, von der sie für angezeigt erachtet wurde, zumal sich im damals geltenden Rechte Vorgänge fänden. Letzteres ist allerdings der Fall, aber nicht so, daß hieraus eine Erläuterung des § 2057 zu entnehmen wäre. Für das gemeine Recht wird von Leist in Glück's Pandekten Serie der Bücher 37 und 38 Bd. 3 S. 459

als die früher herrschend gewesene Ansicht mitgeteilt: „Dem Kollationspflichtigen steht die Angabe der Konferenden als ein Recht zu; drängen ihn die Miterben wegen Konferenden, die er leugnet, so liegt ihnen die gewöhnliche Beweispflicht ob; gesteht er aber das Konferendum ein, so hat er rücksichtlich des quantum et quicquid der erblasserischen Zuwendungen den eigentümlichen deutschrechtlichen Kollationseid." Dieser Eid war jedoch, wie Leist bemerkt, schon damals (1875) in Vergessenheit geraten und wird in den neueren Lehrbüchern kaum noch erwähnt.

Vgl. Windscheid, Pandektenrecht 8. Aufl. Bd. 3 § 610 Anm. 30.

Aus der gemeinrechtlichen Praxis aber findet sich zwar (bei Seuffert, Archiv Bd. 9 Nr. 190 Ziff. 2) ein Urteil des Oberappellationsgerichtes Celle aus dem Jahre 1850, das den Offenbarungseid wegen Konferenden in weitgehendem Maße anerkennt; im allgemeinen haben sich indes die höchsten Gerichtshöfe gegen die Annahme einer solchen Pflicht ablehnend verhalten,

vgl. Seuffert, Archiv Bd. 12 Nr. 346 in der Note, Celle 1839; Bd. 15 Nr. 261, Mannheim 1862; Bd. 19 Nr. 169, Oldenburg 1865; Bd. 23 Nr. 189, Darmstadt 1868; Bd. 31 Nr. 153, Obertribunal Berlin 1875,

und das Reichsgericht hat (Entsch. desselben in Zivils. Bd. 24 S. 194) in gleicher Weise erkannt. Das Bayerische Landrecht verpflichtet in Teil III Kap. 1 § 15 Ziff. 22 diejenigen Miterben, die das Vorhandensein von Konferenden behaupten, zum Beweis, bestimmt jedoch unter Ziff. 23: „Widerspricht aber der Konferent nicht den Empfang, sondern nur das Quantum desselben, so kann er von den Miterben zum Manifestationseide getrieben werden" — eine Bestimmung, die anscheinend mit der von Leist noch bezeugten älteren gemeinrechtlichen Ansicht im Einklang steht. Die Preußische Allgemeine Gerichtsordnung endlich erklärt in Teil I Tit. 22 § 29 unter Ziff. 10 „diejenigen, welche bei einer Erbteilung etwas einwerfen müssen", zur Ableistung des Manifestationseides für verpflichtet; es hat jedoch nicht den Anschein, daß sich hieraus eine Pflicht zur Auskunftserteilung über vorempfangene Zuwendungen entwickelt hat.

Vgl. Dernburg, Lehrbuch des preußischen Privatrechts 4. Aufl. Bd. 3 § 245 Ziff. 6.

Im Hinblick auf diese Vorgänge, die bei der Beratung der jetzt als § 2057 B.G.B. geltenden Bestimmung Berücksichtigung gefunden haben (vgl. Protokoll der zweiten Kommission Bd. 5 S. 894 und Denkschrift zum Entwurf eines Bürgerlichen Gesetzbuchs, Guttentag'sche Ausgabe S. 281), ist es nicht zweifelsfrei, wie dieselbe zu verstehen ist. Der von der Revision erhobenen Beschwerde kann nur die Ansicht zugrunde liegen, daß die Vorschrift lediglich die Verpflichtung zur Angabe derjenigen Zuwendungen enthalte, die im einzelnen Falle bei richtiger Auslegung der §§ 2050—2053 B.G.B. zur Ausgleichung zu bringen seien. Wäre aber wirklich dies der Sinn des § 2057, so würde seine Vorschrift jeder praktischen Brauchbarkeit entbehren. Denn es müßte alsdann entweder bei jeder Verurteilung zur Erteilung einer solchen Auskunft dem dadurch Betroffenen genau gesagt werden, was für Zuwendungen er zu offenbaren habe; und das ist, wie einer weiteren Ausführung nicht bedarf, tatsächlich unmöglich. Oder es müßte dem Verpflichteten selbst überlassen werden, welche der etwa erhaltenen Zuwendungen unter die §§ 2050—2053 B.G.B. fallen; und dies würde, da die Auslegung dieser Bestimmungen in der Tat erhebliche Schwierigkeiten bietet, eine Versuchung, mit der Wahrheit zurückzuhalten, oder einen unbilligen Gewissenszwang bedeuten. Der Sinn des § 2057 muß deshalb ein anderer sein, und zwar kann er nur dahin gehen, daß der in Anspruch genommene Miterbe verpflichtet ist, alles, was er vom Erblasser empfangen hat, anzugeben, worauf alsdann in dem Auseinandersetzungsverfahren festzustellen ist, welche Zuwendungen zur Ausgleichung zu bringen seien. Eine solche Gestaltung der Auskunftspflicht hat einen Vorgang in der gemeinrechtlichen Praxis, da sie in dem vorerwähnten Urteile des Oberappellationsgerichtes Celle aus dem Jahre 1850 (Seuffert, Archiv Bd. 9 Nr. 190 Ziff. 2) anerkannt ist. Den § 2057 B.G.B. ebenso zu verstehen, unterliegt aber keinem Bedenken. Gewiß ist zuzugeben, daß hierdurch über das, was nach den obigen Mitteilungen in Übung gewesen ist, erheblich hinausgegangen wird; allein das kann nicht maßgebend sein; denn der § 2057 muß aus sich selbst erklärt werden, und sein Wortlaut ist ein völlig neuer. Während nach der früheren gemeinrechtlichen Praxis und nach dem Bayerischen Landrecht die Pflicht zur Offenbarung sich nur auf den Betrag einer etwa erhaltenen Zuwendung bezog und überhaupt erst eintrat, wenn der

Empfang eines solchen nachgewiesen oder zugestanden war, wird durch § 2057 B.G.B. jedem Miterben die Verpflichtung auferlegt, Auskunft zu erteilen, ohne daß zunächst das Vorhandensein von Zuwendungen festgestellt zu sein braucht. Diese Auskunfspflicht ist, wie in der Denkschrift a. a. O. hervorgehoben wird, durch ein praktisches Bedürfnis geboten und soll den Erben ein Mittel gewähren, über das Vorliegen und den Umfang einer Ausgleichungspflicht zuverlässige Kenntnis zu erlangen.

Vgl. Planck, B.G.B. Bd. 5 § 2057 Bem. 1.

Dieses Mittel aber ist nur zweckdienlich, wenn es in dem Zwang besteht, zunächst alle Zuwendungen zu offenbaren.

Wie sehr dies geboten ist, zeigt der vorliegende Fall. Nach den tatsächlichen Feststellungen des Berufungsgerichtes handelt es sich um den Nachlaß einer dem Arbeiterstande angehörenden Witwe, die während der letzten Jahre ihres Lebens bei den beiden Beklagten gelebt hat und dort, nachdem sie ein Alter von 81 Jahren erreicht hatte, gestorben ist. Etwas mehr als zwei Jahre vor ihrem Tode war ihr aus dem Nachlaß ihres vor ihr verstorbenen Ehemannes ein Kapitalbetrag von nicht weniger als 24000 ℳ zugefallen; bei den Verhandlungen über ihren eigenen Nachlaß lehnten aber die beiden Beklagten, als sie von den anderen Miterben vor dem zuständigen Amtsgerichte zur Offenbarung auf Grund des § 2028 B.G.B. aufgefordert wurden, jede Auskunft mit der Erklärung ab, daß sie solche schon vor einem Notar erteilt hätten; vor letzterem hatten sie als Bestand des Nachlasses lediglich verschiedene Mobilien, 22 ℳ bar und einen bei einem Fabrikleiter ausstehenden Geldbetrag angegeben. Als der gegenwärtige Rechtsstreit anhängig gemacht war, ließen sie sich vor dem Landgericht, jedoch nur zögernd und allmählich, zu Angaben herbei, aus denen zu entnehmen ist, daß die Beklagten inzwischen noch einen — zu niedrig von ihnen bezifferten — Geldbetrag von 700, richtiger mehr als 800 ℳ, für die Erblasserin eingenommen, und daß beide Beklagten 3000 ℳ und 4000 ℳ von der Erblasserin nach und nach erhalten hätten, aber als Geschenk. Auch jetzt noch verweigerten sie nähere Auskunft und lehnten namentlich die Beeidigung ab. Als Grund hierfür wurde angegeben, daß sie ängstliche Leute seien und sich deshalb gegen die Eidesleistung sträubten. Das Berufungsgericht hat vorstehende Angaben für ganz ungenügend erachtet und hervorgehoben, es seien hinsichtlich der jetzt in ihrem Gesamtbetrage eingeräumten Zuwendungen noch diejenigen Tatumstände in Ansehung der Zeit und der Einzelbeträge zu offenbaren, die für die Beantwortung der Frage dienlich seien, ob und inwieweit jede Zuwendung zur Ausgleichung gebracht werden müßte; es sei aber angesichts des von der Ehefrau Sch. beobachteten Verhaltens begründeter Zweifel vorhanden, ob die in Frage kommenden Zuwendungen der Zahl und der Summe nach erschöpfend angegeben seien. Hierin kann dem Berufungsgericht nur beigetreten werden; eine erschöpfende, dem § 2057 B.G.B. entsprechende Auskunft liegt erst vor, wenn der Verpflichtete über sämtliche ihm von dem Erblasser gemachten Zuwendungen angegeben hat, was er weiß. Irgendeine Unbilligkeit liegt hierin nicht. Die Beklagte Ehefrau Sch. hat zwar geltend gemacht, daß die Kläger an der verlangten Auskunft kein Interesse hätten, da sie zu einer Herauszahlung doch nicht angehalten werde könne. Mit Recht hat indes das Berufungsgericht diesen Einwand für verfehlt erachtet. Nach § 2056 B.G.B. ist allerdings ein Miterbe, der durch Zuwendungen, die der Ausgleichung unterliegen, mehr erhalten hat, als ihm bei der Erbauseinandersetzung zukommen würde, zur Herauszahlung des Mehrbetrages nicht verpflichtet; allein dies kann an der gesetzlichen Pflicht zur Erteilung der in § 2057 vorgeschriebenen Auskunft nichts ändern; auch ist die Feststellung der Größe des Nachlasses für die Miterben schon mit Rücksicht auf die Beantwortung der Frage, wie hoch der Pflichtteil sich belaufen würde, stets von Bedeutung. Gegen die Erfüllung der hier in Rede stehenden Verpflichtung kann auch nicht eingewendet werden, daß die Auskunft, sobald diese erteilt ist, von den Miterben sich benutzen läßt, um eine Forderung auf Ergänzung des Pflichtteils gemäß §§ 2325 flg. B.G.B. geltend zu machen; denn auch durch die Möglichkeit solcher Benutzung kann die aus §§ 2057 flg. herrührende, dort ohne Einschränkung vorgeschriebene Verpflichtung nicht beeinträchtigt werden. Endlich liegt keine Unbilligkeit in dem Zwang, alles angeben und beeidigen zu müssen. Denn der Verpflichtete hat selbstverständlich das Recht, neben den Zuwendungen auch diejenigen Tatumstände anzugeben, die dafür sprechen, daß eine Ausgleichung nicht in Frage kommt, und ebenso versteht es sich von selbst, daß seine Angaben nicht geteilt, sondern nur als Ganzes betrachtet und gewürdigt werden dürfen. Im vorliegenden Falle ist es deshalb unter anderem der Ehefrau Sch. unbenommen, bei einzelnen von ihr empfangenen Zuwendungen, sofern solches zutrifft, geltend zu machen, daß ihr dieselben als Vergütung für geleistete Dienste zugekommen seien. In der Verpflichtung zur eidlichen Erhärtung aber kann ein Gewissenszwang nicht enthalten sein; denn die Auskunft ist nur so vollständig zu erteilen, wie der Verpflichtete dazu nach bestem Wissen imstande ist, und nur ein solcher Eid ist, dem § 2057 B.G.B. entsprechend, der Ehefrau Sch. auch in Ansehung der Auskunft über empfangene Zuwendungen auferlegt worden. Der Eid dient deshalb nicht zur Beschwerde; vielmehr kann bei der Auslegung, daß der § 2057 B.G.B. zur Angabe aller Zuwendungen nötigt, die Entscheidung über den Umfang der danach sich regelnden Ausgleichungspflicht aber hierdurch nur vorbereitet werden soll, von einem Gewissenszwang nicht die Rede sein.

Die Entscheidung selbst, daß beide Beklagten den Offenbarungseid zu leisten haben, beruht auf der tatsächlichen, völlig einwandsfreien Feststellung, daß die in § 260 Abss. 2. 3 B.G.B. bezeichneten Voraussetzungen vorhanden seien.“ ...

---

23. Darf das Amtsgericht eines deutschen Bundesstaates von dem Amtsgericht eines anderen deutschen Bundesstaates im Wege des Rechtshilfeersuchens auf Grund des § 2 des Reichsgesetzes über die Angelegenheiten der freiwilligen Gerichtsbarkeit in Verbindung mit § 167 Abs. 1 daselbst und § 129 Abs. 2 B.G.B. die gerichtliche Beurkundung einer bei dem ersuchenden Gericht (als Registerbehörde) in formell ungenügender Art erfolgten Anmeldung zur Eintragung in das Handelsregister fordern?

IV. Zivilsenat. Beschl. v. 28. April 1904 i. S. Amtsgericht Z. Beschw.-Rep. IV. 158/04.

I. Amtsgericht Schwetzingen.
II. Oberlandesgericht Karlsruhe.

Gründe:

„Die Firma Heinrich M. & Co., welche in Sch. (in Baden), dem Wohnorte ihrer Inhaber, ihre Hauptniederlassung und in Z. (im Königreich Sachsen) ihre Zweigniederlassung hatte, stellte privatschriftlich bei dem Amtsgerichte des letzteren Ortes den Antrag, ihre in dem dortigen Handelsregister eingetragene Zweigniederlassung zu löschen. Das Amtsgericht zu Z., als Registergericht, ersuchte infolgedessen das Amtsgericht in Sch. um Entgegennahme dieses Antrages von dem Firmeninhaber „zu richterlichem Protokoll". Das ersuchte Gericht entsprach diesem Ansinnen nicht, sondern veranlaßte nur die Aufnahme einer entsprechenden Erklärung zu Protokoll seines Gerichtsschreibers und übersandte dieselbe alsdann der ersuchenden Behörde. Das Gericht in Z. wiederholte hierauf sein früheres Ersuchen, indem es unter Hinweis auf § 128 des Reichsgesetzes über die Angelegenheiten der freiwilligen Gerichtsbarkeit die Beurkundung durch den Gerichtsschreiber des Amtsgerichts Sch. nicht für genügend hielt und gleichzeitig beantragte, im Ablehnungsfalle die Sache dem zuständigen Oberlandesgericht zu K. zur Entscheidung vorzulegen. Da das Amtsgericht zu Sch. dem Hauptersuchen auch jetzt nicht stattgeben wollte, so verfuhr es nach diesem eventuellen Antrage.

Das Oberlandesgericht zu K. wies nach erfolgter Prüfung das Ersuchen des Amtsgerichts zu Z. durch Beschluß vom 29. Februar 1904 ab und erklärte die Rechtshilfe für unzulässig.

Bei der Begründung dieses Beschlusses wird davon ausgegangen, daß nach § 2 des Reichsgesetzes über die Angelegenheiten der freiwilligen Gerichtsbarkeit und dem dort in Bezug genommenen § 159 Abs. 2 des Gerichtsverfassungsgesetzes geprüft werden müsse, ob die Verweigerung des Rechtshilfeersuchens von seiten des Amtsgerichts Sch. berechtigt sei, weil ihm entweder die örtliche Zuständigkeit mangele, oder die vorzunehmende Handlung nach badischem Rechte verboten sei. Das Oberlandesgericht verneint den Mangel der örtlichen Zuständigkeit, bejaht aber das Vorliegen des zweiten Hinderungsgrundes. Es erkennt an, daß die bloße Erklärung der Firmeninhaber zu Protokoll des Gerichtsschreibers des Amtsgerichts Sch. eine rechtswirksame Anmeldung im Sinne des § 12 H.G.B. nicht darstellt, weil Sch. in dem gegebenen Falle nicht Registergericht ist (§ 128 des Reichsgesetzes über die Angelegenheiten der freiwilligen Gerichtsbarkeit). Zur Aufnahme eines richterlichen Protokolls behufs Herstellung einer die öffentliche Beglaubigung ersetzenden Beurkundung (§ 129 Abs. 2 B.G.B.), wie sie das Amtsgericht Z. verlangt, wird jedoch das Amtsgericht Sch. nicht für sachlich zuständig erachtet.

Der „§ 35 Ziff. 3 des badischen Rechtspolizeigesetzes vom 17. Juni 1899" — so führen die Entscheidungsgründe des Oberlandesgerichts aus — „schließt die Gerichte von der Aufnahme öffentlicher Urkunden auf Ansuchen Beteiligter und insbesondere von der Beurkundung der Rechtsgeschäfte aus, die nach dem Bürgerlichen Gesetzbuch oder anderen Reichsgesetzen gerichtlicher oder notarieller Beurkundung bedürfen. Die Ziff. 1 und 2 des § 35, von denen dabei abgesehen ist, kommen vorliegendenfalls nicht in Betracht. Etwas anderes bestimmt ... ist in § 41 des Rechtspolizeigesetzes, der besagt:

„„Für die öffentliche Beglaubigung einer Willenserklärung (Unterschriftsbeglaubigung) ist jedes Amtsgericht nur insoweit zuständig, als die Erklärung auf die zu dessen Zuständigkeit gehörigen Angelegenheiten der freiwilligen Gerichtsbarkeit Bezug hat oder aber zum Gebrauche außerhalb des Deutschen Reiches bestimmt ist.""

Zur Zuständigkeit des Amtsgerichts Sch. gehörige Angelegenheit ist eine Registersache des Amtsgerichts Z. nicht."

Gegen diese Entscheidung richtet sich die Beschwerde des Amtsgerichts zu Z. Ihre formelle Statthaftigkeit folgt aus § 160 des Gerichtsverfassungsgesetzes, so daß die Bedingungen für die Abgabe einer Entscheidung durch das Reichsgericht gegeben sind.

In der Sache selbst aber erweist sich die Beschwerde als unzulässig.

Die §§ 158 bis 169 G.V.G., welche der § 2 des Reichsgesetzes über die Angelegenheiten der freiwilligen Gerichtsbarkeit in den Fällen der von ihm geordneten Rechtshilfeleistung für maßgebend erklärt, regeln, wie der ihnen vorausgehende § 157 ergibt, an sich nur die Rechtshilfe in bürgerlichen Rechtsstreitigkeiten und in Strafsachen. Ihre Anwendbarkeit beschränkt sich daher nach § 1 des Reichsgesetzes über die Angelegenheiten der freiwilligen Gerichtsbarkeit auf „diejenigen Angelegenheiten der freiwilligen Gerichtsbarkeit, welche durch Reichsgesetz den Gerichten übertragen sind". Würde die mit dem Ersuchen des Amtsgerichts Z. bei dem Amtsgericht Sch. bezielte Rechtshilfe eine durch Reichsgesetz den Gerichten übertragene Angelegenheit innerhalb des Gebietes der freiwilligen Gerichtsbarkeit, dem sie unzweifelhaft angehört, nicht betreffen, so entfiele damit zugleich auch die Anwendbarkeit des § 159 G.V.G., aus welchem sie ihre Stütze entnimmt.

Das fragliche Ersuchen des Amtsgerichts Z. ging dahin, einen von den Inhabern der Firma Heinrich M. & Co. zuerst nur privatschriftlich und alsdann vor dem Gerichtsschreiber des Amtsgerichts zu Sch. zu Protokoll erklärten Antrag auf Löschung der Zweigniederlassung dieser Firma im Handelsregister zu Z. gerichtlich zu beurkunden. Dieser Antrag selbst, eine Willenserklärung, welche rechtliche Folgen zum Zweck hat, stellt sich als Rechtsgeschäft dar.

Es fragt sich also zuvörderst: ist die gerichtliche Beurkundung eines der freiwilligen Gerichtsbarkeit angehörigen Rechtsgeschäftes, insbesondere einer Anmeldung aus § 12 H.G.B., eine durch Reichsgesetz den Gerichten übertragene Angelegenheit?

Diese Frage muß für Fälle der vorliegenden Art ohne Bedenken verneint werden.

Was zunächst den zehnten Abschnitt des Reichsgesetzes über die Angelegenheiten der freiwilligen Gerichtsbarkeit selbst betrifft, der von den gerichtlichen und notariellen Urkunden handelt, so geht dessen Zweck keineswegs auf eine durchgreifende Ordnung des Beurkundungswesens. Die in ihm aufgestellten Normen sollen nur der einheitlichen Durchführung des gemeinsamen bürgerlichen Rechtes dienen, und dieser Bestimmung entspricht daher auch der Rahmen, innerhalb dessen sie sich bewegen. Auch der Abs. 1 des § 167 a. a. O., welcher vorschreibt:

„Für die gerichtliche Beurkundung eines Rechtsgeschäfts, sowie für die gerichtliche Beglaubigung eines Handzeichens sind die Amtsgerichte zuständig,"

regelt, wie die Denkschrift zu dem Entwurf eines Reichsgesetzes über die Angelegenheiten der freiwilligen Gerichtsbarkeit, Reichstagsvorlage (Nr. 21 der Drucksachen des Reichstages 1897—1898), ausdrücklich anerkennt, die sachliche Zuständigkeit der Gerichte nur insoweit, als dieselben nach anderen Gesetzen (Reichs- oder Landesgesetzen) zur Beurkundung eines Rechtsgeschäftes überhaupt berufen sind. Lediglich unter dieser Voraussetzung weist derselbe nach dem Vorgange der überwiegenden Mehrzahl der seither geltenden Rechte die Zuständigkeit für eine solche Beurkundung allgemein den Amtsgerichten zu.

Für den gegenwärtigen Fall enthält weder das Bürgerliche Gesetzbuch noch auch ein anderes Reichsgesetz eine derartige Vorschrift. Der § 12 H.G.B. verlangt für die Anmeldungen zur Eintragung in das Handelsregister entweder eine persönliche Erklärung bei dem Registergericht, also zu Protokoll des Amtsrichters oder des Gerichtsschreibers dieses Gerichts (§ 128 des Reichsgesetzes über die Angelegenheiten der freiwilligen Gerichtsbarkeit), oder die Abgabe einer Erklärung in öffentlich beglaubigter Form. Den Gerichten überhaupt wird eine Beurkundung hierdurch nicht übertragen. Für die öffentliche Beglaubigung aber bestimmt der § 129 Abs. 1 B.G.B. das Nähere. In dem Abs. 2 daselbst wird sodann verordnet:

„Die öffentliche Beglaubigung wird durch die gerichtliche oder notarielle Beurkundung der Erklärung ersetzt."

Wie es scheint, hat das Amtsgericht zu Z. für sein Ersuchen diese letztere Bestimmung im Auge, indem es den Mangel der öffentlichen Beglaubigung des bisherigen Antrags der Firmeninhaber durch die Erlangung einer gerichtlichen Beurkundung beseitigen will. Hierbei aber wird übersehen, daß der vorgedachte Abs. 2 des § 129 B.G.B. gleichfalls keine Übertragung im Sinne des § 1 des Reichsgesetzes über die Angelegenheiten der freiwilligen Gerichtsbarkeit enthält, und daß daher die gerichtliche Rechtshilfeleistung nach Maßgabe des § 2 des Reichsgesetzes über die Angelegenheiten der freiwilligen Gerichtsbarkeit auf dieser Grundlage nicht gefordert werden kann.

Mangelt es aber hiernach an den gesetzlichen Erfordernissen für die Berechtigung des Rechtshilfeersuchens von seiten des Amtsgerichts Z. an das Amtsgericht Sch., so steht damit ohne weiteres fest, daß auch der § 159 G.V.G. auf den gegebenen Fall keine Anwendung zu leiden vermag.

Es erübrigt sich hierdurch zugleich eine Nachprüfung der Erwägungen, aus denen das Oberlandesgericht, gestützt auf Art. 141 Einf.-Ges. zum B.G.B. und bzw. auf § 191 Abs. 2 des Reichsgesetzes über die Angelegenheiten der freiwilligen Gerichtsbarkeit, nach den Vorschriften des badischen Rechtspolizeigesetzes die Rechtshilfe für unzulässig erklärt."

---

24. Rechtliche Beurteilung des Falles, wenn wegen eines zur landgerichtlichen Zuständigkeit gehörigen Anspruches Zahlungsbefehl erlassen worden ist, der Mahnkläger, nachdem der Widerspruch erhoben ist,

den Anspruch abtritt, und der Zessionar innerhalb der in § 697 Z.P.O. bestimmten Frist Klage in einer Weise erhebt, die erkennen läßt, daß er das Mahnverfahren fortsetzen wolle, der Beklagte aber dem Eintritte des Zessionars in den Prozeß widerspricht.

VI. Zivilsenat. Urt. v. 2. Mai 1904 i. S. B. (Kl.) w. F. (Bekl.). Rep. VI. 520/03.

I. Landgericht Danzig.
II. Oberlandesgericht Marienwerder.

Am 27. Dezember 1901 erließ das Amtsgericht zu B. auf Antrag des Bauunternehmers S. daselbst wegen eines diesem angeblich für ausgeführte Bauarbeiten zustehenden Anspruchs von 2358,10 *M* nebst Zinsen einen Zahlungsbefehl an den Beklagten. Nachdem dieser dem Befehl widersprochen hatte, trat S., der hiervon am 4. Januar 1902 benachrichtigt worden war, seinen Anspruch, mit Einschluß desjenigen auf Erstattung der Kosten des Mahnverfahrens, an den jetzigen Kläger ab und zeigte dies dem Beklagten an. Gestützt hierauf erhob der Kläger Klage auf Bezahlung der angegebenen Summe nebst Zinsen vom Tage der Zustellung des Zahlungsbefehls an, wobei er auch Erstattung der Kosten des Mahnverfahrens forderte. Die Klage ward am 1. Juli 1902 dem Beklagten zugestellt.

Dieser widersprach in dem ersten Termin, in dem zur Sache verhandelt wurde, dem Eintritte des Klägers in das durch den Zahlungsbefehl zwischen ihm und S. anhängig gewordene Verfahren und bestritt den Anspruch aus materiellrechtlichen Gründen.

Die Klage wurde in erster und zweiter Instanz in Beachtung des prozessualen Einwandes abgewiesen. Die Revision des Klägers ist zurückgewiesen worden aus nachstehenden

Gründen:

„Das Berufungsgericht hat ausgeführt: durch die Zustellung des Zahlungsbefehls sei bezüglich des dadurch von S. geltend gemachten Anspruchs zwischen diesem und dem Beklagten Rechtshängigkeit begründet worden, die auch nach Erhebung des Widerspruchs bis zum 4. Juli 1902 fortbestanden habe (§§ 693. 695. 697 Z.P.O.). Durch die vor diesem Tage zugestellte Klage habe der Kläger unternommen, in das zwischen den beiden anhängig gewordene Verfahren seinerseits als Klagepartei einzutreten. Dazu sei er nach § 265 Abs. 2 Z.P.O. ohne Zustimmung des Beklagten nicht berechtigt gewesen. Nun sei allerdings die Rechtshängigkeit der Sache zwischen S. und dem Beklagten mit dem Ablauf des 4. Juli 1902, also längst vor der ersten mündlichen Verhandlung, erloschen; auch habe S. nach Schluß der erstinstanzlichen Verhandlung dem Beklagten die Erklärung zugestellt, daß er auf die durch den Zahlungsbefehl erlangten Rechte verzichte und diesen zurücknehme. Allein dies könne dem Kläger nicht zustatten kommen. Es habe ihm zur Zeit der Klagerhebung die Aktivlegitimation zur Geltendmachung des im Streit befangenen Anspruchs gemangelt, und dieser Mangel könne nicht durch den späteren Wegfall der Rechtshängigkeit geheilt werden; die Rechtslage sei vielmehr nach den zur Zeit der Klagerhebung gegebenen Umständen zu beurteilen. Die in der Rechtsprechung des Reichsgerichts befolgte Regel, wonach auf Klagabweisung nicht zu erkennen sei, wenn die Voraussetzungen für die Verurteilung des Beklagten zwar zur Zeit der Klagerhebung noch nicht vorgelegen hätten, aber während des Prozesses eingetreten seien, stehe dem nicht entgegen; die Fälle, wo dieser Grundsatz zur Geltung gebracht worden sei, wären wesentlich anders geartet gewesen, als der hier vorliegende.

Die gegen diese Ausführungen erhobenen Angriffe konnten keinen Erfolg haben; soweit die Darlegungen der Vorinstanz zu Zweifeln oder Bedenken Anlaß bieten, sind sie für die Entscheidung unwesentlich.

Beizustimmen ist beiden Vorinstanzen zunächst in der Annahme, daß die vom Kläger angestrengte Klage dazu bestimmt gewesen sei, das von S. eingeleitete Mahnverfahren durch Überleitung in das gewöhnliche Prozeßverfahren nach Maßgabe von §§ 693. 697 Z.P.O. fortzusetzen. Die Art, wie in der Klageschrift das Mahnverfahren unter Angabe aller Einzelheiten des Verlaufes, insbesondere der für die Berechnung der sechsmonatigen Klagefrist maßgebenden Daten, zur Sprache gebracht ist, der auf Erstattung der Kosten des Mahnverfahrens gerichtete Klagantrag und die Zustellung der Klage kurz vor Ablauf jener Frist lassen keinen begründeten Zweifel darüber zu, daß der Kläger beabsichtigte, als Rechtsnachfolger des S. das von diesem anhängig gemachte Verfahren nach Maßgabe der bezogenen Vorschriften fortzusetzen, und dieser sein Wille hat durch die Gestaltung der Klageschrift unzweideutigen Ausdruck gefunden. Der

Kläger hat dies in erster Instanz gar nicht in Abrede gestellt, auch nicht, nachdem der Beklagte der Fortsetzung des Verfahrens durch den Kläger unter Berufung auf § 265 Abs. 2 Z.P.O. widersprochen hatte. Erst in zweiter Instanz ist er, nachdem dieser Widerspruch des Klägers zur Klagabweisung durch das Landgericht geführt hatte, mit der Behauptung hervorgetreten, daß er nicht in das zwischen S. und dem Beklagten anhängige Verfahren habe eintreten wollen, sondern eine neue, selbständige Klage erhoben habe.

Diese Bemerkung entsprach nach dem soeben Bemerkten dem wahren Sachverhalte nicht, soweit sie sich darauf bezieht, was der Kläger bei der Klagerhebung tatsächlich gewollt und ausgesprochen hat. Soweit aber darin eine Willenserklärung dahin, daß er, entgegen seiner ursprünglichen Absicht, die Klage nun als eine selbständige, mit dem Mahnverfahren nicht zusammenhangende aufgefaßt und behandelt wissen wolle, zu finden ist, kommt dieser Erklärung rechtliche Bedeutung nicht zu, da der Kläger den rechtlichen Charakter des von ihm durch die Klagerhebung vorgenommenen Prozeßaktes nicht nachträglich ändern, nicht der unternommenen Fortsetzung des zwischen S. und dem Beklagten anhängig gewordenen Streitverfahrens die Natur eines von diesem unabhängigen Prozesses verleihen kann. Die Sachlage ist insoweit, wie von dem Revisionsbeklagten mit Recht geltend gemacht worden ist, prozessual keine andere, als sie vorliegen würde, wenn S. von Haus aus gewöhnliche Klage erhoben, und der Kläger nach Abtretung der Klageforderung die Fortführung des Prozesses übernommen hätte. Wie in diesem Falle bei Widerspruch des Beklagten gegen den Eintritt des Klägers in den Prozeß auf Abweisung der Klage hätte erkannt werden müssen,

vgl. Gruchot, Beiträge Bd. 30 S. 441; Entsch. des R.G.'s in Zivils. Bd. 46 S. 320,

so erscheint eine gleiche Entscheidung auf Grund der Vorschriften in § 265 Abs. 2 Z.P.O. auch hier geboten. Der von der Vorinstanz zur Sprache gebrachte Grundsatz, wonach materiellrechtlich bedeutsame Umstände, durch welche der Klaganspruch existent oder fällig wird, soweit durch ihre Geltendmachung der Klagegrund nicht geändert wird, auch dann zu berücksichtigen sind, wenn sie erst nach der Klagerhebung eingetreten sind, hat mit der hier vorliegenden Frage nichts zu tun, und ebensowenig kommen Erwägungen, wie sie in dem in den Entsch.

des R.G.'s in Zivils. Bd. 52 S. 136 flg. veröffentlichten Urteile zur Aufrechterhaltung der Klage verwertet worden sind, hier in Betracht." . . .

25. Ist nach gemeinem Recht der Arbeitgeber dem Arbeiter für das Einkleben der Alters- und Invaliditätsversicherungsmarken privatrechtlich verantwortlich? Folgt eine solche privatrechtliche Haftung aus dem geschlossenen Dienstvertrage?[1]

III. Zivilsenat. Urt. v. 3. Mai 1904 i. S. (Kl.) w. S. (Bekl.). Rep. III. 469/03.

I. Landgericht Kiel.
II. Oberlandesgericht daselbst.

Gründe:

„Der im Jahre 1900 erwerbsunfähig gewordenen Klägerin ist von der Landesversicherungsanstalt der Hansestädte die Gewährung einer Invalidenrente versagt, weil statt der erforderlichen 200 Marken nur 194 Marken für sie geklebt waren. Sie behauptet, daß sie in der Zeit vom 1. August 1896 bis zum 20. April 1897 in Projensdorf bei Kiel im Dienste des Vaters und Erblassers des Beklagten gestanden, daß dieser das Einkleben der Versicherungsmarken unterlassen und dadurch den Verlust der Rente für sie fahrlässigerweise herbeigeführt habe. Sie macht daher den Beklagten als Erben für den ihr dadurch erwachsenen Schaden verantwortlich und hat nunmehr den entsprechenden Rentenbetrag von jährlich 150 ℳ gegen ihn eingeklagt. Der Beklagte hat Abweisung der Klage beantragt, indem er bestreitet, daß die Klägerin im Dienste seines Vaters gestanden habe; sie habe in der fraglichen Zeit ihre auf dem väterlichen Gute wohnende erkrankte Mutter gepflegt, und es sei dafür nicht ihr, sondern ihrem auf dem Gute gleichfalls dienenden Vater ein Lohnzuschuß von 3 ℳ wöchentlich gezahlt worden. Das Berufungsgericht hat, indem es dahingestellt läßt, ob ein Arbeitsverhältnis zwischen der Klägerin und dem Vater des Beklagten bestanden habe, die Klage abgewiesen, weil aus der fraglichen Unterlassung der Einklebung der Marken der

[1] In gleichem Sinne vom Standpunkte des rheinisch-französischen Rechts entschieden in Sachen Rep. II. 606/03 am 4. Oktober 1904. D. R.

Klägerin ein privatrechtlicher Anspruch, sei es aus außerkontraktlichem Verschulden, sei es aus einem Vertrage, überhaupt nicht entstanden sei.

Die hiergegen erhobene Revision kann nicht für begründet erachtet werden. Mit Recht führt das Berufungsurteil zunächst aus, daß, da die dem Schadensanspruch zugrunde liegenden Unterlassungen in die Jahre 1896/97 fallen, das Invaliditäts- und Altersversicherungsgesetz in seiner alten Fassung vom 22. Juni 1889 und, was namentlich von Bedeutung ist, das gemeine Recht maßgebend sind. Nach gemeinem Recht kann auf ein außerkontraktliches Verschulden ein Entschädigungsanspruch im vorliegenden Falle jedenfalls nicht gestützt werden. Denn nach gemeinem Recht haftet nicht allgemein, d. h. von den besonders geregelten Deliktsfällen abgesehen, jeder für den durch seine Schuld, sondern nur für den durch seine Arglist angerichteten Schaden (vgl. Windscheid, Bd. 2 § 451). Wenn die Revision behauptet, daß auch nach gemeinem Recht jede, auch nicht arglistige, schuldvolle Nichterfüllung einer im Interesse eines Dritten gegebenen gesetzlichen Verpflichtung einen Schadensersatzanspruch des Berechtigten erzeuge, so hat sie einen Beweis hierfür nicht geliefert, die Klage, mit welcher ein solcher außerkontraktlicher Anspruch verfolgt werden könnte, auch nicht zu bezeichnen vermocht. Eine Arglist ist aber vorliegendenfalls nicht behauptet, und es kann auch von ihr nach der Sachlage keine Rede sein. Von den besonders geregelten Deliktsfällen könnte nur an die lex Aquilia gedacht werden, die aber versagt, da sie auch in ihrer Erweiterung sich auf Schaden an körperlichen Sachen und Personen beschränkt. Ebenso enthält auch das Invaliditäts- und Altersversicherungsgesetz selbst keine Bestimmung, daß die fragliche Zuwiderhandlung gegen das Gesetz für den dadurch erwachsenen Schaden haftbar mache. Kann hiernach auf außerkontraktliches Verschulden die Klage nicht gestützt werden, so kann sich weiter nur fragen, ob das Gesetz eine privatrechtliche Verpflichtung des Arbeitgebers dem Arbeiter gegenüber derart eingeführt hat, daß es die Verpflichtung der Markenklebung zum gesetzlichen Inhalte des Dienstvertrags gemacht hat, so daß eine solche Verpflichtung als stillschweigend durch den Arbeitsvertrag vereinbart gelten müßte, und der Anspruch daher durch die Kontraktsklage verfolgt werden könnte. Auch das ist von dem Berufungsgericht durchaus zutreffend verneint. Das Gesetz bezweckt eine öffentliche Fürsorge für die Arbeiter. In der

Allerhöchsten Botschaft vom 17. November 1881, in welcher die Alters- und Invaliditätsversorgung zuerst ins Auge gefaßt war, heißt es: „Aber auch diejenigen, welche durch Alter und Invalidität erwerbsunfähig werden, haben der Gesamtheit gegenüber einen begründeten Anspruch auf ein höheres Maß staatlicher Fürsorge", und ähnlich in der Thronrede vom 22. November 1888, in welcher der Entwurf des demnächstigen Gesetzes vom 22. Juni 1889 angekündigt wurde: „Ich erachte es für eine Aufgabe der Staatsgewalt, . . . durch organisatorische Einrichtungen die Betätigung der . . . Nächstenliebe als eine Pflicht der staatlichen Gesamtheit zur Anerkennung zu bringen." Dementsprechend ist auch der ganze Charakter des Gesetzes im wesentlichen und prinzipiell ein öffentlichrechtlicher. Dahin weist der Staatszuschuß, ferner die Durchführung der Zwecke des Gesetzes durch öffentliche Versicherungsanstalten und weiter die überall vorgesehene Mitwirkung der Verwaltungsbehörden. Es lag daher nahe, auch die den Arbeitgebern auferlegten Pflichten nicht als privatrechtliche, sondern als öffentlichrechtliche zu konstruieren, und daß dies tatsächlich auch vom Gesetz geschehen ist, ergibt sich, wie das Berufungsgericht mit Recht ausführt, daraus, daß der Arbeitgeber für seine Verpflichtung des Markenklebens nicht dem Arbeiter, sondern den Versicherungsanstalten, bzw. den Behörden gegenüber verantwortlich gemacht ist. Nach § 125 (§ 158 des neuen Gesetzes) erfolgt die Einziehung der Rückstände von Amts wegen, nach § 137 (§ 168 des neuen Gesetzes) die Beitreibung derselben wie bei Gemeindeabgaben; nach § 126 (noch schärfer und klarer nach § 161 des neuen Gesetzes) ist die Kontrole über die rechtzeitige und vollständige Entrichtung der Beiträge den Versicherungsanstalten übertragen, und endlich ist in § 143 (§ 176 des neuen Gesetzes) die Nichtentrichtung der Beiträge (Nichteinklebung der Marken) durch Strafe bedroht. Dazu kommt, daß nach § 112 (§ 148 des neuen Gesetzes) die Einklebung der Marken den Arbeitgebern überhaupt abgenommen und auf die Krankenkassen und Gemeindebehörden übertragen werden kann. Alle diese Vorschriften weisen darauf hin, daß die Verpflichtung der Arbeitgeber zur Markenverwendung nicht auf dem Dienst- und Arbeitsvertrage beruht, sondern daß sie eine öffentlichrechtliche Verpflichtung ist, die dementsprechend auch nur durch öffentlichrechtliche Zwangsmittel zur Erfüllung zu bringen ist. Dazu kommt weiter, daß weder im Gesetze selbst, noch im ganzen Laufe der Verhandlungen über dasselbe irgend auch nur Andeutungen dafür hervorgetreten sind, daß rücksichtlich dieser Markenklebung beabsichtigt gewesen sei, eine neue privatrechtliche Verpflichtung des Arbeitgebers dem Arbeiter gegenüber, für deren Einhaltung er diesem haftbar wäre, zu schaffen. Das ist um so bedeutsamer, als in einem anderen Falle, in welchem das Gesetz eine privatrechtliche Entschädigungspflicht will, dies im Gesetze — vgl. §. 108 Abs. 3 (§ 138 Abs. 3 des neuen Gesetzes) — auch ausdrücklich zum Ausdrucke gebracht ist. Wenn schließlich die Revision noch aus der Bestimmung des § 109 Abs. 3 (§ 142 des neuen Gesetzes), wonach der Arbeitgeber die Hälfte der Beiträge bei der Lohnzahlung in Abzug bringen darf, ein privatrechtliches Verhältnis für die Pflicht der Markenklebung herleiten will, so trifft diese Folgerung nicht zu, da es sich bei diesem Abzug lediglich um die Rückerstattung des für Rechnung des Arbeiters gezahlten diesem zugewiesenen Anteils der Beiträge handelt, insoweit also ein besonderer privatrechtlicher Grund, der mit der Pflicht der Markenklebung nichts zu tun hat, vorliegt. Nach alledem kann auch mit der Vertragsklage der geltend gemachte Schadensersatzanspruch nicht verfolgt werden, und daher mußte die Revision, wie geschehen, zurückgewiesen werden."

---

26. Wie vollzieht sich die Rückgewähr einer Forderung, die zugunsten eines Konkursgläubigers gepfändet und diesem zur Einziehung überwiesen ist, wenn die Pfändung nach § 30 Nr. 2 K.O. mit Erfolg angefochten ist, der Pfändungspfandgläubiger aber die Aufrechnung der gepfändeten Forderung mit einer dem Drittschuldner ihm — dem Gläubiger — gegenüber zustehenden Forderung erklärt hat? Ist der Gläubiger zu solcher Aufrechnung befugt?

VII. Zivilsenat. Urt. v. 3. Mai 1904 i. S. M. (Bekl.) w. Verw. im Konkurse der Deutschen Elektrizitäts-Aktienges. (Kl.). Rep. VII. 372/03.

I. Landgericht II Berlin.
II. Kammergericht daselbst.

Dem Beklagten stand gegen die Gemeinschuldnerin eine vollstreckbare Forderung von 5000 *M* nebst Zinsen zu. Unter dem 23. Februar 1901 ließ der Beklagte gemäß § 845 Z.P.O. seiner Schuldnerin und dem Tischlermeister M. zu C. die Benachrichtigung zustellen, daß wegen der bezeichneten Forderung die Pfändung der der Schuldnerin gegen M. für gelieferte Arbeiten zustehenden Forderung von 4000 *M* bevorstehe. Die Pfändung selbst erfolgte am 6. März 1901; gleichzeitig wurde dem Beklagten die gepfändete Forderung zur Einziehung überwiesen. Dieser erklärte dem Drittschuldner M. gleichfalls unter dem 6. März 1901, daß er die ihm überwiesene Forderung zu dem entsprechenden Betrage mit einer eigenen Schuld an M. in Höhe von 4000 *M* aufrechne. Am 18. März 1901 wurde über das Vermögen der Schuldnerin der Konkurs eröffnet, und der Kläger zum Verwalter bestellt. Er focht die Pfändung gemäß § 30 Nr. 2 K.O. an und beantragte klagend:

1. festzustellen, daß die Pfändung den Konkursgläubigern gegenüber unwirksam sei;
2. den Beklagten zu verurteilen, an ihn — den Kläger — 4000 *M* nebst 4 v. H. Zinsen seit dem 6. März 1901 zu zahlen.

Der Beklagte widersprach diesem Verlangen und machte insbesondere geltend, daß er keinesfalls zur Zahlung der geforderten Summe verpflichtet sei. Das Landgericht verurteilte indessen den Beklagten nach beiden Klaganträgen. Seine Berufung wurde vom Kammergericht zurückgewiesen. Auch die Revision ist ohne Erfolg geblieben.

Gründe:

(Der erste Teil der Gründe beschäftigt sich mit der nicht weiter interessierenden Frage, ob überhaupt die Voraussetzungen der Anfechtbarkeit nach § 30 Nr. 2 K.O. gegeben sind. Dann wird fortgefahren:)

... „Ist der Tatbestand des § 30 Nr. 2 K.O. gegeben, so trifft den Beklagten die Pflicht zur Rückgewähr des anfechtbar Empfangenen (§ 37 K.O.). Er hätte also die gepfändete Forderung frei von dem Pfandrechte zur Konkursmasse zurückzugewähren. Davon könnte aber nur die Rede sein, wenn ihm die Aufrechnungsbefugnis gefehlt hätte, und daher die gepfändete Forderung ebenso fortbestände, wie die Forderung des Drittschuldners M., mit welcher der Beklagte gegen die gepfändete und ihm zur Einziehung überwiesene Forderung aufgerechnet hat. War dagegen der Beklagte zur Aufrechnung berechtigt, so bewirkte diese gleich der Zahlung die endgültige Tilgung beider Forderungen (§ 389 Z.P.O.). Die auf Grund des Pfändungs- und Überweisungsbeschlusses vollzogenen Rechtshandlungen verlieren nicht ihre Kraft durch die demnächst erfolgte konkursmäßige Anfechtung des Beschlusses. Eine derartig sich auf die Vergangenheit erstreckende, dingliche Wirkung der Anfechtung ist vom Reichsgericht in ständiger Rechtsprechung für das alte Recht abgelehnt (Entsch. desselben in Zivils. Bd. 42 S. 367), und die neue Fassung der Konkursordnung bietet keinen Anlaß, den Boden dieser Rechtsprechung zu verlassen. Auch von den Anhängern der sog. Dinglichkeitslehre würde die gegenteilige Meinung für den vorliegenden Sachverhalt kaum verteidigt werden können, weil selbst der zu Unrecht erlassene Überweisungsbeschluß zugunsten des Drittschuldners dem Schuldner gegenüber so lange als rechtsbeständig gilt, bis er aufgehoben wird, und die Aufhebung zur Kenntnis des Drittschuldners gelangt (§ 836 Abs. 2 Z.P.O.). Wenn sonach die befreiende Wirkung der Aufrechnung durch die Anfechtung nicht wieder beseitigt werden kann, so ist die Wiederherstellung der gepfändeten Forderung unmöglich, und der Beklagte hat statt der Rückgewähr Ersatz in Geld zu leisten (Entsch. des R.G.'s in Zivils. Bd. 9 S. 72, Bd. 10 S. 10). Es kommt also für den Angriff der Revision, der sich gegen die Verurteilung des Beklagten zur Zahlung des Geldbetrags der überwiesenen Forderung richtet, lediglich auf die Beantwortung der Frage an, ob der Beklagte mit einer dem Drittschuldner M. gegen ihn zustehenden Forderung aufrechnen durfte. Diese Frage war zu bejahen. Durch die Pfändung einer Forderung erwirbt der Gläubiger ein Pfandrecht an ihr (§ 804 Z.P.O.), und die sich anschließende Überweisung zur Einziehung ersetzt die förmlichen Erklärungen des Schuldners, von welchen nach den Vorschriften des bürgerlichen Rechtes die Befugnis zur Einziehung abhängig ist (§ 836 Abs. 1 Z.P.O.). Der Pfändungspfandgläubiger erlangt mithin durch die Überweisung die gleiche Rechtsstellung, wie der Pfandgläubiger, der es im Wege der Verpfändung geworden ist, nach Eintritt des Befriedigungsrechts (§ 1282 B.G.B.). Er ist zur Einziehung der Forderung berechtigt, und der Drittschuldner kann nur an ihn leisten; zu anderen Verfügungen über die Forderung ist er nicht berechtigt. Es fragt sich, was unter der Einziehung im Gegensatze zu anderen

Verfügungen zu verstehen ist, ob namentlich auch die durch Aufrechnung bewirkte Tilgung der Forderung unter den Begriff der Einziehung fällt. Die Entstehungsgeschichte des Gesetzes ergibt nichts weiter über die Frage. Der dem § 1282 B.G.B. entsprechende § 1218 des ersten Entwurfs enthielt noch den — von der 2. Kommission wohl als selbstverständlich gestrichenen — Zusatz, daß der Pfandgläubiger insbesondere die Forderung nicht verkaufen dürfe. Daraus wäre nur zu schließen, daß die Einziehung den Gegensatz von Verwertung unter Aufrechterhaltung des Bestandes der Forderung bildet, und es würde sich nichts gegen die Ausdehnung des Begriffs der Einziehung auf die Aufrechnung ergeben. Es ist anzuerkennen, daß die Einziehung im engsten Sinne nur die Empfangnahme der geschuldeten Leistung umfaßt. Man wird aber unbedenklich der Erfüllung schon die Hingabe an Erfüllungsstatt gleichzustellen haben, weil kein Grund für die Annahme vorliegt, daß das Gesetz die Einziehung im engsten Sinne verstanden habe. Grundsätzlich hat der Pfandgläubiger nach § 1275 B.G.B. die Rechte und Pflichten eines Zessionars. Der § 1282 B.G.B. ist dem gegenüber eine einschränkende Vorschrift, die darum gleichfalls einschränkend auszulegen ist, nämlich in einem der Verfügungsmacht des Pfandgläubigers günstigen Sinne. Ist aber im Falle der Abtretung einer Forderung der Schuldner zweifellos befugt, mit einer Forderung, die ihm gegen den neuen Gläubiger zusteht, aufzurechnen und so den letzteren zu befriedigen, so wird es auch dem Wesen der Einziehung nicht widerstreiten, wenn der Schuldner dem kraft eigenen Rechts die Leistung fordernden Pfandgläubiger erklärt, daß dieser ihm eine gleichartige, fällige Leistung schulde, mit welcher aufgerechnet werde. Es ist nicht ersichtlich, weshalb der Schuldner gezwungen werden sollte, dem Pfandgläubiger dasjenige zu leisten, was dieser ihm sofort zurückzugewähren hätte. Die doppelte Leistung wird durch die Aufrechnung erspart; diese steht der Zahlung gleich, und wenn der Schuldner den Pfandgläubiger durch Zahlung befriedigen kann und muß, so hat das gleiche von der Befriedigung im Wege der Aufrechnung zu gelten. Auch hier zieht der Pfandgläubiger ein, insofern er den Betrag der gepfändeten Forderung in der Befreiung von seiner eigenen Schuld erhält. Ein grundsätzlicher Unterschied zwischen diesem Fall und dem Falle, daß der Pfandgläubiger es ist, der mit einer Forderung des Schuldners gegen ihn selbst aufrechnet, besteht nicht. Die Einziehung geschieht dann in der Weise, daß der Pfandgläubiger sich durch die Gegenforderung des Schuldners befriedigt, während im ersten Falle dieser den die Befriedigung in sich schließenden Akt der Aufrechnung vollzieht. Für den Begriff der Einziehung erscheint es aber gleichgültig, ob die Befriedigungshandlung von dem einen, oder dem anderen Teil ausgeht, ob also der Schuldner erklärt, daß er nicht zahle, weil ihm der Gläubiger das Empfangene sofort wiedererstatten müsse, oder ob der Gläubiger erklärt, daß er nicht fordere, weil er seinerseits zu leisten habe. In beiden Fällen wirkt die Aufrechnung gleich der Zahlung, und wer eine Forderung in eigenem Interesse durch Entgegennahme der Zahlung einziehen darf, wird sie auch im Wege der Aufrechnung zu realisieren berechtigt sein. Aus diesen Erwägungen hat der Senat die bestrittene Frage der Aufrechnungsbefugnis des Pfandgläubigers bejahen zu sollen geglaubt (vgl. Falkmann bei Gruchot, Bd. 44 S. 109 flg., dessen noch weitergehende Ausführungen hier auf sich beruhen können; Dernburg, Sachenrecht 3. Aufl. Bd. 3 § 280 Ziff. 2 Anm. 3 S. 825; Kober, 2. Aufl. Bem. II. b β zu § 1282 B.G.B.; abweichend Planck, Bem. 1 zu § 1282; Biermann, Bem. 1 d zu § 1282; Turnau-Förster, Bem. 3 zu § 1282)." ...

---

27. Wie ist im § 34 Z.P.O. der Ausdruck „Prozeßbevollmächtigte" auszulegen? Ist der Gerichtsstand des § 34 nur für die Personen begründet, denen eine Prozeßvollmacht im Sinne des § 81 Z.P.O. erteilt worden ist?

VI. Zivilsenat. Urt. v. 5. Mai 1904 i. S. B. Eisenwerk u. Gen. (Bekl.) w. E. (Kl.). Rep. VI. 535/03.

I. Landgericht Stolp.
II. Oberlandesgericht Stettin.

Für einen Prozeß, den die Beklagte zu 1 im Jahre 1898 beim Landgericht St. gegen die dortige Molkereigenossenschaft anhängig machte, hatten beide Beklagte dem Kläger nach dessen Behauptung Auftrag erteilt, die Verhandlungen mit dem zum Prozeßbevollmächtigten bestellten Rechtsanwalt in St. zu führen. Im Laufe des Prozesses war er, wie er ferner behauptete, von den Beklagten beauftragt worden, verschiedene auswärtige Termine zur Beweisaufnahme wahrzunehmen, und waren ihm dafür besonders vereinbarte, erhöhte Gebühren zugesichert. In den Terminen war er auf Grund einer vom Prozeßbevollmächtigten ihm erteilten Untervollmacht aufgetreten. Die aus der Ausführung dieser Aufträge ihm zukommenden Gebühren und Auslagen klagte er beim Landgericht St. ein. Die Beklagten schützten die prozeßhindernde Einrede der Unzuständigkeit dieses Gerichts vor und verweigerten die Einlassung zur Hauptsache. Das Landgericht verwarf die Einrede, und die Berufung der Beklagten wurde zurückgewiesen.

Auch die Revision der Beklagten ist zurückgewiesen worden, aus folgenden

Gründen:

„Der Streit der Parteien betrifft die Auslegung des § 34 Z.P.O., worin einer der Fälle geregelt ist, in denen wegen des sachlichen Zusammenhangs der zu erhebenden Klage mit einem voraufgegangenen oder noch anhängigen Prozesse aus Zweckmäßigkeitsrücksichten das Gericht des letzteren zugleich für die neue Klage zuständig sein soll. Nach § 34 ist für Klagen der Prozeßbevollmächtigten, der Beistände, der Zustellungsbevollmächtigten und der Gerichtsvollzieher wegen Gebühren und Auslagen das Gericht des Hauptprozesses zuständig. Der Kläger vertritt nun die Auffassung, daß er wegen der ihm erteilten Aufträge, als Korrespondenzmandatar und als Vertreter bei der Beweisaufnahme tätig zu sein, als Prozeßbevollmächtigter im Sinne des § 34 anzusehen und darum berechtigt sei, bei dem Gerichte des Hauptprozesses wegen seiner Gebühren und Auslagen Klage zu erheben. Die Beklagten dagegen sind der Meinung, daß unter Prozeßbevollmächtigten allein die Personen zu verstehen seien, denen die Partei eine Prozeßvollmacht im Sinne des § 81 Z.P.O. erteilt habe. Diese Vollmacht habe aber lediglich der beim Landgericht St. zugelassene Rechtsanwalt gehabt, und dieser habe durch die Erteilung einer Untervollmacht an den Kläger behufs der Wahrnehmung von Beweisaufnahmeterminen den letzteren nicht zum Prozeßbevollmächtigten bestellt. Das Berufungsgericht hat in Übereinstimmung mit dem Landgericht die Rechtsauffassung des Klägers gebilligt, und dem war beizutreten.

Der Revision ist zuzugeben, daß der vom Gesetz gebrauchte Ausdruck „Prozeßbevollmächtigter" es zunächst nahe legt, anzunehmen, daß die Ausnahmebestimmung auf die Inhaber einer Prozeßvollmacht beschränkt sein solle, denen die Partei die im § 81 bestimmten Befugnisse übertragen hat. Die Stellung eines solchen hat allerdings der Kläger nicht gehabt, auch nicht bei der Vertretung der Partei in den Terminen zur Beweisaufnahme auf Grund der Untervollmacht des Rechtsanwalts in St. Allein gegen jene wörtliche Auslegung entsteht sofort das Bedenken, daß man bei ihr die Gründe der Zweckmäßigkeit beiseite setzt, die zu der Aufnahme des § 34 geführt haben, und die sich sowohl aus seinem Zusammenhang mit dem älteren Prozeßrecht,

vgl. Planck, Lehrb. des Deutschen Civilprozeßrechts Bd. 1 S. 75,

als auch aus den bei der Einbringung des Gesetzes beigegebenen Motiven ergeben. Die im § 34 aufgeführten Personen, die vielfach auf Grund auswärtiger Aufträge tätig werden, sollen nicht genötigt sein, ihre Gebühren und Auslagen auswärts einzuklagen. Außerdem ist für zweckmäßig erachtet, daß Streitigkeiten über die Vergütung der dem Bevollmächtigten übertragenen Geschäftsbesorgung bei dem Gerichte erledigt werden, bei dem der Prozeß geführt ist, und das darum am besten in der Lage ist, über die zweckentsprechende Ausführung des Auftrages zu entscheiden. Diesen Erwägungen wird allein die vom Kläger vertretene Auslegung des § 34 im vollen Umfange gerecht. Die letztere ist mit der Fassung des Gesetzes völlig vereinbar. Schon die Zusammenstellung der Prozeßbevollmächtigten mit den Beiständen und den Zustellungsbevollmächtigten weist deutlich darauf hin, daß der Gerichtsstand des § 34 so weit ausgedehnt werden sollte, daß er für alle gegeben war, bei denen die erwähnten Zweckmäßigkeitsgründe zutrafen. Sieht man deswegen davon ab, die Bedeutung des in Frage stehenden Ausdrucks durch Heranziehung des technischen Begriffes der eigentlichen Prozeßvollmacht im Sinne des § 81 einengend abzugrenzen, so ergibt sich, daß Prozeßbevollmächtigte im Sinne des § 34 alle die Personen sind, die auf Grund einer ihnen erteilten Vollmacht für die Partei und in deren Namen die mit der Prozeßführung verbundene Geschäftsbesorgung übernehmen. Dazu gehört die Tätigkeit, für die der Kläger mit der jetzigen Klage Vergütung fordert.

Die vorstehend dargelegte Rechtsauffassung ist bereits, wenngleich mit vereinzeltem Widerspruch, überwiegend für den Fall angenommen, wo es sich um die Einklagung der Gebühren des für einzelne Prozeßhandlungen vom Prozeßbevollmächtigten bestellten Unterbevollmächtigten handelt. Aber auch der letztere hat keineswegs stets die Stellung eines Prozeßbevollmächtigten mit den im § 81 bestimmten Befugnissen; sicher nicht dann, wenn er nur beauftragt war, das Interesse der Partei in einem Beweisaufnahmetermin wahrzunehmen. Dann ist es aber nur folgerichtig, den Gerichtsstand des § 34 auch für Korrespondenzmandatare zuzulassen. Dafür sprechen auch sonstige Zweckmäßigkeitsgründe, und sachliche Interessen der Auftraggeber stehen der Ausdehnung des Gerichtsstandes des § 34 auf die vorerörterten Fälle nicht entgegen." ...

---

28. 1. Ist eine Schuldverschreibung auch dann als solche zu versteuern, wenn lediglich infolge der beurkundeten Annahme der Verpflichtung durch den Gläubiger die äußere Form eines urkundlichen Vertrages vorhanden ist?

2. Stempelrechtlicher Begriff des einheitlichen Rechtsgeschäfts?

Preuß. Stempelgesetz vom 7. März 1822 Ziff. 1 der allg. Vorschriften bei dem Gebrauche des Tarifs und Tarifst. „Schuldverschreibungen". Preuß. Stempelsteuergesetz vom 31. Juli 1895 § 10 Abs. 3 und Tarifst. 58.

VII. Zivilsenat. Urt. v. 6. Mai 1904 i. S. Kreis A. (Kl.) w. preuß. Fiskus (Bekl). Rep. VII. 588/03.

I. Landgericht Posen.
II. Oberlandesgericht daselbst.

Der klagende Kreis verpflichtete sich gegenüber dem preußischen Eisenbahnfiskus in einem mit diesem am 15. Februar 1886 geschlossenen, von beiden Vertragsteilen unterschriebenen Vertrage, für den von der Staatsregierung beabsichtigten Bau einer Eisenbahn von D.-K. nach K. den erforderlichen Grund und Boden unentgeltlich zur Verfügung zu stellen und einen Zuschuß von 5000 ℳ zu den Baukosten zu leisten. Der Eisenbahnfiskus übernahm in diesem Vertrage irgend eine Verpflichtung nicht. Die Steuerbehörde erforderte vom Kläger für diese Urkunde neben dem allgemeinen Vertragsstempel von 1,50 ℳ noch wegen der darin enthaltenen Übernahme der Verpflichtung zur Zahlung des Betrags von 5000 ℳ den Schuldverschreibungsstempel von $^1/_{12}$ vom Hundert mit 4,50 ℳ gemäß der Tarifstelle 58 Ziff. I und § 11 des preußischen Stempelsteuergesetzes vom 31. Juli 1895 und zog ihn zwangsweise ein. Mit der Klage verlangte der Kläger Rückzahlung dieses Betrages und Erstattung der erwachsenen Zwangsvollstreckungskosten von 1,10 ℳ, zusammen 5,60 ℳ, nebst Zinsen. Er vertrat die Auffassung, daß neben dem allgemeinen Vertragsstempel für den ein einheitliches Rechtsgeschäft darstellenden Vertrag nicht noch ein besonderer Stempel erhoben werden, und daß er schlimmstenfalls nur zur Hälfte des eingezogenen Stempelbetrages herangezogen werden dürfe. Der Beklagte wurde in erster Instanz entsprechend dem Klagantrag verurteilt. Diese Entscheidung wurde durch das Berufungsgericht abgeändert, und der Kläger mit der Klage abgewiesen. Die Revision des Klägers ist zurückgewiesen aus folgenden

Gründen:

„Die Entscheidung würde keine Schwierigkeiten bieten, wenn der Vertrag vom 15. Februar 1886 ein lästiger, also für beide Vertragsteile Verpflichtungen begründender, und die Verbindlichkeit zur Zahlung des Zuschusses von 5000 ℳ ein Bestandteil dieses Vertrages wäre; denn in diesem Falle würde nach der sowohl für das frühere als auch für das jetzige preußische Stempelrecht feststehenden Rechtsprechung für diesen Bestandteil ein besonderer Stempel neben dem für das einheitliche Hauptgeschäft zu entrichtenden Vertragsstempel nicht zu beanspruchen sein (§ 10 Abs. 3 des Stempelgesetzes vom 31. Juli 1895; Entsch. des R.G.'s in Zivils. Bd. 23 S. 194, Bd. 49 S. 312). Der Berufungsrichter stellt aber durch Auslegung des klaren Vertragsinhaltes für den Revisionsrichter bindend fest, daß der eine Vertragsteil, nämlich der Eisenbahnfiskus, im Vertrage keinerlei Verbindlichkeit übernimmt, insbesondere nicht die Verpflichtung zum Bau der Eisenbahn, daß der Vertrag vielmehr lediglich einseitige, für den Fall der Ausführung des Eisenbahnprojekts abgegebene Verpflichtungserklärungen des klagenden Kreises enthält. Ein Rechtsirrtum ist in dieser Feststellung des Inhaltes des Vertrages nicht zu erkennen. Dieser, ein sog. Subventionsvertrag, enthält eine Zuwendung, die entweder zu dem bestimmten Endzwecke der Erbauung der Bahn, oder unter der Bedingung dieser Erbauung erfolgt (Eger, Eisenbahnrecht Bd. 1 S. 310flg.). Welche dieser beiden Voraussetzungen hier zutrifft, kann dahingestellt bleiben; denn in dem für den Kläger günstigsten Falle mag dieser die versprochene Zuwendung zu widerrufen oder die bereits gewährte zurückzufordern berechtigt sein, wenn die Ausführung des Bahnbaues unterbleibt; ein klagbarer Anspruch auf Erfüllung des Vertrages durch Herstellung der Eisenbahn steht ihm aber gegen den Eisenbahnfiskus nicht zu, da dieser eine dahingehende Verpflichtung nicht ausdrücklich übernommen hat, im § 1 vielmehr nur die Mitteilung enthalten ist, daß er die Eisenbahn auf Grund der ihm durch das Gesetz vom 7. Mai 1885 (G.S. S. 119) erteilten Ermächtigung herzustellen beabsichtige (Eger, a. a. O. S. 311. 318; vgl. die Urteile des Reichsgerichts vom 4. Januar 1884, 13. April 1885 und 20. April 1886 in den Eisenbahnrechtlichen Entsch. Bd. 3 S. 167, Bd. 4 S. 260. 262. 447). Zwar sind nach § 1053 I. 11 des hier maßgebenden Allgemeinen Landrechts Schenkungen, die unter einer von dem Geschenknehmer zu leistenden Bedingung oder zu einem gewissen, von ihm zu erfüllenden Endzweck versprochen oder gegeben worden, in zweifelhaften Fällen den lästigen Verträgen gleich zu achten. Aber abgesehen davon, daß eine Schenkung hier wegen des offenbaren Mangels des Willens des Klägers, den Eisenbahnfiskus zu bereichern, nicht wird als vorhanden angenommen werden können, kann es auch keinem Zweifel unterliegen, daß der Eisenbahnfiskus sich dem Kläger gegenüber nicht hat privatrechtlich zum Bau der Eisenbahn über das Gebiet des Klägers verpflichten wollen und können, zumal da eine spätere Änderung des Bahnprojekts aus öffentlichrechtlichen Gründen nicht ausgeschlossen war. Die Revision sucht zwar eine Verpflichtung des Eisenbahnfiskus zum Bahnbau aus dem Gesetz vom 7. Mai 1885 und der seitens des Ministers für öffentliche Arbeiten erfolgten Genehmigung des Vertrages vom 15. Februar 1886 herzuleiten; aber das genannte Gesetz enthält über eine solche Verpflichtung nichts, „ermächtigt" vielmehr nur die Staatsregierung, den zur Herstellung der Eisenbahn erforderlichen Geldbetrag zu verwenden, und die bloße Genehmigung eines keine Verpflichtungen für den Eisenbahnfiskus begründenden Vertrages kann solche Verpflichtungen nicht zur Entstehung bringen. Die Unterschrift der Vertreter des Eisenbahnfiskus unter dem Vertrage hat daher nur die Bedeutung, zu beurkunden, daß der Fiskus die vom Kläger darin übernommenen Verbindlichkeiten annehme.

Die vom Kläger übernommene Verpflichtung zur Zahlung von 5000 ℳ ist aber auch nicht als Bestandteil eines einheitlichen Vertrages anzusehen, ist vielmehr eine rechtlich selbständige. In der Urkunde vom 15. Februar 1886 ist neben dieser Verpflichtung zwar noch die ebenfalls vom Eisenbahnfiskus angenommene Verpflichtung des Klägers zur Hergabe des zum Bahnbau erforderlichen Landes beurkundet; diese beiden Verpflichtungen bilden aber zusammen nicht einen im Rechtssinne einheitlichen Vertrag. Sie haben eine gemeinsame Grundlage in dem gemeinsamen wirtschaftlichen Zwecke, die Herstellung der Eisenbahn zu ermöglichen; es fehlt aber an einem sie untereinander verknüpfenden rechtlichen Bande. Ein solches wird weder durch die räumliche Zusammenfassung der Verpflichtungen in einer Urkunde, noch dadurch geschaffen, daß nach dem Willen der Beteiligten die eine Verpflichtung nur Wirksamkeit haben soll, wenn auch die andere zu Recht besteht. Im vorliegenden Falle ist übrigens auch nicht ersichtlich, daß jede der beiden Verpflichtungen durch das Zustandekommen der anderen hat bedingt sein sollen; vielmehr konnte jede, unabhängig von der anderen, für sich bestehen, und jede sollte nur in ihrer Wirksamkeit davon abhängen, daß es zur Herstellung der Eisenbahn kam. Es ist zwar zuzugeben, daß die Vertragschließenden die in der Urkunde zusammengefaßten Willenserklärungen als einen einheitlichen Vertrag aufgefaßt haben können. Eine solche, von den Beteiligten gewollte Einheit fällt aber nicht zusammen mit der Einheit im Sinne des Stempelrechts. Diese ist vorhanden, wenn die einzelnen rechtsgeschäftlichen Elemente sich nach den Begriffen des Bürgerlichen Rechts nur als die Bestandteile eines einheitlichen nach dem Tarife steuerpflichtigen Rechtsgeschäftes, des Gesamtgeschäftes, darstellen, zu dessen näherer Bestimmung diese einzelnen Bestandteile dienen. Diese für den Bereich des Stempelsteuergesetzes vom 31. Juli 1895 auf Grund des § 10 Abs. 3 desselben von der Rechtsprechung (Urt. vom 2. Februar und 3. November 1898, Rep. IV. 272/98 und 157/98, sowie vom 30. Juni 1903, Rep. VII. 162/03) festgestellten

Grundsätze gelten in gleicher Weise für das hier anzuwendende Stempelgesetz vom 7. März 1822. Das System des Bürgerlichen Rechts erkennt aber ein Rechtsgeschäft, wie es die Gesamtheit der in der Urkunde vom 15. Februar 1886 enthaltenen Erklärungen darstellt, als ein individuell bestimmtes nirgends an. Wäre in der Urkunde für die beiden vom Kläger übernommenen Verpflichtungen eine einheitliche Gegenleistung bestimmt, so wären sie zwar durch diese rechtlich miteinander verknüpft. Aber auch diese Voraussetzung trifft hier nicht zu. Die rechtliche Selbständigkeit der Verpflichtungen zeigt sich schon darin, daß jede von ihnen in einer besonderen Urkunde hätte übernommen und angenommen werden können, ohne daß dadurch ihre rechtliche Wirksamkeit oder die der anderen beeinträchtigt worden wäre, während ein (benannter oder unbenannter) lästiger Vertrag seine rechtliche Natur ändert, wenn die auf der einen und die auf der anderen Seite übernommenen und angenommenen Verpflichtungen getrennt beurkundet werden.

Würde man für die Frage, ob ein in einer Urkunde unter einheitlicher äußerer Zusammenfassung geschlossener Vertrag stempelrechtlich als Einheit anzusehen sei, lediglich den Willen der Parteien entscheidend sein lassen, so müßte das zu unhaltbaren Konsequenzen führen. Wäre z. B. in einer Urkunde zwischen den Vertragschließenden ein Kaufvertrag über ein Grundstück und gleichzeitig ein Mietvertrag über ein anderes mit der Vereinbarung geschlossen, daß jeder dieser beiden Verträge nur dann und deshalb wirksam sein solle, wenn und weil der andere zu Recht bestehe, so wäre bei Annahme eines hierdurch getätigten einheitlichen Gesamtgeschäfts dieses weder als Kauf- noch als Mietvertrag, sondern als ein unbenannter Vertrag eigener Art anzusehen und, anstatt mit dem Wertstempel, mit nur 1,50 ℳ zu versteuern. Das kann aber die Absicht des Gesetzgebers nicht gewesen sein.

Für jedes der beiden in der Verhandlung vom 15. Februar 1886 enthaltenen Geschäfte ist nach Ziff. 1 der „Allgemeinen Vorschriften" zum Stempeltarif vom 7. März 1822 der Stempel besonders zu berechnen. Auf den Vertrag, der die Verpflichtung zur Hergabe von Landflächen begründet, entfällt nach der Tarifstelle „Verträge", da eine andere Tarifstelle nicht anwendbar ist, eine Stempelabgabe von 1,50 ℳ. Die Übernahme der Verpflichtung zur Zahlung von 5000 ℳ ist als „Schuldverschreibung“ zu versteuern, da alle Erfordernisse einer solchen vorliegen. Da aber zum Vorhandensein einer Schuldverschreibung die einseitige schriftliche Erklärung des Schuldners ausreicht, so entsteht die Frage, ob etwa deshalb die Anwendung des Schuldverschreibungsstempels hier ausgeschlossen, und die des allgemeinen Vertragsstempels geboten sei, weil durch die hinzugetretene schriftliche Annahme der Verpflichtung von seiten des Gläubigers das Geschäft die äußere Form eines Vertrages gewonnen hat. Diese Frage ist zu verneinen. Bei den streng einseitigen Geschäften — zu diesen gehört das hier in Betracht kommende — vollzieht und vollendet sich ihre Beurkundung durch die schriftliche Feststellung der Willenserklärung einer einzigen Person, und deshalb genügt zur Beurkundung einseitiger Verträge, daß die Willenserklärung desjenigen Vertragschließenden, der die Verpflichtung übernimmt, in die schriftliche Form gebracht wird (Urt. des Reichsgerichts vom 9. Juni 1899, Rep. VII. 52/99, Zentralbl. der Abgaben- ꝛc Verwaltung 1899 S. 205). Die Annahme der Verpflichtung kann in allen Fällen auch stillschweigend wirksam erfolgen (§ 393 und §§ 729—731 I. 11 und § 11 I. 13 A.L.R.). Im Verkehr pflegen deshalb auch bei solchen einseitigen Verträgen, wie Darlehn und Vollmacht, Urkunden nur von dem Verpflichteten (Darlehnsempfänger, Vollmachtgeber) ausgestellt zu werden, und aus diesem Grunde unterwirft der Tarif auch diese Urkunden (Schuldverschreibung, Vollmacht), und nicht die von beiden Seiten vollzogene Vertragsurkunde dem Stempel, den das Geschäft nach seiner Bedeutung für den Verkehr tragen soll. Hieraus folgt, daß die Schuldverschreibung auch dann als solche zu versteuern ist, wenn lediglich infolge der beurkundeten Annahme die äußere Form eines urkundlichen Vertrages vorhanden ist. In Übereinstimmung mit dieser Auffassung hat schon das Urteil des Reichsgerichts vom 10. Februar 1898, Rep. IV. 241/97 (Zentralbl. 1898 S. 176) ausgesprochen, daß es für die Stempelpflichtigkeit einer Urkunde als Schuldverschreibung ohne Bedeutung ist, ob dieselbe einseitig vom Schuldner, oder in der Form eines Vertrages erklärt wird. Die entgegengesetzte Meinung würde zu unhaltbaren Folgen führen; denn sie würde für den steuerpflichtigen Aussteller der stempelpflichtigen Schuldverschreibung die Möglichkeit eröffnen, dem Staate nach Willkür den auf dieser ruhenden Wertstempel zu entziehen und durch den geringfügigen allgemeinen Vertragsstempel zu ersetzen, indem der andere Teil zur Mitunterschrift der Urkunde veranlaßt würde. Eine solche Möglichkeit ist aber unvereinbar mit dem Zwecke eines Finanzgesetzes, das dem Staate sichere Einnahmen zu verschaffen bestimmt ist.

Für den Fall, daß die Verpflichtung zur Verwendung des Schuldverschreibungsstempels anerkannt werden sollte, hält sich der Kläger jedenfalls für berechtigt, die Zurückzahlung der Hälfte dieses Stempels auf Grund des § 6 des Vertrages zu beanspruchen, nach dem der Eisenbahnfiskus die Hälfte der Kosten „des Vertrages" übernommen hat. Mit Recht erklärt der Berufungsrichter diesen Anspruch für unbegründet. Zwar ist seine dem § 6 gegebene Auslegung, die Teilung der Stempelkosten habe sich nur auf die Stempelkosten für den Vertrag bezogen, nicht aber auf den selbständig nebenhergehenden Stempel für die Schuldverschreibung, gegenüber der allgemeinen Fassung des anscheinend auf alle vorangegangenen Vertragsbestimmungen sich beziehenden § 6 nicht ohne Bedenken. Aber nimmt man auch an, der Eisenbahnfiskus habe auch die Hälfte des Schuldverschreibungsstempels zu seinen Lasten übernommen, und diese Übernahme sei trotz der Vorschrift des § 22 Abs. 3 in Verbindung mit § 3 Abs. 2 des Stempelgesetzes vom 7. März 1822 rechtlich wirksam, so ist doch ausschlaggebend, daß das aus dem § 6 für den Kläger erwachsene Vertragsrecht nur gegenüber dem Eisenbahnfiskus besteht, und daß sowohl nach früherem wie nach jetzigem Zivilrechte (§ 368 A.L.R. I. 16, § 395 B.G.B.) der Kläger mit dieser Forderung gegenüber dem vom Steuerfiskus erhobenen Stempelanspruche nicht aufrechnen darf."

---

29. Ist ein Urteil wirksam zugestellt, wenn ein Richter, der bei der Erlassung nicht mitgewirkt hat, im Eingange des Urteils als mitwirkend aufgeführt ist und es unterschrieben hat?

II. Zivilsenat. Urt. v. 6. Mai 1904 i. S. O. (Kl.) w. F. (Bekl.). Rep. II. 50/04.

I. Landgericht Köln.
II. Oberlandesgericht daselbst.

Gründe:

„In der mündlichen Verhandlung vor dem Landgerichte zu Köln vom 25. November 1902, in welcher das mit der Berufung angefochtene Urteil verkündet wurde, wirkten nach dem Sitzungsprotokolle mit als Vorsitzender Landgerichtsdirektor Frhr. v. Sp. und als beisitzende Richter Amtsgerichtsrat M. und Assessor P. Am Schlusse des Sitzungsprotokolles ist beurkundet: „anliegendes Urteil wurde verkündet". In dem „anliegenden" Urteile sind indessen als Richter, welche bei der Entscheidung mitgewirkt haben — § 313 Ziff. 2 Z.P.O. —, benannt: Landgerichtsdirektor v. Sp., Landgerichtsrat Dr. R. und Gerichtsassessor P.; dasselbe enthält, entsprechend den weiteren Vorschriften des § 313 Z.P.O., Tatbestand, Entscheidungsgründe sowie die Urteilsformel und ist von Frhr. v. Sp., Dr. R. und P. unterzeichnet. Nach dem Sitzungsprotokolle wirkte sonach bei der Entscheidung mit Amtsgerichtsrat M.; in dem Eingang des Urteils nach § 313 Ziff. 2 ist an dessen Stelle Landgerichtsrat Dr. R. als mitwirkender Richter angegeben; letzterer, nicht M., hat auch das nach § 313 a. a. O. fertiggestellte Urteil unterschrieben.

In dieser äußeren Gestaltung wurde das klagabweisende Urteil dem Beklagten ausgefertigt und auf dessen Betreiben am 24. Januar 1903 zugestellt. Nach Einlegung der Berufung von seiten des Klägers wurde der bezeichnete Mangel festgestellt, und von dem Beklagten und Berufungsbeklagten beantragt, weil das zu den Akten gebrachte Urteil unfertig sei, und danach die Zustellung seiner Ausfertigung nicht als Urteilszustellung beurteilt werden könne, die Berufung als unzulässig zu verwerfen. Der Berufungskläger vertrat dagegen den Standpunkt, daß ein wesentlicher Mangel in dem Urteilsverfahren vorliege, und deshalb das angefochtene Urteil aufzuheben, die Sache aber an das Landgericht zurückzuverweisen sei.

Der Berufungsrichter hat in dem mit der Revision angefochtenen Urteile die Berufung für wirkungslos erklärt. Er führt aus: es sei nicht zweifelhaft, daß bei der Fällung des nach dem Sitzungsprotokolle vom 25. November 1902 an diesem Tage verkündeten Urteils Amtsgerichtsrat M., und nicht Landgerichtsrat Dr. R. mitgewirkt habe. Danach sei die Bezeichnung der Namen der mitwirkenden Richter im Urteil unrichtig. Diese unrichtige Angabe hindere indessen nicht den Nachweis des wahren Sachverhaltes. Dem zu den Akten gelangten

Urteile fehle danach heute noch die Unterschrift eines der bei der Entscheidung mitwirkenden Richter, während es die rechtlich bedeutungslose Unterschrift eines nicht an der Entscheidung beteiligten Richters trage. Daher liege ein Urteil in vollständiger Form — § 315 Abs. 2 Z.P.O. — nicht vor, vielmehr nur ein noch unvollständiger Urteilsentwurf, von dem nach § 317 Abs. 2 Z.P.O. eine Ausfertigung nicht erteilt werden durfte; die gleichwohl erteilte Ausfertigung habe keine geeignete Grundlage für eine Zustellung gebildet, und ihre Zustellung sei ohne rechtliche Wirkung gewesen, habe insbesondere die Berufungsfrist nicht in Lauf gesetzt; danach sei die Berufungseinlegung so zu beurteilen, als sei sie erfolgt, ohne daß das angefochtene Urteil überhaupt zugestellt sei.

Der Revisionskläger macht geltend, es liege kein unvollständiges, sondern ein äußerlich vollständiges, aber mangelhaftes Urteil vor, der Mangel rechtfertige seine Aufhebung.

Das angefochtene Urteil konnte nicht aufrecht erhalten werden. Zunächst unterliegt die Zulässigkeit der Revision keinem Bedenken. Zwar beträgt der Wert des Streitgegenstandes nur 1000 ℳ; indessen liegt der Fall des § 547 Ziff. 1 Z.P.O. vor. Die Erklärung der Berufungseinlegung als wirkungslos steht der Unzulässigkeit der Berufung — § 547 Ziff. 1 a. a. O. — gleich. Die gedachte Fassung der Urteilsformel nimmt ihren Ausgang von § 516 Abs. 2 Satz 2 Z.P.O. und einem Urteile des I. Zivilsenates — Entsch. des R.G.'s in Zivils. Bd. 4 S. 416 —; gegen sie wird in der Literatur — vgl. Gaupp-Stein, Z.P.O. 4. Aufl. § 516 Bem. IV, Bd. 2 S. 21 zu Note 6 — geltend gemacht, daß schon mit Rücksicht auf die Revision — § 547 Ziff. 1 — die Formel besser die Unzulässigkeit als die Wirkungslosigkeit aussprechen solle. Jedenfalls vermag die erwähnte, lediglich redaktionelle Abweichung das Urteil, das die Berufungseinlegung für wirkungslos erklärt, nicht der Anwendung des § 547 Ziff. 1 zu entziehen.

In der Sache selbst ist sodann mit dem Berufungsrichter anzunehmen, daß die Angaben im Eingange des Urteils über die Richter, die bei der Entscheidung mitwirkten, — § 313 Ziff. 2 — nicht gleich dem Inhalte des Protokolls über die Förmlichkeiten der mündlichen Verhandlung — § 164 Z.P.O. — den Beweis für die Richtigkeit bis zum Nachweis der Fälschung erbringen, sondern daß der Nachweis der Unrichtigkeit zulässig ist. Dieser Nachweis der Unrichtigkeit wird ferner in erster Reihe durch das Protokoll über die mündliche Verhandlung geführt, in deren Verlauf das Urteil verkündet wurde. Insoweit gibt die Begründung des Berufungsurteils zu Bedenken keinen Anlaß.

In einem Urteile vom 5. Februar 1892 — abgedruckt in den Entsch. des R.G.'s in Zivils. Bd. 29 S. 366 — hat der III. Zivilsenat des Reichsgerichts ausgesprochen, daß das Gesetz ein Urteil bis zur vollständigen Unterschrift als Entwurf ansehe, und deshalb ein Urteil des Oberlandesgerichts, das zur Zeit seiner Ausfertigung nur vier Unterschriften trug, dem also noch eine Unterschrift fehlte, nur als Entwurf zu beurteilen sei, und seine Zustellung nicht als Zustellung des Urteils angesehen werden könne. Dem I. Zivilsenate — Urteil vom 9. November 1901, Rep. I. 221/01, zum Teil abgedruckt Badische Rechtspraxis 1902 S. 186 — und dem V. Zivilsenate — Urteil vom 30. September 1903, Rep. V. 121/03, abgedruckt Jur. Wochenschr. 1903 S. 383b — lag der Fall zur Entscheidung vor, daß ein anderer Richter das Urteil unterschrieben hatte, als die im Sitzungsprotokolle und im Eingang des Urteils als mitwirkend bezeichneten. Auch in diesen Fällen wurde angenommen, das Urteil stelle sich, weil die Unterschrift des einen Richters fehle, der nach dem Sitzungsprotokolle und dem Eingang des Urteils bei der Entscheidung mitgewirkt habe, lediglich als Entwurf dar und hätte nach § 317 Abs. 2 nicht zum Gegenstand einer Ausfertigung gemacht werden dürfen; die mit Verletzung dieser Vorschrift erteilte Ausfertigung bilde daher keine Grundlage für eine Zustellung des Urteils, und es sei wegen Fehlens einer wirksamen Zustellung die Einlegung des Rechtsmittels wirkungslos. Der hier zu entscheidende Fall unterscheidet sich von den bisher erörterten dadurch, daß die im Eingang des Urteils — § 313 Ziff. 2 — als mitwirkend bezeichneten Richter auch das Urteil unterzeichnet haben, daß also äußerlich das Urteil vollständig ist, und die Unvollständigkeit oder sein Mangel darin liegt, daß nach dem Sitzungsprotokolle ein anderer Richter bei der Entscheidung mitgewirkt hat, als der, welcher im Eingange benannt ist und unterschrieben hat.

Der Berufungsrichter nimmt indessen an, eine folgerichtige Durchführung der in den obigen Entscheidungen ausgesprochenen Grundsätze müsse auch in dem hier zu entscheidenden Falle dazu führen, die

Berufungseinlegung für wirkungslos zu erklären, weil ein Richter, der bei der mit Verkündung des Urteils abgeschlossenen Entscheidung mitgewirkt hatte, noch nicht unterschrieben habe, und deshalb das, was vorliege, nur als Entwurf anzusehen sei.

Der Senat tritt dieser Auffassung nicht bei. Die Vorschriften der §§ 317 Abs. 2 und 315 Abs. 2 Z.P.O. stehen, soweit sie die Frage betreffen, ob ein Urteil als in vollständiger Form abgefaßt gelten könne, in unmittelbarem Zusammenhange mit § 313 a. a. O. Stellt sich das Urteil auf Grundlage der Angaben, die es nach § 313 Ziff. 2 über die Richter enthält, welche bei der Entscheidung mitgewirkt haben, als in vollständiger Form abgefaßt dar, so ist es äußerlich vollständig, auch wenn im Eingange des Urteils ein Richter als mitwirkend angegeben ist, der bei der Entscheidung nicht mitgewirkt hat, vorausgesetzt immer, daß er das Urteil unterschrieben hat. Allerdings leidet es an dem Mangel, daß an seiner prozesssualischen Vollendung, unter welche die Mitwirkung an der Feststellung des Tatbestandes und der Gründe gehört, ein Richter mitgewirkt hat, der zu dieser Mitwirkung nicht befugt war, und daß das Urteil von einem der Richter nicht unterschrieben ist, der bei der Entscheidung mitgewirkt hatte. Ein solcher Mangel kann beseitigt werden durch Berichtigung der Angaben in dem Eingange des Urteils über die bei der Entscheidung mitwirkenden Richter und durch prozessualisch korrekte Vollendung des Urteils unter der durch die Unterschrift bekundeten Mitwirkung des Richters, der bei der Entscheidung mitgewirkt hatte. Er schließt aber, da er aus dem Urteile selbst nicht erkennbar ist, nicht aus, daß das Urteil äußerlich sich als in vollständiger Form abgefaßt darstellte und als solches auch gelte. Deshalb kann es ausgefertigt und zugestellt werden; seine Zustellung setzt die Rechtsmittelfristen in Lauf. Die entsprechenden Rechtsmittel sind einer der Wege, um den Mangel zu rügen und zur Aufhebung des mangelhaften Urteils zu gelangen, dem es wegen des erwähnten Mangels an einem korrekt zustande gekommenen Tatbestande und an korrekt zustande gekommenen Entscheidungsgründen fehlt. Wird dagegen ein Rechtsmittel nicht rechtzeitig eingelegt, so ist das Urteil ungeachtet jenes Mangels rechtskräftig. Ob nach Lage des Falles eine Klage aus § 579 Z.P.O. noch in Frage kommen könnte, bedarf hier nicht der Erörterung.

Für die dargelegte Auffassung mit den daran geknüpften prozessualischen Folgen sprechen auch praktische Erwägungen. Bliebe in einem Falle, wie er hier vorliegt, das äußerlich in vollständiger Form abgefaßte Urteil lediglich ein Urteilsentwurf, so könnte noch nach Jahren die Rechtskraft beanstandet werden, und wäre auch die Zwangsvollstreckung gefährdet, die — § 750 Z.P.O. — voraussetzt, daß das Urteil zugestellt sei; die Lage der Prozeßparteien wäre in Wirklichkeit weit schlechter, als wenn das Gericht bei der Entscheidung selbst unrichtig besetzt war.

Allerdings könnten ähnliche praktische Erwägungen auch in den Fällen geltend gemacht werden, wenn das Urteil von einem mitwirkenden Richter überhaupt nicht oder abweichend von den richtigen Angaben im Eingange von einem anderen Richter unterschrieben wurde. In den erwähnten Fällen, auf welche sich die oben erwähnten Entscheidungen des Reichsgerichts beziehen, widerspricht sich indessen die Urteilsurkunde selbst, und ist danach deren Unvollständigkeit offensichtlich; hier aber liegt ein äußerlich in vollständiger Form abgefaßtes Urteil vor; damit ist der prozessualische Gesichtspunkt gegeben, der eine andere prozessualische Beurteilung dieses Falles rechtfertigt.

Danach gilt die am 24. Januar 1902 vollzogene Zustellung einer Ausfertigung des an dem mehrfach bezeichneten Mangel leidenden landgerichtlichen Urteils als Urteilszustellung und setzte die Berufungsfrist in Lauf. Die Einlegung der Berufung war daher nicht wirkungslos, und das Berufungsgericht stand nach dem festgestellten Sachverhältnisse in Wirklichkeit vor Entscheidung der Frage, ob auf die zulässig eingelegte Berufung wegen des erwähnten Mangels das erste Urteil aufzuheben, und die Sache an den ersten Richter zurückzuverweisen sei. Das Berufungsurteil mußte folgeweise aufgehoben werden; nach dem festgestellten Sachverhältnisse war ferner die Sache zur Endentscheidung über die Berufung dahin reif, daß das landgerichtliche Urteil aufzuheben, und die Sache zur anderweiten Verhandlung und Entscheidung an das Landgericht zurückzuverweisen sei; dem landgerichtlichen Urteil fehlen Tatbestand und Gründe, die in prozessualisch korrekter Weise zustande gekommen sind. Dieser Mangel rechtfertigt, in Anwendung des § 539 Z.P.O. das Urteil aufzuheben und die Sache zur anderweiten Verhandlung und Entscheidung an das Gericht erster Instanz zurückzuverweisen. Die Gerichtsgebühren der Berufungs-

und Revisionsinstanz waren nach § 6 G.K.G. niederzuschlagen. Die Entscheidung wegen der übrigen Kosten der Berufungs- und Revisionsinstanz blieb dem künftigen Urteile vorbehalten."

---

30. Steht auch einem durch letztwillige Verfügung von der Erbfolge nicht ausgeschlossenen Pflichtteilsberechtigten der Anspruch auf den außerordentlichen Pflichtteil aus § 2325 B.G.B. zu, und wie verhält es sich in diesem Falle, wenn der von ihm deshalb zu belangende Erbe zugleich der Beschenkte ist, und der Nachlaß zur Pflichtteilsergänzung nicht ausreicht?

IV. Zivilsenat. Urt. v. 9. Mai 1904 i. S. L. u. Gen. (Kl.) w. L. Wwe. (Bekl.). Rep. IV. 44/04.

I. Landgericht Oppeln.
II. Oberlandesgericht Breslau.

Die fünf Kläger und ein in unbekannter Abwesenheit lebender Bruder derselben wurden neben der Beklagten, ihrer Stiefmutter, die einzigen Erben ihres am 14. August 1902 zu W. verstorbenen Vaters G. L. Ein zu teilender Nachlaß des letzteren war bei seinem Tode nicht vorhanden. Die Kläger behaupteten aber, daß der von dem Erblasser im Jahre 1897 durch Auflassung vollzogene Verkauf des Grundstückes Bl. 5 zu W. insofern eine Schenkung an die Beklagte, die Käuferin dieses Grundstücks, enthalte, als der damalige Wert des Grundstücks den Kaufpreis um 14700 ℳ überstiegen habe. Gestützt auf § 2325 B.G.B., verlangten sie als Ergänzung ihres Pflichtteiles von dem nach Abzug des $^1/_4$ betragenden gesetzlichen Erbteiles der Beklagten verbleibenden Überrest für sich selbst jeder $^1/_{12}$ mit 918,75 ℳ. Sie beantragten mittels ihrer am 3. April 1903 zugestellten Klage, die Beklagte zur Zahlung dieser Beträge nebst 4 % Zinsen seit dem 1. Oktober 1902 an sie zu verurteilen.

Der erste Richter stellte nach aufgenommenem Beweis den Unterschied zwischen dem Wert (15800 ℳ) und dem Kaufpreis (4200 ℳ) des vorerwähnten Grundstücks auf 11600 ℳ fest und sprach danach den Klägern einen außerordentlichen Pflichtteil von je 725 ℳ nebst 4% Zinsen seit dem Tage der Klagezustellung zu; den weitergehenden Antrag aber wies er ab. Auf die Berufung der Beklagten erkannte das Oberlandesgericht am 13. Januar 1904 auf gänzliche Klagabweisung.

Der Revision der Kläger ist stattgegeben aus folgenden

Gründen:

... „Die Kläger verlangen auf Grund des § 2325 B.G.B. Ergänzung ihres Pflichtteiles aus dem Nachlasse ihres nach dem Inkrafttreten des Bürgerlichen Gesetzbuchs verstorbenen Vaters. Sie richten diesen Anspruch gegen die Beklagte, weil ihr der Erblasser unstreitig im Jahre 1897 für 4200 ℳ ein Grundstück durch Kauf und Auflassung übereignet hat, dessen Wert sie auf 18600 ℳ angeben. Nach ihrer Ansicht stellt dieses Geschäft einen mit Schenkung gemischten Kauf dar, indem sie behaupten, daß aus dem Mißverhältnis zwischen Leistung und Gegenleistung darauf zu schließen sei, daß der Erblasser die Beklagte um die Differenz zwischen Wert und Kaufpreis (d. i. um 14400 ℳ), welche sie ohne Gegenleistung erlangte, habe bereichern wollen. Der erste Richter hat den Unterschied zwischen Wert und Gegenleistung nach Vernehmung von Sachverständigen auf 11600 ℳ unter Berücksichtigung des in § 2325 Abs. 2 Satz 2 B.G.B. ausgesprochenen Grundsatzes festgestellt und dementsprechend den Anspruch in Höhe des zuerkannten Betrags für gerechtfertigt erachtet.

Das Oberlandesgericht nimmt seinerseits ebenfalls an, daß der Anspruch der Kläger gegen die Beklagte, obwohl der Erblasser ohne letztwillige Verfügung gestorben ist, nach § 2325 B.G.B. zu Recht bestehe, sobald sie zu beweisen vermöchten, „daß das, was sie als Schenkung bezeichnen, von der Beklagten aber als solche geleugnet wird, tatsächlich eine Schenkung ist". In dieser Beziehung erwägt jedoch der zweite Richter, daß der Begriff der Schenkung mit einer objektiven Bereicherung des Empfangenden, die der erste Richter für ausreichend zu halten scheine, noch nicht erfüllt werde. Erforderlich sei daneben auch noch das Bewußtsein und der Wille der Kontrahenten, daß der eine einen Vorteil gewähre, und der andere einen Vorteil erhalte. Das Landgericht habe daher zum mindesten den von der Beklagten angebotenen Beweis darüber erheben müssen,

„daß ihr bereits gegen Eingehung der Ehe die Zuwendung des Grundstücks für 4200 ℳ versprochen" sei. Wenn dieses Versprechen, was das Berufungsgericht dahingestellt läßt, gegen die Ehrbarkeit und die guten Sitten verstoße, so würden die Kläger zwar eine condictio ob turpem causam gegen die Beschenkte haben; indessen folge daraus nicht, daß ihr Erblasser die Überlassung des Grundstücks nicht in Erfüllung seiner vermeintlichen Vertragspflicht vorgenommen habe. Eine Überlassung auf dieser Grundlage schließe aber die Schenkungsabsicht aus. In der weiteren Begründung des Berufungsurteils wird jedoch von diesem Verteidigungsvorbringen der Beklagten und der hieran geknüpften, nicht unbedenklichen Erwägung ganz abgesehen, weil der den Klägern obliegende Beweis der behaupteten Schenkung nicht geführt sei. Der bloße Umstand — so erklären die Entscheidungsgründe —, daß objektiv eine Vermehrung des Vermögens der Beklagten eingetreten sei, reiche dazu nicht aus. Die große Differenz zwischen Wert und Preis könne ein Indizium für die Schenkungsabsicht sein, genüge aber nicht, wenn daneben gar nichts weiter vorliege. Die Kläger hätten nicht das Geringste dafür vorgebracht, „daß ihrem Erblasser und der Beklagten im Jahre 1897 der große Wertsunterschied, welchen Kläger behaupten, zum Bewußtsein gekommen" sei, und man könne nicht sagen, „daß dies als selbstverständlich angenommen werden müsse". Fest stehe, daß der Erblasser die Hälfte des Grundstücks im Jahre 1882 zur Taxe von 2400 ℳ erworben, so daß eine Preisverabredung von 4200 ℳ im Jahre 1897, mindestens in subjektiver Hinsicht, nichts auffallendes habe. Unter diesen Umständen fehle es an einer für die Klagebegründung wesentlichen Voraussetzung, und es rechtfertige sich hieraus die getroffene Entscheidung.

Dem Vorderrichter ist nun zunächst darin beizutreten, daß der § 2325 B.G.B. nicht bloß einem durch Verfügung von Todeswegen ausgeschlossenen Pflichtteilsberechtigten (§ 2303 B.G.B.), sondern auch demjenigen Pflichtteilsberechtigten, welcher Intestaterbe ist, den Anspruch auf den außerordentlichen Pflichtteil gewährt. In dem vorliegenden Falle können also die Kläger, als pflichtteilsberechtigte Abkömmlinge des G. L., der nach dem Inkrafttreten des Bürgerlichen Gesetzbuchs verstorben ist, im Hinblick auf Art. 213 Einf.-Ges. zum B.G.B. nach § 2325 B.G.B., wenn dessen Bedingungen im übrigen vorliegen, die Ergänzung des Pflichtteils verlangen, und sie sind hieran auch nicht dadurch gehindert, daß die behauptete Schenkung bereits im Jahre 1897, also unter der Herrschaft des Preußischen Allgemeinen Landrechts, stattgefunden hat.

Vgl. Entsch. des R.G.'s in Zivils. Bd. 54 S. 241.

Die Beklagte, gegen welche sie ihren Anspruch richten, kommt hierbei einerseits als gesetzliche Erbin und andererseits zugleich als Beschenkte in Betracht. Das frühere gemeine, das preußische und das sächsische Recht gaben dem Pflichtteilsberechtigten ein Anfechtungs- oder Widerrufsrecht gegen den Beschenkten; das Bürgerliche Gesetzbuch ist jedoch dem französischen Rechte gefolgt, indem es dem Pflichtteilsberechtigten wegen der Schenkung des Erblassers einen Anspruch zunächst gegen den Erben gewährt, als gegen denjenigen, welcher für die Entrichtung des Pflichtteils überhaupt haftbar ist. Soweit der Erbe zur Ergänzung des Pflichtteils nicht verpflichtet ist, kann nach § 2329 der Pflichtteilsberechtigte von dem Beschenkten die Herausgabe des Geschenkes zum Zwecke der Befriedigung wegen des fehlenden Betrages nach den Vorschriften über die Herausgabe einer ungerechtfertigten Bereicherung fordern, falls der Beschenkte in diesem Falle nicht vorzieht, die Herausgabe durch Zahlung des fehlenden Betrags abzuwenden (Abs. 2 a. a. O.). Nicht verpflichtet zur Ergänzung des Pflichtteils ist der Erbe, wenn er nach den allgemeinen Grundsätzen (§§ 1975 flg. 1990. 1991) für die Nachlaßverbindlichkeiten nur beschränkt haftet, und der Nachlaß zur Entrichtung der Pflichtteilsergänzung nicht ausreicht (vgl. auch § 226 Abs. 2 Nr. 3 K.O.). Eine Beschränkung in der Verpflichtung des Erben zur Ergänzung des Pflichtteils tritt nach § 2328 B.G.B. ferner ein, wenn er selbst pflichtteilsberechtigt ist, indem er alsdann diese Ergänzung soweit verringern kann, daß ihm sein eigener Pflichtteil mit Einschluß dessen verbleibt, was ihm zur Ergänzung des Pflichtteils gebühren würde.

Nach dem Tatbestande des angefochtenen Urteils steht fest, daß die alleinigen Erben des G. L. seine sechs Kinder, darunter die fünf Kläger, und seine Witwe, die Beklagte, geworden sind, sowie ferner, daß der Erblasser nichts hinterlassen hat. Für die Ergänzung des Pflichtteils, welcher nach § 1967 Abs. 2 zu den Nachlaßverbindlichkeiten gehört, haften nach Abs. 1 a. a. O. die sämtlichen Erben.

Eine Feststellung darüber, ob sie für die Pflichtteilsansprüche der einzelnen nur beschränkt haften (§ 2013), ist in den Vorderurteilen nicht ausdrücklich getroffen worden. Da jedoch unstreitig ist, daß eine Nachlaßmasse überhaupt nicht vorhanden war, so greift die Vorschrift des § 1990 Platz, und die Erben können die Befriedigung der Nachlaßgläubiger, zu denen auch die Pflichtteilsberechtigten gehören, insoweit der Nachlaß nicht ausreicht, d. i. in dem vorliegenden Falle gänzlich, verweigern.

Hieraus folgt, daß die Beklagte als Erbin (ganz abgesehen davon, daß sie allein in dieser Eigenschaft zur Sache passiv nicht legitimiert sein würde) zu einer Ergänzung des Pflichtteils der Kläger in keinem Falle gehalten ist.

Es fragt sich deshalb ferner, ob und inwieweit sie zu diesem Behufe mit dem angeblich von dem Erblasser empfangenen Geschenke haftet.

In dieser Beziehung ist davon auszugehen, daß der auf § 2329 B.G.B. beruhende subsidiäre Anspruch der Kläger, der in dem Klageverlangen zu finden ist, gleichfalls einem erbrechtlichen Verhältnisse im Sinne des Art. 213 Einf.-Ges. zum B.G.B. entspringt,

vgl. Entsch. des R.G.'s in Zivils. Bd. 54 S. 244,

und daß der § 2329 demnach auch Platz greift, wenn die in Rede stehende Schenkung, deren Tatbestand im übrigen den begrifflichen Merkmalen einer Schenkung des neuen Rechts entsprechen muß, schon vor dem 1. Januar 1900 stattgefunden hat. Lediglich die Art und der Umfang des Anspruchs, nicht aber dessen Grund erleidet bei seiner Zurückführung auf den § 2329 unter Umständen eine Änderung, weil er zwar nach wie vor Ergänzungsanspruch im Sinne des § 2325 bleibt, aber mit dem wichtigen Unterschied, daß die Haftung des verklagten Schenknehmers sich ausschließlich auf das Geschenk erstreckt, und auch auf dieses nur insoweit, als er bei Zugrundelegung der über die Herausgabe einer ungerechtfertigten Bereicherung gegebenen Vorschriften (§§ 818 flg. B.G.B.) dadurch noch bereichert ist." ...

---

31. Darf in Fällen einer auf Grund des Wettbewerbgesetzes erhobenen Unterlassungsklage bei der Beurteilung der Unrichtigkeit einer Angabe tatsächlicher Art unter Umständen auch der bei nur flüchtigem Lesen hervorgerufene Eindruck berücksichtigt werden?

Gesetz zur Bekämpfung des unlauteren Wettbewerbes vom 27. Mai 1896 § 1.

II. Zivilsenat. Urt. v. 10. Mai 1904 i. S. F. (Kl.) w. E. (Bekl.). Rep. II. 438/03.

I. Landgericht Hamburg, Kammer für Handelssachen.
II. Oberlandesgericht daselbst.

Die obige Frage ist vom Reichsgericht bejaht worden.

Aus den Gründen:

„Die Angabe des Beklagten, deren Unterlassung die Klägerin von ihm verlangt, lautet dahin, daß sein Serum in den größten Krankenhäusern und Kinderhospitälern ausschließlich verwendet werde. Das Berufungsgericht begründet die durch Zurückweisung der Berufung aufrecht erhaltene Abweisung der Klage durch die Erwägung: bei flüchtigem Lesen der Angabe könne allerdings der Eindruck entstehen, als solle gesagt werden, das Serum werde in allen größten Krankenhäusern und in allen größten Kinderhospitälern verwandt; bei aufmerksamem Lesen könne jedoch dem Hinzufügen des Wortes „ausschließlich" nicht wohl ein anderer Sinn als der beigelegt werden, daß das Serum in Krankenhäusern und Kinderhospitälern, die zu den größten zu rechnen seien, und in solchen ausschließlich, d. h. ohne gleichzeitige Verwendung von Serum aus anderen Fabriken, verwandt werde, und in diesem Sinne verstanden sei die Behauptung nicht unrichtig. Diese von der Revisionsklägerin angefochtene Ausführung ist rechtlich zu beanstanden. Insbesondere muß die Unterscheidung zwischen dem flüchtigen und dem aufmerksamen Lesen mißbilligt werden. Maßgebend ist für die Beurteilung, ob eine Angabe tatsächlicher Art im Sinne des § 1 des Wettbewerbgesetzes unrichtig sei, nicht der Eindruck, welchen der eine besondere Sorgfalt aufwendende aufmerksame Leser aller Lebenskreise von dem Inhalte einer Bekanntmachung oder Mitteilung empfängt, sondern der Eindruck, welcher auf Personen des besonderen Kreises, für den etwa die Bekanntmachung oder Mitteilung bestimmt ist, bei der in diesem Kreise üblichen Art des Lesens hervorgerufen wird. Die Art, wie eine Bekanntmachung oder Mitteilung gelesen wird, und der Eindruck, welchen der Leser über ihren Sinn empfängt, hangen von den Umständen, insbesondere von den Gewohnheiten des in Betracht kommenden größeren oder kleineren Personenkreises und von der größeren oder geringeren Wichtigkeit des Gegenstandes, ab, welcher angepriesen wird. Als Erfordernis darf nicht aufgestellt werden, daß nur der Eindruck, den der aufmerksame Leser erhält, zu beachten sei, und der flüchtige Leser darf nicht grundsätzlich von der Berücksichtigung ausgeschlossen werden. Jede Art des Lesens kann je nach den Umständen als eine geeignete Grundlage für Feststellung der Unrichtigkeit einer tatsächlichen Angabe dienen. Hiernach hätte das Berufungsgericht prüfen sollen, für welche Leserkreise die Reklameschrift des Beklagten bestimmt war, und wie diese Kreise die ihren Beruf betreffenden Reklameschriften zu lesen pflegen."...

---

32. Erfordert die Klage gegen eine rheinpreußische Kleinbahn auf Ersatz des durch ihren Betrieb verursachten Schadens den Nachweis eines besonderen Verschuldens?

V. Zivilsenat. Urt. v. 11. Mai 1904 i. S. W. pr. Eisenbahn-Ges. (Bekl.) w. 1. F. u. 2. Rh. Prov.-F.-Vers.-Soz. (Kl.). Rep. V. 415/03.

I. Landgericht Köln.
II. Oberlandesgericht daselbst.

Am 1. Dezember 1901 brannte — angeblich infolge Funkenflugs aus der Lokomotive eines vorübergehenden Personenzugs der Beklagten — die Scheune nebst weiteren Baulichkeiten des Klägers zu 1 in F. ab. In gesonderten Klagen forderten die Kläger 2035 ℳ Schadensersatz von der Beklagten. Vom Landgericht wurden die beiden Klagen verbunden. Die Beklagte hat deren Abweisung beantragt, indem sie die Brandstiftung durch Funkenflug bestritt, jedenfalls Mitverschulden des Klägers zu 1 wegen seines schadhaften Dachfirstes behauptete und sich auch deswegen für nicht verantwortlich erklärte, weil ihr der § 831 B.G.B. zur Seite stehe. Auch die Schadenshöhe hat sie bestritten.

Vom ersten Richter wurde sie dem Grunde nach für schadensersatzpflichtig erklärt, und ihre Berufung ist vom Oberlandesgericht zurückgewiesen worden. Auch ihre Revision wurde zurückgewiesen, aus folgenden

Gründen:

„Während der erste Richter die Beklagte auf Grund eines von ihm für erwiesen erachteten schuldhaften, d. i. fahrlässigen, Eingriffes in das Eigentum des Klägers zu 1, dessen Schadensersatzansprüche zum Teil auf die Klägerin zu 2 übergegangen sind, verurteilt hat, hielt das Berufungsgericht eine solche Verschuldensfeststellung nicht für notwendig, weil es angesichts des erwiesenen unerlaubten, also rechtswidrigen Eingriffes nach § 906 B.G.B. auf ein subjektives Verschulden der Beklagten gar nicht ankomme. Wenn nun auch die Revisionsangriffe gegen die vom Berufungsrichter seiner Entscheidung gegebene Begründung teilweise berechtigt sind, so muß diese Entscheidung doch, weil sie sich aus anderen, als den vom Vorderrichter gegebenen Gründen als richtig darstellt, gemäß § 563 Z.P.O. aufrecht erhalten werden. ...

Mit Recht bekämpft die Beklagte die Rechtsansicht des Oberlandesgerichts, daß bei derlei an sich widerrechtlichen Eingriffen in fremdes Eigentum der auf Schadensersatz klagende Beschädigte ein besonderes Verschulden des in sein Eigentum Eingreifenden niemals nachzuweisen brauche. Durch Aufstellung eines solchen allgemeinen Grundsatzes verletzt der Vorderrichter die §§ 1004 und 823 B.G.B.

Schon der Umstand, daß das Bürgerliche Gesetzbuch im Gegensatz zu anderen Gesetzgebungen bei Gewährung der Klage wegen Eigentumsbeeinträchtigung (actio negatoria) in § 1004 die Schadensersatzfrage nicht berührt, deutet darauf hin, daß es deren Behandlung einem anderen Abschnitte, dem über unerlaubte Handlungen, überlassen wollte. Diese Absicht wurde auch bei den Vorarbeiten zur neuen Gesetzgebung mehrfach und deutlich ausgesprochen, und es besteht in Rechtswissenschaft und Rechtsprechung kein Streit darüber, daß für jene Frage die §§ 823 flg. B.G.B. im allgemeinen maßgebend sind. Wenn dies aber der Fall ist, so kann es schon nach dem Wortlaute des Abs. 1 des § 823, der von vorsätzlichen oder fahrlässigen Verletzungen des

Eigentums und anderer Rechtsgüter spricht, und dem seines Abs. 2, der sogar bei Verstößen gegen Schutzgesetze den Nachweis des Verschuldens immer erfordert, keinem Zweifel unterliegen, daß solcher Nachweis auch bei Verletzung der zum Schutze des Grundeigentums in §§ 906. 907. 1004 gegebenen Vorschriften grundsätzlich geboten ist. Auch hierüber bestand bisher bei Auslegung und Anwendung des Gesetzes kaum eine Meinungsverschiedenheit. Es ist rechtsirrtümlich, wenn das Oberlandesgericht aus dem § 904 B.G.B., dessen Satz 2 gegen den im Notstand in das Eigentum eines anderen Eingreifenden ausdrücklich einen Schadensersatzanspruch gewährt, die Schlußfolgerung zieht, daß, weil hierbei von Verschulden nicht die Rede sein könne, im allgemeinen auch — und noch viel weniger — bei Eigentumseingriffen anderer Art der Verschuldensnachweis nicht notwendig sei, um die Forderung von Schadensersatz zu begründen. Ist es an sich schon gewöhnlich unzulässig, aus einer vereinzelten Sondervorschrift einen allgemeinen Rechtssatz abzuleiten, so kann dies im gegebenen Falle um so weniger geschehen, als das vorstehend Gesagte entgegensteht, und der Satz 2 des § 904 eine ganz andere Bedeutung als die ihm vom Vorderrichter beigelegte hat. Nicht über die Verschuldensfrage will er sich aussprechen und spricht er sich aus, sondern er will nur jeden Zweifel darüber beseitigen, daß trotz bestehenden Streites über die objektive Rechtswidrigkeit eines im Notstand verübten Eigentumseingriffes der Täter in jedem Falle zur Schadensersatzleistung verpflichtet ist, damit hierdurch die — in anderen Fällen nicht bestehende — Duldungspflicht des beeinträchtigten Grundeigentümers ausgeglichen werde.

Der Berufungsrichter verweist in den Gründen seines angefochtenen Urteils zu deren weiterer Unterstützung auf seine in der ähnlichen Sache v. F. wider die Beklagte erlassene, in der „Rechtsprechung der Oberlandesgerichte" Bd. 7 S. 29 flg. abgedruckte Entscheidung vom 10. Juni 1903. Es mag die Frage auf sich beruhen, ob ein derartiges Verfahren im Hinblick auf § 313 Ziff. 4. § 551 Ziff. 7 Z.P.O. zulässig ist; jedenfalls reicht auch der aus der angegebenen Urteilsveröffentlichung zu entnehmende weitere Grund, d. i. die entsprechende Anwendung des § 26 Gew.O., für sich allein nicht aus, das Berufungsurteil zu tragen. Denn die unmittelbare oder auch nur entsprechende Anwendung dieser Gesetzesstelle verbietet sich deshalb, weil nach ausdrücklicher Vorschrift ihres § 6 Abs. 1 die Gew.O. auf Eisenbahnunternehmungen keine Anwendung findet, und weil die preußische Gesetzgebung von der in den Artt. 125. 218 Einf.-Ges. zum B.G.B. gegebenen Befugnis, den § 26 auf Eisenbahnunternehmungen auszudehnen, bisher keinen Gebrauch gemacht hat. Immerhin ist der diesem letztgenannten Paragraphen zugrunde liegende Gedanke, wie unten zu zeigen, nicht ohne alle Bedeutung für die Entscheidung der gegenwärtigen Sache.

Da es sich in dieser Sache um eine von der Beklagten betriebene Kleinbahn handelt, da ferner nirgends behauptet ist, daß auf diese Kleinbahn gemäß § 1 Abs. 3 des Gesetzes über Kleinbahnen und Privatanschlußbahnen vom 28. Juli 1892 das Eisenbahngesetz vom 3. November 1838 durch den Minister für anwendbar erklärt worden ist, so kann auch dieses Gesetz, namentlich sein in weitem Maße Entschädigung gewährender § 25, zur Entscheidung hier nicht herangezogen werden.

Die rheinische Rechtsprechung hat in ähnlichen Fällen bei Beschädigungen von Anliegern durch Bahnbetrieb, namentlich durch Funkenflug, vor Einführung der neuen Gesetze den Art. 545 des Rheinischen Bürgerlichen Gesetzbuches (C. c.) angewendet, wonach niemand zur Eigentumsabtretung gezwungen werden kann, ausgenommen des öffentlichen Wohles wegen und gegen Entschädigung.

Vgl. Rheinisches Archiv Bd. 83 Abt. I S. 24, Bd. 88 Abt. I S. 23.

Abgesehen aber von der Frage, ob diese Gesetzesstelle auf bloße nachbarrechtliche Einschränkungen ausgedehnt werden durfte, kann auch sie die jetzige Klage nicht mehr stützen, weil der bestrittene Schade nach dem 1. Januar 1900 entstanden, und weil durch Art. 89 Ziff. 2 preuß. Ausf.-Ges. zum B.G.B. auch dieser Art. 545 des Rheinischen Bürgerlichen Gesetzbuches — im Gegensatz zu dem bestehenbleibenden ähnlichen § 75 Einl. zum A.L.R. — aufgehoben worden ist.

Versagen nach dem Ausgeführten bei Beurteilung der Klage sowohl die vom Berufungsgericht gegebenen Gründe als die vorerwähnten weiteren, denkbarerweise etwa heranzuziehenden Rechtsbehelfe, so ist gleichwohl die Schadensersatzpflicht der Beklagten nach anderen allgemeinen Rechtsgrundsätzen nicht zu bezweifeln, ohne daß der Nachweis eines vorsätzlichen oder fahrlässigen Verschuldens erforderlich ist.

Nach § 903 B.G.B. kann der Eigentümer, soweit nicht das

Gesetz oder Rechte Dritter entgegenstehen, mit der Sache nach Belieben verfahren und andere von jeder Einwirkung ausschließen. Zur Verwirklichung des letzterwähnten Ausschließungsrechts ist ihm grundsätzlich die allgemeine Beseitigungs- und Unterlassungsklage des § 1004, und sind ihm im besonderen weitere Einzelklagen, wie die des § 907 gegen gefahrdrohende Anlagen auf dem Nachbargrundstück, gegeben. In vielen Fällen ist aber durch Sondervorschriften dem Eigentümer das Recht, auf Beseitigung der Störung und auf ihre künftige Unterlassung zu klagen, entzogen. Daß dies auch in vorliegender Sache der Fall ist, daß der Kläger zu 1 gegen die Beklagte nicht auf Einstellung ihres Betriebs, auf Beseitigung ihrer gefahrdrohenden Eisenbahnanlage, ja nicht einmal auf entsprechende Verbesserung des Betriebes klagen konnte, ist bisher unbestritten und unzweifelhaft geblieben. Die staatliche Konzessionserteilung und die ihr in der Regel gegenüberstehende Verpflichtung zur Fortsetzung des konzessionierten Eisenbahnbetriebes verbieten derartige Klagen.

Vgl. §§ 11 Abs. 2. 42 des Kleinbahngesetzes vom 28. Juli 1892; Ausführungsanweisungen zu § 11 des Kleinbahngesetzes, im Eisenbahnverordnungsblatt 1898 S. 235; § 1 des Gesetzes über die Bahneinheiten (G.S. 1902 S. 238).

Ist aber dem Grundeigentümer im Einzelfalle das so wesentliche Recht, Eingriffe in sein Eigentum abzuwehren, entzogen, so muß ihm notwendig hierfür anderweitiger ausreichender Ersatz gegeben sein, und solcher Ersatz kann nur in Gewährung der durch Verschuldensnachweis nicht bedingten Klage auf Erstattung des angerichteten Schadens gefunden werden. Denn beim Fehlen der erwähnten, ihm vom Staat auferlegten Beschränkung könnte der Eigentümer *ohne Verschuldensnachweis* auf Beseitigung der Beeinträchtigung klagen; unbillig wäre es, wenn er, belastet mit der Beschränkung, ohne den oft schwierigen oder unmöglichen Verschuldensnachweis gänzlich schutzlos bliebe. Wenn dies im Bürgerlichen Gesetzbuche auch nicht ausdrücklich als allgemeiner Grundsatz ausgesprochen ist, so ergibt sich doch der hierauf gerichtete Wille des Gesetzgebers, wie für das Reich so auch für das Königreich Preußen, aus verschiedenen Einzelvorschriften. Es liegt dieser gesetzgeberische Gedanke z. B. dem vom Berufungsrichter zu Unrecht für *seine* Begründung angezogenen § 904 B.G.B. zugrunde. Er gab Anlaß zu der strengen Fassung des § 25 des preußischen Eisenbahngesetzes vom 3. November 1838, und nicht minder ist er aus § 26 Gew.O. zu erkennen.[1] Die Unzulässigkeit der unmittelbaren Anwendung dieser Gesetzesstellen hindert nicht, wie oben schon angedeutet, aus der mehrfachen Äußerung desselben gesetzgeberischen Willens auf das Bestehen eines allgemeinen Rechtsgrundsatzes zu schließen und diesen zur Ergänzung des Bürgerlichen Gesetzbuchs zu verwenden. Ihre erheblichste Stütze findet diese Erwägung insbesondere auch in Art. 9 der preußischen Verfassungsurkunde. Hiernach soll das Eigentum unverletzlich sein und nur aus Gründen des öffentlichen Wohles gegen Entschädigung entzogen oder beschränkt werden.

Als Grund für die Aufhebung des angezogenen Art. 545 rhein. B.G.B. ist in der Begründung des Entwurfes zum preußischen Ausführungsgesetze zum Bürgerlichen Gesetzbuche ausdrücklich der angegeben worden, daß er bereits durch die preußische Verfassungsurkunde Art. 9 ersetzt sei.

Vgl. Materialien zum preußischen Ausführungsgesetz (Heymann's Verlag) S. 286.

Mag dem zum Teil gegenüberstehen, daß dieselbe Begründung trotz des Art. 9 der Verfassungsurkunde an anderer Stelle den § 75 Einl. zum A.L.R. für unentbehrlich hielt,

vgl. a. a. O. S. 272 und Art. 89 Ziff. 1a preuß. Ausf.-Ges.,

mag ferner nach der Rechtsprechung die unmittelbare Anwendbarkeit der Verfassungsurkunde, insbesondere des Art. 9 derselben, bei Entscheidung über bürgerliche Rechtsstreitigkeiten zu verneinen sein,

vgl. Entsch. des R.G.'s in Zivils. Bd. 26 S. 340, Bd. 45 S. 251, Bd. 46 S. 282,

so steht all dies doch seiner Verwendung als Auslegungs- und Ergänzungsmittel für die preußische Gesetzgebung über nachbarrechtliche Beschränkungen des Eigentümers, insbesondere für Art. 89 preuß. Ausf.-Ges. in Verbindung mit Artt. 109. 125. 218 Einf.-Ges. zum B.G.B., nicht im Wege. Der Gesetzgeber hat von der in den beiden letzten Artikeln erteilten Befugnis eben nicht Gebrauch gemacht, weil er das Bürgerliche Gesetzbuch im Zusammenhalt mit der preußischen Gesetzgebung für ausreichend zum Schutze der Anlieger von Kleinbahnen gegen Schädigung durch den Kleinbahnbetrieb erachtet hat.

---

[1] Vgl. auch Bd. 47 dieser Sammlung Nr. 21 S. 98. D. R.

So gelangt denn der erkennende Senat nach jetzigem Stande der Gesetzgebung zu demselben Endergebnisse, das der III. Zivilsenat des Reichsgerichts nach früherer Gesetzgebung (gemeinem Rechte) in seinem in den Entsch. a. a. O. Bd. 17 S. 103 abgedruckten Urteile gefunden hat, daß nämlich in derartigen Fällen als Ersatz für die entzogene Klage auf Beseitigung der Eigentumsstörung unbedingter Schadensersatzanspruch gegeben sein muß." ...

---

33. Kann der Gebrauch der in einer Firma enthaltenen Ortsbezeichnung wegen Verstoßes gegen § 1 des Wettbewerbgesetzes untersagt werden?

II. Zivilsenat. Urt. v. 13. Mai 1904 i. S. Solingen-Dortmunder Vereinsbrauerei (Bekl.) w. Verband Dortmunder Bierbrauer zur Förderung ihrer gewerblichen Interessen (Kl.). Rep. II. 440/03.

I. Landgericht Elberfeld, Kammer für Handelssachen.
II. Oberlandesgericht Köln.

Am 31. Mai 1897 wurde in das Gesellschaftsregister des Amtsgerichtes zu Solingen die jetzt verklagte Aktiengesellschaft unter der Firma „Solingen-Dortmunder Vereinsbrauerei" mit dem Sitze zu Höhscheid eingetragen, und im Oktober 1898 begann sie mit dem Verkaufe ihres Bieres.

Der klagende „Verband Dortmunder Bierbrauer zur Förderung ihrer gewerblichen Interessen" machte geltend, die Bezeichnung „Dortmunder Bier" sei nach den Anschauungen der hier in Betracht kommenden Verkehrskreise Herkunftsbezeichnung; die Benutzung der Firma „Solingen-Dortmunder Vereinsbrauerei" durch die Beklagte habe die Wirkung, daß in dem hier in Betracht kommenden Verkehre ihr Erzeugnis als „Dortmunder Bier" angesehen, behandelt und bezeichnet werde; danach enthalte der Gebrauch der Firma durch die Beklagte eine — unrichtige — Angabe tatsächlicher Art und verstoße gegen § 1 des Wettbewerbgesetzes, dessen übrige Voraussetzungen vorlägen. Mit der Klage wurde daher beantragt, die Beklagte unter Strafandrohung zu verurteilen, den Gebrauch der Ortsbezeichnung „Dortmunder" in ihrer Firma sowie bei jeglicher Art von Reklame, insbesondere auf Reklamekarten, Plakaten, Rechnungen, Biertransportwagen, Frachtbriefen, Inseraten u. dgl., zu unterlassen.

Der erste Richter verurteilte die Beklagte nach dem Klagantrag. Die Berufung der Beklagten wurde zurückgewiesen. Ihre Revision wurde gleichfalls zurückgewiesen, aus folgenden

Gründen:

„Der Berufungsrichter führt mit rechtlich einwandsfreier Begründung aus, daß nach Auffassung der nach Lage des gegebenen Falles in Betracht kommenden Absatzkreise die Bezeichnung „Dortmunder Bier" Herkunftsbezeichnung, nicht Bezeichnung nur einer Biergattung sei. Seine weiteren Ausführungen gehen dahin, der Gebrauch der Firma „Solingen-Dortmunder Vereinsbrauerei" durch die Beklagte habe in den beteiligten Abnehmerkreisen die Wirkung, daß ihr Erzeugnis als „Dortmunder Bier", das ist: als Bier, das in Dortmund hergestellt ist, angesehen, behandelt und bezeichnet werde; der allgemeine und öffentliche Gebrauch jener Firma durch die Beklagte an sich und insbesondere in den einzelnen näher besprochenen Erscheinungsformen, wie Geschäftskarten, Rechnungsformularen, Aufschriften an Eisenbahnwagen 2c., wirke daher in den beteiligten Abnehmerkreisen objektiv als Herkunftsbezeichnung des von ihr hergestellten Bieres, und zwar als Herkunftsbezeichnung des Inhaltes, daß das Bier in Dortmund hergestellt sei. Dadurch werde der dargelegte Gebrauch der Firma zu einer tatsächlichen Angabe im Sinne des § 1 Abs. 1 des Wettbewerbgesetzes, und sei aus dieser Gesetzesbestimmung, deren übrige Voraussetzungen vorlägen, die vom ersten Richter ausgesprochene Verurteilung gerechtfertigt.

Die Revisionsklägerin erhebt zunächst den Angriff, der rechtliche Begriff der „Angabe tatsächlicher Art" in § 1 Abs. 1 des Wettbewerbgesetzes sei durch die Ausführungen des Berufungsrichters verletzt, indem es sich nach dessen Feststellungen nur um eine Schlußfolgerung aus der die erwähnte Angabe überhaupt nicht enthaltenden Firma der Beklagten handle. Der Angriff läßt indessen außer Betracht, daß die Firma neben dem Worte „Dortmunder" unmittelbar anschließend noch die Bezeichnung „Vereinsbrauerei" enthält, und daß gerade die Wortverbindung „Dortmunder Vereinsbrauerei" in der Firma der Beklagten, wie der Berufungsrichter im einzelnen ausführt, Ausgang und zureichende Grundlage für die Annahme ist, der dargelegte Gebrauch der Firma werde zu einer tatsächlichen Angabe des vom Berufungsrichter festgestellten Inhaltes. Die Revisionsklägerin rügt sodann weiter, das Berufungsurteil beruhe auch insoweit auf einem Mangel in der Begründung, als die direkten Abnehmer der Beklagten nicht der Auffassung sein könnten, das gelieferte Bier sei in Dortmund hergestellt. Dem steht indessen die Erwägung entgegen, daß nach dem Zusammenhang der Urteilsgründe unter den beteiligten Abnehmerkreisen neben den Unterabnehmern insbesondere das konsumierende Publikum verstanden ist. Wenn dann noch geltend gemacht wurde, der Berufungsrichter habe die der Beweiswürdigung gesetzten Schranken überschritten, so richtet sich dieser Angriff, der die konkrete Verletzung einer prozessualischen Vorschrift überhaupt nicht substantiiert, in Wirklichkeit gegen die der Nachprüfung des Revisionsgerichts entzogene Tatsachenwürdigung. Rechtlich verfehlt ist der fernere Angriff, daß, wenn überhaupt der Gebrauch der Firma das Recht auf Schutz gegen unlauteren Wettbewerb verletze, nur § 8 des Wettbewerbgesetzes in Frage kommen könnte. Zwar sollen Warenbezeichnungen den in § 8 a. a. O. der Firma oder dem Namen gewährten besonderen Schutz nicht genießen; im übrigen bietet jene Vorschrift schlechthin keinen Anhalt dafür, daß ein Verstoß gegen § 1 des Wettbewerbgesetzes durch den Gebrauch einer Firma nicht den in der letzteren Gesetzesbestimmung ausgesprochenen Folgen unterstehe. Wird aber der Gebrauch einer Firma für die beteiligten Verkehrskreise zur Angabe tatsächlicher Art, so kann es auch keinem Bedenken unterliegen, ihren allgemeinen und öffentlichen Gebrauch im Verkehrsleben in bezug auf die darin enthaltene Angabe tatsächlicher Art als Mitteilung, die für einen größeren Kreis von Personen bestimmt ist, im Sinne des § 1 Abs. 1 des Wettbewerbgesetzes zu beurteilen.

Nach der Formel des vom Berufungsrichter bestätigten landgerichtlichen Urteils ist die Beklagte verurteilt, „den Gebrauch der Ortsbezeichnung „Dortmunder" in ihrer Firma sowie bei jeglicher Art von Reklame, insbesondere auf Reklamekarten, Plakaten, Rechnungen, Biertransportwagen, Frachtbriefen, in Inseraten u. dgl., zu unterlassen." Die Revisionsklägerin erhebt hiergegen den Angriff, ein solches Verbot, das in Wirklichkeit auf Unterlassung des Gebrauches einer eingetragenen Firma hinauslaufe, wäre insolange nicht zulässig, als nicht die Löschung der Firma oder des streitigen Bestandteils erstritten sei. Auch dieser Angriff konnte keinen Erfolg haben. Nach der bisherigen Rechtsprechung des erkennenden Senates — Entsch. des R.G.'s in Zivils. Bd. 44 S. 17/19 — wäre bei einer Sachlage, wie sie der Berufungsrichter festgestellt hat, jeder Gewerbtreibende, der Waren gleicher Art herstellt, schon nach § 37 H.G.B. befugt, die Unterlassung des Gebrauches jener Bezeichnung in der Firma und folgeweise auch deren Löschung zu verlangen. Die erwähnten aus § 37 H.G.B. abgeleiteten Rechte schließen indessen, wenn in einem Falle, wie er hier durch die Urteilsgründe des Berufungsrichters festgestellt ist, durch den Gebrauch eines Bestandteiles der Firma das in § 1 des Wettbewerbgesetzes gewährte Recht auf Schutz gegen unlauteren Wettbewerb verletzt wird, eine auf diese Gesetzesvorschrift begründete Untersagung jenes Gebrauches nicht aus." ...

---

34. Zulässigkeit der Leistungsklage auf Gewährung der Aussteuer für den Fall der Verheiratung?

B.G.B. § 1620.

Z.P.O. § 259.

IV. Zivilsenat. Urt. v. 16. Mai 1904 i. S. E. Tochter (Kl.) w. E. Vater (Bekl.). Rep. IV. 425/03.

I. Landgericht II Berlin.
II. Kammergericht daselbst.

Klägerin erhob gegen den Beklagten, ihren Vater, Klage auf Gewährung einer Aussteuer. Sie behauptete, daß sie sich Anfang März 1902 mit dem Kaufmann R. verlobt, und daß der Beklagte die Gewährung einer standesgemäßen Aussteuer versprochen habe. Gegenwärtig verweigere der Beklagte die Gewährung derselben. Ihr Anspruch auf dieselbe, welcher ihr gesetzlich zustehe, sei fällig, da das Aufgebot bereits angemeldet sei, und die Eheschließung nahe bevorstehe, sie, die Klägerin, aber ebensowenig wie ihr Ehemann die Mittel zur Begründung eines Hausstandes hätte. Zum mindesten sei anzunehmen, daß sie bei der Weigerung des Beklagten, die Aussteuer zu gewähren, schon jetzt gemäß § 259 Z.P.O. auf künftige Leistung der

Aussteuer klagen könne. Sie beanspruchte eine Aussteuer von 5000 ℳ in barem Gelde, und beantragte, den Beklagten zu verurteilen, principaliter an sie 5000 ℳ nebst 4 Prozent Zinsen seit der Klagezustellung zu zahlen, eventuell ihr nach erfolgter Verheiratung mit dem Kaufmann R. 5000 ℳ zu zahlen. Das Berufungsgericht wies die Klage gänzlich ab. Es führte zur Begründung seiner Entscheidung aus: die in § 1620 B.G.B. ausgesprochene Verpflichtung des Vaters zur Gewährung einer Aussteuer entstehe erst mit der Eheschließung. Hieraus ergebe sich, daß die Klägerin, da die Ehe noch nicht geschlossen sei, nicht auf Leistung klagen könne, und zwar weder auf sofortige, noch auf künftige Leistung. Denn auch die Klage auf künftige Leistung aus § 259 Z.P.O. setze voraus, daß ein Anspruch bereits bestehe, möge auch seine Fälligkeit noch nicht eingetreten sein. Im vorliegenden Falle sei ein Anspruch aber noch nicht existent geworden, da die Voraussetzung seiner Entstehung, die Eheschließung, mangele.

Die Revision stellte die Nachprüfung anheim, ob der Prinzipalantrag der Klage gerechtfertigt sei, hielt aber für alle Fälle bezüglich der Entscheidung auf den Eventualantrag die Rechtsnorm des § 259 Z.P.O. für verletzt, weil diese Bestimmung auch auf bedingte Ansprüche Anwendung finde.

Das Berufungsurteil wurde aufgehoben, und die Sache zurückverwiesen, aus folgenden

Gründen:

... „Die Entscheidung des Berufungsgerichts erweist sich insoweit als rechtsirrtümlich, als die Abweisung des Eventualantrags erfolgt ist. Grundsätzlich ist allerdings davon auszugehen, daß eine Verurteilung zu einer Leistung nur nach Eintritt der Fälligkeit derselben zulässig ist, und daß Ausnahmen davon auf positiven Bestimmungen beruhen. Der im § 259 Z.P.O. enthaltenen Ausnahmebestimmung gibt aber das Berufungsgericht eine zu enge Begrenzung. Gemäß dieser Vorschrift kann Klage auf künftige Leistung erhoben werden, wenn den Umständen nach die Besorgnis gerechtfertigt ist, daß der Schuldner sich der rechtzeitigen Leistung entziehen werde. Die Einschränkung des Begriffs der „künftigen Leistung" auf Ansprüche, welche bereits entstanden sind, und bei denen nur die Geltendmachung hinausgeschoben ist, erscheint schon nach der Wortfassung nicht gerechtfertigt. Von künftigem Anspruche kann auch dann gesprochen werden, wenn der

Anspruch noch nicht entstanden ist, vielmehr erst in der Zukunft zur Entstehung gelangen soll. Hierbei kann es auch weiter keinen Unterschied machen, ob die künftige Entstehung abhängig gemacht ist von einem bestimmten Anfangstermine, oder von dem Eintritt eines anderen Tatbestandsmoments, welches, sei es gesetzlich, sei es kraft Rechtsgeschäfts, Voraussetzung für die Entstehung des Anspruchs ist. Daß da, wo die Zivilprozeßordnung die Klage auf künftige Leistungen gibt, nicht nur bereits existente, wenn auch noch nicht fällige, Ansprüche verstanden sind, ergibt insbesondere auch § 258 Z.P.O. Die hier bezeichneten wiederkehrenden Ansprüche sind nicht lediglich in ihrer Geltendmachung hinausgeschoben, sondern auch in ihrem Entstehen von dem künftigen Eintritt gewisser Tatbestände abhängig gemacht. Auch im Falle des § 1620 B.G.B., wo der Anspruch der Tochter auf Aussteuer erst zur Entstehung gelangt, wenn sie heiratet, kann man daher von einer künftigen Leistung im Sinne des § 259 Z.P.O. schon vor der Heirat sprechen. Irrtümlich ist freilich die Auffassung der Revision, daß es sich in solchem Falle um einen bedingten Anspruch handle. Im technischen Sinne des § 158 B.G.B. liegt ein solcher nicht vor, möchte selbst die Aussteuer noch besonders vertragsmäßig zugesichert sein. Zu Unrecht verneint deshalb das Berufungsgericht die Anwendbarkeit des § 259 Z.P.O. aus dem Grunde, weil keine künftige Leistung in Frage stehe. Die hierauf zum Eventualantrage beruhende Entscheidung des Berufungsgerichts war daher aufzuheben, und die insoweit zur Endentscheidung nicht reife Sache an das Berufungsgericht zu anderweiter Verhandlung und Entscheidung zurückzuverweisen.

Dagegen entbehrt, wie das Berufungsgericht mit Recht annimmt, das Verlangen auf Gewährung der Aussteuer schon vor der Heirat jedes Rechtsgrundes."

---

35. Beweis der Gläubigerbenachteiligung bei Anfechtung einer durch Indossamente erfolgten Übertragung von Wechselforderungen gemäß § 24 Nr. 2 K.O. a. F. (§ 31 K.O. n. F.).

II. Zivilsenat. Urt. v. 17. Mai 1904 i. S. Konkursmasse D. (Kl.) w. S. (Bekl.). Rep. II. 128/04.

I. Landgericht Koblenz.
II. Oberlandesgericht Köln.

Der Gemeinschuldner D. hatte kurz vor der Konkurseröffnung mehrere akzeptierte Wechsel, in denen er als Remittent bezeichnet war, durch Indossamente auf seinen Schwager übertragen. Der Konkursverwalter focht dieses Rechtsgeschäft als den Konkursgläubigern gegenüber unwirksam gemäß § 24 Nr. 2 K.O. a. F., bezw. § 31 Nr. 2 K.O. n. F. an, indem er in der Klage beantragte, den Beklagten, als Indossatar dieser Wechsel, zu deren Herausgabe zu verurteilen. Der Beklagte behauptete, er habe bei der Indossierung dieser Wechsel den Gesamtbetrag der Wechselsummen an den Gemeinschuldner bezahlt; die klägerische Konkursmasse sei dafür beweispflichtig, daß die Wechsel ohne vollwertige Gegenleistung von dem Gemeinschuldner indossiert worden seien.

Die Klage wurde von dem Landgerichte zugesprochen, von dem Oberlandesgerichte aber abgewiesen. Auf die von der Klägerin gegen das Berufungsurteil eingelegte Revision wurde dieses aufgehoben, und die Sache an das Berufungsgericht zurückverwiesen, aus folgenden

Gründen:

„Das Berufungsgericht hat die von der Klägerin verlangte Anwendung des § 31 Nr. 2 K.O. auf den vorliegenden Fall deshalb verneint, weil nicht dargetan sei, daß durch den Abschluß des angefochtenen Geschäftes die Gläubiger des Gemeinschuldners benachteiligt worden seien. Es hat in dieser Hinsicht zunächst die Behauptung der Klägerin für nicht zutreffend erachtet, daß eine durch den Abschluß des angefochtenen Geschäfts bewirkte Benachteiligung der Gläubiger schon mit der Begebung der Wechsel an den Rechtsvorgänger des Beklagten deshalb an sich gegeben sei, weil mit Rücksicht auf die abstrakte Natur des Wechselbegebungsakts in der Begebung eines Wechsels schlechthin („prima facie") eine Verminderung des Vermögens des Wechselbegebers erblickt werden müsse. Gegenüber diesem Rechtsbehelfe der Klägerin hat nämlich das Berufungsgericht folgendes ausgeführt: die unter anderem in der in den Entsch. des R.G.'s in Zivils. Bd. 26 S. 74 flg. vertretene Ansicht, daß die Begebung eines Wechsels „prima facie" eine Benachteiligung der Gläubiger des Begebers darstelle, und es somit im Falle der Anfechtung des Begebungsaktes Sache des Anfechtungsgegners sei, darzutun, daß und warum im konkreten Falle eine Benachteiligung gleichwohl nicht eingetreten sei, treffe für die vorliegende Sache nicht zu. Namentlich greife hier dieser „prima facie-Beweis“ einer Gläubigerbenachteiligung nicht durch. Wenn auch D. durch die Begebung der Wechsel mittels Indossaments eine wechselmäßige Regreßpflicht übernommen habe, und damit nach abstrakten Begriffen eine Verminderung seines Vermögens eingetreten sein möge, so stehe doch andererseits als unstreitig fest, daß die Akzeptanten der Wechsel durchaus zahlungsfähige Schuldner seien, und demnach die Repreßpflicht, die D. mit Begebung der Wechsel einging, eine nur rein theoretische gewesen sei, indem von vornherein habe angenommen werden können, daß die Akzeptanten zahlen würden, und damit die Regreßpflicht in concreto überhaupt nicht entstehen werde. Die Akzeptanten hätten auch die Wechsel nach Fälligkeit eingelöst. Die bloß abstrakt eingegangene Regreßpflicht vermöge daher eine Benachteiligung der Gläubiger im vorliegenden Falle nicht zu begründen. Eine derartige Benachteiligung lasse sich der abstrakten Natur des Wechselbegebungsakts ebensowenig insoweit entnehmen, als der Begeber eines Wechsels durch die Begebung sich seiner wechselmäßigen Rechte entäußere. Bei Anfechtung einer nicht wechselmäßigen Forderung genüge es nicht, daß der Anfechtungskläger sich zum Nachweise der Benachteiligung der Gläubiger auf die bloße Tatsache der Veräußerung berufe; daß dies wegen der abstrakten Natur der aus einem Wechsel fließenden Rechte bei der Veräußerung dieser Rechte anders sein sollte, sei nicht erfindlich.

Diese, von der Revisionsklägerin zunächst angefochtenen, Ausführungen sind nicht frei von Rechtsirrtum. Abgesehen davon, daß in dem gegenwärtigen Rechtsstreite, welcher ein im Jahre 1899 eröffnetes Konkursverfahren und ein Rechtsgeschäft aus dem nämlichen Jahre betrifft, nicht die Anwendung des vom Berufungsgerichte bezüglich des fraglichen Punktes allein in Betracht gezogenen § 31 Nr. 2 der erst am 1. Januar 1900 in Kraft getretenen Konkursordnung vom 20. Mai 1898, sondern die Anwendung des übrigens inhaltlich mit § 31 Nr. 2 a. a. O. übereinstimmenden § 24 Nr. 2 der Konkursordnung von 1877 auf das streitige Rechtsverhältnis in Frage steht (vgl. Artt. I. V. VI Einf.-Ges. zu dem Gesetze, betr. Änderungen der Konkursordnung, vom 17. Mai 1898 und Artt. 1 und 170 Einf.-Ges. zum B.G.B.), hat das Berufungsgericht in seinen obigen Ausführungen mit

Unrecht die fragliche Wechselbegebung nicht als einheitlichen Rechtsakt, wodurch sowohl die Rechte aus den Wechseln auf den Indossatar übertragen als auch wechselmäßige Verpflichtungen des Indossanten begründet worden sind (Art. 9 Abs. 1. Artt. 10. 14 W.O.), gewürdigt und namentlich die abstrakte Natur der in der Wechselbegebung selbst hauptsächlich liegenden Übertragung der Rechte aus dem Wechsel nicht genügend berücksichtigt.

Der vorliegende Fall unterscheidet sich nämlich von dem durch das angeführte Urteil des I. Zivilsenates des Reichsgerichts vom 7. Dezember 1889 (Entsch. desselben in Zivils. Bd. 26 S. 74 flg.) entschiedenen Falle wesentlich dadurch, daß in letzterem für die Frage, ob durch den Abschluß des Rechtsgeschäftes die Gläubiger des Gemeinschuldners benachteiligt waren, nur die durch die Wechselakzepte des letzteren begründeten Wechselverpflichtungen desselben in Betracht kamen, während es sich im gegebenen Falle bezüglich dieser Frage sowohl um die durch die fraglichen Indossamente bewirkte Veräußerung der dem Gemeinschuldner als Remittenten zustehenden Rechte aus den Wechseln als auch um die damit verbundene Übernahme von Wechselverpflichtungen handelt. Indem das Berufungsgericht bei Prüfung dieser Frage zunächst nur die Eingehung dieser Verpflichtungen von seiten des Gemeinschuldners für sich allein und sodann, getrennt hiervon, die in der Wechselbegebung zugleich liegende Veräußerung der Rechte aus den Wechseln in Betracht zog, bezüglich des letzteren Punktes aber die abstrakte Natur der Wechselbegebung als unerheblich ansah, hat es die für die zu entscheidende Frage wesentlich in Betracht kommende Zusammengehörigkeit dieser beiden Rechtswirkungen der fraglichen Indossamente, namentlich aber die formale, abstrakte Natur des in der Wechselbegebung vor allem liegenden Veräußerungsgeschäfts und deren Einfluß auf die Beweislast in Fällen des § 24 Nr. 2 K.O. a. F. verkannt. Durch die Wechselbegebung mittels Indossaments wird nämlich eine Veräußerung der dem Indossanten zustehenden Rechte aus dem Wechsel in der Weise bewirkt, daß diese Rechte durch den bloßen Formalakt dieser Wechselbegebung nach Art. 10 W.O. unmittelbar auf den Indossatar übergehen und somit unabhängig von dem dem Wechselindossamente etwa zugrunde liegenden Rechtsgeschäfte, also namentlich auch dann aus dem Vermögen des Indossanten endgültig ausscheiden, wenn kein entsprechender Gegenwert für den

Wechsel diesem Vermögen zufließt, indem eine Gegenleistung des Indossatars für den Wechsel ja nicht zum Wechselbegebungsgeschäfte, als reinem Formalvertrage, gehört. Die Übertragung der Rechte aus dem Wechsel durch Indossament ist also von dem dieser formalen Rechtshandlung zugrunde liegenden Rechtsgeschäfte vollständig losgelöst und rechtlich davon unabhängig. Da aber im gegebenen Falle nach der Feststellung des Berufungsgerichts die von dem Gemeinschuldner durch Indossament auf den Rechtsvorgänger des Beklagten übertragenen Wechselakzepte wirkliche Vermögenswerte darstellten, so sind die Befriedigungsmittel der Gläubiger des Gemeinschuldners ohne weiteres („prima facie" in dem Sinne des erwähnten Urteils vom 7. Dezember 1889) als durch die Indossierung dieser Wechsel, d. h. durch den von dem Gemeinschuldner abgeschlossenen Wechselbegebungsvertrag, vermindert, und somit diese Gläubiger als hierdurch unmittelbar benachteiligt anzusehen. Insoweit treffen die auch von dem erkennenden Senate gebilligten Ausführungen des angeführten Urteils des I. Zivilsenats (a. a. O. S. 76 und 77) über die durch Übernahme von Wechselverbindlichkeiten bewirkte Schädigung der Gläubiger des Gemeinschuldners ohne weiteres auch für die hier in Rede stehende Übertragung der Rechte aus den fraglichen akzeptierten Wechseln durch Indossament zu. Namentlich ist auch bezüglich des letzteren Rechtsgeschäftes der Erwägung des angeführten Urteils beizutreten, das Gesetz könne die Anfechtung nicht von der Darlegung der Grundlagen des Wechselgeschäfts abhängig machen wollen, die dem Anfechtenden insbesondere bei unklaren Verhältnissen des Gemeinschuldners unbekannt seien und für ihn häufig unerforschlich bleiben würden. Hiernach erscheint auch der Grund des Berufungsgerichts, daß auch bei Anfechtung der Veräußerung einer nicht wechselmäßigen Forderung es nicht genüge, daß der Anfechtungskläger sich zum Nachweise der Benachteiligung der Gläubiger auf die bloße Veräußerung der Forderung berufe, als nicht geeignet, seine abweichende Beurteilung der Frage der Beweislast zu rechtfertigen; denn dieser Satz — bezüglich dessen es dahingestellt bleiben kann, inwieweit er namentlich nach dem eventuell für den gegenwärtigen Rechtsstreit in Betracht kommenden französischen Rechte für den (hier nicht in Rede stehenden) Fall der Übertragung einer nicht wechselrechtlichen Forderung richtig ist — trifft jedenfalls im Hinblick auf die dargelegte rechtliche Natur des hier in Frage kommenden Wechselbegebungsvertrags für die Übertragung einer Wechselforderung durch Indossament nicht zu.

Im gegebenen Falle hat also, da der Abschluß des letzteren Rechtsgeschäfts feststeht, und die hierdurch bewirkte Benachteiligung der Gläubiger des Gemeinschuldners aus dem Inhalte und der rechtlichen Natur des Geschäftes sich ohne weiteres ergibt, der klagende Konkursverwalter bezüglich dieses Punktes keinen weiteren Beweis zu führen. Dagegen ist es Sache des Beklagten, als des Anfechtungsgegners, ein dieser Wechselbegebung zugrunde liegendes die Annahme einer Benachteiligung der Gläubiger des Gemeinschuldners ausschließendes Rechtsgeschäft aufzudecken und zu beweisen, aus dem sich namentlich ergeben würde, daß durch die fragliche Wechselbegebung wegen der damit zusammenhangenden entsprechenden Vermehrung des Aktivvermögens des Gemeinschuldners oder wegen Beseitigung einer mindestens gleich hohen Schuld desselben in Wirklichkeit keine Benachteiligung der Gläubiger bewirkt worden ist. Nur wenn der Beklagte diesem Erfordernisse genügen sollte, würde die fragliche Wechselbegebung nicht als ein die Gläubiger benachteiligender Vertrag anzusehen sein.

Wenn aber nach obigen Ausführungen bei Beurteilung der Frage der Benachteiligung der Gläubiger die Wechselbegebung in ihrer Gesamtheit zu berücksichtigen, und schon in der hierin liegenden Veräußerung der Rechte aus den Wechseln ein — wenn auch noch nicht endgültiger — Beweis für die hierdurch bewirkte Benachteiligung der Gläubiger zu finden ist, so kommt es auf die von dem Berufungsgerichte weiter erörterte Frage nicht an, ob diese Benachteiligung insoweit, als der Gemeinschuldner bei den Indossamenten auch Wechselregreßverbindlichkeiten übernommen hat, wegen der Zahlungsfähigkeit der Wechselakzeptanten als ausgeschlossen zu gelten hat; denn wenn der Beklagte nicht dartun sollte, daß durch die Veräußerung der Wechsel die Gläubiger des Gemeinschuldners nicht benachteiligt worden sind, so genügt für die Anwendung des § 24 Nr. 2 K.O. a. F. die dargelegte, aus dieser Veräußerung ohne weiteres, auch im Falle der Zahlungsfähigkeit der Wechselakzeptanten, sich ergebende Benachteiligung der Gläubiger. Wenn der Beklagte aber seiner oben erörterten Beweispflicht genügen sollte, so wird hierdurch die Annahme einer Benachteiligung der Gläubiger auch insoweit ausgeschlossen, als die Übernahme der betreffenden Wechselverpflichtungen in Frage steht, da auch diesen eine entsprechende Gegenleistung des Indossatars gegenüberstehen würde." ...

---

36. Umfaßt die Entschädigung für die Enteignung eines Grundstückes zugunsten einer öffentlichen Verkehrsanstalt auch diejenigen Nachteile, welche dem unter der Oberfläche Bergbau treibenden Eigentümer durch die gesetzliche Beschränkung des Bergbaues gegenüber dem Unternehmer erwachsen?

Preuß. Enteignungsgesetz §§ 1. 8.

Preuß. Berggesetz §§ 153 flg.

VII. Zivilsenat. Urt. v. 17. Mai 1904 i. S. Bergwerksaktienges. K. (Kl.) w. Eisenbahnfiskus (Bekl.). Rep. VII. 599/03.

I. Landgericht Essen.
II. Oberlandesgericht Hamm.

Der Klägerin wurden im Jahre 1902 zum Zwecke der Anlegung einer neuen Freiladestelle auf dem Bahnhofe Sch. auf Antrag des Beklagten Grundstücke enteignet. Die Entschädigung wurde von dem Bezirksausschuß auf 15143,10 M festgestellt. Die Klägerin verlangte im Rechtswege eine Erhöhung der Entschädigung um 50000 M nebst Zinsen (vorbehaltlich weitergehender Ansprüche), indem sie geltend machte, daß sie die enteigneten Grundstücke, unter deren Oberfläche sie Bergbau betreibe, erworben habe, um den Ansprüchen der Grundeigentümer auf Bergschadenvergütung zu entgehen, daß sie aber nunmehr infolge der Enteignung diesen Ansprüchen wiederum ausgesetzt sei; die Grundstücke hätten deshalb für sie einen entsprechenden Mehrwert. Die Klage wurde in beiden Instanzen abgewiesen, und auch die Revision ist zurückgewiesen worden.

Gründe:

„Den Ausführungen des Berufungsrichters war jedenfalls im Ergebnisse zuzustimmen. Der 3. Abschnitt des 5. Titels des Allgemeinen Berggesetzes für die Preußischen Staaten vom 24. Juni 1865 (§§ 153 bis 155) regelt das Verhältnis des Bergbaues zu den öffentlichen Verkehrsanstalten. Während der Bergwerksbesitzer beim Betriebe des Bergbaues im allgemeinen auf die Interessen des Eigentümers der Erdoberfläche keine Rücksicht zu nehmen braucht und nur im Falle von Beschädigungen nach Maßgabe der §§ 148 flg. des Berggesetzes ersatzpflichtig wird, also das Bergwerkseigentum dem Grundeigentum vorgeht, gilt das Umgekehrte beim Zusammentreffen des Bergbaues mit den Anlagen auf der Oberfläche, die dem öffentlichen Verkehre dienen, und in Ansehung deren dem Unternehmer durch Gesetz oder landesherrliche Verordnung das Expropriationsrecht beigelegt ist. Zugunsten solcher Anlagen ist das Bergwerkseigentum mit der gesetzlichen Beschränkung belastet, daß es deren Dasein und Benutzung nicht gefährden oder verhindern darf. Der Bergwerksbesitzer haftet nicht nur für jede Beschädigung der öffentlichen Verkehrsanstalt durch den nach deren Genehmigung und Errichtung fortgesetzten Bergbau, ohne daß dabei ein konkurrierendes Verschulden des Unternehmers im Sinne des § 150 a. a. O. in Betracht käme; er hat auch dem öffentlichen Verkehre dergestalt zu weichen, daß er die zu dessen ungeschmälerter Aufrechterhaltung notwendigen Einrichtungen treffen und Betriebshandlungen unterlassen muß, die auch durch entsprechende Sicherheitsmaßregeln nicht unschädlich gemacht werden können und daher mit dem Unternehmen schlechterdings unvereinbar sind. Dabei gewährt das Gesetz für diese Einschränkung des Bergbaues nur unter den im § 154 a. a. O. bestimmten Voraussetzungen einen Schadensersatzanspruch gegen den Unternehmer. Die vorstehenden Rechtssätze sind in der Theorie und Rechtsprechung anerkannt (vgl. insbesondere Entsch. des R.G.'s in Zivils. Bd. 28 S. 341, ferner Bd. 5 S. 266 und das Urteil vom 18. Dezember 1895 in den eisenbahnrechtlichen Entscheidungen Bd. 13 S. 30). Sie sind durch das Enteignungsgesetz vom 11. Juni 1874 nicht abgeändert. Mit ihnen ist aber das Verlangen der Klägerin unvereinbar. Es läuft darauf hinaus, daß der Beklagte als Eisenbahnunternehmer die Klägerin für die ihr infolge der Anlage erwachsene gesetzliche Beschränkung ihres Bergwerkseigentums entschädige, daß er ihr in dem geforderten Betrage von 50000 ℳ die Mittel gebe, um die mit jener Beschränkung verbundenen Pflichten zu erfüllen. Aus dem § 8 Abs. 2 des Enteignungsgesetzes ist der Anspruch keinesfalls herzuleiten; um eine Teilenteignung handelt es sich nicht, wenn dem Grundeigentümer, der unter seinem Grundeigentum Bergbau betreibt, nur jenes entzogen wird, und dieser verbleibt.

Bergbau und Grundeigentum bilden kein im Zusammenhange stehendes Grundstück desselben Eigentümers. Aber auch der Gesichtspunkt des sog. individuellen Wertes, wie er namentlich in dem Urteile des V. Zivilsenates des Reichsgerichts vom 4. November 1893 (Entsch. des R.G.'s in Zivils. Bd. 32 S. 298; dagegen Eger, 2. Aufl. des Kommentars zum Enteignungsgesetze Bd. 1 S. 140 flg.) entwickelt ist, versagt. Es ist richtig, daß die Vorteile, die das Eigentum an dem enteigneten Grundstücke der Klägerin durch die Befreiung von dem Schadensersatze für dessen Beschädigung verschaffte, in dem objektiven Werte des Grundstückes keine Deckung finden. Allein dieser Umstand kann angesichts der besonderen berggesetzlichen Normen keine Berücksichtigung finden. Wenn nach ihnen der Bergbau hinter dem mit dem Enteignungsrechte ausgestatteten Verkehrsunternehmen zurückstehen muß, und nur ausnahmsweise eine Ersatzforderung wegen der dem ersteren durch die öffentliche Verkehrsanstalt zugefügten Nachteile gegeben ist, so ist damit eine weitere Ersatzforderung unter dem Gesichtspunkte der Enteignung unverträglich. Hätte eine Entschädigung für die dem Bergwerksbetriebe auferlegte Last in dem Falle gewährt werden sollen, daß der Bergwerkseigentümer zugleich Eigentümer des enteigneten Grundstücks wäre, so hätte dies im Berggesetz oder Enteignungsgesetz ausgesprochen sein müssen. Da es nicht geschehen ist, so erscheint eine Rechtsanschauung unannehmbar, die dahin führt, daß es den Zechen ermöglicht würde, durch den Erwerb der voraussichtlich in Zukunft für öffentliche Verkehrsmittel benötigten Grundstücke sich der gesetzlichen Einschränkung des Bergwerksbetriebes, wie sie im Interesse des Verkehrs besteht, tatsächlich zu entledigen, d. h. deren Vermögensnachteile auf das Unternehmen abzuwälzen. Aus der Bestimmung, welche den Bergbau verbietet, sofern er den Verkehr schädigt, folgt von selbst, daß der Unternehmer nicht gezwungen werden kann, den Enteigneten wegen der aus der Übertretung des Verbots fließenden Nachteile schadlos zu halten und als Enteignungsentschädigung auch die dem Ablösungswerte der gesetzlichen Last des Bergbaues entsprechende Summe zu zahlen; mit der vollzogenen Enteignung tritt das Verhältnis zwischen der Verkehrsanstalt und dem Bergwerksbesitzer, wie es in den §§ 153 flg. des Bergwerksgesetzes geregelt ist, ohne weiteres in Kraft. Wie der Fall zu entscheiden sein würde, der am Schlusse des Berufungsurteils konstruiert ist

(Führung der Eisenbahnlinie quer über den mit Betriebsgebäuden besetzten Zechenhof), ist nicht zu erörtern. Nur darauf ist hinzuweisen, daß er wesentlich von dem gegenwärtig zur Entscheidung stehenden Falle verschieden ist." ...

37. Rechtsstellung des Schiffsmaklers.

I. Zivilsenat. Urt. v. 18. Mai 1904 i. S. B. (Bekl.) w. The Dene Steam Shipping Company Ltd. (Kl.). Rep. I. 64/04.

I. Landgericht Hamburg, Kammer für Handelssachen.
II. Oberlandesgericht daselbst.

Aus den Gründen:

... „Dem Berufungsgericht war unbedenklich darin beizutreten, daß der Vertrag zwischen der Klägerin und der Brauer-Linie nach englischem oder nach amerikanischem Rechte zu beurteilen ist. Die weitere Annahme des Berufungsgerichts, daß zwischen dem englischen und dem amerikanischen Rechte in der hier in Betracht kommenden Beziehung Übereinstimmung bestehe, ist nach § 562 Z.P.O. für das Revisionsgericht maßgebend, und die auf Grund dieser Rechte ohne prozessualen Verstoß gefundene Auslegung des erwähnten Vertrages nebst der aus seinen Bestimmungen gezogenen Folgerung, daß der Kapitän des Dampfers „Ferndene" die Geschäfte des Schiffes hier im Namen der Klägerin als der Reederin des Schiffes führte, ist nach § 549 Z.P.O. der Nachprüfung in der Revisionsinstanz entzogen.

Nach deutschem Rechte war zu beurteilen und ist auch vom Berufungsgericht beurteilt die Rechtsstellung, welche der Inhaber der verklagten Firma als Makler des Schiffes einnahm, und zutreffend ist ausgeführt, daß nach allbekannter Übung der Makler eines Schiffes als Vertreter des Reeders, insbesondere auch hinsichtlich der Einziehung der Fracht, handelt.

Vgl. Wagner, Handbuch des Seerechts S. 271 flg.; Lewis-Boyens, Seerecht Bd. 1 S. 315. 316.

Hervorzuheben aber ist dabei, daß der Makler Vertreter des Reeders ist als Substitut des Schiffers.

Vgl. Wagner, a. a. O.

Den Auftrag, für den Dampfer „Ferndene" als Schiffsmakler zu handeln, erhielt der Inhaber der verklagten Firma dadurch, daß der Kapitän des Dampfers ihm, wie unbestritten ist, die Schiffspapiere einhändigte, und durch die Annahme der Papiere erfolgte auch die Annahme des Auftrags. Damit gewann der Beauftragte als Substitut des Schiffers die Befugnis, die Fracht sich auszahlen zu lassen; zugleich aber auch übernahm er in dieser seiner Eigenschaft die Verpflichtung, die einkassierte Fracht an den Schiffer, und nicht ohne dessen Zustimmung an einen Dritten abzuliefern, sofern nicht dieser Dritte der vom Schiffer vertretene Reeder war.

Unerheblich ist es, daß nach dem Vertrage zwischen der Klägerin und der Brauer-Linie der Charterer alle dem Schiffe notwendigen Makler- und Agentendienste zu beschaffen hatte, und infolge davon der Schiffer nicht auf Grund eigener Wahl der Person dem Inhaber der verklagten Firma den Auftrag, als Makler des Schiffes tätig zu sein, erteilt hat. Auf das durch den Auftrag entstandene Rechtsverhältnis zwischen dem Auftraggeber und dem Beauftragten war dies ohne Einfluß. Unerheblich ist ferner, worüber die Revision eine Feststellung vermißt, welchen Inhalt der von H. B. in New-York der Beklagten erteilte Auftrag hatte; denn einwandsfrei ist festgestellt, daß der Inhaber der verklagten Firma nur, insbesondere auch bei der Einkassierung der Fracht, als Vertreter der Reederei aufgetreten ist. Endlich ist auch belanglos die von der Revision erörterte Frage, ob hier die Reederei einen persönlichen Anspruch auf die Konnossementsfracht hatte. Daraus, daß das Konnossement nur zur Auslieferung der Güter gegen Zahlung dieser Fracht verpflichtete, ergab sich ohne weiteres, daß die vom Empfänger der Güter eingezogene Fracht für den Schiffer als Vertreter des Reeders eingezogen wurde. Sache des letzteren ist es, sich wegen der eingezogenen Unterfracht mit dem Unterverfrachter auseinanderzusetzen." ...

---

38. 1. Kann die Einrede des Schiedsvertrages noch nach Beginn der mündlichen Verhandlung des Beklagten zur Hauptsache wirksam geltend gemacht werden, wenn der Gegner die Verletzung der Vorschrift des § 274 Abs. 1 u. 3 Z.P.O. nicht rügt?

2. Bedeutung sog. allgemeiner Geschäftsbedingungen im Bankverkehr. Wird, wenn in solchen Geschäftsbedingungen die sog. Schiedsgerichtsklausel enthalten ist, durch vorbehaltlose Annahme derselben ein selbständiger Schiedsvertrag geschlossen?

I. Zivilsenat. Urt. v. 18. Mai 1904 i. S. K. & Co. Konkursverw. (Kl.) w. D. E.- u. W.-Bank (Bekl.). Rep. I. 76/04.

I. Landgericht Frankfurt a. M., Kammer für Handelssachen.
II. Oberlandesgericht daselbst.

Die im Börsenregister nicht eingetragene Firma K. & Co. stand vom Jahre 1896 bis zu der am 21. Juni 1899 über ihr Vermögen ausgesprochenen Konkurseröffnung mit der verklagten Bank in Geschäftsverbindung. Die Beklagte schloß für sie fortgesetzt Börsengeschäfte in Effekten ab und berechnete sich laut Rechnungsauszuges vom 30. Juni 1899 hieraus ein Guthaben von 420798,57 ℳ, für welches sie das Depot der Firma als Deckung in Anspruch nahm. Entgegen der Verwahrung des klagenden Konkursverwalters nahm die Beklagte den Zwangsverkauf vor. Unter der Behauptung, daß von dem Guthaben der Beklagten mit 420798,57 ℳ ein Teilbetrag von 68401,84 ℳ auf Verluste aus ungültigen Börsentermin- und Differenzgeschäften entfalle, beantragte der klagende Konkursverwalter die Verurteilung der Beklagten zur Zahlung dieses Betrags nebst zugehörigen Zinsen und Provisionen. Beklagte bestritt den eingeklagten Anspruch nach Grund und Höhe. Sie trug nach Verhandlung zur Hauptsache die Einrede vor, daß der Rechtsstreit nach ihren von vornherein vereinbarten „Bedingungen für Geschäfte in Wertpapieren mit festbestimmter Lieferungszeit" durch ein Schiedsgericht zu entscheiden sei.

Beide Vorinstanzen erachteten die Einrede für begründet und wiesen deshalb die Klage ab. Das Reichsgericht hat das Urteil des Oberlandesgerichts aufgehoben und die Sache zur weiteren Verhandlung an die erste Instanz zurückverwiesen aus folgenden

Gründen:

„I. Bei der Entscheidung war zunächst zu der Frage Stellung zu nehmen, ob die Vorinstanzen mit Recht die Einrede des Schiedsvertrags zugelassen und materiell über sie erkannt haben, obwohl dieselbe erst nach dem Beginn der mündlichen Verhandlung des Beklagten zur Hauptsache geltend gemacht worden ist. Die Einrede, „daß die Entscheidung des Rechtsstreits durch Schiedsrichter zu erfolgen habe," ist durch die Novelle zur Zivilprozeßordnung vom 17. Mai 1898 in den Kreis der „prozeßhindernden Einreden" aufgenommen worden. Solche Einreden sind nach § 274 Abs. 1 Z.P.O. vor der Verhandlung des Beklagten zur Hauptsache vorzubringen; sie können (vgl. § 274 Abs. 3) nach diesem Zeitpunkte nur dann noch geltend gemacht werden, wenn sie entweder solche sind, auf welche der Beklagte wirksam nicht verzichten kann, oder wenn der Beklagte glaubhaft macht, daß er ohne sein Verschulden nicht imstande war, sie vor der Verhandlung zur Hauptsache geltend zu machen. Die Einrede des Schiedsvertrags gehört zu den verzichtbaren prozeßhindernden Einreden. Denn es besteht kein öffentliches Interesse daran, daß der Beklagte von einer ihm durch zulässige Parteivereinbarung eingeräumten Befugnis, die Entscheidung einer Streitsache dem ordentlichen Staatsgericht zu entziehen, Gebrauch macht. Die Geltendmachung der Einrede nach dem Beginne der mündlichen Verhandlung verstößt sonach, da auch der zweite Ausnahmefall des § 274 Abs. 3 nicht vorliegt, gegen eine prozeßrechtliche Vorschrift. Die Vorinstanzen haben aber mit Recht angenommen, daß die Verletzung dieser das Verfahren betreffenden Vorschrift nicht mehr gerügt werden kann, nachdem sie in der nächsten mündlichen Verhandlung, welche auf Grund des betreffenden Verfahrens stattgefunden hat, von dem Kläger nicht beanstandet worden ist, obwohl er den Mangel kannte oder kennen mußte. Damit haben die Vorinstanzen zugleich der Auffassung Ausdruck verliehen, daß die Vorschrift des § 274 Abss. 1 und 3 eine solche ist, auf deren Beobachtung die Partei wirksam verzichten kann (vgl. § 295 Abs. 2 Z.P.O.). Allerdings wird in der Literatur teilweise die gegenteilige Ansicht vertreten.

Vgl. Seuffert, Civilprozeßordnung Bem. 11 zu § 274; Struckmann u. Koch, Civilprozeßordnung Bem. 12 zu § 274.

Auch in dem Urteile des Senats vom 14. Oktober 1893, Rep. I. 280/93, (abgedruckt in der Jurist. Wochensch. 1893 S. 537 Nr. 12) findet sich der Satz, der Beklagte, welcher sich zur Hauptsache einlasse, verzichte damit auf das Recht, die prozeßhindernde Einrede als solche geltend zu machen. Doch lag dem Senate damals eine andere prozessuale Frage zur Entscheidung vor, und es ist nicht anzunehmen, daß durch jene Stelle der Begründung zugleich ausgesprochen werden sollte, der Beklagte präjudiziere sich durch ein nicht rechtzeitiges Vorbringen der prozeßhindernden Einrede auch dann, wenn der Gegner ihr nachträgliches Vorbringen nicht beanstandet. Daß ein solches nachträgliches Vorbringen, wenn es auch von dem Gesetzgeber mißbilligt wird, doch mit der Struktur der mündlichen Verhandlung für vereinbar gehalten wird, ergeben gerade die in § 274 Abs. 3 zugelassenen Ausnahmen. Es steht daher nachgiebiges, nicht zwingendes Recht in Frage.

Vgl. Gaupp-Stein, Civilprozeßordnung, 7. Auflage, Bem. V, 2 zu § 274; v. Wilmowski u. Levy, Civilprozeßordnung, 7. Auflage, Bem. 5 zu § 247; Wach, im Archiv für die civilistische Praxis Bd. 64 S. 212.

II. Beide Vorinstanzen nehmen an, daß durch die Billigung der unter Ziff. 9 der allgemeinen Bedingungen der Beklagten enthaltenen Bestimmung:

„Für alle Streitigkeiten aus Lieferungsgeschäften auf festbestimmte Zeit unterwerfen sich die Parteien der Entscheidung eines Schiedsgerichts von drei Personen. Die drei Schiedsrichter ernennt der Präsident der Frankfurter Handelskammer oder dessen Stellvertreter",

bei Beginn der Geschäftsverbindung zwischen den Parteien ein selbständiger Schiedsvertrag geschlossen worden sei. Derselbe sei nicht bloßer Bestandteil der später abgeschlossenen Geschäfte geworden, sondern als eine besondere Vereinbarung im Hinblick auf einen möglichen Streit über die Rechtswirksamkeit des oder der abgeschlossenen oder noch abzuschließenden Geschäfte aufzufassen und daher von der Gültigkeit oder Ungültigkeit der letzteren unabhängig. Es kann hier dahingestellt bleiben, ob einem solchen selbständigen Schiedsvertrag über Geschäfte in Wertpapieren mit festbestimmter Lieferungszeit, wenn er wirklich geschlossen worden wäre, im Hinblick auf die prohibitiven und koerzitiven Bestimmungen des Reichsbörsengesetzes Rechtswirksamkeit zuzuerkennen wäre (vgl. Jurist. Wochenschr. 1896 S. 7 Nr. 25). Der Entscheidung dieser Frage bedarf es hier deshalb nicht, weil das Oberlandesgericht zu der Annahme, es bestehe zwischen den Parteien ein selbständiger Schiedsvertrag, dessen Gültigkeit lediglich nach §§ 1025. 1026 Z.P.O. zu beurteilen wäre, offensichtlich nur auf Grund einer irrtümlichen Auffassung der rechtlichen Bedeutung sog. allgemeiner

Geschäftsbedingungen überhaupt und des Inhaltes der hier in Frage stehenden Bedingungen insbesondere gelangen konnte. Solche allgemeinen Geschäftsbedingungen, wie sie im Bankverkehr, dann aber auch in anderen Branchen, insbesondere in der Transport- und Versicherungsbranche, handelsüblich geworden sind, stellen im Interesse einer Erleichterung des Geschäftsverkehrs im voraus und in typischer Weise die Bedingungen fest, unter welchen der Bankier, Spediteur, Versicherungsunternehmer gewisse Geschäfte zu kontrahieren gesonnen ist. Sie werden, wie auch im vorliegenden Falle, in gedruckten Formularen an die Kunden gegeben und bilden, wenn demnächst ein Geschäftsabschluß erzielt wird, mit ihren Einzelbestimmungen die lex contractus. Sie sind alsdann für den Vertragsteil bindend, welcher sie ausgestellt hat; sie sind aber auch für den Kunden bindend, von welchem nach den Grundsätzen von Treu und Glauben im Verkehr erwartet werden muß, daß er die ihm gemachten generellen wie speziellen Vertragspropositionen geprüft habe.

Vgl. Entsch. des R.G.'s in Zivils. Bd. 13 S. 77.

Hierin erschöpft sich aber ihre rechtliche Bedeutung. Keineswegs wird durch die Annahme und Billigung eines solchen, die Geschäftsbedingungen eines Bankiers enthaltenden Formulars ein selbständiger Vertrag geschlossen. Vielmehr sind jene Bedingungen lediglich bestimmt und geeignet, Bestandteile der demnächst abzuschließenden Verträge zu werden. Im vorliegenden Falle ist dies noch besonders durch den am Schlusse der Bedingungen angefügten Vordruck der Erklärung des Kunden, durch welche die Maßgeblichkeit derselben für die zu erteilenden Aufträge anerkannt werden soll, zum unzweideutigen Ausdrucke gebracht. Nach den Parteivorträgen bezog sich die Schiedsgerichtsklausel auf abzuschließende Börsentermingeschäfte. Die Gültigkeit und Rechtswirksamkeit der jeweiligen Vereinbarung eines Schiedsgerichts war daher von der Gültigkeit und Rechtswirksamkeit der Hauptgeschäfte abhängig. Sie teilt deren rechtliches Schicksal. Dies hat der erkennende Senat in mehrfachen Entscheidungen ausgesprochen.

Vgl. Entsch. des R.G.'s in Zivils. Bd. 27 S. 378 flg., Bd. 31 S. 398, Bd. 43 S. 408; Jurist. Wochenschr. 1904 S. 76 Nr. 52.

Börsentermingeschäfte sind, soweit sie nicht überhaupt als verbotene Geschäfte nichtig sind, gegenüber einem in das Börsenregister nicht eingetragenen Kontrahenten nicht erzwingbar. Nur ihre freiwillige Erfüllung ist unter den Voraussetzungen des § 68 Abs. 4 des Börsengesetzes rechtswirksam. Dasselbe gilt von dem als Geschäftsbedingung vereinbarten Schiedsvertrag. Er kann nicht erzwungen werden. Die Beklagte hat kein Recht, mit Rücksicht auf denselben zu verlangen, daß der Rechtsstreit von Schiedsrichtern zu entscheiden sei." ...

---

39. Kann nach Verteilung des Versteigerungserlöses ein nicht zur Hebung gelangter Gläubiger, obwohl er gegen den Teilungsplan keinen Widerspruch erhoben hat, sein besseres Recht auf Zahlung eines zur Hebung gelangten und an einen anderen Gläubiger ausgezahlten Betrages gegen diesen durch Klage geltend machen?

V. Zivilsenat. Urt. v. 18. Mai 1904 i. S. K. (Kl.) w. B. u. Gen. (Bekl.). Rep. V. 491/03.

I. Landgericht Guben.
II. Kammergericht Berlin.

Das Reichsgericht hat die oben aufgeführte Frage bejaht.

Aus den Gründen:

„Der Berufungsrichter ist in eine Erörterung der Frage nicht eingetreten, ob ein in der Zwangsversteigerung bei der Verteilung des Erlöses nicht zur Hebung gelangter Gläubiger, auch wenn er gegen den Teilungsplan keinen Widerspruch erhoben hat, überhaupt befugt ist, ein besseres Recht nach geschehener Verteilung denjenigen gegenüber geltend zu machen, die bei ihr mit den von ihnen erhobenen Ansprüchen befriedigt worden sind. Offenbar hat der Berufungsrichter diese Frage an sich im Anschluß an die hierüber nach dem bisherigen Recht ergangene Judikatur des Reichsgerichts (vgl. Entsch. des R.G.'s in Zivils. Bd. 39 S. 379; Gruchot's Beiträge Bd. 32 S. 402; Jurist. Wochenschr. 1901 S. 390 Nr. 20; auch Urteil des erkennenden Senates vom 19. September 1896, Rep. V. 59/96), bejahen wollen, und darin ist ihm beizutreten, da sich an den maßgebenden Vorschriften (früher § 764 Abs. 2 Z.P.O. und § 113 Abs. 2 des preußischen Gesetzes, betreffend die Zwangsvollstreckung in das unbewegliche Vermögen, vom 13. Juli 1883, jetzt § 878 Abs. 2 Z.P.O. und § 115 Abs. 1 des Reichsgesetzes über die Zwangsversteigerung 2c. vom 24. März 1897) in der hier fraglichen Beziehung nichts Wesentliches geändert hat. Dies muß gegenüber abweichenden Meinungen, die in der Literatur allerdings hervorgetreten sind (z. B. Wolff, Kommentar Bem. 1 b zu § 115 des Reichsgesetzes über die Zwangsversteigerung), für ein Festhalten an der bisherigen Rechtsprechung entscheidend sein (vgl. auch die Kommentare zu dem erwähnten Reichsgesetz von Fischer-Schaefer, Bem. 3 f S. 411, von Jaeckel, Bem. zu § 113, und von Reinhard, Bem. 2 b zu § 115, Bd. 2 S. 53). Verschieden von dieser Frage ist die, auf die noch einzugehen sein wird, ob ein von den Beteiligten bei der Zwangsversteigerung und namentlich im Verteilungstermine abgegebenes Anerkenntnis der Geltendmachung eines besseren Rechts entgegensteht." (Die weiteren Gründe interessieren nicht; sie führen aus, daß ein solches Anerkenntnis vom Kläger nicht abgegeben worden sei.)

---

40. Gehört beim dinglichen Vorkaufsrechte die für die Mitteilung des mit einem Dritten abgeschlossenen Kaufes an den Vorkaufsberechtigten durch ein früheres Gesetz vorgeschriebene Form im Sinne des Art. 184 Einf.-Ges. zum B.G.B. zu dem vom Veräußerer zu erfüllenden Inhalte des Rechts?

Einf.-Ges. zum B.G.B. Artt. 184. 189.
Preuß. A.L.R. I. 20 § 611.

V. Zivilsenat. Urt. v. 18. Mai 1904 i. S. K. (Kl.) w. B. (Bekl.).
Rep. V. 511/03.

I. Landgericht Breslau.
II. Oberlandesgericht daselbst.

Die vorstehende Frage ist vom Reichsgericht bejaht worden aus folgenden

Gründen:

„Der Revision war der Erfolg zu versagen. Das dem Beklagten eingeräumte Vorkaufsrecht ist im Grundbuche mit der Maßgabe eingetragen, daß er sich auf die Bekanntmachung des mit einem Dritten geschlossenen Kaufvertrags binnen zehn Tagen zu erklären habe. Da die Eintragung vor dem 1. Januar 1900 erfolgt ist, und da in § 611 preuß. A.L.R. I. 20 in allen Fällen, wo ein Vorkaufsrecht die Eigenschaft eines dinglichen Rechts hat, die Bekanntmachung von dem Abschlusse des Kaufes an den Vorkaufsberechtigten gerichtlich oder notariell geschehen muß, so hat der Berufungsrichter angenommen, daß wegen der Nichtbeobachtung dieser Form bei der klägerischen Mitteilung von dem Kaufabschlusse das Vorkaufsrecht des Beklagten seiner nicht rechtzeitigen Ausübung ungeachtet nicht erloschen, und die Klage unbegründet sei, soweit sie hierauf sich stützt. Der hiergegen aus dem Grunde erhobene Revisionsangriff, daß die Form der Mitteilung an den Vorkaufsberechtigten nicht den Inhalt, sondern die Aufhebung des Vorkaufsrechts betreffe, weshalb für sie nach den Artt. 184. 189 Einf.-Ges. zum B.G.B. seit dem 1. Januar 1900 nicht das frühere Recht, sondern die §§ 1098. 510 B.G.B. maßgebend seien, ist ungerechtfertigt. Mit dem Berufungsrichter ist vielmehr davon auszugehen, daß die Voraussetzungen für die Aufhebung eines vor dem Inkrafttreten des Bürgerlichen Gesetzbuchs begründeten dinglichen Vorkaufsrechts als zu dessen Inhalte gehörig nach dem zur Zeit seiner Entstehung geltenden Gesetze zu beurteilen sind. Bei dem durch Vertrag begründeten Vorkaufsrechte bildet die Benachrichtigung des Vorkaufsberechtigten von dem Inhalte des mit dem Dritten abgeschlossenen Kaufvertrages sowohl nach § 608 preuß. A.L.R. I. 20 wie nach § 510 B.G.B. eine Obliegenheit des Verkäufers, die während des Bestehens des Vorkaufsvertrages zu erfüllen ist. Ihr kann nur dadurch genügt werden, daß die Benachrichtigung in der Form geschieht, auf welche der Vorkaufsberechtigte bei der Begründung seines Rechtes Anspruch erhielt, so daß der Verkäufer zur Benachrichtigung des Vorkaufsberechtigten von dem Kaufabschluß in der Form verpflichtet ist, welche bei der Begründung des Vorkaufsrechtes durch den Vorkaufsvertrag bestimmt oder durch Gesetz vorgeschrieben war. Durch die Benachrichtigung von seiten des Verkäufers wird auch nicht das Vorkaufsrecht aufgehoben; es wird durch sie vielmehr nur die für die Ausübung des Vorkaufsrechtes dem Vorkaufsberechtigten durch den Vertrag oder durch Gesetz vorgeschriebene Ausschlußfrist in Gang gesetzt. Nur durch diesen kann alsdann die Aufhebung des Vorkaufsrechts erfolgen, indem er die Ausschlußfrist unbenutzt verstreichen läßt. Sowohl aus letzterem Umstande, wie auch weil der Verkäufer während des Bestehens des Vertrages zur formgerechten Benachrichtigung des Vorkaufsberechtigten von dem Kaufabschlusse verpflichtet ist, um diesem die Ausübung seines Vorkaufsrechtes zu ermöglichen, gehört die Benachrichtigungspflicht und ihre formgerechte Erfüllung zum Inhalte des Vorkaufsrechts. Daß es sich bei ihr nur um die Aufhebung des Vorkaufsrechts handele, läßt sich schon deshalb nicht sagen, weil der Vorkaufsberechtigte bis zum Ablaufe der Ausschlußfrist sein Vorkaufsrecht ausüben kann.

Von den Parteien war bei der Begründung des hier streitigen Vorkaufsrechts nach dem in das Grundbuch eingetragenen Vermerk eine Bestimmung über die Form der Benachrichtigung von dem Abschluß eines Kaufes nicht getroffen worden, so daß der Inhalt des Vorkaufsvertrags in dieser Beziehung durch den § 611 preuß. A.L.R. I. 20 zu ergänzen ist, der bestimmt, was unter einer Bekanntmachung des Kaufabschlusses zu verstehen sei. Daß diese gesetzliche Vorschrift über die Form der Bekanntmachung, ebenso wie eine vertragliche Bestimmung, zum Inhalte des Vorkaufsrechts gehört, wäre zweifellos, wenn die Parteien sie ihrem Wortlaute nach in den Vorkaufsvertrag übernommen hätten. Bei dem Charakter dieser Vorschrift wird jedoch deren Bedeutung nicht dadurch geändert, daß die Parteien in ihrem Vertrage die Bezugnahme auf sie unterlassen haben. Sie durften darauf rechnen, daß infolge dieser Unterlassung die gesetzliche Vorschrift bei der Bekanntmachung zu beobachten sei. Daß die Formvorschrift des § 611 a. a. O. in dem Bürgerlichen Gesetzbuch nicht beibehalten worden ist, läßt die Verpflichtung der Klägerin unberührt, die nach dem Inkrafttreten des Bürgerlichen Gesetzbuchs notwendig gewordene Benachrichtigung des Beklagten von dem Abschluß eines Kaufvertrags in der Form zu bewirken, welche bei dem Vorkaufsrechtsvertrag durch das frühere Gesetz vorgesehen war und Inhalt des Vorkaufsrechts geworden ist. Auch von der Literatur werden zu dem durch den Art. 184 Einf.-Ges. zum B.G.B. aufrecht erhaltenen Inhalt eines Vorkaufsrechtes die Voraussetzungen, unter denen das Vorkaufsrecht eintritt, sowie die Formen seiner Ausübung gerechnet, wie die Bemerkungen von Niedner, Kommentar zum Einf.-Ges. 2. Aufl. S. 378 Abs. 1, Planck, Kommentar Bd. 6 S. 274 Abs. 2, Habicht, Einwirkung 3. Aufl. S. 250 Nr. 4, annehmen lassen." ...

41. Kann aus einem Schuldtitel, der auf Verurteilung zur vollständigen Lieferung der Einrichtung einer Dampfwäscherei gerichtet ist, die Zwangsvollstreckung gemäß § 887 Abs. 1 Z.P.O. vollzogen werden?

VII. Zivilsenat. Beschl. v. 20. Mai 1904 i. S. L. (Gläubigerin) w. T. (Schuldner). Beschw.-Rep. VII. 139/04.

I. Landgericht I Berlin.
II. Kammergericht daselbst.

Die Frage ist vom Reichsgericht verneint aus folgenden, den Sachverhalt ergebenden

Gründen:

„Der Schuldner ist ... verurteilt worden, die im Leihvertrage vom 1. Februar 1903 näher bezeichnete Einrichtung zur Dampfwäscherei der Klägerin vollständig zu liefern und zu montieren. Die Gläubigerin betrieb die Zwangsvollstreckung aus diesem Urteil, und das Landgericht ordnete nach mündlicher Verhandlung und nach Anhörung eines Sachverständigen ... an, daß die Gläubigerin ermächtigt werde, die zur vollständigen Einrichtung der Dampfwäscherei fehlenden Anlagen:

1. einen Dampfkessel von 10 Quadratmeter wasserberührter Heizfläche, ...
2. eine Dampfmaschine ... (von näher angegebener Beschaffenheit),
3. eine neue Welle von 55 Millimeter Durchmesser nebst dazugehörigen neuen Lagern,
4. die Umänderung (Ausbohrung) der vorhandenen Riemscheiben,
5. die Umänderung der durch die Neulieferungen zu kleinen Rohrleitungen,
6. die Montage der Neulieferungen,
7. einen neuen Plättofen,

auf Kosten des Schuldners herstellen zu lassen, daß ferner der letztere die zu den Anlagen erforderlichen 3525 *M*, unbeschadet des Rechts auf Nachforderung der etwaigen Mehrkosten, der Gläubigerin vorauszuzahlen habe. Diesen Beschluß hob auf sofortige Beschwerde des Schuldners das Kammergericht auf, wies den Vollstreckungsantrag der Gläubigerin zurück und verurteilte sie zur Erstattung der vom Schuldner beigetriebenen 3548,60 *M* nebst 4 v. H. Zinsen seit dem

22. März 1904. Nunmehr hat die Gläubigerin weitere sofortige Beschwerde eingelegt, welcher indessen der Erfolg zu versagen war.

Ob der Vollstreckungstitel die vom Schuldner zu bewirkende Leistung überhaupt mit der für die Vollziehung erforderlichen Bestimmtheit bezeichnet, kann dahingestellt bleiben. Jedenfalls ist dem Kammergerichte darin beizustimmen, daß es sich nach dem landgerichtlichen Urteile vom 7. Mai 1903 und dem dasselbe ergänzenden Gutachten des Sachverständigen um die Zwangsvollstreckung zur Erwirkung der Leistung von Sachen handelt. Der Beklagte hat die vorstehend unter 1, 2, 3, 7 aufgeführten Gegenstände zur Einrichtung der Dampfwäscherei der Klägerin zu liefern, also Sachen zu leisten, wobei es für den Begriff der Leistung unerheblich ist, daß der Klägerin die Sachen zunächst nur zur mietsweisen Benutzung verschafft werden sollen. Auch bei der Herausgabe von Sachen, deren zwangsweise Realisierung im § 883 Z.P.O. geregelt ist, kommt es nicht darauf an, ob die Übergabe zu Eigenbesitz, oder nur zur Ausübung eines dinglichen oder persönlichen Rechts erfolgen soll.

Vgl. Gaupp-Stein, Bem. I 1 zu § 883; Reincke, 5. Aufl. Bem. 1 zu § 883.

Es kann nicht angenommen werden, daß die Justizkommission des Reichstages, welche den § 884 und den Abs. 3 des § 887 Z.P.O. eingefügt hat, die Leistung in einem engeren, dem Wort an sich fremden Sinne hat verstanden wissen wollen. Die unter Nr. 4 und 5 des landgerichtlichen Beschlusses bezeichneten Umänderungen und die Montage unter Nr. 6 sind allerdings Handlungen; aber diese entbehren der selbständigen Bedeutung und sind nur im Anschluß an die Lieferung der Maschinen, und nicht ohne diese vorzunehmen. Wenn daher diese Lieferung nicht unmittelbar im Vollstreckungswege erzwingbar ist, entfällt auch der Zwang zur Vornahme der Montage und der sonstigen Änderungen. Nun kennt die Zivilprozeßordnung eine unmittelbare Vollstreckung nur solcher Schuldtitel, die auf die Herausgabe individuell bestimmter Sachen oder auf die Leistung einer bestimmten Quantität vertretbarer Sachen oder Wertpapiere gerichtet sind (§§ 883, 884 Z.P.O.), und der mittelbare Vollstreckungszwang, der für die Durchführung der auf die Vornahme von Handlungen lautenden Schuldtitel gegeben ist, soll nach der Vorschrift in Abs. 3 des § 887 Z.P.O. bei der Zwangsvollstreckung zur Erwirkung der Herausgabe oder Leistung von Sachen ausgeschlossen sein. Im letzteren Falle bleibt für den Gläubiger nur der Weg des § 893 Z.P.O., nämlich die Klage auf die Leistung des Interesses, das nach urteilsmäßiger Feststellung unter Anwendung der Grundsätze über die Zwangsvollstreckung wegen Geldforderungen beizutreiben ist." ...

---

42. Redlicher Pfandnehmer im Sinne der §§ 1207. 932 B.G.B.[1]

VII. Zivilsenat. Urt. v. 20. Mai 1904 i. S. P. Testamentsvollstrecker (Kl.) w. G. (Bekl.). Rep. VII. 610/03.

I. Landgericht Hamburg.
II. Oberlandesgericht daselbst.

Die Kläger überließen im Jahre 1897 Wertpapiere (Ungarische Rentenanleihe und Jütländische Pfandbriefe), die sie durch Vermittelung der Bankfirma G. eigentümlich erworben hatten, dieser Firma, jedoch ohne die Zins- und Erneuerungsscheine, zur Aufbewahrung. Die Mäntel gelangten demnächst in den Besitz des Beklagten; der Inhaber der Firma G. verpfändete sie ihm, wie er behauptet, wegen eines Darlehens von 35 000 ℳ. Über die Zeit der Verpfändung liegen keine näheren Angaben vor. Die Kläger forderten die Herausgabe der Wertpapiere, indem sie geltend machten, daß der Beklagte bei der Verpfändung der Papiere nicht in gutem Glauben gewesen sei, was dieser bestritt. Das Landgericht gab der Klage statt; das Oberlandesgericht wies sie auf die Berufung des Beklagten ab. Auf die Revision der Kläger ist das landgerichtliche Urteil wiederhergestellt.

Gründe:

„Da das Eigentum der Kläger an den im Tatbestande bezeichneten Wertpapieren nicht bestritten ist, so ist die Klage auf deren Herausgabe begründet, sofern dem Beklagten das von ihm behauptete Pfandrecht nicht zusteht. Der Berufungsrichter legt seiner Annahme, daß der Beklagte als redlicher Pfandnehmer der Papiere anzusehen sei, folgenden, dem Vorbringen des Beklagten entsprechenden Sachverhalt zugrunde.

---

[1] Vgl. Entsch. des R.G.'s in Zivils. Bd. 36 S. 120. D. E.

Der Beklagte hatte dem ihm befreundeten Bankier G. größere Summen darlehnsweise gegeben und dafür Wertpapiere zum Pfande (in Depot) erhalten. Die Pfänder sind wiederholt zurückgegeben und durch andere ersetzt. Sie sind bald vom Beklagten, bald von seinem Sozius H. entgegengenommen. Dabei ist es mehrfach vorgekommen, daß die Papiere, die in einem Paket unter mündlicher Angabe des Inhalts überliefert wurden, von dem Beklagten oder von H. nicht nachgesehen worden sind. So hat es sich auch mit den den Gegenstand des Rechtsstreits bildenden Papieren verhalten. Erst nach dem Tode G.'s hat sich der Beklagte veranlaßt gefunden, die Papiere nachzusehen, und erst zu dieser Zeit hat er von dem Fehlen der Zins- und Erneuerungsscheine Kenntnis erlangt.

Über die Zeit der Verpfändung ist nichts Näheres festgestellt. Es ist daher nicht ausgeschlossen, daß sie bereits vor dem Inkrafttreten des Bürgerlichen Gesetzbuchs erfolgt ist. In der rechtlichen Beurteilung der Sache wird dadurch nichts geändert. Als redlicher Pfandnehmer galt auch nach Art. 306 H.G.B. a. F. derjenige nicht, welcher infolge von grober Fahrlässigkeit das seinem Erwerb entgegenstehende Hindernis nicht kannte (Entsch. des R.G.'s in Zivils. Bd. 6 S. 22. 87, Bd. 36 S. 120; vgl. auch Motive zum I. Entwurfe des Bürgerlichen Gesetzbuches Bd. 3 S. 346). Ebenso ist nach altem wie nach neuem Rechte dem Beklagten, sofern er nicht selbst die Papiere in Empfang genommen hat, das Kennenmüssen seines Sozius zuzurechnen, mag dieser Vertretungsmacht besessen haben, oder nicht; wobei zu bemerken ist, daß es sich um ein nicht die Gesellschaft, sondern nur den Beklagten persönlich angehendes Geschäft handelte (§ 166 Abs. 1 B.G.B.; Planck, 3. Aufl. Bem. 1 Abs. 3; Windscheid-Kipp, Pandektenrecht Bd. 1 § 73 Anm. 18. 21 und Text). Daß der Beklagte als gutgläubiger Erwerber des Pfandrechts anzusehen sei, begründet der Berufungsrichter in folgender Weise. Es bedürfe einer Entscheidung darüber nicht, ob der Beklagte bei der Entgegennahme der Papiere eine große Sorglosigkeit an den Tag gelegt habe. Wenn er auch in Wahrung seiner eigenen Interessen in erheblichem Maße sorglos verfahren sei, so sei damit noch nicht der Tatbestand einer Verletzung der im geschäftlichen Verkehr im Interesse Dritter gebotenen Diligenzpflicht gegeben. Zu der Feststellung dieses Tatbestandes sei nur unter der Annahme zu gelangen gewesen, daß der Beklagte bei der Entgegennahme der Papiere sich seiner Pflicht habe bewußt sein müssen, im Interesse eines Dritten, welchem möglicherweise Rechte an dem Pfandgegenstande zustehen könnten, sich davon zu überzeugen, ob bei den Papieren die Koupons und Talons vorhanden seien. Eine solche Diligenzpflicht sei nach den Verkehrsverhältnissen nicht geboten und nach den gesetzlichen Bestimmungen nicht gewollt.

Diese Ausführungen sind rechtsirrtümlich. Das alte Handelsgesetzbuch und ihm folgend das Bürgerliche Gesetzbuch dehnen den für das Liegenschaftsrecht vermöge des öffentlichen Glaubens des Grundbuchs geschaffenen Verkehrsschutz auf das Gebiet des Mobiliarsachenrechts aus. Sie erklären den Mangel im Rechte des Veräußerers (den Ausdruck in dem auch den Besteller eines Pfandrechts umfassenden Sinne genommen) dann für gleichgültig, wenn er durch den guten Glauben des Erwerbers gedeckt wird. Der gute Glaube ist im Fahrnisverkehr der entschuldbare Irrtum des Erwerbers über das Eigentum (im Falle des § 366 H.G.B. über die Verfügungsbefugnis) des Veräußerers, die nicht auf grober Fahrlässigkeit beruhende Unkenntnis von dem Rechtsmangel (§§ 932. 1207 B.G.B., Motive a. a. O.). Indem hiernach nur der redliche Erwerb geschützt wird, geht das Gesetz davon aus, daß von dem Erwerber ein gewisses Maß von Vorsicht geübt werde, daß er diejenige Prüfung in Ansehung des Rechtes seines Vormannes nicht unterlasse, die nach den gegebenen Umständen zu erwarten ist, und deren Nichtvornahme schlechthin mit dem Verhalten eines ordentlichen Mannes unverträglich ist. Die Prüfungspflicht liegt dem Erwerber lediglich im Interesse des wahren Eigentümers ob. Die Unterscheidung des Berufungsrichters ist unhaltbar. Wenn der Beklagte grob fahrlässig gehandelt hat, so kann hierbei nur die besonders schwere Verletzung der im Verkehr erforderlichen Sorgfalt gegenüber dem Eigentümer in Frage kommen. Wie der Beklagte seine eigenen Interessen wahrt, ist rechtlich ohne Bedeutung. Entscheidend ist allein, ob er die Interessen des Eigentümers in einer dem Gesetz entsprechenden Weise gewahrt hat. Das Gesetz unterstellt eine Diligenzpflicht in dem angegebenen Sinne; mithin bedarf es nicht der Feststellung des Bewußtseins dieser Pflicht. Die Frage kann nur sein, ob sie grob fahrlässig verletzt ist, ob also in dem Beklagten bei Anwendung auch nur geringer Aufmerksamkeit Zweifel an dem Rechte seines Schuldners, die Papiere zu verpfänden, auftauchen mußten. Diese Frage hat der Berufungsrichter nicht oder doch nur von dem nicht zutreffenden Gesichtspunkte aus beantwortet, daß ein Unterschied zwischen den — rechtlich, wie gezeigt, nicht anzuerkennenden — Pflichten gegen sich selbst und gegen den dritten Eigentümer bestehe, und daß eine grobe Verletzung jener Pflichten nicht auch eine solche Verletzung dieser in sich schließe, ohne daß für die letztere Annahme Gründe angegeben sind. Das Berufungsurteil war demgemäß aufzuheben. Einer Zurückverweisung in die Instanz bedurfte es nicht, da die tatsächlichen Grundlagen für die Endentscheidung schon jetzt gegeben sind (§ 565 Abs. 3 Z.P.O.). Nach dem oben mitgeteilten Sachverhalt hat der Beklagte oder sein Sozius das Paket mit den Wertpapieren unbesehen entgegengenommen. Die über den Inhalt von G. gemachten Mitteilungen können nur allgemein gelautet haben. Hätten sie sich auf das Fehlen der Zins- und Erneuerungsscheine bezogen, so würde der Beklagte schon damals über den Sachverhalt unterrichtet worden sein, was mit seinem Vorbringen, dem der Berufungsrichter folgt, in Widerspruch steht. Auch davon ist keine Rede, daß G. etwa das Vorhandensein der Nebenpapiere ausdrücklich behauptet hätte. Nun ist es das geringste Maß der nach dem Gesetz auf mögliche Rechte Dritter zu nehmenden Rücksicht, daß der Empfänger von Wertpapieren sich durch den Augenschein von ihrer verkehrsmäßigen Beschaffenheit überzeuge. Ein flüchtiger Blick genügt um so mehr, wenn, wie vorliegend, der Empfänger selbst zwar kein Bankier, aber doch ein Kaufmann ist, der gar nicht bestreitet, daß der den Papieren anhaftende Mangel sofort aufgefallen sein würde. Der Berufungsrichter führt freilich im Eingange der Gründe aus, daß die Verpfändung der sog. Mäntel ohne die Zins- und Erneuerungsscheine im Verkehr nicht selten vorkomme; aber er gibt doch zu, daß im geschäftlichen Verkehr die Mäntel *zusammen mit den Scheinen regelmäßig* den Gegenstand der Verpfändung bildeten. Es ist auch ohne weiteres klar, daß es dem Pfandnehmer, von besonderen, hier gar nicht behaupteten Vereinbarungen abgesehen, um ein umlauffähiges, realisierbares Papier zu tun ist.

Vgl. Entsch. des R.G.'s in Zivils. Bd. 36 S. 120.

Hätte sonach der Beklagte — oder sein Sozius — den allergewöhnlichsten Anforderungen an die verkehrsübliche, zum Schutze der Rechte Dritter unerläßliche Sorgfalt entsprochen, so würde er den mangelhaften

Zustand der Papiere erkannt haben, und es wäre dann seine Pflicht gewesen (wie dies in dem angezogenen Urteile des I. Zivilsenates des des Reichsgerichts näher ausgeführt ist), mit der Möglichkeit zu rechnen, daß es sich um Papiere handle, die dem Verpfänder, einem Bankier, nur zur Verwahrung anvertraut gewesen seien. Grob fahrlässig handelt nicht bloß der Erwerber, der verdächtige Umstände kennt und dennoch weitere Nachforschungen unterläßt, obwohl sie ohne weiteres geboten waren, sondern auch der Erwerber, der unter besonders schwerer Verletzung der im Verkehre gebotenen Sorgfalt es unterläßt, sich die Kenntnis solcher Umstände zu verschaffen. Der Beklagte kann redlicherweise nicht sagen, daß er von dem Mangel der Papiere nichts gewußt habe, wenn diese Unkenntnis selbst auf grober Fahrlässigkeit beruht. Nahm er von der Besichtigung des Inhaltes des Pakets Abstand, so handelte er auf eigene Gefahr; er kann sich gegen den Vorwurf des Verstoßes gegen die ihm obliegende Diligenzpflicht auch nicht durch die Berufung auf das freundschaftliche, von weitgehendem Vertrauen getragene Verhältnis zu G. schützen; denn dieses entband ihn nicht von der auf den Eigentümer zu nehmenden Rücksicht, über die er sich deshalb nicht minder leichtfertig hinwegsetzte, weil er dem Freunde traute. Es ist durchaus billig, daß der aus diesem Vertrauen erwachsene Nachteil den Beklagten trifft, der es geschenkt hat, und nicht die Kläger, welche vorsichtig verfuhren, indem sie die Mäntel von den Zins- und Erneuerungsscheinen trennten.

Ist demgemäß schon aus diesen Gründen der Beklagte nicht als redlicher Pfandnehmer zu erachten, so bedarf auch die von der Revision weiter angeregte Frage, ob der Vermutung aus §§ 1227. 1006 B.G.B. die vom Berufungsrichter beigelegte Bedeutung zukommt und den Beklagten von jeder Beweispflicht hinsichtlich des von ihm behaupteten Pfandrechts entbindet, keiner Untersuchung. Vielmehr war die Berufung des Beklagten gegen das landgerichtliche Urteil zurückzuweisen." ...

---

43. Kann ein Konkursgläubiger die Haftung aus § 25 H.G.B. gegen denjenigen geltend machen, der ein zur Masse gehöriges Handelsgeschäft von dem Konkursverwalter erworben hat und unter der bisherigen Firma fortführt?

I. Zivilsenat. Urt. v. 21. Mai 1904 i. S. F. (Kl.) w. G. (Bekl.). Rep. I. 85/04.

I. Landgericht Bremen, Kammer für Handelssachen.
II. Oberlandesgericht Hamburg.

In dem Konkurse über das Vermögen der offenen Handelsgesellschaft C. W. Ms. Verlagsbuchhandlung veräußerte der Konkursverwalter nach Einholung der Genehmigung der Gläubigerversammlung und der Zustimmung der Inhaber der falliten Gesellschaft das Verlagsgeschäft mit dem Rechte zur Fortführung unter der bisherigen Firma samt allen Aktiven, Vorräten, Manuskripten, Verlagsrechten rc an den Beklagten. Über die Passiven enthielt der Vertrag keine ausdrückliche Bestimmung; ebensowenig fand sich in der Eintragung im Handelsregister ein darauf bezüglicher Vermerk.

Der Kläger meldete im Konkurse eine Forderung an, auf die er, nachdem der Konkursverwalter sie anerkannt hatte, die Konkursdividende erhielt. An der Gläubigerversammlung, in welcher die Genehmigung zum Verkaufe des Geschäfts gegeben wurde, hatte er nicht teilgenommen. Jetzt verlangte er von dem Beklagten auf Grund des § 25 H.G.B. Zahlung seines Ausfalls.

Landgericht und Oberlandesgericht wiesen die Klage ab. Die Revision ist zurückgewiesen worden.

Aus den Gründen:

... „Die Frage, ob bei dem Erwerb eines Handelsgeschäfts aus der Hand des Konkursverwalters der § 25 H.G.B. überhaupt nicht Anwendung finden könne, steht gegenwärtig nicht zur Entscheidung. Es handelt sich nur darum, ob gegenüber einem solchen Erwerbe ein Konkursgläubiger sich darauf berufen dürfe, daß der Erwerber für die im Betriebe des Geschäfts begründeten Verbindlichkeiten des Kridars hafte, weil die Voraussetzungen nicht gegeben seien, unter welchen eine abweichende Vereinbarung nach Abs. 2 daselbst Dritten gegenüber wirksam sei. Die Revision meint, daß, entgegen der Ansicht beider Vorinstanzen, diese Frage unbedingt zu bejahen sei, da der § 25 ganz allgemein laute, und die Vorschriften der Konkursordnung keine Ausnahme rechtfertigten. Es ist richtig, daß keine besondere konkursrechtliche Ausnahmevorschrift besteht. Dessen bedarf es auch gar nicht. Die Stellung, welche einerseits die Konkursgläubiger, andererseits der Konkursverwalter innerhalb des Konkursverfahrens einnimmt, ergibt ohne weiteres, daß hinsichtlich der vom Konkursverwalter vorgenommenen Veräußerung des zur Konkursmasse gehörigen Handelsgeschäftes der Konkursgläubiger nicht ein Dritter im Sinne des Abs. 2 des § 25 H.G.B. sein kann. Mit Recht hat das Berufungsgericht geltend gemacht, daß der Konkursverwalter, wenn er zur Konkursmasse gehörige Gegenstände veräußert, um die zur Verteilung an die Konkursgläubiger zu bringenden Barbeträge zu beschaffen, in Wahrnehmung der Interessen der Konkursgläubiger handelt und über Vermögensrechte der Konkursgläubiger verfügt, welche diesen infolge der Konkurseröffnung bezüglich der zur Aktivmasse gehörenden Wertsobjekte erwachsen sind. Ebenso zutreffend hebt es hervor, daß es nicht darauf ankomme, ob der Konkursverwalter dabei als der Vertreter der Konkursgläubiger anzusehen sei. Jedenfalls handelt er in Erfüllung seiner gesetzlichen Aufgabe zum Zwecke der konkursmäßigen Befriedigung aus der Masse. Auf diese Art der Befriedigung sind die Konkursgläubiger beschränkt; sie müssen daher die Rechtshandlungen, welche der Konkursverwalter zur Versilberung der Masse vornimmt, auch für sich gelten lassen; sie sind daran gebunden und dürfen sich nicht in Widerspruch dazu setzen. Darin liegt das Entscheidende. Wenn das Berufungsgericht noch weiter darauf Gewicht legt, daß im vorliegenden Falle der Veräußerungsvertrag ... durch die Gläubigerversammlung genehmigt worden, daß der Kläger zwar in dieser Versammlung nicht erschienen, aber nach § 97 K.O. an den Beschluß gebunden sei, daß er auch im Konkursverfahren Dividenden, deren Verteilung erst durch die Veräußerung des Verlagsgeschäftes ermöglicht worden, entgegengenommen habe, wenn es überhaupt zum Schlusse das eigentlich Maßgebende darin findet, daß der Vertrag *als mit Genehmigung des Klägers abgeschlossen anzusehen* sei, so steht alles dies zwar der Richtigkeit des Ergebnisses nicht entgegen, aber es ist zur Begründung nicht erforderlich und könnte zu unzutreffenden Konsequenzen führen. Denn offenbar würde, wenn es darauf ankäme, ob der Veräußerungsvertrag vom Kläger genehmigt worden oder doch als von ihm genehmigt anzusehen sei, die Entscheidung mindestens zweifelhaft werden, wenn nicht die Gläubigerversammlung, sondern ein Gläubigerausschuß sich für die Veräußerung ausgesprochen hätte, und sie müßte zugunsten des Klägers ausfallen, wenn dieser in der Gläubigerversammlung erschienen wäre, aber Widerspruch erhoben hätte. Ebenso würde, falls der Empfang von Dividenden erheblich wäre, der Klaganspruch begründet erscheinen, wenn der Beklagte sich an dem Konkursverfahren gar nicht beteiligt hätte. Alles dies ist aber unerheblich. Nicht auf das subjektive Verhalten des Klägers darf Gewicht gelegt werden, sondern das allein entscheidende Moment liegt darin, daß er, als Konkursgläubiger, soweit die Konkursmasse in Frage steht, nur einen Anspruch auf anteilsweise Befriedigung im geordneten Wege des Konkursverfahrens hat.

Man könnte einwenden, daß der Veräußerungsvertrag nicht nur das zur Konkursmasse gehörige Handelsgeschäft umfaßte, sondern auch die Firma, die nicht zu dieser Masse gehörte, und für die der Konkursverwalter, wie auch tatsächlich geschehen ist, das Recht zur Fortführung nur mit Einwilligung der Gemeinschuldner übertragen konnte. Allein in dieser Weise darf der Veräußerungsvertrag nicht auseinandergerissen werden. Für sich selbst hatte die Firma keinen Wert und konnte sie auch nicht veräußert werden (§ 23 H.G.B.). Sie darf nur als ein unselbständiger Gegenstand des in der Hauptsache auf die Veräußerung des Handelsgeschäftes gerichteten Vertrags angesehen werden." ...

---

44. Kann aus einem bloß vom Verpfänder unterschriebenen Verpfändungsformular eine wirksame schriftliche Verpfändungserklärung durch Ausfüllung von seiten des Pfandnehmers auch dann noch hergestellt werden, wenn über das Vermögen des Verpfänders der Konkurs eröffnet ist?

K.O. a. F. §§ 5. 12.

V. Zivilsenat. Urt. v. 25. Mai 1904 i. S. B. (Bekl.) w. S. Konkursverw. (Kl.). Rep. V. 92/04.

I. Landgericht Frankfurt a. O.
II. Kammergericht Berlin.

Der Handelsmann S. war Mitglied der Beklagten, welcher er drei Wechselbeträge von zusammen 3580,45 *M* nebst 5 Prozent Zinsen seit dem 27., bzw. 28. Dezember 1902 schuldete. Am 8. Juli 1899 hatte er der Beklagten einen Eigentümergrundschuldbrief über 6000 *M*, eingetragen im Grundbuche von M. Bd. I Bl. 23 Abteilung III Nr. 3, mit der Vereinbarung übergeben, die durch den Grundschuldbrief verbriefte Forderung solle der Beklagten für ihre Wechselforderungen verpfändet sein. Zugleich hatte er ihr ein undatiertes, lediglich mit seinem Namen unterschriebenes gedrucktes Formular, dessen Vordruck eine Verpfändungserklärung enthielt, übergeben. Nachdem am 5. Januar 1903 über das Vermögen des S. der Konkurs eröffnet war, teilte die Beklagte dem bestellten Verwalter durch Brief vom 22. Januar 1903 mit, daß sie wegen ihrer Forderungen von 3580,45 *M* nebst Zinsen abgesonderte Befriedigung aus der Konkursmasse beanspruche, weil ihr der Grundschuldbrief über 6000 *M* dafür verpfändet sei. Das Absonderungsrecht der Beklagten wurde im Prüfungstermine bestritten und auch auf Vorlegung des Verpfändungsblanketts nicht anerkannt, weil es eine schriftliche Verpfändungserklärung im Sinne des Gesetzes nicht enthalte. Der Konkursverwalter verlangte zugleich von der Beklagten Herausgabe des Grundschuldbriefes. Nach der Konkurseröffnung wurde das unterschriebene Verpfändungsformular durch Einfügung der Bezeichnung des verpfändeten Grundschuldbriefs über die 6000 *M* ausgefüllt. Der Verwalter hat Klage erhoben mit dem Antrage, die Beklagte zu verurteilen, 1. anzuerkennen, daß ihr ein Absonderungsrecht für ihre Forderungen an dem in ihrem Besitze befindlichen Grundschuldbriefe über 6000 *M* nicht zustehe, 2. den Grundschuldbrief an ihn herauszugeben. Der erste Richter hat die Klage abgewiesen. Auf Berufung des Verwalters ist die Beklagte klagegemäß verurteilt. Auf die Revision der Beklagten ist das Berufungsurteil aufgehoben, und das erste Urteil wiederhergestellt worden, aus folgenden

Gründen:

... „Das Berufungsgericht geht davon aus, daß ein vom Verpfänder unterschriebenes Formular, worin weder das Pfand noch die zu sichernde Forderung bezeichnet ist, eine schriftliche Erklärung, wie sie nach dem bisherigen preußischen Rechte zur Verpfändung einer Grundschuld zu fordern ist, nicht enthält, daß daher durch die Übergabe eines solchen unausgefüllten Formulars auch unter gleichzeitiger Aushändigung des betreffenden Grundschuldbriefs die Verpfändung einer Grundschuld nicht wirksam vollzogen wird, daß aber, wenn der Verpfänder den Pfandnehmer zur Ausfüllung des Formulars ermächtigt, und dieser sie demnächst der getroffenen Vereinbarung gemäß vornimmt, dadurch eine rechtsgültige schriftliche Verpfändungserklärung hergestellt wird, und damit das Pfandrecht entsteht. Gegen diese Sätze hat weder die Klägerin noch die Beklagte etwas erinnert, und es besteht darüber auch in der Rechtsprechung kein Zweifel (Entsch. des R.G.'s in Zivils. Bd. 14 S. 297, Bd. 15 S. 55). Wenn das Berufungsgericht aber weiter ausführt, durch die Eröffnung des Konkurses über das Vermögen des Verpfänders sei die nachträgliche Herstellung der Verpfändungserklärung durch die Ausfüllung des bis dahin unausgefüllten Formulars von seiten des Pfandnehmers rechtlich verhindert worden, weil nach § 12 K.O. a. F.[1] Pfandrechte an den zur Konkursmasse gehörigen Gegenständen nach Eröffnung des Konkursverfahrens auch dann nicht mit Wirksamkeit gegenüber den Konkursgläubigern erworben werden können, wenn der Erwerb nicht auf einer Rechtshandlung des Gemeinschuldners beruht, so muß der Beklagten darin beigetreten werden, daß eine solche Folgerung im vorliegenden Falle fehl geht. Hat der Verpfänder seiner Mitwirkung zur Herstellung einer schriftlichen Verpfändungsurkunde, soweit sie erforderlich war, dadurch genügt, daß er das Verpfändungsformular mit seiner Unterschrift versehen und dem Pfandnehmer mit der unbedingten und zeitlich nicht beschränkten Ermächtigung, es abredegemäß auszufüllen, hingegeben hat, so hat er damit dem Pfandnehmer die Befugnis erteilt, das Formular durch Einfügung des vereinbarten Inhalts jederzeit zu einer wirksamen Verpfändungsurkunde zu machen, ohne daß es dazu noch irgendwelcher Mitwirkung oder Genehmigung seinerseits bedarf. Diese Befugnis des Pfandnehmers wird dadurch nicht beeinträchtigt oder aufgehoben, daß der Konkurs über das Vermögen des Verpfänders eröffnet wird; denn die Verfügungsbefugnis des Verpfänders, welche allerdings in Ansehung seines zur Konkursmasse gehörigen Vermögens durch die Konkurseröffnung aufgehoben wird (§ 5 K.O. a. F.), kommt nicht mehr in Betracht, nachdem der Verpfänder die Verfügung, welche seinerseits zur Verpfändung erforderlich war, durch Aushändigung des von ihm unterzeichneten Verpfändungsblanketts unter Übergabe des Grundschuldbriefs bereits

[1] Die Anwendung der Bestimmungen der K.O. a. F. folgt aus Art. 184 Einf.=Ges. zum B.G.B. und aus Art. VI des Ein.=Ges. zum Gesetze, betr. Änderungen der K.O., vom 17. Mai 1898. D. R.

im Zustande unverminderter Verfügungsbefugnis endgültig getroffen hat, und die Befugnis des Pfandnehmers, das Formular auszufüllen, wird durch die Konkurseröffnung nicht berührt, da seine Verfügungsbefugnis dadurch überhaupt nicht betroffen wird. Die Hingabe des unterschriebenen Verpfändungsformulars enthielt eine von der nachfolgenden Erfüllung der Bedingung der Ausfüllung abhängige Verpfändungserklärung. Die Erfüllung dieser Bedingung ist lediglich in das Belieben des Pfandnehmers gestellt. Sobald die Ausfüllung erfolgt, ist die Bedingung erfüllt, und die Verpfändungserklärung wird ebenso wirksam, als wenn sie schon bei Hingabe des unterschriebenen Formulars erfüllt worden wäre. Die Verpfändung war vom Verpfänder nicht bedingt, sondern endgültig und unwiderruflich erklärt; nur die Geltendmachung dieser Verpfändung von seiten des Pfandnehmers war unter die Bedingung der Ausfüllung des Formulars gestellt. Sobald der Pfandnehmer die Ausfüllung vornimmt, kann er in seinem Interesse die vom Verpfänder, soweit es an ihm lag, unbedingt erteilte Verpfändung geltend machen. Was sich nach Aushändigung des Formulars in der Person des Verpfänders zuträgt, Tod, Geschäftsunfähigkeit oder Beschränkung der Geschäftsfähigkeit infolge von Entmündigung, Aufhebung der Verfügungsbefugnis infolge der Konkurseröffnung, kann an der Befugnis des Pfandnehmers, das Formular auszufüllen, nichts mehr ändern. Es kommt ausschließlich darauf an, ob der Verpfänder zur Zeit der Übergabe des unterschriebenen Formulars an den Pfandnehmer sich im Zustande unbeschränkter Geschäftsfähigkeit und unverminderter Verfügungsbefugnis befand.

Diese Grundsätze sind für das Gebiet des Wechselrechts mit bezug auf Blankoakzepte in Theorie und Praxis anerkannt.

Vgl. Grünhut, Wechselrecht Bd. 1 S. 445 flg., und die dort angezogenen Entscheidungen des Reichsoberhandelsgerichts und des Reichsgerichts, sowie die Entsch. des R.G.'s in Zivils. Bd. 33 S. 44.

Ihre Übertragung auf den Fall der Verpfändung einer Forderung durch Hingabe eines vom Verpfänder unterschriebenen Verpfändungsblanketts kann keinem Bedenken begegnen, da sie nicht aus der besonderen rechtlichen Natur des Wechsels hergeleitet sind.

Dies vorausgeschickt, bedarf die Begründung der getroffenen Entscheidung nur noch weniger Sätze. S. hat das mit seiner Unterschrift versehene Verpfändungsblankett am 8. Juli 1899 der Beklagten mit der Vereinbarung gegeben, daß die auf seinen Namen eingetragene Grundschuld von 6000 *M* für die Wechselforderungen der Beklagten verpfändet sein solle. Dieser Abrede entsprechend hat die Beklagte das Blankett durch Einrückung der Bezeichnung der zur Pfandhaft bestimmten Grundschuld ausgefüllt. Daß die Ausfüllung erst nach Eröffnung des Konkurses über das Vermögen des S. erfolgt ist, beeinträchtigt die Wirksamkeit der dadurch hergestellten Verpfändungserklärung nicht. Ob der Konkursverwalter mit der Ausfüllung einverstanden war, oder ihr widersprochen hat, ist einflußlos, da es einer Mitwirkung oder Genehmigung von seiner oder des Gemeinschuldners Seite nicht mehr bedurfte. Der § 12 K.O. a. F. findet keine Anwendung, da das Pfandrecht, soweit S. zu dessen Begründung beizutragen hatte, von der Beklagten schon vor der Konkurseröffnung erworben war. Daß in dem Verpfändungsblankett der Unterschrift des S. das Datum nicht beigefügt ist, und daß bei der Ausfüllung auch die Wechselforderungen nicht näher bezeichnet sind, wofür das Pfand haften soll, beeinträchtigt die Wirksamkeit der Verpfändungserklärung nicht, da das Blankett, wie feststeht, von S. am 8. Juli 1899 unterschrieben ist, und da, wie ebenfalls feststeht, S. und die Beklagte darüber einverstanden waren, daß die Grundschuld für die Wechselforderungen der Beklagten haften solle, also der Vermerk im Vordruck: „Zur besseren Sicherheit für einen mir in Höhe von . . . gewährten resp. künftig zu gewährenden Wechselkredit habe ich“ ꝛc die zu sichernde Forderung ausreichend bezeichnet. Hiernach steht der Beklagten das von ihr beanspruchte Recht auf abgesonderte Befriedigung aus der ihr verpfändeten Grundschuld nach § 40 K.O. a. F. zu.“ . . .

---

45. 1. Ist bei dem Werkvertrage der Besteller, welcher das Werk wegen behaupteter Mängel desselben endgültig ablehnt, berechtigt, der Klage auf Zahlung des Preises gegenüber die Einrede des nicht erfüllten Werkvertrages vorzuschützen?

2. Wesen des Schadensersatzanspruchs wegen Mängel des Werkes.

3. Findet dieser Anspruch schon darin eine Grundlage, daß der Unternehmer einer an ihn gerichteten Aufforderung, die Mängel zu beseitigen, nicht Folge geleistet hat?

B.G.B. §§ 320. 633. 634. 635.

VII. Zivilsenat. Urt. v. 27. Mai 1904 i. S. H. & W. Konkursverw. (Kl.) w. B. (Bekl.). Rep. VII. 3/04.

I. Landgericht Hanau, Kammer für Handelssachen.
II. Oberlandesgericht Kassel.

Am 10. März 1900 schlossen die Handlung H. & W., technisches Bureau und Maschinenfabrik in B., (die ursprüngliche Klägerin) einerseits und die Handlung W. B., Erste Deutsche Gelatinefabrik in H., andererseits einen Vertrag folgenden Inhalts:

„Die Firma H. & W. liefert der Firma Erste Deutsche Gelatinefabrik eine Kanaltrocknungsanlage für Gelatine laut Kostenanschlages vom 17. Februar 1900 zum Preise von 17000 ℳ, fix und fertig in Betrieb gesetzt, und übernimmt für die Ausführung derselben, sowie tadelloses Funktionieren und tadelloses Trocknen innerhalb 8 Stunden volle Garantie. Nach nachgewiesenem Erfolge zahlt Herr B. nach 4 Wochen 8500 ℳ bar und nach weiteren 6 Monaten den Rest von 8500 ℳ ebenfalls in bar — — —."

Nachdem die Trockenanlage hergestellt war, bemängelte die Beklagte ihre Vertragsmäßigkeit, indem sie behauptete, die Trockenzeit belaufe sich nicht auf nur 8, sondern auf mindestens 14 Stunden, auch sei die erzielte Gelatine mangelhaft. Außerdem behauptete die Beklagte noch eine Reihe besonderer Mängel. Sie richtete in dieser Veranlassung wiederholte Ersuchen um Nachbesserung an die Unternehmerin. Diese bestritt das Vorhandensein der Mängel und behauptete ihrerseits, daß die Anlage gut funktioniere. Sie erhob Klage auf Zahlung der ersten Hälfte der vereinbarten Vergütung. Beklagte beantragte, die Klage abzuweisen und, indem sie Widerklage erhob, festzustellen, daß sie der Klägerin aus dem Vertrage vom 10. März 1900 nichts schulde, und die Klägerin zur Leistung von Schadensersatz in bestimmter Höhe zu verurteilen.

In dem Rechtsstreite zeigten sich die oben genannten Fragen als für die Entscheidung erheblich. Zu denselben ist vom Reichsgericht ausgeführt in den, auch den weiteren Sachverhalt, soweit hier erforderlich, ergebenden,

Gründen:

„Den vom Kläger zu führenden Beweis, daß das Werk in vertragsmäßiger Beschaffenheit geliefert worden, hält der Berufungsrichter für nicht erbracht, sieht vielmehr, in Übereinstimmung mit dem ersten Richter, als feststehend an, daß das Werk dem Erfordernisse, frische Gelatine binnen 8 Stunden zu trocknen, nicht genügt. Er betrachtet ferner den Einwand des Klägers, die Beklagte habe durch eine den Vertragsabreden entgegen bewirkte Veränderung des Bauplanes die Leistungsfähigkeit des Werkes im ganzen beeinträchtigt, für widerlegt und bemerkt namentlich, nach dem Gutachten der Sachverständigen sei durch die von der Beklagten allerdings einseitig vorgenommene Tieferlegung des Fußbodens das ungünstige Ergebnis nicht herbeigeführt. Von dieser tatsächlichen Grundlage aus gelangt der Berufungsrichter zu der Annahme, daß die Beklagte nicht bloß das Recht gehabt habe, Beseitigung des Mangels, wie sie getan, zu verlangen und hierfür eine angemessene Frist zu setzen, sondern daß sie auch mit der Einrede des nichterfüllten Vertrags nach § 320 B.G.B. die Zahlung des Werklohnes habe einhalten dürfen ... Demgemäß erachtet er die in erster Instanz erkannte Abweisung der Klage für gerechtfertigt und weist die Berufung des Klägers in diesem Punkte zurück.

Die Revision glaubt, in den angegebenen Erwägungen eine unrichtige Anwendung des § 320 B.G.B. finden zu müssen, und zwar verweist sie auf den Brief des Vertreters der Beklagten, Justizrats A., vom 24. April 1901, in welchem es heißt, daß Herr B. der Firma H. & W. hiermit zum letzten Male eine Frist von zwei Wochen setze, innerhalb welcher sie die Mängel abzustellen und die Anlage so herzustellen habe, daß sie in garantierter Art funktioniere, sowie daß, wenn die Firma dieser Aufforderung nicht nachkomme, Herr B. es ablehnen werde, daß sie weitere Versuche mit der Anlage mache oder Änderungen an derselben vornehme. Kläger führt aus, daß, nachdem die Beklagte die vertragsmäßige Herstellung der Anlage abgelehnt habe, die Zahlung nicht mehr wegen mangelnder Vorleistung verweigert werden könne, sondern daß ein solches Verfahren gegen Treu und Glauben verstoßen würde.

Allerdings findet der hier angegriffene Teil der Entscheidung in den Erwägungen des Berufungsrichters eine Grundlage nicht. Mag auch der Umstand, daß die Beklagte für den Fall des unbenutzten Ablaufs der vierzehntägigen Frist die Abstellung der Mängel durch die Unternehmerin im voraus abgelehnt hat, und daß der genannte Fall eingetreten ist, für sich allein noch nicht genügen, um der Beklagten den Einwand des nicht erfüllten Vertrags zu entziehen, so liegt doch tatsächlich ein mehreres vor; denn die Beklagte hat im Prozesse unzweideutig zum Ausdruck gebracht, daß sie jetzt nicht nur keine Nachbesserung von seiten der Unternehmerin, sondern daß sie eine solche überhaupt nicht will, vielmehr die Leistung in ihrer Totalität zurückweist und Wiederentfernung des Werkes erwartet. Ein Kontrahent aber, welcher die Annahme der ihm geschuldeten Leistung endgültig ablehnt, kann nicht zugleich nach den §§ 320. 273 B.G.B. seine Leistung bis dahin, daß die Gegenleistung bewirkt sei, verweigern; er ist nicht zu einem Einwande berechtigt, der seine rechtliche Grundlage darin findet, daß ein Schuldner aus einem Gegenseitigkeitsvertrage so lange nicht gegen seinen Willen zur Leistung angehalten werden soll, als nicht die ihm geschuldete und von ihm verlangte Gegenleistung ihm gewährt wird. Bei Ablehnung der Gegenleistung ist der ablehnende Kontrahent darauf angewiesen, seinen Einreden eine derartige Gestalt zu geben, daß auf Grund derselben eine endgültige Regelung der Rechtsverhältnisse stattfinden kann.

Trotzdem muß der Angriff des Klägers im Ergebnisse deshalb erfolglos bleiben, weil schon aus der gegenwärtigen Sachlage folgt, daß er für die Konkursmasse aus dem Vertrage einen Anspruch auf Zahlung nicht mehr erheben kann. Zwei Möglichkeiten liegen vor.

Entweder der Anspruch der Beklagten auf Schadensersatz wegen Nichterfüllung erweist sich als begründet. Zwar steht dies jetzt noch nicht fest, da die den Anspruch betreffende bedingte Entscheidung aus weiter unten zu entwickelnden Gründen der Aufhebung unterliegt; aber es hat nicht zugleich Abweisung des Anspruchs der Beklagten stattzufinden, sondern die Sache ist zur weiteren Verhandlung und Entscheidung in die Vorinstanz zurückzuverweisen, es bleibt also die Möglichkeit der erneuten Erlassung einer mit der angefochtenen gleichen Entscheidung bestehen. Ergibt sich demnächst, daß der Ersatzanspruch begründet, und daß er auch nicht durch eine Übereinkunft im voraus beseitigt ist, so kann Kläger Bezahlung des Werklohns zu keinem Teile verlangen. Die entgegengesetzte Ansicht des Klägers und Revisionsklägers, nach welcher er einen etwaigen Überschuß des Lohns über den Schaden verlangen könnte, verkennt das Wesen des Anspruchs auf Schadensersatz wegen Nichterfüllung im Sinne des § 635 B.G.B., mindestens für den hier gegebenen Fall, daß dem Besteller das Behalten des Werks wegen Unbrauchbarkeit desselben nicht angesonnen werden kann. Nicht darin besteht der Inhalt des genannten Anspruchs, daß der durch die Nichterfüllung der geschuldeten Leistung entstandene Schade für sich zu ermitteln, und daß sein Betrag sowie der des Werklohns bis zur gleichen Höhe gegeneinander aufzurechnen oder miteinander auszugleichen wären, mit der Konsequenz, daß, wenn der Betrag des Schadens den des Werklohns nicht erreicht, der Mehrbetrag des Werklohns dem schadensersatzpflichtigen Unternehmer herauszuzahlen wäre; sondern durch die Geltendmachung des Ersatzanspruchs wegen Nichterfüllung werden im Falle der Begründetheit desselben die beiderseitigen Leistungen unmittelbar berührt; der Berechtigte hat Ersatz dafür zu verlangen, daß er die ihm geschuldete Leistung nicht in ihrer vollen vertragsmäßigen Beschaffenheit gegen die ihm obliegende Gegenleistung erhalten hat. Der Vertrag wird nicht rechtlich aufgehoben; aber der ersatzpflichtige Kontrahent kann aus demselben nichts fordern; vielmehr bleibt dem bedungenen Betrage des Werklohns nur die Bedeutung, daß dieser einen Faktor für die Höhe der dem Gegner zustehenden Ersatzforderung bildet; der für den Ersatzverpflichteten denkbar günstigste Fall besteht also darin, daß er nicht seinerseits zu einer Zahlung zu verurteilen ist. Übrigens ist den Erwägungen des Berufungsrichters auch die, wenngleich nicht ausdrückliche, Feststellung zu entnehmen, daß der der Beklagten durch die Nichtleistung, wenn man diese für sich allein betrachtet, entstandene Schade die Höhe des Werklohns nicht nur erreicht, sondern sie übersteigt. — Über die Bedeutung des Ausdruckes „Schadensersatz wegen Nichterfüllung" im § 326 Abs. 1 Satz 2 B.G.B. vgl. Entsch. des R.G.'s in Zivils. Bd. 50 S. 255. 262 flg.

Die fernere Möglichkeit besteht darin, daß der Ersatzanspruch zwar an sich begründet ist, aber daß die Vereinbarung, laut deren die Unternehmerin nur zur Zurücknahme der Anlage, nicht zum Schadensersatz verpflichtet sein sollte, dargetan wird, oder aber daß der erstere Anspruch sich als von vornherein unbegründet erweist. Auch in diesen beiden Fällen ist es ausgeschlossen, daß Kläger für die Konkursmasse noch einen Anspruch auf Zahlung mit Erfolg erheben kann. Scheitert die an sich begründete Ersatzforderung der Beklagten an dem Abschluß der Vereinbarung, so kommt der Klaganspruch gerade infolge dieser Vereinbarung in Wegfall; denn ihr

Inhalt besteht gerade darin, daß schon bei objektiver Vertragswidrigkeit der Anlage Beklagte zwar nicht Schadensersatz begehren kann, die klägerische Partei aber, indem sie die Anlage zurückzunehmen hat, ihres Rechts auf den Preis verlustig wird. Ist aber der Ersatzanspruch an sich unbegründet, so hat dies seine Ursache darin, daß der § 635 B.G.B. deshalb außer Anwendung bleibt, weil die Unternehmerin den die Mängel des Werkes bewirkenden Umstand nicht zu vertreten hat. Alsdann bleibt jedoch der Mangel objektiv bestehen, und die aus ihm als solchem sich ergebenden Folgen müssen in Kraft treten, sofern die Beklagte sich nicht des Rechts auf sie durch ihr Verhalten beraubt hat; dies aber ist nicht der Fall. Wenn in dem Briefe vom 24. April 1901 der Bevollmächtigte der Beklagten bei eventueller Ablehnung der Nachbesserung der Mängel in Aussicht stellte, Beklagte werde sich ihrerseits bemühen, die Anlage so gebrauchsfähig wie möglich herzurichten, so war dies nicht bindend und verpflichtete die Beklagte nicht, das Werk zu behalten, sondern sie konnte jedenfalls dann, wenn die Beseitigung der Mängel sich überhaupt als untulich zeigte oder unverhältnismäßig hohe Kosten erwarten ließ, unter Abstandnahme von Nachbesserungsversuchen das Werk definitiv zurückweisen, und eben dies hat sie getan. Wenn sie auch in erster Linie Schadensersatz fordert, so hat sie doch genügend zu erkennen gegeben, daß sie unter keinen Umständen das Werk behalten, insbesondere nicht Wertminderung oder Ersatz wegen bloß mangelhafter Leistung begehren will; hierin liegt aber eine eventuelle Rückgängigmachung des Vertrags (Wandelung), die auch zur Abweisung der Klage führt. Eine Geltendmachung der mehreren nach den §§ 634. 635 B.G.B. zulässigen Ansprüche im Eventualitätsverhältnis verbietet das Gesetz nicht....

Der Frage, ob die Mangelhaftigkeit der Anlage auf einem Verschulden der Unternehmerin oder ihrer Leute beruht, sowie ob der Vertrag im Sinne einer Garantie mit Entschädigungspflicht im Falle des Nichterfolgs auszulegen sei, ist der Berufungsrichter nicht näher getreten, indem er die Voraussetzungen des § 635 B.G.B. schon wegen eines seiner Annahme nach der Unternehmerin zur Last fallenden Verzuges für gegeben erachtet. Er führt folgendes aus.

Der Anspruch auf Schadensersatz wegen Nichterfüllung, im Gegensatze zu dem wegen bloß verzögerter Erfüllung, setze nach § 635

B.G.B. voraus, daß der Mangel des Werkes auf einem Umstande beruhe, welchen der Unternehmer zu vertreten habe. Es erhebe sich die Frage, ob der Umstand, daß eine zugesicherte Eigenschaft des Werkes fehle, und der Unternehmer dieserhalb in Verzug gesetzt sei, ausreiche, um den Besteller zum Schadensersatz zu berechtigen, oder ob der Ausdruck: „welchen der Unternehmer zu vertreten hat", ein mehreres bedeute, nämlich ein Verschulden seiner selbst oder seiner Leute, oder eine Garantie in dem Sinne, daß im Falle der Nichtherstellung des Werkes mit der zugesicherten Eigenschaft der Unternehmer wegen Nichterfüllung entschädigungspflichtig sein solle. Der § 635 könne nun nicht in dem letzteren Sinne ausgelegt werden. Nach § 634 Abs. 4 seien im allgemeinen bei Verzug des Unternehmers die Bestimmungen über den Kauf in Anwendung zu bringen; die Analogie des § 463 ergebe, daß schon Verzug in der Lieferung mit der zugesicherten Eigenschaft den Anspruch des Käufers auf Schadensersatz wegen Nichterfüllung begründe. Der § 635 enthalte keine Einschränkung dieses Grundsatzes für den Werkvertrag, sondern eine Erstreckung.

Demgegenüber führt die Revision des Klägers aus, der § 635 B.G.B. enthalte keine Erstreckung, sondern eine Einschränkung der Schadensersatzpflicht des Unternehmers gegenüber der im § 463 B.G.B. für den Verkäufer bestimmten Haftung, und zwar dahin, daß die Schadensersatzpflicht des Unternehmers nur eintrete, wenn denselben ein Verschulden treffe, oder wenn die Zusicherung als ein Garantieversprechen aufzufassen sei.

Im Resultate stellt der Angriff sich als begründet dar. Bedenken erregt schon die Annahme des Verzuges in der vom Berufungsrichter gewollten Art. Zwar war die Unternehmerin zur Beseitigung der Mängel des Werkes aufgefordert; aber mit dem unbenutzten Ablauf der zweiwöchigen Frist verlangte die Beklagte von ihr die Beseitigung nicht mehr und konnte sie nach § 634 Abs. 1 Schlußsatz nicht mehr verlangen; auch steht völlig dahin, ob das Werk nicht bloß in einem die Ablehnung rechtfertigenden Grade mangelhaft, sondern ob es nicht sogar dergestalt im Plane verfehlt war, daß die Beseitigung der Mängel geradezu eine Unmöglichkeit darstellte. Geht man aber selbst von der Annahme eines Verzuges aus, so liegt dieser doch, was der Berufungsrichter nicht genügend beachtet, nur im Bereiche der aus

§ 633 Abs. 2 sich ergebenden Pflicht zur Beseitigung der Mängel; ein Verzug auf diesem Gebiete aber begründet nicht ohne weiteres einen Anspruch auf Schadensersatz wegen Nichterfüllung der Vertragsverpflichtung in ihrer Totalität (vgl. auch § 286 B.G.B.), und gerade einen solchen Anspruch sieht der Berufungsrichter als begründet an. Der vom Berufungsrichter herangezogene Abs. 4 des § 634 kommt nicht in Betracht; er handelt nicht vom Verzuge und seinen Folgen, sondern bestimmt nur, daß, wenn nach den Abss. 1 und 2 des genannten Paragraphen Wandelung oder Minderung stattfindet, die für den Kauf geltenden Vorschriften der §§ 465—467. 469—475 entsprechende Anwendung finden. Auch der vom Berufungsrichter weiter berücksichtigte § 463 enthält keine Vorschriften über den Verzug, und sein wirklicher Inhalt gestattet keine analoge Anwendung auf den Werkvertrag, sondern die Folgen der Mängel eines Werkes sind in den §§ 633 flg. selbständig bestimmt. Den Anspruch auf Schadensersatz wegen Nichterfüllung regelt der § 635 B.G.B. Nach der hier getroffenen Bestimmung greift der Anspruch dann Platz, wenn der Mangel des Werkes auf einem vom Unternehmer zu vertretenden Umstande beruht, und dies trifft dann zu, wenn der vorhandene Mangel durch Vorsatz oder Fahrlässigkeit herbeigeführt ist (§ 276 B.G.B.), oder aber der Unternehmer die fehlende Eigenschaft des Werkes nicht bloß im Sinne eines Versprechens derselben zugesichert, sondern für ihre Gewährung einzustehen sich verpflichtet hat. Da tatsächliche Feststellungen nach der Richtung hin, ob die Voraussetzungen des § 635 B.G.B. im angegebenen Sinne vorliegen, nicht getroffen sind, so war zum Zweck ihrer Herbeiführung die Sache in die Berufungsinstanz zurückzuverweisen. Dabei ist zu bemerken, daß nach einer die Frage der Garantieübernahme streifenden Bemerkung des Berufungsrichters es den Anschein gewinnt, als hielte derselbe eine auf das Einstehen für den Erfolg gerichtete Vereinbarung nicht für ausreichend, sondern betrachtete als unerläßlich, daß die Rechtsform einer bedingten Schadensersatzverpflichtung in den Willen der Kontrahenten aufgenommen ist; dies aber liegt außerhalb der Erfordernisse eines die Anwendbarkeit des § 635 B.G.B. begründenden Vertrages." ...

46. Bezieht sich die Vorschrift in § 573 Satz 1 B.G.B. nur auf rechtsgeschäftliche Verfügungen über den Mietzins, oder auch auf die im Wege der Zwangsvollstreckung getroffenen?

V. Zivilsenat. Urt. v. 28. Mai 1904 i. S. M. (Bekl.) w. M. (Kl.). Rep. V. 523/03.

I. Landgericht Hannover.
II. Oberlandesgericht Celle.

Der Beklagte hatte wegen einer ihm gegen den Eigentümer des Hauses B.'straße 46 in H. zustehenden vollstreckbaren Forderung von 3000 *M* durch Pfändungs- und Überweisungsbeschluß vom 13. November 1902 sämtliche Mieten dieses Hauses pfänden und sich zur Einziehung überweisen lassen. Demnächst wurde das Haus dem Kläger in der Zwangsversteigerung durch Beschluß des Vollstreckungsgerichts vom 9. Januar 1903 zugeschlagen. Als Ersteher verlangte nun Kläger die Freigabe der Mieten von dem Beklagten und erstritt in erster und zweiter Instanz obsiegliche Urteile. Beide Vorinstanzen nahmen an, daß sich die Vorschrift des § 573 Satzes 1 B.G.B., die nach § 57 des Zwangsversteigerungsgesetzes bei der Zwangsversteigerung entsprechende Anwendung finden soll, nur auf rechtsgeschäftliche Verfügungen über den Mietzins, nicht aber auf die im Wege der Zwangsvollstreckung getroffenen, beziehe. Auf Revision des Beklagten ist das Berufungsurteil aufgehoben, und die Klage unter Abänderung des ersten Urteils abgewiesen worden.

Aus den Gründen:

„Es handelt sich um die in der Literatur und Judikatur streitige Frage (vgl. die Zusammenstellung in Gruchot's Beiträgen Bd. 48 S. 256), ob sich die Vorschrift in § 573 Satz 1 B.G.B. nur auf rechtsgeschäftliche Verfügungen bezieht, die der Vermieter vor dem Übergange des Eigentums über den Mietzins der dort näher bezeichneten zwei Kalendervierteljahre getroffen hat, oder ob sie auch von Verfügungen gilt, die über diesen Mietzins aus dem Rechte des Vermieters im Wege der Zwangsvollstreckung getroffen worden sind, insbesondere also von der Pfändung und Überweisung der Mietzinsforderung. Der erkennende Senat des Reichsgerichts entscheidet diese Frage dahin, daß sich die Vorschrift auf die im Wege der Zwangsvollstreckung getroffenen Verfügungen mitbezieht.

Bei ihrer Beantwortung muß zunächst außer Betracht bleiben, daß es sich vorliegendenfalls um einen Erwerb in der Zwangsversteigerung handelt. Denn der Ersteher ist, wie noch zu erörtern sein wird, in dieser Beziehung nicht anders zu beurteilen, als der freihändige Käufer. Der Ausgangspunkt für die ganze Frage wäre aber unrichtig und würde verschoben, wenn man ihn von der rechtlichen Stellung des Erstehers aus nehmen wollte. Auszugehen ist vielmehr, wie es auch das Gesetz tut, vom freihändigen Käufer, und erst wenn in Beziehung auf ihn die Frage mit einem bestimmten Ergebnis gelöst ist, wird zu prüfen sein, ob diesem auch der Ersteher unterstellt werden darf, oder ob sich für ihn eine andere Beurteilung rechtfertigt.

Was nun den freihändigen Käufer anlangt, so ist zwar dem Berufungsrichter zuzugeben, daß es sich im § 573 B.G.B. um eine Ausnahmebestimmung handelt; dies nämlich insofern, als er die Regel des § 571 Abs. 1 durchbricht und der Verfügung des Vermieters über den Mietzins Wirksamkeit für einen Zeitraum beilegt, für den nach jener Regel der Mietzins dem Erwerber des Grundstücks gebühren würde. Aber diese Ausnahmevorschrift steht nicht allein. Nach § 574 B.G.B. ist auch ein Rechtsgeschäft, das zwischen dem Mieter und dem Vermieter in Ansehung der Mietzinsforderung vorgenommen wird, insbesondere die Entrichtung des Mietzinses, dem Erwerber gegenüber wirksam, soweit es sich nicht auf den Mietzins für eine spätere Zeit als die beiden dort näherbezeichneten Kalendervierteljahre bezieht, und nach § 575 das. kann in demselben Umfange der Mieter auch gegen die Mietzinsforderung des Erwerbers mit einer ihm gegen den Vermieter zustehenden Forderung aufrechnen, wofern nicht die in Satz 2 das. bezeichneten besonderen Fälle vorliegen. Hält man diese Bestimmungen zusammen, so zeigt sich, daß das Gesetz dem Erwerber eines vermieteten (oder verpachteten) Grundstücks (§ 581 Abs. 2 B.G.B.) in den beiden ersten Vierteljahren nach seinem Erwerbe in Beziehung auf den Zinsgenuß eine keineswegs sichere Stellung eingeräumt hat. Wenn er Zessionen, rechtsgeschäftliche Abmachungen über den Mietzins und dessen Entrichtung an den Vermieter als ihm gegenüber gültig anerkennen und sich außerdem auch die Aufrechnung mit einer dem Mieter gegen den Vermieter zustehenden Gegenforderung gefallenlassen muß, so ist offenbar vom Gesetz auf die Bedürfnisse des Verkehrs Rücksicht genommen, und zugunsten derselben die rechtliche Stellung des Erwerbers abgeschwächt worden. Bei einer derartigen gesetzlichen Regelung mag berücksichtigt worden sein, daß dem Erwerber für die ihm infolge dieser Vorschriften entgehenden Mieten vom Veräußerer Ersatz zu leisten ist, sei es daß er letzteren mit der Vertragsklage auf Schadloshaltung in Anspruch nimmt (Planck, Bem. 2 Abs. 2 zu § 573), oder daß er gegen ihn wegen absichtlichen Verschweigens mit der Betrugsklage vorgehen kann. Nun leuchtet ohne weiteres ein, daß in der gleichen Weise, nämlich durch den Rückgriff auf den Veräußerer, der Erwerber auch geschützt ist, wenn man im § 573 nicht bloß rechtsgeschäftliche Verfügungen unterstellt, sondern ihn auch auf die im Wege der Zwangsvollstreckung getroffenen bezieht. Dies ist insofern von Bedeutung, als von seiten des Berufungsgerichts und von seiten derjenigen, die den § 573 nur auf rechtsgeschäftliche Verfügungen angewendet wissen wollen, Gewicht darauf gelegt wird, daß sich bei ihm ein auf die Zwangsvollstreckung bezüglicher Zusatz nicht findet, wie er vom Bürgerlichen Gesetzbuch anderen Vorschriften (§§ 161. 184. 353. 499. 883. 2115 B.G.B.) ausdrücklich beigefügt worden ist. In dieser Beziehung besteht kein Zweifel darüber, daß diejenigen Vorschriften des Bürgerlichen Gesetzbuchs, in denen von „Verfügungen" die Rede ist, nicht deshalb allein, weil bei ihnen jener Zusatz fehlt, nur auf rechtsgeschäftliche Verfügungen bezogen werden dürfen, daß vielmehr in jedem einzelnen Falle zu untersuchen ist, ob das Gesetz mit der betreffenden Vorschrift, obwohl es bei ihr den Zusatz nicht gemacht hat, auch die im Wege der Zwangsvollstreckung ergehenden Verfügungen gemeint habe. Letzteres wird nicht anzunehmen sein, wenn sich ein innerer Grund für deren Ausschließung ergibt, und umgekehrt wird es anzunehmen sein, wenn sich ein solcher nicht ersehen läßt. Hat also, wie hervorgehoben, im Falle des § 573 B.G.B. der Erwerber seinen Rückgriff auf den Veräußerer (Vermieter) in gleicher Weise, d. h. sowohl dann, wenn die Vorausverfügung über den Mietzins durch Zession geschah, wie auch dann, wenn sie durch Zwangsvollstreckung herbeigeführt worden ist, so fehlt es an dem vorerwähnten inneren Grunde, der dazu berechtigen könnte, unter Verfügung hier nur eine rechtsgeschäftliche Verfügung zu verstehen. Eines solchen Grundes bedurfte es um so mehr, als mit ihm zugleich der allgemeine Rechtsgrundsatz durchbrochen würde, daß jede Forderung, die durch Rechtsgeschäft übertragen werden kann, mit gleicher Wirkung auch der Pfändung im Wege der Zwangsvollstreckung unterliegt. Daß dieser Grundsatz auch im gegenwärtig geltenden Recht festgehalten ist, ergibt sich aus § 400 B.G.B. in Verbindung mit § 851 Abs. 1 Z.P.O., die sich nur dahin verstehen lassen, daß das Gesetz in allen Fällen, in denen es die rechtsgeschäftliche Übertragung einer Forderung zuläßt, auch ihre zwangsweise Übertragung zulassen will. Dieser durchschlagenden Erwägung gegenüber kann darauf, daß § 573 B.G.B. von einer Verfügung spricht, „die der Vermieter ... über den ... Mietzins getroffen hat", kein entscheidendes Gewicht gelegt werden, und es bedarf nicht erst des Hinweises darauf, daß auch die Denkschrift, mit welcher der Entwurf zum Bürgerlichen Gesetzbuche dem Reichstage vorgelegt wurde, den § 573 (damals § 566) als „im Einklange mit den für die Hypothek geltenden Vorschriften des § 1107" (jetzt § 1124 B.G.B.) bezeichnet (Abschnitt XIII Nr. 5; auch Mugdan, Materialien Bd. 2 S. 1254), obwohl der letzteren Vorschrift eine Fassung gegeben ist, die zweifellos die im Wege der Zwangsvollstreckung getroffenen Verfügungen mitbegreift. Und wenn endlich betont worden ist und auch vom Berufungsgericht wieder hervorgehoben wird, daß die Vorschrift des § 573 B.G.B. im Interesse des Vermieters gegeben sei, um ihm die Möglichkeit zu lassen, über den Mietzins, dessen Fälligkeit nahe bevorsteht, rechtlich wirksam verfügen zu können, so ist auch damit kein für die Entscheidung maßgebender Gesichtspunkt zu gewinnen; denn es ist mit Recht entgegnet worden, daß es ebenso im Interesse des Vermieters liegt, auch seinen Gläubigern die Mieten, deren Fälligkeit bevorsteht, nicht dadurch als Exekutionsobjekt zu entziehen, daß man ihre Pfändung durch eine Veräußerung des Grundstücks unwirksam werden läßt, weil hierdurch die Gläubiger veranlaßt werden würden, zur Zwangsversteigerung und Zwangsverwaltung zu greifen, also gerade zu denjenigen Maßregeln, die das Gesetz im Interesse des Schuldners tulichst hintanhalten will.

Nach alledem hat der erkennende Senat die Frage, um deren Beantwortung es sich handelt, für den freihändigen Erwerb, d. h. für einen Erwerb, der sich nicht durch Zwangsversteigerung des Grundstücks vollzogen hat, dahin entscheiden müssen, daß in Ansehung des § 573 B.G.B. ein Unterschied zwischen rechtsgeschäftlichen Verfügungen über den Mietzins und den im Wege der Zwangsvollstreckung getroffenen nicht anzuerkennen ist. Was nun den Erwerb in der Zwangsversteigerung anlangt, so läßt sich nicht leugnen, daß, wenn man das gefundene Ergebnis auch auf diese, also auf den Ersteher, überträgt, die Abschwächung in der rechtlichen Stellung des Erwerbers noch schärfer hervortritt. Denn es liegt in der Natur der Sache, daß dem Ersteher mit einem Rückgriff an den Subhastaten, also in der Regel an einen wirtschaftlich bereits ruinierten Schuldner, nicht gedient sein wird, und es kommt weiter in Betracht, daß in der Zwangsversteigerung es überhaupt schwieriger, unter Umständen vielleicht unmöglich ist, sich darüber Gewißheit zu verschaffen, ob über Mieten im voraus durch Zession oder gerichtlichen Eingriff verfügt worden ist. Jedenfalls steht in dieser Beziehung der freihändige Käufer besser, weil ihm im Verkäufer eine bestimmte Person gegenübersteht, an die er sich wegen Auskunftserteilung halten kann, und die ihm zu dieser verpflichtet ist. Aber solche Erwägungen, die zum Teil auf wirtschaftlichem Gebiete liegen, können nicht entscheiden; entscheidend muß sein, wie sich das Gesetz zu der Frage gestellt, d. h. ob es in Ansehung des § 573 B.G.B. dem Ersteher eine andere Stellung als dem freiwilligen Käufer zugewiesen hat. Dies ist nicht der Fall. Aus § 57 Satz 1 des Reichsgesetzes über die Zwangsversteigerung vom 20. Mai 1898, nach welchem auch in der Zwangsversteigerung, wenn das Grundstück einem Mieter oder Pächter überlassen ist, „die Vorschriften der §§ 571. 572, des § 573 Satzes 1 und der §§ 574. 575 B.G.B. entsprechende Anwendung" zu finden haben, ergibt sich, daß das Gesetz gerade im Gegenteil den Ersteher in der hier fraglichen Beziehung nicht anders als den freihändigen Käufer behandeln wollte. In diesem Zusammenhange kommt auch die Vorschrift des § 1124 B.G.B. in Betracht. Daß sie auch auf Verfügungen über den Mietzins, die im Wege der Zwangsvollstreckung getroffen sind, zu beziehen ist, wird allseitig anerkannt und kann nicht zweifelhaft sein. Dies führt, wenn man nicht zu einem unverständigen Ergebnis kommen will, zu dem Schluß, daß das Gesetz derartige Verfügungen auch dem Ersteher gegenüber gelten läßt. Denn selbstverständlich wird der Ersteher entsprechend weniger bieten, wenn er weiß, daß Mieten des Grundstücks ihm deshalb entgehen, weil sie für einen Gläubiger gepfändet und ihm überwiesen sind. Der Betrag, um den hierdurch sein Gebot geringer ausfällt, entgeht den Hypothekengläubigern. Dies steht in Übereinstimmung mit § 1124. Wäre es umgekehrt, d. h. brauchte der Ersteher derartige Verfügungen über den Mietzins nicht als wirksam anzuerkennen, so würde (regelmäßige Fälle vorausgesetzt) auch sein Meistgebot entsprechend höher ausgefallen sein. Den Vorteil hätte aber nicht der Ersteher, sondern der letzte Hypothekengläubiger, dessen Hypothek nun aus dem Erlöse entsprechend höher zur Hebung käme. Dies entspricht nicht dem § 1124, der ja gerade die Wirksamkeit einer solchen Vorausverfügung über den Mietzins dem Hypothekengläubiger gegenüber festsetzt, und so ergibt sich aus dieser Vorschrift ein neuer Stützpunkt dafür, daß auch der Ersteher solche Vorausverfügungen, sie mögen durch Zession, oder im Wege der Zwangsvollstreckung getroffen sein, insoweit gelten lassen muß, als sie die im § 573 B.G.B. vorgesehene Zeitgrenze nicht überschreiten." ...

---

47. Wie ist die Einrede der Wechselverjährung und der Verjährung aus Art. 146 des alten Handelsgesetzbuchs zu beurteilen, die von dem Gesellschafter, der den Wechsel unter der Firma der Gesellschaft in blanco vor Ausfüllung des Verfalltages akzeptiert hat, gegen den nach der Eintragung der Auflösung der Gesellschaft erhobenen Wechselanspruch geltend gemacht wird, nachdem der Nehmer des Wechsels denselben nach Auflösung der Gesellschaft, Eintragung der Auflösung in das Handelsregister und Ablauf der Verjährungsfrist des Art. 146 a. a. O. mit einem bestimmten Verfalltage versehen hat, der nach dem Zeitpunkte der Eintragung der Auflösung der Gesellschaft liegt?

W.O. Artt. 31. 77.
A.D.H.G.B. Art. 146.
H.G.B. vom 10. Mai 1897 § 159.

I. Zivilsenat. Urt. v. 30. Mai 1904 i. S. G. (Kl.) w. Schr. Konkursverw. (Bekl.). Rep. I. 99/04.

I. Landgericht I Berlin.
II. Kammergericht daselbst.

Der Kaufmann Schr. und der Kaufmann Z. zu Berlin wurden am 22. Juli 1890 als Gesellschafter der offenen Handelsgesellschaft

Schr. & Co. in Berlin in das Handelsregister mit dem Bemerken eingetragen, daß die Gesellschaft am 1. Juli 1890 begonnen habe, und zur Vertretung der Gesellschaft nur beide in Gemeinschaft befugt seien.

Am 10. Mai 1893 wurde in das Handelsregister eingetragen, daß die Gesellschaft durch Übereinkunft der Beteiligten aufgelöst sei.

Im August (15. und 23.), September (13., 15., 27.) und am 4. Oktober 1890 zog der Kläger an eigene Order auf die Firma der Gesellschaft sechs Wechsel. Die Wechsel trugen das Akzept der Firma mit der Namensschrift beider Gesellschafter. Mit Ausnahme des Wechsels vom 15. August 1890, der im Kontext den 20. Dezember 1890 als Verfalltag enthielt, waren die Wechsel nach ihrem Kontext am 30. Juni 1902 und 10. August 1902 fällig. Unstreitig wurden sämtliche Akzepte in blanco, ohne daß im Kontexte der Verfalltag ausgefüllt war, gegeben.

Am 8. Juli 1902 wurde über das Vermögen des Kaufmanns Schr. der Konkurs eröffnet. In diesem Konkurse meldete der Kläger die Forderung aus den sechs Wechseln nebst 8,10 ℳ Protestkosten an. Die Forderung wurde vom Verwalter bestritten.

Mit Klage vom 23. Januar 1903 wurde der Kläger gegen den Verwalter mit dem Antrage auf Feststellung der angemeldeten Forderung klagbar.

Der Kläger behauptete, daß der Gemeinschuldner trotz der Auflösung der Gesellschaft und Löschung der Firma persönlich hafte, weil er solche Haftung persönlich durch seine Unterschrift auf den Wechseln übernommen habe, die Gesellschaft aber auch keine Handelsgesellschaft nach Art. 85 des alten Handelsgesetzbuchs gewesen sei, da sie nur Baugeschäfte betrieben, Baustellen gekauft, bebaut und weiterverkauft habe.

Der Beklagte beantragte Abweisung der Klage. Er behauptete, daß die Wechsel als Depotwechsel gegeben seien und hätten zurückgegeben werden sollen, sobald eine Baugelderhypothek von 50000 ℳ eingetragen sein würde. Jedenfalls habe von der Eintragung, April 1891, ab die Verjährung zu laufen begonnen. Eventuell wurde die Einrede der Verjährung aus Art. 146 A.D.H.G.B. erhoben, und behauptet, daß Schr. und Z. wirklich Handelsgeschäfte aller Art hätten betreiben wollen, namentlich den Handel mit Baumaterialien, daß sie auch solche Geschäfte, Kommissionsgeschäfte, das Diskontieren von

Wechseln und den Handel mit Baumaterialien wirklich betrieben und auch Handelsgeschäfte vermittelt hätten.

Der erste Richter wies nach Beweisaufnahme über die Art des Geschäftsbetriebes der Gesellschaft die Klage ab. Die vom Kläger mit der Maßgabe, daß er die Forderung aus dem Wechsel vom 15. August 1890 fallen ließ, eingelegte Berufung wurde zurückgewiesen. Auch die Revision des Klägers ist zurückgewiesen worden.

Aus den Gründen:

... „Die Wechselansprüche sind aus Wechseln erhoben, die vom Jahre 1890 datieren, jetzt Verfalltage aus dem Juni und August 1902 zeigen, unstreitig aber akzeptiert sind, bevor der Verfalltag im Wechsel bezeichnet war. Sie sind auf die Firma Schr. & Co. gezogen, und unter dieser Firma von den beiden, nur zusammen vertretungsberechtigten Gesellschaftern akzeptiert. Daß aus diesem Akzept zunächst nur eine Verpflichtung für Schr. und Z. als Gesellschafter entstand, zieht die Revision nicht mehr in Zweifel.

Die Feststellung dieser Wechselansprüche weist der Berufungsrichter auf Grund der Wechselverjährung und der Verjährung aus Art. 146 des alten Handelsgesetzbuchs ab.

In ersterer Richtung führt er aus, ein Wechsel, dessen Verfalltag in blanco gelassen, sei bezüglich des Beginnes der Verjährung einem Sichtwechsel gleich zu behandeln, und verjähre gemäß Artt. 31. 77 W.O. spätestens nach fünf Jahren seit der Ausstellung. Das ist unhaltbar. Die Wechsel, wie sie vorliegen, sind keine Sichtwechsel, sondern Tagwechsel. Von diesem Verfalltage beginnt nach Art. 77 W.O. die Verjährung gegen den Akzeptanten; die Wechselordnung bietet keinerlei Anhalt dafür, den Art. 31 auf Wechsel, die keine Sichtwechsel, anzuwenden, nur weil sie in blanco ohne Verfalltag mit der Ermächtigung zur Ausfüllung gegeben sind, und von dieser Ermächtigung Gebrauch gemacht ist.

Dagegen greift die Verjährung aus Art. 146 H.G.B. a. F. durch, auf welche der Beklagte sich mit der Behauptung berufen hat, die Wechsel seien als Depotwechsel gegeben, hätten nach Eintragung der Hypothek von 50000 ℳ, die am 8. April 1891 erfolgt sei, zurückgegeben werden sollen; seit diesem Tage laufe deshalb die Verjährungsfrist des Art. 146. Das trifft zwar nicht zu; aber ein anderer Grund ist entscheidend.

Nach Art. 146 a. a. O. verjähren Klagen gegen einen Gesellschafter aus Ansprüchen gegen die Gesellschaft in fünf Jahren nach Auflösung der Gesellschaft vom Tage der Eintragung der Auflösung in das Handelsregister ab; vom Zeitpunkte der Fälligkeit des Anspruches ab, wenn die Forderung erst nach der Eintragung fällig ist. Werden die jetzt aus den Wechseln erhellenden Verfalltage in Betracht gezogen, so waren die Wechselansprüche noch nicht fällig, als die Auflösung eingetragen wurde. Es ist auch nicht richtig, daß, wie der Berufungsrichter ausführt, die Befugnis, den in blanco gelassenen Verfalltag auszufüllen, der Verjährung unterliegt; es läßt sich nur sagen, daß der Gläubiger, der durch Ausfüllung des Verfalltages den bis dahin noch nicht gültig bestehenden Wechselanspruch nach seinem Belieben zur Entstehung bringen kann, sich die gewöhnliche Verjährungsfrist von dem Augenblicke an entgegensetzen lassen muß, wo er den Wechselanspruch zur Entstehung bringen konnte. Dagegen ist richtig, daß der Kläger, der die Wechsel ohne Verfalltag erhalten, nach Auflösung der Gesellschaft und Eintragung der Auflösung in das Handelsregister den Wechseln keinen Verfalltag mehr geben durfte, der in die Zeit nach Ablauf der Verjährungsfrist des Art. 146 fiel. Denn damit machte er das Recht des Gesellschafters aus Art. 146 unter Verletzung von Treu und Glauben und gegen die offensichtliche Willensmeinung der Beteiligten bei Hingabe des Akzeptes illusorisch.

Wann die Ausfüllung der Wechsel durch Einsetzung der Verfalltage stattgefunden hat, haben die Parteien nicht aufklären können. Der Kläger hat nicht behauptet, daß die Ausfüllung vor dem 10. Mai 1893 erfolgt ist. Dagegen stellt der Berufungsrichter als seine Überzeugung fest, daß die Ausfüllung erst kurz vor der Klagerhebung im Januar 1903 erfolgt sei. Er entnimmt diese Überzeugung aus den Umständen des Falles, d. h. aus der gesamten Verhandlung, und dem ist nicht entgegenzutreten.

Der Kläger hat zur Abwehr der Berufung des Beklagten auf den Art. 146 bestritten, daß Schr. und Z. ein Handelsgewerbe betrieben, obwohl sie als Gesellschafter einer offenen Handelsgesellschaft in das Handelsregister eingetragen worden seien. Dies scheitert an der Feststellung des Berufungsrichters, daß Schr. nnd Z. die Gesellschaft, die demnächst eingetragen und nach Art. 110 H.G.B. a. F.

dadurch rechtswirksam geworden ist, noch bevor sie ihre Geschäfte begonnen hat, gegründet haben, um in erster Linie einen Handel mit Baumaterialien zu betreiben, und daß während des Bestehens der Gesellschaft gegen Provision der Verkauf von Baumaterialien vermittelt ist (Art. 272 Ziff. 4. Art. 274 H.G.B. a. F.).

Hiernach greift gegen die Wechselforderungen die Verjährung aus Art. 146 H.G.B. a. F. durch. Darf der Kläger sich auf die Verfalltage, welche die Wechsel jetzt zeigen, nicht berufen, so muß er sich gefallen lassen, daß die Verjährungsfrist des Art. 146 gemäß Abs. 2 daselbst vom Tage der Eintragung der Auflösung der Gesellschaft in das Handelsregister berechnet wird." ...

---

48. Begründet die Rettung eines Binnenschiffes aus einer Schiffahrtsnot auch dann einen Anspruch auf Hilfslohn, wenn die Rettung von einem anderen Schiffe desselben Eigentümers bewirkt wird? Welche Bedeutung kommt in diesem Falle einem Vertrage zu, der zwischen den Führern der beiden Schiffe über die Rettung und ihre Belohnung abgeschlossen ist?

B.Sch.G. §§ 93. 94. 97. 102.
H.G.B. §§ 740. 744. 751. 754. 819. 834.

I. Zivilsenat. Urt. v. 30. Mai 1904 i. S. B. (Kl.) w. D.-A. Vers.-Gesellsch. (Bekl.). Rep. I. 53/04.

I. Landgericht Hamburg, Kammer für Handelssachen.
II. Oberlandesgericht daselbst.

Der Kläger war Eigentümer zweier Flußschlepper, „Lima" und „Hertha".

Am 11. Februar 1901 schleppte die „Lima" bei schwerem Eisgange den Dampfer „Allegro", der wegen eines Maschinenschadens nicht manövrierfähig war, von Brunsbüttel nach Hamburg. Unweit Stade wurde auch die „Lima" selbst manövrierunfähig, indem der Schaft am Hintersteven brach, und die Schiffsschraube verloren ging. Der Anker wurde ausgeworfen, hielt aber nicht. Beide Schiffe kamen ins Treiben und in die Gefahr, auf Sandbänke zu geraten.

Inzwischen kam die „Hertha" mit einem nach Itzehoe bestimmten Leichter elbabwärts. Die drei Schiffsführer unterhandelten miteinander, und nachdem sowohl der „Allegro" als auch die „Lima" der „Hertha" einen Hilfslohn von je 4500 *M* zugesichert hatten, übernahm diese die Rettung beider Fahrzeuge. Sie brachte zunächst ihren Leichter in der Mündung der Schwinge in Sicherheit, nahm alsdann den „Allegro" und die „Lima" ans Tau und brachte beide zurück nach Hamburg.

Der Kläger hatte die „Lima" bei der Beklagten versichert und forderte von dieser die Bezahlung des Hilfslohnes von 4500 *M*, sowohl auf Grund des Abkommens zwischen den beiden Schiffsführern, als auch als angemessenen Hilfslohn.

Die Beklagte bestritt, daß ein Hilfslohnfall vorliege, und daß der Kläger für die Dienste, die er mit einem ihm selbst gehörigen Schiffe einem anderen ihm gehörigen Schiffe geleistet habe, Ersatz fordern könne. Der Vertrag der Schiffsführer, die beide in des Klägers Diensten ständen, sei nicht ernstlich gemeint und eventuell nach § 138 Abs. 2 B.G.B. nichtig. In zweiter Linie wurde geltend gemacht, daß die geforderte Summe stark übersetzt sei.

Nach Vernehmung dreier Zeugen und eines Sachverständigen verurteilte das Landgericht die Beklagte zur Zahlung von 4500 *M*. Auf die Berufung der Beklagten wies das Oberlandesgericht zunächst durch Zwischenurteil die Begründung des Klaganspruches auf den zwischen den Führern der Dampfer „Hertha" und „Lima" abgeschlossenen Vertrag über Hilfslohn zurück. Demnächst wurde durch Endurteil die Verurteilung der Beklagten nur für einen Betrag von 600 *M* aufrecht erhalten, der Kläger aber mit der Mehrforderung abgewiesen.

Auf die Revision des Klägers verurteilte das Reichsgericht die Beklagte im ganzen zur Zahlung von 1500 *M*, hielt die Abweisung der Klage für 2700 *M* aufrecht und wies wegen 300 *M* die Sache in die Berufungsinstanz zurück.

Gründe:

„Die Parteien streiten nicht darüber, daß die Beklagte auf Grund der von ihr übernommenen Versicherung des Schleppers „Lima" verpflichtet sein würde, dem Kläger einen Hilfslohn zu ersetzen, der zur Rettung des Schleppers aus einer Schiffahrtsgefahr aufgewendet werden mußte oder doch nach §§ 97. 102 Ziff. 3 B.Sch.G. sich als eine auf dem Schlepper lastende Schiffsschuld darstellen würde. Beanstandet wird der Klaganspruch nur mit Rücksicht darauf, daß es der Schiffseigner der „Lima" selbst ist, der mit der ihm ebenfalls gehörigen „Hertha" die Hilfe geleistet hat. Die Beklagte führt aus, daß der Eigentümer eines Binnenschiffes durch die Hilfe, die er mit diesem Schiffe einem anderen, ihm ebenfalls gehörigen Schiffe leiste, nicht ein Forderungsrecht gegen sich selbst erwerben könne. Dem ist das Oberlandesgericht beigetreten. Es hat nur insofern einen Anspruch des Klägers aus der Versicherung anerkannt, als der Kläger wirkliche Aufwendungen zur Rettung der „Lima" gemacht habe. Denn nach § 819 H.G.B. sei er auf Grund des Versicherungsvertrags verpflichtet gewesen, für die Rettung des versicherten Schiffes tulichst zu sorgen, und die hierfür aufgewendeten Kosten seien ihm nach § 834 Ziff. 3 H.G.B. vom Versicherer zu ersetzen. Während demnach, wie das Oberlandesgericht ausdrücklich feststellt, der Lohn, der dem Schiffe eines anderen Eigentümers für die der „Lima" geleistete erfolgreiche Hilfe nach den in § 94 Abs. 4 B.Sch.G. näher angegebenen Gesichtspunkten zuzubilligen sein würde, auf 1500 bis 1800 *M* zu schätzen sei, sind dem Kläger nur 600 *M* zugesprochen, nämlich 150 *M* für den Nachteil, den er durch die Unterbrechung der Schleppfahrt des Leichters, den die „Hertha" in der Schwinge unterbrachte, erlitten habe, und 450 *M* für Kohlenverbrauch, Abnutzung der Maschine und Mannschaftslöhnung.

Soweit sie zuungunsten des Klägers lautet, ist diese Entscheidung rechtlich unhaltbar.

Für das Seerecht ist durch das Urteil des Reichsgerichts vom 6. Juli 1892 (Entsch. des R.G.'s in Zivils. Bd. 32 S. 4 flg.) anerkannt, daß dem Reeder eines Schiffes, durch dessen Hilfe ein in Seenot geratenes anderes Schiff desselben Reeders gerettet ist, ein Anspruch auf Hilfslohn zusteht, und daß der Reeder des geretteten Schiffes für den Hilfslohn, der ihm als Reeder des rettenden Schiffes gebührt, vom Versicherer des geretteten Schiffes Ersatz verlangen kann. Die dem früheren Handelsgesetzbuche entnommenen Rechtssätze, mittels deren dieses Ergebnis gewonnen ist, sind unverändert in das jetzt geltende Handelsgesetzbuch übergegangen. Die T a t s a c h e der Bergung und Hilfeleistung begründet unabhängig von einem Vertrage nach § 740 einen Rechtsanspruch. Die „dritten Personen", von denen dieser Paragraph spricht, deuten nur auf den Gegensatz zur Besatzung des notleidenden Schiffes. Der aus der Bergung oder Hilfeleistung entstehende dingliche Anspruch gegen das Schiffsvermögen (§§ 751. 754 Ziff. 4 H.G.B.) als gegen ein Sondergut des Reeders kann nach Analogie der Eigentümerhypothek und der Einlösung des Bodmereibriefes durch den Reeder sehr wohl auch dem Reeder selbst zustehen. Ohne Zulassung eines rechten Berge- und Hilfslohnanspruches würde der Reeder unter Umständen kein Interesse daran haben, die Existenz eines zweiten Schiffes an das gefährdete erste Schiff zu wagen; der Anreiz zu solcher Rettung aber ist der Beweggrund für die gesetzliche Aufstellung des Anspruches und für die Ausgestaltung des Rechtsinstitutes als gewagten Geschäfts auf egoistischer Grundlage. Mit der Zulassung des Anspruches ergibt sich aber auch ohne weiteres die Haftung des Kaskoversicherers, da für das Versicherungsverhältnis die verschiedenen Sondervermögen der mehreren Schiffe eines Eigentümers in ihrem getrennten Bestande zu betrachten sind. Aus den §§ 819. 834 Ziff. 3 H.G.B. etwas anderes ableiten zu wollen ist rechtsirrtümlich, weil eine Scheidung der nach § 744 im Berge- oder Hilfslohn steckenden verschiedenen Elemente untulich und willkürlich ist, und demnach die in § 834 Ziff. 3 erwähnten „Kosten" den ganzen Hilfslohn umfassen würden. Die angezogenen Bestimmungen des Seeversicherungsrechts passen aber hier überhaupt nicht, weil sie sich nur auf pflichtmäßige Rettungsmaßnahmen beziehen, der Versicherte aber dem Versicherer gegenüber nicht verpflichtet ist, ein gewagtes Geschäft mit einem anderen Schiffe zu machen und dieses aufs Spiel zu setzen, um das versicherte Schiff zu retten.

Nach dem Reichsgesetze über die Verhältnisse der Binnenschiffahrt aber ist der Anspruch auf Berge- und Hilfslohn — abgesehen von nebensächlichen, hier nicht weiter in Betracht kommenden Abweichungen — ebenso geregelt und ausgestaltet, wie im Handelsgesetzbuche für die Verhältnisse der Seeschiffahrt. Die Tatsache der Rettung begründet nach § 93 den Anspruch. Er wird seinem Betrage nach aus den gleichen Gesichtspunkten bestimmt (§ 94 Abs. 4), hat dinglichen Charakter (§ 100) und gewährt die Rechte eines Schiffsgläubigers an dem durch das Flußschiff repräsentierten Sondervermögen (§§ 97. 102 Ziff. 3). Wie das Reichsgericht durch Urteil vom 2. Dezember 1899 (Entsch. des R.G.'s in Zivils. Bd. 45 S. 50 flg.) bereits ausgesprochen hat, ist daher ebenfalls für das Recht der Binnenschiffahrt anzuerkennen, daß dem Schiffseigner, der sein Schiff mit einem anderen ihm gehörigen Fahrzeuge aus einer Schiffahrtsnot rettet (§ 93 Abs. 2), ein Hilfslohnanspruch zusteht.

Die angefochtene Entscheidung ist demnach insofern fehlsam, als sie bei dem Ersatzanspruche des Klägers zwischen Aufwendungen im engeren Sinne und eigentlichem Hilfslohne unterscheidet. Diese Unterscheidung ist in Wegfall zu bringen, und da das Oberlandesgericht bereits ausgesprochen hat, daß für die geleistete Rettung nach § 94 B.Sch.G., wenn der Kläger nicht selbst auch Eigentümer des geretteten Schiffes wäre, ein Hilfslohn von 1500 bis 1800 ℳ angemessen sein würde, gegen diese Annahme auch Bedenken nicht obwalten, so kann durch Zubilligung des genannten geringeren Betrages sogleich in der Sache selbst erkannt werden. Ob innerhalb des Spielraumes, den diese Schätzung läßt, dem Kläger noch mehr zuzusprechen ist, muß allerdings einer weiteren Entscheidung des Oberlandesgerichts überlassen bleiben.

Unbedenklich zuzustimmen aber ist dem Oberlandesgericht darin, daß der „Vertrag" über die Vornahme und über die Belohnung der Rettung, der zwischen den Führern der beiden dem Kläger gehörigen Schiffe „Hertha" und „Lima" abgeschlossen worden ist, rechtlich ohne Bedeutung und insbesondere außerstande ist, den Ansprüchen des Klägers aus dem Versicherungsvertrage eine selbständige Stütze, namentlich auch in bezug auf die Höhe des Hilfslohnes, zu gewähren. Subjekt der Rechte und Pflichten, die aus einem Vertrage erwachsen, den der Schiffer innerhalb seiner gesetzlichen Vertretungsmacht abgeschlossen hat, ist stets der Reeder oder Schiffseigner, auch dann, wenn er für die Obliegenheiten aus dem Vertrage nicht „persönlich", sondern nur mit Schiff und Fracht einzustehen hat. Nur als Vertreter des Reeders oder Schiffseigners handelt der Schiffer innerhalb des Bereiches seiner Vollmacht. Da aber niemand mit sich selbst einen Vertrag abschließen kann, ist es auch rechtlich unmöglich, einer Verabredung zwischen zwei Vertretern desselben Rechtssubjektes die Bedeutung eines rechtlich bindenden Vertrags beizulegen. Und dies ist auch für den Fall anzuerkennen, daß die Vertreter durch ihre Rechtshandlungen nicht das Gesamtvermögen des Vertretenen, sondern nur verschiedene Sonderbestandteile aus diesem Vermögen obligieren können, wie es nach See- und Binnenschiffahrtsrecht beim Schiffer zutrifft. Wenn das Gesetz diese Sondervermögen auch selbständig abgrenzt, und wenn in beschränktem Umfange anzuerkennen ist, daß auch dem Inhaber selbst ein Anspruch gegen das Sondervermögen zustehen kann, so bildet doch dies schon eine Ausnahme, die nur aus der besonderen Natur des betreffenden Anspruchs abgeleitet werden kann. Vgl. die Ausführungen in dem bereits angeführten Urteile Entsch. a. a. O. Bd. 45 S. 54 u. 55, wo trotz der Einräumung eines Anspruchs auf Hilfslohn ein Anspruch aus einem Zusammenstoße zwischen zwei Schiffen desselben Reeders oder Schiffseigners versagt worden ist. Für die Anerkennung der Rechtswirksamkeit von Verträgen zwischen dem Reeder oder Schiffseigner einerseits und seinem durch das Schiff dargestellten Sondervermögen andererseits lassen sich schon im allgemeinen weder Gründe der Billigkeit, noch sonstige aus legitimen Interessen abgeleitete Gesichtspunkte anführen. Völlig aber fehlen solche Gesichtspunkte in dem hier vorliegenden Falle, wo es sich um ein Abkommen zwischen zwei Schiffsführern desselben Schiffseigners über den Betrag einer Lohnforderung handelt, für deren angemessene Bestimmung das Gesetz selbst die nötige Handhabe bietet."

---

49. Abandonerklärung des Mitreeders, wenn nach der Beendigung einer Reise die Reparatur des Schiffes beschlossen worden ist. Ist für den Beschluß eine bestimmte Fassung vorgeschrieben? Wirkung der vor Mitteilung des Beschlusses abgegebenen Abandonerklärung für die Beitragspflicht zu den Reparaturkosten.

H.G.B. § 501.

I. Zivilsenat. Urt. v. 30. Mai 1904 i. S. R. (Kl.) w. S. u. Gen. (Bekl.). Rep. I. 27/04.

I. Landgericht Danzig.
II. Oberlandesgericht Marienwerder.

Der Kläger war Korrespondentreeder des in D. heimatberechtigten Dampfers „Annie". Zu der Reederei gehörten die Beklagten zu

1 und 2 mit $^{1}/_{64}$, der Beklagte zu 3 mit $^{1}/_{64}$ und die D.'er Reederei-Aktiengesellschaft mit $^{48}/_{64}$ Schiffsparten. Durch Schreiben vom 17. Juni 1899 teilte der Kläger nach Beendigung einer Reise des Schiffes dem Beklagten zu 3 mit, daß der Hauptkessel des Dampfers in Verbindung mit einer Umänderung der Maschine erneuert werden müsse, und die Firma J. W. Kl. sich erboten habe, die erforderlichen (in dem Schreiben bezeichneten) Arbeiten zum Preise von 52100 ℳ auszuführen, und ersuchte den Beklagten zu 3 um Zustimmung mit dem Bemerken, daß die D.'er Reederei-Aktiengesellschaft mit der Annahme jenes Angebotes einverstanden sei. Dieses Schreiben wurde von den Beklagten nicht beantwortet. In dem nach der Behauptung des Klägers den Beklagten spätestens am 8. Februar 1901 zugegangenen Reedereibericht über das Jahr 1900 hieß es:

„Der Gewinn muß ... zum nächsten Jahre reserviert werden, da bereits größere Zahlungen auf die Reparatur geleistet sind, welche gegenwärtig ausgeführt wird. Leider hat sie sich als umfangreicher herausgestellt, als erwartet werden durfte; und dazu kommt, daß alles, was nicht vorher fest abgemacht werden konnte, durch die gestiegenen Löhne sehr verteuert wird."

In dem Reedereibericht über das Jahr 1901, den die Beklagten am 15. März 1902 empfangen haben wollten, während der Kläger behauptete, daß sie ihn länger als eine Woche vor diesem Tage erhalten hätten, waren die Kosten der Reparatur des Dampfers „Annie" auf 165145,19 ℳ angegeben. Mittels einer dem Kläger am 17. März 1902 zugegangenen notariellen Erklärung gaben die Beklagten ihre Schiffsparten ohne Entgelt auf. Der Kläger berechnete den auf sie fallenden Anteil an den durch die in dem Schreiben vom 17. Juni 1899 bezeichneten Arbeiten entstandenen Kosten von 137226,65 ℳ auf die Summe von 4288,33 ℳ, brachte hiervon den Gewinnanteil der Beklagten aus dem Betriebsjahr 1900 mit 722,41 ℳ in Abzug und beantragte, sie zur Zahlung des Restbetrages von 3565,92 ℳ nebst Zinsen zu verurteilen.

Die Beklagten trugen auf Abweisung der Klage an, indem sie einwendeten, daß ein ordnungsmäßiger Reedereibeschluß, jedenfalls aber ein Beschluß, Reparaturen an der „Annie" in Höhe von 137226,65 ℳ auszuführen, nicht gefaßt und ihnen nicht mitgeteilt sei, und forderten von dem Kläger ihren Gewinnanteil für das Jahr 1900 im Wege der Widerklage.

Das Landgericht verurteilte die Beklagten zur Zahlung von 870,96 ℳ nebst Zinsen und wies die Widerklage ab. Es nahm an, daß die Beklagten den im Juni 1899 gefaßten Reedereibeschluß als rechtsverbindlich anzuerkennen und zu den danach in Höhe von 52100 ℳ gebilligten Reparaturkosten nach Verhältnis ihrer Schiffsparten mit 1628,12 ℳ unter Anrechnung des Gewinnanteils für das Jahr 1900 im Betrage von 722,41 ℳ beizutragen, dagegen für die Mehrkosten, bezüglich deren Kläger unterlassen habe, einen Reedereibeschluß zu erwirken, nicht aufzukommen hätten.

Die Beklagten legten Berufung ein, und der Kläger schloß sich der Berufung an.

Das Oberlandesgericht wies die Klage ab und verurteilte den Kläger nach der Widerklage. Die Revision des Klägers ist zurückgewiesen aus folgenden

Gründen:

„Das Oberlandesgericht ist ohne Rechtsirrtum davon ausgegangen, daß es sich bei den an dem Dampfer „Annie" vorgenommenen Arbeiten um eine Reparatur im Sinne des Art. 468 H.G.B. a. F. (§ 501 H.G.B. n. F.) gehandelt hat. Hiermit stimmen die Reedereiberichte für die Jahre 1900 und 1901 überein. Unstreitig fand diese Reparatur nach Beendigung einer Reise des Schiffes statt. Auch darin ist dem Oberlandesgericht beizutreten, daß der die Reparaturarbeiten betreffende, durch Stimmenmehrheit ordnungsmäßig ergangene Reedereibeschluß (vgl. Entsch. des R.O.H.G.'s Bd. 16 S. 383) dadurch für die Beklagten bindend wurde, daß sie auf die ihnen durch den Brief des Klägers vom 17. Juni 1899 gewordene Mitteilung des Beschlusses schwiegen. Allein dieser ging nicht, wie die Revision geltend macht, schlechthin auf die Reparatur des Schiffes, sondern auf die Annahme des Angebotes der Firma Kl., die in jenem Briefe bezeichneten Arbeiten zum Preise von 52100 ℳ auszuführen. Nur hiermit hatte sich die D.'er Reederei-Aktiengesellschaft als Eigner von $^{48}/_{64}$ Schiffsparten einverstanden erklärt. Auch das stillschweigend erklärte Einverständnis der Beklagten betraf daher lediglich die im Rahmen des Angebotes auszuführenden Arbeiten. Daß aber ein in dieser Weise begrenzter Beschluß unter die Vorschrift des Art. 468 H.G.B. a. F. fällt, ist nicht zu bezweifeln. Die Worte: „Wenn nach Beendigung einer Reise die Reparatur des Schiffes ... beschlossen worden ist", wollen nicht eine bestimmte Fassung für den Beschluß als Voraussetzung für die Anwendung des Gesetzes vorschreiben, sondern nur im allgemeinen den Gegenstand des Beschlusses bezeichnen. Das Gesetz bezweckt, dem Mitreeder Schutz gegen neue Einzahlungen und die Möglichkeit zu geben, von der Sache loszukommen (vgl. Protokolle der Kommission zur Beratung eines allgemeinen deutschen Handelsgesetzbuches Teil IV S. 1512). Zur Erreichung dieses Zwecks erscheint es daher wünschenswert, daß der Inhalt des Beschlusses die zur Reparatur des Schiffes erforderlichen Arbeiten und deren Kosten angibt. Dies ist nach dem Briefe des Klägers vom 17. Juni 1899 geschehen. Wenn sich demnächst herausstellte, daß die Arbeiten oder die veranschlagten Kosten zur Reparatur des Schiffes nicht ausreichten, sondern Mehrarbeiten und Mehrkosten erforderlich wurden, die den Anschlag von 52100 ℳ fast um das Dreifache überstiegen, so durfte der Kläger diese Überschreitung ohne Beschluß der Reederei nicht genehmigen (Art. 463 Abs. 2 H.G.B. a. F.) [§ 496 Abs. 2 H.G.B. n. F.], während den Beklagten, wenn sie dem neuen Beschlusse nicht zugestimmt hatten, wiederum das Abandonrecht des Art. 468 (§ 501) zustand. Hieran ändert auch der Umstand nichts, daß der Kläger in anderen Fällen Überschreitungen der Anschläge selbständig vorgenommen hatte. Denn es waren Mehrkosten in solchem Umfange bis dahin nicht vorgekommen. Selbst wenn sie aber vorgekommen und bei den Beklagten auf Widerspruch nicht gestoßen wären, so würde hieraus noch nicht gefolgert werden können, daß dem Kläger für die Zukunft Vollmacht zu Aufwendungen im gleichen Umfange habe erteilt werden sollen. Das Berufungsgericht läßt nun dahingestellt sein, ob den zur Ausführung gelangten Reparaturen ein neuer Beschluß der Mehrheit der Reeder, oder eine Eigenmächtigkeit des Klägers zugrunde gelegen habe, weil der Beschluß, wenn er ergangen, den Beklagten vor Anstrengung des Prozesses nicht ordnungsmäßig mitgeteilt sei. Die Revision rügt mit Unrecht, daß dieser Annahme des Berufungsgerichtes die genügende Begründung fehle. Es fordert zutreffend bei der erheblichen Wichtigkeit der Mitteilung des Beschlusses im Sinne des Art. 468 (§ 501) H.G.B. eine verständliche Erklärung und vermißt sie in den Reedereiberichten für die Jahre 1900 und 1901. Jener Bericht enthielt in betreff der unvorhergesehenen Kosten und Arbeiten keine näheren Angaben. In beiden Berichten fehlte — worauf es gerade ankam — die Mitteilung, daß die Mehrheit der Reeder mit der Überschreitung des Anschlages einverstanden sei. Die Beklagten hatten daher an sich keine Veranlassung, auf die Empfangnahme des einen oder des anderen Berichtes mit der Abandonerklärung zu antworten. In jedem Falle lief für sie die dreitägige Frist des Art. 468 (§ 501) Abs. 2 erst von der Mitteilung des Beschlusses, und da sie bis zur Abgabe jener Erklärung diese Mitteilung nicht erhalten hatten, so lief die Frist überhaupt nicht. Hieraus folgt aber nicht die Unwirksamkeit der gleichwohl abgegebenen Erklärung. Nach der eigenen Behauptung des Klägers, die er gegen sich gelten lassen muß, hat sich die Mehrheit der Reederei — die D.'er Reederei-Aktiengesellschaft — mit der Schiffsreparatur im Kostenaufwand von 137226,56 *M* einverstanden erklärt. Mag diese Zustimmung vor, oder nach der Abandonerklärung der Beklagten erteilt worden sein, so erhielten sie erst Kenntnis davon nach Abgabe ihrer Erklärung. Da die Reparatur aber von der Mehrheit der Reeder genehmigt war, und der Kostenaufwand für die Reederei zu Recht bestand, so würde es zwecklos sein, wenn die Beklagten zur Wiederholung der Erklärung für verpflichtet erachtet würden. Dieselbe bleibt abgegeben, ist daher rechtzeitig und wirkt auf den Zeitpunkt der Vornahme der Arbeiten mit der Folge zurück, daß die Beklagten für die entstandenen Kosten nicht aufzukommen haben, weil sie als schon zu jener Zeit aus der Reederei ausgeschieden gelten.

Vgl. Entsch. des R.G.'s in Zivils. Bd. 40 S. 4.

Bei dieser Sachlage hatte das Berufungsgericht keine Veranlassung, Beweis darüber zu erheben, ob die D.'er Reederei-Aktiengesellschaft mit der Überschreitung des Kostenanschlages einverstanden gewesen, und ob der Reedereibericht für das Jahr 1901 den Beklagten länger als eine Woche vor dem 15. März 1902 zugegangen sei.

Die Beklagten haben endlich (auch darin ist dem Oberlandesgericht beizupflichten) selbst in Höhe der ursprünglich genehmigten Summe von 52100 *M* zu den Reparaturkosten nicht beizutragen. Diese Genehmigung war unter der selbstverständlichen Voraussetzung erteilt, daß jene Summe ausreichen würde, die Reparaturarbeiten herzustellen, die Seetüchtigkeit des Schiffes zu erhöhen und damit die Gewinnaussichten für die Beklagten zu vermehren. Wurden diese dagegen in die Lage gebracht, auf ihre Eigentumsrechte am Schiff und auf jeden zukünftigen Gewinn ohne Entgelt zu verzichten, so fiel für sie jede Verpflichtung hinweg, zu den Reparaturkosten beizutragen, welche die Abandonerklärung verursacht hatten.[1]" ...

---

50. 1. Zum Begriffe des abstrakten Schuldversprechens im Sinne des § 780 B.G.B.

2. Kann eine Erfüllungsübernahme im Sinne des § 329 B.G.B. den Gegenstand eines abstrakten Schuldversprechens bilden?

VI. Zivilsenat. Urt. v. 30. Mai 1904 i. S. Graf v. H. (Kl.) w. D. (Bekl.). Rep. VI. 422/03.

I. Landgericht Rostock.
II. Oberlandesgericht daselbst.

Nach der Behauptung des Klägers sollte der Beklagte ihm im März 1901 bei Gelegenheit einer längeren geschäftlichen Verhandlung bestimmt versprochen haben, er werde mit seinen Mitteln des Klägers Schuld bei dem Kaufmanne R. in L. bezahlen. Vom Berufungsgericht wurde die hierauf gestützte Klage deswegen abgewiesen, weil das Versprechen der nach § 780 B.G.B. erforderlichen Schriftform entbehrt haben würde. Die Revision des Klägers ist, unter Aufrechthaltung der Entscheidung aus einem anderen Grunde, zurückgewiesen worden.

Aus den Gründen:

„Das Berufungsgericht hat die Klage aus dem Grunde abgewiesen, weil das vom Kläger behauptete Versprechen des Beklagten ein abstraktes Schuldversprechen gewesen sein und daher nach § 780 B.G.B. zu seiner Gültigkeit der Schriftform bedurft haben würde. Diesem Entscheidungsgrunde konnte nicht zugestimmt werden. Zwar hat mit Unrecht der Kläger angezweifelt, ob eine Erfüllungsübernahme, wie er sie behauptet hatte, als solche überhaupt jemals den Gegenstand eines abstrakten Schuldversprechens bilden könne, und die Frage aufgeworfen, ob es nicht vielmehr in dieser Beziehung immer nur auf

---

[1] Vgl. hierzu Bd. 9 dieser Sammlung S. 141 flg. D. R.

die Natur derjenigen Verbindlichkeit ankomme, deren Erfüllung übernommen sei. Denn die Formvorschrift des § 780 bezieht sich auf jeden Vertrag, durch den unter Loslösung von dem materiellen Zusammenhange irgendeine „Leistung" versprochen wird, und die Erfüllung einer Verbindlichkeit des Gläubigers ist eine „Leistung" wie jede andere. Inwiefern der materielle Rechtsgrund des Versprechens solcher Erfüllung aus der zu erfüllenden Verbindlichkeit selbst sollte hergenommen werden können, ist nicht zu verstehen. Die Erfüllungsübernahme wird auch keineswegs durch den § 329 B.G.B. als ein besonderer obligatorischer Vertrag eigener Art eingeführt, sondern dort ist nur negativ bestimmt, daß eine Erfüllungsübernahme im Zweifel nicht als Vertrag zugunsten eines Dritten, nämlich des Drittgläubigers, gelten solle.

Wohl aber hat ohne Grund das Oberlandesgericht diese Erfüllungsübernahme als Gegenstand eines abstrakten Schuldversprechens aufgefaßt. Wenn nicht schon in der ersten Instanz, so hat jedenfalls in der Berufungsverhandlung der Kläger den materiellen Zusammenhang, in welchem die Erfüllungsübernahme geschehen sein soll, genau angegeben. ... Hiernach hätte der jetzige Beklagte als Generalbevollmächtigter des Bruders des Klägers, des Grafen v. H.-B., vom Kläger die Zustimmung zur Belastung des Familienfideikommißgutes mit Hypotheken in Höhe von 1800000 *M* zu erwirken gesucht, und der Kläger als Gegenleistung hierfür die Übernahme der Bezahlung verschiedener seiner Schulden, u. a. auch der hier fraglichen, verlangt und erreicht. Das wäre ein gegenseitiger Vertrag gewesen wie irgendein anderer, selbst wenn die bezeichnete Gegenleistung dem Kläger nicht von seinem Bruder, dem er seinerseits leistete, sondern nur vom Beklagten persönlich gemacht worden wäre. Von einer Absicht der Kontrahenten, daß das Versprechen der Schuldentilgung losgelöst von seinem Rechtsgrunde die entsprechende Verbindlichkeit begründen solle, würde dabei nichts hervorgetreten sein. Daher ist die vorliegende Anwendung des § 780 B.G.B. eine rechtsirrige.

Die angefochtene Entscheidung war jedoch auf Grund des § 766 B.G.B. nach § 563 Z.P.O. aufrecht zu halten. Denn die obige Unterstellung, daß nur der Beklagte persönlich die Tilgung der fraglichen Schuld übernommen hätte, entspricht nicht der wirklichen Sachlage, wie sie sich aus den eigenen Angaben des Klägers ... ergibt."

(Es wird dann ausgeführt, daß danach der Beklagte die Tilgung der fraglichen Schulden des Klägers zunächst als Bevollmächtigter des Grafen v. H.-B. in dessen Namen zugesagt habe und für diesen als selbstschuldiger Bürge eingetreten sei.) ...

---

51. Wie ist zu verfahren, wenn nach der Erlassung des Berufungsurteils eine Partei stirbt, dann auf Antrag ihres Prozeßbevollmächtigten das Verfahren ausgesetzt wird, und nun die andere Partei wegen Verzögerung der Aufnahme die Gegner lädt?

Z.P.O. §§ 239. 246.

VI. Zivilsenat. Urt. v. 30. Mai 1904 i. S. Graf v. D. Erben (Kl.) w. St. (Bekl.). Rep. VI. 279/04.

Der ursprüngliche Kläger war am 23. Januar 1904 gestorben, das in der Berufungsinstanz ergangene Urteil am 4. März zugestellt, und darauf auf den Antrag seines für die Berufungsinstanz bestellten Prozeßbevollmächtigten durch Beschluß des Reichsgerichts vom 30. März 1904 angeordnet worden, daß das Verfahren ausgesetzt werde. Der Beklagte machte in einem Schriftsatz vom 27. April 1904 die Erben und Rechtsnachfolger des Klägers namhaft und lud sowohl sie, wie den vom Erblasser für die Berufungsinstanz bestellten Prozeßbevollmächtigten zum Verhandlungstermine. In diesem trug beim Ausbleiben der Geladenen der Beklagte die in seinem Schriftsatz enthaltenen Angaben über die Rechtsnachfolge vor und stellte den darin angekündigten Antrag, durch Versäumnisurteil das Verfahren gegen die dort genannten Erben des Klägers für aufgenommen zu erklären. Demgemäß ist auch erkannt worden aus den folgenden

Gründen:

„Vor dem Inkrafttreten der jetzt geltenden Zivilprozeßordnung bestimmte der § 217 der älteren Zivilprozeßordnung, daß nach einer Unterbrechung des Verfahrens im Falle des Todes einer Partei beim Ausbleiben der geladenen Rechtsnachfolger auf Antrag die behauptete Rechtsnachfolge als zugestanden anzunehmen, und durch Versäumnisurteil auszusprechen sei, daß das Verfahren von den Rechtsnachfolgern aufgenommen sei. Das gleiche galt nach § 223 Z.P.O. für den Fall, daß eine Vertretung durch einen Prozeßbevollmächtigten stattfand, und von diesem der Antrag auf Aussetzung des Verfahrens gestellt war. Eine Verhandlung zur Hauptsache war erst nach dem Ablauf der Einspruchsfrist oder nach der Erledigung eines eingelegten Einspruches statthaft. Der jetzige § 239 Z.P.O. hat das geändert; er bestimmt für den bezeichneten Fall, daß die behauptete Rechtsnachfolge als zugestanden anzunehmen, und zur Hauptsache zu verhandeln sei. Also statt des früheren Zwischenurteils ist alsbald ein Versäumnisurteil zur Hauptsache abzugeben. Die besondere Gestaltung des hier zur Entscheidung stehenden Falles schließt aber die Möglichkeit aus, ein Urteil zur Hauptsache abzugeben. Denn das Berufungsurteil ist zwar zugestellt, eine Revision aber noch nicht eingelegt. Sie kann auch von dem die Fortsetzung des Verfahrens betreibenden Beklagten nicht eingelegt werden, weil in dem Berufungsurteil der Kläger ganz abgewiesen ist. Der Lauf der Revisionsfrist ist durch die Aussetzung des Verfahrens gehemmt. Die hieraus folgende Unmöglichkeit einer Verhandlung zur Hauptsache führt zu der Notwendigkeit, in anderer Form dem Beklagten die Möglichkeit zu eröffnen, den Lauf der Revisionsfrist in Gang zu setzen. Über das einzuschlagende Verfahren sind Zweifel denkbar. Man könnte annehmen, daß durch einfachen Beschluß das Verfahren für aufgenommen zu erklären sei, weil ein Zwischenurteil nicht abgegeben werden könne, solange mangels der Einlegung der Revision das Verfahren in dieser Instanz noch nicht anhängig gemacht sei. Dem steht jedoch entgegen, daß die ältere Zivilprozeßordnung im § 217 ein solches Zwischenurteil allgemein, also auch für den hier in Frage stehenden Ausnahmefall angeordnet hat. Der Beschluß würde außerdem, obwohl er auf der Annahme des Zugeständnisses der behaupteten Rechtsnachfolge beruht, einer Anfechtung nicht unterliegen, während gegenüber dem Zwischenurteil der Einspruch möglich ist. Darum ist der Ansicht der Vorzug gegeben, daß in dem Ausnahmefalle, wo die wörtliche Ausführung der Vorschrift des § 239 nicht tulich ist, das Verfahren einzuschlagen ist, das sich seiner Vorschrift am meisten nähert und dem Parteiinteresse nicht entgegen ist." ...

52. Begeht der, der einem anderen Vermögensvorteile zu dem Zwecke zuwendet, damit dieser sich zum Schweigen über eine von ersterem begangene strafbare Handlung verpflichte, und der, der eine aus dieser Absicht gegebene Zuwendung annimmt, einen Verstoß gegen die guten Sitten?

B.G.B. § 817.

VI. Zivilsenat. Urt. v. 30. Mai 1904 i. S. E. (Bekl.) w. L. u. Gen. (Kl.). Rep. VI. 582/03.

I. Landgericht Freiberg.
II. Oberlandesgericht Dresden.

Der zugrunde liegende Sachverhalt ergibt sich aus den folgenden

Gründen:

„Der Beklagte hat nicht bestritten, dem Erblasser der Kläger im Jahre 1892 aus rückständigen Kaufgeldern die eingeklagten 3500 *M* nebst Zinsen schuldig geworden zu sein, aber eingewendet, daß ihm die Schuld im April 1900 vom Gläubiger durch Vertrag erlassen sei. Dieser Verteidigung gegenüber ist von den Klägern geltend gemacht, der Beklagte habe durch die Annahme der durch den (übrigens bestrittenen) Erlaßvertrag ihm gemachten Zuwendung gegen die guten Sitten verstoßen und sei darum zur Zahlung der erlassenen Schuld verpflichtet. Das Landgericht hat nicht angenommen, daß der Beklagte gegen die guten Sitten verstoßen habe, und ist auf Grund einer Würdigung des Beweisergebnisses dazu gelangt, dem Beklagten bezüglich des Abschlusses des Erlaßvertrages einen richterlichen Eid aufzuerlegen. Das Berufungsgericht hat diese Beweiswürdigung gebilligt, aber den Beklagten verurteilt, weil die Berufung der Kläger auf § 817 B.G.B. durchgreife.

Über die Umstände, unter denen der Erlaßvertrag zum Abschluß gelangt ist, und den Zweck, der mit ihm verfolgt wurde, ist vom Berufungsgericht folgendes festgestellt. L., der Erblasser der Kläger, der beim Beklagten wohnte, hatte mit dessen siebenjährigem Sohne und dessen 16jährigem Knecht K. unzüchtige Handlungen vorgenommen und fürchtete, der Beklagte könne eine Strafanzeige machen, oder die Sache könne sonst durch ihn ruchbar werden. Um ihn zum Schweigen zu bestimmen, gab er ihm die Schuldscheine über die 3500 *M* zurück und erließ ihm die Schuld. Daß der Beklagte ihn dazu durch die Drohung mit einer Strafanzeige bestimmt hätte, ist nicht erwiesen, vielmehr für glaubhaft erachtet, daß der Beklagte zwar vorher L. zur Rede gestellt und ihm gesagt hat, er werde ihn anzeigen, falls eine Schädigung des Kindes hervortreten werde, daß er aber nicht darauf angespielt hat, L. solle ihm Geldvorteile gewähren, insbesondere ihm seine Schuld erlassen. Eine Schädigung des Kindes ist auch nicht eingetreten, und der Beklagte hatte bis zu dem Tage, wo der Erlaßvertrag geschlossen wurde, freiwillig geschwiegen.

Das Berufungsgericht würdigt diesen Tatbestand dahin, daß L. die 3500 *M* dem Kläger zugewendet habe, um dessen künftiges Schweigen über die von ihm begangene strafbare Handlung zu erkaufen, und daß der Beklagte stillschweigend mit ihm über diese Zweckbestimmung des Erlasses einverstanden gewesen sei. Die Darstellung des Beklagten, L. habe ihm die 3500 *M* aus Dankbarkeit für das bisherige Schweigen geschenkt, wird als unglaubwürdig abgelehnt. Von dieser Auffassung aus gelangt der Berufungrichter zu dem Ergebnis, daß der Beklagte durch die Annahme der Zuwendung zu dem von L. bestimmten Zwecke gegen die guten Sitten verstoßen habe. Dem durch die strafbare Handlung verletzten Sohne des Beklagten sei ein Körper- oder Vermögensschade nicht erwachsen. Allerdings mache der eigennützige Zweck, der den Beklagten zum Abschluß des Vertrages bestimmt habe, allein diesen noch nicht nach § 817 B.G.B. anfechtbar. Aber es komme hier hinzu, daß der Beklagte die Geldbelohnung angenommen habe dafür, daß er den L. nicht wegen einer strafbaren Handlung zur Anzeige bringe. Das stehe mit den herrschenden sittlichen Anschauungen um so mehr in Widerspruch, selbst wenn der Beklagte ohnehin willens gewesen sei, keine Anzeige zu machen, als ihm eine nach den Verhältnissen der Beteiligten besonders hohe Belohnung zugewendet sei. Die Kläger könnten sich daher auf § 817 Satz 1 mit Erfolg berufen. Der Satz 2 daselbst stehe ihnen nicht entgegen; denn dem, der nach Begehung einer strafbaren Handlung einen anderen, der davon Kenntnis habe, zum Schweigen zu bestimmen suche, damit er vor einer entehrenden Strafe bewahrt bleibe, könne der Vorwurf des Verstoßes gegen die guten Sitten nicht gemacht werden.

Dieser Ausführung ist darin beizutreten, daß der Beklagte durch die Annahme des Schweigegeldes gegen die guten Sitten verstoßen hat. Die allgemeine Abgrenzung des Begriffs dieses Verstoßes ist zweifelhaft und nicht unstreitig.

Vgl. die Nachweise bei Jacobi, in Iherings Jahrbüchern Bd. 41 S. 68 flg.

Aber es ist nicht Anlaß, zu den verschiedenen Meinungen Stellung zu nehmen; denn für die Entscheidung des einzelnen Falles ist doch dessen besondere tatsächliche Gestaltung in erster Linie maßgebend, und es ist richtig, daß ein solcher Verstoß vorliegt, wenn der Beklagte, dem ein Ersatzanspruch irgendeiner Art gegen L. nicht zustand, sich durch Vertrag verpflichtete, den Täter der strafbaren Handlung nicht zur Anzeige zu bringen. Allerdings lag dem Beklagten weder die rechtliche, noch die sittliche Pflicht ob, eine solche Anzeige zu machen. Aber ein anderes ist es, sich um einer Geldbelohnung willen zu der Unterlassung der Anzeige, und ganz besonders bei einer Straftat der hier vorliegenden Art, vertraglich zu verpflichten. Es kann zugegeben werden, daß auch in einem solchen Falle Nebenumstände hinzutreten können, die dem Vertrage die Bedeutung eines Verstoßes gegen die guten Sitten zu nehmen geeignet sind.

Vgl. Staudinger, Kommentar zum Bürgerlichen Gesetzbuche 2. Aufl. Bd. 1 S. 403.

Indessen in dem hier zur Entscheidung stehenden Falle sind solche den Beklagten rechtfertigende oder entschuldigende Umstände nicht gegeben. Nach dem festgestellten Sachverhalt hat die vertragliche Bindung des Beklagten lediglich den Zweck gehabt, den Täter der strafbaren Handlung der Bestrafung endgültig zu entziehen, und darum ist es unerheblich, daß der Beklagte sich zu einer Unterlassung vertraglich verpflichtete, zu der er vorher freiwillig entschlossen war, und die an sich keinen Verstoß gegen die guten Sitten ausmachte.

Vgl. Entsch. des R.G.'s in Zivils. Bd. 33 S. 337 (338).

Zu Unrecht hat dagegen der Berufungsrichter die Frage verneint, ob auch L. durch die Hingabe der dem Beklagten gewährten Belohnung gegen die guten Sitten verstoßen habe. Der allgemeine Satz, daß ein solcher Verstoß nicht vorliege, wenn nach der Begehung einer strafbaren Handlung der Täter einen Zeugen zum Schweigen bestimme, um vor entehrender Strafe bewahrt zu bleiben, kann nicht gebilligt werden. Freilich ist bei dem sog. Schweigevertrag die Lage des Gebers und des Empfängers nicht notwendig gleich, und es läßt sich nicht sagen, daß, wenn der Empfänger gegen die guten Sitten verstoße, das gleiche für den Geber gelten müsse, der ihn zu der Annahme der Belohnung bestimme. Die Lage des einzelnen Falles muß vielmehr auch hier wieder ausschlaggebend sein. Es lassen sich Umstände denken, unter denen es nicht sittlich verwerflich erscheint, wenn der Täter einer strafbaren Handlung sich die Straflosigkeit sichern will, indem er das Schweigen eines Zeugen erkauft. Wenn er es tut, weniger um sich der gesetzlichen Strafe zu entziehen, als um seine Angehörigen vor den schweren Nachteilen zu beschützen, die seine Verurteilung für sie bewirken müßte, so kann, je nach der Art seiner Straftat, die Möglichkeit einer Entschuldigung zugelassen werden. Aber im vorliegenden Falle stehen solche Umstände L. nicht zur Seite. Die Revisionsbeklagten haben geltend gemacht, L. habe nicht, um der Strafe, sondern um der bösen Nachrede zu entgehen, also zur Wahrung seiner äußeren Ehre, dem Beklagten die Schuld erlassen, und das verstoße nicht gegen die guten Sitten. Allein dem steht entgegen, daß das Berufungsgericht auf Grund tatsächlicher, auch rechtlich bedenkenfreier Würdigung des Sachverhalts angenommen hat, L. habe aus Furcht vor der beim Ruchbarwerden seiner Tat möglichen Bestrafung gehandelt.

Ist hiernach L. bei dem Erlaß der Schuld gleichfalls ein Verstoß gegen die guten Sitten zur Last gefallen, so ist die Rückforderung nach § 817 Satz 2 B.G.B. ausgeschlossen. Deswegen war das angefochtene Urteil aufzuheben, und in der Sache selbst das die Klage bedingt abweisende Urteil der ersten Instanz wiederherzustellen." ...

---

53. Können Urteile, Kritiken unter den Begriff der Behauptungen tatsächlicher Art des § 6 des Gesetzes zur Bekämpfung des unlauteren Wettbewerbes vom 27. Mai 1896 fallen?

II. Zivilsenat. Urt. v. 31. Mai 1904 i. S. R. (Kl.) w. R. Bl. & Verz.-A.-G. (Bekl.). Rep. II. 457/03.

I. Landgericht Düsseldorf.
II. Oberlandesgericht Köln.

Der Kläger vertrieb ein ihm durch deutsches Reichspatent geschütztes aufstellbares Dachfenster, zu dessen Öffnen und Schließen er das Prinzip der sog. Nürnberger Schere verwendete. Die Beklagte stellte ebenfalls aufstellbare Dachfenster her und brachte sie unter dem Namen „Ideal" in Verkehr; bei ihnen ward das Öffnen und Schließen, anstatt durch die Nürnberger Schere, durch einen Hebelmechanismus bewirkt. Die Beklagte veröffentlichte in Prospekten und Fachschriften Abhandlungen über ihre Dachfenster, worin es u. a. hieß:

„Der durch doppelte Übersetzung wirkende Hebelmechanismus, vermittelst welches man die Fenster öffnet und schließt, ist bedeutend einfacher und stabiler konstruiert, wie bei der bisher im Gebrauch befindlichen Nürnberger Schere. Einerseits sind dadurch die langen Schlitze vermieden, welche dem Verrosten und Verschmutzen ausgesetzt sind und dadurch einen großen Reibungswiderstand verursachen, der sich so weit steigern kann, daß das Fenster überhaupt nicht zu öffnen ist; andererseits gewähren die Schlitze keinen festen Stützpunkt für die Rahmen, so daß letztere wackelig sind. Bei unserem Hebelmechanismus fallen alle diese Übelstände fort; jeder Rahmen ist mit demselben an den Ecken mit vier festen Stützpunkten verbunden; dadurch wird dem Rahmen in jeder beliebigen Stellung unbedingte Stabilität gegen jedwede Witterungseinflüsse verliehen...."

Hierin erblickte der Kläger eine unwahre, seinen Geschäftsbetrieb schädigende Herabsetzung seiner Dachfenster im Sinne des § 6 des Wettbewerbsgesetzes und erhob Klage mit dem Antrage:

Die Beklagte zu verurteilen, zu unterlassen, in Inseraten, Prospekten und sonstigen Bekanntmachungen zu behaupten, die bei den mit der Nürnberger Schere versehenen Dachfenstern zur Anwendung kommenden langen Schlitze seien einem schnellen Verrosten und Verschmutzen ausgesetzt und verursachten dadurch beim Öffnen und Schließen des Fensters vielfach solchen Reibungswiderstand, daß das Fenster nicht zu bewegen sei; die Schlitze seien kein fester Stützpunkt für das Fenster, so daß es leichter wackelig werde, als das der Beklagten; letzteres sei in jeder Beziehung leichter und stabiler konstruiert als jenes.

Die Klage wurde, dem Antrage der Beklagten entsprechend, vom Landgericht abgewiesen, und die Berufung hiergegen zurückgewiesen.

Auf die Revision des Klägers wurde das Berufungsurteil aufgehoben, und die Sache an das Berufungsgericht zurückverwiesen, aus folgenden

Gründen:

„Die aus § 6 Abs. 1 des Wettbewerbgesetzes angestellte Klage hat das Oberlandesgericht deshalb als unbegründet erachtet, weil die Behauptungen in den Mitteilungen der Beklagten, durch welche der Kläger nach Maßgabe seines Klagantrages sich beeinträchtigt fühlt, nicht tatsächlicher Art im Sinne dieses Gesetzes seien. In dieser Hinsicht ist in den Urteilsgründen gesagt, die streitigen Behauptungen seien nur als Schlußfolgerungen anzusehen, welche die Beklagte, worüber sie auch keinen Zweifel lasse, lediglich aus den in richtiger Weise angegebenen tatsächlichen Konstruktionen der beiderseitigen Dachfenster hergeleitet habe; sie enthielten technische Erörterungen über die Nachteile des klägerischen Systems, dem die Beklagte die Vorzüge ihres Systems gegenüberstelle; bei neuen Konstruktionen lasse sich nicht immer im voraus mit Bestimmtheit ermessen, wie sie sich im Gebrauche bewährten; insofern enthielten technische Erörterungen über neue Systeme, die durch den Gebrauch noch nicht erprobt seien, regelmäßig auf seiten des Urteilenden eine subjektive Auffassung, die ausschließe, eine Behauptung tatsächlicher Art im Sinne des Gesetzes anzunehmen. Mit Recht greift der Kläger diese Begründung als gesetzverletzend an. Richtig ist, daß das Gesetz grundsätzlich nicht die Kritik fremder Leistungen &c im Erwerbsleben verbietet; rein subjektive Urteile ohne nähere tatsächliche Begründung fallen nicht unter die Behauptungen tatsächlicher Art des bezogenen § 6. Allein wie der erkennende Senat bereits öfters ausgesprochen hat (Rep. II. 78/00, 208/00, 157/01, 516/02, 223/03), kann auch die Aufstellung einer Ansicht, eines subjektiven Urteils eine Behauptung tatsächlicher Art enthalten, wenn nämlich darin bezüglich des Erwerbsgeschäfts eines anderen, der Person des Inhabers des Geschäfts oder der Waren oder gewerblichen Leistungen eines anderen zugleich etwas als geschehen oder vorhanden, also in einer Weise gesagt wird, daß die Richtigkeit oder Unrichtigkeit des zur Rechtfertigung des Urteils Behaupteten objektiv festgestellt werden kann. Dies ergibt der weitgehende Ausdruck: Behauptungen tatsächlicher Art, in Verbindung mit der ferneren Vorschrift des Gesetzes, daß, wenn die Behauptungen erweislich wahr sind, § 6 Abs. 1 keine Anwendung findet. Das

Gesetz unterscheidet nicht, ob die Behauptung direkt, oder erkennbar als Schlußfolgerung aus anderweit vorhandenen Tatsachen geschehen ist; eine solche Unterscheidung würde nur dazu beitragen, Umgehungen des Gesetzes zu erleichtern. Ebenso enthält es keine Ausnahme zugunsten solcher Behauptungen, die auf neuen, durch Gebrauch und Erfahrung noch nicht erprobten Unterlagen beruhen; gerade in solchen Fällen ist die üble Nachrede besonders geeignet, den Geschäftsbetrieb des Erwerbsgenossen zu schädigen; ein derartiger Umstand kann vielleicht für die Frage, ob ein Handeln wider besseres Wissen (§ 7 des Wettbewerbsgesetzes) vorliegt, von Bedeutung sein, scheidet aber bei Anwendung des § 6, der in subjektiver Beziehung nur ein Handeln zu Zwecken des Wettbewerbes erfordert, aus. Es liegt daher eine Verletzung dieser Gesetzesvorschrift vor, wenn das Oberlandesgericht, wie geschehen, das entscheidende Gewicht darauf gelegt hat, daß es sich bei den fraglichen Mitteilungen um technische Erörterungen über neue Dachfensterkonstruktionen, um Schlußfolgerungen aus tatsächlich richtigen Angaben handele, ohne weiter zu untersuchen, ob nicht darin die vom Kläger gerügten Angaben als tatsächlicher Art in dem oben angegebenen Sinne enthalten sind." ...

---

54. Ist eine Police, mittels deren eine Versicherung gegen Unfälle und Krankheiten genommen wird, stempelpflichtig, und nach welchem Satze?

Preuß. Stempelsteuergesetz vom 31. Juli 1895 § 10. Tarifst. 70.

VII. Zivilsenat. Urt. v. 31. Mai 1904 i. S. Deutscher Anker (Kl.) w. preuß. Fiskus (Bekl.). Rep. VII. 6/04.

I. Landgericht I Berlin.
II. Kammergericht daselbst.

Die Stempelpflicht dreier als Policen bezeichneter, von der Klägerin ausgefertigter Urkunden stand in Frage: 1. der Police Nr. 00039, 2. der Police Nr. 138, 3. der Police Nr. 2011. Davon interessieren hier nur die ersten beiden Policen.

1. Durch die Police Nr. 00039 vom 13. Oktober 1898 versicherte die Klägerin den Dr. B. zu M. für den Fall dauernder Arbeits- und Erwerbsunfähigkeit mit einer bis zum 30. September 1923 laufenden Jahresrente von 10000 *M*. Der Beginn der Versicherung war auf den 1. Oktober 1898, das Ende auf den 30. September 1923 festgesetzt. Die Jahresprämie betrug 580 *M* und war am 1. Oktober jedes Jahres bis zum Ablauf desjenigen Versicherungsjahres, in welchem der Versicherte sterben oder invalid werden würde, letztmals jedoch am 1. Oktober 1922, zu entrichten. Nach den der Police aufgedruckten Allgemeinen Versicherungsbedingungen sollte die Rente die Entschädigung für den Fall bilden, daß der Versicherte durch Krankheit oder Körperverletzung einen voraussichtlich dauernden, d. h. mindestens ein Jahr währenden, gänzlichen oder teilweisen Verlust seiner Arbeits- und Erwerbsfähigkeit erlitte. Die Rente war bei Verminderung der Arbeits- und Erwerbsfähigkeit nur zu einem entsprechenden Teile zu zahlen. Der Fiskus erachtete die Police nach Tarifst. 70a Abs. 2 zum preußischen Stempelsteuergesetz vom 31. Juli 1895 als Rentenversicherung, unter Zugrundelegung des zehnfachen Betrages der Rente, für stempelpflichtig zum Betrage von 50 *M*. Die Klägerin meinte, daß die Stempelpflicht überhaupt ausgeschlossen, jedenfalls aber nach Tarifst. 70b (Unfall- und Haftpflichtversicherungen) zu bemessen sei.

2. Nach der Police Nr. 138 vom 23. Februar 1900 versicherte die Klägerin den Kaufmann St. zu H. für den Fall durch Krankheit oder Unfall verursachter Erwerbsunfähigkeit mit einer längstens bis zum Ablaufe der 52. Woche nach Eintritt der Erwerbsunfähigkeit laufenden täglichen Entschädigung von 6 *M*. Die Dauer der Versicherung umfaßte den Zeitraum vom 26. Februar 1900 bis dahin 1910. Die Jahresprämie betrug zuzüglich des bedingungsgemäßen Aufschlags für Ratenzahlungen 55,10 *M*. In den Versicherungsbedingungen wurde als Gegenstand der Versicherung die Entschädigung für den Fall der Einbuße der Arbeits- und Erwerbsfähigkeit durch Krankheit oder Körperverletzung bezeichnet. Der Fiskus erhob von der Police nach Tarifst. 70b einen Stempel von 2,80 *M*, während nach Ansicht der Klägerin kein Stempel oder nur ein solcher ohne Rücksicht auf die Ratenzahlungen zu entrichten wäre.

Die Klägerin forderte vom Beklagten die nach ihrer Meinung

zu Unrecht gezahlten Beträge nebst Zinsen zurück, wurde aber mit der Klage von den Vorinstanzen abgewiesen. Auch ihre Revision ist zurückgewiesen aus folgenden

Gründen:

„1. Die durch die Police Nr. 00039 beurkundete Versicherung betrifft a) die infolge von Krankheit eintretende gänzliche oder teilweise Arbeits- und Erwerbsunfähigkeit, b) den durch Körperverletzung herbeigeführten gänzlichen oder teilweisen Verlust der Arbeits- und Erwerbsfähigkeit. Für beide Fälle ist dem Versicherungsnehmer eine Jahresrente für eine bestimmte Zeitdauer versprochen. Die Prämie ist einheitlich berechnet; sie beträgt 580 *M* jährlich. Die Versicherung läuft vom 1. Oktober 1898 bis zum 30. September 1923. Es handelt sich also um eine Versicherung über mehrere, verschiedenen Steuersätzen unterliegende Gegenstände, einmal um eine Versicherung gegen die Nachteile, die durch Krankheiten, mithin durch regelwidrige, nicht auf zeitlich bestimmte äußere Geschehnisse zurückzuführende Zustände des menschlichen Körpers, erwachsen, sodann aber auch um die wirtschaftlichen Schädigungen, die sich durch Unfälle, Verletzungen des Körpers infolge eines gewissen von außen her die körperliche Integrität beeinträchtigenden Vorkommnisses, entwickeln. In der Police findet sich zwar der Ausdruck „Unfall" nicht; daß aber unter den Körperverletzungen, welche den Gegenstand der Versicherung bilden, Unfälle zu verstehen sind, ergibt der Gegensatz, in welchen sie zu den Krankheiten gebracht sind. Während die Versicherung gegen Krankheitsfolgen als Rentenversicherung im Sinne der Tarifst. 70a zum preußischen Stempelsteuergesetz zu versteuern sein würde, ist die Unfallversicherung der Tarifst. 70b unterworfen. Der Stempel wird im ersten Falle nach dem Kaufpreise, also nach dem für die Rente vereinbarten Entgelt, und in Ermangelung eines solchen nach dem zehnfachen Betrage der Rente, im zweiten Falle nach dem Gesamtbetrage der verabredeten Jahresprämien, mithin gleichfalls nach dem Entgelt, berechnet. Aus der Zusammenfassung zweier Versicherungsarten in eine Police folgt nicht deren Stempelfreiheit, sondern es findet der § 10 Abs. 1 des Stempelsteuergesetzes Anwendung. Das Entgelt für die Krankheitsrente und für die Unfallrente ist ungetrennt in einer Summe verabredet: die Jahresprämie beläuft sich im ganzen auf 580 *M*. Für die Berechnung des Stempels kommt sonach der höchste Steuersatz zur

Anwendung. Dieser ist im vorliegenden Falle der Satz der Tarifst. 70 b, der $^1/_2$ v. H. des Gesamtbetrages der verabredeten Prämien beträgt, sich daher auf $^1/_2$ v. H. von 14500 ℳ (dem 25 fachen Betrage der Jahresprämie), d. i. auf 72,50 ℳ, stellt. Da der Fiskus nur einen Stempel von 50 ℳ für die Police Nr. 00039 fordert, bewendet es bei dieser Summe, und es kann unerörtert bleiben, ob, wenn es sich lediglich um eine Krankenversicherung handelte, die Steuer, statt vom zehnfachen Betrage der Rente, von dem Gesamtbetrage der Prämien zu berechnen wäre, was eine erhebliche Verminderung der Steuer, die im Falle der Tarifst. 70 a nur $^1/_{20}$ v. H. ausmacht, bedeuten würde. Im Ergebnis ist danach dem Berufungsrichter, der die Tarifst. 70 a unter Zugrundelegung des zehnfachen Betrages der Rente anwendet, beizutreten. Es ist der Klägerin günstiger, als die von ihr verfochtene Anwendung der Tarifst. 70 b. Von der Stempelfreiheit der Police kann nach vorstehendem keine Rede sein. Darauf, daß im Tarife der Invalidenversicherung, d. i. der gegen Unfälle und Krankheiten genommenen Versicherung, nicht ausdrücklich gedacht ist, kommt es nicht an.

2. Der gleichen Beurteilung unterliegt die Police Nr. 138. Auch in ihr wird die Versicherung gegen Krankheit und Unfall (hier findet sich der Ausdruck „Unfall") beurkundet. Die Versicherung ist auf 10 Jahre geschlossen. Die Entschädigung wird aber nur auf die Dauer eines Jahres mit 6 ℳ täglich gewährt. Die Jahresprämie beläuft sich ... auf 55,10 ℳ; Unfall- und Krankenversicherung sind nicht geschieden. Stünde nur die letztere in Frage, so wäre die Police nach Abs. 4 der Tarifst. 70 a stempelfrei. Sie ist aber nach § 10 Abs. 1 des Stempelsteuergesetzes als Unfallversicherungspolice zu versteuern; für die Anwendung der Befreiungsvorschrift ist kein Raum, weil die Prämie einheitlich berechnet ist, und bei der Unfallversicherung Steuerfreiheit nur dann eintritt, wenn die Jahresprämie den Betrag von 40 ℳ nicht übersteigt (Abs. 2 der Tarifst. 70 b)." ... (Die weiteren Gründe interessieren nicht; es wird insbesondere ausgeführt, daß der Stempel nach einer Prämie von 55,10 ℳ zu berechnen sei.)

55. 1. Inwieweit ist bei Anwendung des § 826 B.G.B. zu unterscheiden zwischen kraft der allgemeinen Freiheit erlaubten Handlungen und Handlungen, die in Ausübung eines besonderen Rechtes vorgenommen werden?
2. Verhältnis des § 826 zu § 226 B.G.B. (Schikane).
3. Vorsätzlichkeit der Schadenszufügung im Sinne des § 826.

V. Zivilsenat. Urt. v. 1. Juni 1904 i. S. Sch. (Kl.) w. K. (Bekl.). Rep. V. 539/03.

I. Landgericht Verden.
II. Oberlandesgericht Celle.

Im April 1899 übereignete der Kläger sein Grundstück in L., auf welchem Gastwirtschaft betrieben wurde, an die Ehefrau H. Der Kaufpreis betrug 25000 *M*. Auf diesen wurde eine auf dem Grundstück für die Herforder Brauerei eingetragene Hypothek von 8000 *M* angerechnet; 10000 *M*, zu 4 Prozent verzinslich, ließ die Käuferin sogleich bei der Auflassung, und nachträglich noch 7000 *M* auf dem verkauften Grundstück für den Kläger eintragen.

Hiernächst wurde auf dem Grundstück durch den Beklagten ein Tanzsaalbau errichtet, woraus dem Beklagten eine Forderung von angeblich 17000 *M* erwuchs.

In Anlaß dieses Baues bewog der Beklagte den Kläger, ihm die Hypothek von 10000 *M* abzutreten gegen eine Barzahlung von 2000 *M* und das Versprechen, die Eintragung einer neuen, zu 5 Prozent verzinslichen Hypothek von 8000 *M* für den Kläger auf dem Grundstück zu erwirken. Die Abtretung geschah am 21. Mai 1900. Außerdem übernahm der Beklagte die Bürgschaft in Höhe von 1000 *M*, die die H.'schen Eheleute dem Kläger schuldeten. Diese Schuld hat der Beklagte bezahlt; auch die versprochene Hypothek von 8000 *M* ist für den Kläger eingetragen worden. Am 16. Februar 1901 wurde vom Beklagten wegen rückständiger Zinsen der ihm abgetretenen Hypothek die Zwangsversteigerung des Grundstücks beantragt. In dieser erstand der Beklagte das Grundstück für das Meistgebot von 9100 *M*. Kläger hatte 20000 *M* geboten; sein Gebot aber war, da er die von seiten des Beklagten verlangte Sicherheit nicht leisten konnte, nach Ablehnung des von ihm gestellten Vertagungsantrags zurückgewiesen worden.

Kläger hielt den Beklagten für verpflichtet, ihm den infolge der Abtretung der Hypothek von 10000 ℳ und durch das Ergebnis der Subhastation entstandenen Schaden in Höhe von 8000 ℳ zu ersetzen, und erhob Klage mit dem Antrage, den Beklagten zur Zahlung dieser Summe zu verurteilen.

Der erste Richter nahm an, daß in der Verhinderung des Klägers am Mitbieten in der Subhastation unter den obwaltenden Umständen ein den Beklagten zum Schadensersatz nach § 826 B.G.B. verpflichtendes Handeln gegen die guten Sitten zu finden sei, sofern es wahr sei, daß, wie Kläger behauptete, ihm Beklagter, bevor er die Abtretungsurkunde vom 21. Mai 1900 ausstellte, erklärt habe, er — Kläger — habe in Zukunft nichts mehr mit der Frau H. zu tun, sondern er — Beklagter — werde dafür aufkommen, daß die Zinsen pünktlich bezahlt werden. Für den Fall, daß Kläger den ihm über diese Behauptung auferlegten richterlichen Eid leiste, sollte der Beklagte nach dem Klagantrage verurteilt werden.

Dagegen erkannte das Berufungsgericht auf Abweisung der Klage.

Die Revision des Klägers ist zurückgewiesen worden aus folgenden

Gründen:

... „Nach § 826 ist, wer in einer gegen die guten Sitten verstoßenden Weise einem anderen vorsätzlich Schaden zufügt, dem anderen zum Ersatze des Schadens verpflichtet. Hervorgegangen ist diese Vorschrift aus § 705 des I. Entwurfs, welcher unter den allgemeinen Vorschriften über die Schuldverhältnisse aus unerlaubten Handlungen bestimmte: „Als widerrechtlich gilt auch die kraft der allgemeinen Freiheit an sich erlaubte Handlung, wenn sie einem anderen zum Schaden gereicht, und ihre Vornahme gegen die guten Sitten verstößt."

Wollte sonach der erste Entwurf Schutz nur gegen solche illoyalen Handlungen gewähren, die nicht in Ausübung eines besonderen Rechtes, sondern nur vermöge der allgemeinen Freiheit vorgenommen werden, so ist diese Beschränkung bei der endgültigen Gestaltung des Gesetzbuchs weggefallen, und zwar infolge einstimmig gefaßten Beschlusses der 2. Kommission, der dahin motiviert wurde, „daß es nicht gebilligt werden kann, wenn jemand selbst in der Ausübung eines formalen

Rechts einem anderen vorsätzlich in einer gegen die guten Sitten verstoßenden Weise Schaden zufügt".

Trotz dieser Gleichstellung hat man (Planck, Bem. 2c zu § 826, vgl. dagegen Oertmann, Bem. 3 zu § 826) für die Anwendung des § 826 grundsätzlich unterscheiden wollen, ob die schädigende Handlung in Ausübung eines besonderen Rechts vorgenommen wird, oder nicht. In letzterem Fall, wenn es also nur um eine kraft der allgemeinen Freiheit an sich erlaubte Handlung (§ 705 des 1. Entwurfs) sich handelt, soll es genügen, wenn festgestellt wird, „daß die Handlung gegen die guten Sitten verstößt", während bei einer Handlung, welche in Ausübung eines Rechts vorgenommen wird, es erforderlich sei, festzustellen, „daß sie nur den Zweck gehabt haben kann, dem anderen Schaden zuzufügen". Insoweit ist, wie Planck meint, der § 826 mit Rücksicht auf den § 226 einschränkend zu interpretieren. Weder die Fassung noch die Entstehungsgeschichte des § 826 bietet einen Anhalt zu dieser einschränkenden Auslegung. Dieselbe würde auch dem § 826, soweit es sich um eine in Ausübung eines formalen Rechts verübte Schädigung handelt, jede praktische Bedeutung nehmen. Denn nach § 226 ist die Ausübung eines Rechts unzulässig, also widerrechtlich, wenn sie nur den Zweck haben kann, einem anderen Schaden zuzufügen (Schikane). Hier greift also schon der § 823 Platz, und es bedarf nicht der Heranziehung des Gesichtspunktes der guten Sitten, um den Handelnden zum Ersatz des zugefügten Schadens zu verpflichten. Auch die bisherige Rechtsprechung des Reichsgerichts,

vgl. Entsch. des R.G.'s in Zivils. Bd. 48 S. 124, Bd. 51 S. 383 flg., Bd. 55 S. 372, Bd. 56 S. 277 flg.,

macht die Anwendung des § 826 auf eine in Ausübung eines Rechts vorgenommene Schädigung nicht von Feststellung einer besonderen schikanösen Absicht im Sinne des § 226 abhängig. Die Schadenszufügung selbst muß aber eine vorsätzliche sein, d. h. der Wille des Handelnden muß auf dieselbe gerichtet sein. Dazu genügt aber, daß der Handelnde bei Vornahme der Handlung das Bewußtsein des schädlichen Erfolges hat. Der Feststellung einer intensiveren Willensrichtung des Handelnden, insbesondere daß die Schädigung des anderen der Endzweck des Handelnden sei, bedarf es nicht. Ob eine bestimmte Handlung einen Verstoß gegen die guten Sitten enthält, ist eine Rechtsfrage, die allerdings nach den Umständen des einzelnen Falles zu beantworten ist. Bei dieser Beantwortung wird nicht unbeachtet bleiben dürfen, ob die schädigende Handlung nur vermöge der allgemeinen Freiheit, oder in Ausübung eines Rechts vorgenommen wnrde. Denn an sich besteht keine allgemeine sittliche Verpflichtung, die Ausübung eines Rechtes zu unterlassen, wenn dieselbe einem anderen zum Schaden gereicht, und damit das eigene berechtigte Interesse dem Interesse des anderen nachzusetzen. Es müssen eben besondere Umstände vorliegen, um in einem solchen Falle einen Verstoß gegen die guten Sitten annehmen zu dürfen. Dabei kann nicht entscheidend sein, wie — im gegebenen Falle — ein Mann von „vornehmer“ Denkart und verfeinertem Anstandsgefühl gehandelt oder nicht gehandelt haben würde, wie denn andererseits auch eine in gewissen Kreisen etwa herrschend gewordene laxe Anschauung und Gepflogenheit dem Handelnden nicht zur Entschuldigung dienen kann.

Vgl. Entsch. des R.G.'s in Zivils. Bd. 55 S. 372.

Es ist vielmehr bei Prüfung der Frage, ob eine gewisse Handlungsweise gegen die guten Sitten verstößt, ein allgemeiner, gewissermaßen durchschnittlicher Maßstab anzulegen.

Wendet man die vorstehenden Grundsätze auf den vorliegenden Fall an und prüft danach die Begründung des angefochtenen Urteils, so kann es, um die Anwendung des § 826 auszuschließen, nicht genügen, daß, wie der Berufungsrichter annimmt, das Verlangen der Sicherheitsstellung im Bietungstermin sich nicht als „Schikane“ darstellt. Versteht man hierunter — der Berufungsrichter hat sich darüber nicht näher ausgesprochen — eine Rechtsausübung, wie § 226 sie verbietet, so würde mit deren Verneinung nach obigen Darlegungen doch nicht ausgeschlossen sein, daß die Handlungsweise des Beklagten wider die guten Sitten verstößt. Der Berufungsrichter nimmt aber ferner für erwiesen an, daß die Vermögensverhältnisse des Klägers keine günstigen waren, und erachtet jedenfalls für nicht widerlegt, daß der Beklagte sie für bedenklich halten konnte und für bedenklich gehalten hat; er sieht danach das Verlangen der Sicherheitsstellung als durch die Wahrung der eigenen Interessen des Beklagten gerechtfertigt an. Als unbedenklich ergibt sich aus diesen Feststellungen und Schlußfolgerungen so viel, daß der Beklagte in Ausübung eines ihm nach § 67 des Zwangsversteigerungsgesetzes als betreibendem und zugleich als Hypotheken-Gläubiger zustehenden Rechtes die Sicherheitsstellung vom

Kläger verlangt und dabei in Wahrung seiner Interessen gehandelt hat. Es müßten daher, wie oben dargelegt, besondere Umstände vorliegen, um seine Handlungsweise als Verstoß gegen die guten Sitten zu kennzeichnen. In dieser Beziehung kann nicht ins Gewicht fallen, daß das Ergebnis der Zwangsversteigerung bei dem Mangel anderer kautionsfähiger Bieter für den Kläger den Verlust der für ihn eingetragenen Hypotheken, für den Beklagten aber über das durch § 67 a. a. O. geschützte Interesse weit hinausgehende Vorteile zur Folge hatte. Es kann sich daher nur noch fragen, ob die Zusicherungen, die der Beklagte bei Abtretung der Hypothek von 10000 *M* dem Kläger gemacht haben soll, den Beklagten nach den allgemeinen Anschauungen über Anstand und Redlichkeit verhindern mußten, von seinem Rechte aus § 67 des Zwangsversteigerungsgesetzes Gebrauch zu machen und den Kläger, den er für unfähig, sein Gebot zu realisieren, halten durfte und gehalten hat, vom Mitbieten auszuschließen. Aber diese Frage ist zu verneinen. Hat der Beklagte, wie durch den dem Kläger in erster Instanz auferlegten Eid festgestellt werden sollte, dem Kläger zugesagt, er habe (wegen der für ihn einzutragenden Hypothek von 8000 *M*) nichts mehr mit der Schuldnerin zu tun, sondern er, Beklagter, werde dafür aufkommen, daß die Zinsen pünktlich bezahlt werden, und hätte sich, wie in zweiter Instanz behauptet ist, diese Zusicherung auch auf das Kapital erstreckt, so würde hierin doch nur eine wegen Formmangels n i c h t i g e Bürgschaftsübernahme (§ 766. 125 B.G.B.) zu finden sein, durch die sich der Beklagte in seiner Handlungsweise nicht bestimmen zu lassen brauchte. Wo das Gesetz die Gültigkeit einer Willenserklärung an eine bestimmte Form knüpft, kann die Nichterfüllung oder Nichtbeachtung derselben nicht als eine Verletzung von Treu und Glauben oder als ein Verstoß gegen die guten Sitten angesehen werden, mag immerhin ein Mann von vornehmer Gesinnung Bedenken tragen, von dem Einwand des Formmangels Gebrauch zu machen.

War aber der Beklagte durch seine angebliche Äußerung nicht gebunden, und durfte er, wie festgestellt ist, die Vermögensverhältnisse des Klägers für bedenklich halten, so kann auch nicht angenommen werden, daß er bei dem Verlangen der Sicherheit gemäß § 67 des Zwangsversteigerungsgesetzes gegen die guten Sitten verstoßen habe, und es kann dahingestellt bleiben, ob er sich bei dem Verlangen der Sicherheitsleistung der Schädigung des Klägers bewußt gewesen ist."

---

56. 1. Inwieweit unterliegt die Frage, ob ein Handeln gegen die guten Sitten verstößt, der Nachprüfung in der Revisionsinstanz? 2. Zur Auslegung und Anwendung des § 826 B.G.B.

V. Zivilsenat. Urt. v. 1. Juni 1904 i. S. Z. (Kl.) w. R. (Bekl.). Rep. V. 542/03.

I. Landgericht Nordhausen.
II. Oberlandesgericht Naumburg a. S.

Der Kläger klagte eine durch Zession auf ihn übergegangene, auf einem Mühlengrundstücke des Beklagten in Nordhausen haftende Hypothek von 23000 *M* gegen den Beklagten ein. Nachdem der dingliche Anspruch sich durch die im Laufe des Prozesses erfolgte Zwangsversteigerung des Grundstücks und den dabei eingetretenen Ausfall der Hypothek erledigt hatte, machte Beklagter gegenüber dem allein noch streitigen persönlichen Anspruch in zweiter Instanz aufrechnungsweise eine Gegenforderung geltend, die er auf die Behauptung stützte, daß Kläger ihn durch arglistiges Verhalten um sein ganzes Vermögen mit Einschluß des zwangsweise versteigerten Grundstücks gebracht habe. Durch rechtskräftig gewordenes Urteil zweiter Instanz wurde unter Vorbehalt der Geltendmachung dieser Aufrechnungseinrede Beklagter zur Zahlung der 23000 *M* verurteilt. Demnächst erging jedoch im Nachverfahren ein anderweites Urteil des Berufungsgerichts, durch das auf Grund der Feststellung, daß die Gegenforderung begründet sei, das Vorbehaltsurteil aufgehoben, und die Klage abgewiesen wurde. Die gegen dieses Urteil eingelegte Revision des Klägers ist zurückgewiesen worden aus folgenden

Gründen:

„Der Berufungsrichter erachtet den Schadensersatzanspruch des Beklagten in rechtlicher Hinsicht nach § 826 B.G.B. für begründet." (Es folgt eine Bemerkung über die Anwendbarkeit des neuen Rechts. Sodann wird fortgefahren:) „In der Sache selbst führt der Berufungsrichter unter Bezugnahme auf die Entstehungsgeschichte des § 826 B.G.B. aus, die Geltung dieser Vorschrift sei nicht auf die Fälle beschränkt, in denen jemand kraft allgemeiner Willensfreiheit eine wider die guten Sitten verstoßende Handlung begehe, sondern greife auch dann Platz, wenn die Handlungen an sich zwar lediglich Ausübung eines dem Handelnden zustehenden Rechtes sei, die Art der

Rechtsausübung aber, sofern sie mit dem Bewußtsein erfolge, daß dadurch ein anderer geschädigt werde, sich als ein Verstoß wider die guten Sitten darstelle. Hiermit, sowie mit der weiteren dem Urteil erkennbar zugrunde liegenden Annahme, daß nicht jedes nach geläuterter sittlicher Anschauung minder anständige Handeln als solches zugleich auch einen Verstoß wider die guten Sitten enthält, der letztere Begriff vielmehr eine engere, auf die Fälle der Betätigung von Gesinnungsgemeinheit beschränkte Bedeutung hat, befindet sich der Berufungsrichter im Einklange mit den Rechtsgrundsätzen, die der erkennende Senat in dem am heutigen Tage in Sachen Sch. w. K., Rep. V. 539/03[1], ergangenen, ebenfalls zum Abdruck in dieser Sammlung bestimmten Urteil ausgesprochen hat. Es kann sich daher nur fragen, ob für den gegenwärtigen Fall der Berufungsrichter das Vorliegen eines Verstoßes wider die guten Sitten mit Recht angenommen hat. Die Nachprüfung dieser Frage in der Revisionsinstanz ist durch § 561 Z.P.O. nur insofern eingeschränkt, als diejenigen festgestellten Tatsachen, in denen der Berufungsrichter die konkrete Betätigung des verwerflichen Handelns des Klägers gefunden hat, auch für das Revisionsgericht als feststehend gelten müssen. Dagegen ist die andere Frage, ob diese Tatsachen die Begriffsmerkmale eines Verstoßes wider die guten Sitten erfüllen, keine Frage der Tatsachenwürdigung, sondern eine Rechtsfrage; die Sachlage unterliegt daher insoweit der freien Beurteilung des Revisionsgerichts.

Nach der Feststellung des Berufungsrichters ist der Kläger, der Mitinhaber der Firma St. & Co. in Nordhausen ist, alsbald nach dem Erwerb der in Rede stehenden Hypothek unter Beihilfe des Kaufmanns St., seines Gesellschafters, sowie des Brennereibesitzers K. und des Agenten B. planmäßig darauf ausgegangen, das belastete Mühlengrundstück durch Anwendung unlauterer Manipulationen billig der bezeichneten Firma zu beschaffen. Die ersten von ihm zu diesem Zweck unternommenen Schritte bestanden darin, daß er seinen Mitgesellschafter St., der als mehrjähriger Pächter des Mühlengrundstücks eine Pachtkaution von 2500 *M* erlegt hatte, zur Einstellung der Pachtzinszahlungen und zur Pfändung der letzteren auf Grund eines behufs Sicherung des Kautionsrückgabeanspruchs erwirkten Arrestbefehls ver-

[1] Vgl. oben S. 214. D. R.

anlaßte und ferner im Verein mit B. durch ungünstige Mitteilungen über die Vermögensverhältnisse des Beklagten das in dieselbe Zeit fallende Arrestvorgehen zweier anderer Gläubiger des Beklagten unterstützte. Nachdem es diesem gelungen war, den Pachtzinsarrest als ungerechtfertigt zur Aufhebung zu bringen und von den beiden anderen Gläubigern den einen zu befriedigen, den zweiten zur Stundung gegen hypothekarische Sicherstellung zu bewegen, und nachdem auch ein weiteres Vorgehen des Klägers, der die sichergestellte Forderung sich abtreten ließ und gegen den Beklagten sofort einklagte, daran gescheitert war, daß Beklagter ihn noch rechtzeitig zu befriedigen vermocht hatte, wollte der letztere, der noch immer anderweite Deckungsmittel für seine übrigen Verbindlichkeiten besaß, das zur vollständigen Schuldentilgung fehlende sich durch den zum Preise von 18000 *M* an K. bewirkten Verkauf eines Teiles seines Baustellenbesitzes verschaffen. Die Realisierung des Kaufgeschäfts hing davon ab, daß die verkaufte Parzelle aus der Pfandhaft für die darauf haftenden Hypotheken — 18000 *M*, 8250 *M* und 9000 *M* Sparkapitalien, 9750 *M* Mündelkapital und 23000 *M* Hypothek des Klägers — entlassen wurde. Obwohl bezüglich der letzteren Hypothek Kläger nach den ihr zugrunde liegenden Vertragsbestimmungen zur Pfandentlassung verpflichtet war, sofern Beklagter, was er in der Tat beabsichtigte, zwei Drittel des Kaufpreises zur Abstoßung vorgehender Hypotheken verwendete, verstand Kläger es dennoch, die pfandfreie Abschreibung der Parzelle dadurch zu hintertreiben, daß er sich von K., der die drei erststelligen Sparkassenhypotheken durch Zession erworben hatte, die mittlere Hypothek von 8250 *M* abtreten ließ und nunmehr als Gläubiger dieser Hypothek und der Hypothek von 23000 *M* die Pfandentlassung verweigerte, während K. dieselbe Weigerung sowohl in bezug auf die beiden anderen Sparkassenhypotheken wie in bezug auf die Mündelhypothek erklärte, an der er als Gegenvormund des Mündels beteiligt war, und für die der Vormund und das Vormundschaftsgericht die Pfandentlassung bereits genehmigt hatten. Den gleichen, durch Machenschaften des Komplizen B. veranlaßten Mißerfolg hatte ein weiterer Versuch des Beklagten, eine andere, an einen gewissen W. verkaufte Parzelle diesem pfandfrei aufzulassen. Nunmehr ging Kläger von neuem angriffsweise vor, indem er die mittlere Sparkassenhypothek von 8250 *M* einklagte, seinem Mitgesellschafter St. durch Ausstellung einer eidesstattlichen Versicherung bei der Ausbringung eines neuen Arrestes wegen der Pachtkaution behilflich war und einen anderen Mühlenpächter des Beklagten, der ebenfalls dem letzteren eine Kaution bestellt hatte, zu entsprechendem Vorgehen aufhetzte, während gleichzeitig K., der zunächst die dritte Sparkassenhypothek von 9000 M eingeklagt hatte, aber dafür rechtzeitig befriedigt worden war, nunmehr die völlig sichere erststellige Sparkassenhypothek von 18000 M einklagte. Endlich brachte Kläger auch noch die den Streitgegenstand des vorliegenden Prozesses bildende Hypothek von 23000 M dadurch zur vorzeitigen Fälligkeit, daß er die Annahme einer ihm rechtzeitig übersandten Zinsrate deshalb ablehnte, weil sich den Bestimmungen des Münzgesetzes zuwider unter den Geldstücken Silbermünzen im Betrage von mehr als 20 M befanden. Gegenüber diesen Maßnahmen, die dem Beklagten die Einnahmequellen verlegten und ihm weiteren Kredit abschnitten, vermochte Beklagter, nachdem vorher bereits sein übriger, in einem Landgute, einem Baustellenareal und einer zweiten Mühle bestehender Grundbesitz zur Zwangsversteigerung gekommen war, auch das Nordhäuser Mühlengrundstück nicht länger zu halten. Der Umstand, daß Kläger bei Stellung des Zwangsversteigerungsantrags insofern rechtswidrig vorging, als er ihn auf ein vollstreckbares Versäumnisurteil gründete, dessen formelle Aufhebung in einem späteren abweichenden kontradiktorischen Urteil nur versehentlich unterblieben war, hatte für den Beklagten nur vorübergehenden Erfolg, da alsbald andere Gläubiger dem Versteigerungsverfahren beitraten. Gleichwohl bestand mit Rücksicht darauf, daß ein bei der Versteigerung des übrigen Grundbesitzes des Beklagten in Höhe von 6194,97 M ausgefallener Hypothekengläubiger L. im Versteigerungstermin in der Absicht erschienen war, zur Ausgleichung seines Verlustes das Grundstück unter Herausbieten der klägerischen Hypothek von 23000 M zu erstehen, für den Beklagten die Aussicht auf Erzielung eines dem wahren Grundstückswert annähernd gleichkommenden Meistgebots. Auch diese Hoffnung vereitelte indessen der Kläger, indem er dem L. die erwähnte Ausfallsforderung für 3000 M abkaufte und ihn gleichzeitig verpflichtete, vom Mitbieten abzustehen. Infolgedessen wurde das Grundstück, das einen Wert von mindestens 74000—75000 M hatte, der Firma St. & Co. für 50000 M zugeschlagen.

Der Auffassung des Berufungsrichters, daß in der vorstehend

dargelegten Handlungsweise des Klägers eine die Anwendung des § 826 B.G.B. rechtfertigende Niedrigkeit und Gemeinheit der Gesinnung, die über ein bloß unanständiges Verhalten hinausgeht, zu erblicken ist, war unbedenklich beizutreten. Sie konnte auch nicht dadurch erschüttert werden, daß, wie die Revision auszuführen versucht hat, die einzelnen Handlungen, für sich allein betrachtet, wie insbesondere das hartherzige Vorgehen des Klägers in der Schuldbeitreibung, noch nicht den Tatbestand eines Verstoßes wider die guten Sitten erfüllen würden. Denn das zu der erwähnten Auffassung gelangende Urteil gründet sich nicht auf eine dahingehende Annahme, wonach Kläger sich einer Mehrheit selbständiger Verfehlungen gegen § 826 B.G.B. schuldig gemacht haben würde, sondern es faßt die gesamten Vorgänge als eine fortgesetzte Handlung auf, die in der Gesamtheit ihrer Einzelheiten gegen die zitierte Gesetzesvorschrift verstoße. Gegen eine solche Annahme ist vom rechtlichen Standpunkt aus nichts zu erinnern. Derselbe Gesichtspunkt führt dazu, auch den weiteren Revisionsangriffen, die sich gegen die prozessuale Grundlage einzelner tatsächlicher Feststellungen des Berufungsrichters richten, den Erfolg zu versagen. Denn selbst wenn die von diesen Rügen betroffenen Einzeltatsachen in Wegfall kämen, würde sich, wie der Vertreter des Revisionsbeklagten in der mündlichen Verhandlung zutreffend hervorgehoben hat, das Gesamtbild, auf dem die Überzeugung des Gerichts von der Verwerflichkeit der klägerischen Handlungsweise beruht, nicht ändern, mithin zu verneinen sein, daß die angefochtene Entscheidung auf jenen Verstößen beruht (§ 549 Z.P.O.)" ...

---

57. 1. Form der Verpfändung von Geschäftsanteilen an einer Gesellschaft mit beschränkter Haftung.

2. Bedarf der Vertrag, durch welchen sich jemand verpflichtet, einen Geschäftsanteil an einer Gesellschaft mit beschränkter Haftung zum Pfande zu bestellen, der gerichtlichen oder notariellen Form?

I. Zivilsenat. Urt. v. 2. Juni 1904 i. S. A. (Kl.) w. S. (Bekl.). Rep. I. 93/04.

I. Landgericht Hannover.
II. Oberlandesgericht Celle.

Aus den Gründen:

„Der Vertrag über die Verpfändung des Geschäftsanteils des Beklagten an der Firma S., R. & Co., Gesellschaft mit beschränkter Haftung, um welchen sich der Streit dreht, ist am 9. August 1901 geschlossen, und es sind deshalb für diesen Vertrag die Bestimmungen des Bürgerlichen Gesetzbuchs maßgebend, da das Reichsgesetz, betr. die Gesellschaften mit beschränkter Haftung, auch in seiner neuen Fassung Vorschriften über die Verpfändung von Geschäftsanteilen an derartigen Gesellschaften nicht enthält. Die Bestellung eines Pfandrechts an einem Geschäftsanteil bemißt sich nach § 1274 Abs. 1 B.G.B. Weil sich hiernach die Bestellung des Pfandrechts an einem Rechte nach den für die Übertragung des Rechtes geltenden Vorschriften richtet, wird gemäß § 15 Abs. 3 des Gesetzes, betr. die Gesellschaften mit beschränkter Haftung, für den Verpfändungsakt die gerichtliche oder notarielle Form erfordert. Unbestritten ist, daß weder durch den § 4 des Gesellschaftsvertrags vom 9. August 1901, noch durch die Erklärung vom 23. September 1901 der Klägerin die Sicherheit, welche ihr für ihre Einlage in die „Patent-Torfholz-Fabrik K." versprochen worden war, in der gesetzlich gebotenen gerichtlichen oder notariellen Form durch Pfandbestellung an dem Geschäftsanteil geleistet worden ist. Die Klage, welche verlangt, daß der Beklagte in Erfüllung des Vertrags vom 9. August 1901 der Klägerin ein Pfand an seinem Geschäftsanteil an der Firma S., R. & Co., Gesellschaft mit beschränkter Haftung, zur Sicherung des Anspruchs auf Rückzahlung der Vermögenseinlage bei K., der erteilten Zusage gemäß, in Höhe von 10000 ℳ in der gesetzlich gebotenen Form bestelle, erscheint demnach begründet. Der Beklagte meint sich von der Verpflichtung, die Bestellung des Pfandes in gerichtlicher oder notarieller Form zu verwirklichen, dadurch befreien zu können, daß er darauf verweist, die zuerst mündlich und dann in dem Gesellschaftsvertrag schriftlich getroffene Verpfändungsabrede sei mangels der gerichtlichen oder notariellen Form gemäß § 125 B.G.B. nichtig, und deshalb die Klage unbegründet. Allein diese Auffassung ist angesichts des auch nach der Ansicht der Beklagten hier zunächst maßgebenden § 1274 Abs. 1 B.G.B. nicht haltbar. Allerdings ist es richtig, daß nach § 15 Abs. 4 des Gesetzes, betr. die Gesellschaften mit beschränkter Haftung, der gerichtlichen oder notariellen Form auch eine Vereinbarung bedarf, durch welche die

Verpflichtung eines Gesellschafters zur Abtretung eines Geschäftsanteils begründet wird. Aber um die Abtretung eines Geschäftsanteils handelt es sich hier nicht, sondern um die Verpfändung eines solchen, und es ist unzulässig, die erwähnte Bestimmung — welche ihren Grund in der Absicht des Gesetzgebers hat, möglichst zu verhindern, daß solche Geschäftsanteile zum Gegenstand des allgemeinen Handelsverkehrs gemacht werden — sofort auch anzuwenden auf eine Übereinkunft, durch welche die Verpflichtung eines Gesellschafters zur Verpfändung eines Geschäftsanteils begründet werden soll. Eine derartige Anwendung steht mit dem Wortlaute des Gesetzes nicht im Einklang; sie verbietet sich aber auch durch den Zweck der getroffenen Bestimmung, da die Verpfändung eines Geschäftsanteils wirtschaftlich unter anderen Gesichtspunkten zu betrachten ist, als die Abtretung eines solchen. Es kommt aber ferner in Betracht, daß das Gesetz, betr. die Gesellschaften mit beschränkter Haftung, weder in der Fassung, in welcher es im Jahre 1892 ins Leben trat, noch in der Fassung vom 20. Mai 1898, in welcher es seit dem 1. Januar 1900 gilt, eine Bestimmung über die Verpfändung von Geschäftsanteilen enthält. Die Gründe, aus welchen solche Bestimmungen in das Gesetz nicht aufgenommen wurden, sind in dem Urteil des Reichsgerichts vom 2. Dezember 1902 (Entsch. des R.G.'s in Zivils. Bd. 53 S. 107 flg.) erörtert, und es genügt, hierauf, wie auf die Tatsache Bezug zu nehmen, daß nach den Begründungen des ersten und des zweiten Entwurfs (S. 62 und S. 50) Bestimmungen über die Verpfändung von Geschäftsanteilen in das Gesetz nicht aufgenommen worden sind, weil die Aufnahme solcher Vorschriften mit Rücksicht auf die vor Einführung des Bürgerlichen Gesetzbuchs landesrechtlich bestehenden Pfandrechtssysteme, sowie gewisse Bestimmungen des Konkursrechts untulich erschien. Lag es nun aber nachweisbar in der Absicht des Gesetzes, betr. die Gesellschaften mit beschränkter Haftung, über die Verpfändung der Geschäftsanteile an solchen Gesellschaften gar nichts zu bestimmen, so ist es unzulässig, den Abs. 4 des § 15 so auszulegen, als ob die dort erwähnte Vereinbarung auch ein Abkommen, welches eine Verpflichtung des Gesellschafters zur Verpfändung eines Geschäftsanteils begründen will, zugleich mit beträfe. Für eine derartige Vereinbarung kann vielmehr § 15 überhaupt nicht in Betracht kommen, weil das Gesetz, betr. die Gesellschaften mit beschränkter Haftung, über die Verpfändung von

Geschäftsanteilen, insbesondere die Zulässigkeit, die Form und die Wirkungen derselben, Bestimmungen nicht hat treffen wollen. Es ist deshalb rechtsirrtümlich, wenn das Berufungsgericht sich zur Rechtfertigung der von ihm vertretenen Rechtsanschauung auf den mehrerwähnten Abs. 4 des § 15 beruft. Auch ist es hiernach nicht zulässig, die Abtretung von Geschäftsanteilen, von welcher der Abs. 3 des § 15 spricht — wie das Berufungsgericht will — in dem Sinn von „Veräußerung" dahin aufzufassen, daß diese Abtretung die Verpfändung mit umschließt; denn die Entstehungsgeschichte der Bestimmung zeigt gerade, daß man bewußt davon Abstand nahm, über die Verpfändung von Geschäftsanteilen irgendwelche Bestimmungen zu treffen. Hiernach kann die entscheidende Norm für die Beurteilung der unter den Parteien schwebenden Streitfrage lediglich aus § 1274 Abs. 1 B.G.B. entnommen werden. Aus dieser Bestimmung ergibt sich nun zwar, daß die Bestellung eines Pfandrechts an einem Geschäftsanteil nur in gerichtlicher oder notarieller Form wirksam erfolgen kann, weil diese Form gemäß § 15 Abs. 3 des Spezialgesetzes auch für die Abtretung von Geschäftsanteilen erfordert wird. Eine Bestimmung darüber, daß auch der obligatorische Verpfändungsvertrag der gleichen Form bedürfen würde, enthält aber diese gesetzliche Bestimmung nicht. Die Revision macht mit Recht geltend, daß, weil in dieser Hinsicht eine besondere Vorschrift fehlt, nach allgemeinen Grundsätzen die Regel zur Anwendung zu kommen habe, daß ein Vertrag unter Lebenden auch ohne besondere Form rechtsgültig und wirksam sei. Bei der großen Verschiedenheit der Rechte, welche Gegenstand einer Pfandbestellung werden können, ist es auch ganz erklärlich, daß es für genügend erachtet wurde, die Regel des § 1274 Abs. 1 aufzustellen, wonach die Bestellung des Pfandrechtes selbst in den Formen zu erfolgen hat, welche für die Abtretung des betreffenden Rechts vorgeschrieben ist. Der obligatorische Verpfändungsvertrag über den Geschäftsanteil an einer Gesellschaft mit beschränkter Haftung ist daher formlos gültig. Dem Kläger steht demnach aus § 4 Ziff. 2 des privatschriftlichen Gesellschaftsvertrags die Klage, welche er erhoben hat, auf Vollziehung der Verpfändungsverpflichtung in der durch § 1274 Abs. 1 B.G.B. gebotenen gerichtlichen oder notariellen Form zu." ...

58. Ermächtigt die Vollmacht zur Führung eines Rechtsstreites über Unterhaltsgewährung zur Abgabe und Entgegennahme der Aufforderung nach § 1571 Abs. 2 B.G.B.?

IV. Zivilsenat. Urt. v. 2. Juni 1904 i. S. J. (Bekl.) w. Ehefr. J. (Kl.). Rep. IV. 459/03.

I. Landgericht Mülhausen.
II. Oberlandesgericht Colmar.

Aus den Gründen:

... „In der Berufungsinstanz hatte der Beklagte geltend gemacht, die Klägerin sei nicht mehr berechtigt, auf Scheidung zu klagen und die Herstellung des ehelichen Lebens zu verweigern; denn in der Klagebeantwortung vom 28. Mai 1902 sei sie aufgefordert worden, entweder das eheliche Leben herzustellen, oder auf Scheidung zu klagen; die Klagebeantwortung sei am 28. Mai 1902 dem Prozeßbevollmächtigten der Klägerin zugestellt worden; dieser habe alsbald nach der Zustellung des Schriftsatzes der Klägerin von der Aufforderung Kenntnis gegeben; es sei aber innerhalb der sechsmonatigen Frist des § 1571 B.G.B. die Scheidungsklage nicht erhoben worden. Das Berufungsgericht hat diesen Einwand zurückgewiesen, weil die Aufforderung, entweder die häusliche Gemeinschaft herzustellen, oder die Scheidungsklage zu erheben, kein prozessualischer Rechtsbehelf sei und in keinem rechtlichen oder tatsächlichen Zusammenhang mit der Klage auf Unterhaltsgewährung stehe, mithin keine den Rechtsstreit betreffende Prozeßhandlung im Sinne des § 81 Z.P.O. darstelle. Die Revision rügt Verletzung dieser Gesetzesbestimmung. Die Rüge erscheint nicht zutreffend.

Nach § 81 Z.P.O. ermächtigt die Prozeßvollmacht zu allen den Rechtsstreit betreffenden Prozeßhandlungen. Zu den Prozeßhandlungen gehören auch rechtsgeschäftliche Erklärungen; denn die Ermächtigung zum Angriff und zur Verteidigung im Prozeß enthält die Ermächtigung zur Abgabe und zur Entgegennahme aller zum Angriff und zur Verteidigung erforderlichen Erklärungen, auch wenn diese zugleich Rechtsgeschäfte des materiellen Rechtes sind und deshalb zugleich eine materiellrechtliche Wirkung haben. Hiernach hat das Reichsgericht schon angenommen, daß die Prozeßvollmacht ermächtigt zur Abgabe und Entgegennahme von:

Anfechtungserklärungen nach § 143 B.G.B., Entsch. des R.G.'s in Zivils. Bd. 48 S. 221, Bd. 49 S. 392, Bd. 53 S. 148; Rücktrittserklärungen, Entsch. a.a.O. Bd. 50 S. 143; Aufrechnungserklärungen, Entsch. a. a. O. Bd. 50 S. 426; Anfechtungserklärungen nach dem Gesetz vom 21. Juli 1879 (20. Mai 1898), Entsch. a. a. O. Bd. 52 S. 343; Kündigungen, Entsch. a. a. O. Bd. 53 S. 212.

Mit Rechtshandlungen solcher Art läßt sich die Aufforderung, die häusliche Gemeinschaft herzustellen, oder die Scheidungsklage zu erheben, nicht auf gleiche Stufe stellen.

Die persönliche Natur der Ehesachen hat zu der Bestimmung des § 613 Z.P.O. geführt, wonach eine besondere Vollmacht des Ehegatten nicht nur zur Erhebung der Scheidungsklage, sondern auch zur Erhebung der Herstellungsklage erforderlich ist. Mit dieser Vorschrift und dem ihr zugrunde liegenden Gedanken stände es nicht wohl im Einklang, wenn ein Prozeßbevollmächtigter, der von einem Ehegatten mit der Verteidigung gegen Unterhaltsansprüche beauftragt ist, nach eigenem Gutdünken Herstellung der häuslichen Gemeinschaft oder Erhebung der Scheidungsklage verlangen könnte. Wenn es ferner auch nicht gerade Voraussetzung der Rechtswirksamkeit einer unter § 1571 fallenden Aufforderung ist, daß der auffordernde Ehegatte selbst den ernstlichen Willen hat, die eheliche Lebensgemeinschaft herzustellen, so entspricht es doch dem sittlichen Wesen der Ehe nicht, daß ein Prozeßbevollmächtigter, um einen Rechtsstreit über eine Geldforderung günstiger zu gestalten, die Aufforderung ergehen läßt, das eheliche Leben herzustellen, oder die Scheidung zu betreiben. Die Rechte und Pflichten der Ehegatten untereinander, insbesondere auch das Recht und die Pflicht der ehelichen Lebensgemeinschaft, sind wesentlich sittlicher Natur; die Entscheidung darüber, ob die Herstellung der ehelichen Gemeinschaft zu verlangen oder der Scheidungsprozeß hervorzurufen ist, darf ebensowenig, wie die Entscheidung, ob innerhalb der Frist des § 1571 die Scheidungsklage zu erheben ist, dem Ermessen des mit der Führung eines Unterhaltsprozesses betrauten Prozeßbevollmächtigten anheimgegeben sein, ist vielmehr der persönlichen Entschließung der Ehegatten vorzubehalten. Es kann daher nicht angenommen werden, daß auf Grund des § 81 Z.P.O. die Vollmacht zur Führung eines Rechtsstreites über Unterhaltsgewährung auch die Vollmacht zur Abgabe und Entgegennahme der Aufforderung nach § 1571 B.G.B. enthalte. Diese Auffassung unterliegt um so weniger einem Bedenken, als der Anspruch auf Gewährung der Unterhaltsrente nicht ausschließlich von der Berechtigung, die Scheidungsklage zu erheben, abhängig ist, der Verlust des Scheidungsrechtes vielmehr nur nötigt, die Berechtigung zur Verweigerung der Herstellung des ehelichen Lebens nach § 1353 Abs. 2 Satz 1 B.G.B. zu prüfen."...

---

59. 1. Welche rechtliche Folge hat es für den Reeder, wenn der Schiffer das von ihm ausgestellte Konnossement unrichtig datiert?
2. Voraussetzungen für eine Vorabentscheidung über den Grund eines Anspruches.

I. Zivilsenat. Urt. v. 4. Juni 1904 i. S. der Compañía Cantábrica de Navegación (Bekl.) w. H. (Kl.). Rep. I. 103/04.

I. Landgericht Hamburg, Kammer für Handelssachen.
II. Oberlandesgericht daselbst.

Am 23. April 1902 hatte der Kläger von der Firma F. & H. in Braila 300 tons Gerste von der Donau und/oder Sulina gekauft mit der Bedingung:

„bills of lading to be dated September new style anni currentis". Am 12. Oktober 1902 wurden ihm drei über 285 tons lautende und auch im übrigen gleichlautende, „Braila, 30. September 1902" datierte, vom Kapitän des spanischen Dampfers „D." unterzeichnete Konnossemente, von denen das eine Exemplar mit dem Blankoindossament „F. & H." versehen war, eingehändigt, worauf er an F. & H. 24482,40 M als den bedungenen Kaufpreis (101 M per ton) zahlte. Am 25. Oktober 1902 stellten F. & H. ihre Zahlungen ein.

Der Kläger behauptete, daß die Konnossemente falsch datiert seien, indem der Dampfer „D." erst am 10. Oktober 1902 in Braila zu laden begonnen habe. Er wollte dies erst nach dem 25. Oktober 1902 erfahren haben, und nahm mit der erhobenen Klage die Beklagte als Reederei des Dampfers auf Ersatz des von F. & H. nicht wieder zu erlangenden Kaufpreises und auf Entschädigung für den ihm entgangenen Gewinn, der in dem Unterschiede zwischen dem Vertragspreise und dem Preise, der am 12. Oktober 1902 für September-Abladung zu erzielen gewesen wäre, bestehe und 2208,75 ℳ betrage, sowie auf Ersatz von 133,62 ℳ Schiedsgerichtskosten, die er seinem Abnehmer, Z. in F., habe erstatten müssen, in Anspruch. Er machte geltend, daß er, wenn er nicht durch die Vordatierung getäuscht worden wäre, nichts an F. & H. gezahlt und seine Ansprüche noch rechtzeitig und mit Erfolg gegen sie geltend gemacht hätte.

Vom Landgericht wurde zunächst durch Teilurteil der Anspruch auf Ersatz der erwähnten Schiedsgerichtskosten abgewiesen, dagegen die Beklagte zur Zahlung von 24482,40 ℳ nebst Zinsen verurteilt, und sodann durch ein ferneres Urteil die Beklagte noch zur Zahlung von 1413,82 ℳ nebst Zinsen verurteilt. Auf die Berufungen beider Parteien erkannte das Oberlandesgericht unter Verweisung auf § 304 Z.P.O.:

„Der Klaganspruch auf Ersatz des Schadens, den Kläger infolge seines Vertrauens auf die Richtigkeit des Datums der Konnossemente ... erlitten hat, wird dem Grunde nach für gerechtfertigt erklärt."

Die Revision der Beklagten führte zur Aufhebung des oberlandesgerichtlichen Urteils.

Aus den Gründen:

„Das Berufungsgericht hat, um Klarheit darüber zu gewinnen, nach welchem örtlichen Rechte der Streitfall zu beurteilen sei, geglaubt zunächst die Frage beantworten zu müssen, ob die Klage sich auf einen Vertrag, oder nur auf außervertragliches Verschulden stütze. Im letzteren Falle soll teils rumänisches, teils spanisches Recht Anwendung finden, im ersteren deutsches Recht. Weiter wird dann unter Verwertung der §§ 306. 307 B.G.B. ausgeführt, daß die Haftung der Beklagten auf eine rechtsgeschäftliche Pflicht zurückzuführen sei.

Demgegenüber ist darauf hinzuweisen, daß, wenn der Kläger durch das Datum des Konnossementes in den irrigen Glauben versetzt worden ist, die nach dem Konnossement auszuliefernde Ware sei September-Abladung, die Täuschung des Klägers in Hamburg erfolgt ist, und es danach fraglich erscheint, ob der Zweifel des Berufungsgerichts hinsichtlich des anzuwendenden Rechts berechtigt war. Dies kann indes auf sich beruhen bleiben. Dem Berufungsgericht ist darin beizupflichten, daß keine Notwendigkeit besteht, die erhobene Klage als eine Klage aus unerlaubter Handlung aufzufassen. Für gänzlich verfehlt muß nur die Heranziehung der §§ 306. 307 B.G.B. erachtet werden. Zwischen den Parteien besteht kein anderes Vertragsverhältnis, als dasjenige, welches dadurch entstand, daß der Kläger das von dem Kapitän des „D." ausgestellte Konnossement erwarb. Für den zwischen dem Kläger und der Firma F. & H. abgeschlossenen Kaufvertrag war die im Tatbestand hervorgehobene Vertragsbedingung, wie das Berufungsgericht zutreffend annimmt, gleichbedeutend mit der Zusicherung, daß die Ware September-Abladung sein werde; es läßt sich also sagen, daß durch jene Bedingung von der Verkäuferin eine Eigenschaft der Ware zugesichert wurde. Müßte nun dementsprechend auch in der Datierung des Konnossementes eine Angabe über die Beschaffenheit der Ware, eine nähere Bezeichnung der Ware gefunden werden, dann würde im Falle der Unrichtigkeit des Konnossementsdatums kein unter die §§ 306. 307 B.G.B. fallender Tatbestand gegeben sein, vielmehr der § 652 H.G.B. Anwendung finden, und danach die Klage, weil durch sie ein Anspruch, wie ihn diese Gesetzesvorschrift gewährt, nicht geltend gemacht wird, unbegründet sein. Unter „Bezeichnung" der Güter im Sinne des § 652 H.G.B. ist aber nur die Bezeichnung nach Merkmalen zu verstehen, welche den Gütern vermöge eigener Beschaffenheit anhaften, an ihnen selbst erkennbar sein sollen. Die Datierung des Konnossementes enthält daher keine nähere Bestimmung der in ihm versprochenen Leistung. Gleichwohl ist sie nicht ohne rechtliche Bedeutung. In ihr liegt gegenüber jedem Erwerber des Konnossementes die vertragsmäßige Erklärung, daß er sich auf die Richtigkeit des angegebenen Datums verlassen könne, das Gewährversprechen, für die Folgen einer irrigen Datierung aufkommen zu wollen, so daß gegebenenfalls der Konnossementserwerber so zu stellen ist, wie er stehen würde, wenn das Konnossement richtig datiert worden wäre. Von diesem Gesichtspunkte aus ist jeder der vom Kläger erhobenen Ansprüche zu prüfen, und andererseits zu untersuchen, ob die Beklagte, wie sie geltend gemacht hat, wenn überhaupt, nur gegen Herausgabe aller Konnossementsexemplare und gegen Abtretung der dem Kläger gegen die Firma F. & H. zustehenden Ansprüche oder des Anspruches auf den hinterlegten Erlös der inzwischen verkauften Konnossementsware zu einer Leistung an den Kläger verurteilt werden kann.

Bei der gegenwärtigen Prozeßlage ist indes das Revisionsgericht nicht berufen, in den bezeichneten Richtungen eine Entscheidung zu treffen. Das Berufungsurteil ist unter ausdrücklicher Bezugnahme auf den § 304 Z.P.O. erlassen, und deshalb ist es ein der Revision zugängliches Urteil. Es unterliegt aber der Aufhebung, weil es an den Voraussetzungen fehlt, unter denen ein Urteil auf Grund des § 304 Z.P.O. erlassen werden konnte. Der Kläger hat drei bestimmte Ansprüche erhoben. Möglich war daher ein die ganze Klage dem Grunde nach für berechtigt erklärendes Urteil nur, wenn von jedem der drei Ansprüche, und ein den einen oder anderen Anspruch dem Grunde nach anerkennendes Teilurteil nur, wenn von diesem Anspruch es — vorbehaltlich eines noch zu entscheidenden Streites über die Höhe — für das Gericht außer Zweifel war, daß er dem Kläger zustehe. Das Berufungsgericht hat sich nun aber in den Gründen seines Urteils über den vom Landgericht abgewiesenen Anspruch auf Erstattung der Schiedsgerichtskosten überhaupt gar nicht ausgesprochen. Von dem Anspruche auf Ersatz für entgangenen Gewinn wird nur gesagt, daß dessen Begründung kein Bedenken errege, weil, wenn wirklich infolge Vertrauens auf die Richtigkeit des Konnossementsdatums der Kläger es unterlassen habe, gegen F. & H. wegen Nichterfüllung des Kaufvertrages schon zu einer Zeit vorzugehen, wo diese Firma noch pfandbares Vermögen in Hamburg besessen habe, die Beklagte für diesen Schaden verantwortlich zu machen sei. Darüber also, ob die angegebene Voraussetzung für den hier in Frage stehenden Anspruch vorliege, wurde nicht entschieden, obwohl das doch für ein diesen Anspruch dem Grunde nach zuerkennendes Urteil unerläßlich war. Über den Hauptanspruch des Klägers endlich, den Anspruch auf Erstattung des an F. & H. gezahlten Kaufpreises, konnte nur durch Endurteil entschieden werden; denn eine Vorabentscheidung über den Grund eines Anspruches ist, wie schon angedeutet, nur zulässig, wenn der Anspruch nach Grund und Betrag streitig ist, und von einem Streit über den Betrag jenes Hauptanspruches ergeben die Verhandlungen nichts." . . .

60. Irrtum einer Partei über den Inhalt ihrer Willenserklärung, oder fehlende Einigung der beiden Parteien? B.G.B. §§ 119. 155.

V. Zivilsenat. Urt. v. 4. Juni 1904 i. S. Große St. Mich.-Kirche in Hamburg (Kl.) w. hamb. Finanzdeputation (Bekl.). Rep. V. 546/04.

I. Landgericht Hamburg.
II. Oberlandesgericht daselbst.

Zur Verbreiterung der Michaelisstraße hatte der hamburgische Staat, vertreten durch die Finanzdeputation, zunächst das an der Südseite der Straße, Ecke des Herrengrabens, belegene L.'sche Grundstück im Wege der Enteignung erworben und am 24. Juni 1902 der klagenden St. Michaeliskirche die zu deren Gunsten auf dem Grundstück lastende ablösbare Grundhauer auf den 2. Januar 1903 gekündigt. Demnächst verweigerte die Beklagte aber die Auszahlung mit der Behauptung, daß hinterher zwischen den Parteien vereinbart worden sei, die Grundhauer solle stehen bleiben oder gegen andere Renten umgetauscht werden können. Sie hatte nämlich inzwischen zu demselben Zwecke noch mehr Grundstücke an derselben Straßenseite freihändig angekauft, die auch mit solcher Grundhauer belastet waren, darunter zwei Grundstücke, die der St. Michaelis-Pfarrhofskasse gehörten, und im § 9 des über diese beiden Grundstücke am 12. September 1902 abgeschlossenen Kaufvertrags hatte die St. Michaeliskirche sich durch Mitunterschrift dieses Kaufvertrags damit einverstanden erklärt, daß sie die bisherigen Grundmieten und Renten in den von der Finanzdeputation angekauften oder noch zu erkaufenden Grundstücken an der Südseite der Michaelisstraße stehen lasse oder nach ihrer Wahl gegen andere Renten in näher bestimmter Weise austausche. Diese Einrede setzte die Beklagte auch der Klage auf Zahlung der Ablösungssumme von 12620,47 ℳ nebst 4 Prozent Zinsen seit dem 2. Januar 1903 entgegen.

Die Klägerin bestritt, daß die Erklärung in § 9 des Vertrages sich auch auf das L.'sche Grundstück beziehe; sie legte näher dar, daß und weshalb sie selber die Erklärung nicht auch für das L.'sche Grundstück habe abgeben wollen, wenn auch nicht bestritten werden solle, daß die Beklagte sie anders aufgefaßt habe. Unter Berufung auf

§§ 154. 155 B.G.B. war sie der Ansicht, daß der § 9 des Vertrags, auf den die Beklagte sich bei Ausschluß des L.'schen Grundstücks nicht eingelassen haben würde, wegen Fehlens der Willensübereinstimmung nichtig sei. Wegen Irrtums erklärte sie den Vertrag nicht anfechten zu wollen, weil ihre Erklärung im § 9 nur das enthalte, was sie wirklich habe erklären wollen. Die Beklagte blieb dabei, daß § 9 sich auf alle angekauften, auch die enteigneten, und noch anzukaufenden Grundstücke an der Südseite der Michaelisstraße beziehe, und daß die Klägerin daran gebunden sei.

Die Klage wurde abgewiesen, und die Berufung zurückgewiesen, ebenso die Revision, letztere aus folgenden

Gründen:

„Beide Vorinstanzen haben die Rechtslage dahin aufgefaßt, daß die Klägerin sich über den Inhalt ihrer im § 9 des Vertrags vom 12. September 1902 abgegebenen Willenserklärung im Irrtum befunden habe und sich darum gegen die Folgen dieses Irrtums nur durch eine Anfechtung der Willenserklärung unter den dafür in den §§ 119. 121 B.G.B. aufgestellten Voraussetzungen schützen könnte, die aber nicht für vorliegend erachtet werden. In den Ausführungen zu diesem letzten Punkt ist das Berufungsurteil nicht angegriffen worden, und das würde auch mit Erfolg nicht haben geschehen können. Der Streit bewegt sich nur um die Frage, ob hier überhaupt ein Fall des Irrtums einer Partei über den Inhalt ihrer abgegebenen Willenserklärung (§ 119) gegeben sei, oder ob nicht vielmehr jede Partei die Erklärung der anderen mißverstanden habe, und aus diesem Grunde eine Willensübereinstimmung, daher auch ein Vertrag, gar nicht zustande gekommen sei. Auf diesem Standpunkte steht die Klägerin, welche ausführt, sie habe unter den in § 9 des Vertrags erwähnten „angekauften oder noch zu erkaufenden Grundstücken" das enteignete L.'sche Grundstück nicht mit verstanden, während ihre Erklärung von der Beklagten auch mit auf dieses Grundstück bezogen worden sei. Daher, meint sie, liege hier ein Fall des sog. versteckten Dissenses im Sinne des § 155 B.G.B. vor; sie und die Beklagte hätten zwar geglaubt, einig geworden zu sein, seien aber in Wahrheit in diesem Punkte nicht einig geworden; und sie behauptet weiter, die Beklagte würde, wenn sie ihre, der Klägerin, Erklärung richtig verstanden hätte, auf das verabredete Stehenbleiben der Grundhauern überhaupt nicht eingegangen sein; es liege demnach auch nicht die in § 155 B.G.B. für solche Fälle zugelassene Möglichkeit vor, daß der Vertrag trotz fehlender Willensübereinstimmung dann bei Kräften erhalten werden könne, wenn anzunehmen sei, daß er auch ohne eine Bestimmung über den streitigen Punkt geschlossen worden sein würde.

Wenn das Berufungsgericht die Bezugnahme auf § 155 B.G.B. für verfehlt erklärt, weil eine einheitliche Vertragsbestimmung in Frage stehe, und Punkte, über welche keine Einigung erfolgt wäre, nicht vorhanden seien, so wird allerdings diese Erwägung dem Standpunkte der Klägerin nicht gerecht, welche gerade bestreitet, daß eine Einigung in dem ganzen Umfange, wie es die Beklagte angenommen habe, zustande gekommen sei. Dagegen wird die rechtliche Auffassung der Klägerin geschlagen durch die Feststellung des Berufungsgerichts, daß inhaltlich verschiedene Willenserklärungen der beiden Parteien in dem § 9 nicht vorliegen. Das Berufungsgericht legt dar, daß der § 9 nach Wortlaut und Inhalt, bei Berücksichtigung der ganzen Sachlage und der in Betracht kommenden Interessen beider Parteien, objektiv gar nicht anders verstanden werden könne als dahin, daß er sich auch auf solche Grundstücke beziehen sollte, die im Wege der Enteignung angekauft werden würden oder schon angekauft worden seien, also auch auf das enteignete L.'sche Grundstück, und daß auch beide Parteien nicht hätten zweifelhaft sein können darüber, daß ihre Erklärungen objektiv nur so, und nicht anders verstanden werden könnten. Es ist dies eine tatsächliche Feststellung, die für das Revisionsgericht bindend ist und namentlich nicht mit der Behauptung bekämpft werden kann, daß nichtsdestoweniger die Klägerin den § 9 anders verstanden habe. Dies würde an dem vom Berufungsgericht festgestellten Inhalte der Erklärung der Klägerin nichts ändern und nur beweisen, daß die Klägerin sich über diesen Inhalt geirrt habe; die Erklärung würde sie gleichwohl abgegeben haben. Daß einer Partei in solcher Lage der Wille fehlte, eine Erklärung des Inhaltes, wie sie lautete, abzugeben, indem sie die Erklärung anders verstand, läßt sich freilich nicht bestreiten; aber das hindert nach dem Recht des Bürgerlichen Gesetzbuchs das Zustandekommen eines Vertrags durch die beiderseits erklärte Willensübereinstimmung nicht. Nach den zwischen der sog. Willens- und der Erklärungstheorie vermittelnden Beschlüssen der 2. Kommission,

vgl. Prot. von Achilles rc. Bd. 2 S. 94. 102 flg. 115,

ist der Partei durch § 113 B.G.B. in solcher Lage eben das Hilfsmittel der Anfechtung gegeben, dessen es nicht bedurft haben würde, wenn schon das unbewußte Nichtübereinstimmen des inneren Willens einer Vertragspartei mit ihrer abgegebenen Erklärung allemal das Zustandekommen eines Vertrags verhinderte. Dies ist vielmehr erst dann der Fall, wenn die beiderseits abgegebenen Erklärungen einander nicht decken, indem jede Partei etwas anderes nicht bloß innerlich wollte, sondern auch erklärte, als die andere. Zuzugeben ist,

wie sich z. B. aus den verschiedenen bei Staudinger, B.G.B. Bd. 1 in der Einl. vor § 116 unter VI und zu § 155 (2. Aufl. S. 337 und 439. 440), und Endemann, B.R. Bd. 1 § 70 Anm. 19 (8. Aufl. S. 340), angeführten Fällen ergibt,

daß häufig die beiden Fälle erstens des Irrtums einer Partei über den Inhalt ihrer Willenserklärung und zweitens des sog. versteckten Dissenses, wo beide Parteien, im Irrtum über den Inhalt der Erklärung der anderen, Verschiedenes erklärt haben, schwer voneinander zu unterscheiden sind. Aber wenn die beiderseitigen Erklärungen den gleichen Inhalt haben, möge sich dies aus dem Wortlaut ohne weiteres ergeben, oder unter Berücksichtigung aller dafür auf beiden Seiten in Betracht kommenden Umstände durch Auslegung festgestellt werden, dann liegt nicht der Fall eines Mißverständnisses, einer bloß fälschlichen Annahme des Einverständnisses, vor (§ 155), sondern ein wirkliches erklärtes Einverständnis, und wenn sich dabei die eine Partei über die Bedeutung ihrer Erklärung getäuscht hat, so betraf dieser Irrtum nicht den Inhalt der gegnerischen, sondern den ihrer eigenen Erklärung.

So hat nach der Feststellung des Berufungsgerichts der Fall hier gelegen, und damit erweist sich die Revision der Klägerin als hinfällig."

---

61. Steht es dem über den Schadensersatzanspruch aus § 945 Z.P.O. erkennenden Gerichte zu, den Arrest, der im Arrestprozesse als von Anfang an ungerechtfertigt aufgehoben worden ist, auf Grund selbständiger Prüfung für rechtmäßig angeordnet zu erklären?

VI. Zivilsenat. Urt. v. 6. Juni 1904 i. S. H. (Bekl.) w. B. (Kl.). Rep. VI. 444/03.

I. Landgericht Dresden.
II. Oberlandesgericht daselbst.

Der Kläger hatte am 10. März 1902 gegen den Beklagten bei dem Landgericht in Dresden wegen eines Darlehnsanspruches einen dinglichen Arrest in Höhe von 22660 ℳ und 400 ℳ Kosten erwirkt, welcher gegen Sicherheitsleistung des Gläubigers von 3000 ℳ und mit der Bestimmung angeordnet war, daß durch Hinterlegung einer Sicherheit von 23060 ℳ von seiten des Schuldners die Vollziehung des Arrestes gehemmt würde. Um die Vollziehung des Arrestes abzuwenden, hatte der Beklagte die zu hinterlegende Summe bei einem Dritten entliehen. Es war dann aber auf den Widerspruch des Beklagten durch Urteil des Landgerichtes der Arrest aufgehoben, und die Berufung des Klägers hiergegen vom Oberlandesgericht zurückgewiesen worden. Darauf klagte der Kläger eine Darlehnsforderung ein; der Beklagte machte aber im Wege der Aufrechnung einen Schadensersatzanspruch wegen des vom Kläger erwirkten Arrestes geltend. Der erste Richter erklärte den letzteren Anspruch nach § 945 Z.P.O. für begründet; das Berufungsgericht dagegen verurteilte den Beklagten nach dem Klagantrage, weil der am 10. März 1902 verfügte Arrest vollständig gerechtfertigt gewesen sei.

Auf die Revision des Beklagten ist das Berufungsurteil aufgehoben worden.

Aus den Gründen:

... „Rechtlich steht in Frage, ob die Schadensersatzpflicht des Arrestsuchers gemäß § 945 Z.P.O. schon durch die Tatsache begründet wird, daß durch ein im Arrestprozesse — rechtskräftig — ergangenes Urteil der Arrest aus dem Grunde aufgehoben worden ist, weil der Arrest mangels eines Arrestgrundes von Anfang an ungerechtfertigt gewesen sei, oder ob, entgegen einem solchen Urteil, das im ordentlichen Verfahren über den Schadensersatzanspruch erkennende Gericht auf Grund selbständiger Prüfung den Arrest für rechtmäßig angeordnet erklären kann. Die Frage ist in dem ersteren Sinne zu beantworten.

Die Vorschrift des § 945 Z.P.O. beruht, gemeinsam mit den Bestimmungen in § 717 Abs. 2, § 320 Abs. 4 Satz 3 und § 600 Abs. 2 Z.P.O., auf dem Rechtsgedanken, daß ein Gläubiger, welcher von der mit einem außerordentlichen Rechtsbehelf — gegen die Regel — verknüpften Befugnis der sofortigen Vollstreckung Gebrauch macht, dies auf seine Gefahr tun müsse, und daß er daher ohne Rücksicht auf sein Verschulden dem Gegner den durch solche Maßregel verursachten Schaden im Falle der Aufhebung der vorläufigen Entscheidung zu ersetzen habe.

Vgl. Begründung der Zivilprozeßnovelle zu § 945 (§ 822a) S. 192; Kommissionsbericht S. 171; Hahn-Mugdan, Materialien Bd. 8 S. 173. 391 flg.; Protokolle der Kommission für die 2. Lesung des Bürgerlichen Gesetzbuches Bd. 2 S. 671 flg. 678. 724 flg.

In der Durchführung dieses, an sich dem materiellen Recht angehörigen, Grundsatzes tritt allerdings bei den Fällen des § 945 — Arrest und einstweilige Verfügung — ein Unterschied von den anderen, sonst gleichartigen Fällen — Ausnutzung eines für vorläufig vollstreckbar erklärten Urteils, eines Vorbehaltsurteils — zutage, welcher schon durch die verschiedene prozessuale Gestaltung der fraglichen Rechtsbehelfe bedingt ist. In den §§ 717. 302. 600 Z.P.O. ist als die Voraussetzung der Schadensersatzpflicht schlechthin bezeichnet, daß die betreffende frühere Entscheidung aufgehoben (oder abgeändert) wird, wonach also lediglich die Tatsache der Aufhebung entscheidet, und das gleiche ist in § 945 für die Fälle des § 926 Abs. 2 und § 942 Abs. 3 — Aufhebung des Arrestes ꝛc wegen Unterlassung bestimmter Prozeßhandlungen von seiten der betreibenden Partei — festgesetzt. Im übrigen dagegen ist in § 945 die Schadensersatzpflicht an die Voraussetzung geknüpft, daß sich „die Anordnung eines Arrestes oder einer einstweiligen Verfügung als von Anfang an ungerechtfertigt erweist“. Hier soll also nicht schon die Aufhebung des Arrestbefehls (der einstweiligen Verfügung), sondern dessen fehlende innere Berechtigung entscheiden; es kommt nicht bloß auf die Tatsache, daß, sondern auch auf den Grund, weshalb die Anordnung wieder außer Kraft gesetzt wird, an, und die formelle Aufhebung der fraglichen Verfügung ist hier auch nicht unbedingtes Erfordernis. Die in dem ursprünglichen Kommissionsantrage vorgesehene Bestimmung (§ 813a): „Wird ein vollzogener Arrest nach § 805 oder § 806 Abs. 2 aufgehoben oder abgeändert, oder fällt er weg, weil der Hauptanspruch als unbegründet erkannt wird“, erschien als zu eng, da auch diejenigen Fälle zu berücksichtigen seien, in denen der Arrest nicht durch Beschluß, sondern durch Endurteil angeordnet worden ꝛc, in denen der Gläubiger den Arrest freiwillig aufhebe, weil er sich von dem Ungrunde seines Anspruches überzeugt habe.

Vgl. Protokolle zum B.G.B. a. a. O. S. 724.

Die Vorschrift des § 945 kann also auch dann Platz greifen, wenn der Arrest nicht durch Urteil beseitigt, oder wenn es bei Anordnung durch Beschluß zu einem Widerspruchsverfahren gar nicht gekommen ist.

Vgl. insoweit Gaupp-Stein, Z.P.O. zu § 945, Bem. II, 4. Aufl. S. 797.

Eine Verschiedenheit besteht weiter darin, daß der § 945, im Gegensatz zu den §§ 302, 600 und 717 Z.P.O., keine Vorschriften über die prozessuale Geltendmachung des Schadensersatzanspruches, namentlich deren Zulassung in dem anhängigen Rechtsstreit, enthält. Der Schadensersatzanspruch aus § 945 kann nicht in dem summarischen Verfahren über den Arrest oder die einstweilige Verfügung verfolgt, muß vielmehr im ordentlichen Verfahren, im Hauptprozesse oder besonderen Rechtsstreit, zum Austrag gebracht werden.

Vgl. Entsch. des R.G.'s in Zivils. Bd. 50 S. 406, Bd. 51 S. 41, Bd. 54 S. 347.

Zur endgültigen Erledigung des Rechtsverhältnisses in Ansehung der Schadensersatzpflicht gehört gegebenenfalls auch die Frage, ob überhaupt ein materieller Rechtsgrund für den Schadensersatzanspruch vorliegt. Über den Hauptanspruch des Arrestklägers, den materiellen Anspruch als solchen, kann in dem Arrestverfahren nicht endgültig entschieden werden, und was den Arrestgrund (§ 917 Z.P.O.) betrifft, so ist insbesondere an die Fälle zu denken, in denen das Arrestverfahren sein Ende gefunden hat, ohne daß es bisher zu einer Entscheidung über die Rechtmäßigkeit des Arrestes gekommen ist.

Allein durch diese Besonderheiten des Schadensersatzanspruches aus § 945 Z.P.O. ist für den vorliegend allein in Frage stehenden Fall, wenn der Arrest im Widerspruchsverfahren als von Anfang an ungerechtfertigt aufgehoben worden ist, die Entscheidung darüber, inwieweit dem Gericht in dem Schadensersatzprozesse eine selbständige Prüfung zustehe, noch nicht gegeben. Es kommt darauf an, ob solchenfalls mit dem im Arrestverfahren (rechtskräftig) ergangenen Urteil die Voraussetzung des § 945: „Erweist sich die Anordnung als von Anfang an ungerechtfertigt", erfüllt sei. Zur Bejahung der Frage würde der Gesichtspunkt der Rechtskraft des Urteils im

Arrestprozeß wohl nicht ausreichen. Denn einmal ist die Rechtskraftwirkung eines solchen Urteils eine beschränkte; sie erstreckt sich, bei der Eigenschaft des Arrestes und der einstweiligen Verfügung als einer Maßregel von vorübergehender Bedeutung, nur auf die Entscheidung der Frage, ob diese Anordnungen vorläufig für statthaft zu erachten waren, oder nicht.

Vgl. Entsch. des R.G.'s in Zivils. Bd. 33 S. 415 flg.

Sodann aber ist es im Hinblick auf § 322 Z.P.O., wonach grundsätzlich nur die in dem Urteil getroffene Entscheidung, nicht auch die Urteils**gründe** der Rechtskraft fähig sind, mindestens zweifelhaft, ob hier zur Erläuterung der Urteilsformel für die Bestimmung des Umfangs der Rechtskraft eine Heranziehung der Urteilsgründe (Entsch. des R.G.'s in Zivils. Bd. 25 S. 214, Bd. 33 S. 4) überall in dem Sinne zulässig wäre, daß als rechtskräftig ausgesprochen auch der **Grund** der Aufhebung des Arrestes gelten würde. Und gerade der **Grund**, aus welchem der Arrest aufgehoben wurde, daß die Anordnung von Anfang an ungerechtfertigt war, ist für die nach § 945 Z.P.O. zu treffende Entscheidung das maßgebende Moment. Allerdings ist die Tatsache, daß ein den Arrest aufhebendes, nach § 922 oder § 925 Z.P.O. ergangenes Urteil formell rechtskräftig geworden ist, die Voraussetzung einer maßgebenden Bedeutung desselben für den Schadensersatzanspruch auch im Falle des § 945, sofern hiermit erst die endgültige urteilsmäßige Erledigung des Arrestanspruches feststeht; aber jene Tatsache des rechtskräftig gewordenen Urteils ist hier eben nicht, wie in den analogen Fällen der §§ 302. 600. 717 Z.P.O., ohne weiteres genügend.

Indes wird durch die über die materielle Rechtskraft der Urteile bestehenden Vorschriften nicht eine besondere gesetzliche Anordnung ausgeschlossen, welche bestimmte Rechtsfolgen an die Tatsache knüpst, daß aus einem gewissen **Grunde** eine bestimmte richterliche Entscheidung ergangen ist, und eine derartige gesetzliche Regelung könnte in dem § 945 Z.P.O. unbedenklich gefunden werden, sofern die Worte: „Erweist sich die Anordnung rc", vornehmlich auf den Fall eines im Verfahren über den Arrest oder die einstweilige Verfügung ergangenen Urteils zu beziehen sind. Hier hat sich eben **durch dieses** den Arrest **aufhebende Urteil** und dessen **Begründung** erwiesen, daß die Anordnung des Arrestes von Anfang an ungerechtfertigt war. Diese

Auffassung erscheint denn auch sowohl nach dem gesetzgeberischen Zweck des § 945, als im Hinblick auf die Aufgabe und prozessuale Regelung des Arrestprozesses gerechtfertigt. Der Arrest ist ein gefährlicher, in die Privatrechtssphäre des Betroffenen tief einschneidender Rechtsbehelf, über den in einem summarischen Verfahren, auf bloße Glaubhaftmachung der Voraussetzungen hin, verfügt und entschieden wird. Schon in diesem Verfahren jedoch sind dem Arrestbeklagten — wie auch dem Arrestkläger — die erforderlichen Rechtsbehelfe, Widerspruch und Rechtsmittel, gewährt, um den Streit über den beantragten Arrest als vorläufige Maßnahme vor dem Gerichte zum Austrag zu bringen. Wenn in dem hierzu vom Gesetze bestimmten Verfahren ein Urteil über die Rechtmäßigkeit des Arrestes ergeht, so hat das die Bedeutung einer endgültigen Entscheidung über den Arrestanspruch, darüber, ob der so wie geschehen beantragte Arrest gerechtfertigt sei, oder nicht. Ist insbesondere in dem auf Widerspruch rechtskräftig ergangenen Urteil der Arrest aus dem Grunde aufgehoben, weil die Anordnung als ungerechtfertigt erkannt wurde, so steht damit fest, daß auf Grund der vom Arrestkläger bis dahin vorgebrachten Tatsachen und unternommenen Glaubhaftmachung (vgl. Entsch. des R.G.'s in Zivils. Bd. 27 S. 425 flg.) die Anwendung eines Arrestes nicht zulässig war, und daraus folgt ohne weiteres, daß der betreibende Teil durch Erwirkung dieses Arrestes einen rechtlosen Eingriff in die Rechtssphäre des Gegners verübt hat, wofür er nach Maßgabe des § 945 Z.P.O. verantwortlich ist. Der Arrestsucher trägt eben auch die Gefahr einer mangelhaften Glaubhaftmachung für die Voraussetzungen des Arrestes oder des erfolgreichen Widerstreites des Gegners im Arrestprozesse, und er macht sich schadensersatzpflichtig schon dadurch, daß er, ohne daß ihm die Erfordernisse der vorläufigen exekutivischen Maßregel objektiv zur Seite standen, damit gegen den Schuldner vorgegangen ist, mag er auch späterhin in der Lage sein, nachzuweisen, daß ein Arrest bei anderer Begründung des Antrags, bei besserer Glaubhaftmachung gerechtfertigt gewesen wäre; es wäre das ein anderer Arrest als der verfügte. Man würde in dieser Beziehung nicht genötigt sein, mit Stein in Gaupp's Kommentar zur Z.P.O. § 945 Bem. IIa 1. 2 S. 797 (vgl. zu § 922 Bem. III 2a S. 754) einen Unterschied zwischen den beiden Voraussetzungen des Arrestes, dem materiellen Anspruche und dem Arrestgrunde, zu machen; denn wenn freilich der Arrestprozeß über jenen Anspruch als solchen, wie schon erwähnt, keine rechtskräftige Entscheidung ergibt, so hat sich doch durch das im Arrestprozesse ergangene Urteil, welches den Arrest wegen Nichtbestehens oder fehlender Glaubhaftmachung des zu sichernden Anspruches aufgehoben hat, das erwiesen, daß die Voraussetzung der vorläufigen Maßregel des Arrestes, ein im Arrestverfahren glaubhaft zu machender Anspruch, gefehlt hat. Es braucht jedoch die Frage nach dieser Richtung hier nicht entschieden zu werden. Jedenfalls hinsichtlich des Bestehens oder Nichtbestehens eines Arrestgrundes muß für die im Arresturteil ergangene Entscheidung maßgebende Bedeutung in Anspruch genommen werden. Es mußten auch Gründe rechtspolitischer Art, welche dem Gesetzgeber nicht haben entgehen können, zu dieser Auffassung führen. Als gewiß sehr unzweckmäßig und dem Interesse der Rechtssicherheit wenig entsprechend erschiene es, wenn im Rechtsstreit über den Schadensersatzanspruch ein beliebiges anderes Gericht darüber abzuurteilen hätte, ob die Entscheidung des Arrestrichters richtig war, oder nicht; ein Ergebnis, welches Stein a. a. O. Bem. II, a, 2 für das von ihm gewählte Beispiel der durch drei Instanzen des Arrestprozesses angefochtenen Entscheidung nicht mit Unrecht als ein „turbulentes Verfahren" kennzeichnet, das übrigens ebenso mißlich wäre gegenüber einem den Arrest aufhebenden, wie einem den Arrest bestätigenden Urteile. Bei der Entscheidung über den Arrestantrag handelt es sich, zumal hinsichtlich des Arrestgrundes (§ 917 Abs. 1 Z.P.O.), wesentlich um Fragen, welche dem richterlichen Ermessen einen weiten Spielraum lassen, und für deren Beurteilung die zur Zeit des Arrestverfahrens bestehende Sachlage allein die erforderliche Grundlage abgeben kann: ob eine Arrestgefahr glaubhaft gemacht sei (§ 920 Abs. 2), oder ob es auch ohne Glaubhaftmachung angemessen sei, den Arrest gegen eine vom Gerichte zu bestimmende Sicherheitsleistung anzuordnen (§ 921 Abs. 2 Z.P.O.). Es kann nicht angehen, die Nachprüfung dieser Fragen dem Gericht, welches in einem besonderen Verfahren über den Schadensersatzanspruch — möglicherweise lange Zeit nach Beendigung des Arrestprozesses und unter ganz veränderten Verhältnissen — zu erkennen hat, zuzumuten oder anheimzugeben. Vollends als unzulässig müßte es, wie die Revision mit Recht bemerkt, erachtet werden, daß das Gericht in dem Schadensersatzprozesse den im Arrestverfahren aufgehobenen Arrest hinterher auf Grund solcher Tatsachen für gerechtfertigt erklärte, welche im Arrestprozesse gar nicht vorgebracht sind oder damals noch gar nicht eingetreten waren.

Für den Regelfall also, welchen nach der oben berührten Entstehungsgeschichte des § 945 Z.P.O. der Gesetzgeber im Auge hatte, dürfen die Worte des Paragraphen: „Erweist sich", dahin ergänzt werden: „im weiteren Verlaufe des Verfahrens über den Arrest oder die einstweilige Verfügung". Die Aufhebung des Arrestes aus einem der drei in § 945 genannten Gründe begründet die gesetzliche Schadensersatzpflicht der Partei, welche die Anordnung erwirkt hat. Dieser Standpunkt wird wohl von den meisten Schriftstellern, wenn auch ohne näheres Eingehen, vertreten.

Vgl. Seuffert, Z.P.O. Bd. 2 Bem. 2a zu § 945, 8. Aufl. S. 664 flg.; Petersen u. Anger, Z.P.O. § 945 4. Aufl. Bd. 2 S. 670; Reincke, Z.P.O. 5. Aufl. Bem. I zu § 945 S. 784; Struckmann u. Koch, Z.P.O. 8. Aufl. Bd. 2 Bem. 1 zu § 945 S. 364; Crome, System des Deutschen bürgerl. Rechts Bd. 2, Abt. 2 § 331 S. 1043 Ziff. 2.

Es ist das im wesentlichen die gleiche Auffassung, auf Grund deren schon unter dem früheren Rechtszustande die unbedingte Schadensersatzpflicht des Arrestsuchers für den Fall von einer Seite behauptet, von anderer der künftigen Gesetzgebung empfohlen wurde, wenn die Aufhebung des Arrestes erfolgt, weil der Gläubiger ihn im Widerspruchsverfahren oder in der Rechtsmittelinstanz nicht zu rechtfertigen vermochte.

Vgl. Merkel, Über Arrest und einstweilige Verfügungen § 7 S. 185. 189; Henrici, bei Gruchot, Beiträge Bd. 32 S. 161 flg. 186 Anm. 18; Entsch. des R.G.'s in Zivils. Bd. 26 Nr. 38 S. 212.

Im gegenwärtigen Falle kann es angesichts der Entscheidungsgründe des am 16. Juni 1902 in der Arrestsache der Parteien ergangenen Berufungsurteils gar keinem Zweifel unterliegen, daß das Arrestgericht den Arrest aus dem Grunde aufgehoben hat, weil es die Anordnung desselben als von Anfang an und insbesondere wegen Mangels eines Arrestgrundes für ungerechtfertigt erachtete, daß mithin die — der Nachprüfung des Revisionsgerichts unterstehende — Auslegung jenes Urteils von seiten des Berufungsgerichts in diesem Prozesse eine unzutreffende ist." (Dies wird näher dargelegt.) ...

62. 1. Legitimation eines Vertreters, welcher der Kirchengemeinde für den Prozeß auf Grund des § 659 preuß. A.L.R. II. 11 von dem Konsistorium bestellt ist.

2. Ist für die Frage, ob die Revision ohne Rücksicht auf den Wert des Beschwerdegegenstandes nach § 39 Ziff. 3 des preußischen Gesetzes vom 24. April 1878 in Verbindung mit § 547 Ziff. 2 Z.P.O. und § 70 Abs. 3 G.V.G. zulässig ist, die Entscheidung von Einfluß, welche in einem dem Prozesse vorausgehenden Defektenfeststellungsverfahren von der Verwaltungsbehörde getroffen ist, und wieweit kommt es dabei auf die Parteiauslassungen an?

IV. Zivilsenat. Urt. v. 6. Juni 1904 i. S. Kirchengemeinde F. (Bekl.) w. D. (Kl.). Rep. IV. 464/03.

I. Landgericht Landsberg a. W.
II. Kammergericht Berlin.

Zur Anschaffung einer neuen Orgel für die verklagte Kirchengemeinde waren durch eine Abendunterhaltung gegen Eintrittsgeld und demnächst auch durch Sammlungen bei den Gemeindemitgliedern Geldmittel aufgebracht worden. Kläger, welcher Mitglied des Gemeindekirchenrats ist, hatte sich in Gemeinschaft mit anderen Kirchenratsmitgliedern und mit einzelnen Gemeindevertretern an den getroffenen Veranstaltungen, insbesondere auch als Sammler, beteiligt. Die aufgebrachten Geldbeträge wurden an ihn abgeführt, und er zahlte sie auf ein Einlagebuch bei einer Sparkasse ein. Das Konto und das Einlagebuch lauteten auf den Namen der verklagten „Kirchengemeinde F." Als aber die Beschaffung der Orgel nicht zustande kam, hob Kläger den Betrag der Sammlungen wieder ab und zahlte (wie er angibt, unter Beteiligung der anderen Sammler) den Spendern ihre Beiträge zurück. Hierauf hat das Königliche Konsistorium der Provinz Brandenburg durch Defektenbeschluß vom 2. Mai 1902 den Kläger für verpflichtet erklärt, der verklagten Kirchengemeinde F. die abgehobenen und verteilten 296,51 ℳ zu ersetzen. Seine auf Feststellung des Nichtbestehens dieser Verpflichtung gerichtete Klage ist in erster Instanz abgewiesen. Das Berufungsgericht hat ihr dagegen stattgegeben. Die Revision der Verklagten wurde als unzulässig verworfen aus folgenden

Gründen:

„I. Nach § 56 Abs. 1 Z.P.O. entstand zunächst die Frage, ob für die verklagte Kirchengemeinde, deren Gemeindekirchenrat sich geweigert hat, einen Prozeßbevollmächtigten zu bestellen, in gesetzlicher Weise eine Vertretung dadurch hergestellt worden ist, daß das Königliche Konsistorium der Provinz Brandenburg anstatt des Gemeindekirchenrats ihr unter Berufung auf § 659 A.L.R. II. 11 einen Prozeßbevollmächtigten als Vertreter bestellt hat. In Übereinstimmung mit der bisherigen Rechtsprechung mußte diese Frage bejaht werden. Die fortdauernde Gültigkeit des § 659 a. a. O. ist nicht zu bezweifeln. Wenn aber diese Gesetzesvorschrift die Zulässigkeit einer derartigen Bevollmächtigung an die Voraussetzung bindet, daß es sich um „wirkliche" Rechte der Kirche handle, so ist damit nicht die Legitimation des durch die Aufsichtsbehörde bestellten Vertreters von der im Endergebnis erfolgreichen Durchführung der Rechte der Gemeinde abhängig gemacht, vielmehr nur der Aufsichtsbehörde ein Hinweis gegeben, den sie bei der ihr allein obliegenden Prüfung der Notwendigkeit oder Zweckmäßigkeit ihres Eingreifens zu beachten hat.

Vgl. Urteile des Oberverwaltungsgerichts vom 21. März 1883, Entsch. desselben Bd. 9 S. 118 flg., und des Reichsgerichts vom 26. September 1883, Entsch. desselben in Zivils. Bd. 10 S. 207 flg.

II. Die eingelegte Revision der Beklagten konnte jedoch nicht für zulässig gehalten werden, da die im Prozesse streitige Forderung nur 266,51 ℳ beträgt, und keiner der beiden Fälle vorliegt, in denen gemäß § 547 Z.P.O. die Zulässigkeit des Rechtsmittels von dem Werte des Beschwerdegegenstandes unabhängig ist. Insbesondere bildet den Gegenstand des Rechtsstreits auch nicht, wie von seiten der Beklagten behauptet wird, ein Anspruch solcher Art, daß für ihn gemäß § 39 Ziff. 3 des Ausführungsgesetzes zum Gerichtsverfassungsgesetz vom 24. April 1878 eine ausschließliche Zuständigkeit des Landgerichts bestanden hätte. Um einen derartigen Anspruch würde es sich freilich in dem Falle handeln, wenn die Rechtsauffassung zutreffend wäre, von der das Königliche Konsistorium der Provinz Brandenburg ausging, als es unter der Annahme, daß nach der Verordnung vom 24. Januar 1844 die Voraussetzungen für den Erlaß eines Defektenfeststellungsbeschlusses vorgelegen hätten, den Beschluß vom 2. Mai 1902 gegen den Kläger erließ. Allein wenn auch mit der bisherigen Rechtsprechung (Striethorst, Archiv Bd. 17 S. 95 flg.; Entsch. des R.G.'s in Zivils. Bd. 12 S. 143) daran festgehalten werden muß, daß die im Verwaltungswege getroffene Entscheidung insofern, als die entscheidende Behörde das Defektenfeststellungsverfahren für zulässig und damit zugleich ihre eigene Zuständigkeit für begründet hält, einer Änderung im ordentlichen Rechtswege nicht unterliegt, so sind doch die Gründe, auf denen in diesen Beziehungen die Entscheidung beruht, für den ordentlichen Richter nicht bindend. Weder können sie der sachlichen Entscheidung über das Bestehen des festgestellten Ersatzanspruchs irgendwie vorgreifen, noch auch sind sie für die Gestaltung des gerichtlichen Verfahrens bestimmend. Es bedurfte deshalb bei der Frage nach der Zulässigkeit der Revision und insbesondere nach der Anwendbarkeit des § 39 Ziff. 3 a. a. O. einer von dem Defektenbeschlusse unabhängigen Prüfung, ob der streitige Anspruch, dessen Nichtbestehen der Kläger im ordentlichen gerichtlichen Verfahren festgestellt wissen will, darauf beruht, daß ihm als einem öffentlichen Beamten eine Überschreitung seiner amtlichen Befugnisse oder eine pflichtwidrige Unterlassung von Amtshandlungen zur Last gelegt wird. Die Unterlage für diese Prüfung bilden allein die Parteibehauptungen, jedoch auch diese nur insofern, als Tatsachen behauptet werden. Die rechtliche Bedeutung, welche den behaupteten Tatsachen in den Parteiauslassungen beigelegt wird, ist wiederum nicht maßgebend. Wie in anderen Fällen, in denen die Zulässigkeit der Revision von der Anwendbarkeit der §§ 547 Z.P.O., § 70 Abs. 3 G.V.G. und § 39 Ausf.-Ges. abhängt, die Entscheidung darüber, ob unter der Voraussetzung der Richtigkeit des tatsächlichen Parteivorbringens es sich rechtlich um einen Anspruch handelt, der eine ausschließliche Zuständigkeit des Landgerichts begründet, nicht schon dadurch ihre Erledigung findet, daß die Partei diese Frage bejaht, so gilt dies auch in dem Falle, wenn die von dem Werte des Beschwerdegegenstandes unabhängige Anfechtbarkeit des Berufungsurteils durch Verweisung auf § 39 Ziff. 3 a. a. O. begründet werden soll.

Vgl. Urteile des Reichsgerichts, Entsch. in Zivils. Bd. 29 S. 420 flg., Bd. 40 S. 398 flg., Bd. 46 S. 340 flg., Bd. 50 S. 396 flg.

Im vorliegenden Rechtsstreite hat nun Kläger vorgetragen, daß er bei allen zur Aufbringung von Geldmitteln für eine neue Orgel getroffenen Veranstaltungen, so schon bei der Veranstaltung der Abendunterhaltung, und sodann auch bei der Sammlung von Geldbeiträgen, bei der Anlegung des gesammelten Geldes und der späteren Rückzahlung an die Beitragenden, unabhängig von seiner Stellung als Kirchenältester ausschließlich als Privatmann tätig gewesen sei. Demgegenüber enthalten die Parteibehauptungen der Beklagten nichts, was die Annahme begründen könnte, daß zunächst die Veranstalter der Abendunterhaltung und sodann die Unternehmer der Sammlungen, nämlich in jenem Falle der Schullehrer des Ortes und andere Personen, bei den Sammlungen aber die einsammelnden Kirchenältesten und andere Gemeindemitglieder, damit eine Angelegenheit der kirchlichen Vermögensverwaltung betrieben hätten. Nichts spricht in den Parteibehauptungen dagegen, daß es sich um eine Privatangelegenheit aller dieser Veranstalter gehandelt hat. Selbst wenn es richtig ist, daß der Pfarrer der Gemeinde von der Kanzel herab auf die Sammlung hingewiesen und nach der Sammlung von derselben Stelle aus den Spendern gedankt hat, so wurden die getroffenen Veranstaltungen dadurch noch nicht zu einem Unternehmen der Kirchengemeinde. Daß sie von dem Gemeindekirchenrat, als dem für die vermögensrechtliche Vertretung der Gemeinde verfassungsmäßig berufenen Organe, ausgingen, oder daß sie nachträglich als Veranstaltungen der Kirchengemeinde von dieser kirchlichen Körperschaft gutgeheißen wären, hat die Beklagte nicht behauptet. Etwaige Anregungen aber, die von kirchlicher Seite her zur Veranstaltung insbesondere der Sammlungen gegeben sein mögen, machten für sich allein die Unternehmer noch nicht zu Beauftragten der Kirchengemeinde. Wie von allen anderen Sammlern, so gilt dies auch vom Kläger. Damit aber, daß der Kläger es übernahm und ausführte, die von den anderen Sammlern und von den Veranstaltern der Abendunterhaltung ihm allein anvertrauten Beträge aufzubewahren, und dadurch, daß er sie schließlich auf den Namen der Kirchengemeinde bei der Sparkasse anlegte, vermochte er, gleichviel ob er dies beabsichtigte, oder nicht, die Angelegenheit für sich allein nicht in den Bereich der dem Gemeindekirchenrat nach §§ 13 flg. der Kirchengemeinde- und Synodalordnung vom 25. Mai 1874 zugewiesenen amtlichen Wirksamkeit hineinzuziehen. Er war darum ebensowenig als *einzelnes* Mitglied dieser Körperschaft mit der Angelegenheit befaßt und konnte deshalb weder amtliche Befugnisse überschreiten, wenn er die in seiner nichtamtlichen Geschäftstätigkeit ausgeführte Einzahlung bei der Sparkasse rückgängig machte und das Geld den Spendern zurückerstattete, noch auch sich der pflichtwidrigen Unterlassung von Amtshandlungen schuldig machen, wenn er ein entgegengesetztes Verhalten, nämlich die Beibehaltung der Anlage und die Aufbewahrung des Einlegebuchs bei unverkürzter Einzahlung, unterließ. In allen diesen Beziehungen lag das Verhalten des Klägers auf welches von seiten der Beklagten der ihr vermeintlich entstandene Vermögensverlust zurückgeführt wird, außerhalb des Kreises der dem Kläger in seiner Eigenschaft als Kirchenältesten obliegenden Amtspflichten. Der von der Beklagten geltend gemachte Anspruch fällt demnach nicht unter die Bestimmung des § 39 Ziff. 3 des Ausführungsgesetzes; wobei unerörtert bleiben kann, ob überhaupt im Bereich der Kirchengemeinde- und Synodalordnung einem Kirchenältesten die Eigenschaft eines öffentlichen Beamten zukommt."

---

63. 1. Unter welchen Voraussetzungen kann im Laufe des Rechtsstreites ein neuer Kläger neben dem bisherigen in den Prozeß eintreten?

2. Ist die Versagung der elterlichen Einwilligung (§ 1305 B.G.B.) ein wichtiger Grund zum Rücktritt vom Verlöbnisse für das verlobte Kind (§ 1298 Abs. 3 B.G.B.)?

3. Kann auch der Vater der verlobten Tochter, wenn er die Einwilligung zur Eheschließung aus verwerflichen Gründen versagt, von dem anderen Verlobten auf Ersatz der in Erwartung der Ehe gemachten Aufwendungen in Anspruch genommen werden? B.G.B. § 826.

4. Aufhebung des Berufungsurteils in seinem ganzen Umfange trotz beschränkterer Fassung des Revisionsantrages.

VI. Zivilsenat. Urt. v. 6. Juni 1904 i. S. M. (Bekl.) w. E. u. B. A. (Kl.). Rep. VI. 456/03.

I. Landgericht II Berlin.
II. Kammergericht daselbst.

Aus den Gründen:

„I. Die Klage ist ursprünglich allein von dem Erstkläger, Kaufmann E. A., erhoben. Am Schlusse der Klageschrift findet sich ein Satz, wonach der Beklagte die in der Klage behaupteten Darlehen nicht diesem Kläger, sondern dessen minderjähriger Tochter B. A. zu schulden vermeine; wenngleich dies unrichtig sei, wolle Kläger doch eventuell den Klaganspruch nicht in eigenem Namen, sondern als gesetzlicher Vertreter seiner am 28. November 1883 geborenen Tochter B. geltend machen.

In der letzten mündlichen Verhandlung der ersten Instanz hat der Prozeßbevollmächtigte des Klägers erklärt, daß er die Klage als erstens im Namen des Kaufmanns E. A. und zweitens im Namen der minderjährigen Tochter desselben, B. A., vertreten durch den Erstkläger, erhoben angesehen haben wolle. Der Beklagte hat gegen den Eintritt der B. A. als Prozeßpartei protestiert.

Das Landgericht hat nach der Begründung seines Urteils in dieser Erklärung des Prozeßbevollmächtigten des Klägers nicht den Eintritt einer neuen Partei in den Prozeß erblickt, sondern nur eine Berichtigung des Klagerubrums, da bereits die Klage die Absicht des Erstklägers erkennen lasse, die Klage für sich und als gesetzlicher Vertreter seiner minderjährigen Tochter zu erheben.

In der Berufungsinstanz hat der Beklagte seinen Protest gegen den Eintritt der Zweitklägerin in den Prozeß aufrechterhalten; er findet darin eine Klagänderung, die durch die Erklärung in der Klageschrift, der Klaganspruch werde eventuell im Namen der Tochter erhoben, nicht zulässig werde. Das Berufungsurteil weist den Einwand zurück, da der Vorderrichter den Eintritt der Zweitklägerin nicht als Klagänderung aufgefaßt und für zulässig erklärt habe; diese Entscheidung sei nach § 270 Z.P.O. der Anfechtung entzogen, und es sei deshalb unerörtert zu lassen, ob eine Klagänderung wirklich vorliege.

Die Bemerkung in der Klageschrift, daß die Klage eventuell im Namen der Tochter des Klägers erhoben werde, war an sich wirkungslos. Es kann zwar ein bedingter Anspruch zum Gegenstande einer Klage gemacht werden; nicht aber kann eine Klage selbst prozessualisch nur bedingt, für den Fall des Eintritts eines ungewissen Ereignisses, wie des Unterliegens eines anderen Klägers, erhoben werden. Eine solche Klage entbehrt für die Zeit ihrer Erhebung des Gegenstandes und eines Klageverlangens; sie will überhaupt noch keine Verurteilung des verklagten Teiles und ist nicht geeignet, einem Rechtsstreite zur Grundlage zu dienen (§ 253 Z.P.O.).

Erst die Erklärung des Prozeßbevollmächtigten des Klägers im Laufe der Verhandlungen der ersten Instanz: er wolle die Klage als im Namen des E. A. **und zugleich** im Namen von dessen Tochter erhoben angesehen wissen, durch welche das bedingte Auftreten der letzteren als Klägerin in ein unbedingtes verwandelt wurde, und die gegenüber dem Inhalte der Klageschrift fälschlicherweise von dem Landgericht als eine bloße Berichtigung des Klagerubrums aufgefaßt worden ist, kann der Zweitklägerin die Klagerolle verschafft haben, unter der Voraussetzung, daß ein solcher Eintritt einer neuen Partei in den Prozeß nach der Klagezustellung überhaupt für zulässig zu erachten ist.

Durch die Zustellung der Klage, d. i. eines mit den Merkmalen des § 253 Z.P.O. ausgestatteten Schriftsatzes, wird das prozeßrechtliche Verhältnis der in der Klageschrift bezeichneten Parteien zu einander begründet; diese Zustellung leitet den Prozeß ein und bestimmt die Parteieigenschaft. Die in der Klageschrift als Kläger bezeichnete Person erhält die Prozeßstellung des Klägers dadurch, daß sie der als Gegner bezeichneten Person die Klage zustellt, und diese letztere Person erhält die prozeßrechtliche Stellung als Beklagter dadurch, daß ihr die Klage zugestellt wird. Die Zivilprozeßordnung trifft besondere Bestimmungen, unter welchen Voraussetzungen dritte Personen sich an einem anhängigen Rechtsstreite beteiligen können (§§ 64 flg.), und es scheint hiernach, daß von solcher Beteiligung abgesehen durch die Zustellung der Klage ein für allemal die Parteirolle bestimmt, der Kreis der Personen, zwischen denen der Rechtsstreit zu verhandeln ist, geschlossen werde. Die Zivilprozeßordnung läßt indessen in § 265 Abs. 2 zu, daß eine Person, an die die im Streit befangene Sache nach Zustellung der Klage veräußert, oder der darin geltend gemachte Anspruch abgetreten wurde, mit Zustimmung des Gegners den Prozeß als Hauptpartei anstatt des Rechtsvorgängers übernehmen dürfe. Hier ist der Eintritt eines neuen Klägers ohne Zustellung einer neuen Klage als möglich gedacht, sofern der Beklagte zustimmt. Als der allgemeine prozeßrechtliche Gesichtspunkt, unter welchem der Eintritt einer neuen Partei mit der Zustimmung des Gegners betrachtet werden kann, stellt sich der der Klagänderung (§ 268—270 Z.P.O.) dar. Die Vorschrift des § 253 Z.P.O. umschreibt die Erfordernisse einer Klage. Jede Änderung in den hier aufgeführten wesentlichen Bestandteilen der Klage im Laufe des Rechtsstreits charakterisiert sich als eine Klagänderung, sofern sie sich nicht in den durch § 268 Z.P.O. gezogenen Grenzen bewegt, und ist als solche unzulässig. Aber sie wird zulässig, wenn der Gegner einwilligt, und diese Einwilligung ist nach § 269 Z.P.O. auch ohne ausdrückliche Erklärung anzunehmen, wenn der Beklagte sich, ohne der Änderung zu widersprechen, in einer mündlichen Verhandlung auf die abgeänderte Klage eingelassen hat. Und in der Absicht, eine Vervielfältigung der Prozesse tulichst zu beschränken, bestimmt § 270 Z.P.O., daß die Entscheidung eines Instanzgerichts, eine Klagänderung liege nicht vor, oder die vorliegende sei zuzulassen, unanfechtbar sein soll.

Als eine solche Änderung der Klage hat, in Übereinstimmung mit namhaften Vertretern der Prozeßwissenschaft,

vgl. insbesondere Gaupp-Stein, C.P.O. Bd. 1 Bem. I, A, 1 und Fußnote 8 zu § 268 Z.P.O.,

das Reichsgericht in einer Reihe von Entscheidungen den Eintritt einer dritten Person in den Rechtsstreit aufgefaßt.

Vgl. Entsch. des R.G.'s in Zivils. Bd. 11 S. 339 (341), Bd. 19 S. 185, Bd. 33 S. 372 (373), Bd. 49 S. 376; Bolze, Praxis des Reichsgerichts Bd. 5 Nr. 1087, Bd. 12 Nr. 648 und 702, Bd. 13 Nr. 648a, Bd. 14 Nr. 598c, Bd. 23 Nr. 748; Jurist. Wochenschr. von 1896 S. 327. 371, von 1901 S. 650.

Die Angabe der Parteien und mit ihr die Parteifunktion selbst erscheint dieser Auffassung als ein Bestandteil der Klage, der, wie jeder andere, unter den Bestimmungen der §§ 268—270 Z.P.O. steht. Als eine Klagänderung im Sinne dieser Vorschriften ist es dann auch anzusehen, wenn der Kläger, welcher den Klaganspruch im eigenen Namen erhoben hat, nachträglich in Vertretung eines anderen zu handeln erklärt, und umgekehrt. Von dieser Auffassung ist auch das Berufungsgericht ausgegangen, indem es den Eintritt der Zweitklägerin in den vorliegenden Rechtsstreit nach Maßgabe des § 270 Z.P.O. als unanfechtbar erklärt hat, nachdem das Landgericht darin nicht eine Klagänderung, sondern nur eine Berichtigung der Klage gesehen habe.

Ist von dieser Auffassung aus demgemäß die Entscheidung des Berufungsgerichts über die Zulassung des Eintrittes der Zweitklägerin in den Prozeß an sich nicht zu beanstanden, so erweist sich im gegebenen Falle doch die prozessuale Führung der Klage nach diesem Eintritte durch die klagenden Parteien und ihre prozeßrechtliche Behandlung von seiten der Gerichte der Vorinstanzen als unvereinbar mit den bestehenden Prozeßgesetzen.

Wenn nach Zustellung der Klage eine dritte Person als Kläger neu in den Rechtsstreit eintritt, so kann dies in der Weise und zu dem Zwecke geschehen, daß sie an Stelle des ursprünglichen Klägers die Führung des Rechtsstreits übernimmt; das ist der Fall des § 265 Abs. 2 Z.P.O. Oder aber sie tritt der bisherigen Klagepartei als Streitgenosse bei (§§ 59. 60 Z.P.O.), sei es daß die mehreren Kläger nunmehr den Klaganspruch gemeinschaftlich zur gesamten Hand, oder nach Bruchteilen, oder in quantitativer Teilung, oder als Gesamtgläubiger (§ 428 B.G.B.), oder als mehrere Gläubiger einer unteilbaren Leistung (§ 432 B.G.B.) geltend machen, oder aber selbständig nebeneinander den ganzen Anspruch erheben derart, daß er nur dem einen oder dem anderen zustehen soll. In letzterem Falle liegt materiellrechtlich nicht eine Rechtsgemeinschaft, sondern eine Rechtskollision vor, die eine gemeinschaftliche Verfolgung des Anspruchs in einem und demselben Rechtsstreit jedoch nicht hindert, sofern die mehreren klagenden Streitgenossen nur aus demselben tatsächlichen und rechtlichen Grunde berechtigt sind (§ 59 Z.P.O.), oder ihre Ansprüche gleichartig sind und auf einem im wesentlichen gleichartigen tatsächlichen und rechtlichen Grunde beruhen (§ 60 Z.P.O.). In welcher von diesen Richtungen der Ein- und Beitritt des neuen Klägers erfolgt, muß sich aus den Anträgen und dem sie begründenden Vortrage der Kläger ergeben. Hat der Eintritt des neuen Klägers eine Teilung des Klaganspruchs unter die mehreren Kläger zum Ziele, so müssen die Klaganträge darstellen, zu welchem Teile ein jeder der Kläger den Anspruch für sich verfolgt; sofern ihm aber eine Rechtskollision zugrunde liegt, wird sich dies in den Klaganträgen darin ausdrücken, daß ein jeder Kläger für sich selbständig den ganzen Anspruch geltend macht. Die prozessuale Folge ist in beiden Fällen, daß demjenigen Kläger gegenüber, dem die Klageforderung nicht, und insoweit sie ihm nicht nach Maßgabe seines Antrages zugesprochen wird, die Klage abzuweisen ist.

Eine Klarstellung, welche Bedeutung dem Eintritte der Zweitklägerin in den Prozeß zukommen soll, ist im vorliegenden Falle nun in keiner der Vorinstanzen erfolgt; ein besonderer Antrag ist von der

Zweitklägerin nicht gestellt; vielmehr ist es bei dem ursprünglichen Klagantrage verblieben, wonach der Beklagte verurteilt werden soll, an den Erstkläger, der zugleich gesetzlicher Vertreter der Zweitklägerin ist, zu zahlen. Ebensowenig weist der Klagevortrag, wie er in den Tatbeständen der Urteile der Vorinstanzen wiedergegeben ist, auf die Stellung der Zweitklägerin zu dem Klaganspruche und auf das Verhältnis zu dem Erstkläger in Beziehung auf diesen hin. Nach der in der Klageschrift zur Begründung der eventuellen Klagerolle der jetzigen Zweitklägerin gegebenen Erklärung kann nur angenommen werden, daß der Standpunkt der beiden Kläger der ist, daß einem von ihnen der Klaganspruch zustehe, entweder dem Erstkläger, oder der Zweitklägerin. Das ist der Fall der Rechtskollision, der entsprechend die Klaganträge und die Entscheidung des Gerichts einzurichten sein werden.

Das Berufungsgericht hat einen Teil der Klageforderung dem Erstkläger, einen anderen der Zweitklägerin zuerkannt, ohne dies jedoch in der Urteilsformel zum Ausdruck zu bringen. Es hat in dieser lediglich die Verurteilung des Beklagten zur Zahlung der ganzen zuerkannten Summe an den Erstkläger ausgesprochen, weil dieser zugleich der gesetzliche Vertreter der Zweitklägerin ist. Aber gerade weil der Erstkläger sowohl für seine Person als Kläger, wie auch als gesetzlicher Vertreter der Zweitklägerin in Betracht kommt, kann diese Formulierung des Urteils nicht für angängig erachtet werden; das Urteil muß in seinem entscheidenden Teile ergeben, welchem der beiden Kläger der Anspruch zu- oder aberkannt ist. Eine Abweisung der Kläger mit dem Teile der Forderung, den ein jeder zu Unrecht für sich geltend gemacht hat, ist überhaupt nicht erfolgt, und auch die Entscheidung hinsichtlich der Kosten des Rechtsstreites trägt der Stellung der beiden Kläger zum ganzen des Klaganspruchs nicht Rechnung. In der Berufungsinstanz ist ferner die Klageforderung um den Betrag von 705 *M* für Auslagen des Beklagten an Geschenken ermäßigt worden; der Tatbestand des Berufungsurteils enthält in dieser Beziehung die Erklärung, daß die Kläger diese Gegenforderung des Beklagten anerkannt und von ihrer Forderung abgezogen haben. Wenn das Berufungsgericht nun einen Teil der Klageforderung dem Erstkläger, einen anderen der Zweitklägerin zuerkennt, so hatte es, da im Sinne der Erklärung der Kläger die Gegenforderung jedenfalls nur einmal von der Klageforderung abzuziehen ist, auch Entscheidung darüber zu treffen, auf welchen Teil der Klageforderung, und welchem Kläger gegenüber die Anrechnung der Gegenforderung zu erfolgen hat. Auch hierin versagt das Berufungsurteil.

Aus diesen prozessualen Gründen muß das Urteil des Berufungsgerichts der Aufhebung unterliegen.

II. Auch die materielle Entscheidung des Berufungsgerichts gibt in mehrfacher Hinsicht zu rechtlichen Bedenken Veranlassung.

Der Beklagte hat dem Klaganspruche Gegenforderungen entgegengesetzt wegen der Aufwendungen, die er in Erwartung der Ehe mit der ihm verlobten Zweitklägerin gemacht habe. Der Ersatz des Schadens, der aus solchen Aufwendungen entstanden ist, kann nach § 1298 B.G.B. von dem zurückgetretenen Verlobten von seiten des anderen Verlobten gefordert werden, es sei denn, daß ein wichtiger Grund für den Rücktritt vorlag.

Das Berufungsgericht hat nun die Gegenansprüche des Beklagten ... verworfen, ... weil für die Zweitklägerin in der Zurückziehung der nach § 1305 B.G.B. erforderlichen Einwilligung ihres Vaters, des Erstklägers, ein wichtiger Grund zum Rücktritte gegeben sei. ...

Die Versagung oder Zurücknahme der Einwilligung des Vaters in die Eheschließung kann, wo sie nach § 1305 B.G.B. erforderlich ist, nicht schlechthin und ein für allemal als wichtiger Grund für den einseitigen Rücktritt des Kindes vom Verlöbnisse angesehen werden; vielmehr müssen die konkreten Umstände eines jeden Falles hierüber entscheiden.

Vgl. Dernburg, Bürgerl. Recht Bd. 4 S. 25. 27; Staudinger, Kommentar 2. Aufl. Bd. 4 zu § 1298.

In der Regel wird in dieser Versagung zwar ein wichtiger Grund für die zurücktretende Tochter zur Lösung des Verlöbnisses gegeben sein, namentlich dann, wenn diese im Lebensalter noch weit unter der Altersgrenze des § 1305 B.G.B. zurücksteht. Ganz allgemein läßt sich aber auch hier nicht sagen, daß die Versagung der Einwilligung des Vaters den Rücktritt des Kindes rechtfertige. Verweigert der Vater seine Einwilligung aus verwerflichen oder nichtigen Gründen, so kann eine sittliche Verpflichtung, an dem Verlöbnis festzuhalten, unter Umständen wohl bestehen bleiben, und in solchem Falle ist auch die Versagung der Einwilligung des Vaters in die Eheschließung als wichtiger Grund für den Rücktritt der Tochter nicht anzuerkennen.

Sind es nichtige oder verwerfliche Gründe, die den Erstkläger bei der Zurückziehung seiner Einwilligung in die Eheschließung der Zweitklägerin leiteten, so kann aber auch ferner in Frage kommen, ob nicht aus allgemeinen Rechtsgründen auch gegen ihn der Schadensersatzanspruch des Beklagten auf Ersatz der in Erwartung der Ehe gemachten Aufwendungen begründet sein möchte. Der Beklagte hat seinen Schadensersatzanspruch gegenüber dem ganzen Klaganspruch und gegen beide Kläger geltend gemacht. Erweist er sich nach seinem Vorbringen aus einem anderen Rechtsgrunde als nach § 1298 B.G.B. auch gegen den Erstkläger als gerechtfertigt, so ist dementsprechend zu entscheiden. Wenn etwa der Erstkläger ... den Beklagten zur Anmietung einer teueren, seinen Erwerbsverhältnissan nicht entsprechenden Wohnung und zu anderen kostspieligen Ausgaben seinerseits selbst veranlaßt hatte, und wenn er alsdann die Lösung des Verlöbnisses durch die Zurückziehung seiner Einwilligung im letzten Grunde deshalb herbeiführte, weil der Beklagte ihm wegen seines unsittlichen Verhältnisses zu der Frau G. mißliebige Vorstellungen machte und deren Entfernung aus dem Hause verlangte — so die Darstellung des Beklagten ... —, dann erscheint es keineswegs ausgeschlossen, daß die Schadensersatzforderung des Beklagten aus dem Gesichtspunkte des § 826 B.G.B. auch gegen den Erstkläger als begründet sich darstellen möchte. ...

III. Der Revisionsantrag des Beklagten, der eine materielle Entscheidung des Revisionsgerichts auf Abweisung der ganzen Klage zum Ziele hat, ist von diesem Standpunkte aus auf die Aufhebung des Berufungsurteils nur insoweit gerichtet, als dadurch die Berufung des Beklagten zurückgewiesen ist. Das Revisionsgericht ist jedoch nicht in der Lage, gemäß § 563 oder § 565 Z.P.O. in der Sache selbst zu erkennen. Die prozessuale Lage der Sache macht nun die formelle Aufhebung des ganzen angefochtenen Urteils, hinsichtlich des zugesprochenen Betrages und Gegenstandes wie hinsichtlich des aberkannten Betrages, erforderlich, da, wie ausgeführt, auch in bezug auf den letzteren das Verhältnis der beiden Kläger zu dem Klaganspruche festzustellen, und der Prozeß in die richtige Lage zu bringen ist. Der weitergehende Antrag der Revision auf materielle Abweisung der Klage enthält aber auch denjenigen auf Zurückverweisung der Sache an das Berufungsgericht unter Aufhebung des ganzen Berufungsurteils, also scheinbar über den Antrag des Revisionsklägers hinaus. Denn die §§ 536 und 559 Z.P.O. begrenzen den Prozeßstoff auf die Anträge der Parteien nur insofern, als sie im Anschlusse an die Verhandlungsmaxime dem Richter untersagen, einer Partei etwas zuzusprechen, was dieselbe nicht beantragt hat; sie beziehen sich nicht auf Fragen des Verfahrens, die dem Belieben der Parteien entzogen sind.

Vgl. Entsch. des R.G.'s in Zivils. Bd. 14 S. 355 (357), Bd. 22 S. 391 (393).

Erweist sich sonach eine andere prozessuale Behandlung der Sache nach Maßgabe der in den Vorinstanzen geführten Verhandlungen als notwendig, die das Revisionsgericht nicht selbst zur Durchführung bringen kann, so steht der scheinbar engere Antrag der Aufhebung des ganzen angefochtenen Urteils nicht entgegen. Die von dem Berufungsgericht von neuem zu treffende materielle Entscheidung darf selbstverständlich zuungunsten des Beklagten, der allein das Urteil angefochten hat, in der Hauptsache wie im Kostenpunkte über die aufgehobene Entscheidung nicht hinausgehen."

---

64. Berechtigt der Tod des Inhabers eines Geschäftes die Erben, welche für ihre Person zur Fortführung des Geschäftes außerstande sind und es verkaufen, ohne den Käufer zur Übernahme des Angestellten zu verpflichten, zur Entlassung des Angestellten?

Gew.O. § 133b.

II. Zivilsenat. Urt. v. 7. Juni 1904 i. S. E. u. Gen. (Bekl.) w. R. (Kl.). Rep. II. 323/03.

I. Landgericht Colmar.
II. Oberlandesgericht daselbst.

Die obige Frage ist vom Reichsgericht bejaht worden aus folgenden Gründen:

... „Der Klaganspruch ist auf die Behauptung gestützt, daß der als Fahrradlehrer bei dem Erblasser der Beklagten angestellte Kläger von diesen ohne gesetzlichen Grund entlassen worden sei, während die Beklagten in dem Tode ihres Erblassers in Verbindung damit, daß sie nach Lage der Verhältnisse ihrerseits nicht imstande gewesen seien, das Geschäft ihres Vaters fortzusetzen, einen gesetzmäßigen Entlassungsgrund finden. Auf diese Streitfrage wendet das Berufungsgericht mit Recht den § 133b Gew.O. an, nach welchem jeder der beiden Vertragsteile vor Ablauf der vertragsmäßigen Zeit und ohne Innehaltung einer Kündigungsfrist die Aufhebung des Dienstverhältnisses verlangen kann, wenn ein wichtiger, nach den Umständen des Falles die Aufhebung rechtfertigender Grund vorliegt. Das Berufungsgericht geht zutreffend davon aus, daß der wichtige Grund nicht notwendig in der Person desjenigen, gegen den die Kündigung ergangen ist, gegeben sein muß, sondern auch in der Person des Kündigenden gegeben sein kann. Dasselbe irrt aber rechtlich darin, daß es in Übereinstimmung mit dem Landgericht das Vorliegen eines wichtigen Entlassungsgrundes deshalb verneint, weil das Geschäft mit der bisherigen Firma von den Beklagten verkauft worden ist und von dem Käufer in der bisherigen Weise fortgeführt wird, welchen letzteren die Beklagten bei dem Verkaufe nach der Ansicht des Berufungsgerichts hätten veranlassen können und sollen, mit dem Geschäfte den Kläger zu übernehmen. Die Entscheidung darf nicht darin gesucht und gefunden werden, ob die Erben des verstorbenen Geschäftsinhabers das Geschäft auflösen, oder ob sie es an einen anderen veräußern, der es fortsetzt, ohne den Angestellten mit zu übernehmen. Dem Käufer des Geschäftes kann ebensowenig, wie dem Angestellten, zugemutet werden, den von einem anderen Geschäftsinhaber abgeschlossenen Dienstvertrag, der auf einem gegenseitigen Vertrauensverhältnis der Vertragschließenden beruht, fortzusetzen. Die Erben des bisherigen Geschäftsinhabers können auch dem Käufer des Geschäftes gegenüber nicht die Übernahme des Angestellten erzwingen und könnten, wenn sie darauf beständen, in die Lage kommen, einen Käufer überhaupt nicht zu finden. Es kommt vielmehr nach richtiger Auffassung im Falle des Todes des Geschäftsinhabers lediglich darauf an, ob die Erben desselben für ihre Person imstande sind, das Geschäft fortzusetzen. Ist dies nicht der Fall, so sind die Umstände so gelagert, daß ein wichtiger Grund im Sinne des § 133b Gew.O. gegeben ist, der die Aufhebung des Dienstverhältnisses rechtfertigt, gleichviel ob die Erben das Geschäft tatsächlich auflösen, oder es veräußern." ...

65. Kommt der durch das Bestehen einer Forderung des Beklagten im Inlande gegen denselben begründete Gerichtsstand durch eine nach der Klagerhebung erfolgte Aufrechnung der Forderung in Wegfall?

Z.P.O. §§ 23. 263 Nr. 2.
B.G.B. § 389.

II. Zivilsenat. Urt. v. 7. Juni 1904 i. S. H. (Kl.) w. H. (Bekl.). Rep. II. 181/04.

I. Landgericht München.
II. Oberlandesgericht daselbst.

Die obige Frage ist vom Reichsgericht verneint worden aus folgenden

Gründen:

„Die klagende Firma, welche einen Schadensersatzanspruch gegen den in Österreich wohnenden Beklagten bei dem Gericht in München, dem Sitze der Klägerin, verfolgt, begründet die Zuständigkeit des angegangenen Gerichtes unter Hinweis auf § 23 Z.P.O. mit der Behauptung, daß sich zur Zeit der vor dem 7. Januar 1903 erfolgten Zustellung der Klage im Bezirke des Münchener Gerichtes Vermögen des Beklagten befunden habe, indem dieser an sie, die Klägerin, eine Forderung von 332,51 ℳ gehabt habe. Das Münchener Gericht wird jedoch von dem Berufungsgericht aus dem Grunde für unzuständig erachtet, weil die Klägerin durch Erklärung vom 17. Januar 1903 gegen jene Forderung des Beklagten an sie von 332,51 ℳ eine angeblich über den eingeklagten Betrag hinaus ihr gegen den Beklagten zustehende Forderung aufgerechnet habe, und damit infolge der rückwirkenden Kraft der Aufrechnung die zur Zeit der Klagerhebung etwa vorhandene Zuständigkeit des Münchener Gerichtes beseitigt worden sei. Der letzteren Ansicht vermag der erkennende Senat nicht beizutreten. Allerdings ist im § 389 B.G.B. die Wirkung der erklärten Aufrechnung dahin bestimmt, daß die Forderungen, so weit sie sich decken, als in dem Zeitpunkt erloschen gelten, in welchem sie zur Aufrechnung geeignet einander gegenübergetreten sind. Andererseits ist aber in § 263 Nr. 2 Z.P.O. als eine Folge der durch die Klagerhebung bewirkten Rechtshängigkeit der Streitsache die Bestimmung getroffen, daß die Zuständigkeit des Prozeßgerichtes durch eine Veränderung der sie begründenden Umstände nicht berührt werde. Diese reichsgesetzliche Vorschrift würde nach Art. 32 Einf.-Ges. zum B.G.B. hinsichtlich der Folgen der Aufrechnung nur dann außer Kraft getreten sein, wenn die Aufhebung derselben sich aus dem Bürgerlichen Gesetzbuch oder aus dem Einführungsgesetze ergeben sollte. Dies ist nicht anzunehmen und insbesondere aus der im § 389 B.G.B. festgesetzten rückwirkenden Kraft der Aufrechnung nicht zu schließen. Die Bestimmung des § 389 ist in dem Gebiete der bürgerlichen Rechtes erlassen und hat in dem Gebiete des materiellen Rechtes zweifellos eine unbeschränkte Wirkung. Ein Erstrecken der Wirkung auf das Gebiet des Prozeßrechtes erscheint nicht angängig. Das Prozeßrecht ist nach den Erfordernissen eines geregelten Verfahrens und der öffentlichen Ordnung selbständig aufgebaut. Zu den wichtigsten Grundlagen desselben gehören die an die Klagerhebung geknüpften Wirkungen. Danach sollen die Parteien an die zur Zeit der Klagezustellung bestehende Lage der Streitsache und insbesondere auch an die zu dieser Zeit gegebene Zuständigkeit des Gerichtes gebunden sein. Im gegenwärtigen Falle war zur Zeit der Erhebung der Klage, wenn damals die Forderung des Beklagten an die Klägerin bestand, ein die Zuständigkeit des Gerichtes zu München begründender Umstand gegeben, und damit diese Zuständigkeit unverrückbar festgelegt. Durch die Aufrechnungserklärung der Klägerin vom 17. Januar 1903 wurde bewirkt, daß die Forderung des Beklagten an die Klägerin als vor dem Zeitpunkte der Klagerhebung getilgt galt. Diese Wirkung war aber nur eine materiellrechtliche, und durch die damit verknüpfte Änderung des die Zuständigkeit des Münchener Gerichtes begründenden Umstandes, nämlich den Wegfall der Forderung des Beklagten an die Klägerin, wurde die vorher begründete Zuständigkeit nicht berührt." ...

---

66. 1. Kann die Einrede des § 274 Ziff. 6 Z.P.O. auch in dem Falle geltend gemacht werden, wenn die Klage nicht freiwillig zurückgenommen (§ 271 Z.P.O.), sondern gemäß § 113 Z.P.O. für zurückgenommen erklärt ist?

2. Können die prozeßhindernden Einreden des § 274 Z.P.O., insbesondere Ziff. 6 das., nicht nur gegenüber Klagen, sondern auch gegenüber Widerklagen erhoben werden?

III. Zivilsenat. Urt. v. 7. Juni 1904 i. S. B. (Bekl.) w. N. (Kl.). Rep. III. 187/04.

I. Landgericht Lissa.
II. Oberlandesgericht Posen.

Aus den Gründen:

„Das Berufungsgericht hat die Widerklage des Beklagten auf Grund der prozeßhindernden Einrede — § 274 Ziff. 6 Z.P.O. — abgewiesen, daß die zur Erneuerung des Rechtsstreites erforderliche Erstattung der Kosten des früheren Verfahrens noch nicht erfolgt sei. Es hatte nämlich der Beklagte den jetzt mit der Widerklage verfolgten Anspruch bereits früher klageweise geltend gemacht; diese Klage war aber gemäß § 113 Z.P.O. für zurückgenommen erklärt, weil Beklagter als damaliger Kläger die von ihm als Ausländer erforderte Sicherheit für die Prozeßkosten nicht geleistet hatte, und die dem jetzigen Kläger als damaligem Beklagten aus diesem Prozesse zu erstattenden, auf 65,85 *M* festgesetzten Kosten sind ihm unstreitig noch nicht bezahlt. Die Revision erhebt gegen diese Entscheidung zunächst den Einwand, daß die prozeßhindernde Einrede des § 274 Ziff. 6 Z.P.O. den vorliegenden Fall überhaupt nicht treffe, da der § 271 daselbst, die Voraussetzung des § 274 Ziff. 6, nur von der freiwilligen Zurücknahme der Klage handle, im vorliegenden Falle aber Beklagter die damalige Klage nicht zurückgenommen habe, sondern dieselbe vom Gericht für zurückgenommen erklärt sei. Der Angriff kann aber nicht für begründet erachtet werden, da, wenn das Gesetz verordnet, daß eine Klage für zurückgenommen zu erklären ist, dies nur dahin verstanden werden kann, daß es so angesehen werden soll, als wenn die Klage zurückgenommen wäre, daß also, weil anderenfalls der Ausspruch bedeutungslos wäre, auch diejenigen Folgen eintreten müssen, welche mit der Zurücknahme der Klage gesetzlich verbunden sind. Ebenso unbegründet ist der zweite Angriff der Revision, daß die prozeßhindernden Einreden des § 274 und insbesondere auch die hier in Frage stehende Nr. 6 desselben nur bei Klagen, nicht aber auch bei Widerklagen in Betracht kommen könnten. Denn die Widerklage ist sachlich nichts anderes als eine Klage und kann daher auch hinsichtlich der Prozeßvoraussetzungen, soweit nicht aus besonderen Bestimmungen, wie hinsichtlich der Nr. 5 des § 274 aus § 110 Ziff. 3 Z.P.O., sich etwas anderes ergibt, nicht anders behandelt werden, als diese, und insbesondere ist hinsichtlich der hier fraglichen Nr. 6 des § 274 kein Grund erfindlich, bei der Widerklage eine nochmalige Belästigung durch Verfolgung desselben Anspruchs ohne Erstattung der Kosten des früheren Prozesses zuzulassen, wenn man sie bei der Klage ausschließt. Dies ist auch die in der Theorie herrschende Ansicht.

Vgl. v. Wilmowski u. Levy, Bem. 1 zu § 247 (jetzt § 274); Struckmann u. Koch, Bem. 1 Abs. 2 zu § 274; Petersen, Bem. 15 zu § 274; Seuffert, Bem. 13 zu § 274, und jetzt auch, unter Aufgabe ihrer früheren Ansicht, Gaupp-Stein, Bem. VI zu § 274 Z.P.O." ...

---

67. Muß der Vorbehalt der Gewährleistungsansprüche nach § 464 B.G.B. „bei der Annahme" der als fehlerhaft erkannten Kaufsache, und zwar im Falle eines Grundstückskaufes bei der Auflassung, erfolgen?

V. Zivilsenat. Urt. v. 8. Juni 1904 i. S. Frau M. (Bekl. u. Widerkl.) w. Eheleute P. (Kl. u. Widerbekl.). Rep. V. 550/03.

I. Landgericht Elbing.
II. Oberlandesgericht Marienwerder.

Die Kläger hatten ihr Hausgrundstück durch notariellen Vertrag vom 15. Dezember 1900 an die Beklagte verkauft, es ihr am 1. April 1901 übergeben und am 14. Juni 1901 aufgelassen. Als die Beklagte nach dem Besitzantritt Schwamm in dem Hause entdeckte, zeigte sie das den Klägern am 13. April an und erklärte, sie dafür verantwortlich machen zu wollen, wenn keine gütliche Einigung erfolge, worauf der mitklagende Ehemann am 17. April antwortete, wenn wirklich Schwamm vorhanden sein sollte, die Sache untersuchen und den Schwamm beseitigen lassen zu wollen. Dann forderte die Beklagte am 10. Juni die Kläger zur Auflassung des Grundstückes auf und nahm diese am 14. Juni entgegen, ohne daß über den Schwamm weiter gesprochen worden wäre. Erst am 28. August 1901 trat die Beklagte mit einem Preisminderungsanspruche wegen des

Schwammes hervor und machte diesen dann auch, als die Kläger auf Zahlung eines fälligen Kaufpreisteils Klage erhoben, durch Einrede und Widerklage geltend.

In erster Instanz wurde die Klage abgewiesen, und der Widerklage stattgegeben, dagegen in zweiter Instanz umgekehrt die Beklagte nach dem Klagantrage verurteilt und mit ihrer Widerklage abgewiesen. Die Revision der Beklagten und Widerklägerin wurde zurückgewiesen.

Aus den Gründen:

„Der Berufungsrichter hält den von der Beklagten geltend gemachten Anspruch auf Preisminderung schon dadurch für beseitigt, daß bei der Entgegennahme der Auflassung des Grundstückes kein Vorbehalt von Gewährleistungsansprüchen erklärt worden ist. Die Bestimmungen des § 464 B.G.B., wonach dem Käufer, der eine mangelhafte Sache annimmt, obwohl er den Mangel kennt, Gewährleistungsansprüche nur zustehen, wenn er sich seine Rechte wegen des Mangels bei der Annahme vorbehalten hat, faßt der Berufungsrichter dahin auf, daß der Vorbehalt bei der Annahme gemacht werden müsse, eine frühere Geltendmachung solcher Ansprüche daher wirkungslos bleibe, wenn der Vorbehalt bei der Annahme nicht wiederholt werde. Unter der entscheidenden Annahmehandlung aber will er bei Grundstückskäufen — auch bei schon vorangegangener Übernahme des Grundstückes — nur die Auflassung gelten lassen. Diese Ausführungen konnten nicht für richtig erachtet werden.

Es fehlt an einem Anlaß, bei Auslegung des § 464 die dort gebrauchten Worte „bei der Annahme" so auf ihre buchstäbliche Bedeutung einzuengen, wie es der Berufungsrichter getan hat. Grund und Sinn dieser Bestimmung ist doch der, wie auch in den Motiven zu dem entsprechenden § 386 des 1. Entwurfes (Bd. 2 S. 229) hervorgehoben ist, im Interesse des Verkehrs eine gegen Treu und Glauben verstoßende Geltendmachung von Gewährleistungsansprüchen auszuschließen, wenn der Käufer durch eine vorbehaltlose Annahme der als fehlerhaft erkannten Sache auf solche Ansprüche verzichtet hatte. Hätte der Gesetzgeber dabei einen ausdrücklichen Vorbehalt bei einer bestimmten Erfüllungshandlung als Erfordernis aufstellen wollen, so würde er von dem sonst befolgten Grundsatze möglichster Formfreiheit der Rechtsgeschäfte ohne zureichenden Grund abgewichen sein. Den Rechtsgrund für den Ausschluß der Gewährleistungsansprüche in solchem Falle bildet der Verzicht des Käufers, und da dieser an sich in der Annahme der als fehlerhaft erkannten Kaufsache zu finden ist, bedarf es allerdings, um dieses Verhalten vor der Deutung als Verzichtshandlung zu schützen, einer dem Verkäufer erkennbaren entgegengesetzten Willensbetätigung des Käufers, die aber, um diesen Zweck zu erfüllen, nicht notwendig in unmittelbarer zeitlicher Verbindung mit der Annahmehandlung zu stehen braucht. Hätte z. B. der Käufer vorher erklärt, demnächst zwar die fehlerhafte Sache annehmen zu wollen, aber sich seine Gewährleistungsansprüche schon jetzt vorzubehalten, so würde nicht ohne weiteres in der ohne Wiederholung des Vorbehaltes nachfolgenden Annahme eine Zurücknahme des Vorbehaltes gefunden werden können; und wer etwa nach der Übernahme des erkauften Grundstückes schon einen Prozeß wegen eines Anspruches auf Preisminderung anhängig gemacht hätte, würde nicht zu besorgen brauchen, diesen Anspruch durch eine vorbehaltlose Entgegennahme der Auflassung wieder zu verlieren. Erforderlich ist allerdings, daß ein schon vorher erklärter Vorbehalt noch bei der nachfolgenden Auflassung erkennbar aufrechterhalten wird; aber unter dieser Voraussetzung kann die Wirksamkeit einer schon vorbehaltenen oder begonnenen Geltendmachung von Gewährleistungsansprüchen nicht durch eine formelle Wiederholung einer bezüglichen Erklärung bei der Annahmehandlung bedingt sein.

Ebensowenig läßt sich mit dem Berufungsrichter annehmen, daß bei Grundstückskäufen allemal nur die Auflassung als Annahme im Sinne des § 464 zu gelten habe. Mit Recht wird von der Revision darauf hingewiesen, daß die Gewährleistungspflicht des Verkäufers nach § 459 B.G.B. in der Haftung dafür besteht, daß nicht die Kaufsache zu der Zeit des Gefahrüberganges auf den Käufer mit Fehlern behaftet sei, und daß nach § 446 dieser Zeitpunkt auch bei Grundstückskäufen — wenn nicht etwa die Eintragung des Käufers als Eigentümers in das Grundbuch der Besitzübergabe vorhergeht — mit der Übergabe eintritt. Daraus ergibt sich die Folgerung, daß bei einer der Auflassung vorhergehenden Übergabe des verkauften Grundstückes schon die Übergabe, weil sie die Gefahr auf den Käufer überträgt und den Anfang der Erfüllung des Verkäufers enthält, den Zeitpunkt darstellt, in welchem den vorstehenden Ausführungen zufolge spätestens der Käufer, der die Fehlerhaftigkeit kennt, sich seine Ansprüche vorbehalten muß, um nicht die Annahme des Verzichtes gegen sich zu begründen. Wenn in den Motiven zum 1. Entwurfe a. a. O. mit Recht in der vorbehaltlosen Annahme der zum Zwecke der Erfüllung angebotenen als mangelhaft erkannten Kaufsache ein Verzicht des Käufers auf Wandlungs- oder Minderungsansprüche gefunden wird, so treffen diese Voraussetzungen auch zu bei einem Käufer, der schon vor der Auflassung das ihm zum Zwecke der Erfüllung angebotene Grundstück in Kenntnis des Mangels ohne Vorbehalt annimmt. Der Verkäufer kann ein solches Verhalten nicht anders denn als Verzicht auf Gewährleistungsansprüche auffassen, und es würde gegen Treu und Glauben verstoßen, wenn der Käufer hinterher, nachdem er vielleicht erst durch dieses Verhalten den Verkäufer zur Erteilung der Auflassung veranlaßt und dadurch in eine ungünstigere Lage versetzt hatte, noch mit solchen Ansprüchen hervortreten wollte.

Im vorliegenden Falle ist die Übergabe des Grundstückes der Auflassung schon einige Monate vorhergegangen. Bei der Übergabe kannte die Beklagte den Schwammfehler noch nicht; sie entdeckte ihn erst später, und hat dann sofort den Klägern die Erhebung von Gewährleistungsansprüchen in Aussicht gestellt. Deren jetzige Geltendmachung durch Einrede kann also dem Vorstehenden nach nicht daran scheitern, daß die Beklagte nicht bei der Auflassung *ausdrücklich* den Vorbehalt der Ansprüche wiederholt hat.

Dagegen fragt es sich, ob nicht gleichwohl ihr *Verhalten im übrigen* die Annahme eines Verzichtes auf Gewährleistungsansprüche gegen sie begründe, und die Ausführungen, mit denen der Berufungsrichter *diese* Frage bejaht hat, haben nicht mit Erfolg von der Revision angegriffen werden können." ...

---

68. Eignen die von einer Eisenbahngesellschaft einem Anlieger gegenüber durch vertragliche Gestattung des Anschlusses eines Privatgleises an die Bahn übernommenen Verbindlichkeiten sich zum Inhalt einer Grundgerechtigkeit?

A.L.R. I. 22 §§ 11. 12. 30.

B.G.B. §§ 1018. 1021.

VII. Zivilsenat. Urt. v. 10. Juni 1904 i. S. preuß. Eisenbahnfiskus (Bekl.) w. R. u. Gen. (Kl.). Rep. VII. 18/04.

I. Landgericht Essen.
II. Oberlandesgericht Hamm.

Die offene Handelsgesellschaft R. & M., deren Aktiva und Passiva nebst der Firma nach Angabe der Kläger im Jahre 1870 auf diese übergegangen sind, hatte die Parzelle Nr. 255/131 zu G. durch Kaufvertrag vom 13. Dezember 1856 und die Parzelle 386/133 daselbst durch Vertrag vom 4. September 1862 und Übergabe erworben. Am 1. März 1860 bat sie die Direktion der Köln-Mindener Eisenbahngesellschaft, ihr nach einem vorgelegten Plane die Anlage eines Anschlußgleises für ihre Dampfkesselfabrik auf ihre Kosten zu gestatten. Nach einem Briefwechsel nahm ein Beamter der Köln-Mindener Eisenbahngesellschaft am 15. September 1860 eine Verhandlung mit der genannten Firma, vertreten durch H. M., auf, laut deren er dieselbe über ihre Geneigtheit zur unentgeltlichen Abtretung einer Fläche von etwa acht Quadratruten befragte und ihr mitteilte, daß es ihr bei Abtretung der Fläche gestattet sein solle, sich mit einem Strange an die Bahn anzuschließen. Der Vertreter der Firma erklärte sich zur unentgeltlichen Abtretung bereit, „wenn ihm die Verbindung mit dem Bahnhofe in der Weise, wie sie in einem vorgelegten Plane angegeben, auszuführen gestattet werde", bat dagegen, die Köln-Mindener Eisenbahngesellschaft möge die Ausführung des Stranges für eigene Rechnung übernehmen, wogegen er derselben außer dem abzutretenden Lande noch eine Pauschsumme von 1000 Talern zu zahlen bereit sei. Eine Kündigung wurde nicht vorgesehen. Die Direktion der Köln-Mindener Eisenbahn beschloß darauf, den Anschlußstrang für die Firma R. & M. herzustellen, jedoch nicht gegen ein Pauschquantum, sondern gegen Erstattung der Selbstkosten. Das Anschlußgleise wurde hergestellt und von der Fabrik der Firma R. & M., beziehungsweise deren Rechtsnachfolgern benutzt, während die Auflassung der abzutretenden Grundfläche am 11. Februar 1885 an den preußischen Eisenbahnfiskus als den Universalrechtsnachfolger der Köln-Mindener Eisenbahn erfolgte.

Im Jahre 1901 nahm die Eisenbahnverwaltung einen Umbau des Bahnhofes zu G. vor und hob dabei am 11. April 1901 gegen den Widerspruch der Kläger das Anschlußgleise auf, ohne es in einer den veränderten Verhältnissen entsprechenden Art wiederherzustellen.

Kläger beschritten den Rechtsweg. Sie führten aus, das Abkommen vom 15. September 1860 stelle einen wechselseitigen lästigen und ihrerseits erfüllten Vertrag unter den beiderseitigen Rechtsvorgängern dar, durch welchen ihnen zugunsten der obengenannten Grundstücke ein dingliches, servitutarisches Recht an den Grundstücken der Eisenbahnverwaltung eingeräumt sei. Sie verlangten Wiederherstellung des Anschlusses auf Kosten der Eisenbahnverwaltung und Entschädigung.

Der Beklagte beantragte Abweisung der Klage. Er bestritt die Aktivlegitimation der Kläger. Insbesondere aber führte er aus, das Verlangen der Firma R. & M., die Erlaubnis zur Verbindung ihrer Fabrikanlage mit dem Bahnhofe durch ein Anschlußgleise zu erhalten, sei nur die Veranlassung des Vertrages vom 15. September 1860 gewesen, diese Verhandlung stelle nicht einen gegenseitigen Vertrag dar, sondern enthalte nur zwei einseitige Verpflichtungen. Die Verpflichtung der Eisenbahngesellschaft hielt der Beklagte für jederzeit widerruflich. Eventuell bestritt er den servitutarischen Charakter des behaupteten Rechtes.

Durch Urteil der ersten Instanz wurde der Beklagte verurteilt, den Klägern als Eigentümern der Parzelle Flur 3 Nr. 255/131 (alte Bezeichnung) der Gemeinde Gelsenkirchen zu gestatten, auf ihre Kosten einen Eisenbahnanschluß herzustellen; mit den weitergehenden Ansprüchen wurden die Kläger abgewiesen.

Beide Parteien legten Berufung ein.

Durch Urteil des Berufungsgerichts wurde, unter Zurückweisung der Berufung des Beklagten, das Urteil der ersten Instanz dahin geändert, daß auf die Berufung der Kläger der Beklagte verurteilt wurde,

entweder den bisher mit den Grundstücken Flur 14 Nr. 46. 47. 48 und 49 von G. verbundenen Eisenbahnanschluß in der durch die veränderten baulichen Verhältnisse bedingten Art auf seine Kosten ordnungsmäßig wiederherzustellen und den Klägern den durch die Beseitigung des bisherigen Anschlusses seit dem 11. April 1901 entstandenen Schaden zu zahlen,

oder den Klägern durch Zahlung einer Kapitalsumme den durch die Beseitigung des bisherigen Gleisanschlusses seit dem 11. April 1901 entstandenen Schaden zu erstatten.

Auf Revision des Beklagten ist das Urteil aufgehoben aus folgenden

Gründen:

„Keinem Bedenken unterliegt die Annahme des Berufungsrichters, daß die vom Betriebsinspektor H. am 15. September 1860 aufgenommene protokollarische Verhandlung nicht etwa zwei rechtlich voneinander unabhängige und nur infolge der Beweggründe in Beziehung zueinander stehende Versprechen einer jeden Partei, sondern einen einheitlichen, auf Leistung und Gegenleistung gerichteten, also lästigen Vertrag ergibt. Wenn die Überlassung der Grundstücke der Firma R. & M., deren die Eisenbahn bedurfte, als eine unentgeltliche bezeichnet wird, so ist dies nicht geeignet, Zweifel zu erregen; denn es erklärt sich schon dadurch, daß ursprünglich die Vereinbarung eines Kaufpreises für die Grundstücke in Aussicht genommen war, und daß, nachdem die Eisenbahnverwaltung sich zur Gestattung eines Anschlußgleises bereit erklärt hatte, hiervon Abstand genommen wurde. Dem Worte „unentgeltlich" blieb hiernach nur die Bedeutung, daß keine anderweite Vergütung gewährt werden sollte, und ebensowenig wie die Gewährung des Anschlusses unentgeltlich erfolgte, traf diese Bezeichnung im eigentlichen Sinne auf die Abtretung der Grundfläche zu; die beiderseitigen Verpflichtungsübernahmen standen also nicht lediglich materiell, sondern auch rechtlich in Verbindung miteinander; sie wurden gegeneinander ausgetauscht und vereinigten sich infolge davon zu einem Gegenseitigkeitsgeschäft.

Der Berufungsrichter hat nun aber seine Entscheidung nicht unmittelbar auf das Vorhandensein eines obligatorischen Geschäftes gestützt, nicht geprüft, welche persönlichen Rechte dasselbe der einen oder anderen Partei gewährte, sowie welches die Bedeutung einer Veränderung der Umstände für die Frage der Forterxistenz der Verpflichtungen haben mußte, und von welcher Art die Folgen einer Verletzung der Verbindlichkeiten waren, ebensowenig auch, ob die ursprünglich der Firma R. & M. erworbenen Rechte auf die gegenwärtige Klägerin übergegangen sind, sondern er findet in dem Vertrage die Vereinbarung eines dinglichen Rechtes, nämlich einer Grundgerechtigkeit, und leitet hieraus Konsequenzen her, an deren Hand er zur Erlassung der angefochtenen Entscheidung gelangt ist.

Hier entsteht aber schon das Bedenken, ob die Annahme des Berufungsrichters, daß der Wille der Kontrahenten seinerzeit auf dingliche Rechtswirkungen gerichtet gewesen ist, eine genügende Begründung gefunden hat." ...

Nachdem dies weiter ausgeführt ist, fahren die Gründe fort:

... „Wäre aber auch von diesem Bedenken abzusehen, so scheitert die Dinglichkeit nach der Passivseite hin doch daran, daß rechtlich die von der Eisenbahn übernommenen, in ihrem Zusammenhange eine Einheit bildenden Verbindlichkeiten zu einer dinglichen Grundstückslast ungeeignet sind. Der Berufungsrichter gibt für seine entgegengesetzte Auffassung folgende Erwägungen:

Der Inhalt des Rechtes bestehe in der dauernden Kommunikation des gewerblichen Etablissements mit dem Eisenbahnkörper, insbesondere in dem Rechte, befrachtete Waggons ohne Umladung auf dem hierfür bestimmten Schienenwege und mittels der hierzu erforderlichen Weicheneinrichtungen von der Fabrik unmittelbar auf den Eisenbahnkörper und von diesem unmittelbar nach der Fabrik zu befördern. Die wesentliche rechtliche Verpflichtung des Beklagten bestehe in der Duldung dieser Kommunikation. Der Einwand des Beklagten, das in Anspruch genommene Recht als dingliches Recht könne insbesondere nicht in der Verpflichtung der Eisenbahnverwaltung zur Bedienung des Gleisanschlusses bestehen, sei nicht begründet. Denn nach preußischem Recht, unter dessen Geltung das Rechtsverhältnis begründet sei, sei eine durch den Bestellungsakt oder durch die Natur des Rechtes begründete positive Tätigkeit des Eigentümers des belasteten Grundstückes kein der Begründung des Rechtes als eines dinglichen entgegenstehendes Hindernis, sofern nur die Grunddienstbarkeit nicht auf diese Tätigkeit beschränkt sei. Eine Verpflichtung des Beklagten zur Unterhaltung und Bedienung des Anschlußgleises würde aber auch nach jetzigem Rechte dem Wesen der Grunddienstbarkeit nicht widersprechen. Denn die Unterhaltungspflicht sei in den §§ 1021. 1022 B.G.B. ausdrücklich anerkannt, und die Bedienung des Gleises, insbesondere die Gestellung von Wagen, sei ein, wenn auch nicht eintragungsfähiges, aber doch mit der Grunddienstbarkeit der Zulassung der Kommunikation verbundenes, nur akzessorisches Rechtsverhältnis, welches lediglich dem Zwecke der Servitut diene, und ohne welches die Servitut der Güterkommunikation bestehen könne, da sie von dem Berechtigten auch durch eigene Wagen und mittels deren Bedienung durch eigene Leute ausgeübt werden könne. Die Bedienungspflicht setze zwar das

Bestehen des Rechtes auf das Anschlußgleise voraus, sei aber nicht als ein besonderes Recht begründet, sondern folge nur aus dem Bestehen desselben, als im Verkehrsinteresse liegend.

In diesen Ausführungen ist, wie die Revision mit Recht annimmt, die Bedeutung der mehreren von der Eisenbahn übernommenen Verbindlichkeiten und deren Verhältnis zueinander verkannt. Die Eisenbahn geht Anschlußverträge in erster Linie nicht als Eigentümerin des Grundes und Bodens, auf welchem sich die Eisenbahngleise und die sonstigen dem Eisenbahnverkehr dienenden Anlagen befinden, sondern als Transportunternehmerin ein. Eine Parallele mit der Einräumung eines Wegeverbindungs- und Wegebenutzungsrechtes läßt sich nicht aufstellen. Der Anlieger soll durch den Anschlußvertrag nicht das Recht erwerben, die Eisenbahnanlagen seinerseits in irgendeiner Weise unmittelbar zu benutzen, zu begehen, zu befahren oder befahren zu lassen, auch nicht an demjenigen Punkte, an welchem sein Eigentum mit dem Grund und Boden der Eisenbahn zusammenstößt, sondern die Benutzung bleibt allein der Eisenbahn, indem diese der Anlagen zur Ausführung der Transportverträge, der mit dem Anlieger zu schließenden, wie aller übrigen, sich bedient. Es ist nicht ein zufälliger und nebensächlicher, sondern ein wesentlicher Umstand, daß der Anlieger die Kommunikation nicht selbst und durch seine Leute bewirkt; denn die Eisenbahn versagt ihm nach dem Sinn der Anschlußverträge ein Recht auf solche Handlungen; sie wahrt sich die ausschließliche Befugnis des Handelns auf ihrem Terrain, welche, den Bedürfnissen des Verkehrs und der Verkehrssicherheit entsprechend, keine Einschränkung gestattet, und macht die Eisenbahnanlagen dem Anlieger rechtlich nur indirekt nutzbar, indem sie die Ausführung von Transporten von der Verbindungsstelle und nach derselben mit ihm vereinbart. Ein Dulden des Fahrens oder Gehens, wie es sich zum Inhalte einer Servitut eignen würde, findet also nicht statt. Als Weg unterscheiden die Eisenbahngleise sich von anderen öffentlichen und privaten Wegen gerade dadurch, daß sie der Eisenbahn als Transportunternehmerin dienen, für deren Zweck sie ihre besondere Gestalt erhalten haben, und daß ihre öffentlichrechtliche Bestimmung durch die von der Eisenbahn dem Publikum zu leistenden Dienste (Ausführung von Transporten) verwirklicht wird. Dies ist gerade auch für die rechtliche Beurteilung der Anschlußverträge von Bedeutung.

In Betracht kommt hier, daß die Eisenbahn nicht die Stellung eines privaten Frachtunternehmers hat, der nach seinem Belieben auf die ihm angebotenen Transportverträge eingehen oder sie ablehnen kann, sondern daß ihr infolge ihrer monopolartigen Stellung gesetzlich die Verpflichtung auferlegt ist, unter bestimmten Voraussetzungen, unter denen aber insbesondere auch ein bestimmt gearteter Anfangs- und Endpunkt des Transportes in Frage kommt, Frachtverträge abzuschließen. Hätte die Eisenbahn eine solche Verpflichtung nicht, so würde ein Anschlußvertrag Bedeutung und Wert nur unter der Voraussetzung haben, daß in Verbindung mit ihm zugleich durch einen ferneren Vertrag eine Verbindlichkeit der Eisenbahn zur Eingehung von Frachtverträgen mit dem Anlieger gegen bestimmte, insbesondere die Tarife betreffende, Bestimmungen geschaffen würde, da sonst die Eisenbahn ihre Verpflichtungen aus dem Anschlußvertrage illusorisch machen könnte. Eine selbständige Bedeutung aber haben diese Verträge tatsächlich schon infolge der gesetzlichen Pflicht. Zur Zeit des hier fraglichen, im Jahre 1860 geschlossenen Vertrages waren die §§ 26. 32 des Gesetzes vom 3. November 1838 über die Eisenbahnunternehmungen maßgebend; gleichartige Bestimmungen enthielten demnächst u. a. Art. 422 H.G.B. a. F., § 46 des Betriebsreglements für die Eisenbahnen Deutschlands vom 11. Mai 1874, § 453 des jetzt geltenden Handelsgesetzbuchs und § 49 der Eisenbahnverkehrsordnung vom 26. Oktober 1899. Als alleiniger Anfangs- und Endpunkt eines Transportes, den die Eisenbahn übernehmen muß, ist aber überall, wie es in der Natur des Eisenbahnverkehrs liegt, ein im Betriebe befindlicher Bahnhof vorausgesetzt; die Eisenbahn braucht Güter zur Beförderung nur „von und nach den für den Güterverkehr eingerichteten Stationen" anzunehmen. Gerade dadurch aber, daß die Verpflichtung der Eisenbahn von der angegebenen Voraussetzung abhängig ist, während für einen Anlieger, insbesondere den Inhaber eines gewerblichen Betriebes, das Bedürfnis bestehen kann, unmittelbar von seinem Eigentum aus Waren auf den Transport zu geben und ebendort Waren entgegenzunehmen, entsteht der Anlaß zur Eingehung von Eisenbahnanschlußverträgen. Durch sie räumt die Eisenbahn dem Anlieger das Recht ein, einen auf seinem Grund und Boden herzustellenden Schienenstrang mit den Eisenbahnanlagen derart in Verbindung zu bringen, daß eine Hinüberführung von Wagen von und nach seinem Grundeigentum möglich ist, und zwar mit der nunmehr nach Maßgabe der Gesetze sich ergebenden, einer besonderen vertraglichen Festsetzung nicht mehr bedürfenden Konsequenz, daß die Anschlußstelle in die Reihe der Punkte — gleich den Bahnhöfen — tritt, von denen aus und nach welchen die Eisenbahn vom Anlieger Transporte zu übernehmen hat. Hierin ist zugleich die Selbständigkeit der Anschlußverträge begründet. Die Heranführung der Ware bis an den Beginn des Eigentums des Anliegers und von da aus gehört demnächst aber unmittelbar zur Ausführung des von der Eisenbahn verpflichtungsgemäß abzuschließenden Transportvertrages. Ob die Weiterführung der Ware, soweit sie ausschließlich auf dem Grund und Boden des Anliegers geschieht, von diesem durch seine Leute, oder noch von der Eisenbahn bewirkt wird, bleibt Gegenstand weiterer Vereinbarung.

Bedingend für die Ausführbarkeit der Anschlußverträge ist die Herstellung äußerer Einrichtungen auf dem Eisenbahnterrain, welche die Verbindung mit dem Anschlußgleise am Grenzpunkte ermöglichen. Als unrichtig und als eine Verkennung des wirklichen Sachverhaltes aber muß es erscheinen, wenn man in diesen Teil der Pflichten der Eisenbahn, der isoliert zum Inhalt einer Servitut geeignet wäre, ihren Schwerpunkt legt und die Bewirkung des Transportes bis an die betreffende Stelle als ein Akzessorium ansieht; denn das wesentliche bleibt immer, daß die Eisenbahn zur Eingehung von Frachtverträgen mit allen aus diesen regelmäßig resultierenden Verbindlichkeiten der Eisenbahn als Frachtführerin bis zum Anschlußpunkte verpflichtet ist. In ihrem Kerne bleibt mithin die rechtlich einheitliche Verbindlichkeit der Eisenbahn auf ein positives Handeln gerichtet; die Verpflichtung zum Dulden und Erhalten der äußeren Anlage ist untergeordnet, dient nur der Transportpflicht und teilt ihren Rechtscharakter. Unerheblich ist deshalb auch, ob die Eisenbahn überhaupt Eigentümerin des Grundes und Bodens ist, auf welchem die Eisenbahnanlagen sich befinden, oder ob sie denselben etwa nur zum Betriebe gepachtet hat und Änderungen an den Anlagen nur kraft ihrer Vertragsrechte vorzunehmen befugt ist.

Die Verbindlichkeiten der Eisenbahn können mithin als Gesamtheit servitutarische Natur nicht haben. Wenn Klägerin als Revisionsgegnerin auf den § 30 A.L.R. I. 22 hinweist, indem sie ausführt, zwar werde nicht vermutet, daß der Besitzer des belasteten Grundstücks tätige Hilfe zur Ausübung der Grunddienstbarkeit zu leisten schuldig sei, wohl aber dürfe dies bedungen werden, so trifft das zu, ist aber für den vorliegenden Fall ohne Belang, weil eben dem Anlieger seinerseits nicht das Recht zu einem Handeln auf dem Eigentum der Eisenbahn eingeräumt, und der Eisenbahn nicht die Pflicht zu einem Dulden desselben auferlegt, sondern der Eisenbahn das eigene Handeln auf ihrem Gebiet ausschließlich gewahrt ist, und nur dieses ihr Handeln den Hauptgegenstand ihrer Verpflichtung bildet. Soweit eine Tätigkeit der Leute des Anliegers bei Fortbewegung der Wagen von seinem Eigentum über den Grenzpunkt hinaus und in umgekehrter Richtung bedungen oder zugelassen ist, erscheint als Inhalt des Rechtsverhältnisses nicht, daß der Anlieger selbständig tätig würde, und die Eisenbahnverwaltung ihm Hilfe leistete, sondern umgekehrt: die Eisenbahn übt, sobald ihr dem allgemeinen Verkehr gewidmetes Gebiet berührt wird, die entscheidende, in der Ausführung des Transportes bestehende Tätigkeit aus, verfügt und leitet, und der Anlieger hilft ihr durch sein Personal. Auch in einem solchen Falle bewirkt also die Eisenbahn die „Kommunikation".

Eines Eingehens auf die Ausführung des Berufungsrichters, daß auch nach dem Bürgerlichen Gesetzbuch der Auffassung des Rechtes der Klägerin als einer Grunddienstbarkeit nichts entgegenstehe, bedarf es nicht, da die Entstehungstatsachen unter die Herrschaft des älteren Rechtes fallen, und nach Art. 184 des Einführungsgesetzes demgemäß das Recht mit dem aus den bisherigen Gesetzen sich ergebenden Inhalt bestehen geblieben ist, nach diesen aber auch sein Umfang sich bestimmen würde. Der Annahme des Berufungsrichters könnte aber auch nicht zugestimmt werden; vielmehr ergibt die Unmöglichkeit eines servitutarischen Rechtes sich hier sogar mit noch größerer Bestimmtheit. Nach § 1021 B.G.B. kann, wenn zur Ausübung einer Grunddienstbarkeit, wie deren Inhalt im § 1018 begrenzt ist, eine Anlage auf dem belasteten Grundstücke gehört, bestimmt werden, daß der Eigentümer dieses Grundstückes die Anlage zu unterhalten hat, soweit das Interesse des Berechtigten es erfordert. Hieraus wäre aber für den gegenwärtigen Fall nur herzuleiten, daß eine Pflicht der Eisenbahn, die Verbindungsanlagen, soweit sie auf ihrem Terrain sich befinden, zu erhalten, mit dinglichem Charakter reallastartig geschaffen werden kann. Aber um eine solche handelt es sich nicht allein und nicht in erster, maßgebender Reihe; die weiteren, entscheidenden Pflichten der Eisenbahn aber liegen völlig außerhalb dessen, was nach den Vorschriften des Bürgerlichen Gesetzbuchs dingliche Rechtsnatur zu haben vermag; die Pflicht zur Erhaltung der Anlagen, gleich der des Duldens derselben, steht im Unterordnungsverhältnis zu den den Hauptgegenstand bildenden Pflichten." . . .

---

69. 1. Tritt im Falle der sog. mittelbaren Vertretung derjenige, in dessen Interesse der sog. mittelbare Vertreter handelt, zu dem Gegenkontrahenten des letzteren in rechtliche Beziehung, oder wird der sog. mittelbare Vertreter durch die Geschäfte, die er mit Dritten schließt, lediglich selbst berechtigt und verpflichtet?

2. Zu den Voraussetzungen des § 164 Abs. 2 B.G.B.

VII. Zivilsenat. Urt. v. 14. Juni 1904 i. S. Gr. (Kl.) w. C. (Bekl.). Rep. VII. 29/04.

I. Landgericht Posen.
II. Oberlandesgericht daselbst.

Der Kläger verpachtete durch notariellen Vertrag vom 6. Oktober 1900 sein Rittergut Br. an J. St. und überließ letzterem mehrere zum toten Inventar gehörige Gegenstände für die Dauer der Pacht zur Benutzung. Eigentümer dieser Gegenstände war und blieb der Kläger. St. versicherte dieselben zugleich mit seinem eigenen Inventar bei der Feuerversicherungsgesellschaft zu S. gegen Feuerschaden, und zwar auf seinen Namen. Im Herbst 1902 brach auf Br. Feuer aus; außer verschiedenen Sachen des Pächters St. verbrannten auch die dem Kläger gehörigen Inventarstücke. Der entstandene Schade wurde von der Versicherungsgesellschaft auf 11061,80 ℳ geschätzt; nach Angabe des Klägers sollten hiervon auf die von ihm dem Pächter zur Benutzung überlassenen Inventarstücke 1893 ℳ entfallen. Der Anspruch des Pächters auf die Brandentschädigung wurde von mehreren Gläubigern desselben gepfändet. Die Versicherungsgesellschaft hinterlegte infolgedessen die ganze Summe bei dem Amtsgericht in Schr. Es wurde das Verteilungsverfahren eingeleitet, in welchem zwischen dem Kläger und dem Beklagten, der als Gläubiger des Pächters eine Pfändung des Versicherungsanspruches erwirkt hatte, Streit darüber entstand, ob der Kläger, wie dieser beanspruchte, den Betrag von 1893 ℳ vorweg der Masse entnehmen dürfe.

Der Kläger erhob Klage mit dem Antrage, den Beklagten zu verurteilen, in die Auszahlung des Betrages von 1893 ℳ aus der Verteilungsmasse an ihn zu willigen. Die Klage wurde von dem ersten Richter abgewiesen. Der Kläger legte Berufung ein. Er behauptete noch, mit dem Pächter St. verabredet zu haben, daß dieser die Versicherung des toten Inventars lediglich als Bevollmächtigter des Klägers und auf dessen Namen nehmen sollte. Die Berufung wurde mit der Maßgabe zurückgewiesen, daß die Anfertigung eines neuen Verteilungsplanes und ein anderweites Verteilungsverfahren angeordnet wurde.

Die Revision des Klägers ist zurückgewiesen aus den folgenden

Gründen:

„Der erste Richter hat auf die Bestimmung des § 1952 A.L.R. II. 8 — „Über alles, was der Gegenstand eines rechtsgültigen Vertrages sein kann, können auch Versicherungen geschlossen werden" — hingewiesen und ausgeführt, durch den Abschluß des Versicherungsvertrages sei hinsichtlich des Anspruches auf Erstattung eines Brandschadens eine rechtliche Beziehung lediglich zwischen dem Versicherungsnehmer, dem Pächter St., und der Versicherungsgesellschaft entstanden. Der Pächter habe ein Interesse daran gehabt, im Falle des Unterganges der Inventarstücke durch Feuer an deren Stelle Geld zu erhalten, da er vertragsmäßig verpflichtet sei, dem Kläger den Wert derselben zu erstatten. Der Kläger aber habe nur gegen den Pächter einen Anspruch, nämlich darauf, bei Beendigung des Pachtvertrages entweder die Inventarstücke, oder ihren Wert zu erhalten. Der Anspruch auf Erstattung des Wertes sei ein rein obligatorischer. Keineswegs habe der Kläger einen Anspruch auf Ersatz des Wertes der Inventarstücke gegen die zu ihm in keiner rechtlichen Beziehung stehende Versicherungsgesellschaft erworben. Der Pächter St. habe den Vertrag mit der Versicherungsgesellschaft auf seinen Namen geschlossen, ohne dieser zu erklären, daß er den Vertrag hinsichtlich der in Frage stehenden Gegenstände als Vertreter und für Rechnung des Klägers schließe; er habe den Vertrag kraft eigenen Rechtes geschlossen. St.

sei deshalb der Gesellschaft gegenüber allein zum Empfange der Versicherungssumme berechtigt, wie die Gesellschaft nur an ihn zahlen dürfe. Da der Kläger einen Anspruch nur gegen St. habe, so sei er nicht berechtigt, die Entschädigung für seine Inventarstücke aus dem von der Gesellschaft hinterlegten Betrage zu verlangen, bevor der durch ein Pfandrecht gesicherte Anspruch des Beklagten befriedigt sei.

Der Berufungsrichter hat diese Ausführungen gebilligt und hinzugefügt, es sei unerheblich, ob St. die Verpflichtung übernommen habe, die dem Kläger gehörigen Inventarstücke auf dessen Namen zu versichern. Dies würde nichts darin ändern, daß aus der von St. im eigenen Namen und mit Rücksicht auf das vorhandene Selbstinteresse gültig geschlossenen Versicherung zunächst er allein die Forderung auf die Brandentschädigung erworben habe. Möge er beim Vorliegen des behaupteten Auftrages verpflichtet gewesen sein, nach eingetretenem Brandschaden seinen Anspruch an den Kläger abzutreten oder die Entschädigung im Falle der Abhebung an den Kläger abzuführen, so habe der Kläger doch den Anspruch auf die Versicherungssumme nicht unmittelbar gegenüber dem Versicherer erworben; auch würde er nicht Eigentümer der etwa von St. eingezogenen Versicherungssumme geworden sein.

Der Kläger hat zur Begründung der Revision ausgeführt, St. habe, wenn verabredet worden sei, daß er lediglich als Bevollmächtigter des Klägers und auf dessen Namen das diesem gehörige Inventar versichern sollte, redlicherweise den entsprechenden Versicherungsanspruch von vornherein nicht für sich, sondern für den Kläger erworben. Daß St. anderes gewollt habe, sei nicht festgestellt. Ein der Pfändung durch Dritte unterworfener materieller Anspruch des Pächters St. würde daher nicht vorgelegen haben, wenn St. auch auftragswidrig die Versicherung auf eigenen Namen abgeschlossen habe. Zur Unterstützung seiner Ansicht bezieht sich der Kläger auf die Ausführungen in dem Kommentar von Kuhlenbeck zu § 164 Abs. 2 B.G.B.

Die Revision ist unbegründet. Der Pächter St. hat den Versicherungsvertrag auf eigenen Namen geschlossen. Nach der Darstellung des Klägers hat er den Versicherungsanspruch aber, soweit dieser die dem Kläger gehörigen Inventarstücke betrifft, für den letzteren erwerben wollen. Es würde hiernach ein Fall der sog. indirekten oder mittelbaren Vertretung vorliegen, über welche das Bürgerliche Gesetzbuch keine besonderen Bestimmungen enthält. Bei den Beratungen der Kommission für die zweite Lesung des Entwurfes des Bürgerlichen Gesetzbuches wurden zum § 592 des Entwurfes, — § 667 des Gesetzes, — welcher dem Auftraggeber gegen den Beauftragten einen obligatorischen Anspruch auf Herausgabe desjenigen gibt, was der Beauftragte aus der Geschäftsführung erlangt hat, Vorschläge auf Aufnahme von Bestimmungen des Inhaltes gemacht, daß Forderungen, welche der Beauftragte aus der Geschäftsführung erworben habe, im Verhältnisse zwischen dem Auftraggeber und dem Beauftragten oder dessen Gläubigern als Forderungen des Auftraggebers gelten sollten, bzw. daß Sachen, Forderungen und andere Rechte, welche der Beauftragte infolge der Geschäftsbesorgung in eigenem Namen erworben habe, im Verhältnisse zwischen dem Auftraggeber und dem Beauftragten oder dessen Gläubigern als dem ersteren erworben gelten sollten, soweit sie nicht zur Deckung der dem Beauftragten aus dem Auftragsverhältnisse zustehenden Ansprüche erforderlich seien. Diese Vorschläge wurden jedoch abgelehnt. Hierbei wurde insbesondere erwogen, nach bestehendem Rechte könne derjenige, der sich fremder Hilfe bei der Besorgung seiner Geschäfte bedienen wolle, entweder die Vollmacht benutzen, dann werde er direkt durch die Geschäfte des Beauftragten, welche dieser in seinem Namen schließe, berechtigt, oder aber, falls ihm die Vollmacht wegen der damit verbundenen Gefahr einer weitgehenden Verpflichtung durch den Beauftragten zu bedenklich erscheine, könne er die mittelbare Stellvertretung wählen, dann müsse er allerdings auch die Gefahr tragen, daß der Beauftragte insolvent werde, und andere Gläubiger desselben ihm zuvorkommen. Der Kredit könnte erheblich gestört werden, wenn die Gläubiger einer Person nicht mehr sicher wären, daß das Vermögen, welches sich äußerlich als ihr gehörig darstellte, auch rechtlich entsprechend behandelt würde. Hiernach ist grundsätzlich anzunehmen, daß der sog. mittelbare Vertreter durch die Geschäfte, die er mit Dritten abschließt, lediglich selbst berechtigt und verpflichtet wird, und daß seine obligatorischen Verpflichtungen und Rechte gegenüber demjenigen, in dessen Interesse er handelt, sich nach dem zwischen ihm und diesem bestehenden Rechtsverhältnisse (Auftrag, Dienstvertrag 2c) bestimmen, während der letztere zu dem Gegenkontrahenten in keine rechtliche Beziehung tritt. Die Vorschrift des § 392 Abs. 2 H.G.B., nach welcher die Forderungen des Kommissionärs aus Kommissionsgeschäften im Verhältnisse zwischen dem Kommittenten und dem Kommissionär oder dessen Gläubigern als Forderungen des Kommittenten gelten, ist eine Sonderbestimmung, welche nur für den durch die §§ 383. 406 H.G.B. bestimmten Kreis von Geschäften gilt.

Vgl. Enneccerus, Das Bürgerliche Recht 2. Aufl. Bd. 1 S. 216; Planck, B.G.B., Bd. 1 Vorbemerkungen zu B. 1 Abschn. 3 Tit. 5 Bem. 3; Staudinger, Komm. z. B.G.B. 2. Aufl. Bd. 1 S. 467 Bem. 8.

Ob jener Grundsatz für das Gebiet des Sachenrechtes Einschränkungen erleidet, kann hier, wo es sich um den Erwerb eines obligatorischen Anspruches handelt, unerörtert bleiben. Die Hinweisung des Klägers auf § 164 Abs. 2 B.G.B. ist überhaupt unzutreffend. Nach den Feststellungen der Vorderrichter hat der Pächter St. den Versicherungsvertrag nicht auf den Namen des Klägers, sondern lediglich auf seinen Namen abgeschlossen und abschließen wollen; § 164 Abs. 2 B.G.B. hat aber zur Voraussetzung, daß der Handelnde nicht im eigenen Namen handeln will. Es braucht daher zu der von Kuhlenbeck in seinem Kommentar zum B.G.B. in Übereinstimmung mit Eck, Vorträge, vertretenen Ansicht, daß im Falle des § 164 Abs. 2 der Vertretene, und nicht der Vertreter die Rechte aus dem Vertrage erwerbe, daß insbesondere, wenn ein Bevollmächtigter eine Sache im Namen des Vollmachtgebers zu kaufen beabsichtigt, der Wille, im Namen des Vollmachtgebers zu kaufen, aber nicht erkennbar hervortritt, das Eigentum an der Sache mit der Übergabe derselben an den Bevollmächtigten von dem Vollmachtgeber erworben werde,

vgl. dagegen Enneccerus, a. a. O. S. 224; Planck, Bem. zu § 164 Abs. 2; Dernburg, Bürgerl. Recht Bd. 1 § 168 unter II,

hier keine Stellung genommen zu werden." ...

---

70. Hat derjenige, welcher in Gemeinschaft mit einem anderen in einer in Preußen verbotenen Lotterie gespielt hat, nach gemeinem Recht eine Klage auf Herausgabe der Hälfte des auf das Los gefallenen, von jenem erhobenen Gewinnes?

III. Zivilsenat. Urt. v. 17. Juni 1904 i. S. R. (Bekl.) w. J. (Kl.). Rep. III. 5/04.

I. Landgericht Flensburg.
II. Oberlandesgericht Kiel.

Der Beklagte spielte in den Jahren 1897 und 1898 mit seiner Mutter, der am 20. September 1901 verstorbenen Witwe R. in Flensburg, ein Viertellos Nr. 104772 der Kopenhagener Lotterie. Am 11. März 1898 fiel auf das Los ein Gewinn von 150000 Kronen; der auf das Viertellos entfallene Gewinnbetrag von 42187,55 *M* wurde vom Beklagten erhoben. In einem Vorprozeß hat die Witwe R. die Hälfte dieses Betrages gegen den Beklagten eingeklagt; sie stützte ihren Anspruch auf einen mit dem Beklagten eingegangenen Gesellschaftsvertrag, auf ungerechtfertigte Bereicherung, auf Arglist des Beklagten und in Höhe von 10000 *M* auf ein ausdrückliches Zahlungsversprechen. Die Klage wurde in der zweiten Instanz rechtskräftig abgewiesen, indem die Beachtlichkeit sämtlicher geltend gemachter Klaggründe verneint, und der in der zweiten Instanz geltend gemachte Klagegrund eines Miteigentums an dem Lose als unzulässige Klagänderung unberücksichtigt gelassen wurde. Im gegenwärtigen Rechtsstreit beansprucht die Klägerin, eine Tochter der Witwe R., Herauszahlung der Hälfte weniger $^1/_{15}$ des Gewinnbetrages mit 19687,52 *M* nebst Zinsen auf Grund der Behauptung, daß ihre Mutter Miteigentümerin des Viertelloses in Gemeinschaft mit dem Beklagten gewesen sei und ihm dasselbe in Verwahrung gegeben habe, und daß sie teils als Miterbin, teils als Zessionarin anderer Miterben zur Geltendmachung des Anspruches berechtigt sei. Der Beklagte hat das behauptete Miteigentum der Witwe R. und die Berechtigung der Klägerin zur Erhebung des Anspruches bestritten und die Einrede der rechtskräftig entschiedenen Sache erhoben. In erster Instanz wurde die Klage kostenpflichtig abgewiesen. Auf die Berufung der Klägerin ist der Anspruch auf Herausgabe der Hälfte des Gewinnes in Höhe von $^{17}/_{21}$ = 17075,82 *M* für begründet erachtet, der Beklagte demgemäß zur Zahlung dieses Betrages nebst Zinsen verurteilt, im übrigen aber die Klage abgewiesen worden.

Die vom Beklagten eingelegte Revision wurde zurückgewiesen.

Aus den Gründen:

... „Das Berufungsgericht hat noch erwogen, daß das Verbot des Spielens in auswärtiger Lotterie dem Erwerbe des Eigentums an dem Lose doch jedenfalls nicht entgegenstehe. Diese Erwägung, für welche eine nähere Begründung nicht gegeben ist, steht im Einklang mit den Rechtsgrundsätzen, welche, im Gegensatze zu dem Urteil des erkennenden Senates vom 7. Dezember 1886 (Entsch. des R.G.'s in Zivils. Bd. 18 S. 242 flg.), in zahlreichen Entscheidungen anderer Zivilsenate ausgesprochen worden sind. In diesen Entscheidungen wird ausgeführt: „Das Gesetz vom 29. Juli 1885 bedrohe zwar das Spiel in auswärtigen, in Preußen nicht zugelassenen Lotterien mit Strafe, berühre aber nicht die Rechte des Spielers auf einen etwaigen Gewinn gegen den Unternehmer. Das Schuldverhältnis zwischen diesen beiden unterliege naturgemäß dem Gesetze des betreffenden auswärtigen Staates; das erwähnte preußische Gesetz habe sich eines Eingriffes in dieses Schuldverhältnis völlig enthalten; folgerichtig lasse es deshalb auch die Frage über den Übergang des Rechtes auf den Gewinn unberührt und schließe daher nicht aus, daß auf Grund einer nach ihm strafbaren Handlung das Recht auf den Gewinn auf einen Dritten übergehe. Daraus ergebe sich dann aber auch, daß durch das Verbot des Spiels in auswärtigen Lotterien die Rechtswirksamkeit des über das gemeinsame Spielen in einer solchen Lotterie eingegangenen Vertrages nicht ausgeschlossen werde insoweit, als es sich um den Erwerb des auf das Los gefallenen Gewinnes zu gemeinschaftlichem Eigentum der Mitspieler handele."[1]

Die vorerwähnten Entscheidungen betreffen zwar Rechtsfälle aus dem Gebiete des preußischen Allgemeinen Landrechtes; aber die ihnen zugrunde liegende Rechtsauffassung beruht nicht auf besonderen, im Gebiete des gemeinen Rechtes nicht geltenden gesetzlichen Bestimmungen, sondern auf Auslegung des Gesetzes vom 29. Juli 1885. Der erkennende Senat schließt sich, indem er insoweit von der in den Entsch. Bd. 18 S. 242 ausgesprochenen Ansicht abgeht, gegenwärtig dieser Rechtsauffassung an. Die in jener Entscheidung angeführten Gesetzesstellen des römischen Rechts (l. 5 pr. Cod. 1, 14; l. 6 Cod. 2, 3; l. 57

[1] Vgl. Urteile des IV. Zivils. vom 28. April 1902 und 7. Mai 1902 in der Jurist. Wochenschr. 1902 S. 375 Nr. 53 und S. 371 Nr. 40; Jurist. Wochenschr. 1899 S. 59 Nr. 84; Entsch. des R.G.'s in Zivils. Bd. 28 S. 328, Bd. 27 S. 206, Bd. 17 S. 299 flg. 304. 305; Urt. des R.G.'s vom 5. Januar 1882 in der Jurist. Wochenschr. 1882 S. 79; Entsch. des R.O.H.G.'s Bd. 14 S. 220; Seuffert, Archiv Bd. 33 Nr. 24; Striethorst, Archiv Bd. 85 Nr. 293; Entsch. des Obertribunals Bd. 15 S. 497; vgl. auch Gruchot, Beiträge Bd. 12 S. 194 Nr. 6. D. E.

Dig. 17, 2) rechtfertigen nicht die Annahme, daß ein jedes Gesetz, welches eine Handlung verbietet oder unter Strafe stellt, die Nichtigkeit des verbotswidrigen Rechtsgeschäftes zur Folge habe. Vielmehr ist aus dem einzelnen Verbotsgesetz der Grund des Verbotes und die Absicht des Gesetzes zu ermitteln, und danach die zivilrechtliche Wirkung des Verbotsgesetzes zu bestimmen.[1]

Es widerstreitet aber auch nicht den Bestimmungen des gemeinen Rechtes, daß ein Rechtsgeschäft in einzelnen rechtlichen Beziehungen gegen das Verbotsgesetz verstoßen und ungültig sein, in anderen Beziehungen aber rechtlichen Bestand haben kann.

Vgl. Henrici, in Gruchot's Beiträgen Bd. 36 S. 163 flg.

Solchen Klagen kann keinesfalls stattgegeben werden, die von dem Beklagten ein Handeln verlangen, durch das er sich der Begehung der gesetzlich unter Strafe gestellten Handlung oder der Teilnahme an derselben schuldig machen würde.

Geht man von diesen Erwägungen bei Anwendung des Gesetzes vom 29. Juli 1885 aus, dann ergibt sich, daß aus einem zum Zwecke des gemeinschaftlichen Spielens in einer nicht zugelassenen auswärtigen Lotterie geschlossenen Vertrag eine Klage des einen Teilnehmers gegen den anderen auf eine dieses Spiel bezweckende oder fördernde Handlung — auf Verurteilung zum Erwerb des Loses, auf Zahlung des versprochenen Anteilspreises, auf Fortsetzung des begonnenen Spiels — nicht zulässig ist,

vgl. Entsch. des R.G.'s in Zivils. Bd. 40 S. 256; Urteil des preußischen Obertribunals in Seuffert's Archiv Bd. 33 Nr. 24,

daß aber hieraus nicht folgt, das Gesetz vom 29. Juni 1885 stehe auch einer Klage des einen Teilnehmers gegen den anderen auf Auszahlung des Gewinnanteils entgegen. Auch der Erwerb des Miteigentums an dem Lose verstößt nicht gegen den Verbotsgrund des Gesetzes. Das Eigentum an dem Lose wie an dem Gewinne wird dem Unternehmer der Lotterie gegenüber nach dem Rechte des aus-

---

[1] Vgl. Endemann, Die civilrechtliche Wirkung der Verbotsgesetze (1887) S. 24 flg. 107 flg. 118 flg.; Endemann, Beiträge zur Geschichte der Lotterie S. 62 flg., und in der Deutschen Juristenzeitung 1898 S. 51 Sp. 2 Abs. 4; Henrici, in Gruchot's Beiträgen Bd. 36 S. 170. 171; Entsch. des R.G.'s in Zivils. Bd. 6 S. 169, Bd. 44 S. 292. D. E.

wärtigen Staates rechtsgültig erworben, und dieses Eigentum wird dem Erwerber durch das Gesetz vom 29. Juli 1885 nicht entzogen. Vgl. Entsch. des R.G.'s in Zivils. Bd. 17 S. 299.

Hieraus folgt dann aber auch nach gemeinem Recht ebenso wie für das Gebiet des preußischen Allgemeinen Landrechtes, daß das Verbot des Spielens in auswärtigen Lotterien die Rechtswirksamkeit des von den Parteien über das gemeinsame Spielen des Loses und den Erwerb des Miteigentums an dem Lose eingegangenen Vertrages insoweit nicht ausschließt, als es sich um den Erwerb des Loses und des auf das Los gefallenen Gewinnes zu gemeinschaftlichem Eigentum der Spieler handelt. Das Berufungsgericht hat nicht festgestellt, daß die Witwe R. Miteigentum an dem Gewinne erworben habe; es stellt nur Miteigentum an dem Lose fest, führt aber zutreffend aus, daß aus dem Miteigentum an dem Lose das Miteigentum an dem auf das Los gefallenen Gewinn und der Anspruch der Witwe R. auf die Hälfte des vom Beklagten eingezogenen Gewinnes sich ergebe. Die Höhe des der Klägerin als Miterbin der Witwe R. und als Zessionarin von Miterben zustehenden Betrages ist vom Berufungsgericht rechtlich einwandsfrei festgestellt worden.

Die Einrede der rechtskräftig entschiedenen Sache hat das Berufungsgericht mit Recht verworfen. Die jetzige Klage ist auf das Miteigentum der Witwe R. gestützt und von diesem rechtlichen Gesichtspunkt aus für begründet erachtet worden. Über diesen Klagegrund hat aber das rechtskräftige Urteil des Vorprozesses nicht entschieden." ...

---

71. Worauf kommt es bei Prüfung der Frage an, ob im Sinne des § 1 des Wettbewerbgesetzes eine unrichtige Angabe tatsächlicher Art geeignet sei, den Anschein eines besonders günstigen Angebotes hervorzurufen?

II. Zivilsenat. Urt. v. 17. Juni 1904 i. S. des Vereins Berliner Wäschefabrikanten (Kl.) w. Gebr. S. (Bekl.). Rep. II. 526/03.

I. Landgericht Zwickau.
II. Oberlandesgericht Dresden.

Die Beklagte hatte im Jahre 1902 gewerbsmäßig Kragen hergestellt und in den Verkehr gebracht, die mit dem Aufdruck „Leinen garantiert vierfach" versehen sind. Diese Kragen bestanden aus vier Stoffschichten, von denen die inneren — die Einlage — aus einem anderen Stoffe als Leinen bestanden. Der Oberstoff bestand zwar aus Leinen; jedoch ist das nicht reines Leinen, sondern mit einem minderwertigen Stoffe versetzt.

Der Kläger, ein eingetragener Verein zur Förderung gewerblicher Interessen, beantragte mit der auf § 1 des Wettbewerbgesetzes gestützten Klage die Verurteilung der Beklagten, bei Strafvermeiden zu unterlassen, zum Verkauf bestimmte Kragen, die im Oberstoffe Baumwolle enthalten, mit dem Aufdrucke „Leinen" zu versehen.

Die Beklagte beantragte die Klagabweisung. Sie bestritt, daß die erwähnte Stempelung als für einen größeren Kreis von Personen bestimmte Mitteilung beurteilt werden könne, und der Schein eines besonders günstigen Angebotes vorliege, da sie die Kragen zu dem gleichen Preise verkauft habe, der für Kragen aus rein leinenem Oberstoffe üblich sei.

Der erste Richter wies die Klage ab. Die Berufung des Klägers wurde zurückgewiesen. Auf seine Revision wurde das Berufungsurteil aufgehoben, und die Sache zur anderweiten Verhandlung und Entscheidung an das Berufungsgericht zurückverwiesen, aus folgenden

Gründen:

... „Die Instanzgerichte haben übereinstimmend angenommen, der Aufdruck „Leinen garantiert vierfach" sei eine für die Konsumenten bestimmte Angabe über die Beschaffenheit der Kragen, mithin eine für einen größeren Personenkreis bestimmte Mitteilung, nicht nur, wie die Beklagte meint, eine ihrem inneren Geschäftsbetriebe angehörende Sortenbezeichnung. Damit ist zugunsten des Revisionsklägers das Tatbestandsmerkmal einer Mitteilung, welche für einen größeren Personenkreis bestimmt ist, bejaht. Der erste Richter gelangte zur Abweisung der Klage, der Berufungsrichter zur Zurückweisung der Berufung auf Grund der Erwägung, diese Mitteilung sei nicht geeignet gewesen, den Anschein eines besonders günstigen Angebotes hervorzurufen, weil die Beklagte die Kragen unstreitig zu einem für Kragen mit rein leinenem Oberstoffe üblichen Preise verkauft habe. Der Revisionskläger hatte, um das Vorliegen jenes Tatbestandmerkmals zu rechtfertigen, in der Berufungsinstanz geltend gemacht: der Aufdruck „Leinen" auf den Kragen, deren Oberstoff zum Teil aus Baumwolle bestehe, genüge für sich allein zur Anlockung von Käufern wegen der allgemein bekannten Vorzüge des reinen Leinens vor halbleinenen Stoffen in bezug auf Haltbarkeit und Aussehen. Der Berufungsrichter führt hierzu aus: zur Anlockung der Kundschaft genüge die unrichtige Angabe allein nicht. Wenn das Publikum, wie der Kläger ausführt, Kragen mit reinleinenem Oberstoffe wegen der Vorzüge des Leinens bevorzuge, so verschaffe deshalb die unrichtige Stempelung den halbleinenen Kragen der Beklagten nicht einen besonderen Vorzug vor den rein leinenen eines anderen Wäschefabrikanten. Die Beschaffenheit der Kragen der Beklagten, die der Käufer durch den Stempel als gewährleistet ansehe, sei für das Publikum kein Grund, diese Kragen den leinenen Kragen einer anderen Fabrik vorzuziehen, wenn er beide für gleichwertig ansehe und für beide denselben Preis zahle. Der durch die unrichtige Angabe über die Beschaffenheit einer Ware erregte Irrtum wirke für sich allein nicht als Anreiz zur Bevorzugung gerade der Ware des Anpreisenden, wenn nicht deren Bezug besondere Vorteile zu bieten scheine, die der Bezug einer als gleichartig angesehenen Ware von einem anderen Gewerbetreibenden anscheinend nicht habe. Ein solcher Vorteil fehle, wenn das Publikum die Ware, die es bei dem Anpreisenden zu erhalten glaube, bei einem anderen Händler zu demselben Preise kaufe. Das Anbieten einer Ware unter unrichtiger Mitteilung über ihre Beschaffenheit mache den Anpreisenden dem Beschädigten gegenüber wegen Betrugs und, wenn sie ohne Kenntnis ihrer Unwahrheit geschah, wegen des Nichtvorhandenseins versprochener Eigenschaften haftbar, kennzeichne sich aber als unlautere Reklame erst dann, wenn es im Verhältnisse zu den Angeboten anderer Gewerbegenossen als günstiger erscheine.

Der Revisionskläger rügt Verletzung des § 1 des Wettbewerbgesetzes, indem er ausführt, man dürfe den Anschein eines besonders günstigen Angebotes nicht ausschließlich beim Vergleiche der angebotenen Ware mit den Waren anderer Lieferanten suchen, sondern müsse ihn vor allem auch zunächst auf die angebotene Ware für sich beziehen. Dann werde jedes Angebot besonders günstig erscheinen, das günstiger zu sein scheint, als es wirklich ist. Wenn also die Beklagte baumwollene Kragen als leinene anbiete, so erwecke sie schon dadurch den

Anschein eines besonders günstigen Angebotes, weil ihre Angabe den Glauben erwecke, der Käufer bekomme leinene Kragen, während er in Wahrheit nicht leinene erhalte.

Ein zweiter Angriff des Revisionsklägers gegen die nachfolgenden Ausführungen des Berufungsrichters, in denen er die Anwendbarkeit des § 826 B.G.B. bei der gegebenen Sachlage verneint, erledigt sich mit dem Hinweis darauf, daß dem hier klagenden Verein die Aktivlegitimation zur Geltendmachung der Rechte seiner Mitglieder aus § 826 a. a. O. fehlt. Zwar wird in der Revisionsbegründung ausgeführt, eine folgerichtige Fortentwickelung der Vorschrift in § 1 Abs. 1 Satzes 2 des Wettbewerbgesetzes, welche Verbände zur Förderung gewerblicher Interessen zur Unterlassungsklage aus § 1 des Wettbewerbgesetzes berechtige, müsse zu der Annahme führen, daß solche Verbände auch zur Erhebung der Unterlassungsklage aus § 826 B.G.B. berechtigt seien. Der erkennende Senat hat indessen in ständiger Rechtsprechung die Anwendung der am angegebenen Orte für den Fall des § 1 gegebenen Vorschrift auf andere Gestaltungen des unlauteren Wettbewerbes verneint und hat nach nochmaliger Prüfung dieser Frage keinen Anlaß, davon abzugehen.

Dagegen muß der erste Revisionsangriff — allerdings zum Teil aus anderen Gründen — zur Aufhebung des angefochtenen Urteils führen. Die Ausführungen des Revisionsklägers gehen zwar offenbar zu weit; denn nicht jeder Mangel oder Fehler einer angekündigten Ware schlechthin läßt wegen dieser Unrichtigkeit allein schon die Ankündigung als geeignet erscheinen, den Anschein eines besonders günstigen Angebotes zum Nachteil des in § 1 des Wettbewerbgesetzes geschützten redlichen Wettbewerbes hervorzurufen. Dahin könnte aber die allgemeine Erwägung des Revisionsklägers führen, wonach jedes Angebot den Anschein eines besonders günstigen Angebotes hervorzurufen geeignet sein soll, das günstiger erscheine, als es wirklich ist.

Von dem Ausgange aus, daß das Wettbewerbgesetz nicht eigentlich den Schutz des konsumierenden Publikums gegen Übervorteilung bezwecke, und daß deshalb die unrichtige Angabe tatsächlicher Art nicht schlechthin wegen ihrer Unrichtigkeit unter § 1 des Wettbewerbgesetzes gestellt sei, sondern nur insoweit getroffen werde, als sie geeignet sei, den Anschein eines besonders günstigen Angebotes hervorzurufen und dadurch das Publikum zum Nachteil des redlichen Wettbewerbes anzulocken, wird in der Rechtslehre zu § 1 des Wettbewerbgesetzes die Ansicht vertreten, zur Feststellung des Tatbestandsmerkmals „des Anscheins eines besonders günstigen Angebotes" müsse als Vergleichsfaktor nicht die bereitgehaltene Ware, sondern das Angebot der redlichen Konkurrenz herangezogen, und gefragt werden, ob sich das Angebot in der unrichtigen Angabe für den Konsumenten erheblich günstiger darstelle, als die Angebote derselben Ware im reellen Geschäftsverkehre. Von dieser Gesetzesauffassung ist das Berufungsurteil ausgegangen; sie führt indessen zu einer allzu engen Anwendung des Gesetzes jedenfalls dann, wenn sie das Angebot der gleichen Ware im redlichen Geschäftsverkehr als einen objektiven, schlechthin entscheidenden Vergleichsfaktor aufstellt und damit die Auffassung des Publikums, die doch allein dafür maßgebend sein kann, ob die unrichtige Angabe geeignet sei, den Anschein eines besonders günstigen Angebotes hervorzurufen, bei der Beurteilung dieses Tatbestandsmerkmales ausscheidet. Der Wortlaut des Gesetzes, der nur verlangt, daß die unrichtige Angabe geeignet sei, den Anschein eines besonders günstigen Angebotes hervorrufen, und die Gesetzesbegründung, die darauf hinweist, daß die unrichtige Angabe geeignet sein müsse, zum Nachteile redlicher Mitbewerber Kunden anzulocken, sind mit einer solchen einschränkenden Auffassung unvereinbar. Inwieweit aber eine unrichtige Angabe in der Reklame nach der Auffassung des Publikums, für das sie bestimmt ist, geeignet sei, den Anschein eines besonders günstigen Angebotes hervorzurufen, ist Sache der Prüfung des einzelnen Falles. Bei dieser Prüfung sind aber nicht bloß rein zivilistische Gesichtspunkte zu berücksichtigen, ob etwa die unrichtige Angabe das Angebot als ein rechtlich günstigeres erscheinen lasse, sondern alle jene durch Gewöhnung und Herkommen, vielfach auch durch Vorurteile bedingten, manchmal ganz eigenartigen, aber gerade deshalb von der unlauteren Konkurrenz vorzugsweise ausgenutzten Momente in Betracht zu ziehen, welche die Auffassung der in Frage kommenden Käuferkreise über die Vorzüge des Angebotes zu bestimmen und letztere dadurch anzulocken geeignet sind.

Nach dieser Richtung hat der Berufungsrichter die gegebene Sachlage nicht erschöpfend geprüft. Er sucht die Bedeutung der Ankündigung durch den Ausdruck „Leinen garantiert vierfach" in dem zivilrechtlichen Anspruch des Käufers wegen Betrugs oder wegen Fehlens zugesagter Eigenschaften; danach findet er ihren Inhalt lediglich darin, daß solche unrichtige Eigenschaften rechtsgeschäftlich vorgespiegelt oder zugesagt seien. In den Augen des kaufenden Publikums kann aber der Aufdruck auf einem Kragen „Leinen garantiert vierfach" unter Umständen noch die andere Bedeutung haben, daß nach seiner Auffassung die so gestempelte Ware, ohne daß es weiterer Prüfung und Untersuchung bedürfe, welche vielleicht beim Handkaufe solcher Ware nicht möglich ist, die durch den Aufdruck kundgegebene Beschaffenheit in Wahrheit habe, und auf diesem Wege kann in seinen Augen das Angebot solcher gestempelter Ware im Gegensatz zu der gleichen Ware, die nicht gestempelt ist, dadurch allein schon geeignet sein, den Anschein eines besonders günstigen Angebotes hervorzurufen. Weiterhin könnte noch in Betracht kommen, ob nicht etwa von einem Teile des hier in Betracht kommenden kaufenden Publikums, der sicher sein will, leinene Kragen zu erhalten, diese Ware, weil sie durch den Aufdruck das Kennzeichen der Echtheit an sich trage, auch zu einem etwas höheren Preise gerne bezahlt wird. Nach diesen Richtungen hat der Berufungsrichter das ihm vorliegende Tatsachenmaterial nicht geprüft, als er verneinte, daß die unrichtige Angabe geeignet sei, den Anschein eines besonders günstigen Angebotes hervorzurufen. Eine solche Prüfung war ihm aber durch die Art nahe gelegt, wie der Revisionskläger das Vorhandensein jenes Erfordernisses in der Berufungsinstanz zu rechtfertigen versucht hatte; es ist auch die Möglichkeit nicht ausgeschlossen, daß eine wiederholte Prüfung der gesamten Sachlage bei Berücksichtigung der hervorgehobenen Gesichtspunkte zu einer anderen Beurteilung führen kann.

Wegen des dargelegten Mangels war danach das angefochtene Urteil aufzuheben, und die Sache, die noch weiterer Erörterung in tatsächlicher Beziehung bedarf, zur anderweiten Verhandlung und Entscheidung an das Berufungsgericht zurückzuverweisen." ...

---

72. 1. Ist das Revisionsgericht an die der Aufhebung des Berufungsurteils zugrunde gelegte rechtliche Beurteilung auch seinerseits gebunden?

2. Unter welchen Umständen hat, wenn einem Kaufmanne Wertpapiere mit einer dem § 2 des Depotgesetzes entsprechenden Er-

mächtigung anvertraut sind, die Weiterverpfändung der Papiere den Übergang des Eigentumsrechtes an denselben auf den Kaufmann zur Folge?

Z.P.O. § 565 Abs. 2.
Depotgesetz vom 5. Juli 1896.
B.G.B. § 929.

VII. Zivilsenat. Urt. v. 17. Juni 1904 i. S. K. (Bekl.) w. F. Konkursverw. (Kl.). Rep. VII. 37/04.

I. Landgericht Braunschweig.
II. Oberlandesgericht daselbst.

Der Beklagte stand mit der Firma K. T. in laufender Geschäftsverbindung. Am 19. Juni 1900 erhielt er von derselben ein Darlehn von 8000 ℳ gegen Verpfändung verschiedener Wertpapiere im Nennbetrage von 10000 ℳ. Über die Verpfändung stellte er der Firma eine mit seiner Unterschrift versehene Urkunde aus. Dieselbe lautet dahin:

„Auf Grund des § 2 des Gesetzes, betr. die Pflichten der Kaufleute bei Aufbewahrung fremder Wertpapiere, vom 5. Juli 1896, lautend:" (die gesetzliche Bestimmung ist dann ihrem ganzen Inhalte nach wörtlich eingerückt) „erteile ich Ihnen hiermit ausdrücklich und schriftlich die in dem obengedachten § 2 bezeichneten Ermächtigungen für Ihnen am 19. cr. als Pfand übergebene" (alsdann folgt eine Aufzählung der Wertpapiere mit Namen, Nummer und Nennwert) „und ersuche Sie, mir die auf Grund meines Auftrages angeschafften Papiere auf Ihrem Stückekonto gutzuschreiben, indem ich auf Zusendung eines Stückeverzeichnisses verzichte."

Die Firma K. T. verpfändete ihrerseits der Leihhausanstalt in B. für Darlehne, die sie von dieser erhielt, einen Teil der Wertpapiere. Nach dem Tode des Bankiers F., des alleinigen Inhabers der obengenannten Firma, wurde am 3. Dezember 1900 über seinen Nachlaß der Konkurs eröffnet. Von den ihm von seiten des Beklagten verpfändeten Wertpapieren wurden die nicht weiter verpfändeten in einem besonderen, mit dem Namen des Beklagten versehenen Umschlage vorgefunden; dieselben wurden dem Beklagten zurückgegeben. Die übrigen waren noch bei der Leihhausanstalt verpfändet. Über diese entstand Streit.

Der Konkursverwalter behauptete, das Eigentum an den Wertpapieren sei gemäß der Urkunde vom 19. Juni 1900 auf die Firma K. T. übergegangen, und stellte den Antrag, den Beklagten zu verurteilen, darein zu willigen, daß die Leihhausanstalt die ihr von F. verpfändeten Wertscheine gegen Zahlung der von der Firma K. T. geschuldeten Summe zur Konkursmasse ausfolge. Der Beklagte beantragte Abweisung der Klage. Er behauptete, die Abrede über die Ermächtigung der Firma K. T., an Stelle der ihr verpfändeten Wertpapiere gleichartige Wertpapiere zurückzugewähren oder über sie zu ihrem Nutzen zu verfügen, sei unerheblich, da ein Verzicht auf das Eigentum in ihr nicht enthalten sei. In erster Instanz wurde die Klage abgewiesen, dagegen durch Urteil des Berufungsgerichts derselben stattgegeben. Der Berufungsrichter erwog, daß, wenn die dem Bankier erteilte Ermächtigung den ganzen Inhalt des § 2 Abs. 1 des Gesetzes vom 5. Juli 1896 umfasse und insbesondere auch dahin gehe, daß an Stelle der eingelieferten Stücke gleichartige zurückgewährt werden dürfen, die Papiere gegeben und genommen seien mit dem übereinstimmenden Willen sofortigen Eigentumsübergangs.

Auf die Revision des Beklagten wurde das Berufungsurteil aufgehoben, und die Sache zur anderweiten Verhandlung und Entscheidung an das Berufungsgericht zurückverwiesen, und zwar vornehmlich in der Erwägung, daß die vorhin angegebene Annahme des Berufungsrichters als allgemeiner Rechtssatz nicht als richtig anerkannt werden könne.

Nunmehr suchte Kläger in der neuen Berufungsverhandlung näher darzulegen, daß die Weiterverpfändung einen Aneignungsakt enthalte. Beklagter bestritt dies.

Nach einer Beweisaufnahme erkannte das Berufungsgericht durch Urteil vom 17. Dezember 1903 wie in seiner ersten Entscheidung.

Der Beklagte hat wiederum Revision eingelegt. Das Berufungsurteil ist aufgehoben aus folgenden

Gründen:

„In seiner jetzt angegriffenen Entscheidung folgt der Berufungsrichter gemäß § 565 Abs. 2 Z.P.O. der rechtlichen Beurteilung, welche der durch das Urteil des Reichsgerichts vom 26. September 1902 ausgesprochenen Aufhebung des ersten Berufungsurteiles zugrunde liegt, geht also davon aus, daß, wenn der Verpfänder von Wertpapieren den Bankier bei der Verpfändung ermächtigt hat, anstatt der verpfändeten Wertpapiere gleichartige zurückzugewähren, oder über sie zu seinem Nutzen zu verfügen, hieraus der Übergang des Eigentums noch nicht folgt. Vom Kläger, als dem Revisionsgegner, ist jetzt ein abermaliges Eingehen auf die Frage angeregt; aber einem solchen steht entgegen, daß ebenso, wie der Berufungsrichter an die rechtliche Beurteilung, welche zur Aufhebung seiner ersten Entscheidung geführt hat, gebunden ist, auch das Reichsgericht, wenn der Rechtsstreit abermals in die Revisionsinstanz gelangt, von derselben nicht abweichen kann; der Rechtsstreit ist in dem einen, wenn auch nur ein Element des demnächstigen Urteils darstellenden, Punkte als rechtskräftig entschieden anzusehen, für welche Annahme auch der § 318 Z.P.O. spricht.

Zu prüfen bleibt daher nur, ob die jetzt vom Berufungsrichter gewonnene Ansicht, daß ein späterer Vorgang, nämlich die Weiterverpfändung der Wertpapiere bei der Leihhausanstalt, den Übergang des Eigentums auf die Firma K. T. zur Folge gehabt, sich als rechtlich haltbar erweist, oder nicht. Zu einem anderen Ergebnisse als der Berufungsrichter war der erste Richter gelangt. Er führt aus:

In der Verpfändung an sich könne eine Aneignung liegen; aber dann sei es nicht der Fall, wenn der Verpfänder gewillt und jederzeit in der Lage sei, durch Rückgabe der Pfandsumme die Sache pfandfrei zurückzuerwerben, wie auch in zahlreichen reichsgerichtlichen Entscheidungen, namentlich in Strafsachen (z. B. Rechtspr. Bd. 1 S. 659), ausgesprochen sei. Im vorliegenden Falle sei nichts dafür erbracht, daß die Firma T., bzw. ihr Inhaber F. nicht fähig und willens gewesen wäre, die lombardierten Effekten wieder einzulösen und dann wieder in den mit dem Namen des Beklagten versehenen Bogen zu legen. Im Gegenteil spreche eine gewisse Wahrscheinlichkeit für eine derartige Annahme, weil sonst nicht zu verstehen wäre, weshalb die Firma nicht zu dem ihr durch den Ermächtigungsschein gestatteten, viel einfacheren und weit ertragreicheren Verkauf der auch zur Zeit der Lombardierung guten Kurs haltenden Effekten geschritten sei.

Im zweiten Berufungsgange hat Kläger Beweis dafür angetreten, daß der Bankier F. sich zur Zeit der Weiterverpfändung der Wertpapiere in weit ungünstigerer Vermögenslage, als in erster Instanz angenommen, befunden habe, zur Wiedereinlösung der Papiere außerstande und sich dessen auch bewußt gewesen sei. Die Beweise sind vom Berufungsrichter erhoben. Als Ergebnis derselben betrachtet er, daß F. schon zur Zeit der Verpfändung in offenbarem Vermögensverfall gewesen sei, auch in der Erkenntnis seiner sich immer bedenklicher gestaltenden Notlage sich habe sagen müssen und sich auch gesagt habe, daß er nicht imstande sei und auch künftig nicht die Mittel haben werde, die weiterverpfändeten Wertpapiere des Beklagten auszulösen. Ferner folgert er aus dem Umstande, daß F. die am 13. November 1900 vom Beklagten als Abzahlung erhaltenen 4000 *M* nicht zur Auslösung verwendet, das Nichtvorhandensein des Willens, die Papiere auszulösen. Der Berufungsrichter hält sich aber auch für überzeugt, daß F. unter dem Druck seiner den Ruin bedeutenden schlechten Vermögenslage dazu geschritten sei, definitiv, wie ein Eigentümer, über die Wertpapiere mit und in der Weiterverpfändung zu verfügen, sich das Eigentum derselben anzueignen. Für diese Annahme bezieht sich der Berufungsrichter auch auf die durch die Beweisaufnahme ermittelte gewissenlose Art, in welcher F. in derselben Zeitperiode gegen eine andere Persönlichkeit verfahren sei.

Eine erschöpfende Würdigung der für die Frage des Eigentumserwerbswillens erheblichen Momente enthalten diese Erwägungen, wie die Revision mit Recht ausführt, nicht. Sowohl dem Berufungsrichter als dem ersten Richter gegenüber ist zu bemerken, daß eine Weiterverpfändung einen Eigentumserwerbsakt im Rechtssinne auch dann nicht mit Notwendigkeit darstellt, wenn der Bankier die Unmöglichkeit, die verpfändeten Wertpapiere wieder einzulösen, sich nicht verhehlt. Entscheidend sind die Vorschriften des Bürgerlichen Gesetzbuchs in dem von der Übertragung des Eigentums an beweglichen Sachen handelnden § 929 desselben. Besitzer der Wertpapiere war der Bankier bereits infolge der Verpfändung derselben. In der mit bezug auf § 2 des Gesetzes vom 5. Juli 1896 erteilten Ermächtigung und ihrer Annahme muß eine auf den Eigentumsübergang gerichtete, in der Weise bedingte Einigung gefunden werden, daß das Eigentum auf den Bankier dann übergehen solle, wenn er seinerseits es erwerben wollte und diesen seinen Willen an den Tag legte; nicht aber hatte die Vereinbarung die Bedeutung, daß, wenn er irgendwie eine Verfügung über die Sache traf, die an sich nur dem Eigentümer zusteht, die er aber vermöge der ihm erteilten Ermächtigung vornehmen durfte, dies unter allen Umständen den ubergang des Eigentums auf ihn nach sich zu ziehen hatte. Für eine Weiterverpfändung war der Erwerb des Eigentums durch den Bankier nicht notwendig; er konnte sie auch ohne diesen rechtlich wirksam vornehmen, mochte er dabei im eigenen Namen, oder in dem des Beklagten handeln. Konnte er aber die Papiere verpfänden, ohne daß das Eigentumsrecht des Beklagten in einer anderen Weise als in Gestalt der durch die Verpfändung bewirkten Eigentumseinschränkung berührt, und insbesondere ohne daß das Eigentumsrecht selbst dem Beklagten entzogen wurde, so ist auch die Kenntnis des Bankiers von seiner ungünstigen Vermögenslage und der voraussichtlichen Untulichkeit, die Papiere wieder einzulösen, an und für sich nicht geeignet, einen Schluß auf seinen Eigentumserwerbswillen zu rechtfertigen; denn aus ihr ergibt sich zwar sein Bewußtsein, durch die Verpfändung in Höhe der Forderung, welche durch sie gesichert wird, dem Eigentümer endgültig einen Nachteil zuzufügen, nicht aber sein Wille, darüber hinaus noch den Eigentümer in der Weise zu schädigen, daß sein Eigentum ihm entzogen wird, sondern dafür bedarf es weiterer Anhaltspunkte. Der Berufungsrichter zieht nun allerdings auch die gewissenlose Art heran, in welcher F. mit den Wertpapieren einer anderen Persönlichkeit verfahren ist, aber wenn derselbe auch vor widerrechtlichen Verfügungen da nicht zurückscheute, wo es ihm für seine Person Nutzen brachte, so ist doch bisher nicht ersichtlich, was ihn bestimmt haben könnte, dem Beklagten, welchem er durch die formell berechtigte Weiterverpfändung in den Grenzen derselben unredlicherweise schon Nachteil zufügte, außerdem noch dadurch zu benachteiligen, daß er ihm das Eigentum entzog und ihm so die Wiedereinlösung des Pfandobjektes unmöglich machte, obwohl er dadurch für sich nichts gewinnen, sondern nur seinen Konkursgläubigern einen Vorteil verschaffen konnte. Schlüssig ist auch nicht, daß er die ihm abschläglich gezahlten 4000 ℳ nicht zur Auslösung der Wertpapiere bei der Leihhauskasse benutzt hat, da hieraus wohl seine Absicht folgt, in seiner Notlage die 4000 ℳ für sich zu verwenden, anstatt die Wertpapiere des Beklagten in Höhe derselben vom Pfandrechte zu befreien, nicht aber ein weitergehender Wille der hier allein in Betracht kommenden Art. Gegen einen solchen spricht, daß er die vom Beklagten erhaltenen Papiere, soweit er sie nicht weiterverpfändet hat, in einem mit dem Namen des Beklagten versehenen Umschlage, in welchem sie auch nach Eröffnung des Konkurses noch vorgefunden wurden, gesondert verwahrt hat. Gleichfalls dagegen spricht, daß er sich, anstatt die streitigen Papiere zu verkaufen, was ihm eine größere Summe eingebracht haben würde, mit der Weiterverpfändung begnügt hat; vom Berufungsrichter ist dies unberücksichtigt gelassen. Auch den sonst nach dem Tatbestande des Berufungsurteils vom Beklagten gegen den Eigentumserwerbswillen des F. behaupteten und unter Beweis gestellten Tatsachen kann nicht alle Bedeutung abgesprochen werden. Und wenn selbst erhebliche Anzeichen für das Vorhandensein des genannten Willens anzunehmen sein sollten, so würde es doch weiter der Darlegung bedürfen, in welcher Art derselbe sich verkörpert hat, da die Weiterverpfändung, für sich allein betrachtet, dazu nicht geeignet ist." ...

---

73. Unlauterer Wettbewerb. Inwieweit kommt es für die Frage, ob die gemachten tatsächlichen Angaben unrichtig sind, auf die Auffassung des „flüchtigen" Lesers an?

Gesetz vom 27. Mai 1896 § 1.

II. Zivilsenat. Urt. v. 17. Juni 1904 i. S. W. & L. (Bekl.) w. D. & W. (Kl.). Rep. II. 481/03.

I. Landgericht Dresden.
II. Oberlandesgericht daselbst.

Aus den Gründen:

„Soweit das in der vorliegenden Sache der Parteien vom Landgericht erlassene Urteil vom Oberlandesgericht durch das mit der Revision angefochtene Urteil auch bezüglich des Verbotes der Unterlassung der Behauptung und Verbreitung,

die Widerstandsfähigkeit der Zementröhren der Beklagten sei bei wiederholten amtlichen Belastungsproben von keinem anderen Fabrikate erreicht worden,

aufrecht erhalten worden ist, mußte die Revision für begründet erachtet werden. Das Oberlandesgericht führt aus, jene Behauptung werde in dem von der Beklagten ihr gegebenen Sinne, daß nur bei wiederholten, nicht bei allen stattgehabten amtlichen Prüfungen die Widerstandsfähigkeit ihrer Zementröhren von keinem anderen Fabrikate übertroffen worden sei, von dem flüchtigen Leser, mit dem gerechnet werden müsse, nicht verstanden; für diesen bringe sie den Gedanken zum Ausdrucke, daß bei keiner amtlichen Probe die Widerstandsfähigkeit der Röhren der Klägerin von den Röhren anderer Fabriken erreicht worden sei, daß sie sich also bei allen amtlichen Proben als die widerstandsfähigeren erwiesen hätten.

Diese Ausführungen können rechtlich nicht gebilligt werden. Der Senat hat wiederholt entschieden, und daran ist festzuhalten, daß es für die Beurteilung derartiger Kundgebungen mit Rücksicht auf die Anwendbarkeit der Bestimmungen über den unlauteren Wettbewerb vor allem auf die Auffassung derjenigen Personen- und Geschäftskreise ankomme, für welche dieselben bestimmt sind und geschäftliche Bedeutung haben.

Danach kann allgemein die Auffassung schon des flüchtigen Lesers aller Lebenskreise ebensowenig als genügend und entscheidend erachtet werden, als allgemein die Auffassung des aufmerksamen Lesers unterschiedslos als maßgebend gefordert werden kann. Das Berufungsgericht hätte, wie dies in einem neuerdings vom erkennenden Senate entschiedenen Falle, in dem die Auffassung des aufmerksamen Lesers als erforderlich erachtet worden war (Rep. II. 438/03, Urteil vom 10. Mai 1904),[1] ausgesprochen wurde, prüfen müssen, für welche geschäftlichen Kreise derartige Reklamemitteilungen in der Zementbranche bestimmt sind, wie dieselben von diesen gelesen und verstanden zu werden pflegen, und ob danach anzunehmen ist, daß die Mitteilung in der vorbezeichneten Beziehung eine unter § 1 des Wettbewerbgesetzes fallende unrichtige Angabe tatsächlicher Art enthalten hat. Das Urteil des Oberlandesgerichts war daher bezüglich dieses Punktes aufzuheben." ...

---

74. Inwieweit ist durch § 9a Abs. 2 G.K.G. für die dort geregelten Fälle die Art der Berechnung des Streitwertes zum Zwecke der Gebührenberechnung dem § 9 Z.P.O. gegenüber abgeändert worden?

[1] S. oben Nr. 31 S. 129. D. R.

VI. Zivilsenat. Beschl. v. 20. Juni 1904 in der Beschwerdesache des Justizrates B. zur S. Sp. (Kl.) w. bayer. Eisenbahnfiskus (Bekl.). Beschw.-Rep. VI. 164/04.

I. Oberlandesgericht Nürnberg.

Durch Beschluß des Oberlandesgerichts war der Streitwert für die Berufungsinstanz zum Zwecke der Gebührenberechnung auf 72814 ℳ festgesetzt worden. Hiergegen legte der Anwalt des Beklagten in der Berufungsinstanz, Justizrat B., nach Maßgabe des § 12 der Gebührenordnung für Rechtsanwälte Beschwerde ein, indem er darauf antrug, die Festsetzung auf 180486 ℳ zu erhöhen. Das Rechtsmittel ist zum Teil für begründet erklärt, zum Teil zurückgewiesen worden.

Aus den Gründen:

... „Im übrigen konnte ... den vom Beschwerdeführer gegen den angefochtenen Beschluß erhobenen Einwendungen Beachtung nicht versagt werden. Vorerst hatte der Kläger unter 1 auf Verurteilung des Beklagten zur Zahlung von 17872 ℳ rückständiger Unfallentschädigung angetragen. Hiervon kamen freilich ... diejenigen Beträge, welche auf die Zeit nach der Klagerhebung entfielen, neben dem unter 2 Geforderten — wovon bald zu sprechen sein wird — nicht in Betracht[1]; aber daß die Rückstände bis zur Klagerhebung selbständig in Ansatz zu bringen sind, hat in der Rechtsprechung des Reichsgerichtes seit dem in den Entsch. dess. in Zivils. Bd. 19 S. 416 flg. abgedruckten Beschlusse der vereinigten Zivilsenate immer festgestanden. Das Oberlandesgericht hat freilich ... die Meinung vertreten, dies möge zwar dem § 9 Z.P.O. gegenüber gerechtfertigt sein, nicht aber gegenüber dem jetzt maßgebend gewordenen § 9a Abs. 2, bzw. dem § 15 G.K.G. in der Fassung vom 20. Mai 1898, insofern diese Neuerung den Zweck habe, das übermäßige Anwachsen der Gebühren bei Ansprüchen auf Entrichtung von Geldrenten in gewissen Fällen, unter anderen auch dem hier gegebenen eines Anspruches aus einem Eisenbahnunfalle, zu verhindern. Allerdings ist der Zweck des Gesetzes damit richtig bezeichnet; aber dasselbe hat sich dazu eben nur des Mittels bedient, für die Gebührenberechnung den fünffachen Jahres-

[1] Vgl. Bd. 23 dieser Sammlung S. 360 flg. D. E.

betrag an die Stelle des zwölfundeinhalbfachen zu setzen, keines anderen, und es ist insbesondere nicht abzusehen, inwiefern in betreff der hier zu entscheidenden Frage die Sachlage sich gegenüber dem früheren Rechtszustande dadurch im geringsten verändert hätte. Nun sind aber, wie das Oberlandesgericht ... zutreffend dargelegt hat, von den geforderten 17872 ℳ, soweit sie sich nicht schon mit dem dem Kläger in erster Instanz Zugesprochenen decken, 7466⅔ ℳ (7466,67 ℳ) auf die Zeit vor der Klagerhebung zu rechnen, folglich, im Gegensatze zum Oberlandesgerichte, bei der Wertberechnung selbständig in Anschlag zu bringen. ...

Auch in Ansehung des Berufungsantrages unter 2 konnte dem Oberlandesgerichte nicht zugestimmt werden. Mit Recht hat der Beschwerdeführer gerügt, daß letzteres hier den Streitwert nicht nach dem prinzipalen, sondern nur nach dem eventuellen Gesuche berechnet hat. Jenes Gesuch hatte zum Gegenstande eine Kapitalsabfindung von 89800 ℳ und eine Jahresrente von 6200 ℳ für die Zeit vom 28. April 1903 bis zum 30. Dezember 1924 und von 3100 ℳ von da an. Hiervon war die Kapitalsabfindung dem in erster Instanz Zuerkannten gegenüber ein reines Mehr, die Jahresrente dagegen allerdings nur zum kleinsten Teile. ... Das Oberlandesgericht hat nun aus unzureichenden Gründen die Berücksichtigung der verlangten Kapitalsabfindung bei der Wertfestsetzung abgelehnt und diese nur auf der Grundlage des eventuellen Antrages unter 2 getroffen, der nur auf Zusprechung einer (wesentlich höheren) Jahresrente gerichtet war. ... Nun ist aber für die Wertberechnung der prinzipale Antrag, wenn er einen höheren Wert ergibt, als der eventuelle, einfach maßgebend. Der § 9a G.K.G., der für eine geforderte Jahresrente einen verhältnismäßig niedrigen Ansatz vorschreibt, kommt demgegenüber so weit nicht in Betracht, wie nun einmal keine Jahresrente, sondern eine Kapitalsabfindung gefordert ist. Auch das würde unerheblich sein, wenn, wie das Oberlandesgericht meint, der Anspruch auf Kapitalisierung nach § 7 des Haftpflichtgesetzes „sich erst aus dem Anspruch auf die Rente selbst ableitete“; denn daß „nicht der abgeleitete, sondern der ursprüngliche Anspruch maßgebend“ sei, ist eine grundlose Annahme. Es ist zudem aber auch unverständlich, inwiefern der Anspruch auf eine Kapitalabfindung aus demjenigen auf eine Rente „abgeleitet“ sein soll; aus § 7 Abss. 1. 2 des Haftpflichtgesetzes in der Fassung des Art. 42 Einf.-Ges. zum B.G.B. verglichen mit § 843 Abs. 3 B.G.B. ergibt sich vielmehr nur, daß die Rente die Regel, die Kapitalabfindung die Ausnahme bildet. Demnach mußte die Summe von 89800 ℳ als ein Posten für die Wertbestimmung eingesetzt werden. Dazu kommt dann noch ein Ansatz für die Differenz zwischen der neben jener Summe geforderten Jahresrente und der vom Landgericht nur zuerkannten.... Das Reichsgericht hält es im vorliegenden Falle für angemessen, jene Differenz zu 900 ℳ anzuschlagen.

Da in Ansehung der Berufungsanträge unter 3 (814 ℳ) und 4 (40000 ℳ) kein Zweifel besteht, so setzt sich also der fragliche Wertbetrag, richtig berechnet, zusammen aus 7466,67 ℳ, 89800 ℳ, 900 ℳ, 814 ℳ und 40000 ℳ, stellt sich mithin auf 138980,67 ℳ. Insoweit war demnach der Beschwerde zu entsprechen, im übrigen dieselbe zurückzuweisen." ...

---

75. Gehören zu denjenigen Dritten, denen gegenüber ein Beamter, vor welchem ein Testament errichtet werden soll, amtlich verpflichtet ist, alle Sorgfalt aufzuwenden, damit die gesetzlich erforderliche Form beobachtet werde, und denen er daher, wenn das Testament durch seine Vernachlässigung dieser Pflicht ungültig errichtet wird, nach § 839 Abs. 1 B.G.B. den ihnen daraus entstandenen Schaden zu ersetzen hat, auch diejenigen, die der Testator in dem Testamente bedenken wollte?

VI. Zivilsenat. Urt. v. 20. Juni 1904 i. S. S. (Bekl.) w. R. (Kl.). Rep. VI. 468/03.

I. Landgericht Oldenburg.
II. Oberlandesgericht daselbst.

Der Beklagte, Gemeindevorsteher des oldenburgischen Dorfes Kr., wurde vom Kläger auf Schadensersatz wegen der Ungültigkeit eines auf Grund des § 2249 B.G.B. vor jenem errichteten sog. Nottestamentes in Anspruch genommen, nach welchem der Kläger Vermächtnisnehmer hatte sein sollen. Nachdem die Klage in erster Instanz abgewiesen worden war, erklärte das Berufungsgericht den Anspruch seinem Grunde nach für gerechtfertigt. Die Revision des Beklagten ist zurückgewiesen worden. Das Nähere ergibt sich aus den folgenden

Gründen:

„Es steht fest, daß am 17. Februar 1901 die bald nachher verstorbene Elise K. zu Kr. vor dem Beklagten ein Testament nach § 2249 B.G.B. errichtet hat, in welchem sie dem Kläger ihre Köterei vermachte, daß aber dieses Testament deshalb nichtig war, weil in dem vom Beklagten darüber aufgenommenen Protokolle die Feststellung fehlte, daß das Protokoll vorgelesen, genehmigt und vom Erblasser unterschrieben worden sei. Das Oberlandesgericht hat den Beklagten deswegen dem Kläger auf Grund des § 839 Abs. 1 B.G.B. für schadensersatzpflichtig erklärt, wobei mit Recht als unter den Parteien nicht bestritten unterstellt ist, daß, wenn das Testament gültig gewesen wäre, der Kläger jene Köterei erworben haben würde. Für die Revisionsinstanz steht dabei nach den §§ 549. 562 Z.P.O. fest, daß es zur Amtspflicht des Beklagten als Gemeindevorstehers gehörte, für die Beobachtung der gesetzlichen Form der vor ihm vorgenommenen Testamentserrichtung zu sorgen; denn dies ist vom Berufungsgericht auf Grund irrevisibler oldenburgischer Rechtsnormen angenommen worden. Daß er dieser Pflicht im vorliegenden Falle nicht nachgekommen ist, ist unbestritten. Unbedenklich ist ferner die Annahme des Berufungsgerichtes, daß hierin eine Fahrlässigkeit des Beklagten zu finden sei; denn in der diesem von der Regierung früher zugestellten gedruckten „Nachfuge zur Instruktion der Gemeindevorsteher des Herzogtums Oldenburg“ ist in § 7 auf S. 11 eine Belehrung über die Erfordernisse eines vor dem Gemeindevorsteher zu errichtenden Nottestamentes enthalten, in welcher ganz deutlich gesagt ist, daß das darüber aufzunehmende Protokoll eine Feststellung wie die hier vermißte enthalten müsse, und auf S. 14 ist ein Formular eines solchen Protokolles hinzugefügt, das der Beklagte nur hätte abzuschreiben brauchen, um die Gültigkeit des Testamentes zu sichern.

Bei dieser Sachlage kommt es nur noch darauf an, ob das Oberlandesgericht mit Recht angenommen hat, daß für diese fahrlässige Beschädigung des Vermögens des Klägers (durch entgangenen Gewinn) der Beklagte diesem schadensersatzpflichtig sei. Daß sich eine solche Haftung nicht auf den § 823 B.G.B. begründen lasse, hat schon das Landgericht ausgeführt, und das ist unzweifelhaft richtig, wenn auch vielleicht die Gründe des Landgerichts nicht zutreffen. Es ergibt sich die Unanwendbarkeit des § 823 jedenfalls daraus, daß der Schade dem Kläger hier weder durch Verletzung eines bestimmten ihm schon zustehenden Rechtes zugefügt ist (Abs. 1 des §. 823), noch es sich um einen Verstoß gegen ein Schutzgesetz (Abs. 2 das.) handelt, den der Beklagte begangen hätte. In dieser Beziehung liegt die hier zu entscheidende Frage eben nach dem Bürgerlichen Gesetzbuche ganz anders, als dies früher nach denjenigen Rechtssystemen der Fall war, welche, wie z. B. das Preußische Landrecht und der Code civil, an jede schuldhafte Beschädigung fremden Vermögens die Pflicht zum Schadensersatze knüpften. Aus diesem Rechtssatze ließ sich ohne weiteres folgern, daß auch derjenige Beamte, durch dessen Schuld ein Testament in ungültiger Weise errichtet war, den darin Bedachten, denen folgeweise das ihnen vom Testator Zugedachte entgangen war, für diesen Schaden aufkommen müsse;

vgl. Pfizer, im Archiv f. d. civilist. Praxis Bd. 72 S. 75;

wie auch im § 140 preuß. A.L.R. I. 12 diese Konsequenz ausdrücklich gezogen war. Für das Recht des Bürgerlichen Gesetzbuches bedarf es, um zur gleichen Entscheidung zu gelangen, erst noch eines besonderen Rechtssatzes, und die Frage stellt sich jetzt dahin, ob das Berufungsgericht diesen mit Recht in § 839 Abs. 1 B.G.B. gefunden hat. Nach dieser Bestimmung hat ein Beamter, der fahrlässig die ihm einem Dritten gegenüber obliegende Amtspflicht verletzt, den diesem Dritten daraus entstehenden Schaden zu ersetzen. Es kommt also darauf an, ob einem Beamten, der verpflichtet ist, alle Sorgfalt aufzuwenden, damit bei den vor ihm zu errichtenden Testamenten die gesetzlich erforderliche Form beobachtet werde, diese Pflicht nicht bloß dem Testator gegenüber obliegt, sondern auch denjenigen gegenüber, die der Testator letztwillig bedenken will. Diese Frage ist von Schriftstellern in verschiedenem Sinne beantwortet worden; bejaht ist sie insbesondere bei Planck, B.G.B. Bd. 5 Bem. 3 zu 2232, S. 445, und Strohal, Erbrecht (Aufl. 3) Bd. 1 § 21 Nr. VII, S. 103, verneint von Endemann, Einführung in das Studium des B.G.B. (Aufl. 3—5) Bd. 3 § 29 Nr. 6, S. 131, und Frommhold, Erbrecht Bem. 4 zu § 2232, S. 218. Das Reichsgericht hat sich, wie das Berufungsgericht, für die Bejahung entschieden, indem es davon ausgeht, daß die Pflicht, bei einem Geschäft alle Sorgfalt anzuwenden, einem Beamten nicht bloß demjenigen gegenüber obliegt, auf dessen Antrag er das Geschäft vornimmt, sondern allen denjenigen gegenüber, deren Interessen nach der besonderen eigenen Natur dieses Geschäftes (nicht etwa nur infolge hinzutretender äußerlicher Umstände) durch dasselbe berührt werden. Zu diesen Interessenten gehören eben bei einer letztwilligen Verfügung deren Wesen gemäß allemal auch die in derselben Bedachten." ...

---

76. Kann, wenn unter der Herrschaft des gemeinen Rechtes in einem Testament zwei Testamentsvollstrecker ohne nähere Bestimmung ihrer Verwaltungsbefugnisse eingesetzt sind und ihr Amt übernommen haben, der eine von ihnen an den anderen (nach dem 1. Januar 1900) ein Nachlaßgrundstück rechtsgültig veräußern?

III. Zivilsenat. Urt. v. 21. Juni 1904 i. S. B. (Kl.) w. H. u. G. (Bekl.). Rep. III. 17/04.

I. Landgericht Altona.
II. Oberlandesgericht Kiel.

Die Frage ist bejaht aus folgenden, den Sachverhalt ergebenden Gründen:

„Die in dem von der Klägerin mit ihrem Bruder Christian B. im Dezember 1897 gemeinschaftlich errichteten Testament als Testamentsvollstrecker unter der Ermächtigung, den Nachlaß in jeder Beziehung zu vertreten, berufenen beiden Beklagten haben, nachdem sie gemäß der Anordnung, ihres Amtes für den Fall, daß Klägerin der längstlebende Teil sein sollte, sofort nach Ableben des Bruders zu walten, alsbald nach dessen im Jahre 1898 erfolgtem Tode das übertragene Amt angetreten hatten, zu notariellem Protokoll vom 14. November 1901 untereinander eine Vereinbarung getroffen, durch welche der Mitbeklagte H. das auf seinen Namen eingetragene, von ihm und dem Erblasser zu gleichen Anteilen erworbene Grundstück „Eicheneck" für den Preis von 30000 ℳ als alleiniger Eigentümer übernommen hat. Das Landgericht hat dem von der Klägerin gestellten Antrag entsprechend die Ungültigkeit dieser Vereinbarung festgestellt; das Berufungsgericht hat die von den Beklagten eingelegte Berufung mit der Ausführung zurückgewiesen, daß nach dem zur Anwendung gelangenden gemeinen Rechte die beiden Testamentsvollstrecker nur gemeinsam über den Nachlaß verfügen dürften, der Mitwirkung des Mitbeklagten H. bei dem fraglichen Rechtsgeschäft aber der § 181 B.G.B. entgegenstehe.

Der gegen diese Entscheidung eingelegten Revision ist der Erfolg nicht zu versagen. Es kann unentschieden bleiben, ob die Vorschrift des § 181 B.G.B. auf das Amt eines Testamentsvollstreckers, in Ansehung dessen es an einer Bestimmung, wie solche in Ansehung des Vormundes durch § 1795 B.G.B. getroffen ist, gebricht, überall zu beziehen ist, und ebenso, ob dieselbe eventuell auch auf den Testamentsvollstrecker Anwendung findet, welcher noch unter der Herrschaft des gemeinen Rechtes sein Amt übernommen hat; denn selbst bei Bejahung beider Fragen ist die Gültigkeit des von den Beklagten geschlossenen Vertrages nicht zu beanstanden. Wie nach dem Bürgerlichen Gesetzbuch, so besteht auch nach dem gemeinen Recht neben dem Grundsatz, daß mehrere Testamentsvollstrecker das Amt gemeinschaftlich führen, die Regel, daß bei Wegfall eines von ihnen der oder die anderen das Amt allein führen, hier wie dort unter Vorbehalt abweichender Anordnungen des Erblassers. Die letztgedachte Regel, beruhend auf der durch das kanonische Recht — cap. 2 § 1 in VI° de testam. 3, 11 — getroffenen, als Norm des gemeinen Rechtes fortgesetzt in Theorie und Praxis anerkannten Bestimmung, ergibt aber die Möglichkeit, daß der eine der beiden vorhandenen Testamentsvollstrecker mit dem anderen als Gegenkontrahenten Rechtsgeschäfte in Nachlaßangelegenheiten wirksam abschließt. Die gleiche Befugnis nämlich, welche bezüglich der Nachlaßverwaltung dem einen Testamentsvollstrecker bei Wegfall des anderen gebührt, muß demselben folgerichtig auch da zugesprochen werden, wo es sich um den Abschluß eines Rechtsgeschäftes handelt, an dem in seiner Eigenschaft als Testamentsvollstrecker mitzuwirken der andere durch rechtliche in seiner Person liegende Gründe dauernd verhindert ist.

Der von der Klägerin erhobene Anspruch auf Ungültigkeitserklärung ist demnach als unbegründet abzuweisen."

77. Ist der Anspruch des Unternehmers eines Bauwerkes auf Einräumung einer Sicherungshypothek an dem Baugrundstück auch insoweit begründet, als es sich um Sicherung des Preises für Arbeiten handelt, die in den Bau noch nicht eingefügt, vielmehr wegen Säumnis des Bestellers mit Zahlung der Bausumme zurückbehalten sind?
B.G.B. § 648.

VII. Zivilsenat. Urt. v. 21. Juni 1904 i. S. M. (Arrestbekl.) w. B. (Arrestkl.). Rep. VII. 62/04.

I. Landgericht II Berlin.
II. Kammergericht daselbst.

Die Frage ist verneint worden aus folgenden, den Sachverhalt ergebenden

Gründen:

„Die Arrestklägerin hat vertragsmäßig die Lieferung der Tischlerarbeiten zu dem von dem Arrestbeklagten auf seinem in B. gelegenen Grundstücke errichteten Neubau übernommen, und zwar zu den in dem Bestätigungsschreiben vom 23. September 1902 zum Ausdrucke gebrachten Bedingungen, nach denen die Arbeiten bis zum 1. April 1903 fertig zu stellen, und $^3/_4$ des Gesamtpreises in Raten während der Ausführung des Baues je nach Fortschreiten desselben zu zahlen waren. Auf Grund einer bezüglich der zu dem angegebenen Zwecke gelieferten Arbeiten aufgestellten, mit 14326,75 *M* abschließenden Rechnung ist gemäß §§ 648. 883. 885 B.G.B. und § 937 Z.P.O. zufolge der einstweiligen Verfügung vom 19. März 1903 in dem erwähnten Betrage eine Vormerkung zur Sicherung des Anspruches auf Einräumung einer Sicherungshypothek für die Arrestklägerin auf dem Baugrundstücke eingetragen. Auf den Widerspruch des Arrestbeklagten hat das Landgericht die Verfügung in Höhe des inzwischen von jenem gezahlten Betrages von 9495,08 *M* aufgehoben, jedoch im übrigen aufrechterhalten. Mit der Berufung hat der Arrestbeklagte beantragt, die einstweilige Verfügung ferner noch in Höhe von 3580 *M* aufzuheben, wegen des Restes aber die Aufhebung für den Fall der Hinterlegung des betreffenden Betrages auszusprechen und die Entscheidung über die Kosten auszusetzen. Durch das Berufungsurteil ist die verlangte unbedingte Aufhebung in Höhe von 704 *M*, die durch die Hinterlegung bedingte Aufhebung in Höhe des Restes verfügt. Der Arrestbeklagte hat in der zweiten Instanz unter Glaubhaftmachung der betreffenden Angaben vornehmlich eine Einwendung dahin erhoben: da die Leistungen der Arrestklägerin nur stückweise und unsachgemäß erfolgt seien, so daß die Ingebrauchnahme des Neubaues nicht rechtzeitig habe stattfinden können, habe der Arrestbeklagte die von der Arrestklägerin verlangte Zahlung einer Rate der Bausumme mit 3000 ℳ verweigern dürfen. Es stelle sich danach die nunmehr geschehene Zurückbehaltung von Türen und Schränken zum Gesamtpreise von 2810,30 ℳ als ungerechtfertigt dar. Vielmehr sei die Arrestklägerin bezüglich jener Gegenstände, für welche eine anderweitige Beschaffung von Ersatzstücken habe erfolgen müssen, in Verzug gekommen und ersatzpflichtig. Jedenfalls aber erscheine dieselbe nicht berechtigt, sich bezüglich der einbehaltenen Gegenstände ferner noch durch eine Vormerkung zu sichern. Die Arrestklägerin hat demgegenüber die Berechtigung des Anspruches auf die Zahlung der 3000 ℳ und der bei erfolgter Weigerung derselben vorgenommenen Zurückbehaltung der Gegenstände geltend gemacht, auch behauptet, daß diese Sachen, da sie nach besonderen Zeichnungen angefertigt und deshalb anderweit nicht zu verwenden seien, keine Sicherheit böten. Von seiten der Vorinstanz ist in dieser Beziehung ausgeführt: wenn auch glaubhaft gemacht sei, daß es an einer völlig rechtzeitigen und sachgemäßen Ausführung der übernommenen und auch eingefügten Arbeiten gemangelt habe, so sei doch der Neubau durch diese Einfügung, wenn auch langsamer, als in Aussicht genommen, vorgeschritten, und falle demgemäß dem Arrestbeklagten Verzug bezüglich der geforderten 3000 ℳ zur Last. Daher habe eine Berechtigung zu der dadurch erfolgten Zurückbehaltung der fraglichen Gegenstände auf seiten der Arrestklägerin vorgelegen, der deshalb auch *insoweit* ein Anspruch auf die in Rede stehende Sicherung zustehe. Es komme dazu, daß gegenwärtig, wie unbestritten vorliege, der Neubau völlig hergestellt sei.

Diese Ausführungen des Berufungsgerichtes sind für zutreffend nicht zu erachten. Nur *insoweit* kann die in Frage stehende Vormerkung, durch welche das Baugrundstück belastet worden, aufrechterhalten werden, als die Arrestklägerin für die ihr zustehenden Forderungen aus dem von ihr mit dem Arrestbeklagten abgeschlossenen Vertrage, nach welchem jene die Lieferung der Tischlerarbeiten für den auf dem Grundstücke zu errichtenden Neubau übernommen hat, zufolge des § 648 B.G.B. die Einräumung einer Sicherungshypothek an dem Immobile zu verlangen berechtigt ist. Daß nun aber dieses durch die angezogene Bestimmung den Unternehmern eines Bauwerkes, zu welchen die Arrestklägerin zu rechnen ist, gegebene Sicherungsmittel nur in dem Umfange Platz greift, in welchem der Unternehmer das Zurückbehaltungsrecht nicht ausübt, ergibt sich schon aus dem Satz 2 des zitierten § 648, wonach der Unternehmer, falls das Bauwerk noch nicht vollendet ist, die Einräumung der Sicherungshypothek nur für einen der geleisteten Arbeit entsprechenden Teil der Vergütung begehren kann. Es sprechen dafür auch die Materialien des Bürgerlichen Gesetzbuchs. Es ist nämlich bei der zweiten Lesung, durch welche die Vorschrift des § 648 dem Gesetze eingefügt ist, ausweislich der Protokolle (Bd. 2 S. 326) als Absicht der Bestimmung hingestellt, daß dem Unternehmer der Mehrwert, der durch seine Arbeit dem Grundbesitze des Bestellers zuteil geworden ist, für seine Vergütung vorzugsweise hafte.

Diesem nach muß vorliegend, da die Arrestklägerin, was die von ihr hergestellten, aber zurückbehaltenen Türen und Schränke betrifft, den Wert des Baugrundstückes nicht erhöht hat, das in Rede stehende Sicherungsmitel ausscheiden. Letzteres kann auch bei der ihm gesetzlich beiwohnenden Beschränkung nicht deshalb in Rücksicht auf die Vergütung für die fraglichen Gegenstände Platz greifen, weil diese, wie die Vorinstanz wegen des Zahlungsverzuges des Arrestbeklagten in nicht zu beanstandender Weise angenommen hat, berechtigtermaßen von der Arrestklägerin zurückbehalten sind. Zugunsten der letzteren fällt dann auch aus dem hervorgehobenen Grunde nicht ins Gewicht, daß der Neubau nunmehr durch Einsetzung von Ersatzstücken für die Türen und Schränke fertig gestellt ist, wie ferner auch nicht, daß die letzteren wegen des nach der Behauptung der Arrestklägerin vorliegenden Mangels anderweiter Verwendbarkeit dieser Sachen der Unternehmerin keine Sicherheit bieten.

Nach diesen Erwägungen war die Summe, um welche das angefochtene Urteil die unbedingte Aufhebung der einstweiligen Verfügung ausgesprochen hat, um den Betrag der Vergütung für die Türen und die Schränke zu erhöhen." ...

78. Inwieweit gehört es zu den Amtspflichten eines preußischen Richters, auf den finanziellen Vorteil des Staates Bedacht zu nehmen?

VI. Zivilsenat. Urt. v. 23. Juni 1904 i. S. W. (Bekl.) w. preuß. Justizfiskus (Kl.). Rep. VI. 529/03.

I. Landgericht Posen.
II. Oberlandesgericht daselbst.

Nachdem der Beklagte, ein preußischer Amtsgerichtsrat, in beiden vorderen Instanzen verurteilt worden war, gewisse Beträge, weil diese durch sein Verschulden dem Staate nicht erspart worden seien, dem Kläger zu ersetzen, ist auf Revision des Beklagten das Berufungsurteil aufgehoben, und die Klage abgewiesen worden, aus folgenden

Gründen:

„Die 14,28 M, welcher dem Kläger vom Berufungsgerichte zugesprochen worden sind, stellen die Mehrkosten dar, die dem Preußischen Staate dadurch entstanden sind, daß der Beklagte und der ihm damals zugeteilte Gerichtsschreiber, Assistent Kr., statt einer Dienstreise von Posen nach Piekary und zurück, mit Übernachtung in Buk vom 3. auf den 4. Juli 1902, deren zwei, eine am 3., die andere am 4. Juli 1902, je hin und zurück ausgeführt und entsprechende Gebührnisse liquidiert und ausgezahlt erhalten haben. Es handelte sich dabei um zwei Termine, die vom Beklagten als Amtsrichter in derselben Ermittelungssache auf den 3. und den 4. Juli nach Piekary anberaumt waren. Dem Beklagten ist es als Verschulden zur Last gelegt, daß er dadurch, daß er nicht in der Nacht vom 3. zum 4. Juli in Buk geblieben sei und den Kr. mit ihm dort zu bleiben veranlaßt habe, dem Staate diese Mehrkosten verursacht und ihn auf diese Weise finanziell geschädigt habe, und er ist deshalb für schadensersatzpflichtig gehalten worden.

Diese Entscheidung ... beruht auf falscher Rechtsanwendung. Ganz verfehlt ist vor allem die Verurteilung des Beklagten zum Ersatze der 6,06 M, die an Mehrkosten auf die doppelte Reise des Assistenten Kr. fallen. Am 3. Juli war dieser vom aufsichtführenden Amtsrichter dem Beklagten nur für den an diesem Tage abzuhaltenden Termin als Gerichtsschreiber zugeteilt, während für den Termin vom 4. Juli ein anderer Gerichtsschreiber bestimmt war. Kr. hatte daher nach Erledigung des Termins am Abend des 3. Juli nach Posen zurückzukehren. Er ist nur deshalb am 4. Juli abermals nach Piekary gereist, weil es aus besonderen Gründen wünschenswert erschien, daß auch an diesem Tage gerade er dort wieder als Gerichtsschreiber fungiere, und weil deswegen der Beklagte am Morgen des 4. den aufsichtführenden Amtsrichter bewogen hatte, seine Anordnungen in diesem Punkte noch zu ändern. Dem Beklagten ist nun vom Oberlandesgerichte vorgeworfen worden, daß er nicht den Kr. schon am Abend des 3. Juli veranlaßt habe, in Buk zu übernachten, indem er sich etwa bereit erklärte, die Verantwortung dafür dem aufsichtführenden Amtsrichter gegenüber zu übernehmen, und am anderen Morgen auf telegraphischem Wege die Zustimmung des letzteren erwirkte; das Berufungsgericht nimmt dabei in tatsächlicher Beziehung an, daß dann Kr. die Nacht in Buk geblieben sein würde. Abgesehen aber davon, daß nicht zu ersehen ist, weshalb der Beklagte ohne weiteres hätte unterstellen dürfen, daß Kr. nicht am 4. Juli zu anderen Verrichtungen in Posen notwendig gebraucht werde, wird hier ohne jeden Grund dem Beklagten dem Staate gegenüber die Verpflichtung beigemessen, um diesem einen finanziellen Vorteil zu verschaffen, eigenmächtige Anordnungen zu treffen und die Verantwortung dafür auf sich zu nehmen, auf die Gefahr hin, daß sich der betreffende Gerichtsschreiber nicht einmal danach richte. Hierin liegt eine völlige Verkennung des Umfanges der Amtspflichten eines Richters, wenn es auch möglich ist, daß dem Beklagten, falls er freiwillig eine solche Verantwortung auf sich genommen hätte, daraus nicht gerade ein Vorwurf gemacht worden wäre.

Aber auch für die zu seinen eigenen Gebührnissen gehörenden 8,22 ℳ ist der Beklagte grundloserweise verantwortlich gemacht worden. Es handelt sich hier nicht um den Fall, daß er eine von ihm zu machende Dienstreise durch die Wahl des Weges oder auf andere Weise unnötig verteuert hätte. Läge dergleichen vor, so würde, wenn nicht ein Schadensersatzanspruch, möglicherweise schon ein Anspruch wegen ungerechtfertigter Bereicherung, insofern der Beklagte zu viel bezahlt erhalten hätte, gegen ihn begründet sein. Aber die Annahme des Landgerichts, daß es sich bei den beiden Terminen am 3. und 4. Juli um ein einheitliches, an sich auf einer Reise zu erledigendes Dienstgeschäft gehandelt hätte, — welche Annahme übrigens auch vom Oberlandesgericht nicht gebilligt wird, — ist ganz grundlos. Vielmehr bildete die Abhaltung eines jeden dieser Termine, wenn auch die in ihnen vorzunehmenden Ermittlungen sich auf dieselbe Sache bezogen, ein Dienstgeschäft für sich. An sich lag daher die Sache so, daß der Beklagte, insofern es möglich war, am Abend des 3. Juli von Piekary nach Posen zurückzukehren hatte, wo ihn am nächsten Morgen Amtsgeschäfte erwarten konnten, deren Erledigung vor seiner abermaligen Reise nach Piekary geschehen konnte. Das Berufungsgericht hat nun gemeint, der Beklagte hätte erwägen müssen, daß er durch Nehmen eines Nachtquartiers in Buk dem Staate einen gewissen Geldbetrag ersparen würde, und daß er die Wahrnehmung etwaiger Amtsgeschäfte in Posen am Morgen des 4. Juli den ihm für solche Fälle bestellten Stellvertreter überlassen könne. Auch hier ist wieder zu sagen, daß der Beklagte vielleicht keinen Tadel verdient haben würde, wenn er sich dementsprechend verhalten hätte, daß aber nicht der geringste Grund vorliegt, ihm das Gegenteil zum Verschulden anzurechnen. Weder gehört es zu den Amtspflichten eines Richters, positiv auf den finanziellen Vorteil des Staates bedacht zu sein, noch kann es als selbstverständlich gelten, daß ein Richter aus irgendeinem beliebigen Grunde Amtsgeschäfte, die zunächst ihm obliegen, durch seinen Stellvertreter erledigen läßt. Wieweit er hierin gehen zu dürfen meint, das ist vielmehr lediglich Sache seines pflichtmäßigen Ermessens. Das einzige, was zweifelhaft sein könnte, ist, ob der Beklagte nicht doch dann verpflichtet gewesen wäre, die Nacht in Buk zu bleiben, wenn er gewußt hätte oder hätte wissen müssen, daß am Morgen des 4. Juli keine Amtsgeschäfte für ihn in Posen zu erledigen sein würden. Diese Frage bedarf jedoch keiner Entscheidung, weil entsprechende Behauptungen vom Kläger gar nicht aufgestellt worden sind. Der Kläger hat es eben an jeder Darlegung, worin eine dem Beklagten zur Last fallende Fahrlässigkeit bestanden haben solle, fehlen lassen.

Aus diesen Gründen mußte das angefochtene Urteil aufgehoben, und da die Sache zur Endentscheidung reif war, nach § 565 Abs. 3 Nr. 1 Z.P.O. alsbald auf die Berufung des Beklagten die Klage abgewiesen werden." ...

79. Kann in einem Rechtsstreite, in welchem durch Klage und Widerklage lediglich die Scheidung der Ehe beantragt worden ist, Teilurteil erlassen werden?

Z.P.O. §§ 301. 614. 615. 616.

IV. Zivilsenat. Urt. v. 17. November 1904 i. S. F. (Kl.) w. F. Ehefr. (Bekl.). Rep. IV. 248/04.

I. Landgericht Hamburg.
II. Oberlandesgericht daselbst.

Kläger, der mit der Beklagten im Jahre 1886 die Ehe geschlossen hatte, erhob Klage auf Scheidung, weil Beklagte ihm ohne Grund die eheliche Pflicht verweigere. Beklagte stellte dies in Abrede und beantragte Abweisung der Klage. Daneben erhob sie Widerklage und beantragte ihrerseits Scheidung der Ehe, weil Kläger sie in grober Weise beleidigt und mißhandelt habe. Als hierüber Beweis erhoben worden war, behauptete Kläger noch, daß Beklagte mit dem Kaufmann Josef R. die Ehe gebrochen habe, und erklärte, auch hierauf seine Klage stützen zu wollen. Durch Urteil des Landgerichts vom 14. Dezember 1903 wurde der Beklagten ein Eid dahin auferlegt:

es sei nicht wahr, daß sie während Bestehens ihrer Ehe mit Josef R. geschlechtlich verkehrt habe,

und hiervon die Entscheidung dergestalt abhängig gemacht, daß nach Leistung des Eides die Klage abgewiesen, auf die Widerklage die Ehe der Parteien geschieden, und Kläger für den schuldigen Teil erklärt, bei Verweigerung des Eides dagegen die Ehe der Parteien ebenfalls geschieden, jedoch sowohl Beklagte als Kläger für schuldig erklärt werden sollen. Gegen dieses Urteil legte Kläger Berufung ein und beantragte, abändernd dahin zu erkennen, daß unter Abweisung der Widerklage die Ehe der Parteien geschieden, und Beklagte für den schuldigen Teil erklärt werde. Kläger hielt den Vorwurf eines Ehebruches der Beklagten mit R. aufrecht und verlangte die Vernehmung eines Sachverständigen darüber, daß die Schädel- und Gesichtsbildung ihres jüngsten Sohnes der des R. ähnlich sei. Ferner machte er nunmehr noch geltend, daß Beklagte im Frühjahre 1886 in Berlin mit Franz Sch. und vor der am 17. Februar 1888 erfolgten Geburt ihrer Tochter Clara mit Alex G. in Berlin die Ehe gebrochen habe.

Beklagte stellte auch die neueren Behauptungen des Klägers in Abrede und trat ferner Beweis dafür an, daß Kläger sie mißhandelt habe, dem Trunke ergeben sei und seine Familie vollständig vernachlässige. Das Berufungsgericht erachtete die Geltendmachung des Ehebruches, den Beklagte angeblich mit Sch. und mit G. begangen habe, im Hinblick auf § 1571 Abs. 1 Satz 2 B.G.B. für nicht zulässig. Von der Erhebung des vom Kläger angetretenen Beweises nahm es Abstand, weil seine Behauptung, daß Beklagte mit R. Ehebruch begangen habe, höchstens so wahrscheinlich gemacht werden könne, daß sich die Auferlegung eines richterlichen Eides rechtfertige, und dieser der Beklagten bereits vom Landgericht auferlegt worden sei. In Ansehung der Widerklage erachtete es eine fernere Beweisaufnahme für angezeigt. Aus diesen Erwägungen erließ das Berufungsgericht am 22. April 1904 ein als Teilurteil bezeichnetes Urteil, durch das es für Recht erkannte:

die Berufung des Klägers gegen das Urteil ... des Landgerichts H. vom 14. Dezember 1903 wird insoweit als unbegründet zurückgewiesen, als durch das angefochtene Urteil für den Fall der Leistung des der Beklagten auferlegten Eides die Klage abgewiesen ist.

Daneben ordnete es die Erhebung des für die Widerklage angetretenen Beweises an. Als diese erfolgt war, erließ das Berufungsgericht am 27. Mai 1904 ein Urteil folgenden Wortlautes:

die Berufung des Klägers gegen das Urteil ... des Landgerichts H. vom 14. Dezember 1903 wird auch insoweit als unbegründet zurückgewiesen, als sie nicht bereits durch das Teilurteil vom 22. April 1904 zurückgewiesen ist.

In den Gründen wurde ausgesprochen, es sei nach jenem Teilurteil nur noch der Antrag der Widerklage im Streit. Diesen erachtete das Berufungsgericht auf Grund des § 1568 B.G.B. für gerechtfertigt.

Gegen diese Urteile, die beide auf Parteibetrieb, und zwar das erste am 10. Mai, das andere am 1. Juli 1904, zugestellt worden sind, legte Kläger Revision ein. Diese führte zur Aufhebung beider Urteile und Zurückverweisung der Sache an das Berufungsgericht aus folgenden

Gründen:

„Das Berufungsgericht hat weder in dem ersten noch in dem zweiten der von ihm erlassenen Urteile die Scheidung der Ehe ausgesprochen, und deshalb waren beide Urteile, da § 625 Z.P.O. nicht Anwendung findet, auf Parteibetrieb zuzustellen. Mit der demgemäß erfolgten Zustellung wurde die Rechtsmittelfrist eröffnet, und es ist, da gegen jedes der Urteile innerhalb dieser Frist die Revision eingelegt wurde, die Zulässigkeit beider Rechtsmittel nicht zu beanstanden.

Es muß die Revision gegen beide Urteile aber auch für begründet erachtet werden, und zwar deshalb, weil das Berufungsgericht in Ansehung der Klage durch Teilurteil erkannt und dadurch eine Entscheidung erlassen hat, die mit den Bestimmungen über das Verfahren nicht im Einklang steht. Allerdings ist die Zulässigkeit eines Teilurteils in Fällen der vorliegenden Art vom Reichsgericht wiederholt anerkannt worden, insbesondere von dem jetzt erkennenden Senat und in einem Urteil des III. Zivilsenats vom 7./13. Juli 1885 zur Sache Rep. III. 96/85 (mitgeteilt bei Bolze, Praxis Bd. 2 Nr. 1909). Die in diesem Urteil ausgesprochene Ansicht ist indes von dem nämlichen Senat in dessen Urteil vom 7. November 1902 zur Sache Rep. III. 213/02 (Jurist. Wochenschr. 1902 Beilage S. 286 Nr. 241) unter Billigung des abweichenden Urteils des II. Zivilsenates vom 22. Dezember 1899 zur Sache Rep. II. 398/99 (Entsch. des R.G.'s in Zivils. Bd. 45 S. 400) verlassen worden, und der erkennende Senat ist bei nochmaliger Erwägung dazu gelangt, sich den letzteren Urteilen anzuschließen.

Ist eine Widerklage erhoben, so soll zufolge § 301 Abs. 1 Z.P.O. in der Regel ein Teilurteil erlassen werden, wenn nur die Klage oder nur die Widerklage zur Endentscheidung reif ist. Gewiß gilt diese Bestimmung auch für Ehesachen. Es kann und soll daher, falls etwa auf Herstellung des ehelichen Lebens geklagt und widerklagend die Scheidung beantragt ist, durch Teilurteil die Klage abgewiesen werden, wenn sie sich als grundlos herausstellt, obwohl es in Ansehung der Widerklage noch einer Beweiserhebung bedarf. Gerade wegen des § 301 Abs. 1 Z.P.O. ist dagegen ein Teilurteil nicht möglich, wenn, wie in dem vorliegenden Falle, Klage und Widerklage auf Scheidung gerichtet sind, und zwar deshalb nicht, weil, solange nicht sowohl die Klage als die Widerklage spruchreif ist, die Voraussetzung des Teilurteils fehlt.

Wird die Scheidung beantragt (oder die Ehe angefochten), so wird der Fortbestand der Ehe in Frage gestellt, und das eheliche Verhältnis im ganzen Gegenstand des Streites. Das ist an sich kein Rechtssatz, sondern eine Tatsache (vgl. Motive zum 1. Entw. des B.G.B.'s Bd. 4 S. 606), deren Berücksichtigung aber zu den in §§ 614—616 Z.P.O. gegebenen Bestimmungen geführt hat. Danach ist der Eheprozeß, wenn er die Scheidung oder die Anfechtung zum Gegenstande hat, so gestaltet, daß er dazu bestimmt ist, alle bis zur Entscheidung durch den Tatrichter zu Gebote stehenden Klagegründe, ebenso aber auch alle bis dahin möglichen Klaganträge zur Erledigung zu bringen. Zu diesem Behufe ist in § 615 Abs. 1 die Verbindung der erwähnten Klagen gestattet, und durch § 614 nicht nur das Verbot der Klagänderung (§§ 264. 268. 527. 529 Abs. 2) ausgeschlossen, sondern auch die Erhebung einer Widerklage bis zum Schluß der Verhandlung zweiter Instanz zugelassen, soweit eine solche zufolge § 615 Abs. 2 überhaupt erfolgen darf. Andererseits ist zur Sicherung des hiermit verfolgten Zweckes, daß in dem anhängigen Rechtsstreite die vorhandenen Klagegründe sämtlich geltend gemacht werden, durch § 616 ein Zwang vorgesehen, der darin besteht, daß der Kläger sowohl als der Widerkläger nach Abweisung der Scheidungs- oder Anfechtungsklage das Recht, die Scheidung zu verlangen oder die Ehe anzufechten, nicht mehr auf Tatsachen gründen kann, die er in jenem Verfahren geltend machen konnte.

Im Hinblick hierauf muß für den Fall, daß durch Klage und Widerklage die Scheidung beantragt wird, zunächst die Zulässigkeit eines auf Scheidung lautenden Teilurteils verneint werden. Wird von dem Gericht die Scheidung ausgesprochen, so ist die Ehe, sobald das Urteil die Rechtskraft erlangt hat, getrennt, und für einen Rechtsstreit, der das eheliche Verhältnis zum Gegenstande hat, ist kein Raum mehr vorhanden. Aus diesem Grunde aber muß es überhaupt für unstatthaft erachtet werden, in einem auf Scheidung abzielenden Rechtsstreit ein Urteil zu erlassen, das die Ehe dem Bande nach trennt und nicht gleichzeitig auch sämtliche andere der Entscheidung bedürftige Fragen endgültig erledigt, sondern entweder über diese anderen Fragen bedingt entscheidet, oder die Entscheidung vorbehält. Unzulässig ist insbesondere ein Urteil, das auf Trennung der Ehe lautet, sodann ausspricht, die Scheidung erfolge zunächst auf den Antrag der einen Partei, und daneben von einem Eide abhängig macht, ob das Scheidungsbegehren der anderen Partei abgewiesen, oder durch Läuterungsurteil erkannt werden soll, daß die Scheidung auch auf Antrag dieser letzteren Partei stattfinde. Allerdings kommen Urteile solchen Inhaltes in der Praxis der Gerichte vor, und es wird dies (vgl. Lobe, im Sächsischen Archiv Bd. 6 S. 673) durch die Betrachtung zu rechtfertigen gesucht, das zuerst ergehende Urteil enthalte die Scheidung, das dann folgende dagegen nur die Feststellung, daß die bereits auf den Antrag der einen Partei hin ausgesprochene Scheidung auch als auf den Gegenantrag hin erfolgt anzusehen sei. Eine derartige Feststellung ist jedoch rechtlich unmöglich und würde eine Bedeutung nicht zu beanspruchen haben; denn eine Ehe, die bereits rechtskräftig geschieden ist, kann nicht zum zweitenmal geschieden, und es kann deshalb auch nicht hinterher in rechtlich wirksamer Weise ausgesprochen werden, daß es so angesehen werden solle, als ob die Ehe nicht nur aus dem bei ihrer Trennung angegebenen Grunde, sondern noch aus einem anderen Grunde geschieden sei. Hieraus folgt bereits, daß es endlich auch nicht statthaft sein kann, ein Teilurteil zu erlassen, das auf Trennung der Ehe lautet, aber die Entscheidung über die Schuldfrage, sei es in Ansehung beider, sei es hinsichtlich des einen Gatten, einem späteren Urteil vorbehält. Hat ein die Scheidung aussprechendes Urteil die Rechtskraft erlangt, so sind die bisherigen Gatten nicht mehr Eheleute, und dann ist eine Entscheidung darüber, wer von ihnen die Schuld an der Scheidung getragen hat, nicht mehr möglich. Denn nach rechtskräftig erfolgter Scheidung kann, worüber wohl ein Zweifel nicht obwalten wird, ein neuer Rechtsstreit nur in Ansehung der Schuldfrage nicht mehr anhängig gemacht werden, weil die Prüfung und Beantwortung der Schuldfrage zur Entscheidung der Frage, ob die Ehe zu trennen sei, gehört und deshalb mit der Trennung der Ehe endgültig zum Abschluß gelangen muß. Aus dem gleichen Grunde kann aber auch ein anhängiges Verfahren, sobald in diesem die Trennung der Ehe rechtskräftig ausgesprochen ist, nicht mehr behufs Erörterung der Schuldfrage fortgesetzt werden. Hiermit steht die Bestimmung des § 1574 Abs. 1 B.G.B. im Einklang, die zum Ausdruck bringt, daß über die Schuldfrage gleichzeitig mit der Scheidung zu erkennen ist, und daß die Entscheidung hierüber stets, auch in den durch Abs. 2 und Abs. 3 betroffenen Fällen, nur in dem auf Scheidung lautenden Urteile erfolgen kann (vgl. auch Planck, B.G.B. Bd. 4 § 1574 Bem. 4).

Der hiernach aus dem Gegenstand und dem Ziel des Scheidungsprozesses sich ergebende Grundsatz, daß die Ehetrennung nur ausgesprochen werden darf, wenn sämtliche der Entscheidung bedürfenden Streitfragen spruchreif sind, ist auch allein geeignet, den Bedürfnissen des Rechtsverkehrs zu entsprechen. Der Fortbestand einer Ehe ist für viele Lebensverhältnisse von Bedeutung, und daher ist es, wenn die Trennung einer Ehe durch Richterspruch erfolgt, von Wert, mit Sicherheit bestimmen zu können, wann die Ehe geschieden worden ist. Diese Möglichkeit ist gegenüber einem Urteil, das zwar auf Trennung lautet, aber die Entscheidung über hiermit zusammenhängende Fragen noch vorbehält, nicht vorhanden, da ein solches Urteil stets verschiedener Auslegung fähig ist. So wird es, worauf hier hingewiesen werden mag, nach Erlaß eines Urteils, das zunächst auf den Antrag des einen Gatten die Ehe trennt und die Entscheidung, ob der Trennung auch der Antrag des anderen Gatten zugrunde zu legen sei, von einem Eide abhängig macht, nicht leicht sein, die Frage zu beantworten, wann jeder dieser Gatten eine neue Ehe eingehen darf (§ 1309 B.G.B.), oder ob, falls einer der Gatten nach Rechtskraft des ersten Urteils, jedoch vor Erlaß des Läuterungsurteils verstirbt, der andere das Erbrecht des überlebenden Gatten (§ 1931 B.G.B.) in Anspruch nehmen darf. Auch sonstige Unzuträglichkeiten würden zu befürchten sein. Wenn etwa beide Gatten die Scheidung wegen Ehebruches des anderen beantragten, so könnte, wenn auf den Antrag des einen die Ehe durch Teilurteil geschieden würde, nach Eintritt der Rechtskraft dieses Teilurteils, der andere die Ehe mit derjenigen Person, die sein Mitschuldiger sein soll, schließen, ohne daß die Bestimmung des § 1312 B.G.B. in Betracht kommen dürfte. Andererseits sind aus der Anerkennung des Grundsatzes, daß eine Ehescheidung nur in Verbindung mit der unbedingten Entscheidung sämtlicher anderer Streitfragen erfolgen darf, Nachteile und Schwierigkeiten nicht zu befürchten. Insbesondere ist es in dem Falle, daß das Landgericht auf Scheidung erkannt und nur die eine Partei für den schuldigen Teil erklärt hat, durchaus statthaft, daß die letztere Partei, wenn sie Berufung einlegt, in der Berufungsinstanz auch ohne Erhebung einer Widerklage oder unter Abstandnahme von einer solchen lediglich zur Schuldfrage Anträge stellt, so daß tatsächlich nur diese in zweiter Instanz den Gegenstand der Erörterung und Entscheidung bilden. Dies steht keineswegs im Widerspruch mit dem Grundsatze, daß die Ehetrennung unbedingt nur neben unbedingter Entscheidung des gesamten Streitstoffes ausgesprochen werden darf. Denn durch die Einlegung der Berufung gegen ein Urteil des bezeichneten Inhaltes wird, und zwar infolge jenes Grundsatzes, die Rechtskraft des Urteils in ganzem Umfang gehemmt, und die Berufungsanträge haben nicht die Bedeutung, daß das Urteil des Landgerichts, insoweit es durch die Anträge nicht angefochten wird, in Rechtskraft übergeht. Ob es bei der Trennung der Ehe verbleibt, entscheidet sich vielmehr erst dann, wenn der gesamte Rechtsstreit endgültig erledigt ist, und erst mit diesem, sofort und mit Sicherheit festzustellenden, Zeitpunkte tritt der Ausspruch einer Ehescheidung in Kraft. Ferner hat jener Grundsatz keineswegs zur Folge, daß die Entscheidung über die sämtlichen Streitpunkte der Parteien erst dann erfolgen darf, wenn sie alle zur Endentscheidung reif sind. Nur die Trennung der Ehe darf nicht früher ausgesprochen werden; im übrigen ist jedes Instanzgericht in der Lage, über die durch Klage oder Widerklage für die Scheidung oder die Schuldfrage geltend gemachten selbständigen Angriffs- oder Verteidigungsmittel durch Zwischenurteil gemäß § 303 Z.P.O. zu entscheiden und diese streitigen Fragen dadurch (vgl. § 318 ebendaselbst) für die Instanz zu erledigen.

Endlich muß in Rechtsstreitigkeiten der vorliegenden Art nicht bloß die Trennung der Ehe, sondern auch die Abweisung der Klage (oder der Widerklage) durch Teilurteil für unzulässig erachtet werden, und zwar wegen der oben schon erwähnten Bestimmung in § 616 Z.P.O. Wird der Kläger mit der Scheidungsklage abgewiesen, so ist fortan auch der Beklagte gehindert, einen Scheidungsgrund geltend zu machen, auf den er eine Widerklage zu gründen imstande war. Im Hinblick hierauf ist es fraglich, ob nicht in dem Falle, daß eine Scheidungsklage durch Teilurteil abgewiesen würde, mit der Rechtskraft des abweisenden Teilurteils die etwa schon vorher erhobene gleichfalls auf Scheidung gerichtete Widerklage ohne weiteres als hinfällig betrachtet werden müßte. Aber selbst wenn es gelingen sollte, durch Auslegung des § 616 diese Folgerung zu vermeiden, also den Fortgang der Widerklage als statthaft zu betrachten, so würde nach Eintritt der Rechtskraft jenes Teilurteils die Lage des Klägers wesentlich verschlechtert sein. Neu entstandene Klagegründe könnte er allerdings unbeschränkt geltend machen. Es wäre das freilich eine Widerklage gegen die Widerklage, und es ist streitig, ob solche nach der Zivilprozeßordnung erlaubt ist (dafür u. a. Wach, Handbuch Bd. 1 S. 485, Seuffert, Z.P.O. § 33 Bem. 3 der 8. Aufl.; dagegen Gaupp-Stein, Z.P.O. 4. Aufl. Bd. 1 § 33 Bem. II Ziff. 5, weil es eine unzulässige Erweiterung der Klage wäre). Es mag das indes dahingestellt bleiben; denn die Zulassung aller neuen Gründe würde schon zufolge § 614 Z.P.O. geboten sein. Dagegen würde Kläger mit Gründen, die er vor Erlaß des Teilurteils geltend machen oder durch Einlegung eines Rechtsmittels zur Geltung bringen konnte, ausgeschlossen sein; er würde deshalb einen Grund, der ihm zwar bekannt, dessen Benutzung ihm jedoch peinlich war, und dessen er angesichts des bisherigen Verhaltens des Beklagten entbehren zu können glaubte, auch dann nicht mehr geltend machen können, wenn dessen Geltendmachung das einzige Mittel wäre, um dem geänderten Verhalten des Beklagten zu begegnen. Das folgt aus § 616 Z.P.O., und diese Folgerung wird nicht zu umgehen sein. Auch hierin zeigt sich, daß eine Ehesache, deren Ziel die Scheidung ist, nur dann sachgemäß erledigt werden kann, wenn über den gesamten Streitstoff gleichzeitig entschieden wird.

Es ist danach anzuerkennen, daß in einem solchen Rechtsstreit jedes Teilurteil ausgeschlossen ist.

Mit diesem Grundsatze stehen die angefochtenen Urteile nicht im Einklang. Das Landgericht hatte durch sein Urteil vom 14. Dezember 1903 richtig erkannt; denn es hatte zwar den Eid nur wegen der Schuldfrage angeordnet und die Scheidung auf jeden Fall in Aussicht gestellt, aber die Scheidung selbst noch nicht ausgesprochen, sondern ebenso wie die Entscheidung über die Schuldfrage dem Läuterungsurteil vorbehalten. Das Berufungsgericht hat dagegen durch sein Teilurteil vom 22. April 1904 zunächst nur über die Klage erkannt. Die Unzulässigkeit einer solchen Behandlung der Sache zeigt sich hier schon darin, daß das Berufungsgericht, wenn sein Teilurteil zufällig nicht angefochten, sondern rechtskräftig geworden wäre, gar nicht in der Lage gewesen sein würde, das Urteil des Landgerichts gemäß § 537 Z.P.O. vor dem Erlaß des Schlußurteils zu erledigen. Es gereicht aber das Verfahren des Berufungsgerichts dem Kläger auch insofern zum Nachteil, als dieser nunmehr behindert wurde, etwa vorhandene anderweitige Klagegründe noch vorzubringen. Daß demselben noch andere, als die schon vorgebrachten, Klagegründe tatsächlich zu Gebote standen, ergeben allerdings die Akten nicht; eine maßgebende Entscheidung, daß dem Kläger das Verfahren des Berufungsgerichts nicht zur Beschwerde gereicht hat, kann indes, ohne auf die Sache selbst einzugehen, nicht getroffen werden. Es muß deshalb die Aufhebung beider Urteile und die Zurückverweisung der Sache erfolgen, damit nach erneuter Verhandlung über Klage und Widerklage gleichzeitig entschieden werde."

---

80. Darf in dem Falle, daß von beiden Parteien Scheidung der Ehe beantragt wird, auf den Antrag der einen Partei die Aussetzung angeordnet, und dem Verfahren über das Scheidungsbegehren der anderen Partei Fortgang gegeben werden?

Z.P.O. § 620.

IV. Zivilsenat. Beschl. v. 1. Dezember 1904 i. S. v. H. Ehefr. (Kl.) w. v. H. (Bekl.). Beschw.-Rep. IV. 443/04.

I. Landgericht II Berlin.
II. Kammergericht daselbst.

Klägerin hatte die Scheidungsklage wegen Ehebruchs des Beklagten erhoben, und letzterer im Wege der Widerklage auch seinerseits die Scheidung wegen Ehebruchs der Klägerin oder doch auf Grund des § 1568 B.G.B. beantragt. In erster Instanz wurde über die Behauptungen der Klage und der Widerklage Beweis erhoben, alsdann aber von der Klägerin die Aussetzung des Verfahrens auf ein Jahr beantragt. Der Beklagte widersprach. Von dem Landgericht wurde gleichwohl dem Antrage auf Aussetzung stattgegeben, dagegen über die Widerklage dem Verfahren Fortgang gegeben, und durch Urteil vom 23. April 1904 die Widerklage abgewiesen. Gegen das Urteil legte der Beklagte Berufung ein, über die bis jetzt noch nicht verhandelt worden ist. Daneben erhob Beklagter gegen den, am 20. Februar 1904 erlassenen, Beschluß des Landgerichts, durch den die Aussetzung des Verfahrens angeordnet war, Beschwerde und verlangte dessen Aufhebung. Diesem Antrag wurde entsprochen. Die hiergegen von der Klägerin eingelegte weitere Beschwerde ward zurückgewiesen aus folgenden

Gründen:

„Durch die Bestimmung in § 620 Abs. 1 Satz 1 Z.P.O. soll, wie das Berufungsgericht zutreffend hervorhebt, dem zum Antrag auf Scheidung berechtigten Gatten die Möglichkeit gewährt werden, zunächst noch einen Aufschub eintreten zu lassen. Die Vorschrift ist mithin im Interesse der Erhaltung der Ehe gegeben und gibt die von ihr bezeichnete Befugnis jeder Partei, von der die Scheidungsklage erhoben worden, ohne zu unterscheiden, ob dies im Wege der Klage, oder der Widerklage geschehen ist. Wird aber die Scheidung von beiden Parteien beantragt, so ist die Aussetzung des Verfahrens auf den Antrag nur einer Partei lediglich dann möglich, wenn in Ansehung des von der anderen Partei gestellten Scheidungsbegehrens die Aussetzung auf Grund des § 620 Abs. 1 Satzes 2 von Amts wegen angeordnet werden kann. Denn die Fortsetzung des Verfahrens über die Scheidungsklage der einen und die Aussetzung hinsichtlich der Scheidungsklage der anderen Partei müßte, wie es in der vorliegenden Sache ja auch tatsächlich geschehen ist, zu einem Teilurteil führen, und ein solches ist, wie das Kammergericht mit Recht annimmt und von dem erkennenden Senat ebenfalls in dem zum Abdruck bestimmten Urteil vom 17. November 1904 zur Sache Rep. IV. 248/04 ausgesprochen worden ist, in dem Falle, daß durch Klage und Widerklage die Scheidung beantragt wird, nicht zulässig."

---

81. Darf in einer Ehesache, in welcher von beiden Parteien die Scheidung beantragt ist, ein Urteil erlassen werden, das die Ehe auf den Antrag des einen Ehegatten scheidet und den anderen für schuldig erklärt, daneben aber von einem Eide abhängig macht, ob dem Scheidungsbegehren des letzteren ebenfalls stattzugeben sei?

Und kann, wenn ein solches Urteil die Rechtskraft erlangt, durch Läuterungsurteil mit rechtlicher Wirkung ausgesprochen werden, daß die Ehe auch auf den Antrag des anderen Teiles geschieden werde, und dessen Gegner gleichfalls die Schuld an der Scheidung trage?

IV. Zivilsenat. Urt. v. 1. Dezember 1904 i. S. R. (Bekl.) w. R. Ehefr. (Kl.). Rep. IV. 255/04.

I. Landgericht II Berlin.
II. Kammergericht daselbst.

Zwischen den Parteien, die am 3. Januar 1883 die Ehe miteinander geschlossen hatten, wurde im Jahre 1898 ein Rechtsstreit anhängig, in welchem beide, und zwar die Ehefrau als Klägerin, der Beklagte durch Erhebung einer Widerklage, beantragten, die Ehe zu scheiden und den anderen Teil für allein schuldig zu erklären. In erster Instanz wurde die Klage zuletzt nur noch darauf gestützt, daß Beklagter mit der verehelichten Frau Bertha F. Ehebruch getrieben habe, während Beklagter zur Begründung seiner Widerklage der Klägerin Verletzung ihrer ehelichen Pflichten im Sinne des § 1568 B.G.B. zum Vorwurfe machte. In erster Instanz wurde die Ehe der Parteien auf die Klage getrennt, und Beklagter für den schuldigen Teil erklärt, die Widerklage dagegen abgewiesen. Das Berufungsgericht dagegen erkannte durch Urteil vom 17. Juni 1903 abändernd, und zwar mit einer Urteilsformel folgenden Wortlautes:

„Die Ehe der Parteien wird auf die Widerklage geschieden, und die Klägerin wird für schuldig an der Scheidung erklärt.

Der Beklagte soll folgenden Eid leisten:

Ich schwöre bei Gott dem Allmächtigen und Allwissenden: Es ist nicht wahr, daß ich während meiner Ehe mit der Frau Bertha F. geschlechtlich verkehrt habe. So wahr mir Gott helfe!

Schwört der Beklagte den Eid, so wird die Klage abgewiesen. Schwört der Beklagte den Eid nicht, so wird die Ehe auch auf die Klage geschieden, und auch der Beklagte für schuldig erklärt."

Dieses Urteil wurde beiden Parteien von Amts wegen zugestellt. Klägerin legte Revision ein, nahm diese jedoch vor dem Termin zur mündlichen Verhandlung zurück und wurde durch Versäumnisurteil der Revision gegen das Urteil des Berufungsgerichts vom 17. Juni 1903 verlustig erklärt. Auch das Versäumnisurteil wurde von Amts wegen zugestellt. Nunmehr lud Klägerin den Beklagten vor das Berufungsgericht zur Eidesleistung, sowie zur weiteren mündlichen Verhandlung in dem auf den 16. April 1904 anberaumten Termin. In dem Termin erschien Beklagter nicht, und Klägerin beantragte, den Eid als verweigert anzusehen, worauf von dem Berufungsgericht ein neuer Termin zur Eidesleistung und weiteren mündlichen Verhandlung auf den 4. Mai 1904 anberaumt wurde.

In diesem Termin blieb Beklagter ebenfalls aus. Klägerin beantragte wiederum, den Eid als verweigert anzusehen, sowie in der Sache selbst zu erkennen, und nunmehr erkannte das Berufungsgericht durch sofort verkündetes Urteil:

„Die Ehe der Parteien wird auch auf die Klage geschieden, und auch der Beklagte wird für schuldig an der Scheidung erklärt."

Dieses Urteil wurde den Parteien ebenfalls von Amts wegen zugestellt. Infolge Revision des Beklagten wurde das Läuterungsurteil insoweit, als es die Ehe der Parteien auch auf die Klage scheidet und auch den Beklagten für schuldig an der Scheidung erklärt, aufgehoben, und die Klage in der Sache selbst für erledigt erklärt. In Ansehung der Entscheidung über die Kosten wurde die Revision zurückgewiesen.

Aus den Gründen:

„In der Hauptsache ist der Revision der Erfolg nicht zu versagen. Durch sein Urteil vom 17. Juni 1903 hatte das Berufungsgericht nicht bloß die Ehe der Parteien unbedingt geschieden, sondern für den Fall, daß Beklagter den ihm auferlegten Eid nicht leisten werde, eine nochmalige Scheidung in Aussicht gestellt. In Ehesachen, in denen sowohl durch Klage als durch Widerklage lediglich die Scheidung beantragt wird, kann indes ein Teilurteil nicht erlassen werden, weil das eheliche Verhältnis im ganzen Gegenstand des Streites ist, und deshalb, solange nicht sowohl die Klage als die Widerklage spruchreif ist, ein Endurteil nicht ergehen, mithin die in § 301 Z.P.O. bezeichnete Voraussetzung des Teilurteils niemals eintreten kann. Hielt das Berufungsgericht die Widerklage für begründet und in Ansehung der Klage die Anordnung eines Eides für gerechtfertigt, so hätte es auf diesen Eid erkennen und aussprechen müssen, daß die Ehe bei Leistung des Eides auf die Widerklage, bei Verweigerung des Eides auf die Klage und auf die Widerklage geschieden werden solle; dagegen hätte es nicht so, wie in dem Urteil vom 17. Juni 1903 geschehen ist, erkennen dürfen. Allerdings ist dieses Urteil rechtskräftig geworden und hat auch insoweit, als es ein bedingtes ist, die Rechtskraft beschritten, so daß die Vorschriften der §§ 460. 462 Z.P.O. über die Erledigung eines bedingten Endurteils, die für Ehesachen ebenfalls Geltung haben (vgl. Entsch. des R.G.'s in Zivils. Bd. 42 S. 372), auf dasselbe Anwendung zu finden hatten. Es könnte mithin das Läuterungsurteil vom 4. Mai 1904, durch das lediglich die in dem bedingten

Urteil festgestellte Folge der Eidesverweigerung ausgesprochen ist, nicht deshalb angefochten werden, weil das bedingte Urteil auf einem Verstoß beruhe, der dem Beklagten zur Beschwerde gereiche. Wohl dagegen kann das Läuterungsurteil beanstandet werden, wenn es eine Entscheidung enthält, die das Gericht nicht mit rechtlicher Wirkung treffen konnte, und aus diesem Grunde ist der Revision stattzugeben. In einem Rechtsstreite zwischen zwei Personen, die nicht miteinander verheiratet sind, kann ein Urteil, das ihre Ehe scheidet, nicht ergehen, weil eine solche Ehe nicht besteht. Die Ehe der Parteien aber wurde dem Bande nach gelöst, als Klägerin die von ihr gegen das Urteil des Berufungsgerichts vom 17. Juni 1903 eingelegte Revision zurücknahm, was vor dem Erlaß des in der Revisionsinstanz ergangenen Versäumnisurteils vom 28. März 1904 durch Zustellung eines Schriftsatzes geschehen ist. Dadurch wurde das Urteil vom 17. Juni 1903 der Anfechtung entzogen, und die in ihm unbedingt ausgesprochene Scheidung trat in Kraft. Bei dieser Sachlage ist die nochmals, durch Läuterungsurteil vom 4. Mai 1904, erfolgte Scheidung ein Ausspruch, dem eine rechtliche Bedeutung nicht zukommt. Es hätte Beklagter nicht auf Grund dieses Urteils wegen Ehebruchs verfolgt werden können (§ 172 St.G.B.), obwohl auf Grund der als voll bewiesen zu erachtenden Tatsache, daß er während noch bestehender Ehe mit der Frau F. geschlechtlich verkehrt habe, die Scheidung ausgesprochen war. Denn diese in dem Läuterungsurteile enthaltene Entscheidung entspricht nicht der Wirklichkeit: die Ehe der Parteien war schon endgültig getrennt. Im Hinblick hierauf mußte das Läuterungsurteil, soweit es die Scheidung ausspricht, aufgehoben werden.

Die Aufhebung des Urteils mußte ferner aber auch insoweit erfolgen, als es den Beklagten ebenfalls für schuldig an der Scheidung erklärt. Der Ausspruch über die Schuldfrage ist in § 1574 B.G.B. vorgeschrieben und kann, wenn die Ehe aufgelöst ist, nicht mehr abgegeben werden, weil die Prüfung und Beantwortung jener Frage zu der Entscheidung, ob die Ehe zu trennen sei, gehört. Ob hieraus gefolgert werden muß, daß ein Urteil, durch welches nach Trennung der Ehe trotzdem nachträglich einer der früheren Ehegatten für schuldig erklärt wird, auch dann, wenn es die Rechtskraft erlangt, stets aller rechtlichen Wirkung entbehrt, mag dahingestellt bleiben; im vorliegenden Falle muß der in Rede stehenden Erklärung jede Bedeutung abgesprochen werden. Durch die Verkündung des Urteils vom 17. Juni 1903 wurde die Ehe der Parteien noch nicht aufgelöst; vielmehr blieb dieselbe bestehen, bis das Urteil durch die Zurücknahme der gegen dasselbe eingelegten Revision der Anfechtung entzogen wurde. Nunmehr trat die unbedingt ausgesprochene Scheidung in Geltung, und diese Tatsache bewirkte gleichzeitig, daß die mit der Auflösung der Ehe unvereinbare bedingte Entscheidung außer Kraft trat. Hieran kann der Umstand, daß das Urteil unanfechtbar geworden ist, nichts ändern; denn die Rechtskraft hatte gerade zur Folge, daß mit ihrem Eintritte der bedingte Teil des Urteils, soweit es die Sache selbst zum Gegenstande hatte, hinfällig wurde. Das Berufungsgericht konnte deshalb über die von der Klägerin beantragte Scheidung und folgeweise auch über den hiermit zusammenhängenden Antrag in Ansehung der Schuldfrage nicht mehr erkennen, weil insoweit die Klage durch eine nach Erlaß des Urteils vom 17. Juni 1903 eingetretene Tatsache ihre Erledigung gefunden hatte.

Unbegründet ist dagegen die Revision in Ansehung des Kostenpunktes. In dem Urteile vom 17. Juni 1903 hatte das Berufungsgericht die Entscheidung über die Kosten des Rechtsstreites ebenfalls von dem Eide des Beklagten abhängig gemacht, und zwar derart, daß die Kosten im Schwörungsfalle sämtlich der Klägerin auferlegt, im Nichtschwörungsfalle gegeneinander aufgehoben werden sollten. Letztere Folge ist dann im Läuterungsurteil ausgesprochen und kann nicht beanstandet werden; denn das Urteil vom 17. Juni 1903 bleibt der Anfechtung entzogen und ist in seinen beiden Entscheidungen: 1. über die Widerklage, 2. über die Kosten des Rechtsstreites, maßgebend, da diese von dem Grunde, der die Entscheidung über die sachlichen Anträge der Klage hinfällig macht, nicht betroffen werden.

Demgemäß ist erkannt, wie geschehen. Einer Zurückverweisung bedurfte es zufolge § 565 Abs. 3 Ziff. 1 Z.P.O. nicht, da tatsächliche Aufklärungen nicht mehr erforderlich waren. Die Kosten der Revisionsinstanz waren gemäß § 91 Z.P.O. der Klägerin aufzuerlegen; die Zurückweisung der Revision in Ansehung der Kosten kommt hierbei nicht in Betracht."

82. Kann wegen wissentlicher Benutzung des für einen anderen eingetragenen Warenzeichens mit der Untersagungsklage zugleich Verurteilung zur Rechnungslegung über den durch den Verkauf von Waren unter dem Zeichen des Klägers erzielten Gewinn unter Vorlegung der Handlungsbücher des Beklagten verlangt werden?

II. Zivilsenat. Urt. v. 24. Juni 1904 i. S. B.-P. Company A. & C. (Bekl.) w. M. E. Nachfolger (Kl.). Rep. II. 435/03.

I. Landgericht I Berlin.
II. Kammergericht daselbst.

Aus den Gründen:

... „Mit der Untersagungsklage hat die Klägerin ein weiteres Begehren verbunden, nämlich auf Verurteilung der Beklagten, der Klägerin über den Gewinn Rechnung zu legen, welchen die Beklagte seit dem 1. Januar 1897 durch den Verkauf von Klosettpapier unter Marken, welche eine Verwechslung mit der klägerischen Marke nicht ausschließen, erzielt habe, und zwar unter der Vorlegung ihrer Handlungsbücher. Sie begründete dies damit, daß die Beklagte das Zeichen der Klägerin wissentlich verletzt habe, daher der Klägerin zur Entschädigung verpflichtet sei, und dazu gehöre in erster Linie die Herausgabe des Gewinnes, welchen die Beklagte durch den Eingriff in das klägerische Zeichenrecht gemacht habe. Behufs Ermittelung dieses Gewinnes müsse die Beklagte den Rechtsgrundsätzen der negotiorum gestio gemäß erst einmal Rechnung legen.

Das Landgericht erkannte nach dem gestellten Antrage; das Berufungsgericht nahm gleichfalls eine Pflicht zur Rechenschaftsablegung an, aber nur in beschränkter Weise, und verurteilte hiernach die Beklagte nur dazu, der Klägerin ein Verzeichnis derjenigen Quantitäten Klosettpapier vorzulegen, welche sie, die Beklagte, in der Zeit vom 1. Januar 1897 ab, versehen mit dem Warenzeichen Nr. 6073, sei es auch unter Wiedergabe desselben mit den erwähnten Abweichungen, in ihrem Geschäftsbetriebe verkauft habe. Das Berufungsgericht führt aus: die Beklagte sei gemäß §§ 14. 20 des Warenbezeichnungsgesetzes auch zur Entschädigung verpflichtet, weil sie unstreitig, und, wie sich aus ihren Briefen Bl. 7. 8 der Akten ergebe, spätestens am 1. Januar 1897, von der Eintragung des klägerischen Zeichens für Klosettpapier

Kenntnis erhalten, seitdem also das klägerische Zeichenrecht nicht nur objektiv widerrechtlich, sondern auch wissentlich durch den gewerbsmäßigen Vertrieb von Klosettpapier unter ihrem nicht eingetragenen, dem klägerischen im wesentlichen gleichen Zeichen verletzt habe. Zur Erlangung der Kenntnis von der Höhe der ihr zustehenden Entschädigung sei die Klägerin berechtigt sich aller Hilfsmittel zu bedienen, welche das bürgerliche Recht in dieser Hinsicht gewähre. Zu diesen Hilfsmitteln gehören die gesetzlichen Vorschriften über Rechenschaftsablegung und Auskunftserteilung, auf welche der zweite Klagantrag gestützt werde, und deren Anwendbarkeit auf den konkreten Fall die Beklagte zu Unrecht leugne. Die Beklagte habe, indem sie sich des für die Klägerin eingetragenen Warenzeichens als solchen in ihrem Geschäftsbetriebe trotz Kenntnis von dem ausschließlichen Rechte der Klägerin bediente, Geschäfte der Klägerin als ihre eigenen behandelt, obwohl sie gewußt, daß sie hierzu nicht berechtigt sei, und ein der Klägerin zustehendes Recht wissentlich für sich benutzt. Sie sei daher, soweit sie das streitige Zeichen in der Zeit vom 1. Januar 1900 ab für eigene Zwecke benutzt habe, der Klägerin gemäß §§ 687 Abs. 2. 681. 666 B.G.B. wie ein Geschäftsführer zur Rechenschaftsablegung und Auskunftserteilung verpflichtet, während sich die gleiche Verpflichtung für sie bezüglich der vorhergehenden Zeit aus §§ 228. 229. 256 A.L.R. I. 13 ergebe (Striethorst, Archiv Bd. 50 S. 46, Bd. 80 S. 228).

Von der Revision wurde zunächst die Annahme der Wissentlichkeit der Verletzung des klägerischen Zeichenrechtes gerügt, insofern das Berufungsgericht gewisse Tatsachen nicht berücksichtigt habe, welche von der Beklagten dafür geltend gemacht worden seien, daß sie, wenn das klägerische Recht begründet sei, sich hierüber im Irrtum befunden habe, und dieser Irrtum ohne grobe Fahrlässigkeit bestehen konnte (§ 14 des Gesetzes vom 12. Mai 1894).

Sodann wurde die Verpflichtung der Beklagten zur Rechenschaftsablegung bestritten. Es gebe keine Vorschrift, nach welcher jeder, der zum Schadensersatz verpflichtet sei, dem Gläubiger über die schädigenden Geschäfte Rechenschaft oder Auskunft zu geben hätte; ferner habe auch die Beklagte niemals Geschäfte der Klägerin geführt, sondern stets ihre eigenen Waren für eigene Rechnung verkauft. Die Klägerin habe kein Recht auf den Vorteil dieser Geschäfte, ebensowenig wie sie für den Verlust aufzukommen habe. Die Rechtslage sei eine andere als z. B. bei der Verletzung eines Patentrechtes, wie auch vom Reichsgericht in dem Erkenntnisse Bd. 47 S. 100 der Entsch. des R.G.'s in Zivils. dargelegt worden sei.

Es kann dahingestellt bleiben, ob der hinsichtlich der Feststellung der Wissentlichkeit der Verletzung gerügte prozessuale Verstoß als solcher anzuerkennen wäre; denn die weitere Rüge, welche auch die der Beklagten in beschränkter Weise auferlegte Rechenschaftsablegung beanstandet, wurde für gerechtfertigt erachtet und führte zur Abweisung der hierauf gerichteten Klage; denn ein Entschädigungsanspruch selbst ist in diesem Rechtsstreite nicht verfolgt worden.

Das Berufungsgericht erkennt an, daß die Beklagte, indem sie lediglich eigene, ihrer freien Verfügung unterliegende Waren veräußerte, durch solchen gewerbsmäßigen Vertrieb in die Rechtssphäre der Klägerin nicht eingegriffen habe und allein Anspruch auf den hieraus erzielten Gewinn machen könne; denn dieser stelle sich nicht als eine Frucht der eigennützigen Benutzung des selbständigen klägerischen Zeichenrechtes, als eine ungerechtfertigte Bereicherung auf Kosten der Klägerin dar, sondern als ein Vorteil, den die Beklagte in erlaubter Ausübung eigener Rechte erworben habe. Die Entscheidungen des Reichsgerichts, welche dem Patent- oder Gebrauchsmusterberechtigten in Fällen wissentlicher oder grobfahrlässiger Verletzung des Patent- oder Gebrauchsmusterrechtes gegen den Verletzer ein Recht auf Rechnungslegung über den beim Vertriebe geschützter Gegenstände erlangten Gewinn zusprechen, ließen eine analoge Anwendung auf Fälle, in denen eine Entschädigungspflicht aus §§ 14. 20 des Warenbezeichnungsgesetzes gegeben ist, nicht zu. Denn diese beruhten auf der Erwägung, daß sich jeder nach einem Patente oder Gebrauchsmuster hergestellte Gegenstand als eine Verkörperung des geschützten Erfindungsgedankens, bzw. der geschützten Formgebung darstelle, und daß daher der gewerbsmäßige Vertrieb solcher Gegenstände von seiten eines Nichtberechtigten zugleich eine eigennützige Verwertung eines fremden Rechtsgutes enthalte. Diese Erwägung treffe aber auf die Waren, welche ein Nichtberechtigter unter einem fremden Warenzeichen vertreibe, nicht zu, weil nicht die Waren, für welche jemand ein eingetragenes Zeichen besitze, durch diese Eintragung geschützt seien, sondern nur das eingetragene Zeichen selbst. Nur insoweit die Beklagte durch Benutzung des streitigen

Zeichens der Klägerin Schaden zugefügt und sich dadurch Vorteile zugeeignet habe, welche allein der Klägerin als Früchte ihres selbständigen ausschließlichen Rechtes zuständen, sei sie derselben zur Entschädigung verpflichtet. Demgemäß sei auch die Berechtigung der Klägerin, zur Erlangung der Kenntnis von der Höhe der ihr zustehenden Entschädigung Rechenschaftsablegung und Auskunftserteilung von der Beklagten zu verlangen, zu beschränken, und es müsse deshalb angenommen werden, daß die Beklagte ihrer entsprechenden Verpflichtung dadurch genüge, daß sie der Klägerin gemäß § 260 B.G.B., §§ 687 Abs. 2. 681. 666 daselbst ein Verzeichnis derjenigen Quantitäten von Klosettpapier vorlege, welche sie in ihrem Geschäftsbetriebe unter dem klägerischen Zeichen seit dem 1. Januar 1897 abgesetzt habe. An der Hand dieses Verzeichnisses werde die Klägerin in der Lage sein, den ihr von seiten der Beklagten durch widerrechtliche und wissentliche Benutzung ihres Warenzeichens zugefügten Schaden näher zu substantiieren und denselben eventuell gemäß § 287 Z.P.O. eidlich zu schätzen.

Es kann anerkannt werden, daß in Fällen der vorliegenden Art für den Kläger die Begründung und für das Gericht die Festsetzung eines bestimmten Schadens, ohne eine Auskunftspflicht des Beklagten in Anspruch nehmen zu können, mit Schwierigkeiten verbunden ist. Übrigens erscheint gerade bei einer schuldhaften Handlung des Verletzers ein besonders weit gehendes Ermessen des Gerichtes im Sinne des § 287 Z.P.O. gerechtfertigt, und dadurch wird der Verletzer selbst veranlaßt, einer etwa zu hohen Festsetzung der Entschädigung durch freiwillige Darlegung der Zahl und des Umfanges seiner Eingriffe in das gegnerische Schutzrecht vorzubeugen. Jedenfalls ist davon auszugehen, daß der Verletzte nach § 14 des Gesetzes vom 12. Mai 1894 nur Anspruch auf Entschädigung hat, und darunter zwar eine volle, den wirklichen Schaden und den entgangenen Gewinn umfassende Entschädigung zu verstehen ist, aber nicht eine unmittelbar auf Restitution der widerrechtlich bezogenen Vorteile gehende Verpflichtung, wenn auch das Maß dieser Vorteile nach Umständen für die Beurteilung des entgangenen Gewinnes von Bedeutung sein kann. Ein Anhalt für eine weitere Auslegung des Begriffes der Entschädigung läßt sich aus dem Gesetz vom 12. Mai 1894 nicht entnehmen. Kann nun auch die Erhebung des vom Verletzer bezogenen Gewinnes für die Beurteilung des dem Verletzten zugegangenen Schadens von Wert sein, so kann der Senat doch dem Berufungsgerichte darin nicht beitreten, daß sich aus den Grundsätzen über die Haftung desjenigen, welcher ein fremdes Geschäft als sein eigenes besorgt, obwohl er weiß, daß er nicht dazu berechtigt sei, im vorliegenden Falle, wie dies bei rechtswidriger Verwertung von Patentrechten angenommen wurde (vgl. Jurist. Wochenschr. 1900 S. 316 Nr. 16), eine Pflicht zur Rechenschaftsablegung und Auskunftserteilung von seiten des Verletzers begründen lasse. Die Beklagte hat nicht den Geschäftsbetrieb der Klägerin und deren Warenzeichen sich zu eigen gemacht, als ob diese ihr übertragen wären. Die Klägerin hat ihr eingetragenes Warenzeichen bei dem Vertriebe ihrer Waren ständig verwendet, und die Beklagte hat, wie angenommen wird, wissentlich widerrechtlich eigene Waren derselben Gattung unter einer dem Zeichen der Klägerin ähnlichen Warenbezeichnung vertrieben. Hierdurch konnte das Publikum über die Herkunft der von der Beklagten verkauften Waren getäuscht werden, und der Beklagten infolgedessen ein Gewinn zugehen; allein ihre Handlung, welche sich als eine Verletzung des Schutzrechtes der Klägerin charakterisiert und sie zur Entschädigung verpflichtet, erscheint nicht als Besorgung eines fremden Geschäftes im Sinne des § 687 Abs. 2 B.G.B. oder der §§ 228. 229. 256 preuß. A.L.R. I. 13. Daß objektiv eine Führung fremder Geschäfte vorliege, nicht bloß eine täuschende Aneignung von anderen erlangter Vorteile, ist nach dem Wortlaute des § 687 Abs. 2 B.G.B. und nach den Kommissionsverhandlungen (Achilles-Spahn'sche Protokolle Bd. 2 S. 742) Erfordernis. Ist das durch Eintragung geschützte Recht auf ein Warenzeichen als ein Vermögensrecht absoluten Charakters anzusehen, ist also der Fall nach der in Bd. 47 S. 100 flg. abgedruckten Entscheidung des Senats von dem einer Zuwiderhandlung gegen § 15 des Gesetzes vom 12. Mai 1894 hinsichtlich der Begründung einer Pflicht zur Rechnungslegung zu unterscheiden, so erscheint doch die Benutzung eines solchen Zeichens von seiten eines Unberechtigten bei dem Vertriebe eigener Ware nicht als ein Geschäft, auf welches der Besitzer des eingetragenen Zeichens ein Recht hätte, und welches er sich insoweit aneignen könnte, als durch die widerrechtliche Benutzung seines Warenzeichens eine besondere Einnahme erzielt ist; vielmehr steht ihm nur ein Anspruch auf Ersatz des Schadens zu, der ihm durch den

Eingriff in das Recht der ausschließlichen Benutzung seines Warenzeichens erwachsen ist.

Hiernach mußte das angefochtene Urteil in seiner Bestimmung unter B, 2 aufgehoben, und insoweit die Klage abgewiesen werden, während im übrigen die Revision zurückzuweisen war." ...

---

83. Wie ist der Schade zu bestimmen und zu berechnen, der nach § 179 Abs. 2 B.G.B. von dem in gutem Glauben ohne Vertretungsmacht handelnden Vertreter dem Gegenkontrahenten dafür geschuldet wird, daß dieser auf die Vertretungsmacht vertraute? Ist insbesondere, wenn es sich um ein Kaufgeschäft handelt, der Käufer, der infolge des Mangels der Vertretungsmacht die Ware nicht erhält, zur abstrakten Schadensberechnung befugt?

II. Zivilsenat. Urt. v. 14. Juni 1904 i. S. B. (Bekl.) w. A. O. & Co. (Kl.). Rep. II. 477/03.

I. Landgericht Hamburg.
II. Oberlandesgericht daselbst.

Aus den Gründen:

„Die Revision konnte keinen Erfolg haben.

Nach den unbestrittenen Feststellungen der Vorinstanzen hat der Beklagte im Juni 1901 durch zwei Abschlüsse 800 Tonnen Gerste zum Preise von 90,50 *M* und 91,50 *M* an die Klägerin fest verkauft, ohne im Besitze der Vertretungsbefugnis für den in Odessa wohnenden Verkäufer zu sein. Letzterer hat die Lieferung der Ware verweigert. Das Berufungsgericht hat zugunsten des Beklagten angenommen, daß er beim Abschluß des Vertrages den Mangel seiner Vertretungsbefugnis nicht gekannt habe, daher der Klägerin nur gemäß § 179 Abs. 2 B.G.B. ersatzverbindlich sei, also nur für das sog. Vertrauensinteresse hafte. Grundsätzlich ist diese Haftbarkeit vom Beklagten auch nicht bestritten worden; er behauptet nur, daß nach der gegebenen Sachlage im übrigen ein unter jene Bestimmung fallender Schade der Klägerin nicht anzunehmen, jedenfalls nicht nachgewiesen sei.

Diese Bestreitung kann indessen gegenüber den Ausführungen und Feststellungen des Berufungsurteils nicht als zutreffend erachtet werden. Nach § 179 Abs. 2 a. a. O. ist der ohne Vertretungsmacht als Vertreter Handelnde, wenn er diesen Mangel nicht kannte, verpflichtet, dem anderen Teile denjenigen Schaden zu ersetzen, den dieser dadurch erleidet, daß er auf die Vertretungsmacht vertraute, daß er also bei seinen Maßnahmen von der Voraussetzung ausging, der Vertretene werde den Vertrag erfüllen. Zutreffend wird hiernach dieser Schade vom Oberlandesgericht in dem Unterschied zwischen der Vermögenslage der Klägerin gefunden, in der dieselbe wäre, wenn sie am 13. und 20. Juni andere Kaufverträge über dieselben Quantitäten Gerste und zu den Preisen wie mit dem Beklagten geschlossen hätte, und der Vermögenslage, in die sie dadurch gekommen ist, daß sie im Vertrauen auf die Abschlüsse mit dem Beklagten solche Käufe unterlassen hat. Insbesondere ist die Annahme des Oberlandesgerichts, daß es zulässig sei, eine abstrakte Schadensberechnung bezüglich des Vertrauensinteresses eintreten zu lassen, und daß es nicht erforderlich gewesen wäre, wie der Beklagte namentlich auch zur Begründung der Revision darzutun versucht hat, zum Nachweis des Kausalzusammenhanges effektive Ware einzukaufen und danach den Schaden konkret zu berechnen, rechtlich zu billigen. Zum Nachweis des Unterschiedes zwischen der Vermögenslage, wenn der Ankäufer die Ware vom Beklagten zum Vertragspreise erhalten hätte, und derjenigen, wenn er sie, um in deren Besitz zu gelangen, zu der Zeit, wo sich herausstellte, daß er dieselbe vom Beklagten nicht erhalten werde, kaufen müßte, bedarf es nicht des effektiven Ankaufs, sondern es genügt dazu der Nachweis der Differenz zwischen dem Ankaufspreis und demjenigen Preise, zu dem Ersatzware zu der kritischen Zeit zu kaufen war. Darauf, daß der Ankäufer mit der Ware ein vorteilhaftes Geschäft gemacht haben würde, kommt es für die vorliegende Frage nicht an. Mit Recht weist das Oberlandesgericht darauf hin, daß die Klägerin im Falle des wirklichen Ankaufs von Ersatzware, die einen marktgängigen Preis hat, dieselbe für den nämlichen Preis sofort wieder hätte verkaufen können, und daß derselben ein solches sachlich zweckloses Doppelgeschäft lediglich zur Feststellung der Höhe des Schadensersatzes nicht zugemutet werden könne.

Das Oberlandesgericht hat danach mit Recht angenommen, daß

die Klägerin berechtigt gewesen wäre, nachdem ihr der Beklagte Ende August 1901 mitgeteilt hatte, daß die Verkaufsofferten nicht aufrecht erhalten würden, zu diesem Zeitpunkt nach dem damaligen Marktpreise ihren Schadensanspruch zu berechnen. Dadurch, daß sie dieses nicht sofort getan hat, sondern zunächst noch versuchte, die Ausführung der Abschlüsse mit dem Beklagten zu erreichen, ging sie des Rechtes auf Schadensersatz nicht verlustig. Die Annahme, daß sie nunmehr nicht nach dem Marktpreis von Ende August, sondern nach dem vom 19. Oktober 1901, an welchem Tage sie sich entschloß, endgültig von dem Erfüllungsanspruch abzusehen, den Schaden zu berechnen habe, ist, da die Preise an diesem Tage niedriger waren, zuungunsten der Klägerin, die Anschlußrevision nicht eingelegt hat."

---

84. Inwieweit finden auf die dem vormaligen ostasiatischen Expeditionskorps zugewiesenen Militärbeamten des Friedensstandes, welche nach Auflösung dieses Korps bei der probeweise fortgeführten Feldintendantur dieses Korps Verwendung gefunden haben, die §§ 82 Abs. 1 und 84 Ziff. 5 der Kriegsbesoldungsvorschriften Anwendung?

Gesetz vom 25. Februar 1901, betr. die Feststellung eines dritten Nachtrags zum Reichshaushalts-Etat für das Rechnungsjahr 1900, § 5.

Verordnung vom 20. Mai 1880, betr. nähere Festsetzungen über die Gewährung von Tagegeldern rc, § 7, in Verbindung mit der Verordnung vom 25. Juni 1901 über die Tagegelder rc der Reichsbeamten.

III. Zivilsenat. Urt. v. 24. Juni 1904 i. S. F. (Kl.) w. Reichsfiskus (Bekl.). Rep. III. 19/04.

I. Landgericht I Berlin.
II. Kammergericht daselbst.

Der Kläger war im Jahre 1901 als Intendantursekretär im 13. (württembergischen) Armeekorps angestellt. Durch Order S. M. des Königs von Württemberg vom 1. September 1901 wurde er aus dem Verbande dieses Korps zwecks Übertrittes zu dem am 9. Juli

1900 errichteten (vgl. Gesetz vom 25. Februar 1901, betr. die Feststellung eines dritten Nachtrags zum Reichshaushalts-Etat für das Rechnungsjahr 1900 — Reichsgesetzblatt S. 7) ostasiatischen Expeditionskorps entlassen und auf Grund der von S. M. dem Kaiser genehmigten Stellenbesetzung für die Verstärkung der Feldintendantur dieses Korps als Feldintendantursekretär bei dieser ernannt. Nach Auflösung des Expeditionskorps kehrte er am 30. November 1901 nach Deutschland zurück. Schon vor seiner Rückkehr, am 11. November 1901, hatte das preußische Kriegsministerium das württembergische davon in Kenntnis gesetzt, daß beabsichtigt sei, den Kläger nach seiner Rückkehr bei der (vgl. Nr. 92 der Bestimmungen über die Rückführung des ostasiatischen Expeditionskorps) fortgeführten „Feldintendantur des bisherigen ostasiatischen Expeditionskorps" zu verwenden, und dasselbe ersucht, sich „mit dieser Zuteilung, sowie damit einverstanden zu erklären, daß dieselbe als ein Kommando angesehen werde, das länger als sechs Monate dauere". Während dieser Zuteilung, fährt das Schreiben fort, „sollte Kläger seine Gebührnisse aus dem Etat des ostasiatischen Expeditionskorps erhalten, und wäre erst nach Aufhören derselben auf seine Einreihung in den württembergischen Intendanturetat Bedacht zu nehmen". Durch Schreiben vom 27. November 1901 erklärte sich das württembergische Kriegsministerium hiermit einverstanden. Die Zuteilung des Klägers zu der Feldintendantur währte bis zum 31. März 1902, und hierauf wurde er durch Order S. M. des Königs von Württemberg vom 4. April 1902 wieder zum etatsmäßigen Intendantursekretär im württembergischen Armeekorps ernannt.

Der Kläger verlangte für die Zeit seiner Verwendung bei der genannten Feldintendantur, also vom 1. Dezember 1901 bis zum 1. April 1902, die Gebührnisse gemäß § 82 Abs. 1 und § 84 Nr. 5 der Kriegsbesoldungsvorschriften (genehmigt durch Allerhöchste Order vom 29. Dezember 1887), d. h. als außerhalb seiner demnächstigen Friedensgarnison behufs Abwicklung der Demobilmachungs- und Rechnungslegungsgeschäfte zurückbehaltener Beamter des Friedensstandes, die chargemäßigen Tagegelder zur Hälfte (im gegebenen Falle 6 ℳ täglich). Das preußische Kriegsministerium verweigerte sie, da er nicht als Beamter des Friedensstandes anzusehen sei und jedenfalls als versetzter Beamter im Sinne des § 7 der Verordnung vom 20. Mai 1880, betr. nähere Festsetzungen über die Gewährung von Tagegeldern rc an die Beamten der Militär- rc Verwaltung, in Verbindung mit der Verordnung vom 25. Juni 1901 über die Tagegelder rc der Reichsbeamten nur die dort verzeichneten Gebührnisse, d. h. Umzugskosten, anzusprechen habe. Diese hat es ihm auch bewilligt und ausbezahlt. Der Kläger beharrte darauf, daß ihm zwar nicht als Beamten des württembergischen Friedensstandes, sondern als unmittelbarem Reichsbeamten des Friedensstandes die verlangten Gebührnisse zustehen, und erhob auf Bezahlung von 408 *M*, d. h. der Differenz zwischen diesen und den bezahlten Beträgen, ordnungsmäßig Klage.

Die erste Instanz hat den Beklagten antragsgemäß verurteilt; sie nahm an, daß der Kläger als Beamter des Friedensstandes, und zwar als württembergischer, anzusehen sei, und auch sonst die Voraussetzungen der §§ 82 und 84 Nr. 5 der Kriegsbesoldungsvorschriften vorliegen. Das Berufungsgericht hat gleichfalls angenommen, daß Kläger als Beamter des Friedensstandes im württembergischen Kontingente anzusehen sei, wies die Klage aber ab; weil der Kläger als versetzter etatsmäßiger Beamter (§ 7 der Verordnung vom 20. Mai 1880) zu gelten habe, also nur die ihm gewährten Gebührnisse anzusprechen habe.

Gegen diese Entscheidung hat der Kläger Revision eingelegt. Diese wurde für begründet erachtet, und das Urteil erster Instanz wiederhergestellt aus folgenden

Gründen:

„Die Zulässigkeit der Klage unterliegt, wie schon die Vorinstanzen dargelegt haben, keinem Bedenken, und auch die Legitimation des preußischen Kriegsministeriums zur Vertretung des Revisionsbeklagten ist, in Übereinstimmung mit den Vorinstanzen, (vgl. Entsch. des R.G.'s in Straff. Bd. 35 S. 227) nicht zu beanstanden.

Es ist denselben auch weiter darin beizutreten, daß auf die Angehörigen der ostasiatischen Expedition die Kriegsbesoldungsvorschrift Anwendung findet. Zutreffend führt das Berufungsgericht aus, daß sich dies aus der Entstehungsgeschichte des Gesetzes vom 25. Februar 1901 unzweifelhaft ergebe, insbesondere, daß die gesetzgebenden Faktoren, wie ebenso aus der Denkschrift zum Entwurf (Drucksachen des Reichstages X. Legislaturperiode 2. Session von 1899/00 Nr. 8 S. 13 Sp. 1) als aus dem Kommissionsberichte (das. Nr. 132 S. 839) und aus den Verhandlungen des Reichstages selbst (vgl. endlich auch § 21 des Gesetzes vom 31. Mai 1901, betr. Versorgung der Kriegsinvaliden ꝛc, und die Denkschrift hierzu, Drucksachen des Reichstages a. a. O. Nr. 13) erhelle, darüber einverstanden waren, daß, „obwohl die Expedition keinen Krieg im völkerrechtlichen Sinne führte, und an China eine Kriegserklärung nicht erfolgt war", dieselbe doch in einem dem Kriege durchaus gleichartigen Verhältnisse sich befinde, und ihren Angehörigen die Kriegsgebührnisse zu gewähren seien. Davon gehen auch beide Parteien aus.

Ebenso aber sind die Ausführungen des Berufungsgerichts für zutreffend zu erachten, daß auf Grund des § 5 des Gesetzes vom 25. Februar 1901 davon auszugehen ist, daß der Kläger nach der Auflösung des Expeditionskorps wieder als Beamter des Friedensstandes, und zwar als solcher des württembergischen Kontingentes, zu gelten hat. Das Berufungsgericht hat dies mit Recht aus dem Wortlaute des § 5, wonach „die nach Deutschland zurückkehrenden Offiziere ꝛc und Beamten des Expeditionskorps, soweit sie nicht sofort in offene etatsmäßige Stellen einrücken können, zunächst überetatsmäßig verpflegt werden und beim Freiwerden etatsmäßiger Stellen in solche einrücken", sowie aus der Entstehungsgeschichte dieser von der Reichstagskommission eingefügten Bestimmung, insbesondere den Ausführungen des Antragstellers (vgl. Kommissionsbericht Drucksachen des Reichstages Nr. 132) und der Beratung des Plenums selbst (Stenographische Berichte S. 855), entnommen. Es mag nur noch darauf hingewiesen werden, daß die genannte Bestimmung lediglich eine Folgerung aus der zuvor erörterten Annahme war, daß die ostasiatische Expedition einer Kriegsformation gleichzuachten sei, bei der gemäß § 5 der Kriegsbesoldungsvorschriften nach der Demobilisierung „alsbald der Übertritt des Friedensstandes in das Friedensverhältnis" zu erfolgen hatte. Dieser an sich gegebenen Folgerung besonderen Ausdruck zu geben, wurde nur angesichts der oben erwähnten Ausnahmestellung des Expeditionskorps für erforderlich erachtet, im wesentlichen aber dasselbe bezweckt, wie in § 5 der Kriegsbesoldungsvorschriften. Vgl. auch Allerhöchste Order vom 11. Mai 1901 — Armeeverordnungsblatt von 1901 S. 187.

Nur darin kann dem Berufungsgerichte nicht durchaus beigetreten werden, daß die zurücktretenden Angehörigen des Friedensstandes ohne weiteres den etatsmäßig Angestellten völlig gleich zu achten seien. Dem widerspricht eben der Wortlaut des § 5 des Gesetzes vom 25. Februar 1901, wonach sie nur überetatsmäßig verpflegt und erst beim Freiwerden etatsmäßiger Stellen in diese einrücken sollen.

Hat man nun nach dem Ausgeführten davon auszugehen, daß kraft Gesetzes der Kläger mit seinem Ausscheiden aus dem Expeditionskorps wieder als Beamter des Friedensstandes anzusehen ist, so ergibt sich hieraus auch als selbstverständliche Folgerung, daß er wieder als demjenigen Kontingent zugeteilt anzusehen ist, aus dem er beim Übertritte zum Expeditionskorps ausgeschieden ist, also dem württembergischen. Davon ging auch sowohl das preußische als das württembergische Kriegsministerium bei dem Schriftwechsel vom 11./27. November 1901 aus. Wollte man je noch daran zweifeln, ob es nicht noch einer besonderen Zuweisung bedurft hätte, so wäre eine solche eben durch diesen Schriftwechsel als erfolgt anzusehen. Der Kläger versucht darzulegen, daß dieser Annahme das württembergische Staatsrecht entgegenstehe; allein abgesehen davon, daß die Anwendung partikularrechtlicher Normen nicht nachzuprüfen ist, kommt in Betracht, daß für dessen Anwendung schon darum kein Raum ist, weil die Zuteilung auf einem innerhalb der Kompetenz der Reichsgesetzgebung erlassenen, eine Ausnahme von der allgemeinen Regel enthaltenden Reichsgesetze beruht.

Ist aber der Kläger nach seiner Rückkehr als Beamter des Friedensstandes im württembergischen Kontingente anzusehen, so hat er auch für die Zeit seiner Verwendung bei der genannten Feldintendantur die Gebührnisse der §§ 82. 84 Nr. 5 der Kriegsbesoldungsvorschriften anzusprechen; denn er war außerhalb seiner demnächstigen, ihm in der Folge durch Königliche Order vom 4. April 1901 angewiesenen Friedensgarnison zum Zweck der Abwicklung der Demobilisierungsgeschäfte und Rechnungslegung zurückbehalten. Denn darüber besteht kein Streit, daß die genannte Feldintendantur die Abwicklung dieser Geschäfte zu besorgen hatte (vgl. auch kriegsministerielle Verfügung vom 5. Dezember 1901 — Armeeverordnungsblatt S. 402), und seine Zuteilung ist schon vor seiner Rückkehr beschlossen und alsbald auch — anscheinend ohne seine Zustimmung — in Vollzug gesetzt worden.

Davon geht auch das Berufungsgericht aus; es nimmt nur an, daß der Kläger als gemäß § 7 der Verordnung vom 20. Mai 1880 versetzter etatsmäßiger Beamter zu gelten habe. Es ist nun aber nach dem oben Ausgeführten schon nicht anzunehmen, daß der Kläger zur Zeit seiner Zuteilung zur Feldintendantur etatsmäßiger Beamter war, und schon darum findet § 7 nicht ohne weiteres auf ihn Anwendung. Allein es kann dies unerörtert bleiben; denn die Kriegsbesoldungsvorschrift bildet eben eine Ausnahmevorschrift, die auf diejenigen, welche aus einer Kriegsformation zurücktreten, Anwendung findet und sie ist auch durch die Bestimmungen der Verordnung vom 25. Juni 1901 nicht außer Kraft gesetzt. Sie soll den zurückbehaltenen Beamten und Offizieren rc ein Äquivalent dafür bieten, daß sie, anstatt, wie die übrigen, alsbald in die gewohnten dauernden Verhältnisse des Friedensstandes zurückzukehren, noch die mit der Demobilisierung und Abrechnung zusammenhangenden außergewöhnlichen und schwierigen Arbeiten und Mühen zu übernehmen haben, sowie für die Nachteile, welche durch die Zurückbehaltung hinsichtlich ihrer weiteren Verwendung, beim Kläger zum Beispiel rücksichtlich der Einweisung in eine etatsmäßige Stelle, für sie entstehen können. Diese Ausnahmsbestimmung gewährte dem Kläger ein Recht und konnte auch durch die bloße Übereinstimmung der vorgesetzten Behörden, wie solche sich aus dem Schriftwechsel vom 11./27. November 1901 ergibt, nicht ohne weiteres, insbesondere nicht ohne Zustimmung des Klägers, beseitigt werden.

Der Anspruch des Klägers, der eventuell dem Betrage nach nicht bestritten ist, erschien daher begründet." ...

---

85. Tritt der Gastwirt durch Aufnahme des einkehrenden Gastes in eine Vertragspflicht bezüglich der Verkehrssicherheit der zu oder von seinem Wirtschaftsgebäude führenden Wege?

III. Zivilsenat. Urt. v. 24. Juni 1904 i. S. S. (Bekl.) w. S. (Kl.). Rep. III. 528/03.

I. Landgericht Halberstadt.
II. Oberlandesgericht Naumburg a. S.

Die Frage ist vom Reichsgericht verneint aus folgenden, den Sachverhalt ergebenden

Gründen:

„Der Kläger ist am 22. Dezember 1901 abends $11^1/_2$ Uhr beim Verlassen des vom Beklagten gepachteten Restaurants „Stadtpark", das er zwecks Beiwohnung einer daselbst abgehaltenen Theaterprobe besucht hatte, auf dem durch den Vorgarten auf die Straße führenden Wege infolge von Glatteis zu Fall gekommen und dabei in einer seine Erwerbsfähigkeit schmälernden Weise an der Gesundheit geschädigt worden. Das Berufungsgericht hat den Beklagten zur Zahlung der vom Kläger geforderten Jahresrente verurteilt, indem es annimmt, daß das Nichtbestreuen des Glatteises entweder dem Beklagten selbst, oder dem Büffetier K., der von ihm beauftragt war, die zur Beseitigung von Unzuträglichkeiten erforderlichen Anordnungen zu treffen, zur Fahrlässigkeit gereicht, und daß in Anbetracht der in § 278 B.G.B. getroffenen Vorschrift in dem einen wie in dem anderen Falle der Beklagte für den dem Kläger infolge des Niederstürzens erwachsenen Schaden aufzukommen hat. Diese Annahme kann in letzterer Hinsicht nicht gebilligt werden. Die Pflicht des Gastwirtes, die Zugänge zum Restaurant, die er dem Publikum zwecks Besuches desselben seinerseits eröffnet, in verkehrssicherem Zustande zu erhalten, hat die Begründung eines Schuldverhältnisses nicht zur Voraussetzung; sie besteht, und zwar ohne Unterschied, ob der Wirt die betreffenden Lokalitäten in Eigentum, oder in Pacht hat, kraft des anerkannten, insonderheit auch in den Entscheidungen des Reichsgerichts befolgten Rechtssatzes, nach welchem demjenigen, der in Gebäuden oder auf Wegen einen Verkehr für andere eröffnet, die Herstellung und Erhaltung der Vorkehrungen, welche der gefahrlose Verkehr erfordert, obliegt, mit der Wirkung, daß die mangelhafte Erfüllung dieser Auflage die Verpflichtung zum Ersatze des verursachten Schadens nach Maßgabe des § 823 B.G.B. nach sich zieht (vgl. Entsch. des R.G.'s in Zivils. Bd. 54 S. 53 flg.). Besteht aber solche Pflicht bereits ohne Begründung eines Schuldverhältnisses, dann fehlt es um so mehr an jedem Anhalt, dieselbe als stillschweigend gewollten Inhalt des durch Aufnahme des zum Verweilen, bzw. zum Genuß von Speisen und Getränken in den Gasträumen einkehrenden Gastes zwischen ihm und dem Wirt geschaffenen Vertragsverhältnisses aufzufassen. Und fehlt es an einem die Sicherstellung der Zugänge betreffenden Abkommen, dann gebricht es nicht minder an dem Anwendungsgebiete des auf das Recht der Schuldverhältnisse beschränkten § 278 B.G.B. Unter solcher Voraussetzung ist mithin der Wirt rechtlich in der Lage, durch den Nachweis, daß er einen Dritten mit Beschaffung der zum gefahrlosen Begehen der Zugänge erforderlichen Vorkehrungen in ausreichender Weise beauftragt, auch bei Auswahl und Beaufsichtigung desselben die erforderliche Sorgfalt betätigt hatte, mit Erfolg die Ersatzpflicht abzulehnen.

Die angefochtene Entscheidung ist daher aufzuheben, und die Sache mangelnder Spruchreife halber zur anderweiten Verhandlung und Entscheidung zurückzuverweisen." ...

---

86. Wie stellt sich das Verhältnis der für einen entstandenen Schaden verantwortlichen mehreren Personen zueinander, wenn die eine nach § 833 B.G.B., die andere nach § 1 des Haftpflichtgesetzes zum Ersatze des Schadens verpflichtet ist?

B.G.B. § 840 Abs. 3.
Haftpflichtgesetz § 1.

VI. Zivilsenat. Urt. v. 27. Juni 1904 i. S. Gr. Berl. Straßenbahn (Bekl.) w. K. (Kl.). Rep. VI. 425/03.

I. Landgericht I Berlin.
II. Kammergericht daselbst.

Am 13. November 1900 stand das Fuhrwerk des Klägers in Berlin auf der Straße nicht weit von dem Gleise der von der Beklagten betriebenen Straßenbahn. Als der Kutscher des Klägers das Pferd absträngte, drängte dieses plötzlich zur Seite. Dadurch kam es, daß ein Straßenbahnwagen gegen das Pferd anfuhr. Bei diesem Zusammenstoße erlitt der Kläger Verletzungen, für die er von der Beklagten Entschädigung forderte.

Das Landgericht wies die Klage ab, und das Berufungsgericht hielt die Abweisung aufrecht, soweit der Kläger Ersatz für die Beschädigung seiner Kleider und seines Pferdes forderte; im übrigen aber erkannte es durch Zwischenurteil abändernd dahin: „der Anspruch des Klägers wird im Umfange des Haftpflichtgesetzes vom 7. Juni 1871 in der Fassung des Gesetzes vom 18. August 1896 dem Grunde nach für berechtigt erklärt".

Die Revision der Beklagten ist zurückgewiesen.

Aus den Gründen:

... „Die Revision stützt einen ... Angriff gegen die Entscheidung des Berufungsgerichts auf den Umstand, daß der Unfall zugleich durch das störrische, unfolgsame Verhalten des Tieres verursacht ist. Sie hat in dieser Beziehung ausgeführt: der Berufungsrichter habe rechtsirrtümlich nicht in Betracht gezogen, daß, weil der Schade zugleich durch das vom Kläger gehaltene Tier verursacht sei, der Kläger selbst nach § 833 B.G.B. für den Schaden verantwortlich sei. Seien aber beide Parteien nebeneinander zum Ersatze desselben Schadens verpflichtet, so seien sie nach § 421 B.G.B. Gesamtschuldner, und der Kläger könne nach § 426 B.G.B. von der Beklagten nicht mehr als die Hälfte des Schadens fordern. Die Verurteilung zum Ersatze des ganzen Schadens sei demnach ungerechtfertigt. Die Ausnahmevorschrift des § 840 Abs. 3 B.G.B. stehe dieser Rüge nicht entgegen; zunächst deswegen nicht, weil unter den dort genannten Dritten, die den aus den §§ 833—838 B.G.B. haftenden Personen gegenübergestellt würden, lediglich die in Abs. 1 genannten, aus unerlaubter Handlung haftenden Personen verstanden werden dürften. Zu diesen gehöre die Beklagte nicht, deren Ersatzpflicht ausschließlich auf § 1 des Haftpflichtgesetzes beruhe. Wolle man aber das nicht gelten lassen, so müsse man doch dem nach § 1 Haftenden das gleiche Vorrecht zugestehen, wie anderen, die ohne eigenes Verschulden ersatzpflichtig seien, also den Abs. 3 dahin auslegen, daß seine Vorschrift, die ausdrücklich nur für die Fälle der §§ 833—838 gegeben sei, auch auf den gleichartigen Fall des § 1 des Haftpflichtgesetzes anwendbar sei.

Diese Ausführung steht in ihrem ersten Teile in Widerspruch mit dem Urteile des erkennenden Senats vom 24. November 1902 (Entsch. des R.G.'s in Zivils. Bd. 53 S. 114), an dessen Rechtsauffassung festgehalten wird. Wie dort näher dargelegt ist, hat der in Abs. 1 des § 840 gebrauchte Ausdruck „unerlaubte Handlungen" die gleiche weitere Bedeutung, wie in der Überschrift des 25. Titels des Bürgerlichen Gesetzbuchs, und umfaßt, ebenso wie die Fälle der §§ 833—838, auch den Fall der Haftung nach § 1 des Haftpflichtgesetzes. Daraus ergibt sich dann die in jenem Urteile bereits gezogene Folge, daß der Haftpflichtige den in Abs. 3 genannten Dritten zuzuzählen ist, sofern nicht die Ausnahme, die dort zugunsten der nach §§ 833—838 haftenden Personen getroffen wird, auf ihn auszudehnen ist. Die Revision hat das in dem letzten Teile ihrer obigen Ausführung geltend gemacht, und wäre ihr beizustimmen, so würde die Beklagte allerdings nur zum Ersatze des halben Schadens verurteilt werden können. Denn in diesem Falle würden die Parteien, weil jeder von ihnen das Ausnahmerecht des Abs. 3 zusteht, in gleichem Umfange für den Schaden haftbar sein, die Regel des § 840 Abs. 1 also wieder Platz greifen. Die von der Revision vertretene Auslegung des § 840 Abs. 3 hat jedoch nicht als richtig anerkannt werden können.

Der Anwendung einer im Bürgerlichen Gesetzbuche ausgesprochenen allgemeinen Rechtsregel auf das neben ihm in Kraft gebliebene Haftpflichtgesetz steht allerdings ein grundsätzliches Bedenken nicht entgegen, wie das vom Reichsgericht bezüglich des § 254 B.G.B. bereits anerkannt worden ist. Aber der Abs. 3 enthält nicht einen allgemeinen Rechtssatz, und die dort ausdrücklich angeführten Fälle sind nicht nur als die Regelfälle seiner Anwendung hingestellt. Das ergibt sich daraus, daß die Fälle der §§ 833—838 keineswegs unter sich gleichartig sind. Neben Bestimmungen, die eine reine Kausalhaftung begründen, stehen andere, wo gegenüber der gesetzlichen Vermutung eines Verschuldens Entlastungsbeweise nach der einen oder anderen Richtung zugelassen werden. Diese Verschiedenheiten machen es untulich, in der für bestimmte Tatbestände getroffenen Vorschrift eine allgemeine Rechtsregel, und nicht eine Ausnahmebestimmung zu finden, die als solche eine analoge Ausdehnung auf ähnliche Fälle nicht zuläßt. Es kommt für den § 1 des Haftpflichtgesetzes noch hinzu, daß dieser, sowohl was den Umfang der Ersatzpflicht anlangt, als auch bezüglich der Gründe für deren Ausschließung gegenüber den Fällen der §§ 833—838 eine Sonderstellung einnimmt, die es erklärlich macht, daß bei der Anpassung des Haftpflichtgesetzes an das Bürgerliche Gesetzbuch durch Art. 42 des Einführungsgesetzes die Vorschrift des § 840 Abs. 3 unberücksichtigt geblieben ist.

Das Berufungsgericht hat hiernach ohne Rechtsirrtum die Beklagte im Verhältnis zum Kläger als allein ersatzpflichtig angesehen.“ ...

---

87. Ist die elektrische Beleuchtungsanlage eines Hotelgrundstückes ein wesentlicher Bestandteil desselben im Sinne des § 93 B.G.B.?

VII. Zivilsenat. Urt. v. 28. Juni 1904 i. S. F. Konkursverw. (Kl.) w. St. & Co. (Bekl.). Rep. VII. 41/04.

I. Landgericht Waldshut.
II. Oberlandesgericht Karlsruhe.

Die verklagte Gesellschaft hatte auf Grund eines Vertrages vom 15. Juni 1901 dem Hotelbesitzer W. eine für dessen Hotelanwesen bestimmte elektrische Beleuchtungsanlage geliefert, sich aber das Eigentum an den gelieferten Gegenständen bis zur vollen Berichtigung des Kaufpreises vorbehalten. W. geriet demnächst in Konkurs, worauf die Beklagte einen Teil der Beleuchtungsanlage, weil diese noch nicht vollständig bezahlt war, wegnehmen ließ. Der Konkursverwalter forderte klagend Zurückbringung der aus dem Hotelanwesen entfernten Gegenstände, Wiederinstandsetzung der Elektrizitätsanlage und Schadensersatz. Die Klage wurde in erster Linie auf Eigentum des Gemeinschuldners an den weggenommenen Gegenständen, ferner aber auch auf eigenmächtige Besitzentziehung und unerlaubte Handlung der Beklagten gestützt.

Die Beklagte beantragte Abweisung der Klage und erhob Widerklage, mit welcher Einwilligung des Klägers darin gefordert wurde, daß die Beklagte die laut ihres Vertrages mit W. gelieferten Bestandteile einer elektrischen Beleuchtungsanlage an sich nehme.

Der erste Richter erkannte durch Teilurteil vom 12. Februar 1903 auf die Klage dem Antrage des Klägers gemäß, und zwar auf Grund des zweiten Klagefundaments (eigenmächtige Besitzentziehung und unerlaubte Handlung). Durch Schlußurteil vom 30. April 1903 wurde über die Widerklage entschieden. Der Kläger und Widerbeklagte wurde in bezug auf verschiedene, unter 10 Nummern aufgeführte Gegenstände nach dem Widerklagantrage verurteilt. Mit dem Mehranspruche — worunter der erste Richter den Widerklaganspruch bezüglich des Dynamos nebst Schrauben und Riemen verstand — wurde die Widerklage abgewiesen. Der erste Richter ging davon aus, daß der Kläger die Abweisung der Widerklage nur bezüglich der Dynamomaschine nebst Schrauben und des Dynamoriemens begehrt habe. Er nahm an, daß das Gebäude, in welchem die Dynamomaschine aufgestellt war, lediglich als Maschinenhaus habe dienen sollen und durch Wegnahme der Maschine in seinem Wesen verändert werde (§ 93 B.G.B.), daß die Dynamomaschine auch mit dem Gebäude fest verbunden gewesen sei (§ 94 Abs. 2 a. a. O.), daß dieselbe somit einen wesentlichen Bestandteil des Gebäudes gebildet habe, und daß der Eigentumsvorbehalt der Beklagten gemäß § 93 wirkungslos gewesen sei.

Der Berufungsrichter erklärte auf die Berufung des Beklagten I. das Teilurteil des ersten Richters, soweit die Beklagte zur Zurückbringung von Gegenständen verurteilt war, mit Rücksicht auf eine entsprechende Erklärung des Klägers, für erledigt, hob dasselbe im übrigen auf und wies die Klage ab, soweit die Beklagte auf Instandsetzung der Elektrizitätsanlage und auf Schadensersatz in Anspruch genommen war. Ferner hob er II. das Schlußurteil, soweit es die Widerklage abwies, auf und verurteilte den Kläger und Widerbeklagten, die näher angegebenen, unter 21 Nummern aufgeführten Gegenstände — unter welchen sich auch der nach Erlaß des Urteils vom 30. April 1903 von der Beklagten zurückgebrachte Dynamo nebst Riemen befand — an die Widerklägerin herauszugeben. Die weitergehenden Berufungsanträge zu I und II wies er zurück, nämlich zu I, soweit Aufhebung der Verurteilung zur Zurückbringung der weggenommenen Gegenstände, und zu II, soweit Entschädigung für Benutzung und Beschädigung der Gegenstände zu II des Berufungsurteils gefordert war.

Der Berufungsrichter nahm unter anderem an, daß die elektrische Beleuchtungsanlange keinen wesentlichen Bestandteil des Hotelgrundstückes im Sinne des § 93 B.G.B. gebildet habe.

Auf die Revision des Klägers ist das Berufungsurteil, soweit es auf dieser Annahme beruht, aufgehoben.

Aus den Gründen:

„Nach der Feststellung des Berufungsrichters sind die Dynamomaschine und der Akkumulator nebst dem Zubehör beider in einem

Nebengebäude des Hotelanwesens untergebracht, in welchem sich zugleich die Waschküche, Bügelstube und Schlafkammer des Heizers, sowie der Wäschetrockenspeicher befinden. Der Dynamo steht auf einer Gleitschiene, auf welcher er mittels leicht lösbarer Schrauben in dem je nach Bedarf zu ändernden Abstande vom Motor festgehalten wird. Die Akkumulatorenbatterie steht unverbunden auf einem am Boden befestigten Holzgestell. Die Schalttafel ist durch ein Bandeisen mit der Mauer mit Verschraubung verbunden. Alle übrigen Gegenstände sind entweder ganz lose aufgelegt, oder durch Schrauben befestigt, oder endlich einfach eingehängt.

Der Berufungsrichter führt aus, diese Verbindung zwischen den Gegenständen der Beleuchtungsanlage und dem Boden oder der Mauer sei eine derartige, daß sie ohne besonderen Kraftaufwand, und ohne daß der eine oder der andere Teil durch die Trennung zerstört oder im Wesen verändert würde, entfernt werden könnten (§ 93 B.G.B.). Die Beleuchtungsanlage erscheine auch nicht als eine zur Herstellung des Gebäudes eingefügte Sache (§ 94 Abs. 2). Es müsse als abwegig bezeichnet werden, wenn das Landgericht den Schwerpunkt der Entscheidung darin finde, daß das sog. Maschinenhaus sein Wesen als solches verlieren würde, falls man den Dynamo ꝛc wegnähme. Es komme darauf an, ob das W.'sche Hotelanwesen diesen seinen Charakter als Hotelanwesen einbüßen würde, wenn man die elektrische Anlage beseitige. Dies treffe nicht zu. Das Hotelanwesen bleibe nach wie vor Hotelanwesen. Selbst das sog. Maschinenhaus würde durch Entfernung des Dynamos ꝛc seinen sonstigen Zweckbestimmungen als Wäsche- und Trockenraum ꝛc unverändert erhalten bleiben. Die Beleuchtung im Hotel könne ohne Wesensänderung im Hotelbetriebe auch durch Gas, Azetylen ꝛc erfolgen. Hiernach sei die Auffassung der elektrischen Anlage als eines wesentlichen Bestandteiles des Hotelanwesens oder des Maschinenhauses abzulehnen. Anders würde die Entscheidung der Bestandteilseigenschaft lauten hinsichtlich der im Hotel selbst angebrachten Leitungsdrähte, welche zum Teil durch die Mauern hindurch führten oder durch die Tapezierung und den Zimmerdeckenverputz verkleidet seien. In dieser Beziehung habe jedoch die Beklagte weder den Besitz des Klägers gestört, noch einen Eigentumsanspruch erhoben.

Die Revision, welche auf die Rüge der Verletzung des § 93 B.G.B.

gestützt ist, mußte, abgesehen von der in der Urteilsformel ausgesprochenen Einschränkung, zur Aufhebung der angefochtenen Entscheidung führen. Dem Berufungsrichter ist darin beizustimmen, daß der Ausgang des Rechtsstreites, insoweit § 93 a. a. O. in Betracht kommt, davon abhängt, ob das W.'sche Hotelanwesen durch Beseitigung der elektrischen Anlage eine Wesensveränderung im Sinne des § 93 erleiden würde, — wobei unter dem Hotelanwesen das Grundstück des Gemeinschuldners mitsamt den darauf stehenden Gebäuden in seiner wirtschaftlichen Bedeutung zu verstehen ist. Das sog. Maschinenhaus ist ein Nebengebäude, welches den wirtschaftlichen Zwecken des ganzen Grundstücks dient. Die Verbindung, in welche einzelne Teile der Elektrizitätsanlagen zu demselben gebracht sind, würde zunächst für die Frage der Anwendbarkeit des § 94 Abs. 2 B.G.B., für die des § 93 aber nur insoweit von Belang sein, als durch dieselbe ein für die Bestandteilseigenschaft im Sinne des § 93 erforderlicher Zusammenhang mit dem ganzen Grundstücke vermittelt wird. Die Erwägungen nun welche den Berufungsrichter bestimmt haben, der elektrischen Beleuchtungsanlage die Bedeutung eines wesentlichen Bestandteiles des W.'schen Hotelanwesens abzusprechen, können nicht für zutreffend erachtet werden. Die Unterscheidung des Bürgerlichen Gesetzbuchs zwischen wesentlichen und nicht wesentlichen Bestandteilen beruht nicht auf Rechtsgründen, sondern auf wirtschaftlichen Rücksichten. Durch den Grundsatz, daß wesentliche Bestandteile nicht Gegenstand besonderer Rechte sein können, soll der nutzlosen Zerstörung wirtschaftlicher Werte vorgebeugt werden. Dieser Zweck der Vorschrift des § 93 ist daher bei der Auslegung der Voraussetzungen, unter welchen ein Bestandteil ein wesentlicher ist, mitzuberücksichtigen (vgl. Planck, B.G.B. Bem. 3 zu § 93 B.G.B.). Der Berufungsrichter hat es hieran fehlen lassen. Er geht davon aus, daß das W.'sche Hotelanwesen durch die Beseitigung der elektrischen Anlage seinen Charakter als Hotelanwesen nicht verliere, die Beleuchtung auch durch Gas, Azetylen rc erfolgen könne. Zu einer Wesensänderung im Sinne des § 93 würde es jedoch, wie nach dem angegebenen Zwecke dieser Vorschrift anzunehmen ist, nicht erforderlich sein, daß das W.'sche Hotelanwesen seinen Charakter als solches überhaupt verliert, sie würde auch schon dann vorliegen, wenn dasselbe durch die Beseitigung der elektrischen Anlage eine so erhebliche Einbuße in seiner wirtschaftlichen Bedeutung erleidet, daß hierin nach den Anschauungen des Verkehrs eine Wesensänderung zu erblicken ist (vgl. Entsch. des R.G.'s in Zivils. Bd. 36 S. 261 flg.; Jurist. Wochenschr. 1901 S. 362). Zur Beurteilung, ob dies der Fall ist, bedarf es der Feststellung der besonderen Beschaffenheit des Hotels (Bauart, Größe, Ausstattung) und der Berücksichtigung der Ansprüche, welche derjenige Teil des Publikums, zu dessen Benutzung das Hotel bestimmt ist, in der hier in Betracht kommenden Gegend an ein Hotel von der Beschaffenheit des W.'schen stellt. Der Erwägung des Berufungsrichters, daß die Beleuchtung ohne Wesensänderung im Hotelbetriebe auch durch Gas, Azetylen 2c erfolgen könne, kann überhaupt keine Bedeutung beigemessen werden. Die Eigenschaft eines Bestandteiles einer Sache als eines wesentlichen kann nicht deshalb bezweifelt werden, weil ein Ersatz durch einen Gegenstand von gleicher oder ähnlicher Bedeutung möglich ist. Nachdem das W.'sche Hotelgrundstück mit einer elektrischen Beleuchtungsanlage versehen war, kann nur in Frage kommen, ob durch die Beseitigung dieser Anlage eine wesentliche Änderung des Grundstückes im Sinne des § 93 B.G.B. herbeigeführt wird; die Möglichkeit des Ersatzes jener Anlage durch eine gleiche oder ähnliche muß dabei außer Betracht bleiben. ... Bei der erforderlichen weiteren Verhandlung wird eventuell auch der Frage näher zu treten sein, ob zwischen sämtlichen Gegenständen, über deren Eigentum die Parteien streiten, und dem W.'schen Hotelgrundstücke eine solche Verbindung besteht, wie sie der Begriff des Bestandteiles nach § 93 B.G.B. voraussetzt. Hierbei wird davon auszugehen sein, daß, wenn auch nicht eine feste Verbindung, so doch immerhin ein körperlicher Zusammenhang irgendwelcher Art zu erfordern ist (vgl. Tobias, Eigentumserwerb durch Verbindung, Archiv für die civilistische Praxis Bd. 94 S. 381)." ...

---

88. 1. **Haben in dem Falle, daß nach den Bestimmungen des Versicherungsvertrages der Versicherte, wenn er das Verzeichnis der verbrannten Gegenstände wissentlich falsch anfertigt, den Anspruch auf Schadensersatz verliert, unwahre Angaben eines nach dem Brandfalle von ihm mit der Aufstellung und Einreichung des Verzeichnisses be-**

auftragten Stellvertreters dieselben rechtlichen Folgen wie eine von ihm selbst bewirkte falsche Anfertigung des Verzeichnisses?
2. Zum Begriff der Willenserklärung.

VII. Zivilsenat. Urt. v. 28. Juni 1904 i. S. Sch. (Kl.) w. Schlesw.-Holstein. Landesbrandkasse (Bekl.). Rep. VII. 56/04.

I. Landgericht Kiel.
II. Oberlandesgericht daselbst.

Kläger hatte seine Mobilien bei der Beklagten gegen Feuersgefahr versichert. In der Nacht vom 22. auf den 23. September 1901 brach in dem von ihm mietweise bewohnten Hause ein Feuer aus, bei welchem ein großer Teil seiner Mobilien verbrannte oder durch Feuer beschädigt wurde. Er verlangte in bestimmter Höhe Ersatz. Die Beklagte machte Verwirkung geltend. Die Bestimmungen in den Allgemeinen Bedingungen, aus denen sie diese herleitet, lauten, soweit sie in Betracht kommen, folgendermaßen:

§ 9 Ziff. 1. „Behufs Ermittelung des entstandenen Schadens hat der Versicherte zunächst ein Verzeichnis aller zur Zeit des Brandes vorhanden gewesenen, der davon verbrannten oder beim Brande abhanden gekommenen, sowie aller beschädigt oder unbeschädigt geretteten Gegenstände unter Beifügung ihres Wertes zur Zeit der Entstehung des Brandes gewissenhaft anzufertigen, zu unterschreiben und spätestens binnen zehn Tagen nach Ausbruch des Brandes dem Bezirkskommissar einzureichen."

§ 12 Ziff. 1. „Der Versicherte verliert den Anspruch auf Schadensersatz: ...

d) wenn der Versicherte das in § 9 erwähnte Verzeichnis wissentlich falsch anfertigt oder nicht binnen zehn Tagen einsendet oder sich weigert, die dort geforderte Auskunft zu erteilen und die Beweisstücke vorzulegen; ..."

Der Kläger fertigte ein Verzeichnis der vorgeschriebenen Art selbst nicht an, wohl aber seine Ehefrau, welche dasselbe auch dem Brandkommissar übergab. In dem alsdann von dem Betriebsinspektor der Beklagten auf den 12. Oktober 1901 zur Ermittelung und Feststellung des Schadens anberaumten Termin, von welchem Kläger benachrichtigt wurde, erschien er wiederum nicht selbst, sondern seine

Ehefrau, indem sie erklärte, ihr Mann sei auf Arbeit. Der Betriebsinspektor ging mit ihr das eingereichte Verzeichnis durch, und es erfolgte alsdann die Berechnung der Ersatzsumme. Die Ehefrau des Klägers wurde demnächst auf Anzeige der Beklagten durch schöffengerichtliches Urteil auf Grund der Feststellung, daß sie wahrheitswidrig eine in Wirklichkeit nie in ihrem Besitz gewesene Nähmaschine als verbrannt angegeben habe, wegen Betrugsversuches verurteilt. Die Beklagte behauptete im Rechtsstreit, daß die Ehefrau des Klägers auch noch andere Sachen wahrheitswidrig als verbrannt bezeichnet habe. Sie führte aus, Kläger müsse das Verhalten seiner Ehefrau gegen sich gelten lassen. Der Kläger entgegnete, er brauche für den von seiner Ehefrau begangenen Betrugsversuch nicht einzustehen, weil er bei Auswahl seiner Ehefrau als Vertreterin die erforderliche Sorgfalt beobachtet habe.

Der erste Richter wies den Kläger mit einem Teilbetrage ab und machte im übrigen den Ausgang der Sache von einem den Betrag des Schadens betreffenden, dem Kläger auferlegten Eide abhängig. Er erachtete die Verwirkungseinrede für unbegründet.

Durch Urteil des Berufungsgerichts wurde Kläger mit der Klage abgewiesen.

Seine Revision ist zurückgewiesen aus folgenden

Gründen:

„Der Berufungsrichter erachtet in Übereinstimmung mit dem ersten Richter als erwiesen, daß die Ehefrau des Klägers das Verzeichnis der verbrannten Sachen wissentlich falsch angefertigt hat. Diese Annahme läßt eine Gesetzesverletzung nicht erkennen, ist auch nicht Gegenstand eines Revisionsangriffs geworden. Bei Eingehen auf die Frage, ob die Arglist der Ehefrau des Klägers diesem zum Nachteil gereicht, betrachtet der Berufungsrichter aber, hier vom ersten Richter abweichend, die Anfertigung des Verzeichnisses nicht als Erfüllung einer Verbindlichkeit des Klägers gegenüber der Versicherungsgesellschaft, sondern vielmehr als Erfüllung einer Voraussetzung für die Geltendmachung von Schadensersatzansprüchen aus dem Versicherungsvertrage. Er hält deshalb den § 278 B.G.B., nach welchem der Schuldner ein Verschulden der Personen, deren er sich zur Erfüllung seiner Verbindlichkeit bedient, in gleichem Umfange, wie sein eigenes zu vertreten hat, ebensowenig für anwendbar, als die Vorschriften des älteren (gemeinen) Rechtes, nach denen umgekehrt der Geschäftsherr für die Handlungen seiner Gehilfen, wenigstens in gewissen Fällen, nur dann einzustehen hat, wenn er es in der Auswahl der Gehilfen an der erforderlichen Sorgfalt hat fehlen lassen. Als zu entscheidende Frage betrachtet der Berufungsrichter vielmehr, wie weit außerhalb der Erfüllungsgeschäfte der Vertretene für arglistiges Handeln seines Vertreters in Vertragsverhältnissen einzustehen hat, und in dieser Richtung ist er der Ansicht, daß es keinen Unterschied mache, ob das neue, oder das ältere Recht anwendbar sei, weil beide in ihren hier maßgebenden Vorschriften miteinander übereinstimmen. Er berücksichtigt zuerst den § 166 B.G.B., welcher im Abs. 1 bestimmt, daß, soweit die rechtlichen Folgen einer Willenserklärung durch Willensmängel oder durch die Kenntnis oder das Kennenmüssen gewisser Umstände beeinflußt werden, nicht die Person des Vertretenen, sondern die des Vertreters in Betracht kommt, und führt mit Hinweis auf Windscheid, Pandektenrecht Bd. 1 § 73a, aus, in Übereinstimmung hiermit bestimme das gemeine Recht, daß bei der Beurteilung der Gültigkeit und Wirkung einer durch einen Stellvertreter abgegebenen Willenserklärung, soweit dabei Regeln zur Anwendung kommen, die einen gewissen Zustand des Inneren des Urhebers des Rechtsgeschäftes zur Voraussetzung haben, auf des Vertreters, nicht des Vertretenen Person zu sehen sei. In der Anfertigung des Verzeichnisses der verbrannten Sachen, welche zugleich die Geltendmachung der Ersatzansprüche enthalten habe, erblickt der Berufungsrichter dann eine Willenserklärung der den Kläger vertretenden Ehefrau desselben und ist deshalb dem zuvor Bemerkten nach der Ansicht, daß es für die Frage, ob durch eine Arglist bei Abgabe dieser Willenserklärung der Schadensanspruch des Klägers erloschen sei, auf die Arglist der Ehefrau des Klägers ankomme.

Die Revision des Klägers bekämpft diese Erwägungen; sie führt namentlich aus, es könne keinen Unterschied machen, ob, wenngleich die Vertreterin des Klägers sich einer Arglist schuldig gemacht habe, der Kläger bei ihrer Auswahl sorgfältig und gutgläubig verfahren sei, oder aber Kläger auf Erkundigungen von seiner Ehefrau wahrheitswidrige Mitteilungen erhalten und diese seinerseits gutgläubig in das von ihm selbst hergestellte Verzeichnis aufgenommen habe; in beiden Fällen greife eine Verwirkung des Anspruches nicht Platz.

Erfolg konnte die Revision nicht haben.

Zutreffend ist zunächst die Ansicht des Berufungsrichters, daß die Aufstellung des Verzeichnisses sich als Erfüllung einer Verbindlichkeit nicht charakterisiert. Zwar würde die dem § 9 der Allgemeinen Bedingungen gegebene imperative Fassung, nach welcher der Versicherte gewisse Handlungen vorzunehmen „hat", für einen auf eine Verbindlichkeit gerichteten Willen sprechen; aber aus dem Umstande, daß die Handlung innerhalb einer bestimmten Frist vorzunehmen ist, und ihre Unterlassung bis zum Ablauf derselben den Verlust des Anspruches zur Folge haben soll, ergibt sich, daß der Sinn der Bestimmung dem Wortlaut nicht völlig entspricht, und daß es sich nicht um eine in irgendeiner Art erzwingbare, bei Nichterfüllung in eine Schadensersatzpflicht übergehende Verbindlichkeit handelt, sondern daß lediglich eine Voraussetzung für die Erhaltung des Anspruches aus dem Versicherungsvertrage gewollt ist. Als Willenserklärung schlechthin kann nun allerdings die Anfertigung, Unterzeichnung und Einreichung des Verzeichnisses nicht aufgefaßt werden. Ob sie als Geltendmachung des Schadensersatzanspruches erscheint, und ob sie insoweit unter den Begriff der Willenserklärung fällt, mag dahingestellt bleiben; denn jedenfalls erschöpft sich darin ihre Bedeutung nicht, und nicht von dieser Seite kommt sie hier in Frage, sondern nur insofern, als sie eine Reihe von Angaben rein tatsächlicher Art enthält. Die Versicherungsgesellschaft bedarf behufs Ermittelung des Schadens der eigenen gewissenhaften Angaben des Versicherungsnehmers über die verbrannten Gegenstände und hat diese deshalb zum Inhalte einer Bedingung für die Geltendmachung des Ersatzanspruches gemacht. Solche Angaben erscheinen nicht als Willenserklärungen. Unter den Begriff dieser fallen solche Erklärungen, welche eine ihrem Inhalt kongruente Rechtsfolge vermöge der die Wirksamkeit des Parteiwillens in gewissen Grenzen anerkennenden Gesetzesmacht hervorzubringen bestimmt sind. Das trifft auf die fraglichen Angaben nicht zu. Zwar knüpfen sich an sie, wie auch an ihre Unterlassung, rechtliche Folgen; aber diese finden ihren rechtlichen Ursprung bereits in dem Versicherungsvertrage, welcher sie im voraus bestimmt hat; nicht sie selbst wollen diese Folgen unmittelbar aus sich erzeugen, und sind nicht inhaltlich auf sie gerichtet.

Wenn auch insoweit den Erwägungen des Berufungsrichters nicht beizustimmen ist, so muß doch das Endergebnis als rechtlich zutreffend erscheinen. Entscheidend ist, daß die Ehefrau des Klägers als seine Vertreterin in Erfüllung der fraglichen Bedingung gehandelt hat. Er blieb in seiner Person der Angelegenheit fern und überließ die Regelung derselben seiner zu diesem Zweck beauftragten Ehefrau. Diese war nicht bloß seine Botin, hatte nicht etwa seine Angaben über die vorhanden gewesenen verbrannten oder geretteten Gegenstände zu überbringen, sondern aus ihrer eigenen Kenntnis die erforderlichen Angaben zu beschaffen. Nur aus ihrer Person ließ sich daher überhaupt bestimmen, ob die den Allgemeinen Versicherungsbedingungen entsprechenden subjektiven Erfordernisse der Erklärung vorhanden, ob diese gewissenhaft, oder aber arglistig der Wahrheit zuwider abgegeben war. Der Ehemann kannte den Inhalt der von seiner Ehefrau gemachten Angaben gar nicht. Der dem § 166 Satz 1 B.G.B. und den gleichartigen Vorschriften des älteren Rechtes zugrunde liegende Gedanke muß daher auch hier zur Geltung kommen. Aus der rechtlichen Natur der Vertretung im eigentlichen Sinne dieses Wortes folgt, daß, wenn der Vertreter seinen Willen zu erklären hatte, auch die Mängel eben dieses Willens maßgebend sind, ebenso aber auch, daß, wenn er tatsächliche Angaben nach seiner Kenntnis zu machen hatte, die subjektive Unwahrheit derselben, wie sie sich überhaupt nur aus seiner Person bestimmen kann, so auch nur in dieser Gestalt rechtliche Bedeutung hat. Der Vertreter ist der Erklärende und der Handelnde; nur die rechtlichen Folgen kommen in der Person des Vertretenen zur Entstehung, speziell, um was es sich hier handelt, Rechte werden ihm erworben oder erhalten, aber nur soweit die Handlungen des Vertreters nicht mit einem ihre Wirksamkeit an sich beeinträchtigenden Mangel behaftet sind. Für die Annahme, auch durch eine bewußt wahrheitswidrige Erklärung des Vertreters könne die Bedingung dann erfüllt werden, wenn nur den Vertretenen bei der Auswahl des Vertreters kein Verschulden treffe, fehlt es an jedem Anhalt; auch für das ältere Recht trifft hier eine Parallele mit der Erfüllung von Verbindlichkeiten nicht zu. Dies gilt auch für Versicherungsverträge. Die Versicherungsgesellschaften werden zwar häufig nicht umhin können, bei der Regelung von Ersatzansprüchen mit Vertretern der Geschädigten zu verhandeln, und wenn sie dies freiwillig tun, so müssen sie es gegen sich gelten lassen; aber es ist nicht ersichtlich, daß sie für solche Fälle eine Erleichterung in der Erfüllung der Bedingungen gelten lassen wollen, welche mit der rechtlichen Natur der Stellvertretung bei Erfüllung von Bedingungen an sich nicht im Einklang steht. Wenn die Revision darauf hinweist, daß der Versicherungsnehmer, der von einem anderen getäuscht sei und infolge hiervon objektiv unwahre Angaben mache, seiner Ansprüche nicht verlustig werde, so ist dabei nicht beachtet, daß in einem solchen Falle die Angelegenheit lediglich in seinen Händen bleibt, sowie daß die Vertreter der Versicherungsgesellschaften, welche mit ihm unterhandeln, ihn über den Grund seines Wissens befragen können, und daß er wenigstens insoweit für die Richtigkeit seiner Angaben verantwortlich ist."

---

89. 1. Kann ein dem § 1718 B.G.B. entsprechendes Anerkenntnis der Vaterschaft von demjenigen, der es abgegeben hat, dem Kinde gegenüber angefochten werden, wenn er zu der Abgabe von der Mutter durch arglistige Täuschung bestimmt worden ist?

2. Ist eine arglistige Täuschung schon in der von der Mutter ihm gegebenen Versicherung zu finden, daß innerhalb der Empfängniszeit ein anderer ihr nicht beigewohnt habe, wenn diese Versicherung der Wahrheit nicht entspricht?

B.G.B. §§ 123. 143.

IV. Zivilsenat. Urt. v. 30. Juni 1904 i. S. H. (Kl.) w. A. (Bekl.). Rep. IV. 514/03.

I. Landgericht I München.
II. Oberlandesgericht daselbst.

Die ledige Mathilde A., die in der Zeit vom 1. Mai 1899 bis dahin 1900 ungefähr ein Jahr lang als Köchin im Dienste des Beklagten gestanden hatte, gebar am 1. November 1900 ein Kind, als dessen Vater sie den Beklagten bezeichnete. Beklagter lehnte anfangs die deshalb an ihn gemachten Ansprüche ab; in einer Vergleichsverhandlung vor dem Amtsgerichte München I vom 29. April 1901 erkannte er jedoch seine Vaterschaft an und verpflichtete sich, dem Kinde, das den Vornamen Karoline erhalten hatte, als Unterhalt bis zu dessen vollendetem sechzehnten Lebensjahre eine im voraus am 1. eines jeden

Monats fällige Geldrente von 300 ℳ im Jahre zu gewähren, sowie der Mutter als Kosten der Entbindung und des Unterhaltes für die ersten sechs Wochen nach der Entbindung 25 ℳ zu zahlen. Bald darauf wollte er jedoch in Erfahrung gebracht haben, daß die Mutter des Kindes während der Empfängniszeit auch mit dem damals als Gesellen ebenfalls in seinem Dienste stehenden jetzigen Metzgermeister Johann B. geschlechtlich verkehrt habe. Er ließ deshalb sowohl dem Vormunde des Kindes, als dem Vormundschaftsgerichte die Erklärung zugehen, daß er den Vergleich, zu dessen Eingehung er nur durch die unwahre Versicherung der Mathilde A. bewogen sei, daß sie in der Zeit vom 3. Januar bis zum 4. Mai 1900 mit keinem anderen Manne zu tun gehabt habe als mit ihm, auf Grund der §§ 779. 123 B.G.B. anfechte; alsdann schritt er zur Klage gegen das Kind und die Mutter und beantragte 1. den Vergleich für rechtsungültig zu erklären, 2. festzustellen, daß er nicht der Vater des Kindes und zu irgendwelchen Leistungen an das Kind oder die Mutter nicht verpflichtet sei. Das Landgericht gab den Klaganträgen statt, und zwar in der Form, daß es feststellte, Beklagter sei nicht der Vater des von der Mathilde A. am 1. November 1900 geborenen Kindes, und daß es demgemäß den Vertrag über die vom Beklagten übernommenen Leistungen für rechtsunwirksam erklärte. Hiergegen legten beide Beklagte Berufung ein und beantragten Abweisung der Klage. Das Berufungsgericht war des Erachtens, daß dem Kläger ein Recht der Anfechtung nur gegenüber der Mathilde A. zustehe, hob deshalb das Urteil des Landgerichts auf und wies die Klage insoweit, als diese sich gegen das Kind, die Karoline A., richte, ab, erkannte dagegen in Ansehung der Entbindungs- und Wochenbettkosten der Mathilde A. nach dem Klagantrage. Kläger legte insoweit, als seine Klage abgewiesen war, mithin gegenüber der Karoline A., Revision ein. Diese wurde indes zurückgewiesen aus folgenden

Gründen:

„Von dem Berufungsgerichte ist, übereinstimmend mit dem Landgerichte, in einwandsfreier und deshalb für die Revisionsinstanz maßgebender tatsächlicher Würdigung festgestellt, daß die Mutter der Karoline A. innerhalb der Empfängniszeit auch mit dem Johann B. den Beischlaf vollzogen habe, und daß Kläger lediglich durch ihre Versicherung, während dieser Zeit nur mit ihm verkehrt zu haben, zur

Anerkennung seiner Vaterschaft bewogen worden sei. Zur Frage steht daher, ob Kläger auf Grund dieses Sachverhaltes das von ihm vor dem Amtsgerichte München I., mithin in einer öffentlichen Urkunde, abgegebene und dem § 1718 B.G.B. entsprechende Anerkenntnis anfechten kann. Müßte diese Frage bejaht werden, so würde, wie schon das Landgericht zutreffend angenommen hat, der rechtliche Grund, auf dem das hier allein in Rede stehende Versprechen einer Unterhaltsrente beruht, wegfallen, und des Klägers Anspruch auf Befreiung von diesem Versprechen, da er nach der Bestimmung in § 1717 Abs. 1 Satz 1 B.G.B. nicht als Vater zu gelten hätte, zufolge § 812 B.G.B. berechtigt sein.

Die in § 1718 B.G.B. enthaltenene Bestimmung fand sich im ersten Entwurfe noch nicht, obwohl dieser in § 1572 die Einrede der mehreren Zuhälter in gleicher Weise wie § 1717 B.G.B. zuließ. Die erste Kommission (Motive Bd. 4 S. 892/93) lehnte die Aufnahme einer Bestimmung, aus der folgen würde, daß ein Anerkenntnis der Vaterschaft rechtsbegründenden (konstitutiven) Charakter habe, als nicht gerechtfertigt ab und war der Ansicht, daß sich dann von selbst ergebe, solches Anerkenntnis habe nur die Bedeutung eines Beweismittels. Nähere Bestimmungen hierüber zu treffen hielt sie für nicht geboten. Dabei erkannte sie an, daß möglicherweise das Anerkenntnis wegen der besonderen Gestaltung des Falles als abstraktes Schuldversprechen des Unterhaltes aufgefaßt werden könne, dann aber die hierauf bezüglichen Vorschriften Anwendung zu finden hätten. In der zweiten Lesung wurde die als § 1718 in das Bürgerliche Gesetzbuch übergegangene Bestimmung angenommen, und zwar in der ausgesprochenen Absicht, das dort bezeichnete Anerkenntnis allerdings als Rechtsgeschäft zu gestalten, indes als ein Rechtsgeschäft, das nicht rechtsbegründende Wirkung habe, sondern nur die Natur eines Verzichtes auf die Einrede der mehreren Zuhälter (vgl. Protokolle Bd. 4 S. 678—680, Bd. 6 S. 304).

Als einen solchen Verzicht haben beide Instanzgerichte das hier in Rede stehende Anerkenntnis aufgefaßt. Beide haben sodann in der von der Mutter des Kindes dem Kläger erteilten Versicherung, daß außer ihm keine Mannsperson während der Empfängniszeit mit ihr verkehrt habe, eine arglistige Täuschung gefunden und sind, in der tatsächlichen Annahme, daß Kläger hierdurch bestimmt worden sei, zu dem Ergebnis gelangt, daß derselbe das Anerkenntnis unter einer Beeinflussung seines Willens abgegeben habe, die zufolge § 123 Abs. 1 B.G.B. die Anfechtung gestatte. In der Frage, wieweit die Anfechtung im vorliegenden Falle zulässig sei, weichen die Instanzgerichte dagegen voneinander ab. Das Landgericht hat das Anerkenntnis als ein nicht empfangsbedürftiges, einseitiges Rechtsgeschäft betrachtet und deshalb die Anfechtung schlechthin, also auch dem Kinde gegenüber, für statthaft erachtet. Das Berufungsgericht ist anderer Ansicht. Es sieht in dem Anerkenntnis der Vaterschaft ein sog. empfangsbedürftiges Rechtsgeschäft, betrachtet das Kind (oder dessen Vertreter) als diejenige Person, gegenüber welcher jene Erklärung abzugeben sei, die Mutter dagegen, wenn sie das Anerkenntnis durch Täuschung veranlasse, als dritte Person im Sinne des § 123 Abs. 2 Satzes 1 B.G.B., und gelangt deshalb zu dem Schluß, daß im vorliegenden Falle Anfechtungsgegner hinsichtlich des Anerkenntnisses zufolge § 143 Abs. 3 B.G.B. nur das Kind, diesem gegenüber jedoch wegen der Bestimmung in § 123 Abs. 2 Satz 1 B.G.B. die Anfechtung ausgeschlossen sei, weil der Vormund des Kindes an der in Rede stehenden Täuschung nicht beteiligt gewesen sei, und eine Beteiligung des Kindes nicht in Frage komme. Deshalb meint das Berufungsgericht, daß Kläger die Anerkennung seiner Vaterschaft überhaupt nicht, und die Zusage der Rente für das Kind ebenfalls nicht, sondern nur sein der Mutter des Kindes hinsichtlich ihrer eigenen Kosten gegebenes Versprechen anfechten könne.

Dieser rechtlichen Auffassung des Berufungsgerichtes, die allerdings von Jacubezky (in der Zeitschrift „Das Recht" 1903 S. 325) vertreten wird, kann indes nicht zugestimmt werden. Zweifelhaft ist es zunächst, ob es bei solcher Auffassung möglich sein würde, die Anfechtung des Anerkenntnisses dem Kinde gegenüber auszuschließen. Müßte man das Anerkenntnis als ein sog. empfangsbedürftiges Rechtsgeschäft betrachten, so könnte nicht das Kind als die einzige Person angesehen werden, gegenüber welcher es abzugeben wäre. Das Anerkenntnis des § 1718 B.G.B. hat nicht bloß für das Kind Bedeutung, sondern ebensowohl für die Mutter, da auch die ihr selbst gemäß § 1715 zustehenden Ansprüche von der Vaterschaft abhangen. Es sind dies Geldansprüche; aber das Kind hat gleichfalls nur Geldansprüche, und es ist daher nicht das Kind allein diejenige Person, in deren Rechtskreis das Anerkenntnis eingreift. Es zeigt sich dies besonders deutlich dann, wenn das Kind gleich nach der Geburt gestorben ist, und nur Ansprüche der Mutter in Frage kommen können. Auch in solchem Falle ist das Anerkenntnis gemäß § 1718 noch möglich und wegen der Bestimmung in § 1715 von Bedeutung; aber dem Kinde gegenüber kann es nicht abgegeben werden. Man hätte deshalb, wenn es ein empfangsbedürftiges Rechtsgeschäft wäre, jedenfalls die Mutter auch als Empfängerin gelten zu lassen, und damit wäre nach § 143 Abs. 1 Satz 1 im Falle der Anfechtung auch sie Anfechtungsgegner, so daß in der Regel, d. h. in dem Falle, daß das Kind noch lebt, zwei Anfechtungsgegner vorhanden wären. Dann aber würde, wenn eine Versicherung der Mutter, wie sie hier in Rede steht, als arglistige Täuschung und als Anfechtungsgrund zu gelten hätte, in Frage kommen, ob nicht eine Anfechtung, die der Mutter gegenüber begründet ist, ohne weiteres auch dem Kinde gegenüber Erfolg haben müßte. Allerdings ist die Frage, wie eine Anfechtung wirkt, wenn mehrere Anfechtungsgegner vorhanden sind, und die Anfechtung nur einem gegenüber erklärt wird oder durchführbar ist, zweifelhaft und schon während der Beratung des Bürgerlichen Gesetzbuchs äußerst bestritten gewesen (vgl. Motive zum I. Entw. Bd. 1 S. 221 und Protokolle der 2. Lesung Bd. 1 S. 132); die jetzt von dem Berufungsgericht getroffene Entscheidung würde aber nur gerechtfertigt sein, wenn angenommen werden dürfte, daß bei dem Vorhandensein mehrerer Anfechtungsgegner die Anfechtung erst dann Erfolg hätte, wenn sie sämtlichen Gegnern gegenüber siegreich durchgeführt wäre, oder daß in einem Falle der vorliegenden Art den mehreren Gegnern gegenüber verschieden erkannt werden könnte.

Es bedarf einer Beantwortung dieser Frage indes nicht; denn die Ansicht, von der das Berufungsgericht ausgeht, kann nicht geteilt werden. Das Berufungsgericht verkennt keineswegs, daß die Wirksamkeit eines gemäß § 1718 B.G.B. abgegebenen Anerkenntnisses der Vaterschaft im Gesetz nicht davon abhängig gemacht ist, daß es zur Kenntnis des Kindes oder seines Vertreters gelangt. Gleichwohl glaubt es diese Willenserklärung als eine empfangsbedürftige betrachten zu sollen, weil ihre Abgabe gegenüber einem anderen nicht geboten sei, und nach der in § 151 B.G.B. zum Ausdrucke gelangten und auch hier maßgebenden Annahme eine anderweitige Betätigung des rechtsgeschäftlichen Willens, hier also die Erklärung in Form einer öffentlichen

Urkunde, genüge, da das Kind kein Interesse daran habe, daß die Anerkennung, die ihm keinen Nachteil bringen könne, nicht ohne sein Wissen erfolge. Es mag jedoch dahingestellt bleiben, ob die in § 151 B.G.B. für Verträge getroffene Bestimmung einen Grundsatz enthält, der einer weiteren Ausdehnung fähig ist. Denn es ist nicht zuzugeben, daß das Anerkenntnis des § 1718 als empfangsbedürftige Willenserklärung anzusehen ist. Das Berufungsgericht erachtet für empfangsbedürftige Rechtsgeschäfte „alle diejenigen, welche dazu dienen sollen, eine rechtliche Beziehung zu einer anderen Rechtspersönlichkeit sei es neu zu begründen, sei es zu verändern". Allein dies läßt sich aus dem Bürgerlichen Gesetzbuch nicht herleiten. Wie aus § 143 Abss. 3 und 4 hervorgeht, kennt das Bürgerliche Gesetzbuch neben dem einseitigen Rechtsgeschäfte, das einem anderen gegenüber vorzunehmen ist, auch einseitige Rechtsgeschäfte „anderer Art" und versteht hierunter diejenigen Willenserklärungen, die eine rechtsgeschäftliche Wirkung erzeugen, obgleich ein Gegner oder Empfänger der Erklärung überhaupt fehlt, oder obwohl die Erklärung dem an ihr Beteiligten nicht zuzugehen braucht (vgl. Endemann, Lehrbuch des Bürgerl. Rechts 5. Aufl. Bd. 1 § 68 II). Ein Beispiel für Fälle der ersten Art ist die Anerkennung eines Kindes gemäß § 1598 B.G.B. oder die Annahme einer Erbschaft, die zufolge § 1943 auch für die Gläubiger von Bedeutung ist. Zu den einseitigen Rechtsgeschäften, die überhaupt nicht einem anderen gegenüber erklärt zu werden brauchen, gehört aber auch das Anerkenntnis des § 1718, dessen Wirksamkeit nur deshalb, um jede Ungewißheit auszuschließen, an die Form der Erklärung in einer öffentlichen Urkunde gebunden ist.

Vgl. Planck, B.G.B. Bd. 4 § 1718 Bem. 2; Dernburg, Bürgerl. Recht 2. Aufl. Bd. 4 § 89 bei Anm. 10. 11; Mantey, Rechte des unehelichen Kindes S. 88; Urteil des Obersten Landesgerichts für Bayern in Seuffert's Archiv Bd. 57 Nr. 136.

Hieraus würde sich ergeben, daß dieses Anerkenntnis, wie das Landgericht folgerichtig angenommen hat, auf Grund des § 123 Abs. 1 B.G.B. angefochten werden könnte, ohne daß die Beschränkung des Abs. 2 ebendaselbst in Betracht zu kommen hätte. Die Anfechtung würde deshalb zufolge § 143 Abs. 4 auch dem Kinde gegenüber statthaft sein, und das Berufungsgericht hätte bei seiner Auffassung, daß das Anerkenntnis durch arglistige Täuschung hervorgerufen sei, die Klage in vollem Umfange für begründet erachten müssen.

Es ist dem Berufungsgericht endlich aber auch darin nicht beizutreten, daß aus dem festgestellten Sachverhalte ein Anfechtungsgrund zu entnehmen ist. Allerdings unterliegt das Anerkenntnis des § 1718 als Willenserklärung der Anfechtung gemäß §§ 119. 123 B.G.B., wie allgemein angenommen wird. In Ansehung der Anwendung dieser Bestimmungen herrscht zwar nicht völliges Einverständnis, namentlich hinsichtlich der Frage, unter welchen Voraussetzungen eine Anfechtung wegen Irrtums statthaft ist. Völlig zweifelsfrei ist dagegen, daß ein Anerkenntnis, zu dessen Abgabe der Erklärende durch arglistige Täuschung bestimmt worden ist, von ihm angefochten werden kann. Eine solche Täuschung des Klägers hat indes im vorliegenden Falle nicht stattgefunden.

Das Anerkenntnis des § 1718 B.G.B. ist ein Verzicht auf die Einrede der mehreren Zuhälter, mit welcher Einrede die zufolge § 1717 durch die Beiwohnung innerhalb der Empfängniszeit begründete Vermutung der Vaterschaft widerlegt werden kann. Ob ein Mann, der mit der Mutter während der Empfängniszeit verkehrt hat, das Anerkenntnis abgeben will, steht in seinem Belieben. Ebenso steht es in seinem Ermessen, ob und welche Erkundigungen er einziehen will. Stellt er Nachforschungen an und erhält er Auskunft, so mag er sich entschließen; entscheidet er sich für die Abgabe der Anerkennung, so ist er gebunden und kann, wenn die Auskunft falsch gewesen ist, seine Erklärung nicht schon deshalb anfechten, weil er tatsächlich unrichtige Mitteilungen erhalten hat. Eine Auskunft aber, die von ihm bei der Mutter selbst eingeholt wird, ist nicht anders zu behandeln, als die Auskunft von seiten eines Dritten, und endlich darf einer Versicherung, die von der Mutter abgegeben wird, nachdem sie sich an den Mann, der mit ihr verkehrte, ihrerseits gewandt hatte, keine weitere Bedeutung beigelegt werden, als jeder anderen Auskunft. Ebenso wie jeder Dritte kann deshalb auch die Mutter des Kindes den als Vater in Anspruch genommenen Mann durch arglistige Täuschung zur Anerkennung der Vaterschaft bestimmen, und insbesondere ist zuzugeben, daß auch über das Vorhandensein noch anderer Zuhälter eine solche Täuschung möglich ist. Im vorliegenden Falle ist jedoch lediglich festgestellt, daß die Mutter des Kindes dem Kläger die oft erwähnte Versicherung unter Tränen gegeben hat und hierbei auch trotz Vorhaltens eines Privatpostkartenbriefes und eines nicht datierten Schriftstückes geblieben ist.

Würde hierin bereits eine arglistige Täuschung, die zur Anfechtung berechtigte, zu finden sein, so würde die in § 1718 B.G.B. getroffene Bestimmung verfehlt, und ihr Zweck, die nachträgliche Vorschützung der Einrede der mehreren Zuhälter zu verhindern (Protokolle der 2. Kommission Bd. 4 S. 679), vereitelt sein, da solche Einrede in Gestalt der Anfechtung wohl regelmäßig erhoben werden könnte. Eine Versicherung der hier festgestellten Art enthält indes noch nicht eine arglistige Täuschung. Die Verpflichtung des unehelichen Erzeugers wird nicht durch ein von ihm gemäß § 1718 B.G.B. erklärtes Anerkenntnis ins Leben gerufen, sondern folgt nach § 1717 aus der Beiwohnung innerhalb der Empfängniszeit, und das Anerkenntnis dient nur dazu, die Berufung darauf, daß ein anderer der Mutter während jener Zeit auch beigewohnt habe, auszuschließen. Der Zuhälter hat indes keinen Rechtsanspruch darauf, daß die Mutter des Kindes ihm zur Ablehnung seiner Verpflichtung behilflich sei; vielmehr ist es seine Sache, ob er eine Einrede erheben kann und imstande ist, diese zu beweisen. Die Mutter des Kindes ist in der Lage, den Mann, der ihr beigewohnt hat, dessen Verpflichtung mithin zunächst feststeht, wegen ihrer eigenen Ansprüche durch Klage zu belangen, und begeht in dem Falle, daß sie den Einwand, es habe noch ein anderer ihr beigewohnt, in Abrede stellt, eine arglistige Täuschung selbst dann nicht, wenn jener Einwand der Wahrheit entspricht. Nicht anders aber ist eine außergerichtliche Versicherung solcher Art, wie sie im vorliegenden Falle vom Kläger geltend gemacht wird, zu beurteilen; denn auch sie enthält nichts, als die Ableugnung eines Vorhaltes, auf den Kläger eine von ihm zu beweisende Einrede hätte stützen können. Aus der ihm erteilten Versicherung kann Kläger daher, obwohl dieselbe falsch gewesen ist, keinen Grund zur Anfechtung des daraufhin erklärten Anerkenntnisses entnehmen.

Danach war, da weitere tatsächliche Aufklärungen nicht in Frage kommen, und nach dem festgestellten Sachverhältnis die Sache zur Endentscheidung reif ist, unter Anwendung des § 565 Abs. 3 Ziff. 1 Z.P.O. die Revision, welche nur den Anspruch gegen das Kind zum Gegenstande hat, zurückzuweisen."

90. Inwiefern läßt sich aus dem Bürgerlichen Gesetzbuche ein der sog. exceptio doli generalis des gemeinen Rechtes entsprechender Rechtsbehelf ableiten?

VI. Zivilsenat. Urt. v. 30. Juni 1904 i. S. B. (Kl.) w. Sch. (Bekl.). Rep. VI. 485/03.

I. Landgericht Dortmund, Kammer für Handelssachen.
II. Oberlandesgericht Hamm.

In U. bestand eine offene Handelsgesellschaft unter der Firma F. Sch., deren Gesellschafter die Kaufleute Sch. und K. waren. Letzterer erhielt im Juli 1901 für sich persönlich ein Darlehn von 3000 ℳ von B., nachdem er demselben einen von ihm, dem K., mit der Firma F. Sch. unterzeichneten Bürgschaftsschein dafür ausgestellt hatte. B. belangte später, nachdem die Handelsgesellschaft F. Sch. aufgelöst war, den Sch., als gewesenen Teilhaber derselben, aus der Bürgschaft und erzielte in der ersten Instanz auch dessen Verurteilung. Das Berufungsgericht erkannte aber abändernd auf Klagabweisung, und zwar auf Grund der vorgeschützten Einrede der Arglist, indem es in tatsächlicher Beziehung annahm, daß K. durch Ausstellung jenes Bürgschaftsscheins seine Vertretungsmacht dem Beklagten gegenüber zu seinem eigenen Vorteile mißbraucht habe, und daß der Kläger bei Hingabe des Darlehns dies gewußt habe und ferner gewußt habe, daß der Beklagte dadurch an seinem Vermögen geschädigt werde. Die hiergegen vom Kläger gerichtete Revision ist vom Reichsgericht zurückgewiesen worden. Dabei ist über die obige Frage ausgeführt in den

Gründen:

... „Das Bürgerliche Gesetzbuch enthält ... freilich keine allgemeine Bestimmung über die Einrede der Arglist, wodurch dieser eine Geltung in gleichem Umfange, wie nach dem früheren gemeinen Rechte, ausdrücklich gesichert würde. Es kann dahingestellt bleiben, wie weit § 138 Abs. 1 oder § 242 B.G.B. zu dem gleichen Ergebnisse führen würde. Jedenfalls ergibt sich aber dasselbe in einem Falle von der Art des vorliegenden aus § 826 in Verbindung mit § 249 B.G.B. Da der Kläger durch Mitwirkung an der Untreue des K. in einer gegen die guten Sitten verstoßenden Weise dem Beklagten vorsätzlich den Schaden zugefügt hat, daß dieser ihm aus der Bürgschaft für die 3000 ℳ haftet, so muß er dem Beklagten nach § 826 diesen Schaden ersetzen, und zwar nach § 249 vor allem dadurch, daß er seinen Anspruch nie geltend macht.

Vgl. auch Planck, B.G.B. Bd. 2 Bem. 2, c zu § 796 S. 556, und Dernburg, Bürgerl. Recht Bd. 3 (3. Aufl.) § 92 S. 284.

Daß nach dem Bürgerlichen Gesetzbuche eine solche Einrede gegen einen durch eine unerlaubte Handlung erlangten Anspruch begründet ist, ergibt sich auch aus § 853 desselben." ...

---

91. Inwiefern setzt die Beteiligung im Sinne des § 830 Abs. 1 Satzes 2 B.G.B. eine Gemeinsamkeit des Handelns der mehreren voraus?

VI. Zivilsenat. Urt. v. 30. Juni 1904 i. S. Ha. (Bekl.) w. Ho. (Kl.). Rep. VI. 483/03.

I. Landgericht Mannheim.
II. Oberlandesgericht Karlsruhe.

Die Klägerin wurde am 8. Februar 1902 in der Wirtschaft zur „Krone" in H. während einer von der dortigen Kegelgesellschaft veranstalteten Abendunterhaltung von einer in der Richtung gegen sie geworfenen Knallerbse in das rechte Auge getroffen. Die hierdurch verursachte Verletzung hatte eine erhebliche Schwächung des Sehvermögens auf diesem Auge zur Folge. Die Klägerin erhob gegen sechs Teilnehmer der Gesellschaft auf Grund der Behauptung, daß sie durch eine gemeinschaftliche unerlaubte Handlung, das Werfen mit Knallerbsen, den Schaden verursacht hätten, und unter der Aufstellung der weiteren Behauptung gegen jeden derselben, daß der schädigende Wurf von ihm ausgegangen sei, Klage mit dem Antrage, die Beklagten als Gesamtschuldner zur Zahlung von 5800 ℳ nebst Zinsen zu verurteilen. Nach Beschränkung der Verhandlung und Entscheidung auf den Grund des Anspruches wurde durch Zwischenurteil des Landgerichts festgestellt, daß die Beklagten H. Qu. und E. Ha. der Klägerin denjenigen Schaden als Gesamtschuldner zu ersetzen haben, der ihr durch jene Verletzung ihres Auges verursacht worden sei, während durch Teilurteil die gegen die weiteren vier Beklagten gerichtete Klage abgewiesen wurde.

Die Berufungen der Beklagten Qu. und Ha., und sodann die Revision des Beklagten Ha. wurden zurückgewiesen.

Aus den Gründen:

„Das Landgericht hat die Beklagten Qu. und Ha. als Beteiligte im Sinne des § 830 Abs. 1 Satzes 2 erachtet und demgemäß die Klage gegenüber diesen beiden Beklagten für begründet erklärt.

Das Berufungsgericht billigt die Entscheidung des Landgerichts hinsichtlich der Haftbarmachung der beiden Beklagten Qu. und Ha.; denn an dem Werfen der Knallerbsen hätten sie sich beteiligt; von dem Orte aus, an dem sie gesessen, seien sie in der Lage gewesen, die Klägerin zu treffen, und daß sie in dem Zeitpunkte, in dem die Klägerin getroffen worden sei, geworfen hätten, sei auf Grund der Beweiserhebung unbedenklich anzunehmen. In dem Werfen von Knallerbsen in einem mit Menschen vollbesetzten Saal „in der Richtung der Menschen" sei zweifellos eine unerlaubte Handlung zu erblicken (§ 366 Ziff. 7 St.G.B.). Daß die Knallerbsen, weil mit Explosivstoffen gefüllt, der Gesundheit anderer gefährlich gewesen seien, habe sich erwiesen. Auch die Beschädigung der Kleider sei nicht ausgeschlossen. Das Dulden des Werfens von seiten des Vorstandes der Gesellschaft beseitige nicht die Verantwortlichkeit des Werfenden. Von einem Mitverschulden der Klägerin, weil sie im Saale geblieben, könne keine Rede sein. Daß die beiden Beklagten als „Beteiligte" im Sinne des § 830 Abs. 1 Satzes 2 B.G.B. anzusehen seien, sei gleichfalls als festgestellt zu erachten. Ein gemeinsamer Vorfall, bei dem der Schade sich ereignet habe, sei vorhanden. Daß die beiden Beklagten zur Zeit dieses Ereignisses tätig gewesen seien, sei festgestellt; nach der Beweiserhebung sei gleichfalls festgestellt, daß jeder derselben den Schaden habe verursachen können. Jeder derselben sei daher für den ganzen Schaden verantwortlich. Die Argumentation des Beklagten Qu., es müßte bewiesen werden, daß gerade zu dem fraglichen Zeitpunkte bestimmte Personen in der Richtung gegen die Klägerin geworfen hätten, in dieser Hinsicht aber sei die Klage gegen ihn weder begründet, noch bewiesen worden, sei nicht durchschlagend, da anzunehmen sei, daß die beiden Beklagten zu der Zeit, da die Verletzung der Klägerin verursacht worden sei, mit Knallerbsen geworfen hätten. Ob noch andere, insbesondere an dem runden Tische sitzende, Personen, gleichfalls in der Richtung, in der die Klägerin gesessen, Knallerbsen geworfen hätten, sei nicht zu untersuchen. Es handle sich nur um die Beteiligung der beiden Beklagten, und die Beteiligung einer dritten Person berühre die Frage der Haftbarkeit der Beklagten für den eingetretenen Schaden nicht.

Die Revision ... rügt unter anderem, ... ein gemeinsames Vorgehen im Sinne des § 830 B.G.B. liege nicht vor. Es liege vielmehr nur vor, daß zwei Personen gleichzeitig dieselbe Handlung begangen hätten. Dies erschöpfe den Tatbestand der Beteiligung im Sinne des § 830 B.G.B. nicht. ...

Die Anwendung des § 830 Abs. 1 Satzes 2 B.G.B. erfordert ... keineswegs ein gemeinsames bewußtes Vorgehen der „mehreren Beteiligten" in dem Sinne, wie die Revision darzutun versucht. Gemeinschaftlichkeit der Verursachung umfaßt das bewußte und gewollte Zusammenwirken mehrerer, auch das bloß tatsächliche Zusammenwirken mehrerer, sei es mit nachgewiesenem, oder nicht nachgewiesenem Einzelerfolg der Tätigkeit des einzelnen, ja selbst das Zusammenwirken fahrlässiger Handlungen mehrerer, aber immer unter der Voraussetzung, daß der eingetretene Schade sich als das Produkt der Gesamtwirkung der Handlungen der einzelnen darstellt, also jeder der mehreren tatsächlich zur Entstehung des Schadens mitgewirkt hat. Gänzlich verschieden hiervon ist der Fall, daß mehrere je eine Handlung begangen haben, die den Schaden hervorgerufen haben kann, die Handlung eines dieser mehreren auch den Schaden erzeugt hat, aber nicht ermittelt werden kann, wer der Urheber der wirklich schadenstiftenden Handlung ist, der wirkliche ursachliche Zusammenhang also nicht bewiesen werden kann.

Vgl. Entsch. des R.G.'s in Zivils. Bd. 10 S. 143.

Dieser Gegensatz zur gemeinschaftlichen Verursachung des Schadens im Sinne des ersten Satzes des ersten Absatzes des §. 830 B.G.B. führt zu der „Beteiligung" im Sinne des zweiten Satzes. Über die Auslegung, wer im Sinne des Satzes 2 als „beteiligt" zu erachten sei, gehen die Ansichten allerdings auseinander. Während Dernburg (Bürgerl. Recht Bd. 2 Abt. 2 S. 622) selbst die Auslegung der „Beteiligung" im Sinne des § 227 St.G.B. für das Zivilrecht ablehnt und den Nachweis von Tätlichkeiten an dem Geschädigten fordert, unterstellt Rümelin (Die Verwendung der Kausalbegriffe im Strafrecht und Zivilrecht S. 174) die Beteiligung an einer causa remota, an einem allgemeineren unerlaubten, die Gefahr der speziellen Verletzung nahelegenden Handeln, v. Liszt (Deliktsobligation S. 76) ein gemeinsames Handeln irgendwelcher Art einerseits, den feststehenden Kausalzusammenhang zu dem eingetretenen Erfolg und einer in dieses gemeinsame Handeln hineinfallenden Handlung andererseits, Oertmann (Kommentar zum B.G.B. zu § 830) die Beteiligung an einem allgemeinen Tatbestand, aus dem als der causa remota sich die unmittelbar schädigende körperliche Handlung als causa proxima entwickelt.

Vgl. auch Crome, System des B.R. Bd. 2 S. 1060.

Der § 714 des ersten Entwurfes des Bürgerlichen Gesetzbuches enthielt noch keine den Fall nicht gemeinschaftlicher Verursachung des Schadens deckende Bestimmung. Er lautete vielmehr in Satz 1: „Haben mehrere durch gemeinsames Handeln, sei es als Anstifter, Täter oder Gehilfen, einen Schaden verschuldet, so haften sie als Gesamtschuldner"; in Satz 2: „Das gleiche gilt, wenn im Falle eines von mehreren verschuldeten Schadens von den mehreren nicht gemeinsam gehandelt, der Anteil des einzelnen an dem Schaden aber nicht zu ermitteln ist". In der Kommission wurde zu dem § 714, gegen dessen ersten Satz von keiner Seite Widerspruch erhoben wurde, der Antrag gestellt, den Satz 2 zu fassen: „Das gleiche gilt, wenn mehrere nicht gemeinschaftlich gehandelt haben, und sich nicht ermitteln läßt, wessen Handlung den Schaden verursacht hat".

Nach dem Kommissionsbericht sollte durch den Antrag, der unter Vorbehalt der Prüfung der Fassung durch die Redaktionskommission angenommen wurde, klar gestellt werden, daß der Satz 2 des § 714 auch in den Fällen Anwendung finde, in welchen ein rechtswidriger Erfolg nicht durch das Zusammenwirken mehrerer an der Handlung Beteiligten, sondern durch die Handlung eines von mehreren Beteiligten herbeigeführt sei, sich aber der Urheber der Handlung nicht nachweisen lasse. Vorausgesetzt werde also nur, daß von den mehreren Handelnden einer den Schaden verursacht habe, daß der Schade möglicherweise von einem jeden der mehreren verursacht sei, und daß in der Person jedes der Handelnden, wenn er der Schädigende sei, auch Verschuldung vorliege. In der Redaktionskommission erhielt sodann der Satz 2 des § 733 die mit Satz 2 des § 830 B.G.B. übereinstimmende Fassung: „Das gleiche gilt, wenn sich nicht ermitteln läßt, wer von mehreren Beteiligten den Schaden durch seine Handlung verursacht hat".

Vgl. Mugdan, Materialien zum B.G.B. Bd. 2 S. 412. 1095 flg.

Nach der Fassung und der Entstehung des Satzes 2 des § 830 Abs. 1 B.G.B. besteht also die Voraussetzung der Beteiligung im Sinne dieser Bestimmung darin, daß mehrere eine unerlaubte Handlung begangen haben, die den eingetretenen Schaden verursachen konnte, daß eine dieser Handlungen, also die unerlaubte Handlung eines dieser mehreren, den Schaden auch wirklich verursacht hat, die Handlung eines jeden der mehreren den Schaden hätte verursachen können, der wirkliche Urheber der schadenstiftenden Handlung aber nicht ermittelt werden kann. Das Zusammentreffen dieser Voraussetzungen führt notwendig auf einen Vorgang, der zeitlich und räumlich die mehreren in eine freilich von der Gemeinschaftlichkeit des Zusammenwirkens des Satzes 1 ganz verschiedene Gemeinsamkeit des Tuns zusammenfaßt, in dessen Bereich der rechtswidrige Erfolg fällt und eine gemeinsame Grundlage des Verschuldens in der von jedem bewirkten Gefährdung findet.

Nach den Feststellungen des Berufungsgerichts sind hiernach gegen den Beklagten Ha. die Voraussetzungen des Satzes 2 des Abs. 1 des § 830 gegeben." ...

---

92. Liegt in der Vereinbarung zwischen Arbeitgeber und Arbeitnehmer, durch welche der Anspruch auf Gewährung neben festem Gehalt zugesagter Nebenbezüge davon abhängig gemacht ist, daß an ihrem Fälligkeitstage der letztere sich noch in ungekündigtem Dienst des ersteren befindet, ein Verstoß gegen die guten Sitten?

III. Zivilsenat. Urt. v. 1. Juli 1904 i. S. D. Maschinenbau-Aktiengesellsch. (Bekl.) w. S. (Kl.). Rep. III. 32/04.

I. Landgericht Düsseldorf.
II. Oberlandesgericht Köln.

Der Kläger trat im Jahre 1901 auf Grund eines Vertrages vom vorgehenden Jahre als Reiseingenieur in den Dienst der Beklagten. Abgeschlossen war der Vertrag nach Maßgabe eines Schreibens der letzteren, das mit den Worten begann: „Wir engagieren Sie hiermit unter Zugrundelegung der gemeinsamen Anstellungsbedingungen für unsere Beamten sowie der Bestimmungen unseres Gesellschaftsstatuts und der nachstehenden besonderen Bedingungen", dann als Dienstvergütung einen Jahresgehalt von 5100 *M* und daneben einen Gewinnanteil von 2 Prozent oder an dessen Stelle eine am Jahresschlusse zu ermittelnde, der Höhe nach näher fixierte Provision von den abgeschlossenen Verkäufen, sofern dieselbe den Gewinnanteil übersteigen sollte, festsetzte und ferner den Vermerk enthielt: „Ihre Anstellung findet erstmals auf die Dauer von drei Jahren, d. h. unkündbar bis zum 1. Januar 1904, statt, und läuft der Vertrag stillschweigend weiter jeweils auf ein Jahr, falls nicht an einem 1. Januar Aufkündigung desselben mit dreimonatlicher Frist erfolgt." In den gemeinsamen Anstellungsbedingungen war unter § 9 (vordem § 10) am Schlusse vorgeschrieben: ... „In jedem Fall hat aber nur derjenige Beamte ein Anrecht auf Auszahlung der Provision oder Tantieme, welcher sich an deren Fälligkeitstage in ungekündigten Diensten der Gesellschaft befindet." Die vom Kläger verdiente Provision betrug im Jahre 1901 (9. November) 658,65 *M*, im Jahre 1902 1585,90 *M* und ward für das Jahr 1903 veranschlagt auf 1300 *M*. Der von ihm im letzteren Jahre erhobenen Klage gemäß hat das Landgericht festgestellt: „Der Schlußsatz des § 10 der gemeinsamen Vorschriften und Anstellungsbedingungen für die Beamten der D. Maschinenbau-Aktiengesellschaft findet auf das Dienstverhältnis zwischen Kläger und Beklagter keine Anwendung." Die Berufung der Beklagten ist als unbegründet zurückgewiesen. Auf eingelegte Revision ist das Urteil des Oberlandesgerichts aufgehoben, und in Abänderung des landgerichtlichen Urteils der Kläger mit der Klage abgewiesen worden, aus folgenden

Gründen:

„Das Berufungsgericht hat die Berufung der Beklagten auf Grund der Annahme, daß der Schlußsatz des § 9 als Bestandteil der gemeinsamen Vorschriften zwar Bestimmung des unter den Parteien abgeschlossenen Dienstvertrages geworden, daß diese Vertragsbestimmung jedoch als den guten Sitten widersprechend nichtig sei, zurückgewiesen. Dem kann nicht beigetreten werden. Abgesehen davon, daß diese Annahme, falls sie an sich nicht zu beanstanden wäre, die angefochtene Entscheidung, die in dem Sinne zu verstehen ist, daß das Rechtsverhältnis unter den Parteien nach Maßgabe des Vertrages mit Ausscheidung des Schlußsatzes besteht, nur in Verbindung mit der gemäß § 139 B.G.B. erforderlichen Feststellung, daß der Vertrag auch ohne die nichtige Bestimmung geschlossen sein würde, rechtfertigen würde, ist dieselbe, soweit sie die Nichtigkeit der Bestimmung betrifft, nicht zu billigen. Nach der Ausführung des Berufungsgerichts widerspricht sie den guten Sitten deshalb, weil die heutige berechtigte Volksanschauung erfordert, daß der wirtschaftlich Stärkere sich nicht in eine Lage versetzt, welche ihm die Ausnutzung der schlechteren Vermögenslage des anderen Teiles für seine Zwecke gestattet, und weil es gegen diese Volksanschauung verstößt, wenn der Angestellte so, wie hier durch die streitige Bestimmung geschehen, gebunden und mehr oder minder der Willkür des Arbeitgebers überliefert wird. Gewiß verstößt der wirtschaftlich Stärkere, der für seinen Vorteil die schlechtere Vermögenslage des anderen Teiles ausnutzt, gegen die guten Sitten, und gewiß ist eine Vereinbarung, die auf solche Ausnutzung hinausläuft, ein durch § 138 B.G.B. für nichtig erklärtes Rechtsgeschäft. Allein einer solchen Ausnutzung dient im Verhältnis der Parteien zueinander die Bestimmung nicht, mag immerhin richtig sein, daß nach derselben der Kläger, falls er an einem 1. Januar kündigt, oder ihm an einem solchen gekündigt wird, des Anspruches auf die Provision des dem Kündigungstage voraufgegangenen ganzen Jahres nebst der der darauf folgenden drei Monate verlustig geht, und ebenso nicht in Zweifel zu ziehen sein, daß eine Vereinbarung, welche an die Kündigung bestimmte Vermögensnachteile für den Dienstpflichtigen knüpft, zu einer Ausnutzung vorerwähnter Art führen kann. Der streitigen Bestimmung wird solche Wirkung dadurch genommen, daß das Jahresgehalt, welches dem Kläger zugesagt ist und von der Bestimmung nicht betroffen wird, auf 5100 *M*, also auf einen Betrag sich beziffert, der die Höhe der bisher entfallenen Provisionen um das drei- und vierfache übersteigt. Die unbedingte Verpflichtung der Beklagten zur Auszahlung einer Vergütung in dieser Höhe muß die Folgerung, daß Kläger dadurch, daß das Bezugsrecht weiterer Vermögensvorteile mehr oder minder vom Willen seines Arbeitgebers abhängig gestellt ist, in ein nach allgemeiner Anschauung zu mißbilligendes Abhängigkeitsverhältnis versetzt wird, um so mehr ausschließen, als eine arglistige Ausübung der Kündigungsbefugnis von seiten der Beklagten den Verlust der Provision nicht zu bewirken vermag. Dies gilt auch für den Fall, daß die Nebenbezüge fortgesetzter Steigerung fähig erscheinen.

Die Feststellung des Berufungsgerichts, daß die streitige Bestimmung tatsächlich in den von den Parteien geschlossenen Dienstvertrag aufgenommen ist, gibt zu Bedenken keinen Anlaß. Zulässig, wie sie dem vorstehenden nach an sich ist, schließt sie daher die erhobene Feststellungsklage aus.

Danach war, wie geschehen, zu erkennen."

---

93. Ist, wenn bei Anlegung des Grundbuches das Eigentum an einem Grundstücke streitig, und nach Art. 12 der preußischen Verordnung vom 13. November 1899 einer der streitenden Teile als Eigentümer, und zugleich zugunsten des Gegners ein Widerspruch in das Grundbuch eingetragen ist, der Streit darüber, wer dem anderen im Grundbuche zu weichen habe, nach Personen, Inhalt und Gegenstand durch den Inhalt jener Eintragungsvermerke bestimmt?

V. Zivilsenat. Urt. v. 2. Juli 1904 i. S. S. (Bekl.) w. Str. u. Gen. (Kl.). Rep. V. 24/04.

I. Landgericht Köln.
II. Oberlandesgericht daselbst.

Die Frage ist vom Reichsgericht bejaht aus folgenden

Gründen:

„Wenn bei der Anlegung eines Grundbuchblattes Streit über das Eigentum am Grundstücke besteht, hat nach Art. 12 der Königlichen Verordnung vom 13. November 1899 das Grundbuchamt nach seinem Ermessen einen der streitenden Teile als Eigentümer und zugleich zugunsten des oder der Gegner einen Widerspruch einzutragen. Vorausgesetzt ist dabei, daß mehrere Personen widerstreitende Eigentumsansprüche *angemeldet* haben. Nicht angemeldete Rechte werden bei der Anlegung des Grundbuches nicht berücksichtigt (Art. 7 Abs. 1 Satz 2 das.). Damit wird — wie das Berufungsgericht zutreffend ausführt — der Kreis der Personen, unter denen der durch jene Eintragungen im Grundbuche beurkundete Streit auszutragen ist, fest bestimmt. Ebenso fest begrenzt ist aber der Inhalt und Gegenstand des Streites. Nur über die angemeldeten und eingetragenen Rechte hat der Richter zu entscheiden, und die Entscheidung ist darauf beschränkt, welches der eingetragenen widerstreitenden Rechte aus dem Grundbuche auszuscheiden habe. Daraus ergibt sich, daß, wenn Miterben, die in ungeteilter Gemeinschaft stehen, in dieser ihrer Eigenschaft Rechte angemeldet und die Eintragung erlangt haben, der einzelne Miterbe zur Abwehr der gegen die Gemeinschaft erhobenen Klage nicht eigene Rechte geltend machen darf. Im vorliegenden Falle haben die Revisionskläger die Behauptung der Kläger, daß das von den verklagten Miterben angemeldete und durch Eintragung des Widerspruches bezeichnete Recht nicht bestehe, zugegeben, und die übrigen verklagten (säumigen) Miterben haben diese Behauptung nicht bestritten. Damit ist aber den Revisionsklägern die Legitimation, sich der Löschung jenes Widerspruches zu widersetzen, entzogen. Sie behaupten nicht mehr, das angemeldete Recht zu haben. Liegt demnach die Sache so, als ob sie den Widerspruch zurückgezogen hätten, so fehlt ihnen auch jede Berechtigung, das eingetragene Recht der Kläger zu bestreiten. Daraus folgt dann weiter die Berechtigung des Klaganspruchs auf Löschung des für die verklagte Erbengemeinschaft eingetragenen Widerspruches. Diese Folge würde auch durch ein den Revisionsklägern etwa zustehendes (nicht von ihrem Erblasser abgeleitetes) eigenes Recht nicht abgewehrt werden. Denn auf Grund eigenen Rechtes würden sie nicht das Bestehenbleiben des für die Erbengemeinschaft eingetragenen Widerspruches, sondern nur die Eintragung eines Widerspruches zur Sicherung ihres eigenen Rechtes, also eines Widerspruches mit ganz anderem Inhalte, und nach siegreicher Durchführung ihres Rechtes die Berichtigung des Grundbuches durch Löschung des Eigentums der Kläger und Eintragung ihres Eigentums beanspruchen können. Ob sie diese Ansprüche im gegenwärtigen Rechtsstreite durch Erhebung einer Widerklage hätten geltend machen können, kann dahingestellt bleiben." ...

94. Ist die Anwendung des § 69 des Börsengesetzes auf solche Geschäfte beschränkt, bei denen alle Voraussetzungen des § 48 des Börsengesetzes seinem Wortlaute nach gegeben sind, oder bezieht sich seine Bestimmung auf alle solche Geschäfte, welche nach § 66 des Börsengesetzes in Ermangelung der Eintragung der Parteien in das Börsenregister ungültig sein würden, bzw. bei denen nach § 68 Abs. 2 des Börsengesetzes zur Wirksamkeit die Eintragung in das Börsenregister nicht erfordert wird?

I. Zivilsenat. Urt. v. 4. Juli 1904 i. S. K. (Kl.) w. St. & Bl. (Bekl.) Rep. I. 142/04.

I. Landgericht Hamburg, Kammer für Handelssachen.
II. Oberlandesgericht daselbst.

Der in Stockholm wohnhafte, in ein Börsenregister nicht eingetragene Kläger hatte durch Vermittlung des ebenfalls dort wohnenden Agenten der Beklagten P. von der Beklagten, welche in das Börsenregister eingetragen war, gemäß Schlußnota Nr. 2 anfangs Juni 1902 30000 ℳ Berliner Handelsgesellschaftsanteile, zu liefern am 30. Juni 1902, zum Kurse von 160,85 Prozent gekauft. Nach verschiedenen Prolongationen hatte Beklagte das Verhältnis Ende Oktober 1902 gelöst und dem Kläger eine Abrechnung erteilt, deren Richtigkeit Kläger, abgesehen von dem von ihm erhobenen Einwande des Spiels, nicht bestritt. Danach schuldete Kläger der Beklagten bei Verrechnung von ihm bar eingezahlter 600 ℳ noch 2089,10 ℳ. Beklagte hatte sich zum größten Teile dadurch befriedigt, daß sie ein ihr von dem Kläger gegebenes Akzept weiter begab, auf welches Kläger demnächst, einschließlich Zinsen und Protestkosten, 2008,10 ℳ zahlen mußte. Kläger hält sich für berechtigt, diese 2008,10 ℳ, sowie die an die Beklagte unmittelbar gezahlten 600 ℳ zurückzufordern, und beantragte demnach, die Beklagte zur Zahlung von 2608,10 ℳ nebst Zinsen zu verurteilen. Zur Begründung des Spieleinwandes führte er aus, er sei ein vermögensloser Agent und habe, wie dem Agenten P. bekannt gewesen sei, nicht die Mittel besessen, um die gekauften Papiere zu bezahlen; P. habe ihm erklärt, es handle sich immer nur um die Differenz; er könne ja so lange schieben, bis er gut aus dem Engagement herauskomme. Hiernach sei sowohl die als Sicherheit eingezahlte Summe von 600 ℳ zurückzugeben, wie auch das zwangsweise auf den Wechsel Geleistete zu erstatten. Was den Wechsel anlange, so sei außerdem noch vereinbart gewesen, daß Beklagte ihn nicht begeben dürfe.

Das Landgericht wies die Klage ab. Die Berufung des Klägers wurde zurückgewiesen. Beide Vorinstanzen gingen davon aus, daß der Spieleinwand mit Rücksicht auf § 69 des Börsengesetzes nicht berücksichtigt werden könne, und daß, wenn hiernach die Rechnungsforderung der Beklagten begründet sei, auch die angebliche Vereinbarung wegen des Wechsels unerheblich sei, weil Beklagte ja mit ihrer größeren Gegenforderung würde aufrechnen können.

Die Revision des Klägers ist zurückgewiesen worden aus folgenden

Gründen:

„Nach deutschem internationalen Privatrechte ist für vertragliche Verpflichtungen das Recht des Erfüllungsortes maßgebend.

Vgl. Entsch. des R.G.'s in Zivils. Bd. 53 S. 140, Bd. 54 S. 316.

Der Kläger hat sich daher durch Annahme der Schlußnote vom 2. Juni 1902, welche die Klausel: „Erfüllungsort für beide Kontrahenten Hamburg", enthält, stillschweigend dem deutschen Rechte unterworfen. Danach ist der von der Revision angeregte Zweifel, ob die durch die Schlußnote begründeten Verpflichtungen des Klägers nicht nach schwedischem Rechte, als dem Rechte seines Wohnortes, hätten beurteilt werden müssen, unbegründet.

Das in der Schlußnote beurkundete Ultimogeschäft betrifft Anteile der Berliner Handelsgesellschaft, für welche an deutschen Börsen notorisch sowohl Kassa- wie auch Terminpreise börsenamtlich notiert werden. Es ist daher zu vermuten, daß es unter Zugrundelegung von Börsennotierungen abgeschlossen ist. Die Schlußnote nimmt Bezug auf Art. 357 H.G.B. a. F.; die Lieferung hatte somit genau zu der bestimmten Zeit, 30. Juni 1902, zu erfolgen. Danach ist das Geschäft unbedenklich trotz des in der Schlußnote vereinbarten Ausschlusses „der allgemeinen Usancen für den Effektenhandel" nach der feststehenden Rechtsprechung des Reichsgerichts als ein Börsentermingeschäft im Sinne der §§ 48. 66 des Börsengesetzes zu behandeln. Dasselbe gilt von den nachfolgenden Prolongationen und dem auf Ende Oktober 1902 abgeschlossenen Abwickelungsgeschäfte. Hieraus folgt aber, daß auf alle diese Geschäfte auch der § 69 des Börsengesetzes anzuwenden ist. Allerdings hat der Senat in einem älteren Urteile der Ansicht Ausdruck gegeben, daß der § 69 nur auf solche Geschäfte Anwendung finde, bei denen die nach dem Wortlaute des § 48 des Börsengesetzes für den Begriff „Börsentermingeschäft" erforderten Voraussetzungen gegeben seien.

Vgl. Entsch. des R.G.'s in Zivils. Bd. 42 S. 49.

Diese Auslegung des Gesetzes, wonach das Wort in einer verschiedenen Bedeutung einerseits in dem § 66, andererseits in den §§ 48 und 69 gebraucht sein würde, ist aber bereits in einem späteren Urteile aufgegeben worden.

Vgl. Entsch. des R.G.'s in Zivils. Bd. 44 S. 110 flg.

Dort wird ausgeführt, daß § 66 die Pflicht zur Eintragung an den im § 48 definierten Tatbestand knüpfe, und daß diese Definition nur dem Wortlaute nach deshalb so eng ausgefallen sei, weil man den bestehenden, auf Art. 357 H.G.B. beruhenden Geschäftsgebrauch dabei ins Auge gefaßt habe. In der Tat ist der Zusammenhang der §§ 48, 66, 68 und 69 des Börsengesetzes ein so enger, daß der Begriff „Börsentermingeschäft" in allen diesen Bestimmungen nur in einer und derselben Bedeutung verstanden werden kann. Wenn es in § 68 Abs. 2 heißt: „In Ansehung der Personen, welche im Inlande weder einen Wohnsitz noch eine gewerbliche Niederlassung haben, ist die Eintragung in das Börsenregister zur Wirksamkeit des Geschäfts nicht erforderlich", so muß dies zweifellos auf alle diejenigen Geschäfte bezogen werden, welche nach § 66 in Ermangelung der Eintragung ungültig sein würden, und kann nicht auf solche Geschäfte beschränkt werden, bei denen die nach dem Wortlaute des § 48 erforderten Voraussetzungen gegeben sind. Andererseits aber wiederholt nicht nur der Eingang des § 69 wörtlich alle Begriffsmerkmale des § 66, sondern es nimmt auch der zweite Teil den gesamten Tatbestand des § 68 Abs. 2 in sich auf, indem er von demjenigen redet, „dessen Eintragung nach den vorstehenden Bestimmungen (§ 68 Abs. 2) zur Wirksamkeit des Geschäfts nicht erforderlich war". Danach muß für alle diejenigen Geschäfte, welche nach § 66 in Ermangelung der Eintragung ungültig sein würden, nach § 69 der Differenzeinwand als ausgeschlossen gelten, wenn dem Erfordernisse der Eintragung genügt, oder von diesem Erfordernisse gemäß § 68 Abs. 2 abzusehen ist. Dies entspricht auch allein dem Zwecke des Gesetzes, für Geschäfte dieser Art nach beiden Richtungen klare und sichere Rechtsverhältnisse zu schaffen.

Vgl. Entsch. des R.G.'s in Zivils. Bd. 44 S. 113.

Der Gedanke, bei derartigen Geschäften den Differenzeinwand um deswillen auszuschließen, weil bei Annahme der von dem Börsenvorstande festgesetzten Bedingungen eine gewisse Garantie für ihre Ungefährlichkeit gegeben sei, hat dem Gesetzgeber jedenfalls fern gelegen. Im Gegenteile hat er sie wegen des typischen Charakters, der ihnen durch die Festsetzung und Beobachtung allgemeiner Bedingungen aufgedrückt wurde, für besonders zum Börsenspiele geeignet angesehen und hat sie wegen der hieraus entspringenden wirtschaftlichen Gefährlichkeit den Beschränkungen des § 66 unterwerfen zu müssen geglaubt. Dagegen hat er sich bei solchen Personen, die sich freiwillig in das Börsenregister eintragen lassen würden, sowie den diesen nach § 68 Abs. 2 Gleichgestellten, nicht nur einer besonderen gesetzlichen Fürsorge für enthoben erachtet, sondern hat ihnen auch zur Erleichterung ihres einem mutmaßlich berechtigten Interesse dienenden Terminhandels den Ausschluß des in diesen Gewerbebetrieb nicht selten störend eingreifenden Differenzeinwandes zugestanden. Daß hierbei zwischen Börsentermingeschäften der einen oder anderen Art irgendwie hätte unterschieden werden sollen, ergibt sich weder aus dem Gesetze selbst, noch aus den Vorarbeiten zu letzterem." ...

---

95. **1. Fortgang des Prozeßverfahrens, wenn auf Feststellung einer vom Verwalter bestrittenen Konkursforderung geklagt ist, und während des Prozesses der Konkurs durch einen Zwangsvergleich beendet wird.**

2. Prätendentenstreit im Konkurse; kann, wenn in einem solchen von zwei Seiten Forderungen angemeldet werden, von denen nur entweder die eine, oder die andere berechtigt ist, der Umstand, daß der Anspruch des einen der anmeldenden Gläubiger im Prüfungstermin allseitig unbestritten geblieben ist, die Folgerung begründen, daß nun die Forderung des anderen Liquidanten von der Befriedigung aus der Konkursmasse ohne weiteres ausgeschlossen sei?

VI. Zivilsenat. Urt. v. 4. Juli 1904 i. S. C. Ehefr. (Kl.) w. Sch. (Bekl.). Rep. VI. 309/03.

I. Landgericht Dresden.
II. Oberlandesgericht daselbst.

Die Klägerin hatte in dem im Jahre 1901 zu dem Vermögen des Kaufmanns H. M. Sch. eröffneten Konkurse eine hohe Darlehnsforderung angemeldet; das gleiche war von seiten ihres — von ihr getrennt lebenden — Ehemannes geschehen. Der Konkursverwalter erkannte die Forderung des letzteren, gegen die auch sonst kein Widerspruch erfolgte, im Prüfungstermin an, bestritt dagegen die Forderung der Klägerin. Diese erhob deshalb Feststellungsklage nach § 146 K.O.; ihr Anspruch wurde auch von der ersten Instanz, wenigstens zum größeren Teile, als begründet festgestellt; dagegen wies das, allein vom Konkursverwalter angerufene, Oberlandesgericht die Klage im vollen Umfange ab. Die Klägerin legte Revision ein und brachte dabei vor, daß der Konkurs inzwischen durch einen gerichtlich bestätigten Zwangsvergleich beendet, und der bisherige Gemeinschuldner wieder in den Besitz seines Vermögens gelangt sei; sie beantragte, das erstinstanzliche Urteil mit der Maßgabe wieder herzustellen, daß dem früheren Gemeinschuldner gegenüber ihre Forderung zu dem vom Landgericht bestimmten Betrage als akkordberechtigt festgestellt, und der frühere Gemeinschuldner verurteilt werde, der Klägerin die im Zwangsvergleich festgesetzte Quote ihrer Forderung nach Maßgabe der sonst in diesem Vergleiche getroffenen Bestimmungen zu bezahlen. In dem Termine, zu welchem die Klägerin sowohl den Konkursverwalter als auch den bisherigen Gemeinschuldner geladen hatte, beide aber unvertreten geblieben waren, erging Versäumnisurteil, durch welches das Berufungsurteil aufgehoben, und die Sache zur anderweiten Verhandlung an das Oberlandesgericht zurückverwiesen wurde.

Aus den Gründen:

„Nach § 557 verbunden mit § 331 Z.P.O. ist das den Zwangsvergleich betreffende neue Vorbringen der Klägerin als von den Gegnern zugestanden anzusehen. Hiernach ist davon auszugehen, daß der bisherige Gemeinschuldner Sch. die freie Verfügung über sein Vermögen zurückerlangt hat, und die Vertretungsmacht des früheren Konkursverwalters erloschen ist.

Vgl. Entsch. des R.G.'s in Zivils. Bd. 27 S. 113, Bd. 31 S. 40.

Eine Unterbrechung des zwischen der Klägerin und dem Konkursverwalter anhängig gewordenen Prozeßverfahrens ist durch die Aufhebung des Konkurses nicht eingetreten.

Vgl. Entsch. des R.G.'s in Zivils. Bd. 47 S. 372, auch Bd. 27 S. 113, und Seuffert, Archiv Bd. 55 S. 487, sowie Jurist. Wochenschr. 1903 S. 4 Nr. 7, auch die Kommentare zur Z.P.O. von Gaupp-Stein, Aufl. 6 u. 7 Bem. III zu § 240 und Bem I, d zu § 241, von Struckmann u. Koch, Aufl. 8 Bem. 1 zu § 241.

Es hat somit auch keiner Aufnahme des Verfahrens bedurft; der Prozeß ist vielmehr ohne weiteres gegen den bisherigen Gemeinschuldner fortzusetzen, wie es zu geschehen hat, wenn während des Prozesses der gesetzliche Vertreter einer Partei die Vertretungsmacht dadurch verliert, daß die Partei selbst prozeßfähig wird.

Die Sache selbst anlangend, so hat sich die Klägerin am 24. April 1889 in Genf mit einem Kaufmann . . . W. K. W. (der sich später W. C. C. genannt hat) verheiratet. . . . Sie behauptet, der jetzige Beklagte Sch. habe sich schon vor dem 24. April 1889 an den W. K. W. mit der Bitte gewendet, ihm größere Geldmittel zum Betriebe seines Warenhauses in Dresden zu verschaffen; W. habe erklärt, er beabsichtige, die Klägerin zu heiraten, und diese werde dann ihr Vermögen dem Beklagten leihen. In der Tat habe W. nach der Eheschließung die Klägerin zu bestimmen gewußt, nach und nach ihr ganzes Vermögen, in Höhe von 280000 *M*, dem Beklagten darzuleihen; die Auszahlung sei durch Vermittelung der englischen Rechtsbeistände der Klägerin erfolgt.

Die Ehe zwischen ihr und W. sei, weil die gesetzlichen Formen nicht gewahrt worden seien, rechtsunwirksam; übrigens würde nach dem Rechte des Staates New-York, dem W. zur Zeit der Eheschließung angehört habe, die Klägerin, auch wenn die Ehe gültig wäre, das Recht freier Verfügung über ihr Vermögen haben.

Der Konkursverwalter hat bestritten, daß Sch. von der Klägerin Darlehne erhalten habe; wohl aber seien ihm solche zu verschiedenen Gelegenheiten von deren genanntem Ehemanne gewährt worden, wobei es möglich sei, daß das von ihm an Sch. gegebene Geld aus dem Vermögen der Klägerin herrühre. Da W. die Darlehne gewährt habe, so sei auch von ihm der Betrag, den ihm Sch. schuldig gewesen sei, in Höhe von 163621,38 *M* als Konkursforderung angemeldet worden. Diese sei, da von keiner Seite Widerspruch erfolgt sei, zur Tabelle festgestellt worden.

Von der Klägerin ist eingeräumt worden, daß eine Forderung in der angegebenen Höhe von W. zum Konkurs des jetzigen Beklagten angemeldet und im Prüfungstermin unbestritten geblieben sei.

Das Berufungsgericht erachtet für erwiesen, daß die von W. angemeldete Forderung mit der von der Klägerin geltend gemachten identisch sei, in dem Sinne, daß jeder von ihnen auf Grund derselben Vorgänge Ansprüche gegen Sch. erheben zu können glaube, dieser aber jedenfalls den in Frage stehenden Betrag nur einmal schulde, und zwar nicht den beiden Forderungsprätendenten als Gesamtgläubigern, sondern so, daß entweder die Klägerin allein, oder nur W., oder vielleicht auch jeder von ihnen zu einem Teile forderungsberechtigt sei.

Im Anschluß an die Ausführungen des I. Zivilsenates des Reichsgerichtes in dem Urteile vom 14. Dezember 1895 (Entsch. des R.G.'s in Zivils. Bd. 37 S. 1 flg.) hat das Oberlandesgericht angenommen, die Klägerin könne, ohne Rücksicht darauf, ob an sich ihr Anspruch an Sch. begründet gewesen sei, oder nicht, anteilige Befriedigung aus der Konkursmasse nicht fordern, weil durch die Feststellung des von W. angemeldeten Anspruches auch ihr gegenüber für das Konkursverfahren rechtskräftig feststehe, daß W. die Konkursdividende für die von ihnen beiden angemeldete Forderung zu beanspruchen habe, und eine zweimalige Berücksichtigung einer und derselben Forderung bei Verteilung der Konkursmasse ausgeschlossen sei.

Es kann dahingestellt bleiben, ob, wenn diese Auffassung zutreffend wäre, sie auch jetzt nach Aufhebung des Konkursverfahrens im Verhältnis zu dem vormaligen Gemeinschuldner wirksam sein würde, dergestalt daß auch er die Befriedigung der Klägerin nach Maßgabe des Zwangsvergleiches verweigern dürfte. Denn der erkennende Senat des Reichsgerichtes hat der Meinung des Berufungsgerichtes überhaupt nicht beizutreten vermocht.

Hervorzuheben ist zunächst, daß die von W. angemeldete Forderung mit der jetzt streitigen der Klägerin nicht als wirklich identisch bezeichnet werden kann. W. und ihm beitretend der Konkursverwalter haben bezüglich der Vorgänge, die zur Entstehung der Schuld des jetzigen Beklagten geführt haben, eine Darstellung gegeben, die von derjenigen der Klägerin wesentlich abweicht; es sind verschiedene Tatbestände behauptet, und je nachdem der eine, oder der andere wirklich vorliegt, ist die Forderung von Haus aus für W., oder für die Klägerin entstanden.

Der vorliegende Fall liegt, wie übrigens das Berufungsgericht nicht verkannt hat, insofern anders als derjenige, welcher in dem oben erwähnten Urteile des I. Zivilsenates des Reichsgerichtes zur Entscheidung vorlag. Damals hatte der Gemeinschuldner E. drei Wechsel akzeptiert, die der Kaufmann S. auf E. gezogen und an eigene Order gestellt hatte. S. war somit unstreitig zunächst Gläubiger des Gemeinschuldners geworden, und der Streit beschränkte sich auf die Frage, ob der andere Forderungsprätendent, v. H., durch Indossamente, die S. nach der Konkurseröffnung auf die Wechsel gebracht hatte, nochmals Inhaber der Wechselforderungen geworden sei.

Nach Ansicht des jetzt erkennenden Senates kann nun für einen Prätendentenstreit,

vgl. Oetker, Konkursrechtliche Grundbegriffe Bd. 1 S. 379 flg.; Kohler, im Archiv für die civil. Praxis Bd. 81 S. 384 flg.,

wie er hier vorliegt, die in dem letzterwähnten, anders gearteten Falle von dem I. Zivilsenate vertretene Meinung, die von mehreren Kommentatoren der Konkursordnung gebilligt, von anderen bekämpft worden ist,

vgl. Petersen u. Kleinfeller, Aufl. 4 Bem. 3 zu §§ 141—143; v. Sarwey-Bossert, Aufl. 4 Bem. 3 zu § 145; Rintelen, Aufl. 2 S. 277; andererseits Jäger, Bem. 8 zu § 145, und Wolff, Bem. 3 Abs. 2 zu § 145,

nicht angenommen werden.

Es ist gewiß nicht zu bestreiten, daß es dem Zwecke des Konkursverfahrens zuwiderläuft, wenn für eine Schuld, die der Gemeinschuldner außerhalb des Konkurses nur einmal zu bezahlen verpflichtet wäre, mehrfache Dividende gewährt würde. Dies ist auch mehrfach vom Reichsgericht anerkannt worden, auch in einer Entscheidung der vereinigten Zivilsenate (Entsch. des R.G.'s in Zivils. Bd. 31 S. 84 flg.), und hat, abweichend von der in den Motiven zur Konkursordnung zum Ausdrucke gelangten Meinung, zu der Folgerung geführt, daß derjenige, welcher für eine Schuld des Kridars mitverpflichtet ist, wegen es Betrages, bezüglich dessen ihm an diesen das Rückgriffsrecht zusteht, nicht neben dem gemeinsamen Gläubiger anteilige Befriedigung aus der Masse fordern dürfe.

Hieraus folgt indes, wenn bezüglich einer Schuld des Kridars mehrere Forderungsprätendenten im Konkurse aufgetreten sind, an sich nur, daß von denjenigen, denen die ordnungsmäßige Verteilung des vom Konkurse ergriffenen Vermögens und damit auch die richtige Feststellung der Passivmasse obliegt, in solchem Falle als Gläubiger nur derjenige anerkannt werden darf, welchem die Forderung in Wahrheit zusteht. Wie sich der Konkursverwalter, in dessen Pflichtenkreis auch diese Aufgabe fällt, dann zu verhalten hat, wenn Zweifel bestehen, wer der wirklich Berechtigte sei (vgl. Oetker a. a. O.), ist hier nicht zu erörtern; jedenfalls folgt aus jenem Grundsatze nicht, daß, wenn der Verwalter irrigerweise den Anspruch des in Wahrheit nicht berechtigten Liquidanten ausdrücklich oder durch Nichtbestreiten anerkennt, dies dem wirklich Berechtigten präjudiziere. Die Folgerung, daß dieser von der Befriedigung aus der Masse ausgeschlossen sei, könnte vielmehr nur darauf gestützt werden, daß er selbst der Forderung des anderen Prätendenten zu widersprechen unterlassen habe, diese deshalb nach § 145 Abs. 2 K.O. auch ihm gegenüber als rechtskräftig festgestellt gelte, und er sich in Konsequenz dieser Feststellung seine Ausschließung von der Konkursmasse gefallen lassen müsse.

Eine solche Argumentation erscheint aber nach der Stellung, die den einzelnen Konkursgläubigern bei der Feststellung der Passivmasse zugewiesen ist, nicht als berechtigt. Den einzelnen Gläubigern ist nur das Recht eingeräumt, zur Verhinderung unberechtigter Schmälerung ihrer eigenen Konkursdividende der Zulassung von Forderungen, die sie für unbegründet halten, zu widersprechen; sie handeln dabei nur in eigenem Namen und in ihrem Interesse, nicht zur Wahrung ordnungsmäßiger Verteilung der Masse überhaupt oder auch nur für die übrigen Konkursgläubiger. Dementsprechend ist ihr Bestreiten einer anderen Forderung wirksam, auch wenn der Konkursverwalter und alle übrigen Gläubiger die von ihnen bestrittene Forderung ausdrücklich oder stillschweigend anerkennen, und es ist dabei auch ganz ihrem Ermessen überlassen, ob sie den Widerspruch aufgeben wollen; auch kommt nichts darauf an, aus welchem Grunde sie das etwa tun.

Vgl. die Bemerkungen zu §§ 144. 145 bei Petersen u. Kleinfeller unter I, 2, sowie Kohler, in seiner angezogenen Abhandlung S. 404.

Wenn nach § 147 K.O. das Urteil, welches über den nur von einzelnen Gläubigern erhobenen Widerspruch entscheidet, zugleich gegenüber allen anderen Konkursgläubigern wirkt, so beruht dies darauf, daß es unmöglich erscheint, einen Gläubiger gegenüber einem oder mehreren anderen an der Verteilung der Masse teilnehmen zu lassen, gegenüber anderen aber ihn auszuschließen.

Vgl. Wach, Zur Lehre von der Rechtskraft, S. 18 flg.; Hellwig, Wesen &c der Rechtskraft, S. 26 unter 2.

Aus dieser Begrenzung der dem einzelnen Gläubiger bei Feststellung der Passivmasse angewiesenen Stellung, aus dem beschränkten Zwecke seines Widerspruchsrechtes ist zu folgern, daß auch der Nichtausübung desselben keine weitere Bedeutung zukommt, als die Zustimmung dazu, daß die von ihm unbestritten gelassenen Forderungen an der Verteilung der Masse teilnehmen, und seine eigene Ausfallsquote dadurch beeinflußt werde. Und dementsprechend ist auch die urteilsmäßige Bedeutung, welche der Eintragung einer festgestellten Forderung in die Tabelle gegenüber allen Konkursgläubigern beigelegt ist, dahin zu verstehen, daß ihnen gegenüber die Mitberücksichtigung der eingetragenen Forderung bei der Verteilung der Masse festgestellt ist.

Vgl. auch Hellwig, a. a. O. S. 25.

Auch die Motive und die sonstigen Materialien zur Konkursordnung bieten keinen Anhalt dafür, daß der Gesetzgeber der Eintragung einer Forderung als einer unbestritten gebliebenen in die Tabelle eine weitergehende Tragweite, insbesondere die von der Vorinstanz angenommene, habe beilegen wollen.

Auch vom praktischen Standpunkte aus würde, wie nicht unerwähnt bleiben mag, die vorstehend bekämpfte Auffassung zu keineswegs unbedenklichen Ergebnissen führen. Sie würde die einzelnen Gläubiger nötigen, um einer, wenn auch seltenen, aber immerhin möglichen Präklusion ihres angemeldeten Anspruches zu begegnen, eine genauere Prüfung aller einzelnen angemeldeten Forderungen, und zwar nicht bloß nach der Tabelle, sondern auch nach der Begründung im einzelnen, vorzunehmen, bzw. durch einen Rechtsanwalt vornehmen zu lassen.

An der Befolgung der vorstehend dargelegten Ansicht ist der erkennende Senat durch die mehrfach erwähnte Entscheidung des I. Senates nicht gehindert. Dieser liegt, wie oben hervorgehoben worden ist, ein Tatbestand zugrunde, der in seiner rechtlichen Gestaltung von dem hier vorliegenden wesentlich abweicht. Ob die Meinung des I. Senates in ihren Konsequenzen zu der von der Vorinstanz angenommenen Beurteilung des gegenwärtigen Falles führen würde, kann dahingestellt bleiben; jedenfalls hat der I. Senat nicht ausgesprochen, daß er solche Konsequenzen für geboten oder zulässig erachte. Weiter aber kommt in Betracht, daß die Entscheidung des I. Senates auf der hier in Frage stehenden Auffassung nicht beruht; es handelt sich vielmehr um eine Ausführung, welche die damals getroffene Entscheidung nicht beeinflußt hat; das damalige Urteil ist so, wie geschehen, nicht wegen der in dieser Ausführung dargelegten Rechtsmeinung, sondern trotz derselben ergangen. Aus diesem Grunde war die Anrufung der Entscheidung der vereinigten Zivilsenate ausgeschlossen." ...

---

96. Inwieweit ist durch das preußische kirchliche Gesetz vom 2. Juli 1898, betr. das Diensteinkommen der Geistlichen der evangelischen Landeskirche der älteren Provinzen, der Vorbehalt des § 7 des kirchlichen Gesetzes vom 18. Juli 1892, betr. die Sterbe- und Gnadenzeit bei Pfarrstellen, aufgehoben?

III. Zivilsenat. Urt. v. 5. Juli 1904 i. S. F. u. Gen. (Kl.) w. Kirchengemeinde P. (Bekl.). Rep. III. 42/04.

I. Landgericht Greifswald.
II. Oberlandesgericht Stettin.

Der am 9. Juni 1902 im Amte verstorbene Ehemann und Vater der Klägerinnen war seit Oktober 1877 als Geistlicher in der verklagten Gemeinde P. angestellt. Zur Zeit seiner Anstellung war für die sog. Sterbe- und Gnadenzeit in P. das Neuvorpommersche Provinzialrecht maßgebend, wonach (vgl. Entwurf desselben Teil II Tit. 11 §§ 1434—1437) den Hinterbliebenen nach dem Tode des Pfarrstelleninhabers der Fortbezug der Nutznießung der Stelle einschließlich der Wohnung sowie der Zuschüsse für das Quartal, in dem der Geistliche verstarb (Sterbequartal), und für die hieran sich anschließende Gnadenzeit, die auf ein volles Jahr normiert war, zustand. Durch

Art. 1 des Staatsgesetzes vom 8. März 1893, betr. die Sterbe- und Gnadenzeit bei Pfarrstellen rc, (G.S. S. 21) wurde das kirchliche Gesetz gleichen Betreffs vom 18. Juli 1892 bestätigt, und die genannte Bestimmung des Provinzialrechtes aufgehoben. Dieses kirchliche Gesetz bestimmt nun aber in § 1:

„Wenn ein Geistlicher, welcher auf Lebenszeit angestellt ist, in diesem Amte verstirbt, so sind während des Sterbemonats und des darauffolgenden Monats dessen Erben, nächst denselben, sowie während einer anderen Gnadenzeit von sechs Monaten die Hinterbliebenen zur Fortsetzung des Nießbrauches der Stelle berechtigt.

Die Fortsetzung des Nießbrauches erstreckt sich auch auf den Bezug von Stolgebühren und die aus Mitteln der Gemeinde oder aus örtlichen kirchlichen Fonds bewilligten Zulagen." ...

In §§ 2 und 3 ist der Begriff der Hinterbliebenen und deren gegenseitiges Verhältnis festgestellt, und die §§ 4—6 enthalten die Grundsätze für die Versehung der Stelle während der Sterbe- und Gnadenzeit. Der § 7 bestimmt sodann:

„Vorstehende Bestimmungen finden, sofern nicht ein anderes vereinbart ist, auf die Hinterbliebenen solcher zur Zeit des Inkrafttretens der neuen Ordnung bereits fest angestellten Geistlichen, welche in ihrem gegenwärtigen Amte sterben, überall da keine Anwendung, wo Sterbe- und Gnadenzeit zusammen acht Monate übersteigt."

Durch das kirchliche Gesetz vom 2. Juli 1898, betr. das Diensteinkommen der Geistlichen der evangelischen Landeskirche der älteren Provinzen bestätigt durch Staatsgesetz vom gleichen Tage (G.S. S. 155), ist nun das Diensteinkommen derjenigen Geistlichen, mit deren Pfarrstelle ein Diensteinkommen von weniger als 4800 ℳ verbunden ist, neu geregelt. An die Stelle der bisherigen Nutznießung der Stelle und des Gebührenbezuges trat neben dem Rechte auf Dienstwohnung oder Mietsentschädigung ein festes Gehalt in Geldbezügen, bestehend in dem sog. „Grundgehalt", das nach den früheren Bezügen abgestuft ist (1800—4200 ℳ), sich aber nicht zahlenmäßig mit diesem deckt, und in sog. „Alterszulagen" (600—3000 ℳ) bis zu einem Maximalgesamtgehalte von 4800 ℳ. Daneben ist noch die Gewährung von Zuschüssen gestattet, ausnahmsweise sogar vorgeschrieben. Das Grundgehalt bildet das Minimalgehalt und wird neben der Wohnung sowie etwaigen Zuschüssen von der Kirchengemeinde, auf welche dafür die

Nutznießung der Stelle übergeht, gewährt. Diese ist sodann weiter verpflichtet, die Pfarrstelle bei der zu errichtenden „Alterszulagekasse nach Maßgabe der Satzungen derselben", welche zugleich mit dem Gesetze publiziert sind, „zu versichern". Zum Zwecke der Aufbringung der Versicherungsbeiträge werden bedürftigen Gemeinden die im Staatsgesetze verwilligten Staatszuschüsse gewährt. Die Alterszulagekasse ist eine Art Rentenversicherungsanstalt, die als gemeinsame Einrichtung sämtlicher evangelischer Landeskirchen gedacht ist; sie erhebt die Beiträge von den Gemeinden und zahlt die Alterszulagen „den Inhabern der Pfarrstellen" aus. Bezüglich der Sterbe- und Gnadenzeit bestimmt sodann § 23:

„Bei denjenigen Pfarrstellen, welche den Vorschriften dieses Gesetzes unterliegen, stehen im Falle einer Sterbe- oder Gnadenzeit während des Sterbemonats und des darauffolgenden Monats den Erben, nächst diesen sowie während einer weiteren Gnadenzeit von sechs Monaten den Hinterbliebenen die Fortsetzung des Nießbrauches der Dienstwohnung sowie der Grundgehalt der Stelle, die Alterszulagen, die Zuschüsse und die nach § 16 der Satzungen (für Nachteile bei der Umwandelung) gewährte Entschädigung zu",

und in gleicher Weise bestimmen die „Satzungen der Alterszulagekasse", daß die Zulagen für den Sterbemonat und den folgenden sowie für die Gnadenzeit von sechs Monaten zu gewähren seien (§ 8).

Der Erblasser der Klägerinnen bezog unbestrittenermaßen ein Grundgehalt von 3600 *M* und Alterszulagen in Höhe von 1200 *M*, zusammen also 4800 *M*. Die Klägerinnen haben auch für die Sterbezeit sowie die sechsmonatliche Gnadenzeit dieses Einkommen fortbezogen; sie glaubten aber gemäß § 7 des Gesetzes von 1892 berechtigt zu sein, das Einkommen während eines vollen Jahres beanspruchen zu können, und haben die Beklagte auf Nachzahlung von 2000 *M* nebst Verzugszinsen belangt; die Beklagte hat der Alterszulagekasse den Streit verkündet, und diese ist beigetreten. Beklagte und Nebenintervenientin haben auf Grund des § 23 des Gesetzes von 1898 sowie § 8 der Satzungen ihre Verpflichtung bestritten. Das Gericht erster Instanz hat die Beklagte zur Nachzahlung des „Grundgehaltes" für die Zeitdauer von fünf Monaten verurteilt, den Anspruch auf Nachzahlung der Alterszulagen indessen mangels Passivlegitimation der Beklagten abgewiesen. Beide Parteien haben Berufung eingelegt.

Das Berufungsgericht hat aber die Anwendbarkeit des § 7 des Gesetzes von 1892 verneint und demgemäß unter Zurückweisung der klägerischen Berufung dem Berufungsantrage der Beklagten entsprochen und die Klage abgewiesen.

Die gegen dieses Urteil eingelegte Revision wurde zurückgewiesen aus folgenden

Gründen:

„Zwar ist der Revision zuzugeben, daß weder das Staats- noch das Kirchengesetz von 1898 die Beseitigung des angeführten § 7 ausdrücklich aussprechen, daß sodann auch die Bestimmungen der §§ 2—6 des Gesetzes von 1892 heute noch auch für die im neuen Gesetze berücksichtigten Pfarrstellen, sowie das ganze Gesetz (selbstverständlich) für alle nicht unter das Gesetz von 1898 fallenden Stellen in Geltung geblieben sind. Weiter ist zutreffend, daß das Gesetz von 1898 im allgemeinen die Tendenz verfolgt, die unter dasselbe fallenden Geistlichen — und rücksichtlich der Sterbe- und Gnadenzeit (§ 23) damit auch ihre Hinterbliebenen — besser zu stellen als früher, und daß diese Absicht auch bei der Beratung des § 23 und der Ablehnung eines auf Verkürzung der Sterbezeit gerichteten Antrages zum Ausdrucke gekommen ist, die Bestimmung des § 23 aber einzelne der aus § 7 Berechtigten, wie z. B. die Klägerinnen, zu schädigen geeignet ist. Endlich kann der Auslegung, die der Oberkirchenrat in seinen Ausführungsbestimmungen dem Gesetze gegeben hat, ausschlaggebende Bedeutung nicht beigemessen werden. Überwiegende Gründe führen aber gleichwohl zu der Annahme, daß die Absicht der gesetzgebenden Faktoren dahin ging, im Anschlusse an die Abänderung der Einkommensverhältnisse und mit Rücksicht hierauf in § 23 die Sterbe- und Gnadenzeit abschließend und vorbehaltlos zu regeln, und nicht nur den § 1 des Gesetzes von 1892, sondern auch dessen Ausnahme, den § 7, durch den § 23 zu ersetzen.

Das Gesetz von 1898 bewirkt, wie aus den oben hervorgehobenen Bestimmungen desselben erhellt, eine gänzliche Umwandelung der von ihm betroffenen Pfarrstelleneinkommen, nicht nur rücksichtlich des Maßes, sondern auch rücksichtlich der Art der Bezüge und der Quellen derselben, d. h. des Leistungspflichtigen. Die bisher übliche Naturalnutznießung des Stelleneinkommens, bzw. der Stelle, welche je nach dem Jahresertrag der Landwirtschaft sowie der Intensität ihres Betriebes und des Preises ihrer Produkte, ferner angesichts des Wechsels des üblichen Zinsfußes und der Pachtzinse sowie der anfallenden Gebühren steten Schwankungen unterworfen war, hört auf; an ihre Stelle tritt ein festes, zugleich auch, wenigstens im Minimum, höheres Geldgehalt. Die Geistlichen sind nicht mehr auf das Stellenvermögen angewiesen, sondern haben ein gesichertes Forderungsrecht einesteils gegen die Kirchengemeinde, auf welche die Nutznießung des Stellenvermögens übergeht, andererseits gegen die (staatlich wenigstens indirekt subventionierte) Alterszulagekasse. Diese Umwandelung bedingt eine derartige Änderung in der Verwaltung des Stellenvermögens, daß von einer in § 1 des Gesetzes von 1892 und auch in § 7 vorgesehenen Fortsetzung des Stellennießbrauches während der Sterbe- und Gnadenzeit nicht die Rede sein kann. Hätte daher das Gesetz die Fortwirkung des § 7 gewollt, so hätte es notwendigerweise Bestimmungen darüber treffen müssen, wie die Fortsetzung während der genannten Zeit zu bewirken sei, bzw. was an ihre Stelle treten solle (vgl. den auf die Pensionen bezüglichen § 22 des Gesetzes von 1898). Die Klägerinnen machen freilich geltend, daß das Gesetz die Fortgewährung des jetzt, d. h. nach dem neuen Gesetze, gewährten Diensteinkommens beabsichtigt habe. Davon kann aber keine Rede sein; denn der Gesetzgeber von 1892 hat jedenfalls hieran nicht gedacht; er will durch den § 7 den vor 1892 bestehenden Zustand auch rücksichtlich des Umfanges der Leistungen während der Gnadenzeit (vgl. § 1 Abs. 2) bestehen lassen, hat also in § 7 nicht bloß die Dauer der Gnadenzeit geregelt. Auch der Gesetzgeber von 1898 hatte nicht die ihm unterstellte Absicht. Denn für die Alterszulagen wurde eine besondere Anstalt errichtet, die nur „nach Maßgabe ihrer Satzungen" zu leisten hat. In diesen ist aber die Zahlung eines Gnadengehaltes nur für die Dauer von sechs Monaten vorgesehen. Zu weiteren Leistungen ist die Kasse weder verpflichtet, noch nach ihren rechnerischen Grundlagen fähig. Die Kirchengemeinde ist aber auch ihrerseits nur verpflichtet, „nach Maßgabe der genannten Satzungen" die Stellen „zu versichern". Weitergehende Versicherung oder gar Leistung der Alterszulagen während der Gnadenzeit liegt ihr nicht ob. Auch daran kann nicht gedacht werden, daß die Kirchengemeinde wenigstens das „Grundgehalt" für die Zeit des § 7 zu zahlen habe, wie das Landgericht annimmt. Denn die Leistung auf Grund des § 7 ist als eine einheitliche während der ganzen Zeit gedacht. Es müßten deshalb, wenn das neue Grundgehalt für die Gnadenzeit des § 7 zu gewähren wäre, die Alterszulagen für die ersten sechs Monate in Wegfall kommen, und dadurch würde (vgl. unten) eine nicht unerhebliche Schädigung einzelner Berechtigter eintreten.

Daß eine endgültige Regelung der Dauer der Gnadenzeit in § 23 beabsichtigt war, ergibt sich auch daraus, daß, wie oben schon berührt, in § 23 des Entwurfes zum Einkommensgesetze eine Herabsetzung der Dauer der „Sterbezeit" geplant war. Die Aufnahme der Bestimmung über die Dauer der beiden Zeiten war somit keine zufällige und rekapitulierende, sondern es sollte hierdurch die Dauer neu geregelt werden. Sollte je auch, was aber nicht anzunehmen ist, die Synode anderer Ansicht gewesen sein, so ist dies unerheblich; denn sie ist nur ein gesetzgeberischer Faktor.

Es ist nun allerdings richtig, daß ein Teil der Hinterbliebenen durch den § 23 gegenüber ihren Gnadenbezügen vor der Erlassung des neuen Gesetzes, wie z. B. unzweifelhaft die Klägerinnen, geschädigt wird, und daß diese Schädigung für die höher dotierten Stellen, weil sie nicht unter das Gesetz fallen, nicht bewirkt wird. Allein diese Schädigung tritt nicht für alle aus § 7 Berechtigten ein, z. B. überall da nicht, wo das Einkommen früher unter 2400 ℳ betragen hat, was nach den Motiven zum Gesetze von 1898 bei einer großen Anzahl der Stellen der Fall war, die Stelleninhaber aber bei ihrem Ableben auf Grund des neuen Gesetzes einschließlich der Alterszulagen die Höchstbezüge von 4800 ℳ erreicht haben, oder doch das Doppelte des früheren Einkommens; denn dann beträgt die Gewährung der jetzigen Gnadenbezüge für sechs, bzw. sieben Monate mehr, als die früheren Gebührnisse für zwölf Monate. Diese, und zwar gerade die Hinterbliebenen der Inhaber der geringst besoldeten Stellen, sind vielmehr im Vorteile bei der neuen Gesetzgebung, und der Vorteil erhöht sich noch, wenn die frühere Gnadenzeit zwar über acht, aber unter zwölf Monaten gewährt hat. Daß das Gesetz von 1898 diese Vorteile des neuen Gesetzes mit Rücksicht auf die Schädigung anderer nicht gewollt habe, erscheint ausgeschlossen. Sodann aber gewährt die neue Gesetzgebung überhaupt den Stelleninhabern, auch den aus § 7 berechtigten, durch die allgemeine Gehaltserhöhung so große Vorteile, daß ihnen auch wohl ein kleiner Nachteil zugemutet werden konnte. Diesen letzterwähnten Vorteil genießen aber die Inhaber der besser dotierten Stellen nicht, und daher kommt eine Vergleichung mit ihnen nicht in Betracht.

Daß den Hinterbliebenen der in § 7 erwähnten Geistlichen aus dieser Gesetzesbestimmung im Jahre 1898 noch keine wohlerworbenen Rechte erwachsen waren, hat das Berufungsgericht zutreffend ausgeführt. Es kann daher unerörtert bleiben, ob und wieweit unter Umständen die Gesetzgebung auch in solche eingreifen kann.

Gegenüber dem ausgesprochenen Willen des Gesetzgebers zessieren selbstverständlich auch die allgemeinen Grundsätze über die Rückwirkung der Gesetze.

Die eingelegte Revision ist hiernach zurückzuweisen."

---

97. 1. Nach welchem Rechte richtet sich das Recht des einen geschiedenen Ehegatten, Schenkungen an den anderen, allein für schuldig erklärten Ehegatten zu widerrufen, wenn das erste die Scheidung aussprechende Urteil vor, das bestätigende Berufungsurteil aber nach dem 1. Januar 1900 erlassen ist?

Einf.-Ges. zum B.G.B. Art. 201.
B.G.B. § 1584.
Preuß. A.L.R. II. 1 § 775.

2. Ist der Widerruf im Falle des § 1584 B.G.B. dann ausgeschlossen, wenn durch die Schenkung einer sittlichen Pflicht oder einer auf den Anstand zu nehmenden Rücksicht entsprochen worden war?

V. Zivilsenat. Urt. v. 6. Juli 1904 i. S. Frau W. (Bekl.) w. W. (Kl.). Rep. V. 32/04.

I. Landgericht Stendal.
II. Oberlandesgericht Naumburg a. S.

Die Ehe der Parteien war durch landgerichtliches Urteil vom 20. Dezember 1899 wegen Ehebruchs der Beklagten geschieden. Die Berufung der Beklagten wurde durch rechtskräftig gewordenes Urteil vom 14. Januar 1902 zurückgewiesen. Im Jahre 1898 kaufte der Kläger ein Grundstück. Dieses wurde auf seine Veranlassung vom

Veräußerer an ihn und seine Frau aufgelassen. Der Kläger behauptete, daß er die Auflassung an die Beklagte geschenkweise veranlaßt habe, widerrief diese Schenkung auf Grund des § 1584 B.G.B. und beantragte mit der im Dezember 1902 zugestellten Klage, da die Parteien im Grundbuche als Miteigentümer zu gleichen Anteilen eingetragen waren, die Beklagte zu verurteilen, ihm ihren Miteigentumsanteil aufzulassen. Die Beklagte verlangte Abweisung der Klage, indem sie unter anderem behauptete, daß die Auflassung an sie erfolgt sei, um ihr die dem Kläger weit über die Pflichten einer Frau hinaus geleisteten Dienste zu vergelten.

Der erste Richter wies die Klage ab; der Berufungsrichter erkannte dagegen nach dem Klagantrage. Die Revision der Beklagten wurde zurückgewiesen.

Aus den Gründen:

. . . „Die Beklagte ist der Ansicht, daß, wennschon kein lästiger Vertrag, so doch eine belohnende Schenkung vorliege, die nach § 1170 A.L.R. I. 11 und § 775 A.L.R. II. 1 nur wegen Übermaßes widerrufen werden könne. Es kann dahingestellt bleiben, ob der § 775 a. a. O., der dem unschuldigen Teile das Recht gibt, die während der Ehe gemachten Schenkungen wegen der vom schuldigen begangenen Undankbarkeit zu widerrufen, nicht auch auf belohnende Schenkungen zu beziehen ist; denn im vorliegenden Falle ist nicht das alte Recht, sondern das Bürgerliche Gesetzbuch anzuwenden. Die Ehe der Parteien ist erst unter der Herrschaft des neuen Rechtes geschieden. Freilich ist das die Scheidung aussprechende Urteil erster Instanz vor dem 1. Januar 1900 ergangen; aber das die Scheidung bestätigende (rechtskräftig gewordene) Berufungsurteil ist erst im Jahre 1902 gefällt, und nach Art. 201 Einf.-Ges. zum B.G.B., der sich auch auf schwebende Ehescheidungssachen bezieht (Entsch. des R.G.'s in Zivils. Bd. 45 S. 95 flg.), erfolgen die Scheidung und die Aufhebung der ehelichen Gemeinschaft vom Inkrafttreten des Bürgerlichen Gesetzbuchs an nach dessen Vorschriften. Das gleiche gilt für die Folgen der Scheidung, sofern nicht das Einführungsgesetz Ausnahmebestimmungen enthält. Eine Folge der Scheidung ist das dem einen Ehegatten gegenüber dem anderen, allein für schuldig erklärten Ehegatten im § 1584 B.G.B. gegebene Recht, Schenkungen zu widerrufen. Hinsichtlich dieses Rechtes ist im Einführungsgesetze keine Ausnahmebestimmung in der erwähnten Richtung getroffen. Das Bürgerliche Gesetzbuch enthält keine Bestimmungen über belohnende Schenkungen. Sollten diese aber auch unter den Begriff der Schenkungen, durch die einer sittlichen Pflicht oder einer auf den Anstand zu nehmenden Rücksicht entsprochen wird (§ 534 B.G.B.), zu bringen sein, so würde daraus zugunsten der Beklagten nichts folgen. Denn der § 1584 verleiht das Recht des Widerrufes schlechthin, d. h. ohne Rücksicht auf den Beweggrund, der zur Schenkung geführt hat (Planck, Bd. 4 Bem. 1 zu § 1584). Insbesondere verweist er nicht auf den § 534, sondern nur auf den § 531, der von der Vollziehung des Widerrufes und der Geltendmachung des Herausgabeanspruches handelt." ...

---

98. Kann die in einem später für nichtig erklärten Kaufvertrage enthaltene Schuldübernahme zur Zwangsvollstreckung gegen den Schuldübernehmer verwendet werden? Welches Recht kommt hierbei in der Übergangszeit zur Anwendung?

V. Zivilsenat. Beschl. v. 6. Juli 1904 i. S. E. (Kl.) w. K. (Bekl.). Beschw.-Rep. V. 201/04.

I. Landgericht Neuburg a. D.
II. Oberlandesgericht Augsburg.

Durch Urteil des Landgerichts N. vom 12. August 1902 wurde der Beklagte zur Duldung der Zwangsvollstreckung aus der Notariatsurkunde vom 12. Juli 1901 mit Vollstreckungsklausel von 27. März 1902 zugunsten einer auch hypothekarisch eingetragenen Forderung von 15000 ℳ rc, insbesondere auch der Zwangsvollstreckung in Liegenschaften der Steuergemeinde A., welche Zwangsvollstreckungen Kläger gegen des Beklagten Ehefrau Barb. K. als Schuldübernehmerin durchführen wollte, verurteilt. Die Berufung des Beklagten wies das Oberlandesgericht Augsburg durch Teilurteil vom 29. Mai 1903 in Ansehung der dinglichen Zwangsvollstreckung zurück. Wegen Duldung der persönlichen Zwangsvollstreckung wurde der Rechtsstreit fortgesetzt; er fand aber durch Befriedigung des Klägers im Zwangsversteigerungsverfahren in die Liegenschaften zu A. seine Erledigung in der Hauptsache. In seinem Urteile vom 6. Mai 1904 legte sodann das Oberlandesgericht die nach Erlassung des Teilurteiles vom 29. Mai 1903 erwachsenen Kosten dem Kläger allein auf; die übrigen Kosten I. und II. Instanz, soweit sie durch das Teilurteil (wegen einer einstweiligen Anordnung) nicht schon dem Beklagten auferlegt worden, hob es gegeneinander auf und verurteilte den Kläger zur Rückzahlung schon beigetriebener Kosten in Höhe von 340,80 *M* nebst Zinsen.

Die Beschwerde des Klägers, womit er Verurteilung des Beklagten in alle Kosten begehrt hatte, wurde als unbegründet zurückgewiesen.

Aus den Gründen:

„Das Oberlandesgericht hat die persönliche Zwangsvollstreckung gegen die Ehefrau K. aus der Urkunde vom 1. Juli 1901 deshalb für unzulässig erachtet, weil inzwischen der am 15. Juli 1901 verbriefte Kaufvertrag über die Grundstücke in A. mit Schuldübernahme genannter Frau K. durch Urteil des Königlichen Landgerichts München I vom 22. Dezember 1903 als nicht ernstlich gemeint für nichtig erklärt worden sei. Beide Teile seien somit als teilweise unterlegen in der Hauptsache zu erachten, und deshalb erscheine die erlassene Kostenentscheidung als angemessen.

Die sofortige Beschwerde meint zunächst, daß, wenn auch der Kauf als Scheinkauf nichtig sei, doch immer noch die Vollstreckungsklausel zu dem Schuld- und Hypothekenbrief vom 1. Juli 1901 gegen Frau K. als Schuldübernehmerin fortbestehe. Mag dies auch nach §§ 794 Nr. 5. 797. 768. 732 Z.P.O. richtig, und mögen Fälle denkbar sein, in denen wegen späterer Genehmigung des zugrunde liegenden nichtigen Geschäfts und dergleichen die Vollstreckungsklausel fortdauernd wirksam ist, so war doch das Oberlandesgericht beim Nichtvorliegen derartiger Ausnahmefälle nicht gehindert, die aus der Nichtigkeit des Kaufvertrages und der Schuldübernahme geschöpfte Einrede des Beklagten schon jetzt für durchschlagend zu erachten. Der Hauptbeschwerdegrund des Klägers geht aber dahin, daß trotz Nichtigkeit des Kaufvertrages die darin enthaltene Schuldübernahme der damals noch unverehelichten Käuferin, welche Schuldübernahme dem Kläger mitgeteilt und von ihm genehmigt worden sei, als selbständiges, vollkommen zu Recht bestehendes Geschäft entgegen den oberlandesgerichtlichen Entscheidungsgründen zu betrachten sei. Auch mit diesem Angriffe vermag jedoch die Beschwerde nicht durchzudringen. Da für die Steuergemeinde A. das Grundbuch zur Zeit noch nicht als angelegt gilt, so muß für diese Frage noch altes bayerisches Recht zur Anwendung kommen. Die Entscheidung nach den Bestimmungen des Bürgerlichen Gesetzbuchs über Schuld- und Hypothekenschuldübernahme, insbesondere die Entscheidung nach § 416 daselbst, verbietet sich deshalb, weil darin die Übernahme persönlicher und dinglicher Schulden in untrennbarer Weise behandelt ist, und weil insbesondere die sich aus Abs. 2 des § 416 ergebende Voraussetzung, daß das Grundbuch schon angelegt sei, auf die in Rede stehende bayerische Gegend zur Zeit noch nicht zutrifft. Entgegen abweichenden Meinungen — vgl. Jurist. Wochenschr. 1900 S. 504. 619; Becher, Materialien zu den bayerischen Übergangsgesetzen Bd. 7 S. 167 — tritt der beschließende Senat hier der Rechtsansicht Habicht's und anderer durchaus bei.

Vgl. Habicht, Die Einwirkungen des B.G.B. 2c 3. Aufl. S. 240.

Ist sonach der durch Gesetz vom 29. Mai 1886 ergänzte § 56 des bayerischen Hypothekengesetzes vom 1. Juni 1882 anzuwenden, so kann im allgemeinen nicht bezweifelt werden, daß diese Gesetzesbestimmung, wie die ähnlichen Vorschriften anderer Bundesstaaten und die des § 416 B.G.B., zunächst nur den Schutz des bisherigen Hypothekenschuldners gegen unbestimmt lange Forthaftung nach Veräußerung des verpfändeten Grundstückes beabsichtigt, nicht aber weitere, zu diesem Zwecke nicht unbedingt nötige Eingriffe in das allgemeine bürgerliche Recht machen will. Der angezogene § 56 ordnet die Befreiung des bisherigen Hypothekengläubigers von der persönlichen Schuld an, wenn der Gläubiger nach förmlicher Mitteilung von der Schuldübernahme des Käufers diese genehmigt oder sich innerhalb 6 Monate nicht darüber erklärt. Unzweifelhaft setzt er dabei eine gültige zugrunde liegende Schuldübernahme voraus und ebensowenig kann ein Zweifel darüber bestehen, daß, wenn der die Schuldübernahme enthaltende Kaufvertrag wegen Nichternstlichkeit nichtig ist, damit auch in der Regel jede seiner Nebenbestimmungen, insbesondere auch die Schuldübernahme, hinfällig wird.

Vgl. § 139 B.G.B.; Teil 4 Kap. 1 § 5 Nr. 2 u. 4 bayer. L.R.'s.

Freilich glaubt der Beschwerdeführer, daß die hier bestrittene Schuldübernahme dadurch vom Hauptvertrage losgelöst und zu einem selbständigen und gültigen Geschäft gemacht worden sei, daß sie ihm der ursprüngliche Schuldner M. als Verkäufer und zugleich als Vertreter seiner Stieftochter, der jetzigen Ehefrau des Beklagten, mitgeteilt, und er selbst sie genehmigt habe. Indessen kann in der bloßen Mitteilung einer Schuldübernahme nicht ohne weiteres eine neue und selbständige Schuldübernahme gefunden werden, und selbst wenn dies der Fall sein sollte, wäre diese nur in der beiderseitigen selbstverständlichen Voraussetzung vereinbart worden, daß der Hauptvertrag gültig sei. Mit dieser Voraussetzung muß dann auch die neue Schuldübernahme fallen." ...

---

99. Wird die nach § 126 Abs. 1 B.G.B. erforderliche eigenhändige Namensunterschrift wirksam dadurch hergestellt, daß derjenige, der durch die Unterschrift verpflichtet werden soll, sich zur Herstellung der Unterschrift der mechanischen Dienstleistung eines anderen bedient?

I. Zivilsenat. Urt. v. 9. Juli 1904 i. S. Wiesbadener Kronenbrauerei-Aktiengesellschaft (Kl.) w. F. u. Gen. (Bekl.). Rep. I. 163/04.

I. Landgericht Frankfurt a. M.
II. Oberlandesgericht daselbst.

Die Erben der Witwe W. wurden aus zwei Wechselakzepten der Witwe W. auf Zahlung belangt. Die Akzepte waren unstreitig so zustande gekommen, daß die in Diensten der W. stehende unverehelichte M. im Beisein der W. auf deren Verlangen die Wechselkontexte ausgefüllt und die Akzepte geschrieben hatte, weil die W. schlecht schrieb und die Akzepte nicht gern selbst schreiben wollte. Die Beklagten beantragten Abweisung der Klage, weil die Akzepte nicht rechtsverbindlich seien. Der erste Richter wies deshalb die Klage ab, und die Berufung der Klägerin wurde zurückgewiesen. Auch die Revision ist zurückgewiesen worden, aus folgenden

Gründen:

„Der Berufungsrichter weist die Klage in Übereinstimmung mit dem ersten Richter ab, weil die W. aus den Akzepten nicht wechselmäßig verpflichtet sei, da sie dieselben nicht eigenhändig geschrieben, die M. aber, welche die Akzeptunterschrift geleistet, nicht in Vollmacht zur Abgabe einer Willenserklärung, sondern als Schreibgehilfe gehandelt habe, dadurch aber eine rechtsverbindliche Unterschrift der W. nicht zustande gekommen sei.

Die auf der Aussage des Zeugen H. beruhende Feststellung, daß die in den Diensten der W. stehende M. nur als Schreibgehilfe anzusehen sei, ist wesentlich tatsächlicher Natur, mit unzureichenden Gründen angefochten und deshalb für diese Instanz maßgebend. Der rechtlichen Schlußfolgerung, welche die Instanzgerichte aus dieser Feststellung ziehen, ist beizutreten.

In dem Urteile des Reichsgerichtes vom 21. Dezember 1901 (Entsch. des R.G.'s in Zivils. Bd. 50 S. 51) ist nur die Frage entschieden, ob der zur Abgabe einer Willenserklärung Bevollmächtigte die gesetzlich oder vertragsmäßig gebotene schriftliche Form dadurch erfüllt, daß er die Urkunde mit dem Namen des Machtgebers unterschreibt, oder ob er seinen Namen unter Beifügung des Vollmachtsverhältnisses zeichnen muß. Diese Frage ist in ersterem Sinne entschieden.

Die Frage, ob eine verbindliche eigenhändige Namensunterschrift dadurch hergestellt werden kann, daß ein Dritter sie auf Diktat oder in bloßer Dienstleistung für den schreibt, der durch die Unterschrift verpflichtet werden soll, ist für das Allgemeine Preußische Landrecht in den Entscheidungen des vormaligen Obertribunals zu Berlin Bd. 60 S. 328, Bd. 12 S. 477, Bd. 18 S. 207 verneint, in den Entscheidungen des vormaligen Oberhandelsgerichts Bd. 7 S. 315 und auch in den Entsch. des R.G.'s in Zivils. Bd. 4 S. 307 unentschieden gelassen, obwohl der Unterschied von Vollmacht zur rechtlichen Willenserklärung und dem Auftrag zur faktischen Dienstleistung durch bloßes Schreiben betont ist.

Nach dem Bürgerlichen Gesetzbuch aber muß daran festgehalten werden, daß die nach § 126 Abs. 1 erforderliche eigenhändige Namensunterschrift dadurch wirksam nicht hergestellt wird, daß der, der durch die Unterschrift wie durch seine Willenserklärung verpflichtet werden soll, sich zur Herstellung der Unterschrift der Hilfe eines anderen, dessen mechanischer Dienstleistung, bedient. Das schließt auch das Urteil vom 21. Dezember 1901 unter Bezugnahme auf die Motive unzweideutig aus. Daß damit dem Betruge Tor und Tür geöffnet werden kann, wie die Revision geltend macht, ist nicht zu leugnen. Dagegen gibt es aber gesetzliche Hilfe. So ist es im vorliegenden Falle, worauf hingewiesen werden mag, rechtlich völlig unbedenklich, daß die W. zwar nicht aus den Akzepten, aber daraus verhaftet ist, daß H. mit ihrem Wissen und Willen die 3000 ℳ nicht an sie, sondern an den Beklagten F. gezahlt hat. Rechtlich gilt die W. als Empfängerin der 3000 ℳ, und aus diesem Empfange haften auch ihre Erben.

Die lediglich auf die Akzeptschrift gestützte Klage ist dagegen unbegründet." ...

---

100. Findet nach gemeinem Rechte die vierzigjährige Verjährung der Litispendenz auch auf den Anspruch aus einem rechtskräftigen Urteil Anwendung?

VI. Zivilsenat. Urt. v. 11. Juli 1904 i. S. B. (Bekl.) w. T. (Kl.). Rep. VI. 568/03.

I. Landgericht Hamburg.
II. Oberlandesgericht daselbst.

Der Beklagte hatte seine Revision unter anderem darauf gestützt, daß die obige Frage zu bejahen, und dies im Berufungsurteile verkannt sei. Dieser Angriff wurde für unbegründet erklärt aus den folgenden

Gründen:

... „Der Beklagte hat ... hauptsächlich gerügt, daß mit Unrecht nicht die gemeinrechtliche vierzigjährige Verjährung der Litispendenz als hier maßgebend betrachtet sei. Die Zwangsvollstreckung aus den beiden früheren Landgerichtsurteilen ... ist nämlich auf die nach Maßgabe des § 767 Z.P.O. erhobenen Klagen deshalb für unzulässig erklärt worden, weil die Ansprüche aus den Urteilen, nachdem der über das Vermögen des in ihnen verurteilten jetzigen Klägers eröffnete Konkurs im Jahre 1886 beendet worden sei, spätestens im Jahre 1896 nach Art. 2 der Hamburger Statuten 1, 21 verjährt seien. Dabei ist angenommen worden, daß durch dieses hamburgische Gesetz an die

Stelle der gemeinrechtlichen dreißigjährigen Verjährung für alle persönlichen Ansprüche, auch für denjenigen aus dem Urteile, ganz allgemein die zehnjährige (bezw. inter absentes zwanzigjährige) gesetzt worden sei, indem man davon ausging, daß nach gemeinem Rechte hier eben unzweifelhaft nur die dreißigjährige in Frage kommen könne. Insoweit ist die Entscheidung des Oberlandesgerichtes wegen der Irrevisibilität jener statutarischen Bestimmung auch für die Revisionsinstanz maßgebend, übrigens auch abgesehen hiervon kein Bedenken zu erregen geeignet. Dagegen ist die Frage, ob nicht die vierzigjährige Verjährung der Litispendenz hier eingreife, damit noch nicht erledigt. Diese ist in der vorigen Instanz gar nicht gestellt worden, weder vom Beklagten, noch vom Berufungsgerichte; nur von der „dreißigjährigen Verjährung der Litispendenz", die es aber in Wirklichkeit im gemeinen Rechte gar nicht gab, ist dort wohl einmal in unklarer Weise die Rede. Die gemeinrechtliche dreißigjährige Verjährung könnte hier in Wirklichkeit nur die Verjährung der actio judicati sein; wobei vorausgesetzt ist, daß diese eben nicht unter die Vorschriften über die Rechtshängigkeit fiel. Jetzt handelt es sich aber um die Bestimmung der l. 9 Cod. de praescr. XXX ann. 7, 39 und der l. 1 § 1 Cod. de ann. exc. 7, 40, wonach ein rechtshängiger Anspruch erst in 40 Jahren von der letzten Prozeßhandlung an verjähren soll. Weder hat das Berufungsgericht ausgesprochen, daß auch an die Stelle dieser besonderen Verjährung der Litispendenz das hamburgische Gesetz seine zehn-, bzw. zwanzigjährige Verjährung gesetzt habe, noch würde irgendein Grund vorliegen, dieses Gesetz auch hierauf auszudehnen. Wenn aber die vierzigjährige Verjährung im vorliegenden Falle anzuwenden gewesen wäre, dann wäre offenbar die Verjährung der fraglichen Ansprüche seit dem Jahre 1886 noch nicht vollendet. Freilich würde nach Art. 169 Einf.-Ges. zum B.G.B. in Verbindung mit § 218 Abs. 1 B.G.B. seit dem 1. Januar 1900 dann höchstens noch eine dreißigjährige Frist von diesem Tage an in Betracht kommen; aber auch diese würde zweifellos noch nicht abgelaufen sein.

Es kommt also auf die Frage an, ob nach gemeinem Rechte die Zwangsvollstreckung aus einem rechtskräftigen Urteil schon durch dreißigjährige, oder erst durch vierzigjährige Verjährung (eben die Verjährung der Litispendenz) ausgeschlossen wurde. Im Justinianischen Rechte findet sich keine ausdrückliche Entscheidung derselben, auch nicht etwa in Form einer ausdrücklichen Entscheidung über die Verjährungsfrist der actio judicati. Von dieser actio heißt es in l. 6 § 3 Dig. de re jud. 42, 1 nur, daß sie „perpetua“ sei, d. h. im Sinne des Justinianischen Rechtes: daß sie keiner kurzen Verjährung unterliege; aber ob einer dreißig-, oder vierzigjährigen, darüber ist damit nichts gesagt. Vorherrschend ist in der Lehre und der Praxis des gemeinen Rechtes immer die Ansicht gewesen, daß der Anspruch aus dem rechtskräftigen Urteile wieder schon in 30 Jahren verjähre. Vereinzelt ist doch aber stets auch die Ausdehnung der vierzigjährigen Verjährung der Litispendenz auf die actio judicati verfochten worden; so in neuerer Zeit insbesondere von Unterholzner, Verjährungslehre (2. Aufl.), Bd. 1 § 125 S. 445 und Bd. 2 § 267 S. 323. Dem sind aber entgegengetreten v. Savigny (Heut. Röm. Recht Bd. 5 S. 325), Buchka (Einfluß des Processes ꝛc, Teil 2 S. 80) und Schirmer (Anm. zu Unterholzner a. a. O. Bd. 1 S. 445).

Vgl. auch das Urteil des Oberappellationsgerichts zu Kiel vom Jahre 1843 bei Seuffert, Archiv Bd. 6 Nr. 5.

Sodann ist von einigen eine Unterscheidung zwischen actio judicati und Vollstreckung für sachgemäß gehalten worden, in der Weise, daß zwar nicht jene, wohl aber diese noch zu dem anhängigen Prozesse gehören sollte, während dessen nur vierzigjährige Verjährung wirke.

Vgl. Heffter, Civil-Proceßrecht (2. Aufl.) § 517 Anm. 62 S. 630; Linde, in der Zeitschr. f. Civilrecht und Prozeß Bd. 2 S. 180 flg., und Civilproceß (7. Aufl.) § 371 Anm. 2 S. 463; Renaud, Civilproceßrecht (2. Aufl.) § 73 S. 184 und § 159 S. 465 flg.

Diese Ansicht ist jedoch widerlegt worden vor allen von Wächter, Erörterungen Heft 3 S. 50 flg. Anm. 47 (vgl. auch dessen „Pandekten“ Bd. 1 § 106 S. 549);

so auch Dunker, im Archiv für prakt. Rechtswissenschaft Bd. 5 S. 51 flg.; v. Bayer, Vorträge (10. Aufl.) S. 1121; Wetzell, Civilproceß (3. Aufl.) § 47 Anm. 113 S. 599; Sintenis, Gem. Civilrecht (3. Aufl.) Bd. 1 § 31 Anm. 9 S. 281; v. Keller, Pandekten (2. Aufl.) Bd. 1 § 85 S. 205; Dernburg, Pandekten (7. Aufl.) Bd. 1 § 148 S. 348; Regelsberger, Pandekten Bd. 1 § 184 S. 664; Kipp, zu Windscheid, Pandektenrecht (8. Aufl.) Bd. 1 § 110 Anm. 2 S. 493.

In der Tat läßt es sich am wenigsten rechtfertigen, in Ansehung der Verjährungsfrist zwischen der Anstellung einer neuen Klage aus dem Urteile und der Zwangsvollstreckung aus demselben zu unterscheiden. Es ist freilich zuzugeben, daß in einem weiteren Sinne der „Prozeß“ auch die Zwangsvollstreckung mitumfaßt, während mit der Erhebung einer wirklichen actio judicati zweifellos ein neuer Prozeß eröffnet werden würde; aber dies kommt nicht in Betracht gegenüber der Erwägung, daß es sich bei der Verjährung um ein Institut des materiellen Rechtes handelt, das nur einheitlich geregelt sein kann, und daß logischerweise ein Anspruch nur entweder noch bestehen, oder durch Verjährung erloschen sein kann, so daß die an die Art der formellen Geltendmachung anknüpfende Unterscheidung einen inneren Widerspruch enthält. Wenn man also davon ausgeht, daß die actio judicati schon in 30 Jahren verjähre, so ist es unabweislich, für die Abgrenzung der besonderen Verjährung der Litispendenz an dem engeren Begriffe des Prozesses, wonach dieser mit dem Urteile schließt, festzuhalten.

Eher noch könnte es zweifelhaft erscheinen, ob nicht auch auf die actio judicati die vierzigjährige Verjährung der Litispendenz anzuwenden sein möchte; denn man kann es für seltsam halten, daß durch das günstige Urteil die Lage des Berechtigten in der Beziehung materiell verschlechtert sein soll, daß nun die Verjährung gegen ihn sich wieder schneller vollendete. Überwiegende Gründe sprechen aber doch für die Annahme, daß die positive Regelung dieser Materie im Justinianischen Rechte nun einmal dahin aufzufassen ist, daß mit der Rechtskraft des Urteiles wieder die allgemeine, dreißigjährige Verjährung einsetze. Einesteils enthalten die Gesetze, durch welche die vierzigjährige Verjährung der Litispendenz angeordnet ist, mehr oder weniger deutlich die hervorgehobene Beschränkung. Wenn nach l. 1 § 1 Cod. de ann. exc. 7, 40 die vierzigjährige Verjährung nur bei denjenigen „actiones“ stattfindet, welche, nachdem sie „in judicium deductae“ waren, „silentio traditae sunt“, so könnten zwar diese Wendungen wörtlich allenfalls auch noch auf bereits rechtskräftig abgeurteilte Ansprüche zu passen scheinen; aber wenn das eigentlich maßgebende Gesetz, die l. 9 Cod. de praescr. XXX ann. 7, 39, als diejenigen, denen statt der dreißigjährigen nunmehr die vierzigjährige Verjährung zugute kommen soll, nur die nennt, welche „non ad certum finem lites perducebant", so können hierunter unmöglich solche mit verstanden werden, die ihre Sache bis zur rechtskräftigen Entscheidung durchgeführt haben, welche doch gewiß ein „certus finis" ist. Anderenteils unterscheidet sich die actio judicati, welche im Justinianischen Rechte an zahlreichen Stellen, ja durchaus vorwiegend als der zur Durchsetzung des zuerkannten Auspruches dienliche Rechtsbehelf genannt wird, formell nicht von irgendeiner anderen persönlichen Klage. Daher kann man, in Ermangelung einer ausdrücklichen abweichenden Bestimmung, nicht wohl umhin, die allgemeine Vorschrift der l. 3 Cod. de praescr. XXX ann. 7, 39 wegen der dreißigjährigen Verjährung auch auf die actio judicati anzuwenden; und zwar um so weniger, als in der Justinianischen l. 3 pr. Cod. de usur. rei jud. 7, 54 gesagt ist: „novatur judicati actione prior contractus"; wonach also in dem rechtskräftigen Urteil ein ganz neuer Rechtsgrund statt des ursprünglichen für den Anspruch gewonnen sein würde." ...

---

101. Beurteilung eines Abkommens, durch welches eine Person, die ein zur Zwangsversteigerung stehendes Grundstück erstehen will, mit einem Hypothekengläubiger, der seine Hypothek ausbieten will, vereinbart, daß er hiervon gegen Bezahlung seiner Hypothekenforderung Abstand nehme; Schadensersatzansprüche derjenigen Realberechtigten, die, wenn der Hypothekengläubiger seine Absicht ausgeführt hätte, gedeckt worden wären, infolge des Abkommens aber leer ausgehen.

VI. Zivilsenat. Urt. v. 11. Juli 1904 i. S. H. (Kl.) w. St. Wwe. (Bekl.). Rep. VI. 514/03.

I. Landgericht I München.
II. Oberlandesgericht daselbst.

Im Februar 1901 wurde ein damals dem Baumeister B. gehöriges Hausgrundstück in München zwangsweise versteigert, und zwar noch nach Maßgabe der bayerischen Subhastationsordnung. Auf dem Grundstücke haftete an sechster Stelle eine Hypothek von 1562 ℳ für den Kläger, einen Handwerker, der Arbeiten für den Hausbau ausgeführt hatte. Vor gingen ihr zunächst drei Hypotheken im Gesamtbetrage von 74000 *M*, ferner eine solche von 10000 *M* für die Firma G. & B., sowie eine von 1260,86 *M* für den Schieferdeckermeister B. Im Range hinter der Hypothek des Klägers stand noch eine Kautionshypothek von 4000 *M* für den Fabrikanten V.

Das Grundstück wurde der Beklagten um 87500 *M* zugeschlagen; der Erlös reichte nach Tilgung der Kosten und Zinsen nur zur Deckung der drei ersten Hypotheken und von 9790,60 *M* von der vierten Hypothek, so daß diese mit einem Teilbetrag von 209,40 *M*, die späteren Hypotheken aber ganz ausfielen.

Der Kläger forderte für den Vermögensverlust, der ihm hierdurch bezüglich seiner nicht zur Hebung gelangten Forderung von 1562 *M* erwachsen war, Ersatz von der Beklagten und machte zur Begründung dessen geltend: die Beklagte habe schon vor der Zwangsversteigerung des Grundstücks in diesem ihr Lohnfuhrwerksgeschäft betrieben und, um sich dessen Fortbetrieb dort zu sichern, das Grundstück erstanden, nachdem sie vorher vergeblich dem Eigentümer einen Preis von 108000 *M* geboten gehabt. Um bei der Versteigerung das Grundstück billiger zu erlangen, habe sie den Hypothekengläubiger V., der bereit und in der Lage gewesen sei, so weit auf dasselbe zu bieten, daß seine durch die Kautionshypothek gesicherte Forderung zur Hebung komme, bestimmt, hiervon Abstand zu nehmen. Sie habe zu diesem Behufe während des Versteigerungstermins mit ihm ein Abkommen dahin getroffen, daß sie ihm 3500 *M* zahlen, und er dafür sich an dem Bieten nicht weiter beteiligen solle. Infolgedessen habe V. nicht weiter geboten; der Kläger aber und der Inhaber der fünften Hypothek seien nicht im Besitz der erforderlichen Mittel gewesen, ihrerseits das Gebot der Beklagten zu übersetzen; sie hätten auch mit der Notwendigkeit, dies zur Wahrung ihrer Interessen tun zu müssen, gar nicht gerechnet gehabt, da V. vorher bestimmt erklärt gehabt habe, daß er seine Hypothek ausbieten werde. Der Kläger wollte das von der Beklagten mit V. getroffene Abkommen als eine unerlaubte, zum Schadensersatz verpflichtende Handlung angesehen wissen.

Die Beklagte stellte in Abrede, mit V. einen Vertrag des behaupteten Inhaltes geschlossen zu haben; sie habe sich vielmehr dessen durch die Kautionshypothek gesicherte Forderung abtreten lassen, und deswegen habe er nicht weiter geboten; eventuell bestritt sie, daß ein

Abkommen des vom Kläger behaupteten Inhaltes für sie eine Schadensersatzpflicht begründen würde.

Das Landgericht erkannte nach dem Klagantrage; dagegen wies das Oberlandesgericht die Klage ab. Auf die Revision der Klägerin wurde das Berufungsurteil aufgehoben, und die Sache an das Berufungsgericht zurückverwiesen, aus folgenden

Gründen:

„Das Berufungsgericht sieht als festgestellt an, daß die ... Beklagte in dem Versteigerungstermine vom 12. Februar 1901 mit dem Kaufmann B. ein Abkommen dahin getroffen habe, daß dieser gegen Gewährung einer Abfindung von 3500 M sich nicht weiter an dem Bieten auf das zur Versteigerung stehende Grundstück beteilige. Ohne dieses Abkommen würde B. das von der Beklagten getane Höchstgebot übersetzt und den Preis des Grundstücks auf die Höhe von ungefähr 90000 M getrieben haben, und das habe die Beklagte gewußt. Bekannt sei ihr auch gewesen, daß der Forderung B's., die ihn zum Bieten bis zu der bezeichneten Höhe veranlaßt haben würde, die jetzt in Frage stehende Forderung des Klägers im Range vorgegangen sei. Dagegen stehe nicht fest, daß die Beklagte gewußt habe, der in dem Versteigerungstermine mitanwesende Kläger sei nicht in der Lage, sein Interesse bezüglich der auf dem Grundstücke gesicherten Forderung durch Mitbieten bis zu einem sie deckenden Preise selbst zu wahren. Dementsprechend sei nicht erwiesen und könne auch durch die vom Kläger angebotenen Beweise nicht dargetan werden, daß die Beklagte die Absicht gehabt habe, sich auf Kosten des Klägers oder des ihm im Range vorgehenden Schieferdeckermeisters B. durch billigen Erwerb des Grundstückes zu bereichern.

Aber, so führt das Berufungsgericht weiter aus, wenn man selbst annehmen wollte, die Beklagte habe damit rechnen müssen, daß der Kläger nicht in der Lage sein werde, das Grundstück selbst zu erstehen, und daß er deshalb durch die von ihr mit B. getroffene Vereinbarung geschädigt werden könne, so sei doch zu einem dem Kläger günstigen Ergebnis nicht zu gelangen. Das sogenannte pactum de non licitando sei nicht unbedingt als gegen die guten Sitten verstoßend anzusehen. B. habe von der Beklagten nicht einmal den vollen Betrag seiner Forderung, die er auszubieten beabsichtigt gehabt habe, erhalten; man könne also nicht sagen, daß er eine Vergütung für die Abstandnahme von weiteren Geboten erhalten habe. Es könne auch die Beeinflussung, die sein Wille erfahren habe, nicht als unzulässig bezeichnet werden, da er nur seine Forderung zu retten beabsichtigt und dieses Ziel vermöge der mit der Beklagten getroffenen Verabredung in einer Weise erreicht habe, die ihm lieber gewesen sei, als der Erwerb des Grundstückes. Die Erzielung eines angemessenen Preises sei dadurch, daß für einen einzelnen Interessenten der Grund, der ihn zum Mitbieten bis zu einer gewissen Höhe bestimmt haben würde, beseitigt wurde, noch keineswegs ausgeschlossen worden. Es liege auch keine Schädigung des Schuldners B. vor, da er, wenn V. das Grundstück erstanden, aber aus dem Erstehungspreis Befriedigung für seine Forderung nicht erlangt hätte, Schuldner des V. geblieben sein würde. Ebensowenig könne von einer rechtswidrigen Schädigung des Fiskus die Rede sein. Das Bestreben billigen Erwerbes beherrsche den geschäftlichen Verkehr überhaupt, und es bestehe keine Verpflichtung, aus Rücksichten auf andere einen möglichen Gewinn abzulehnen. Ein Verstoß gegen die guten Sitten liege in solchem Falle nur vor, wenn vom Recht mißbilligte Mittel angewendet, oder darauf ausgegangen worden sei, zur Schädigung anderer eine Sache unter ihrem Werte zu erlangen. Diese Voraussetzungen träfen hier nicht zu. Es könne daher eine Schadensersatzpflicht der Beklagten aus § 826 B.G.B. nicht abgeleitet werden.

Ebensowenig könne sie auf § 823 Abs. 2 gestützt werden. Die bayerische Subhastationsordnung vom 23. Februar 1879/29. Mai 1886, in welcher das Landgericht eine Schutzvorschrift im Sinne von § 823 Abs. 2 finden wolle, sei keine solche; sie enthalte keine ausdrückliche das pactum de non licitando verbietende Bestimmung, und es könne auch nicht anerkannt werden, daß ein solches Verbot aus der Tendenz des Gesetzes im allgemeinen hergeleitet werden könne.

Die Revision greift zunächst die zuletzt erwähnten Ausführungen an, indem sie angenommen wissen will, daß dabei der Begriff des Schutzgesetzes im Sinne von § 823 Abs. 2 B.G.B. verkannt sei. Dafür bieten indes die Ausführungen des Berufungsgerichts keinen Anhalt; es wird darin geprüft, ob die bayerische Subhastationsordnung den Schutz der bei dem Ausfall einer Zwangsversteigerung interessierten Personen nach der hier in Frage stehenden Richtung bezwecke, und dies verneint; die Richtigkeit dieser Auffassung unterliegt, da es sich um irrevisibles Recht handelt, der Nachprüfung des Reichsgerichts nicht.

Anlangend die Beurteilung der Sache aus § 826 B.G.B., so würde, sofern die Handlungsweise der . . . Beklagten als gegen die guten Sitten verstoßend zu erachten wäre, es zur Begründung ihrer Schadensersatzpflicht gegenüber dem Kläger genügen, wenn sie sich bei dem Abkommen mit B. bewußt war, es werde durch dessen Ausführung der Kläger an seinem Vermögen geschädigt werden, da eine vorsätzliche Schadenszufügung im Sinne von § 826 auch dann anzunehmen ist, wenn der Handelnde bei Vornahme der Handlung sich des schädigenden Erfolges nur bewußt war.

Vgl. Protokolle der Kommission für die zweite Lesung des Entwurfes des Bürgerlichen Gesetzbuches Bd. 6 S. 202; Urt. des V. Zivilsenates des Reichsgerichts in Sachen Sch. w. K. vom 1. Juni 1904, Rep. V. 539/03.

Auf der anderen Seite würde dieses Erfordernis der Klagebegründung nicht durch den Nachweis ersetzt werden können, daß die Beklagte irgendeinen anderen, insbesondere den damaligen Eigentümer des zur Versteigerung gestellten Grundstücks oder einen anderen Hypothekengläubiger, zu schädigen beabsichtigt habe oder sich bewußt gewesen sei, daß diese Personen durch ihre mit B. getroffene Vereinbarung Schaden erleiden würden. Die nach dieser Richtung vom Kläger aufgestellten Behauptungen sind also rechtlich unerheblich.

Die Vorinstanz hält nicht für erwiesen, daß die ursprüngliche Beklagte vorsätzlich in dem vorstehend bezeichneten Sinne den Kläger geschädigt habe, und ist der Meinung, daß die insoweit vom Kläger angebotenen weiteren Beweismittel auch nicht geeignet seien, die Überzeugung des Gerichts nach der in Frage stehenden Richtung zu begründen. Das Reichsgericht hat indes diese tatsächliche Würdigung nicht als einwandsfrei angesehen. Der Kläger hat in der Berufungsverhandlung vier Zeugen dafür benannt, daß die Beklagte bei Abschluß ihres Abkommens mit B. den Zweck verfolgt habe, den Kläger um seine Hypothekenforderung zu bringen. . . . Es ist zuzugeben, daß dieser Beweisantrag so, wie er vorliegt, ungenügend ist. Er bezweckt den Nachweis einer Absicht, bzw. eines Bewußtseins der . . . Beklagten, also von Vorgängen, von denen die benannten Zeugen nur dann etwas Positives wissen könnten, wenn diese inneren Vorgänge einen besonderen, von den Zeugen wahrgenommenen oder sonst zu ihrer Kenntnis gelangten äußeren Ausdruck gefunden haben sollten. Daß und wie dies geschehen sei, hat der Kläger nicht angegeben, und es liegt nicht fern, anzunehmen, es sollten durch die Befragung der Zeugen erst noch solche besondere Umstände ermittelt werden, in denen der Ausdruck des Willens der Beklagten, den Kläger zu schädigen, zu finden sei. Dies würde, wie das Reichsgericht oft ausgesprochen hat, unzulässig gewesen sein.

Vgl. u. a. Jurist. Wochenschr. 1892 S. 13 Nr. 7 und S. 180 Nr. 2.

Indes liegt doch eben nur die Möglichkeit vor, daß der Kläger die Umstände, welche von den Zeugen bekundet werden sollen, zur Zeit gar nicht kennt, und es hätte zur Klarstellung des Sachverhaltes das Fragerecht ausgeübt werden sollen.

Weiter gewinnt es nach den Ausführungen des Berufungsurteils den Anschein, die Vorinstanz sei der Meinung gewesen, es bedürfe unbedingt des Nachweises besonderer Umstände dafür, daß die ... Beklagte mindestens mit dem Bewußtsein gehandelt habe, es werde die durch Abkommen mit V. bewirkte Ausschaltung des letzteren als Bieters die Folge haben, daß ein Gebot, das die Forderung des Klägers decke, nun überhaupt nicht werde abgegeben werden. Wäre dies die Auffassung der Vorinstanz gewesen, so würde die Bestimmung in § 286 Z.P.O. durch Nichtanwendung verletzt sein. Das Berufungsgericht war nach dieser Vorschrift sehr wohl in der Lage, aus der Tatsache, daß die ... Beklagte in dem Versteigerungstermin den letzten Hypothekarier, der seinen Willen, zur Rettung seiner Hypothek das Grundstück nötigenfalls selbst zu erstehen, an den Tag gelegt hatte, durch das Versprechen einer relativ hohen Abfindungssumme ... bestimmte, ihr Gebot nicht zu übersetzen, in Verbindung mit der ganzen sonstigen Sachlage ohne weiteres die Überzeugung zu entnehmen, daß die Beklagte darauf ausgegangen sei, das Grundstück um ein Gebot zu erwerben, bei dem die Hypothek des Klägers leer ausgehe. Da es, wie bemerkt, zweifelhaft erscheint, ob das Berufungsgericht die Verhältnisse von diesem Standpunkte aus gewürdigt habe, war auch aus diesem Grunde die in Rede stehende tatsächliche Feststellung des angefochtenen Urteils zu beanstanden.

Was aber den von der Vorinstanz eventuell in zweiter Linie geltend gemachten materiellrechtlichen Entscheidungsgrund anlangt, daß das Verhalten der . . . Beklagten auch dann nicht gegen die guten Sitten verstoßen würde, wenn sie das Abkommen mit V. in der Absicht oder doch mit dem Bewußtsein, den Kläger zu schädigen, getroffen haben sollte, so hat das Reichsgericht dem nicht beipflichten können.

Ohne durchgreifende Bedeutung ist insoweit zunächst der Hinweis der Vorinstanz darauf, daß bei den Beratungen über das Strafgesetzbuch für den Norddeutschen Bund und über die Änderungen, welche das Strafgesetzbuch durch das Gesetz vom 26. Februar 1876 erfahren hat, eine Bestrafung der pacta de non licitando, als den heutigen Anschauungen und Verkehrsverhältnissen nicht mehr entsprechend, abgelehnt worden ist; der Umstand, daß es dem Gesetzgeber nicht angemessen erscheint, eine Handlung unter Strafe zu stellen, beweist noch keineswegs, daß er sie auch als nicht gegen die guten Sitten verstoßend erachtet. Ebensowenig würde es entscheidend sein, wenn man zugeben müßte, die zwischen der ursprünglichen Beklagten und V. getroffene Vereinbarung sei nicht geeignet, gegen den letzteren den Vorwurf eines Verstoßes gegen die guten Sitten zu begründen. Wie von dem erkennenden Senate bereits in einem Falle, wo es sich um sogenanntes Schweigegeld bei einer strafbaren Handlung handelte, hervorgehoben worden ist (Urteil vom 30. Mai 1904, Rep. VI. 582/03)[1], kann es gerechtfertigt und geboten sein, bei einem und demselben Vertrage die Frage, ob sein Abschluß eine unsittliche Handlung darstelle, für die verschiedenen Beteiligten verschieden zu beantworten, und eine solche Verschiedenheit der Beurteilung kann sehr wohl auch bei einem Vertrage der hier in Rede stehenden Art geboten erscheinen.

Was die danach allein in Betracht kommende Handlungsweise der . . . Beklagten anlangt, so ist unter den früher geltenden Rechten mehrfach auch in den Staaten, in denen nicht, wie in Preußen (Verordnung vom 14. Juli 1797, Preuß. Strafgesetzbuch § 270), ausdrückliche Bestimmungen in diesem Sinne bestanden, und speziell auch in Bayern angenommen worden, es enthalte eine der öffentlichen Ordnung zuwiderlaufende und auch als unsittlich zu verwerfende Handlung, wenn jemand seines Vorteils halber, um einen zu öffentlicher Versteigerung kommenden Gegenstand billiger, als es bei freier

---

[1] S. oben Nr. 52 S. 204. D. R.

Konkurrenz annehmbar der Fall sein würde, erwerben zu können, andere vom Mitbieten abhalte, und diese Auffassung ist auch in neuerer Zeit vielfach vertreten worden.

Vgl. Seuffert, Archiv Bd. 33 Nr. 115; die Nachweisungen bei Ortenauer-Henle, Bayer. Subh.-Ordnung Aufl. 3 S. 297 Bem. 5, und bei Becher, Rechtsrheinisches bayer. Landescivilrecht Bd. 2 S. 1475; Deutsche Juristen-Zeitung 1902 S. 156; ferner Zachariae, Franz. Civilrecht Aufl. 7 Bd. 2 § 378 Anm. 4; Jacubezky, Bemerkungen zum Entw. des Bürgerlichen Gesetzbuches § 106; Kohler, im Arch. f. Bürg. Recht Bd. 5 S. 225; Lotmar, Der unmoralische Vertrag S. 72. 19.

Auf der anderen Seite ist in der Literatur und Judikatur und insbesondere auch vom Reichsgericht für das gemeine Recht ausgeführt worden, daß sog. pacta de non licitando nicht immer und prinzipiell als sittlich verwerflich zu erachten seien, dies vielmehr nur anzunehmen sei, wenn die besondere Beschaffenheit des Falles den Vertrag zu einem unsittlichen stempele.

Vgl. Entsch. des R.G.'s in Zivils. Bd. 18 S. 222; Seuffert, Archiv Bd. 43 Nr. 102, Bd. 56 Nr. 2, und die Kommentare zum B.G.B. von v. Staudinger, Bem. 6 zu § 138; Rehbein, Bd. 1 S. 168 flg.; Neumann, Aufl. 3 Anm. 2 Nr. 1 zu § 138; Goldmann u. Lilienthal, Bürg. Recht Aufl. 2 Bd. 1 § 43 Anm. 3.

Mag nun auch der letzteren Auffassung der Vorzug zu geben sein, so ist doch auch bei ihrer Befolgung die Handlungsweise der... Beklagten als eine gegen die guten Sitten verstoßende anzusehen, wenn die Behauptungen des Klägers in Wahrheit beruhen.

Nach den Feststellungen des Berufungsurteils war der Beklagten in dem Versteigerungstermine vom 12. Februar 1901 bekannt, daß V. entschlossen sei, „im Interesse seiner Hypothek ernstlich mitzusteigern"; sie wußte ferner, daß seine Hypothek der Forderung des Klägers im Range nachstand; sie rechnete sonach damit, daß V. die Gebote anderer so lange übersetzen werde, bis entweder er Höchstbietender blieb, oder das Gebot eines anderen ihm Befriedigung seiner Hypothekenforderung verschaffte, und daß sie selbst daher das Grundstück nur erwerben könne, wenn sie so viel dafür biete, daß alle dem V. vorangehenden Gläubiger und dieser selbst gedeckt waren. Bei ihrem Abkommen mit V. war ferner, wie das Berufungsurteil gleichfalls feststellt, ihre Absicht in Wahrheit nicht etwa darauf gerichtet, dessen Forderung an den Subhastaten zu erwerben; sie hatte vielmehr, weil diese Forderung „nahezu wertlos" war, hieran gar kein Interesse.

War ihr nun weiter, wie vom Kläger behauptet wird, auch bekannt, daß weder er, noch sein unmittelbarer Vormann B. in der Lage seien, durch Übersetzung des von ihr abgegebenen Gebotes ihre eigenen Forderungen zu verteidigen, oder nahm sie auch nur an, daß dies nicht werde geschehen können, und ging sie ferner davon aus, daß bei der Höhe der bereits vorliegenden Gebote keiner der sonst im Termin anwesenden Bieter sich weiter an der Steigerung beteiligen werde, hatte sie insbesondere auch durch ein Abkommen mit der Firma G. & B. deren Konkurrenz beseitigt, so hat sie durch die Vereinbarung mit V. tatsächlich den einzigen Bieter, der neben ihr noch in Betracht kam, ausgeschaltet. In Wirklichkeit ist dann ihre Operation als ganzes dahin gegangen: sie war entschlossen, für das Grundstück jedenfalls die Summe aufzuwenden, die dem, was sie gegenüber dem Notar geboten hatte, zuzüglich des Betrages der Abfindung, die sie an V. zu zahlen versprochen hat, entsprach. Da sie jedoch im Verlaufe des Termins erkannte, daß durch ein diesem Gesamtbetrage entsprechendes Höchstgebot ihr Ziel, das Grundstück zu erwerben, nicht erreichbar sei, sie vielmehr noch mindestens so viel, als zur Befriedigung B.'s und des Klägers erforderlich sei, würde aufwenden müssen, traf sie zur Vermeidung dessen mit V. eine Vereinbarung, wonach es bei dem von ihr getanen Höchstgebot bleiben, und der Mehrbetrag von 3500 *M*, den sie für die Erwerbung des Grundstücks aufwenden wollte, entgegen den gesetzlichen Bestimmungen über die Befriedigung der Realgläubiger unter Übergehung B.'s und des Klägers zur Deckung des ihnen im Range nachstehenden V. verwendet werden sollte.

Eine solche Gebarung geht über das, was anständige und redlich denkende Menschen als bei der Verfolgung ihres Vermögensvorteiles erlaubt ansehen, unzweifelhaft hinaus und ist als gegen die guten Sitten verstoßend anzusehen. Sind, wie das Oberlandesgericht bemerkt, gleiche oder ähnliche Übereinkommen bei Zwangsversteigerungen von Grundstücken nicht selten, so handelt es sich dabei nicht um eine der Beachtung würdige Gestaltung des Geschäftslebens, sondern um

Auswüchse desselben, die nicht Sitte, sondern Unsitte sind. Speziell in Bayern werden sie auch nach der Stellung, welche bisher die obersten bayerischen Landesgerichte zu dem pactum de non licitando genommen haben, schwerlich anders als versteckterweise in Übung haben sein können." ...

---

102. Hat in den Fällen des § 615 B.G.B. die Anrechnung des anderweitigen Erwerbes auf die Vergütung für die ganze Vertragsdauer, oder nur auf die Vergütung für denjenigen Zeitabschnitt zu erfolgen, in welchem der anderweitige Erwerb gemacht wurde?

III. Zivilsenat. Urt. v. 12. Juli 1904 i. S. 1. N. B., 2. G. B., 3. M. Bl., genannt P. M. (Kl.) w. F. B. (Bekl.). Rep. III. 146/04.

I. Landgericht I Berlin.
II. Kammergericht daselbst.

Der Kläger hat mit den Beklagten zu 1 und 3 den Anstellungsvertrag vom 28. Februar 1901 abgeschlossen. Er sollte hiernach in der Zeit vom 1. September 1901 bis zum 1. Februar 1902 und vom 21. August 1902 bis zum 1. Februar 1903 in dem von den Beklagten zu 1 und 3 damals geleiteten Neuen Theater zu Berlin als Schauspieler auftreten und für jedes Auftreten ein Spielhonorar von 150 ℳ erhalten, wobei ihm 20 Spielabende im Monat garantiert waren. Durch Schreiben der Beklagten zu 1 und 3 vom 14. November 1901 wurde er ohne Kündigung entlassen. Er erhob darauf zunächst wegen seiner Gehaltsbezüge bei dem Schiedsgerichte des Deutschen Bühnenvereins Klage. Das Schiedsgericht erließ am 10. Juni 1902 den Schiedsspruch, in welchem die Entscheidung gegen den Beklagten P. M. abgelehnt, die von der Direktion des Neuen Theaters ausgesprochene Entlassung des Klägers für ungerechtfertigt erklärt, und die Beklagte zu 1 verurteilt wurde, an den Kläger diejenigen Zahlungen zu leisten, welche er für die Zeit vom 15. November 1901 bis zum 1. Februar 1902 und vom 1. September 1902 bis zum 1. Februar 1903 beim Fortbestande des Vertrages empfangen haben würde. Ferner wurde ausgesprochen, daß sich der Kläger auf seine Ansprüche unter anderem diejenigen Beträge in Anrechnung bringen zu lassen habe, welche er in den angegebenen Zeiträumen durch anderweite Verwertung seiner Arbeitskraft erworben habe oder noch erwerbe. Das Schiedsgericht lehnte auf nochmaliges Anrufen des Klägers eine Ergänzung des Spruches ab und verwies die Parteien an das Gericht. Es stand fest, daß der Kläger im Januar 1903 durch 25 Gastspielvorstellungen im Irving-Place-Theater zu New-York 21250 ℳ verdient habe. Er war der Ansicht, daß er sich nach richtiger Auslegung des § 615 B.B.G. diesen Betrag nur auf das Gehalt für Januar 1903 in Anrechnung zu bringen habe, und beanspruchte für die im Schiedsspruche angegebenen Zeiträume, jedoch mit Ausschluß des Monats Januar 1903, sein Gehalt, mit 15350 ℳ. Die Beklagten waren dagegen der Meinung, daß der Kläger sich die 21250 ℳ auf die gesamte Gehaltsforderung anrechnen lassen müsse und deshalb nichts mehr zu fordern habe. Das Landgericht schloß sich dieser Auffassung an und wies die Klage ab. Das Berufungsgericht hat dagegen angenommen, daß das Einkommen von 21250 ℳ nicht auf die ganze Vertragsdauer, sondern nur auf die Zeit, in welcher es verdient wurde, angerechnet werden könne; jedoch sei hierbei nicht nur die Zeit zu berücksichtigen, in welcher der Kläger öffentlich in Amerika aufgetreten sei, sondern auch die zur Reise nach Amerika und zu den Proben gebrauchte Zeit, da tatsächlich auch für diese das Honorar gezahlt werde. Das Berufungsgericht hat dementsprechend die Beklagten zu 1 und 3 verurteilt.

Auf die Revision der Beklagten wurde das Urteil aufgehoben, und die Berufung des Klägers zurückgewiesen, aus folgenden

Gründen:

„Nach § 615 B.B.G. kann der Verpflichtete bei Annahmeverzug des Dienstberechtigten für die infolge des Verzuges nicht geleisteten Dienste die vereinbarte Vergütung verlangen; er muß sich jedoch den Wert desjenigen anrechnen lassen, was er infolge des Unterbleibens der Dienstleistung erspart oder durch anderweitige Verwendung seiner Dienste erwirbt oder zu erwerben böswillig unterläßt. Für die Annahme des Berufungsgerichtes, daß das Einkommen des Klägers aus dem Gastspiele in New-York nicht auf die ganze Vertragsdauer, sondern nur auf die Zeit, in welcher es verdient wurde, angerechnet werden könne, bietet zunächst der Wortlaut des § 615 B.G.B. keinen Anhalt; vielmehr kann die Bestimmung dem Wortsinne nach nur dahin verstanden werden, daß die ganze Zeit, für welche die Dienste noch zu leisten waren und nicht angenommen sind, in Betracht zu ziehen, und daß dem Anspruche des Verpflichteten auf die vereinbarte Vergütung für diese Zeit gegenüberzustellen ist, was er in dieser Zeit in der angegebenen Weise erspart oder anderweitig erwirbt oder zu erwerben böswillig unterläßt. Von einer Anrechnung nach einzelnen Zeitabschnitten ist im Gesetze keine Rede. Der § 615 B.G.B. hat in dieser Beziehung keinen anderen Inhalt als die §§ 324 Abs. 1. 552. 649 B.G.B. Der Grund der gesetzlichen Bestimmung besteht darin, daß der zur Leistung der Dienste Verpflichtete nicht mehr, als ihm nach dem Vertrage gebührt, erhalten und nicht auf Kosten des Dienstberechtigten einen Gewinn machen soll. Aus Gründen der Billigkeit soll dem Dienstberechtigten gestattet sein, die Anrechnung vorzunehmen.

Vgl. Motive Bd. 2 S. 400 (zum Entw. I. § 518), S. 108 u. S. 463; Planck, Bürgerliches Gesetzbuch § 324 Bem. 2; Schollmeyer, § 324 Bem. 3; Crome, System Bd. 2 § 170 Anm. 32; Seuffert, Archiv Bd. 29 Nr. 22, Bd. 46 Nr. 256.

Der Entscheidungsgrund des Berufungsgerichtes, daß der Verpflichtete, wenn er seine Dienste anderweitig verwende, hierbei nicht für Rechnung des Dienstberechtigten, sondern für eigene Rechnung handele, ist nur in dem Sinne richtig, daß der Verpflichtete sich nicht alles anrechnen zu lassen hat, was er überhaupt mittels seiner Arbeitskraft erwirbt, sondern nur, was er durch anderweitige Verwendung desjenigen Teiles seiner Arbeitskraft erwirbt, welche er dem Dienstherrn zur Verfügung zu stellen verpflichtet war,

vgl. Planck, Bem. 2, b zu § 615 B.G.B.; Urteil des Reichsgerichtes, III. Zivilsenates, vom 12. Juni 1903, Jurist. Wochenschr. Beil. 11 S. 99,

und daß diese Anrechnung nur bis zu dem Betrage der Vergütung stattfindet, welche der Verpflichtete für die infolge des Verzuges nicht geleisteten Dienste zu verlangen berechtigt ist. Im vorliegenden Falle hat der Kläger den Erwerb von 21250 ℳ durch das Gastspiel in New-York im Januar 1903 nur infolge der Tatsache machen können, daß er die Dienste, welche er nach dem mit den Beklagten zu 1 und 3 geschlossenen Anstellungsvertrage während dieses Monates zu leisten gehabt hätte, infolge des Verzuges der Beklagten nicht geleistet hat und nicht zu leisten brauchte. Daß die Arbeits**zeit** während jenes Gastspieles im Januar 1903 eine größere gewesen sei, als im Dienste der Beklagten, ist nicht behauptet worden. Das Berufungsgericht erwägt aber, daß der Kläger sich auf der überseeischen Gastspielreise körperlichen und geistigen Anstrengungen in einem unvergleichlich höheren Maße habe unterwerfen müssen, als wenn er in Berlin geblieben wäre, und daß die Beklagten auf diese **Mehrleistung**, wodurch nur der Verdienst des hohen Gastspielhonorars möglich gewesen, überhaupt kein Recht gehabt hätten. Der Kläger selbst hat dies nicht geltend gemacht, und es fehlt an jeder tatsächlichen Unterlage für die Annahme des Berufungsgerichtes. Es kann deshalb unerörtert bleiben, ob es bei der durch den § 615 B.G.B. vorgeschriebenen Anrechnung des durch anderweitige Verwendung der Dienste erzielten Erwerbes auf das **Maß** der Arbeit bei gleicher Arbeitszeit überhaupt ankommen könnte, und nicht vielmehr lediglich die Tatsache entscheidend ist, daß der anderweite Erwerb in demjenigen **Zeitraum** gemacht worden ist, während dessen der Verpflichtete seine Arbeitskraft dem Dienstherrn zur Verfügung zu stellen hatte. Der Kläger hat auch nicht behauptet, daß aus der New-Yorker Einnahme von 21250 *M* erheblich höhere Ausgaben zu bestreiten gewesen seien, als aus der Einnahme, die er im Dienste der Beklagten gehabt haben würde.

Das Berufungsgericht hat zur Begründung seiner Entscheidung ferner ausgeführt: würden die Beklagten die vor der Gastspielreise des Klägers nach Amerika fälligen Beträge an den Fälligkeitstagen rechtzeitig gezahlt haben, so würde von der Möglichkeit, gegen diese Beträge den späteren Verdienst des Klägers aufzurechnen, nicht gesprochen werden können; die Beklagten könnten aber nicht dadurch einen Vorteil haben, daß sie in der Erfüllung ihrer Vertragspflichten säumig gewesen seien. Diese Ausführung ist nicht zutreffend. In dem unterstellten Falle hätten zwar die Beklagten den späteren Verdienst des Klägers nicht mehr in Anrechnung bringen können; aber der Kläger wäre mit Rücksicht auf die Bestimmung des § 615 B.G.B. auf ihre Kosten **bereichert**, und sie würden wegen des späteren Wegfalles des rechtlichen Grundes ihrer Leistung nach § 812 B.G.B. zur Rückforderung berechtigt sein.

Vgl. Motive zum Entwurfe eines Bürgerlichen Gesetzbuches Bd. 2 S. 208; Staudinger, Kommentar zu § 324 Bem. 6.

Dieses Rückforderungsrecht würde nur dann nicht eintreten, wenn der Dienstberechtigte bei der unterstellten Zahlung von der Existenz des Anspruches auf den späteren Verdienst Kenntnis gehabt hätte (vgl. § 814 B.G.B.). In solchem Falle würde anzunehmen sein, daß der Dienstberechtigte auf das Recht der Anrechnung verzichtet habe. Dieser Gesichtspunkt greift aber hier nicht Platz, da feststeht, daß die Beklagten Zahlung nicht geleistet haben.

Unerheblich ist auch, ob der Vertrag mit dem Direktor C. in New-York schon im Juli 1900 geschlossen ist, und ob das Gastspiel in New-York ursprünglich auf die Monate März und April 1903 verabredet war. Hätte der Kläger dieser Verabredung gemäß das Gastspiel erst im März angetreten, so würde er sich die Einnahmen aus demselben nicht anrechnen zu lassen haben, da die mit den Beklagten 1 und 3 vereinbarte Vertragszeit Ende Januar 1903 abgelaufen war. Da er sich aber mit der Verlegung des Gastspieles auf die Monate Januar und Februar 1903 einverstanden erklärt hat, so fällt die im Monat Januar von ihm erzielte Einnahme in die vorerwähnte Vertragszeit und ist gemäß § 615 B.G.B. auf die eingeklagte Gehaltsforderung in Anrechnung zu bringen.

Hiernach war die im Urteile des Landgerichtes ausgesprochene Klagabweisung gerechtfertigt." ...

---

103. Kann eine verspätet zugegangene Willenserklärung als rechtzeitig zugegangen angesehen werden, wenn der Empfänger das rechtzeitige Zugehen arglistig oder schuldhaft verhindert hat?

B.G.B. §§ 130. 148. 149.

V. Zivilsenat. Urt. v. 13. Juli 1904 i. S. J. (Bekl.) w. Nordd. Kreditbank (Kl.). Rep. V. 48/04.

I. Landgericht Danzig.
II Oberlandesgericht Marienwerder.

Auf einem einer Frau G. gehörenden Grundstücke standen folgende Hypotheken eingetragen: 4000 *M* für N., 2000 *M* für Frau F. und

8000 *M* für die Klägerin. Am 7. April 1902 richtete der Beklagte an die Klägerin folgendes schriftliche Angebot:

„Hierdurch biete ich Ihnen auf die für Sie eingetragenen 8000 *M* nebst den vorgehenden 6000 *M* den Betrag von 7000 *M* ... An dieses Gebot halte ich mich bis Mittwoch d. 9. ct. abends festgebunden."

Am 9. April nachmittags beförderte die Klägerin einen eingeschriebenen, durch Eilboten zu bestellenden Brief an den Beklagten zur Post, in dem sie ihre Annahme erklärte. Da der Beklagte nicht zu Hause war, waren mehrfache Versuche des Postboten, ihm den Brief zu behändigen, fruchtlos. Erst am folgenden Tage gelang die Behändigung; der Beklagte erklärte jedoch der Klägerin noch an demselben Tage, daß er an die Offerte nicht mehr gebunden sei. Die Klägerin war dagegen der Ansicht, daß der Vertrag über die Abtretung der drei Hypotheken zustande gekommen sei, da der Beklagte keinen Empfangsbevollmächtigten bestellt und das Zugehen der Annahmeerklärung arglistig oder schuldhaft verhindert habe. Es kam zum Prozeß, in dem diese Streitfrage vom ersten Richter zugunsten des Beklagten, vom Berufungsrichter zugunsten der Klägerin entschieden wurde. Das Reichsgericht ist dem Berufungsgerichte beigetreten.

Aus den Gründen:

... „Der Beklagte war an seinen Antrag bis zum Abend des 9. April 1902 gebunden. Bis dahin mußte ihm die Annahmeerklärung der Klägerin zugehen (§ 130 B.G.B.), widrigenfalls der Vertrag nicht zustande kam (§ 148 B.G.B.). Wählt der Annehmende, wie hier die Klägerin, für ihre Erklärung das Mittel eines Briefes, so ist die Annahmeerklärung dem Anbietenden zugegangen, sobald der Brief in verkehrsüblicher Weise in seine oder seines Vertreters tatsächliche Verfügungsgewalt gelangt, und ihm dadurch die Möglichkeit der Kenntnisnahme verschafft ist (Entsch. des R.G.'s in Zivils. Bd. 50 S. 194). Es genügt, wenn der Brief in Abwesenheit des Adressaten einem Familienangehörigen oder einem Dienstboten abgeliefert wird oder sonst in seinen Machtbereich (z. B. in den an seiner Wohnungstür angebrachten Briefkasten) gelangt (Entsch. des R.G.'s in Zivils. Bd. 56 S. 263). Im vorliegenden Falle ist der Brief mit der Annahmeerklärung der Klägerin dem Beklagten am 9. April nicht zugegangen. Die mehrfachen fehlgeschlagenen Versuche der Bestellung erfüllten nicht den Begriff des Zugehens, da sie dem Beklagten nicht die Möglichkeit gaben, von der Annahmeerklärung Kenntnis zu erlangen. Erst am 10. April, also verspätet, ist dem Beklagten die Annahmeerklärung der Klägerin zugegangen. Die Klägerin ist der Ansicht, daß der Vertrag trotz der Verspätung zustande gekommen sei, weil — wie sie behauptet — der Beklagte das rechtzeitige Zugehen arglistig (durch Abwesenheit von Hause) gehindert oder das nicht rechtzeitige Zugehen verschuldet habe. Der Berufungsrichter hat den hinsichtlich der Arglist erbotenen Beweis nicht erhoben. Er ist der Ansicht, daß sich auf die Versäumung einer Frist nicht berufen könne, wer selbst den Grund dazu gegeben habe. Die Revision führt dagegen aus, daß die Rechtzeitigkeit des Zuganges einer Willenserklärung — abgesehen von dem nicht vorliegenden Falle des § 149 B.G.B. — niemals fingiert werden, daß vielmehr nur eine Schadensersatzpflicht des Beklagten in Frage kommen könne. Diese Streitfrage ist in der Literatur lebhaft erörtert worden.

Vgl. Titze, in Ihering's Jahrb. für die Dogm. Bd. 47 S. 445, der eine erschöpfende Übersicht der sonstigen Literatur über diese Frage gibt.

Überall tritt in ihr das Bestreben zutage, die Unzuträglichkeiten, die sich aus der im § 130 B.G.B. angenommenen Empfangstheorie für den Rechtsverkehr ergeben können, zu beseitigen. Für den vorliegenden Fall scheidet die Frage, ob unter Umständen das Zugehen einer überhaupt nicht zugegangenen Annahmeerklärung fingiert werden könne, aus, weil die Annahmeerklärung der Klägerin dem Beklagten — wenn auch verspätet — zugegangen ist. Die Untersuchung hat sich darauf zu beschränken, ob eine verspätet zugegangene Erklärung unter Umständen als rechtzeitig zugegangen zu gelten hat. Als Umstände, die diesen Erfolg haben könnten, kommen für den vorliegenden Fall nur solche in Betracht, die sich in der Person des Beklagten ereignet haben; wobei jedoch nicht ganz außer acht gelassen werden darf, daß das Gesetz (§ 149 B.G.B.) beim Vorliegen anderer Umstände diese Fiktion aufstellt. Dergleichen Umstände, die in der Person des Adressaten ihren Grund haben, können durch Arglist, durch Verschulden oder durch Zufall herbeigeführt sein. Für den Fall der Arglist muß die Fiktion der Rechtzeitigkeit des Zugehens für begründet erachtet werden. Nach den §§ 162 und 815 B.G.B. gelten eine Bedingung und ein mit einer Leistung bezweckter Erfolg als eingetreten, wenn der Eintritt wider Treu und Glauben vereitelt ist. Diese Bestimmungen sind nicht Ausnahmevorschriften, sondern Einzelanwendungen des das Bürgerliche Gesetzbuch beherrschenden Grundsatzes von Treu und Glauben. Ihre entsprechende Anwendung auf Fälle der vorliegenden Art ist demnach nicht ausgeschlossen, sondern geboten. Arglistige Vereitelung hat der Berufungsrichter nicht festgestellt, wohl aber Verschulden des Beklagten. Für den Fall des Verschuldens passen jene Anwendungsfälle des allgemeinen Grundsatzes von Treu und Glauben nicht; aber der Grundsatz ist eben auf jene Anwendungsfälle nicht beschränkt, sondern beherrscht den ganzen rechtsgeschäftlichen Verkehr. Wer die Verspätung des Zugehens einer für ihn bestimmten Willenserklärung verschuldet hat, hat dadurch freilich nicht gegen Treu und Glauben verstoßen; wohl aber handelt er gegen Treu und Glauben, wenn er aus seinem Verschulden zum Nachteile des anderen einen Vorteil herleiten will. Vgl. Urteil des R.G.'s in der Jurist. Wochenschr. 1904 S. 53 Nr. 4. Ob — wofür das Gesetz keinen Anhalt zu bieten scheint — das gleiche auch anzunehmen wäre, wenn die Verspätung des Eingehens in einem Zufalle ihren Grund hat, der sich in der Person des Adressaten ereignet hat, braucht für den vorliegenden Fall nicht untersucht zu werden.

Das Verschulden des Beklagten hat der Berufungsrichter ausreichend und ohne Rechtsnormverletzung festgestellt. Freilich wäre ein gewöhnlicher Brief durch Einwerfen in den an der Wohnung des Beklagten angebrachten Briefkasten dem Beklagten rechtzeitig zugegangen. Der eingeschriebene Brief konnte nach § 39 Nr. VII (Abschnitt V Abt. I) der Postordnung vom 20. März 1900 bei Abwesenheit des Beklagten nur an ein erwachsenes Familienmitglied oder an einen Bevollmächtigten des Beklagten ausgehändigt werden, und solche Personen waren zur erheblichen Zeit in der Wohnung des Beklagten nicht vorhanden. Mit Recht nimmt der Berufungsrichter aber an, daß der Beklagte damit rechnen mußte, daß die Klägerin im vorliegenden Falle ihre Erklärung durch einen eingeschriebenen Brief senden werde. Der Beklagte hatte am 8. April 1902 um Entbindung von seiner Offerte gebeten und darauf nach seiner Behauptung die Antwort erhalten, daß sein Anliegen dem Direktor Bomke mitgeteilt werden würde. Mit Rücksicht darauf, daß der Beklagte hiernach zu erkennen gegeben hatte, er möchte von seinem Angebote frei werden, mußte er allerdings damit rechnen, daß die

Klägerin sich den Beweis des Zugehens ihrer Annahmeerklärung sichern und zu diesem Behufe das Einschreiben des Briefes wählen werde. Jedenfalls liegen diese Ausführungen auf dem den Angriffen durch die Revision verschlossenen Tatsachengebiete." ...

---

104. Ist die im § 833 B.G.B. bestimmte Haftung des Tierhalters ausgeschlossen, wenn die Verletzung bei Vornahme von Verrichtungen an oder mit dem Tiere erfolgt ist, zu denen sich der Verletzte dem Tierhalter vertragsmäßig verpflichtet hatte?

VI. Zivilsenat. Urt. v. 13. Juli 1904 i. S. J. (Bekl.) w. M. (Kl.). Rep. VI. 199/04.

I. Landgericht I Berlin.
II. Kammergericht daselbst.

Der Kläger, der berufsmäßig Pferde von Rennstallbesitzern für Trabrennen trainierte, hatte zu diesem Zweck im Februar 1902 vom Beklagten ein Pferd in Wartung und Pflege erhalten. Als er im März 1902 mit dem vor einem Trainerwagen gespannten Pferde fuhr, wurde es scheu und ging durch; der Kläger wurde aus dem Wagen gegen eine Baumwurzel geschleudert und schwer verletzt, der ihm gehörige Wagen samt Geschirr geschädigt. Auf Grund von § 833 B.G.B. verlangte er vom Beklagten Schadensersatz. Das Landgericht wies die Klage ab; das Kammergericht aber erklärte den Klaganspruch dem Grunde nach für gerechtfertigt. Auf die Revision des Beklagten ist das Berufungsurteil aufgehoben, und die Sache an das Berufungsgericht zurückverwiesen worden, aus folgenden

Gründen:

... „Der Beklagte hat in den Vorinstanzen eingewendet, die Vorschrift im § 833 B.G.B. könne nur Anwendung finden, wo nicht schon ein anderes Rechtsverhältnis die Beziehungen zwischen dem Geschädigten und dem Tierhalter geregelt habe. Dies sei aber hier der Fall. Der Kläger habe dadurch, daß er das Pferd zum Trainieren übernommen habe, vertragsmäßig auch alle diejenigen Gefahren auf sich genommen, die mit dem Trainieren verbunden seien. Die gerichtlichen Sachverständigen würden bestätigen, daß nach der Verkehrssitte durch den Vertrag mit dem Trainer die Haftung für Tierschaden ausgeschlossen werde. Das Berufungsgericht hat diesen Einwand mit folgender Begründung zurückgewiesen. Wäre die Ansicht des Beklagten zutreffend, so müsse der Anspruch auf Ersatz des Tierschadens auch dem Knecht versagt werden, der bei einer Verrichtung mit oder an dem Tiere Schaden leide. Allein das Reichsgericht habe hier in dem in den Entscheidungen in Zivils. Bd. 50 S. 249 flg. abgedruckten Urteile die Haftung für den Tierschaden ausdrücklich bejaht, und doch handle es sich hier wie dort um die Tätigkeit aus dem Dienstvertrage, bei dessen Erfüllung der Schade sich zugetragen habe. Die größere Selbständigkeit oder Unselbständigkeit des Bediensteten könne keinen Unterschied begründen, und es sei auch nicht anzuerkennen, daß die Vertragsabsicht dort weiter gehe, als hier. Das Entgelt werde für die Leistung gezahlt, nicht für die Gefahr; diese werde regelmäßig gar nicht, und auch nicht stillschweigend, in den Kreis der Berechnung gezogen. Unbedenklich habe der Beklagte die Haftung für Tierschaden durch besondere Abrede mit dem Trainer ausschließen können; allein das sei hier weder ausdrücklich, noch nach den Umständen des Falles auch nur stillschweigend geschehen. Auch der im Sinne des § 834 B.G.B. mit der Aufsicht über ein Tier beauftragten Person stehe ein Ersatzanspruch aus § 833 zu. Der Aufsichtspflichtige habe zwar den Entschuldigungsbeweis zu führen; aber er hafte grundsätzlich nur im Falle schuldhaften Verhaltens. Freilich sei er dem Tierhalter ersatzpflichtig, aber nur dann, wenn er überhaupt hafte, und nur deshalb, weil ihm alsdann die Verabsäumung einer Vertragspflicht zur Last falle. Die Möglichkeit, einer solchen Regreßpflicht bei Schädigung eines Dritten schließe aber im Falle eigener Schädigung den Ersatzanspruch des Aufsichtspflichtigen nicht aus. Der Tierhalter hafte ihm, soweit im Einzelfalle das Rechtsverhältnis nicht durch den Vertrag beeinflußt werde.

Die Revision macht demgegenüber geltend: es sei unzutreffend, das Verhältnis des Kutschers oder des Knechtes zu seinem Herrn mit dem Verhältnis des Trainers zu dem Rennstallbesitzer auf die gleiche Stufe zu stellen. Das Dienstpersonal stelle lediglich seine Arbeitskraft in den Dienst des Tierhalters; der Trainer aber übernehme die Zurichtung von Pferden zu Rennzwecken, und demgemäß berufsmäßig die damit verbundenen Gefahren. Diese Gefahrübernahme sei in dem Vertragsabschlusse enthalten. Nach der in den beteiligten Kreisen herrschenden Verkehrsauffassung sei sie selbstverständlich, eine ausdrückliche Abrede darüber daher nicht erforderlich. Ein Trainer, der die Gefahrübernahme ablehnen würde, würde seinen Beruf nicht ausüben können; er würde nicht engagiert werden. Der Beklagte habe die behauptete Verkehrsauffassung und Verkehrssitte unter Beweis gestellt. Dieses Beweiserbieten stehe der Auffassung des Berufungsgerichtes direkt entgegen; es habe daher nicht unberücksichtigt bleiben dürfen.

Der Revision konnte der Erfolg nicht versagt werden. Ob und inwieweit die auf dem Gesetz beruhende Haftung des Tierhalters ausgeschlossen ist, wenn sich ihm jemand vertragsmäßig verpflichtet hat, gewisse Verrichtungen an oder mit dem Tiere vorzunehmen, und bei diesen Verrichtungen verletzt wird, ist in erster Linie nach dem Inhalte des abgeschlossenen Vertrages zu beurteilen. Deswegen ist es von vornherein verfehlt, wenn das Berufungsgericht annimmt, daß, weil dem Kutscher, der während einer Dienstverrichtung vom Pferde verletzt wird, der Ersatzanspruch nach § 833 B.G.B. zusteht, dies auch von dem beim Trainieren verletzten Trainer gelten müsse. In der vom Berufungsgericht angezogenen Entscheidung des erkennenden Senates ist dargelegt worden, daß, wenn ein zur Dienstleistung Verpflichteter in Anlaß seiner Dienstverrichtung an einem Tier von diesem verletzt worden ist, ohne daß ihn selbst ein Verschulden trifft, und ohne daß andererseits dem Dienstberechtigten irgendwie die Versäumung einer Vertragspflicht zur Last fiele, die eingetretene Beschädigung außerhalb der kontraktlichen Beziehungen steht. Um einen zu solchen Dienstleistungen Verpflichteten handelt es sich vorliegenden Falles nicht. Während der Kutscher und der Knecht nur einzelne Arbeiten an oder mit dem Pferde zu verrichten haben, eine unselbständige Stellung dem Tier gegenüber einnehmen, dieses nicht unter ihrer allein maßgebenden Herrschaft haben, vielmehr der Aufsicht der Dienstherrschaft unterstehen und deren Anweisungen befolgen müssen, verfolgen die Leistungen des Trainers einen bestimmten Zweck; er bekommt das Pferd in seine unbedingte Herrschaft, um es abzurichten; wie er diesen Zweck erreicht, wann, wie oft und auf welche Zeit das Pferd einzuspannen ist, ist lediglich seinem Ermessen, seinen Kenntnissen und seiner Erfahrung überlassen; das Pferd steht lediglich in seiner Gewalt und ist dem Einfluß des Tierhalters entzogen. Es ist daher unzutreffend, wenn das Berufungsgericht die Tätigkeit des Trainers auf die gleiche Stufe stellt, wie die derjenigen Personen, die sich mit der Wartung von Haustieren befassen; und wenn es andererseits betont, daß der Unterschied hauptsächlich in der größeren Gefahr liege, der sich der Trainer unterziehe, so bietet gerade dieses Argument einen Anhalt für die Annahme, daß es in der Absicht der Vertragschließenden gelegen hat, eine Haftung des Beklagten für diejenigen Gefahren auszuschließen, denen der Kläger infolge der Erfüllung der vertragsmäßig übernommenen Pflichten ausgesetzt sein würde. Um so weniger ist es gerechtfertigt, daß das Berufungsgericht die unter Beweis gestellte Behauptung, daß nach der Verkehrssitte der Trainer die Gefahr trage, und daß durch den Vertrag mit ihm die Haftung seines Kontrahenten für Tierschaden ausgeschlossen werde, unberücksichtigt gelassen hat.

Aber auch wenn der Kläger dadurch, daß er das Pferd vom Beklagten zum Trainieren übernommen hat, die Tragung der damit verbundenen Gefahren dem Beklagten gegenüber nicht auf sich genommen haben sollte, ist der zwischen den Parteien abgeschlossene Vertrag von Bedeutung für die Frage, ob, oder doch in welchem Umfang der Beklagte dem Kläger den diesem durch das Pferd zugefügten Schaden zu ersetzen hat. Nach den vom Berufungsgericht getroffenen Feststellungen kann es keinem Zweifel unterliegen, daß der Kläger durch den Vertrag die Führung der Aufsicht über das Pferd übernommen hat. Dies steht an und für sich dem auf Grund des § 833 erhobenen Schadensersatzanspruch nicht entgegen. Da sich aber das Pferd der dem Kläger obliegenden Aufsicht entzogen und in diesem Zustande ihm den Schaden zugefügt hat, so liegt nach dem objektiven Sachstande eine Vertragsverletzung auf seiten des Klägers vor, auf die die Schadenszufügung zurückzuführen ist. Demgegenüber ist es nach allgemeinen Vertragsgrundsätzen Sache des Klägers, darzulegen und nachzuweisen, daß er, obgleich sich das Tier seiner Aufsicht entzogen hat, bei Führung der Aufsicht die ihm nach dem Vertrag obliegende Sorgfalt beobachtet, daß er also seine Vertragspflicht erfüllt habe, oder daß der Mangel an Aufsicht für den Eintritt des Schadens nicht kausal gewesen sei. Erbringt er diesen Nachweis nicht, so muß angenommen werden, daß er seine Vertragspflicht schuldhaft verletzt, daß somit bei der Entstehung des Schadens ein Verschulden auf seiner Seite mitgewirkt hat, und es könnte ihm Ersatz des erlittenen Schadens, wenn überhaupt, nur unter Berücksichtigung der Vorschrift in §. 254 B.G.B. zugesprochen werden. Es ist daher rechtsirrtümlich, wenn das Berufungsgericht am Schlusse seiner Ausführungen davon ausgeht, daß der Beklagte dem Kläger die schuldhafte Verletzung einer Vertragspflicht nachweisen müsse." ...

---

105. Nach welchen Grundsätzen ist, wenn der Konkursverwalter eine Anfechtungsklage angestellt hat, der Konkurs aber vor rechtskräftiger Beendigung des Prozesses durch Zwangsvergleich aufgehoben ist, und der Rechtsstreit zwischen dem bisherigen Gemeinschuldner und dem Beklagten der Kosten wegen fortgesetzt wird, über diese zu entscheiden?
Z.P.O. § 91.

VII. Zivilsenat. Beschl. v. 13. Juli 1904 i. S. A. (Bekl.) w. H. (Kl.). Beschw.-Rep. VII. 180/04.

I. Landgericht Essen.
II. Oberlandesgericht Hamm.

Gründe:

„Am 10. Oktober 1901 wurde über das Vermögen des Pferdehändlers H. in E. das Konkursverfahren eröffnet. Derselbe hatte laut Urkunde vom 19. September 1901 an diesem Tage von seiner Forderung an G. v. L. einen Teilbetrag von 3000 ℳ dem Beklagten abgetreten. Der Konkursverwalter focht die Abtretung an. Er behauptete, der Gemeinschuldner habe bei Vornahme derselben seine Zahlungen schon eingestellt gehabt, viele Wechsel zu Protest gehen lassen, sei auch fortgesetzt verklagt und mit Zwangsvollstreckungen verfolgt, auch habe der Beklagte bei Entgegennahme der Abtretung von allen diesen Verhältnissen Kenntnis gehabt. Ein der Forderung entsprechender Geldbetrag befand sich in den Händen eines mit der Regelung der v. L.'schen Angelegenheiten betrauten Notars. Der

Antrag des Konkursverwalters ging dahin, den Beklagten zu verurteilen, anzuerkennen, daß die Zession unwirksam sei, und in die Auszahlung der 3000 ℳ an ihn zu willigen.

Der Beklagte beantragte Abweisung der Klage. Er bestritt die Zahlungseinstellung des H., und eventuell seine Kenntnis von dieser.

Durch Urteil der ersten Instanz wurde dem Klagantrage entsprochen.

Der Beklagte legte durch Schriftsatz vom 29. Mai 1903 Berufung ein. Das Konkursverfahren über das Vermögen des H. wurde durch Zwangsvergleich vom 23. September 1903 beendigt. Der Beklagte ließ nunmehr den Gemeinschuldner persönlich zur Fortsetzung des Rechtsstreites laden. Im Verhandlungstermine stellte er den Antrag, die Hauptsache für erledigt zu erklären und dem Kläger die Kosten aufzuerlegen, während der bisherige Gemeinschuldner H. beantragte, die Kosten dem Berufungskläger aufzuerlegen.

Durch Urteil des Berufungsgerichtes wurde das der ersten Instanz dahin abgeändert:

„Die Hauptsache wird für erledigt erklärt.

Die Kosten des Verfahrens werden dem Kläger auferlegt."

Kläger hat sofortige Beschwerde eingelegt mit dem Antrage, das Urteil des Oberlandesgerichtes abzuändern und die Kosten dem ... A. aufzuerlegen. Von dem letzteren ist Zurückweisung der Beschwerde beantragt.

Nach § 99 Abs. 3 Z.P.O., welcher bestimmt, daß, wenn eine Entscheidung in der Hauptsache nicht erfolgt, gegen die Entscheidung über den Kostenpunkt sofortige Beschwerde stattfindet, muß das eingelegte Rechtsmittel als zulässig erscheinen. Zwar ist in der Urteilsformel ausgesprochen, daß die Hauptsache erledigt sei; allein da in dieser Richtung keinerlei Streit herrschte, so kann dem Ausspruche nicht die Bedeutung einer Entscheidung, sondern nur die einer Konstatierung der vorhandenen Sachlage beigemessen werden." ...

Die Beschwerde ist auch für begründet erachtet. Es heißt weiter:

„Der im Kostenpunkte vom Berufungsrichter getroffenen Entscheidung liegen folgende Erwägungen zugrunde:

Da das Konkursverfahren durch den Zwangsvergleich sein Ende gefunden habe, so fehle es für den Anfechtungsprozeß an der nötigen Grundlage. Der Anfechtungsanspruch sei mithin zur Zeit der Erlassung des Urteils nicht mehr begründet. Das gegenstandslos gewordene Anfechtungsrecht könne aber auch nicht mehr in Ansehung des Kostenpunktes fortwirken. Fehle es dem Kläger an der Möglichkeit, mit der Hauptsache durchzudringen, so folge daraus, daß der Beklagte mit Erfolg dem Anfechtungsrechte widerspreche, also in der Hauptsache obsiegen würde, wenn Kläger einen Antrag auf Unwirksamkeitserklärung gestellt hätte. Als unterliegende Partei sei deshalb der Kläger anzusehen.

Diese, vom Beschwerdeführer mit Hinweis auf S. 34 der Jurist. Wochenschr. von 1904 bekämpften, Erwägungen können für zutreffend nicht erachtet werden.

Durchgreifend ist, daß die Hauptsache ohne Urteil ihre Erledigung gefunden hat. In Fällen solcher Art ist der § 91 Z.P.O., welchem gemäß die unterliegende Partei die Kosten des Rechtsstreites zu tragen hat, nicht seinem strengen Wortlaute nach, sondern in einer dem Grundprinzip des Gesetzes unmittelbar entsprechenden Gestalt zur Anwendung zu bringen. Als Grundprinzip aber erscheint, daß der Teil die Kosten zu tragen hat, der sich im Unrecht befindet. Hat eine Entscheidung in der Hauptsache stattgefunden, so wirkt diese kraft ihrer gesetzlichen Bedeutung auf die Kostenfrage zurück; derjenige ist unterliegender Teil, gegen welchen erkannt ist. Im anderen Falle muß für den Zweck der Entscheidung über den Kostenpunkt geprüft werden, zu wessen Ungunsten entschieden sein würde, wenn eine Entscheidung erfolgt wäre, und dieser ist als unterliegender Teil aufzufassen und zu behandeln.

Die Beendigung des Rechtsstreites zur Hauptsache ohne Urteil findet ihre formelle prozessuale Grundlage in den die geschehene Erledigung aussprechenden ausdrücklichen oder stillschweigenden Erklärungen der Parteien, welche ihre rechtliche Wirksamkeit aus dem Verfügungsrecht der Parteien schöpfen. Damit steht im Einklang, daß grundsätzlich für die Frage von Recht und Unrecht die Sachlage vor dem Zeitpunkte maßgebend sein muß, an welchem das nach Annahme der Parteien eine Entscheidung in der Hauptsache untulich oder unnötig machende, der Entwickelung des materiellen Rechtsverhältnisses angehörende Ereignis eingetreten ist. Hat in einem eine Forderung betreffenden Prozesse während des Laufes desselben Befriedigung des Klägers stattgefunden, so ist zu untersuchen, ob, wenn sie unterblieben wäre, infolge Begründetheit des Anspruches an sich und Grundlosigkeit der etwa erhobenen Einreden nach dem Klagantrage hätte erkannt werden müssen, oder die Klage abzuweisen gewesen wäre. Im erstern Falle kann die Befriedigung, durch welche der Kläger den mit der Klage verfolgten Zweck erreicht hat, wenn die Befriedigung von ihm sofort als wirksam anerkannt ist, also seitdem kein Streit mehr herrschte, nicht dahin führen, ihn als unterliegend deshalb zu betrachten, weil eine Forderung jetzt nicht mehr besteht. Das gleiche muß bei einer während des Rechtsstreites erfolgenden Aufrechnung gelten, sofern diese nicht mit einer vor Beginn des Rechtsstreites bereits begründet und zur Aufrechnung geeignet gewesenen Gegenforderung erfolgt, indem im letzteren Falle die rückwirkende Kraft der Aufrechnung zu einem abweichenden Resultate führen kann. Wenn während des Ehescheidungsprozesses einer der Eheleute stirbt (§ 628 Z.P.O.), und damit das den Gegenstand des Streites bildende Rechtsverhältnis in Wegfall kommt, so kann für die Kostenfrage nur maßgebend sein, welches Ergebnis der Prozeß gehabt haben würde, wenn er zu Ende hätte geführt werden können. Hier tritt noch die Besonderheit ein, daß kraft Gesetzes „der Rechtsstreit" in Ansehung der Hauptsache als erledigt anzusehen ist. Abgesehen hiervon muß der gleiche Gesichtspunkt Platz greifen, wenn während eines Streites über eine Sache diese untergeht, ohne daß dies von der einen oder anderen Seite in irgendeiner Art zu vertreten ist.

Fälle der hier vorliegenden Art sind ebenso zu beurteilen. Parteistellung im Anfechtungsprozesse hatte der Gemeinschuldner nicht und konnte sie nicht haben. Das Anfechtungsrecht ist im Interesse der Konkursgläubiger gewährt. Mag man diese als seine Träger betrachten, indem man etwa davon ausgeht, daß ihnen, obwohl sie im übrigen nicht zusammengefaßt als Rechtspersönlichkeit erscheinen, doch für den speziellen Zweck der Inhaberschaft des Anfechtungsrechtes, dessen Ausübung stets dem Konkursverwalter zusteht, Persönlichkeitsrechte verliehen sind, oder aber daß der Verwalter Inhaber des Rechtes ist, in jedem Falle hatte der Gemeinschuldner seinerseits keinen Teil an demselben. Selbst im Kostenpunkte nimmt er Parteistellung nicht ein. Wenn auch der Prozeß vom Konkursverwalter für Rechnung der Masse geführt wird, und infolge davon der Gemeinschuldner Träger der eventuellen Erstattungspflicht wie des eventuellen Erstattungsanspruches ist, so betrifft dies doch nur das materiellrechtliche Verhältnis, und Inhaber der Parteistellung ist auch insoweit der Konkursverwalter kraft seines selbständigen Verfügungsrechtes. Erst mit der Aufhebung des Konkurses erlangt er Parteistellung in bezug auf die Kostenfrage, indem mit Wegfall des Konkursverwalters und seines Verfügungsrechtes der bisherige Gemeinschuldner nunmehr im Prozesse eine seinen materiellen im Rechtsstreite befangenen Verbindlichkeiten und Ansprüchen gemäße Stellung erhält.

Vgl. Entsch. des R.G.'s in Zivils. Bd. 52 S. 330.

Mit der Aufhebung des Konkurses aber ist zugleich der Anfechtungsprozeß, da ein Träger des Anfechtungsrechtes nicht mehr existiert, gegenstandslos geworden, zugleich auch seine formale Voraussetzung beseitigt. Wie die Hauptsache den Gemeinschuldner während des Konkurses nicht berührte, so tritt er nach der Beendigung dieses nur im Kostenpunkte in die prozessuale Parteistellung ein. Nur diejenige Sachlage kann in diesem Punkte für ihn maßgebend sein, welche bestand, als der Prozeß in der Hauptsache noch vorhanden war, und als derselbe zwischen dem Verwalter einerseits und dem Anfechtungsbeklagten andererseits geführt wurde. Insbesondere kann der Gesichtspunkt der Rückwirkung für keines der oben hervorgehobenen Momente geltend gemacht werden. War der Anfechtungsanspruch zulässig und begründet, so mußte der Beklagte ihm genügen; er durfte insbesondere nicht durch unbegründeten Widerspruch Prozeßkosten herbeiführen, und seine materiell gegebene Kostenerstattungspflicht kann nicht infolge des Umstandes, daß der Anfechtungsprozeß als solcher gegenstandslos geworden ist, in Wegfall kommen. Entscheidend zu seinen Gunsten ist auch nicht, daß der Beklagte, falls die Anfechtungsklage Erfolg gehabt hätte, etwa berechtigt gewesen wäre, den Gemeinschuldner wegen Entziehung des ihm veräußerten Objektes durch den Konkursverwalter regreßpflichtig zu machen; denn es handelt sich hier tatsächlich um solche Kosten, welche der Beklagte, wenn der Anfechtungsanspruch begründet war, durch unberechtigten Widerspruch hervorgerufen, also sich selbst zuzuschreiben hat.

Vgl. Seuffert, Konkursprozeßrecht § 37 S. 229; Jäger, Kommentar zur Konkursordnung Bem. 24 zu § 29 S. 236; v. Wilmowski-Kurlbaum, Konkursordnung Bem. 12 zu § 29.

Es kommt hiernach auf die Frage an, ob die Anfechtungsklage, wenn der Konkurs nicht vor der Entscheidung über sie beendet wäre, Erfolg gehabt haben würde. In dieser Richtung ist den Gründen des ersten Richters, welcher der Klage stattgegeben hatte, beizutreten."...

---

106. Kann der Verkäufer bei einem Sukzessivlieferungsvertrage, wenn der Käufer mit der Spezifikation fälliger Raten im Verzuge ist, Schadensersatz wegen Nichterfüllung auch der noch nicht fälligen Raten verlangen?

H.G.B. § 375 Abs. 2.
B.G.B. § 326.

II. Zivilsenat. Urt. v. 14. Juli 1904 i. S. R. (Bekl.) w. F. P. & Co. (Kl.). Rep. II. 544/03.

I. Landgericht Dortmund, Kammer für Handelssachen.
II Oberlandesgericht Hamm.

Die Frage wurde bejaht aus folgenden

Gründen:

„Das Berufungsgericht hat den Brief vom 8. November 1900, wodurch die Beklagte zur Spezifikation der fälligen Raten aufgefordert worden ist, in dem Sinne ausgelegt, daß die Mahnung zur Spezifikation sich nur auf die damals fälligen Raten bezogen habe, daß aber für den Fall, daß die Beklagte nicht innerhalb der bestimmten Frist von drei Tagen vertragsgemäß spezifiziere, die Ablehnung nachträglicher Spezifikation sowie Schadensersatz wegen Nichterfüllung des ganzen Vertrages angedroht worden sei. Unter näherer Darlegung der Gründe ist ausgeführt, daß der Brief in diesem Sinne von der Klägerin sowohl als auch von der Beklagten verstanden worden sei. Im Anschlusse hieran ist erwogen, die Beklagte habe die Schadensersatzpflicht bezüglich des ganzen Vertrages dadurch abwenden können, daß sie die fälligen Raten spezifizierte. Da sie aber dies nicht getan habe, so sei sie mit der ihr obliegenden Leistung in Verzug geraten, und dieser Verzug mit der Teilleistung berechtige die Klägerin kraft der einheitlichen Natur des Sukzessivlieferungsvertrages, ungeachtet der

Spezifikationstermine, wegen der gesamten Vertragsmenge die Rechte aus § 375 H.G.B. und § 326 B.G.B. geltend zu machen." ... (Es folgen nicht interessierende Ausführungen.)

„Nach § 375 Abs. 2 H.G.B. hat der Verkäufer, wenn der Käufer mit der Verpflichtung, zu spezifizieren, im Verzuge ist, unter anderem das Recht, gemäß § 326 B.G.B. Schadensersatz wegen Nichterfüllung zu fordern oder vom Vertrage zurückzutreten. Der von dem Berufungsgerichte aufgestellte Grundsatz, daß der Verkäufer bei Verzug des Käufers in der Spezifikation der fälligen Raten zufolge der einheitlichen Natur des Sukzessivlieferungsvertrages Schadensersatz nicht bloß wegen der fälligen, sondern bezüglich der sämtlichen noch restierenden Raten fordern könne, ist rechtlich nicht zu beanstanden und auch von der Revisionsklägerin nicht angefochten. Freilich gehen in der Rechtslehre die Ansichten über die Wirkungen des Verzuges in der Erfüllung einzelner Raten der Sukzessivlieferungsverträge auseinander. Von Düringer und Hachenburg (Handelsgesetzbuch Bd. 2 S. 174 u. 175) wird die Meinung vertreten, in dem Falle, daß es sich um Teilleistungen handele, von denen jede für sich ein Interesse für den Gläubiger habe, könne er beim Verzuge des Schuldners mit der einen nicht schon die noch nicht fälligen ablehnen und für die letzteren nicht ohne den Nachweis besonderer Umstände Schadensersatz statt der Erfüllung fordern.

Vgl. Makower, Handelsgesetzbuch 12. Aufl. S. 1132 u. 1133; Staub, Handelsgesetzbuch, Exkurs zu § 374 Anm. 118 flg.; Neumann, Handausgabe des Bürgerlichen Gesetzbuches Bd. 1 S. 263 flg.

Unter der Herrschaft der Artt. 354—356 und 359 H.G.B. a. F. war es in der Rechtsprechung des Reichsoberhandelsgerichtes sowohl als auch des Reichsgerichtes feststehender Grundsatz, daß bei Zahlungs- oder Lieferungsverzug hinsichtlich einer Rate der Gläubiger stets das Recht habe, den Verzug als gänzliche Nichterfüllung des Vertrages zu behandeln und nach seiner Wahl vom Vertrage, soweit er noch nicht erfüllt war, abzugehen, oder Schadensersatz wegen der sämtlichen noch ausstehenden Raten zu verlangen.

Vgl. Entsch. des R.O.H.G.'s Bd. 2 S. 84, Bd. 9 S. 19, Bd. 13 S. 104, Bd. 16 S. 192. 202; Entsch. des R.G.'s in Zivils. Bd. 39 S. 58; Jurist. Wochenschr. 1896 S. 153 Nr. 38.

Weder im Bürgerlichen Gesetzbuche noch im Handelsgesetzbuche ist der Verzug bei Sukzessivlieferungsverträgen Gegenstand besonderer gesetzlicher Regelung. Auch in den Vorarbeiten hat er keine besondere Berücksichtigung gefunden. Vielmehr enthält die Denkschrift zum Handelsgesetzbuche S. 240 nur die allgemeine, auf Verträge aller Art bezügliche Bemerkung:

„Der Art. 359 H.G.B. enthält noch eine sowohl für Fixgeschäfte als für andere Geschäfte geltende Bestimmung über die Wirkungen des Verzugs im Falle teilweiser Nichterfüllung. Auch dieser Artikel ist in den Entwurf nicht aufgenommen, da in der gedachten Beziehung künftig die Vorschriften des Bürgerlichen Gesetzbuchs (§ 326 Abs. 1 Satz 3) Anwendung zu finden haben."

Auf den vorliegenden Fall findet jedenfalls der allgemeine Grundsatz des § 326 Abs. 1 Satzes 2 B.G.B. Anwendung. Der § 326 Abs. 1 Satz 3 trifft Bestimmung nur für den Fall, daß die Leistung bis zum Ablaufe der bestimmten Frist teilweise nicht bewirkt wird. Für diesen Fall erklärt er die Vorschrift des § 325 Abs. 1 Satzes 2 für entsprechend anwendbar; hiernach ist der Gläubiger bei teilweiser Unmöglichkeit der Leistung, wenn die teilweise Erfüllung des Vertrages für ihn kein Interesse hat, berechtigt, Schadensersatz wegen Nichterfüllung der ganzen Verbindlichkeit nach Maßgabe des § 280 Abs. 2 zu verlangen oder von dem ganzen Vertrage zurückzutreten. Der Satz 3 des § 326 Abs. 1 setzt somit voraus, daß die Leistung, rücksichtlich deren die Frist bestimmt ist, teilweise bewirkt ist. Deshalb kann er auf einen Fall der vorliegenden Art, in dem die Beklagte auf den Abschluß der Grobbleche überhaupt noch nichts spezifiziert hat, und somit von einer bloß teilweisen Nichtbewirkung der Leistung nicht die Rede sein kann, keine Anwendung finden. Der § 326 B.G.B. zwingt nicht, von der bisherigen, praktisch bewährten Rechtsprechung abzugehen. Vielmehr kann die Klägerin wegen des Verzuges in der Spezifikation der fälligen Raten gemäß § 326 Abs. 1 Satzes 2 nach ihrer Wahl vom Vertrage zurücktreten, oder Schadensersatz, und zwar nicht bloß wegen der fälligen, sondern wegen sämtlicher Raten des Abschlusses, fordern. Denn bei den Sukzessivlieferungsverträgen handelt es sich um Verträge von rechtlich einheitlicher Natur und zugleich um Geschäfte, die auch wirtschaftlich für die Vertragschließenden wegen des Zusammenhanges mit dem ganzen Geschäftsbetriebe und ihrer auf einen mehr oder minder langen Zeitraum berechneten Dauer von besonderer Bedeutung zu sein pflegen. Als Verträge, die gewöhnlich die Lieferung einer größeren Menge von Waren innerhalb längerer Fristen zum Gegenstande haben und dazu dienen sollen, den geschäftlichen Unternehmungen der Vertragschließenden für eine gewisse Dauer eine feste Grundlage zu sichern, erfordern die Sukzessivlieferungsverträge regelmäßig von vornherein geschäftliche Vorkehrungen, mögen diese nun den Abschluß anderer Geschäfte, oder die Ablehnung weiterer Aufträge, oder Einrichtungen im Fabrikationsbetriebe betreffen. Folgeweise bedingen sie in höherem Maße das Vertrauen auf sichere und pünktliche Erfüllung der wechselseitigen Verbindlichkeiten, als dies bei einfachen Verträgen der Fall zu sein pflegt. Schon der Verzug mit der Leistung einer einzelnen Rate kann hinreichen, das Vertrauen auf die Sicherheit und Pünktlichkeit der Leistung späterer Raten und damit die Grundlage des ganzen Vertrages zu erschüttern." ...

---

107. 1. **Ist der Enteignete, welcher sich im Verwaltungsverfahren durch einen Rechtsanwalt hat vertreten lassen, berechtigt, von dem Unternehmer Ersatz der ihm hierdurch entstandenen Kosten zu verlangen?**

2. **Sind bei Bemessung der Entschädigung die Kosten, welche dem Enteigneten durch Anschaffung eines dem ihm entzogenen gleichartigen Grundstückes entstehen, zu berücksichtigen?**

Preuß. Enteignungsgesetz §§ 7. 8. 43.

VII. Zivilsenat. Urt. v. 16. September 1904 i. S. Akt.-Ges. f. elektr. Hoch- u. Untergrundbahnen (Kl.) w. K. u. Gen. (Bekl.). Rep. VII. 82/04.

I. Landgericht I Berlin.
II. Kammergericht daselbst.

Aus den Gründen:

... „Die bemängelte Ablehnung der Ansprüche wegen der Kosten für die Vertretung im Verwaltungsverfahren rechtfertigt sich durch die Vorschrift in § 43 des Enteignungsgesetzes. Wenn danach einerseits der Unternehmer die Kosten des administrativen Verfahrens zu tragen hat, andererseits aber die Entschädigungsberechtigten Ersatz für Wege und Versäumnis nicht fordern können, so ist es um so weniger zulässig, die Kosten einer Anwaltsvertretung der Entschädigungsberechtigten dem Unternehmer zur Last zu legen....

... Den Anspruch auf Erstattung von Kosten, Stempel, Umsatzsteuer und Provision für Wiederanschaffung eines gleichartigen Grundstückes weist der Berufungsrichter mit der Begründung zurück, der Enteignete könne nicht ohne weiteres verlangen, daß ihm für einen etwaigen Grundstücksankauf Stempel, Kosten und andere Ausgaben von dem Unternehmer gezahlt würden. Soll hier der Umstand betont sein, daß der Enteignete noch nicht tatsächlich zum Wiederankauf geschritten ist, so würde dieser von der Revision bekämpfte Gesichtspunkt allerdings nicht entscheidend sein können; dennoch aber mußte der Revisionsangriff ohne Erfolg bleiben. Der Enteignete ist nicht berechtigt zu verlangen, daß ihm für das ihm entzogene Grundstück zum Zwecke der Kapitalbelegung ein anderes, gleichartiges gewährt, oder er zum Erwerbe eines solchen in den Stand gesetzt werde; vielmehr besteht nach den Grundsätzen des Enteignungsgesetzes die ihm zu gewährende Entschädigung im Wertersatze, und zwar in dem Ersatze des vollen Wertes des Grundstückes, der in Gelde zu entrichten ist. Im gegenwärtigen Falle erhalten die Beklagten Ersatz für die kapitalisierte volle Ertragsfähigkeit des Grundstückes. Daß es aber überhaupt unter den bestehenden wirtschaftlichen Verhältnissen untulich sein sollte, mit dieser Summe in irgendeiner rechtlichen Gestalt eine mit vollständiger Sicherheit verbundene Kapitalbelegung in gleicher Höhe ohne Abzüge zu erreichen oder den den Klägern zu beliebiger freier Verfügung gewährten Betrag in anderer Weise gleichwertig zu verwenden, kann nicht als behauptet angesehen werden." ...

---

108. **Kann die Wandelungsklage nach dem Bürgerlichen Gesetzbuch ohne vorhergehenden auf Verurteilung des Beklagten zur Einwilligung in die Wandelung gerichteten Antrag sofort und unmittelbar auf Ausführung der Rückgängigmachung des Kauf- oder Werkvertrages (Rücknahme der Sache, Rückzahlung des Preises ꝛc) gerichtet werden?**

B.G.B. §§ 462. 465. 634.

VII. Zivilsenat. Urt. v. 16. September 1904 i. S. S. (Kl.) w. S. & Co. (Bekl.). Rep. VII. 84/04.

I. Landgericht Bochum.
II. Oberlandesgericht Hamm.

Die Klägerin hatte eine maschinelle Anlage für ihr gewerbliches Unternehmen bei der Beklagten bestellt. Diese hatte auch die Anlage auf dem Grundstück der Klägerin ausgeführt. Nach Ansicht der letzteren zeigte indes die Anlage erhebliche Mängel, und sie erhob daher, nachdem eine von ihr der Beklagten zur Beseitigung der Mängel gesetzte Frist nach ihrer Behauptung fruchtlos verstrichen war, gegen die Beklagte Klage mit dem Antrage, diese zu verurteilen: 1. die Anlage von dem Grundstück der Klägerin zu entfernen, 2. anzuerkennen, daß ihr aus dem geschlossenen Vertrage keine Ansprüche gegen die Klägerin zuständen. Bei der Entscheidung dieses Streites hat das Reichsgericht die in der Überschrift formulierte Frage bejaht aus folgenden

Gründen:

„Beide Vorderrichter haben die angestellte Klage unter dem Gesichtspunkte der Wandelungsklage behandelt. Folgt man dieser Auffassung, so entsteht zunächst die grundsätzliche Frage, ob der Inhalt der Klaganträge den nach dem Bürgerlichen Gesetzbuch an eine Wandelungsklage zu stellenden Anforderungen genügt. Auf Grund der Verhandlungen der zweiten Kommission zur Beratung des Bürgerlichen Gesetzbuches sowie des Wortlautes der §§ 462 und 465 B.G.B. wird bekanntlich von einer erheblichen Anzahl von Schriftstellern die Ansicht vertreten, daß das Wandelungsrecht des Käufers nicht in dem Recht bestehe, durch einseitige Erklärung den Kaufvertrag zur Aufhebung zu bringen und auf Grund und im Anschluß an solche Erklärung sofort die Verwirklichung der Rückgängigmachung, d. h. also Rückleistung, vom Verkäufer zu fordern, sondern daß jenes Recht dem Käufer zunächst nur einen Anspruch gegen den Verkäufer darauf gebe, daß dieser in die Rückgängigmachung des Kaufvertrages einwillige. Erst wenn dieser Wandelungsvertrag durch freiwilliges Einverständnis des Verkäufers oder durch dessen Verurteilung zur Abgabe seiner Einwilligungserklärung geschlossen worden ist, soll nach jener Ansicht dem Käufer aus solchem Vertrage der Leistungsanspruch auf Ausführung der Rückgängigmachung (Rückzahlung des Kaufpreises 2c) erwachsen.

Von den Verteidigern jener Ansicht wird nun zwar die gleichzeitige Erhebung der vorbezeichneten beiden Ansprüche in einer Klage für rechtlich möglich und zulässig erklärt; allein es bleibt der Zweifel, ob denn nicht hiernach der Anspruch auf Abschluß des Wandelungsvertrages jedenfalls stets besonders und ausdrücklich erhoben werden muß, und ob nicht der Mangel eines solchen ausdrücklichen Antrages ohne weiteres die Zurückweisung des allein erhobenen Leistungsanspruches (auf Rückzahlung des Kaufpreises, Rücknahme der Kaufsache ꝛc) zur Folge haben muß, da diesem Anspruche alsdann eine wesentliche Voraussetzung und Vorbedingung fehlt. Verschiedene Anhänger jener Theorie (so Endemann, Lehrbuch des B.G.B.'s [8. Aufl.] S. 995, und Goldmann u. Lilienthal, B.G.B. Bd. 1 S. 499) lösen diesen Zweifel dadurch, daß sie lehren, es genüge, wenn der Leistungsanspruch allein erhoben werde; eines ausdrücklichen Antrages auf Verurteilung des Verkäufers zur Einwilligung in die Wandelung bedürfe es nicht, da dieser Anspruch von selbst in dem anderen mit begriffen sei. Denselben Standpunkt hat die zweite Kommission zur Beratung des Bürgerlichen Gesetzbuches eingenommen, deren Mehrheit ganz auf dem Boden der Vertragstheorie stand (Protokolle Bd. 1 S. 680. 710); denn sie hat sich dahin ausgesprochen, „daß die Klage des Käufers und das ergehende Urteil nicht gerade auf die Einwilligung des Verkäufers in die Rückgängigmachung des Kaufvertrages gerichtet sein müsse" (a. a. O. S. 710). Hiernach hat die Praxis, sofern es sich, wie hier, um eine allein und unmittelbar auf die Verwirklichung der Rückgängigmachung des Kaufvertrages gerichtete Klage handelt, keinen zwingenden Anlaß, bei diesem Punkte der rechtlichen Konstruktion des Wandelungsrechtes näher zu treten; es kann vielmehr eine Klage dieses Inhaltes auf jeden Fall als eine solche behandelt werden, über die nach Maßgabe der näheren die Wandelung betreffenden Bestimmungen sachlich zu entscheiden ist." ...

---

109. 1. Findet der § 1165 B.G.B. auch Anwendung, wenn die Hypothek infolge Ausfalles bei der Zwangsversteigerung erloschen ist?

2. Was ist im § 1165 B.G.B. unter Verzicht auf die Hypothek zu verstehen?

3. Steht dem Schuldner auch die exceptio doli generalis zur Seite?

V. Zivilsenat. Urt. v. 17. September 1904 i. S. H. (Kl.) w. O. Erben (Bekl.). Rep. V. 61/04.

I. Landgericht Breslau.
II. Oberlandesgericht daselbst.

Auf dem Grundstücke S. Nr. 68 war in Abteil. III unter Nr. 5 eine Kaufgelderforderung von 28600 *M* mit 4 Prozent Zinsen für den Kläger eingetragen, deren persönliche Schuldnerin die Erblasserin der Beklagten, Witwe O., dadurch geworden war, daß sie dieselbe beim Erwerbe des Grundstückes in Anrechnung auf den Kaufpreis übernommen hatte. Die Witwe O. verkaufte das Grundstück im März 1900 an F., der es im Dezember 1901 an Sch. weiter verkaufte. Beide Käufer übernahmen die Hypothek in Anrechnung auf den Kaufpreis. Kläger verweigerte jedoch auf die Anzeige von der Veräußerung an F. und von dessen Übernahme der Hypothek die Genehmigung der Schuldübernahme. Das Grundstück wurde am 4. Juli 1902 zwangsweise versteigert, wobei Kläger mit 6564,80 *M* ausfiel. Kläger machte seinen persönlichen Anspruch gegen die Beklagten als die Erben, bzw. Erbeserben der am 7. Mai 1901 verstorbenen Witwe O. mit dem Antrage geltend: die Beklagten als Erben der Witwe O. zu verurteilen, ihm als Gesamtschuldner 6564,80 *M* nebst Zinsen zu zahlen. Der erste Richter verurteilte die Beklagten diesem Antrage gemäß. Die Berufung der Beklagten ist zurückgewiesen. Ebenso ihre Revision aus folgenden

Gründen:

„Die Beklagten haben folgendes eingewendet. Da sie im Falle der Befriedigung des Klägers vom Eigentümer Sch. oder seinem Rechtsvorgänger F., welche die Hypothek übernommen haben, Ersatz verlangen könnten, würden sie nach § 1164 B.G.B. Anspruch auf die Hypothek gehabt haben. Da jedoch der Ausfall der Hypothek auf Verzicht, eventuell auf dolosem Verhalten des Klägers selbst beruhe, seien sie nach § 1165 B.G.B. von der Haftung für den Ausfall befreit. Kläger habe nämlich, obwohl davon benachrichtigt, zugelassen und sogar gestattet, daß Sch. das ganze Inventar im Werte von 19236 *M* vom Pfandgrundstück veräußert habe. Damit habe er auf einen wesentlichen Teil der Hypothek verzichtet. Hätte Kläger die

Veräußerung des Inventars verhindert, so würde das Grundstück weit über 6564,80 *M* mehr wert gewesen, und der Ausfall des Klägers nicht eingetreten sein.

1. Auf die Bestimmung des § 1165 B.G.B. können die Beklagten nach Lage der Sache ihr Bestreiten des Klaganspruches nicht stützen.

Im Anschluß an frühere Entscheidungen des Reichsgerichts (Entsch. des R.G.'s in Zivils. Bd. 28 S. 187; Jurist. Wochenschr. 1892 S. 167 Nr. 38, S. 173 Nr. 60) und in Übereinstimmung mit der für Bürgschaften in § 776 B.G.B. getroffenen Bestimmung (vgl. Prot. d. 2. Les. Bd. 3 S. 609 flg. Nr. V) ist im § 1165 B.G.B. für die Fälle, in denen der den Gläubiger befriedigende persönliche Schuldner einer Hypothekenforderung von dem Eigentümer des Pfandgrundstückes Ersatz verlangen kann, bestimmt, daß der Schuldner von seiner persönlichen Schuldverbindlichkeit in dem Augenblicke kraft Gesetzes frei wird, wo der Gläubiger durch gewisse Verfügungen, die ihm an sich nach dem Gesetze nicht verwehrt sind, die Hypothek ganz oder teilweise entwertet, und zwar frei insoweit, als er ohne diese Verfügungen aus der Hypothek seinen Ersatzanspruch gegen den Eigentümer hätte befriedigen können. Nach der allgemeinen Fassung des § 1165 findet diese Vorschrift nicht nur Anwendung, wenn der im § 1164 vorausgesetzte Tatbestand vorliegt, daß die Hypothek noch besteht und dem Schuldner als Ersatz dienen kann, sondern auch dann, wenn bei der Inanspruchnahme des persönlichen Schuldners die Hypothek infolge Ausfalls bei der Zwangsversteigerung erloschen ist. Letzteres wird sogar die Regel sein, da nach der Auffassung des Verkehrs der Gläubiger sich in erster Linie an das Grundstück halten und nur bei unzureichender Realsicherheit zu deren Ergänzung die persönliche Haftung des Schuldners in Anspruch nehmen wird. Durch die Erwähnung des § 1164 im § 1165 soll das Freiwerden des Schuldners nicht an die Voraussetzung gebunden werden, daß die Hypothek noch auf den Schuldner übergehen kann, sondern der § 1164 wird nur angezogen, um zu bestimmen, nach welchem Maßstabe das Freiwerden des Schuldners zu bemessen ist. Hat sich eine Wertminderung der Hypothek bereits dadurch herausgestellt, daß sie bei der Zwangsversteigerung ganz oder zum Teil ausgefallen ist, so ist der Schuldner, falls der Gläubiger durch seine Verfügung die Entwertung der Hypothek verursacht hat, insoweit frei geworden, als er ohne diese

Verfügung nach § 1164 aus der Hypothek würde Ersatz verlangen können, wenn sie noch bestände.

Die Voraussetzung der §§ 1164. 1165, daß der Schuldner vom Eigentümer oder einem Rechtsvorgänger des Eigentümers Ersatz verlangen kann, ist, wie nicht bestritten, erfüllt. Dagegen fehlt es an der weiteren Vorbedingung des § 1165, daß Kläger durch eine der darin bezeichneten Verfügungen die Entwertung und den Ausfall der Hypothek herbeigeführt hat. Von diesen Verfügungen kann nur der Verzicht auf die Hypothek in Frage kommen, den die Beklagten darin finden, daß Kläger die Veräußerung und Wegschaffung des Inventars vom Pfandgrundstücke durch Sch. nicht verhindert, sondern geradezu gestattet und genehmigt habe. Daß hierdurch eine Verschlechterung des Pfandgrundstücks und folglich eine Entwertung der Hypothek verursacht sein kann, die den Kläger zu den Sicherungsmaßregeln der §§ 1133—1135 berechtigt hätte, läßt sich nicht bezweifeln. Aber ein Verzicht auf die Hypothek, wie ihn § 1165 fordert, ist darin nicht enthalten. Der Wortlaut „verzichtet der Gläubiger auf die Hypothek", welcher in den §§ 1168 und 1175 Abs. 1 Satz 2 wiederkehrt, weist darauf hin, daß in allen diesen Bestimmungen der Ausdruck „Verzicht auf die Hypothek" in demselben technischen Sinne verstanden ist, daß der Gläubiger durch eine Erklärung, also durch ein positives Handeln, die Enthaftung des Pfandgrundstücks herbeigeführt hat. Nach der Sorgfalt, mit welcher bei der Redaktion des Bürgerlichen Gesetzbuches die anzuwendenden Ausdrücke gewählt, und insbesondere derselbe Ausdruck als technischer überall beibehalten ist, wo mit ihm dasselbe bezeichnet werden soll, ist es ausgeschlossen, den Verzicht auf die Hypothek im § 1165 als einen Verzicht in dem weiteren Sinne aufzufassen, der sich auch im Geschehenlassen oder Gestatten äußern kann.

2. Steht hiernach den Beklagten der § 1165 nicht zur Seite, so ist doch nicht ausgeschlossen, daß ihnen die exceptio doli generalis zustatten kommt. Daß mit den im § 1165 bezeichneten Verfügungen des Gläubigers diese Einrede nicht erschöpft sein soll, ist ohne weiteres anzunehmen, da nach dem Bürgerlichen Gesetzbuche der Grundsatz allgemein in Geltung steht, daß ein jeder sein Tun und Lassen so einzurichten hat, wie es Treu und Glauben mit Rücksicht auf die Verkehrssitte fordern, und daß nicht gegen die guten Sitten verstoßen werden darf, mag dies auch nur in einzelnen Bestimmungen wortdeutlich hervor-

treten (vgl. §§ 136. 157. 162. 242. 320. 815. 817. 826). Es wäre deshalb nicht unzulässig, die Befreiung des Schuldners von seiner persönlichen Schuldverbindlichkeit auch da eintreten zu lassen, wo der Gläubiger durch sein Verhalten absichtlich die rechtliche und wirtschaftliche Lage seines Schuldners verschlechtert hat. Dazu würde aber nicht genügen, daß der Gläubiger lediglich von den ihm nach den §§ 1133—1135 B.G.B. zustehenden Sicherungsmitteln keinen Gebrauch macht; denn aus der Berechtigung, zu verhindern, daß der Eigentümer das Pfandgrundstück und das mit dieser haftende Zubehör verschlechtere, läßt sich eine Verpflichtung hierzu nicht ableiten. Auch das bloße Geschehenlassen oder Gestatten der Veräußerung und Wegschaffung des Zubehörs durch den Eigentümer ist nicht zur Begründung einer exceptio doli generalis des Schuldners geeignet; denn das Veräußern und Wegschaffen des Zubehörs bewirkt dessen Heraustreten aus der Pfandhaft, mag es vom Gläubiger geduldet oder gar gestattet sein, oder nicht, wie auch andererseits das Dulden oder Gestatten der Veräußerung und Wegschaffung des Zubehörs nicht dessen Enthaftung bewirkt, wenn das Veräußern und Wegschaffen tatsächlich nicht erfolgt. Nur durch den Hinzutritt besonderer Umstände, die jene Absicht des Gläubigers erkennen lassen, kann solches Verhalten zu einer exceptio doli generalis des Schuldners führen. Hätte sich z. B. die Behauptung der Beklagten als richtig herausgestellt, daß Kläger auf die Aufforderung, der Devastation des Pfandgutes durch Sch. entgegenzutreten, geäußert habe: „Nein — die Erben müssen bluten“, dann würde den Beklagten wohl eine wirksame Einrede erwachsen sein. Aber die Beweisaufnahme hat nichts zuungunsten des Klägers ergeben. Es ist nicht einmal bewiesen und kann auch, wie das Berufungsgericht in unanfechtbarer Auslegung der angeblichen Äußerung des Klägers ausführt, durch den dem Kläger angetragenen Eid nicht nachgewiesen werden, daß Kläger dem Eigentümer Sch. den Verkauf und die Wegschaffung des Inventars gestattet und ihn durch sein Verhalten dazu aufgemuntert hat.“ ...

---

110. Sind die Landesjustizverwaltungen befugt, den Registergerichten Anweisungen über die Art der „Bezeichnung“ der für die Veröffentlichung der Eintragungen in das Handelsregister bestimmten öffentlichen Blätter (§ 11 H.G.B.) zu erteilen?

VI. Zivilsenat. Urt. v. 19. September 1904 i. S. P. (Bekl.) w. preuß. Justizfiskus (Kl.). Rep. VI. 537/03.

I. Landgericht Königsberg.
II. Oberlandesgericht daselbst.

Der Beklagte, ein Amtsrichter, hatte als Registerrichter die Bekanntmachung der Blätter veranlaßt, in denen während des Jahres 1903 von dem Amtsgericht M. die Eintragungen in das Handels- und das Genossenschaftsregister bekannt gemacht werden sollten. Der Justizfiskus belangte ihn auf Erstattung der hierdurch entstandenen Insertionskosten, weil er durch jene Bekanntmachung gegen die allgemeine Verfügung des preußischen Justizministers vom 4. Dezember 1900 gehandelt habe. Der Beklagte wurde zur Zahlung jener Kosten verurteilt, und seine Berufung zurückgewiesen. Auch die Revision ist zurückgewiesen worden.

Aus den Gründen:

... „Die Allgemeine Verfügung des preußischen Justizministers vom 7. November 1899 über die Führung des Handelsregisters (Justiz-Min.-Bl. 1899 Nr. 85 S. 313 flg.) bestimmt in § 10, auf welchen in Art. 4 der Allgemeinen Verfügung vom 8. November 1899 über die Führung des Genossenschaftsregisters (ebendort S. 334) verwiesen ist, daß von dem Registergericht bis zum 6. Dezember jeden Jahres das Blatt oder die Blätter, in denen außer im Reichsanzeiger während des nächsten Jahres die Bekanntmachung der Eintragungen in das Register erfolgen soll, zu bezeichnen sind, daß der Gerichtsschreiber des Registergerichtes von der erfolgten Bezeichnung bis zum 8. Dezember der Gerichtsschreiberei des Oberlandesgerichtes — in näher bezeichneter Weise — Anzeige zu erstatten, und demnächst der Gerichtsschreiber des Oberlandesgerichtes bis zum 16. Dezember die Anzeigen dem Reichsjustizamte zu übermitteln hat. In einer Allgemeinen Verfügung des Justizministers vom 4. Dezember 1900, betr. die Bekanntmachungen der von den Registergerichten für ihre Veröffentlichungen bestimmten Blätter (Justiz-Min.-Bl. 1900 S. 642 Nr. 109), ist neuerdings auf die Vorschrift des § 10 der Allgemeinen Verfügung vom 7. November 1899 hingewiesen, und bemerkt: das Reichsjustizamt werde demnächst eine zusammenfassende Bekanntmachung über die von den einzelnen Registergerichten für ihre Veröffentlichungen benutzten Blätter im Reichsanzeiger veranlassen; eine Bekanntmachung der Blätter durch die Amtsgerichte habe daher zu unterbleiben. Der Beklagte hat dieser Anordnung bewußt zuwider gehandelt; er ist der Ansicht, daß das Verbot der Bekanntmachung durch das Amtsgericht, da das Gesetz dem Registerrichter völlige Freiheit in der Bezeichnung der Blätter lasse, unzulässig und deshalb unwirksam sei, und er bestreitet für jeden Fall, daß ihn ein Verschulden treffe, da die Rechtslage zweifelhaft sei, und seine Ansicht von namhaften Autoren vertreten werde. Die beiden Vorinstanzen haben dem Beklagten nicht Recht gegeben. . . .

Die Revision verficht in erster Linie die Auffassung des Beklagten hinsichtlich der Bedeutung des § 11 H.G.B. Sie bekämpft die Annahme des Berufungsgerichtes, durch Wortlaut und Entstehungsgeschichte dieser Gesetzesvorschrift werde völlig klargestellt, daß dem Registerrichter nicht freies Ermessen zustehen solle bezüglich der Art der Bekanntmachung der von ihm ausgewählten Blätter. Das Gegenteil beweise aufs schlagendste die Tatsache, daß hervorragende Kommentatoren, wie Staub, die Ansicht des Beklagten teilten. Vor allem spreche die Entstehungsgeschichte nicht für die vom Berufungsgerichte gewollte Auslegung. Die Bemerkungen in der Denkschrift zu dem Entwurf eines Handelsgesetzbuchs zu §§ 10. 11 des Gesetzes hätten ihre, zudem nur sehr hypothetische, Bedeutung für die Auslegung dadurch verloren, daß die Stellung des Registergerichtes gegenüber der Justizverwaltung hierbei und bei dem entsprechenden Gesetzesvorschlag in § 128 des Entwurfes eines Gesetzes über die freiwillige Gerichtsbarkeit von den Verfassern der Entwürfe ganz anders gedacht worden sei, als sie sich infolge der Streichung dieses § 128 schließlich im geltend gewordenen Gesetze gestaltet habe. Es komme also lediglich der Wortlaut des Gesetzes in Betracht, der zudem eine die Heranziehung der Materialien nötig und überhaupt zulässig machende Zweifelhaftigkeit nicht enthalte. Denn die in § 11 H.G.B. vorgeschriebene „Bezeichnung" könne doch nur dahin verstanden werden, daß sie ihrem Zweck entsprechend nach außen hin — für den Handelsstand — erfolgen solle. Daraus folge dann notwendig, daß über die Art dieser Kundmachung eben wieder das Gericht zu bestimmen habe. Die Wahl der Art der Bekanntmachung sei nicht etwas Selbständiges gegenüber der Wahl der Blätter, sondern Auswahl der

Blätter, Auswahl der Art der Kundgabe dieser Wahl und Herbeiführung dieser Kundgabe bildeten den einheitlichen Akt der „Bezeichnung". Alsdann aber sei dieser Akt auch einheitlich vom Registergerichte zu realisieren.

Diesen Ausführungen kann nicht beigestimmt werden. Der Wortlaut des § 11 H.G.B. zunächst steht denselben nicht zur Seite. Der Ausdruck „bezeichnen" mag allerdings begrifflich auch eine Kundgebung nach außen, ein Erkennbarmachen Dritten gegenüber bedeuten. Mit der Vorschrift aber, daß das Gericht die Blätter zu bezeichnen habe, ist keineswegs gesagt, es müsse die fragliche Kundgebung unmittelbar von seiten des Gerichtes gegenüber dem an derselben interessierten Publikum erfolgen. Und noch weniger ist dadurch ausgeschlossen, daß hinsichtlich der Art und Weise der „Bezeichnung" anderweitige, für das Registergericht verbindliche Anordnungen getroffen sein können. Eine Bestimmung hierüber enthält der § 11 selbst nicht. Für die Auslegung des § 11 aber ergibt sich aus dem Zusammenhange mit dem vorangehenden § 10, der Vergleichung mit den Vorschriften des alten Handelsgesetzbuches und aus der Entstehungsgeschichte der abgeänderten Vorschrift mit völliger Sicherheit die Unrichtigkeit der vom Beklagten vertretenen Auffassung. In Art. 13 des alten, § 10 des neuen Handelsgesetzbuches ist die Publikation der Eintragungen in das Handelsregister geordnet, welche jetzt durch den Reichsanzeiger und mindestens ein anderes Blatt zu geschehen hat. Der Art. 14 schrieb im ersten Absatze vor, daß jedes Handelsgericht für seinen Bezirk alljährlich im Monat Dezember die öffentlichen Blätter zu „bestimmen" habe, in welchen im Laufe des nächstfolgenden Jahres die in Art. 13 vorgeschriebenen Bekanntmachungen erfolgen sollen, und weiter — Satz 2 —, daß der „Beschluß" in einem oder mehreren öffentlichen Blättern bekannt zu machen sei. Ein dritter Absatz des Art. 14 lautete: „Inwiefern die Gerichte bei der Wahl der zu bestimmenden Blätter an Weisungen höherer Behörden gebunden sind, ist nach den Landesgesetzen zu beurteilen." Hier bedeutet also das Bestimmen der Blätter zunächst die interne Verfügung des Gerichtes, die Auswahl der betreffenden Blätter, den „Beschluß", über dessen Bekanntmachung dann eine spezielle Vorschrift getroffen war (ebenso in Abs. 2: „bestimmen und öffentlich bekannt zu machen"). Bezüglich der Auswahl der Blätter war eine Einwirkung der Landesgesetze nicht bloß nicht ausgeschlossen, sondern sogar ausdrücklich vorgesehen. In dem im Jahre 1896 im Reichsjustizamte aufgestellten Entwurfe eines neuen Handelsgesetzbuches war bei dem den Art. 14 ersetzenden § 10 der dritte Absatz des Art. 14 in Wegfall gestellt, aber in Abs. 1 Satz 2 vorgesehen, daß die Bekanntmachung in den Deutschen Reichsanzeiger und in die im laufenden Jahre für die Veröffentlichungen verwendeten Blätter einzurücken sei (zu vgl. die Denkschrift hierzu, amtliche Ausgabe S. 26). Der zweite, am 22. Januar 1897 dem Reichstage vorgelegte Entwurf enthält eine solche Vorschrift nicht mehr; der § 11 entspricht dem jetzigen Wortlaute des Gesetzes. In der Denkschrift S. 26 flg. (Hahn-Mugdan, Materialien Bd. 6 S. 208) ist gesagt: die Vorschrift des Handelsgesetzbuches, daß der betreffende Beschluß des Gerichtes in einem oder mehreren öffentlichen Blättern bekannt zu machen ist, sei in den Entwurf nicht aufgenommen; in der Weise, wie die fraglichen Bekanntmachungen gegenwärtig erfolgen, seien sie für den Handelsstand ohne erheblichen Nutzen. Es werde zu erwägen sein, ob nicht künftig unter Mitwirkung der Landesjustizverwaltungen von Reichs wegen alljährlich eine zusammenfassende Bekanntmachung über die von den einzelnen Registerrichtern für ihre Veröffentlichungen benutzten Blätter veranlaßt werden könnte. Um eine zu große Mannigfaltigkeit der für die Veröffentlichungen der einzelnen Gerichte bestimmten Blätter zu vermeiden, werde ferner bei der gesetzlichen Regelung des Verfahrens der Registergerichte im Anschlusse an den Art. 14 Abs. 3 H.G.B. den Justizaufsichtsbehörden die Befugnis einzuräumen sein, den Gerichten Anweisungen über die Auswahl der Blätter zu erteilen. Bei diesen Erwägungen, gegen die bei den Beratungen des neuen Handelsgesetzbuches (vgl. Hahn-Mugdan, Bd. 6 S. 541. 663) ein Einwand nicht erhoben wurde, war also in Aussicht genommen einmal hinsichtlich der Bekanntmachung — bisher Art. 14 Abs. 1 Satz 2 H.G.B. — eine Regelung von Reichs wegen, ferner hinsichtlich der Wahl der für die Veröffentlichung bestimmten Blätter (Art. 14 Abs. 1 Satz 1) eine durch künftiges Gesetz zu normierende Einwirkung der Justizaufsichtsbehörden.

Diese letztere Norm sollte demnächst in dem Reichsgesetze über die Angelegenheit der freiwilligen Gerichtsbarkeit getroffen werden. Der § 128 des Entwurfes zu diesem Gesetze lautete: „Die Landesjustizverwaltungen sind befugt, den Registergerichten Anweisungen bezüglich der für die Bekanntmachung der Eintragungen zu bestimmenden Blätter zu erteilen." Die Denkschrift hierzu — S. 71; Hahn-Mugdan, Materialien Bd. 7 S. 67 — nimmt dafür Bezug auf Art. 14 Abs. 3 des bisherigen Handelsgesetzbuches und auf die Denkschrift zum Entwurf eines neuen Handelsgesetzbuches. Allein in der Reichstagskommission — Kommissionsbericht S. 55; Hahn-Mugdan, a. a. O. S. 152 — ist der § 128 abgelehnt worden, nachdem geltend gemacht war, in bezug auf die Auswahl der für die Bekanntmachungen nach § 10 H.G.B. zu bestimmenden Blätter sei die Unabhängigkeit und die Kompetenz der Registergerichte unbeschränkt aufrecht zu erhalten, weil etwaige Mißgriffe einzelner Gerichte geringer anzuschlagen seien, als wenn durch Auswahl der Blätter von seiten der Verwaltungen, für welche politische Gesichtspunkte maßgebend werden könnten, die Rechtspflege Schaden erleiden würde. Diese Bedenken der Kommission und die Streichung des vorgenannten § 128 hatten also, wie dieser Gesetzesvorschlag selbst, offenbar lediglich Bezug auf die Bestimmung, die Wahl der den Publikationen (§ 10 H.G.B.) dienenden Blätter, nicht aber auf die Kundgabe der Wahl. In letzterer Beziehung war vom Gesetzgeber bewußterweise der Raum offen gelassen, der durch eine spätere reichs- oder landesrechtliche Regelung ausgefüllt werden konnte. Jene in Aussicht genommene zusammenfassende Bekanntmachung ist denn auch in der Folge durch die in Preußen wie auch in den anderen deutschen Bundesstaaten getroffenen Anordnungen (und die Vermittelung von seiten des Reichsjustizamtes) zur Einführung gelangt. Daß der preußische Justizminister nach den bestehenden Gesetzen zu einer derartigen, die formelle Geschäftsbehandlung betreffenden Verfügung zuständig ist, hat das Berufungsgericht zutreffend ausgeführt. Ist er befugt, eine bestimmte Art der Bekanntmachung nach § 11 H.G.B. anzuordnen, so kann er auch eine anderweitige Art der Kundgebung untersagen. Davon, daß die in Frage stehende Allgemeine Verfügung dem Gesetze zuwiderlaufe, kann also nicht die Rede sein." ...

(Es wird dann noch ausgeführt, daß auch in subjektiver Beziehung mit Recht ein Verschulden des Beklagten angenommen worden sei, weil dieser keinen genügenden Anlaß zu einem Zweifel an der Gesetzmäßigkeit der Verfügung des Ministers gehabt habe.)

Register.

Die beigesetzten Zahlen beziehen sich auf die Seiten.

A. Sachregister.

D

H

J

R

V

B. Gesetzesregister.

1. Reichsgesetze.

a. Bürgerliches Gesetzbuch.

2. Gemeines Recht.

3. Landesrecht.

Preußen.

a. Allgemeines Landrecht.

b. Einzelne Gesetze und Verordnungen.

Bayern.

C. Chronologische Zusammenstellung der Entscheidungen.

Zusammenstellung

der

im achtundfünfzigsten, der neuen Folge achten Bande

mitgeteilten Entscheidungen

nach

Oberlandesgerichtsbezirken.

Berichtigungen.

Siebenundfünfzigster Band.

S. 44 Z. 5 v. o. statt „Gutachten" lies „Guthaben".
„ 363 „ 12 v. u. statt „359" lies „389".
„ 406 „ 1 v. o. statt „genommen" lies „genommenen".

FSC
www.fsc.org
MIX
Papier | Fördert gute Waldnutzung
FSC® C083411

Kolibri 360 GmbH
Ferdinand-Jühlke-Straße 7
99095 Erfurt, Deutschland
produktsicherheit@kolibri360.de